暨南大学

中国古代史 文献学专业

前贤纪念文集

刘正刚◎主编

安徽师范大学出版社
ANHUI NORMAL UNIVERSITY PRESS
·芜湖·

图书在版编目（CIP）数据

武敏集：暨南大学中国古代史·文献学专业前贤纪念文集 / 刘正刚主编. —芜湖：安徽师范大学出版社，2021.6
ISBN 978-7-5676-5029-9

Ⅰ. ①武… Ⅱ. ①刘… Ⅲ. ①中国历史－古代史－文集②古文献学－中国－文集 Ⅳ. ①K220.7-53②G256.1-53

中国版本图书馆CIP数据核字（2021）第118102号

WUMIN JI JINAN DAXUE ZHONGGUO GUDAISHI WENXIANXUE ZHUANYE QIANXIAN JINIAN WENJI

武敏集

——暨南大学中国古代史·文献学专业前贤纪念文集

刘正刚◎主编

责任编辑：孙新文　翟自成　　责任校对：牛　佳
装帧设计：王晴晴　　责任印制：桑国磊
出版发行：安徽师范大学出版社
芜湖市北京东路1号安徽师范大学赭山校区
网　　址：http://www.ahnupress.com/
发 行 部：0553-3883578　5910327　5910310（传真）
印　　刷：江苏凤凰数码印务有限公司
版　　次：2021年6月第1版
印　　次：2021年6月第1次印刷
规　　格：787 mm × 1092 mm　1/16
印　　张：25
字　　数：644千字
书　　号：ISBN 978-7-5676-5029-9
定　　价：90.00元

前　言

《武敏集——暨南大学中国古代史、历史文献学专业前贤纪念文集》是由广东省高水平大学建设经费中国史学科中中国古代史和历史文献学二级学科专门划拨经费资助出版的纪念性著作。

书名中的“武敏”两字，典出《诗经·大雅·生民》。诗云：“履帝武敏歆，攸介攸止，载震载夙。载生载育，时维后稷。”武，足迹之意；敏，脚的大拇指。周人祖先后稷之母在野外看见巨人足迹，踩了一下而生后稷。之后，周日渐强大，其典章制度、文治武功遂成为后世士大夫之精神图腾。本书以此两字命名，是想借此致敬暨南大学中国古代史、历史文献学两个二级学科的前辈贤达，这两个二级学科的发展，也是一代又一代学人接续努力的结果。

暨南大学历史学系创建于1928年，辗转于上海、福建等地，几经周折，成为1958年广州复校后最早的系所之一。朱杰勤先生作为首任系主任，他本人的研究领域则属于古代中外关系史。1978年暨南大学在广州再次复办，以中国古代史研究见长的金应熙教授出任系主任。随后一批史学名流进入暨南园从事教学与科研工作。宋史大家陈乐素先生即于1979年自杭州大学移席暨南，执教历史学系，并于1984年领衔上书当时的国务院负责同志和国家教委，申请成立了有独立人员与经费配给的古籍研究所。从此之后，暨南大学中国古代史和历史文献学专业开始不断迈上新的台阶。

20世纪末和21世纪初，中国古代史分别列入广东省侨务办公室、国务院侨务办公室的重点学科建设。1998年在邱树森、张其凡等教授的努力下，集中当时历史学系和古籍研究所的师资力量，成功申报中国古代史博士学位授予权。从此以后，中国古代史和历史文献学学科进入了发展的快车道。近年来，中国古代史和历史文献学专业走出了全校首位人文学科长江学者程国赋教授，引进了国家万人计划青年学者王京州教授，吴青教授被聘为青年珠江学者。与此同时，程国赋、刘正刚、马建春、叶农、陈广恩、王京州、汤开建等先后获得国家社会科学基金重大项目的资助，构建了以重大项目为主，以研究促人才成长的良性发展机制。

得益于广东省高水平大学经费的支持，我们出版了众多的学术论著，与海内外学术界的交流日益加强。暨南大学中国古代史和历史文献学在海内外的声誉越来越好。而这一切成就的取得，离不开各位先贤的付出。“其作始也简，其将毕也必巨”。有感于此，我们编集此书，纪念各位先贤。

本书的顺序按照各位先贤的出生年月进行排列，人像照多来源于暨南大学档案馆。依据相关资料，我们对各位先贤生平、学术进行了简要的介绍。这些工作的展开与完成，办公室主任郑可敏老师厥功至伟。所收录的各位先贤的论文，由我负责挑选。由于各位先贤生活的时代，学术载体对发表论著的形式要求不同，我们在收录时，内容一仍其旧，仅将部分繁体改为简体，尾注改为页下注。保持原貌，也是对先贤最好的纪念。因为受新冠肺炎疫情的影响，本书在编校方面受到很大的干扰，录入和校对可能会存在一定的差错，请读者谅解。

刘正刚

2020年8月25日于第一文科楼325室

目　录

《魏志·倭人传》研究 …………………………………………………………………… 陈乐素(003)

桂林石刻《元祐党籍》 ………………………………………………………………… 陈乐素(014)

中国古代海舶杂考 ……………………………………………………………………… 朱杰勤(025)

海神天妃的研究 ………………………………………………………………………… 朱杰勤(035)

孙权之辽东遣使 ………………………………………………………………………… 金应熙(047)

作为军事防御线和文化会聚线的中国古代长城 ………………………………………… 金应熙(055)

谢翱及其《登西台恸哭记》 …………………………………………………………… 常绍温(067)

阮元创办学海堂与广东学术风气的转变 ………………………………………………… 常绍温(075)

略论中外饮食文化交流 ………………………………………………………………… 林乃燊(089)

石湾陶瓷的源流、特色和历史地位 ……………………………… 林乃燊　邹　华　石　稳(101)

有关《四洲志》的若干问题 …………………………………………………………… 陈　华(115)

《海国闻见录》所载非洲地名考 ………………………………………………………… 陈　华(125)

试论三国时期南北均势的形成及其破坏 ……………………………………………… 邹云涛(133)

国外对六朝世族的研究述评 …………………………………………… 金应熙　邹云涛(143)

明代广东的对外贸易 …………………………………………………………………… 李龙潜(153)

明代南京马快船考释 …………………………………………………………………… 李龙潜(166)

演为说唱,继往开来

——明成化刊包公故事说唱词话八种述评 ……………………………………… 杨芷华(191)

从《昭代箫韶》看乾嘉宫廷戏曲之鼎盛

——《杨家将论丛》之九 ……………………………………………… 杨芷华　傅如一(197)

论组成《老子》书的四种老学著作 …………………………………………………… 陈梦白(207)

论走上文明的历史过渡时期 …………………………………………………………… 陈梦白(217)

论历史时期岭南地区交通发展的特征 …………………………………… 陈代光(229)
秦汉时代岭南地区城镇历史地理研究 …………………………………… 陈代光(240)
明清广东劳动力资源的开发 ………………………………………………… 鲍彦邦(253)
明清广东铁农具的生产 …………………………………………………… 鲍彦邦(263)
道教与岭南“方志小说” …………………………………………………… 刘　灿(277)
略述方志小说中的人文意蕴 ……………………………………………… 刘　灿(285)
元“回回哈的司”研究 …………………………………………………… 邱树森(295)
从黑城出土文书看元“回回哈的司” ……………………………………… 邱树森(304)
杨业之死发覆 ……………………………………………………………… 张其凡(315)
宋太宗论 …………………………………………………………………… 张其凡(326)
从契约文书看明清广东的土地问题 ……………………………………… 冼剑民(341)
明清时期广东的自然环境保护 …………………………………………… 冼剑民(348)
木杯渡河
——杯渡和尚的行迹与唐宋士人 …………………………………… 王　颋(357)
书显昭文
——元代书、画、诗僧溥光生平考述 ………………………………… 王　颋(367)
从文化和地理角度考察古代广州的地位变化 ……………………………… 赵善德(379)
考古视野的岭南古越族 …………………………………………………… 赵善德(388)

陈乐素（1902—1990），广东新会人，毕业于日本明治大学。1929年被聘为《日本研究》杂志主编，连续刊布《〈魏志·倭人传〉研究》和《后汉刘宋间之倭史》两篇论文，后转向宋代研究。1933年在《辅仁学志》刊布长达4万字的《宋徽宗谋复燕云之失败》，在当时史学界引起轰动。1941年任教于浙江大学史地系，兼史地研究所研究生导师。1952年任浙江师范学院历史学系教授，兼图书馆馆长。1954年任人民教育出版社编审，兼历史编辑室主任。1956年受聘为中国科学院历史研究所兼职研究员，参加由郭沫若主编十卷本《中国史稿》撰写工作。1978年复职为杭州大学历史学系教授、宋史研究室主任，浙江历史学会会长，兼中国社科院历史研究所研究员。1979年南下广州，出任暨南大学历史学系教授。1984年筹建暨南大学古籍研究所，出任首任所长。他是20世纪中国宋史研究的奠基者与开拓者之一。论文汇编为《求是集》第一集、第二集，另有《宋史艺文志考证》行世。遗稿后整理为《陈乐素史学文存》出版。

《魏志·倭人传》研究

陈乐素

一、《魏志》以前之汉籍“倭”记载

“倭”或“倭人”作为民族名称，其由来已远不可考。然《说文》：“倭，顺貌，从人，委声。诗曰：‘周道倭迟’。”《广韵》：“倭，东海中国，乌禾切。”光武赐倭奴国王印，文曰“汉委奴国王”。然则名之为倭，固不含何种贬义，而为一种音译，可无疑也。倭之指古日本民族，又不待言。

以民族称倭，最早见于我国现存文献者，为《山海经》。其《海内北经》云：“盖国在巨燕，南倭、北倭属燕。”然此书时代不明，未可以为据。其次，王充《论衡·恢国篇》：“成王之时，越裳献雉，倭人贡畅。”以第一世纪时代人而言纪元前七百五十年以上之事，其可信之程度甚低。又次，《汉书·地理志》：“乐浪海中有倭人，分为百余国，以岁时来献见云。”味其语意，当为一种传闻；传闻之来，似自乐浪人。曰“来献见”，又似献见于乐浪，为边郡而非中央，故志之作者不能道其详。此虽未可据认为史实，然固不失为一种比较可靠之史料也。其次，《后汉书·光武帝纪》：“中元二年春正月辛未……东夷倭奴国王遣使奉献。”同书《倭传》：“中元二年，倭奴国奉贡朝贺……光武赐以印绶。”纪元一七八四年，日本天明四年二月二十三日，有人在筑前国糟屋郡志贺岛叶崎发掘，得一印，文曰“汉委奴国王”，方七分八厘，厚二分，高四分，重二两九钱，蛇纽，阴文，篆体。印经日本三宅米吉氏考证，确认为中元光武所赐者[①]。虽有反对者，然理由不足。氏谓奴即《日本书纪》之傩，后来之那珂。斯已为史学界之定论。可证《光武帝纪》及《倭传》所见两条文之正确。则此项记载可认为我国史籍中所载最早可征倭之史实。其次，同书《安帝纪》：“永初元年……冬十月，倭遣使奉献。”又同书《倭传》：“永初元年，倭国王帅升等献生口百六十人，愿请见。”倭国王帅升，据日本木宫泰彦氏《日支交通史》：“北宋版《通典》作倭面土国王帅升，日本古传之《后汉书》亦然。又《异称日本传》引《通典》作‘倭面土地王帅升’。”

综观以上记载，除《山海经》未可据外，《论衡》之作者王充，光武时人（王充述周事不可信，但彼当时确已知有倭），《汉书》之撰者班固，亦光武时人，而倭使之来，亦于光武时期，则可假定我国后汉初始知有倭，而所知不详。

光武赐倭王印，而印有文；印入倭，同时我国文字入倭。倭王与倭使，虽未必解印中文字，然必知文意，此可于其授受而推知。是则又可假定倭吸收我国文化即始于此。

① 文见《史学杂志》第三编三十七号。

永初以后，倭之消息寂然。至第二世纪末与第三世纪初期，倭韩之关系渐深，同时以韩与我国东北部本具渊源，故间接倭人与我国东北部亦渐发生关系，由是倭之史渐显。魏景初二年（238）倭女王卑弥呼遣使来至带方郡，求诣魏，而正始间梯儁、张政等因以入倭。其入倭也，于使事外，更对倭为详细之探访调查，而为之记录，于是倭人真相大显。此距永初初元一百三十余年事也。所谓倭之记录，具载于《魏志·倭人传》中。

二、《魏志·倭人传》与《后汉书·倭传》

二十四史自《后汉书》以下，有倭或日本传者十四：《后汉书》曰倭人，《魏志》《晋书》曰倭人，《宋书》《南齐书》曰倭国，《梁书》曰倭，《隋书》《南史》《北史》曰倭国，《旧唐书》有倭国及日本两传，《新唐书》《宋史》《元史》《明史》均曰日本。以时代言，当然后汉先于魏，然《魏志》成于第三世纪晋初，《后汉书》成于第五世纪之刘宋时代，先后距百余年；且《后汉书·倭传》几完全抄袭《魏志·倭人传》而加改窜，如：

> 《魏志》："……旧百余国，汉时有朝见者，今使译所通三十国。"
>
> 《后汉书》："……凡百余国。自武帝灭朝鲜，使驿通于汉者三十许国。"

以"今"而改汉武帝时，是以魏为汉也。又"译"字亦误作"驿"。

又如：

> 《魏志》："计其道里，当在会稽东治（治应作冶）之东……所有无，与儋耳、朱崖同。"
>
> 《后汉书》："其地大较在会稽东治之东，与朱崖、儋耳相近，故其法俗多同。"

按《汉书·地理志》："粤地……自合浦、徐闻南入海，得大洲，东西南北方千里，武帝元封元年（前110）略以为儋耳、朱崖郡。"儋耳、朱崖在今海南岛。《后汉书》抄袭《魏志》，而时间与空间均谬误至此，而后世言倭，竟有以此书为根据而循其误者。

然《后汉书》有中元、永初两记事，为《魏志》所无；此殆根据光武、安帝两帝纪所增入；而赐印绶与献生口等事，又必另据他种典籍。他种典籍为何，惜早已如泥牛入海，永无消息矣。证之日本发现赐印，则此项记载至确，而《后汉书》该《传》之能挽回相当价值者全赖乎此。

三、《倭人传》与日本史籍

《魏志·倭人传》（以下简称《倭人传》或《传》）记第三世纪之倭也。然则可与日本史籍第三世纪时代之记事相对照。但《传》中所述之中国与倭之间史事，固不见于日本史籍，而《传》中所载当时之倭人情况及其风俗习惯，亦与日本史籍同时代之记事，绝不相关。以同一时代、同一地点之事件，而两国记录，绝无相同之点，此实一大异事，亦一大疑问。然则二者之间，必有一真一伪，或两者均伪。

倭为古日本民族，然则当先研究日本史籍，如其所记载者确，则《传》可弃置。日本史籍之最早者为《古事记》与《日本书纪》，即所谓"记""纪"二典，一般日人一向尊重之。《古事记》成于和铜五年，即纪元七一二年，当我国唐太极元年（712）。《日本书纪》则成于后此八年之养老四年（720，唐开元八年），其后于《魏志》者四百余年。此二书均安万侣所撰。前者分上中下三卷，为系统的传诵体，无年月之系；后者分三十卷，其第一、二卷为《神代纪》，三卷以下自神武起为编年体。编年体之《日本书纪》，其对外关系之记事，与我国及朝鲜史籍不符者甚多。数十年来日本史学家如菅政友、那珂通世、星野恒、久米邦武、吉田东伍诸氏，已屡论其谬误。其谬误之原因如下：

（一）《日本书纪》作者误认《魏志·倭人传》所载之邪马台国女王卑弥呼，即神功皇后；而神功皇后与卑弥呼之年代不符，于是将神功皇后及其以下诸皇之年增长，使凑合于卑弥呼之年代。又因《传》中有“其人寿考或百年，或八九十年”之句，一如《后汉书》之误，以为其人多百岁，因于神功以前诸皇，亦牵长其在位年数。于是《日本书纪》中所记，事或有之，而年代则大误矣。

（二）日本平城天皇三年（808，唐元和三年），斋部广成作《古语拾遗》曰：“盖闻上古之世，未有文字，贵贱老少，口口相传。”又《传》注云：“《魏略》曰：‘其俗不知正岁四时，但记春耕秋收为年纪’。”既无历之知识，年代已不能确，而所谓“口口相传”之性质，于事件前后次序与事件之真相，已难免颠倒混乱失漏之虞；而传承之间，又必生变化，又当知识蒙昧之半开化或未开化时期，数年之事，已难保其真，况数十年以至数百年乎？《日本书纪》之立脚点已如此，而作者既于史作编年，则各种事件，其无年月者，又自不得不强附年月，于是误之又误，则其价值之评定为何如？

尚有一事：《日本书纪》之作者既误认神功为卑弥呼，而于遣使中国之事，又讳莫如深，不着半字，其理不言而喻。尝见源光圀撰《大日本史》，列中国于诸蕃，盖同一心理也。

《日本书纪》之谬误原因既明，则其同时代之记事，与《传》毫不相干，原无足怪。根据日本史籍不能推翻此《传》，则《传》固有研究之必要矣。

四、《倭人传》之根据与传写问题

《传》之作者陈寿，晋人。以晋人言魏事，容有谬乎？曰：果有谬也。然其谬，不谬于乱言或伪言，而谬于不审地理。细观全传，文意殊不一贯，每个自为段落，不相连属，而文末亦无结束语。是则显然非陈寿之创作，而实采择若干种不同之记录而拼凑之；采择之间，既失缜密之旨，而拼凑之后，又未加若何整理与详审，故谬误遂生。然陈寿之《魏志》，原不止一《倭人传》，且当时海外交通，犹在早期，故其时倭之地理不详，固当原谅也。

至于其所采择之若干种不同之记录为何？据现在所知，《魏略》其一也。《魏略》为鱼豢所撰。其书虽亡，然其间有关于倭之记载字，唐张楚金之《翰苑》曾引用之。惜案旁乏此书，致未能一窥其文。然可决定《魏略》只为若干种不同记录之一种而已。盖《史通·正史篇》明言：“魏时，京兆鱼豢私撰《魏略》，事止明帝。”而《传》中所记则止于齐王正始八年（247）故也。然则《魏略》以外之记录为何？《传》云：

从郡至倭……郡使往来常所驻。自郡至女王国万二千余里。景初二年六月，倭女

> 王遣大夫难升米等诣郡。其八年，太守王颀到官。……遣倭载斯、乌越等诣郡。

其所谓郡者，带方也；所谓到官者，到带方也。倭使来，先到带方；中国遣使，亦自带方。统观全文，悉以带方为中心，且当时中、倭间交通亦以带方为媒介，故其所采择者必为带方郡之官中记录与曾任使倭之带方官吏之记录无疑。而使倭者不止一人，其到达地点亦未必尽同，其行程亦未必尽同；所见所闻，又详略互异，选录之间，而不审其地情，自易混误。

又《传》中于地名及数目字，间有误书者，今将可知者列于下：

> 又南渡一海，千余里，名曰瀚海，至一大国。

一大国，《梁书·倭传》作一支国，即今之壹岐岛。

> 南至耶马壹国，女王之所都。

“耶马壹”之“壹”，《后汉书》《梁书》《隋书》俱作“臺”。

> 计其道里，当在会稽东治之东。

“东治”，《后汉书》《晋书》俱作“东冶”。《汉书·地理志》：会稽郡有冶县。又《后汉书·倭传》有“会稽东冶县人有入海行，遭风波移至澶洲者”之句。

> 景初二年六月，倭女王遣大夫难升米等诣郡，求诣天子朝献。

景初二年（238）事，下文当详论之。此特举其可知者耳，其余有无尚属疑问也。

五、倭女王遣使之原因

《传》之外形既已略明，今当进而研究其内容。先有倭遣使来，而后郡使入倭；郡使入倭，而后有倭记事，故当先研究倭遣使之原因。

纪元五七年（中元二年），倭奴国遣使来，其来也，必先中国有特别影响于倭或其邻国，而后倭乃知有中国，知有一文化先进之庞大中国，因仰慕而自动来朝献也。中元之来，究受何种特别影响，虽不可详，而《后汉书·东夷传》有云：

> 王莽篡位，貊人寇边，建武之初，复来朝贡。时辽东太守祭肜，威詟北方，声行海表，于是濊、貊、倭、韩，万里朝献。

祭肜之史虽不详，然倭之来有因，可信也。倭奴国遣使来后，距五十年（107，永初元年），而面土国使来。其来因虽无史迹可寻，然无贸然而来之理。又下距一百三十一年（238，魏景初二年），而女王国使来。其来之原因又为何？当一研究当时东北史事。《魏志·公孙度传》：

> 景初元年……渊遂自立为燕王。……二年春，遣太尉司马宣王征渊。六月，军至辽东……八月……壬午，渊众溃……斩渊父子；城破，斩相国以下首级以千数，传渊首洛阳。辽东、带方、乐浪、玄菟悉平。……度以中平六年据辽东，至渊三世，凡五十年而灭。

司马懿斩公孙渊之事，除《公孙度传》外，见于《高句丽传》，见于《明帝纪》，见于《毋丘俭传》，盖为魏之一大事也。同志《东夷传》：

公孙渊仍父祖三世有辽东。天子为其绝域，委以海外之事，遂隔断东夷不得通于诸夏。景初中，大兴师旅，诛渊，又潜军浮海，收乐浪、带方之郡，而后海表谧然，东夷屈服。

而《传》言："景初二年六月，倭女王遣大夫难升米等诣郡，求诣天子朝献。"景初二年（238）六月之带方，犹在公孙渊势力范围之下，倭使即使来郡，亦不能即诣天子，故二年六月倭使仅至于带方，至其诣魏之时间，则当在是年八月司马懿斩渊、平四郡之后也。

倭使来，何以先至带方？则前此倭必与带方已发生某种关系。今试一研究带方。《汉书·地理志》有带方，然为县而非郡，属于乐浪。其后，据《韩传》：

桓、灵之末，韩、濊强盛，郡县不能制，民多流入韩国。建安中，公孙康分屯有县以南荒地为带方郡，遣公孙模、张敞等收集遗民，兴兵伐韩、濊，旧民稍出，是后倭、韩遂属带方。

观此段文字，不特带方之来源可明，且亦知是时带方与韩、倭间已发生极密切之关系，盖于迁徙流移之间，必已附带许多交涉矣。最低限度两者之间互市有无，两者间之风俗习惯互知，两者间之方言互解，已具有充分之可能性。

公孙康以建安九年（204）为辽东太守（事见《公孙度传》），则其建带方后于此，或是当年。建安共二十五年，其言建安中，则当为九年至十五年之间。至其位置，即今朝鲜之黄海道一带，而居当时马韩之北。自设郡以来，韩与带方之间，一因邻近关系，二因汉人前此有曾入韩者，必通韩语，故必有因商业或他种关系而往来于韩与带方之间者。汉人自韩回，韩人必间有随来者，而韩人与倭人本又早有交往。《韩传》：

弁辰（辰应作韩）……国出铁，韩、濊、倭皆从取之。诸市买皆用铁，如中国用钱。

而《倭人传》：

至对马国……无良田，食海物自活，乘船南北市籴。

因韩人之来带方，倭人亦来，故倭人知有带方，而倭与带方间亦发生商业或其他关系，同时带方中必有能通倭语者。故倭使来，先诣带方，以交通上、言语上等种种便宜也。

六、郡使入倭

郡使入倭之经由道路里数及其所见，详载于《传》首。然入倭者不止一人，亦不止一次，然则《传》首所载之行程，出于何人之手，不易确知；又是否出于一人之手，亦不易判断。今先研究入倭之使，并录其通使之全文如下：

景初二年六月，倭女王遣大夫难升米等诣郡，求诣天子朝献。太守刘夏遣吏将送诣京都。其年十二月，诏书报倭女王曰："制诏亲魏倭王卑弥呼：带方太守刘夏遣使送汝大夫难升米、次使都市牛利奉汝所献男生口四人，女生口六人，班布二匹二丈以到。汝所在逾远，乃遣使贡献，是汝之忠孝，我甚哀汝。今以汝为'亲魏倭王'，假金印紫绶，装封付带方太守假授。汝其绥抚种人，勉为孝顺！汝来使难升米、牛利涉远道路勤劳，今以难升米为率善中郎将，牛利为率善校尉，假银印青绶，引见，劳赐遣还。今以绛地交龙锦五匹、绛地绉粟罽十张、蒨绛五十匹、绀青五十匹，答汝所献贡直。又特赐汝绀地句文锦三匹、细班华罽五张、白绢五十匹、金八两、五尺刀二口、铜镜百枚，真珠、铅丹各五十斤。皆装封付难升米、牛利，还到录受，悉可以示汝国中人，使知国家哀汝，故郑重赐汝好物也。"

正始元年，太守弓遵遣建中校尉梯儁等奉诏书、印绶诣倭国，拜假倭王，并赍诏赐金、帛、锦罽、刀、镜、采物。倭王因使上表答谢恩诏。

其四年，倭王复遣使大夫伊声耆、掖邪狗等八人上献生口、倭锦、绛青缣、绵衣、帛布、丹、木、㺃、短弓矢。掖邪狗等壹拜率善中郎将印绶。

其六年，诏赐倭难升米黄幢，付郡假授。

其八年，太守王颀到官。倭女王卑弥呼与狗奴国男王卑弥弓呼素不和，遣倭载斯、乌越等，诣郡说相攻击状。遣塞曹掾史张政等因赍诏书、黄幢，拜假难升米，为檄告喻之。卑弥呼以死，大作冢，径百余步，徇葬者奴婢百余人。更立男王。国中不服，更相诛杀。当时杀千余人。复立卑弥呼宗女壹与年十三为王，国中遂定。政等以檄告喻壹与。壹与遣倭大夫率善中郎将掖邪狗等二十人，送政等还，因诣台献上男女生口三十人，贡白珠五千，孔青大句珠二枚，异文杂锦二十匹。

此全部为带方之官中记录。计倭使来者四次，郡使往者两次，郡使之名可知者为梯儁与张政。今假定《传》所采录者为两部分人之记录：一部分为梯儁等，一部分为张政等。梯儁等往时为正始元年（240），张政等往时为正始八年（247）。张政至时卑弥呼已死。然则梯儁等曾否至邪马台？曾否见卑弥呼？张政等曾否至邪马台？曾否见壹与？

今先研究梯儁等。《传》中言及卑弥呼者，为梯儁等之记录。曰：

其国本亦以男子为王，住七八十年，倭国乱，相攻伐，历年，乃共立一女子为王，曰卑弥呼，事鬼道，能惑众。年已长大，无夫婿，有男弟佐治国。自为王以来，少有见者。以婢千人自侍，唯有男子一人给饮食，传辞出入。居处宫室楼观，城栅严设，常有人持兵守卫。

味其言，全属耳闻之言，实未尝见女王，亦未尝至邪马台。盖女王难见，如郡使见之，必另有一番文字。虽《传》中有"倭王因使上表答谢恩诏"之句，然此不足为见倭王之证。其所谓因使上表者，请使代为上表也。其理由以倭本身尚未有文字，而初通中国，焉有能汉文者？又言有男弟佐治国，若梯儁等果曾至邪马台，则上国之使，未见女王，亦必当见其弟，而何以不知其名？又谓女王以千人自侍；日常居处，何用千人？又曰居处宫室楼观；以彼时之岛民，犹徒跣文身，未晓缝纫，焉能居处宫室楼观？要之全属耳闻，故不能尽实；而宫室楼观等词，又复行文时顺手书成，此皆足以证其未尝至邪马台也。

至于张政等如何？虽不能肯定其曾见壹与及曾至邪马台，然亦未有若何痕迹足以肯定其未曾至、未曾见。至此当研究《传》首之行程，究为梯儁等所记抑为张政等所记。先往者为梯儁，当假定为梯儁等所记。《传》云：

从郡至倭，循海岸水行，历韩国，乍南乍东，到其北岸狗邪韩国七千余里。

郡即带方，狗邪韩国者，弁韩十二国之一狗邪国也。然有反对此说者。请试一研究之。日本岛国，势不能孤立，迟早必求通于大陆。试展东亚地图，其与最接近者，一为桦太，一为朝鲜。然桦太远处东北，气候严寒，从其地南下者有之，北上往其地则恐无是理。舍桦太以外，则必以朝鲜为唯一出路。而当时之弁韩，并无强有力之君长，如《韩传》所云："辰王常用马韩人作之，世世相继，辰王不得自立为王。"反观女王国则"收租赋，国国有市，交易有无，使大倭监之。……特置一大率，检察诸国，诸国畏惮之。……皆临津搜露传送文书、赐遗之物，诣女王不得差错。"秩序整然，似已为一种有组织、有势力之民族。且弁韩当时"土地肥美，宜种五谷及稻"，对于滨海之地，或未重视。于是倭女王乃乘势占据其南部一隅，以为倭人与韩交通上之据点；或乘势占之，旋又被逐去，其可能性均至大。谓狗邪国未为倭侵据者，殆过于重视"国"字耳。按狗邪即今之金海附近，当时弁辰二十四国中，大国四五千家，小国不过六七百家，狗邪既属不重视之滨海地，自必属于小国之列，是则倭女王之得侵据之，并不足奇。《韩传》："韩在带方之南，东西以海为限，南与倭接。""其渎卢国与倭接界"诸语，又其明证。其次：

始渡一海，千余里，至对马国。其大官曰"卑狗"，副曰"卑奴毋离"，所居绝岛，方可四百余里；土地山险多深林，道路如禽鹿径。有千余户，无良田，食海物自活，乘船南北市籴。

对马国即对马岛；海者，朝鲜海峡。次：

又南渡一海，千余里，名曰瀚海，至一支国。官亦曰"卑狗"，副曰"卑奴毋离"；方可三百里，多竹木丛林。有三千许家。差有田地；耕田犹不足食，亦南北市籴。

瀚海即今之对马海峡，一支国即壹岐岛。次：

又渡一海，千余里，至末卢国。有四千余户，滨山海居。草木茂盛，行不见前。人好捕鱼鳆，水无深浅，皆沉没取之。

海即壹岐海峡，末卢即松浦。次：

东南陆行五百里，到伊都国。官曰"尔支"，副曰"泄谟觚柄渠觚"。有千余户。世有王，皆统属女王国。郡使往来常所驻。

伊都即后之怡土郡，今加布里东部。自郡至此，其行程里数及位置，均确切不疑，即其所述途中所见，亦甚合于岛民情况。

次：

东南至奴国百里。官曰"兕马觚"，副曰"卑奴毋离"；有二万余户。

东行至不弥国百里。官曰"多模"，副曰"卑奴毋离"；有千余家。

南至投马国，水行二十日，官曰"弥弥"，副曰"弥弥那利"，可五万余户。

南至邪马壹（壹为臺之误）国，女王之所都。水行十日，陆行一月。官有"伊支马"，次曰"弥马升"，次曰"弥马获支"，次曰"奴佳鞮"。可七万余户。

伊都国以前之行程里数，确切不疑，途中所见，亦甚合理。伊都以后，乃渐模糊。奴国即中元贡献之国，今糟屋郡一带。其曰二万余户，至可疑。前述诸国，最多者不过四千余户，至此而忽增至二万余户，总计前四国，犹不及其半。《后汉书·郡国志》，河南尹二十一城，犹不过二十万八千余户。《晋书·地理志》，河南郡十二县不过十一万四千余户。一城一县，平均不及万户。而以倭中一奴国，竟倍之；且其所谓国，不过一部落而已。奴国之二万余户，已不可信，投马之五万余，邪马台之七万余，更属奇闻。即谓邪马台为国都，犹不至此也。今为一假计算：倭女王所统三十国，除奴国、投马国、邪马台国外，其余户数可知者，最多不过四千余，少者一千余，平均为三千，除去上述三国，计二十七国，每国三千，则其总数为八万一千。以一邪马台户数，而近等于二十七国户数，无论其地较其他国如何大，人口如何密，亦断不至此也。又同时之弁、辰、韩合二十四国，犹不过四五万户耳（据《韩传》）。故可信梯儁等实未尝至邪马台；其所至大约伊都而止，至多不过不弥，不弥以下必未至。其二万、五万、七万等户数，完全得之于耳闻，或奴国之二万余传写有误。

又文中“水行二十日，水行十日，陆行一月”数语，其行程与奴国、不弥国等毫无关系。不弥国即今之太宰府附近，按地理所谓南水行之路线不可寻，而“水行十日，陆行一月”更为渺茫。因此数语，遂惹起日本史学界数十年之争辩。余以为《翰苑》所引《魏略》本文，既无此数语（据太田亮氏《日本古代史新研究》所述），则此难题不难立解。今试进行吾说：

按谓《魏略》事止明帝，此当指帝纪而言，其于列传，则兼叙后此一二年间之事，并不为奇。盖其体例不同，一属编年，一属记事；帝纪限于年月，列传则无此拘束；其事之不能适止于明帝者，便不能戛然断而不叙。倭使景初二年（238）六月至带方，而郡使正始元年（240）往；其来也，带方官中有记录，其往也，带方官中亦有记录，故《魏略》因叙其来，于是并及其往，而并采录梯儁等之记录。然梯儁等止于伊都与奴国之间；投马、邪马台之里程不详，因而缺之。及后八年，张政等继往，而有“水行二十日”及“水行十日，陆行一月”等之记载。而其所谓水行二十日，水行十日，陆行一月者，并不指由奴国至投马，亦并不指由投马至邪马台。味其行程，颇似由郡至对马，水行二十日，由对马至邪马台水行十日，陆行一月也（此说太田亮氏在《日本古代史新研究》九九页曾言之）。《魏志》作者误对马为投马，因见梯儁等之记录，于投马、邪马台不言里数，于是以“水行二十日”一语补于投马之下；“水行十日，陆行一月”两语补于邪马台之下，而铸成此大错。

余疑“郡使往来常所驻”一语，亦为张政等之言，而《魏志》作者择补于伊都之下。盖既谓“常”，则必非初次之言。然正始元年（240）以前未尝有使往，必张政等闻人言以前郡使往来常驻于此也。

至此则可决定《传》首之行程为梯儁等所记，而梯儁等使倭时驻于伊都，其行踪或曾至奴国及不弥，然绝不曾至投马与邪马台，亦不曾见卑弥呼。

八年，张政等往，曾至邪马台，曾见壹与，而另有一种行程记录。《魏志》作者将其记录与梯儁等记录合并，据可知者为“郡使往来常所驻”，“水行二十日”，“水行十日，陆行一月”。此外尚有“自郡至女王国万二千余里”一句。观此句与下文“男子无大小皆黥面文身”句毫不相干，即与上文“不属女王”句，亦不连属，而梯儁等未尝至邪马台，自不知至邪马台之里数，故当然为张政之记录也。

至于邪马台及投马国之所在问题，据其方向与一万二千余里程途度之，则投马在筑后，邪马台在肥后北部之说为最可信。要之其必不出九州北半部，而断无畿内之理。今试于次章一述日本学者之议论。

七、日本学者对于卑弥呼与邪马台之研究

关于邪马台国之所在，久已成为日本史中之大问题。《日本书纪》以邪马台国为大和国，其女王卑弥呼即神功皇后。后久未有反对此说者。至足利氏之末，僧周凤于《善邻国宝记》始对此比对发生怀疑。然其成为史学界之大问题，犹属后来之事。其为肯定的反对者则以本居宣长氏为始。本居著《驭戎慨言》以讨论此问题，而以邪马台为熊袭，卑弥呼则其酋长。学者多从此说。鹤峰戊申氏著《袭国伪僭考》承认是说。菅政友氏于《汉籍倭人考》则只承认邪马台为熊袭，而于女王则谓：魏所指之倭为筑紫九国之地，领有此者，自称倭王，其于大和之另有天皇，原不知也。吉田东伍氏亦以邪马台为熊袭国，于其《日韩古史断》言：旧以卑弥呼为神功皇后，此实大误。其实卑弥呼为熊袭部，自开化、崇神朝以至神功、应神，凡五六世，百五十余年，自称邪马台之真主大倭王。

其次亦有不少学者谓邪马台非畿内大和，亦非熊袭国。如近藤芳树于《征韩起源》谓在肥后国菊池郡山门乡，星野恒氏于《国号考》谓为筑后国山门郡，久米邦武氏亦云然。故邪马台在九州之说，自德川时代至明治时代均甚盛。独三宅米吉氏等则仍以为大和。

综上以观，邪马台之所在问题有四说：一，大和说；二，熊袭说；三，肥后山门说；四，筑后山门说。其中以大和说为最弱。至明治四十三年（1910），内藤湖南氏于《艺文》上复兴大和说，而以卑弥呼为倭姬命。同时白鸟库吉氏于《东亚之光》则谓邪马台当于九州肥后求之。木村鹰太郎于报纸上批评两家之说而大惹社会对此问题之注意。但结局犹未有定说也。大正初年，学者间对此问题寂然。至十年九月，高桥健自氏于考古学界例会讲演，题为：从考古学上论邪马台之为畿内大和。十月，三宅米吉氏亦主大和说。其他如山田孝雄氏之《狗奴国考》、笠井新也氏之《邪马台即大和说》、中山太郎氏之《〈魏志倭人传〉之土俗学的考察》等，均无不主大和之说。诸文均载《考古学杂志》第十二卷；独白鸟库吉氏于同《志》上仍力主九州。

以上均根据太田亮氏之《日本古代史新研究》。氏于本问题研究独长，其《日本古代史新研究》一书，论及此者甚多，对于邪马台主肥后北部之说，对于卑弥呼则以之为大和朝廷之屏藩而僭称大倭王者。

余以为日本学者对此问题经过长期间与多数史学者一番研究，自应有相当定论，惜殊未足满吾人之意，此殆泥于其不可靠之国史故耶？

八、倭之风俗习惯

郡使于其他虽不详，然于风俗习惯方面，则特别留意，故记之特详。吾人读之，兴味亦至饶，亦可信其至可靠。盖此固一方面为亲见，而一方面虽为传闻，然其于当时代之风俗习惯传闻，断无大误，不与地理同也。研究第三世纪之倭人风俗史，当以此为最可贵之

资料。今节录如次：

> 人好捕鱼鳆，水无深浅，皆沉没取之。
>
> 倭水人好沉没捕鱼蛤；文身，亦以厌大鱼水禽。后稍以为饰。诸国文身各异，或左或右，或大或小，尊卑有差。
>
> 其风俗不淫。男子皆露紒，以木绵招头。其衣横幅，但结束相连，略无缝。妇人被发屈紒，作衣如单被，穿其中央，贯头衣之。
>
> 种禾稻、苎麻、蚕桑缉绩，出细苎缣绵。……兵用矛盾木弓，木弓短下长上，竹箭，或铁镞，或骨镞。
>
> 其俗，举事行来，有所云为，辄灼骨而卜，以占吉凶。先告所卜。其辞如令龟法，视火坼占兆。
>
> 其俗：国大人皆四五妇，下户或二三妇。妇人不淫不妒忌。不盗窃，少争讼。其犯法，轻者没其妻子，重者灭其门户。及亲族尊卑，各有差序，足相臣服。
>
> 收租赋，有邸阁。国国有市，交易有无，使大倭监之。

九、卑弥呼之政绩及其生平

统观全传，其所谓国，乃指部落而言，而当时卑弥呼所统者共三十部落，己为王，其余各国则悉临以长。卑弥呼所以为众共拥者，以其事鬼道，能服众，如犹太之所谓祭司，中国古代之所谓巫，罗马之所谓教王。在未开化以至半开化之民族，宗教势力高于一切；所谓事鬼道者，倭谓之神道也。换言之，卑弥呼能通神道，能代表神，故诸族敬畏之。又观其族“国大人皆四五妇，下户或二三妇”，而卑弥呼以女子独能年长不嫁，即此一端，已足证其异。其在政治上又能禠“尊卑有序”，“收租赋，国国有市，使大倭监之。”故以卑弥呼之才能，当时能王三十国，并不足怪。

十、女王国以外诸国

《传》中言，女王国以外，“其南有狗奴国”。又“女王国东渡海千余里，复有国，皆倭种。又有侏儒国在其南，人长三四尺。去女王国四千余里，又有裸国、黑齿国。复在其东南，船行一年，可至参问。倭地绝在海中洲岛之上，或绝或连，周旋可五千余里。”以上诸国，独狗奴国记之较详。至于所谓东渡海千余里，复有国，此或指畿内而言。至于侏儒国，则当为闻诸倭人言有国，其人长三四尺，因名之曰侏儒。裸国、黑齿国，亦同一理由。盖以前诸国，均属译音，而此三国之名独具意义，似非郡使为之定名，而为《传》之作者另从他书拼凑而成（《山海经·海外东经》亦有黑齿国）。又“可至参问”四字最可疑。岂参问为地名耶?

以上诸国，除狗奴国可断定其在九州南部之外，其余诸国均在疑问之列。

十一、女王国存在之年代

《传》言“其国本亦以男子为王，住七八十年，倭国乱，相攻伐历年，乃共立一女子为王”。今先认定女王国之范围为九州北半部。其言“住七八十年”，“住”字似为“往”字之误。言往七八十年，则应为正始前后之七八十年前（倭女王以景初二年通使，正始七八年间死）。今假定以正始元年上推七十年，为后汉灵帝建宁三年（170），八十年为桓帝延熹三年（160），是桓、灵间已有此倭国。其言七八十年，假定为七十五年，当为延熹八年（165）。由是年起，倭国乱，历年，假定为十年至二十年，当为中平二年，卑弥呼为王（卑弥呼之为王，最少当在二十岁。盖所以能为王，以其事鬼道，能惑众；不有相当年龄，不能有此），经六十二三年，正始七八年而卑弥呼死。其死当为八十三岁前后。卑弥呼死，更立男王，而国复乱，更立宗女壹与（《梁书》作臺与）为王，此为正始八年（247）事也。正始八年（247）以后之倭人事迹，不复见于《魏志》，故本文所研究，亦止于此。其正始以后及桓、灵以前之倭人事迹，当在下期言之，题为《后汉刘宋间之倭史》。

十二、邪马台与大和

女王国之在九州，有欲以邪马台三字以推翻之者。其言以为邪马台音为Yamato，日本音Yamato即大和。据日本史，大和为古畿内国名，何以同在日本列岛内，畿内与九州在同时代有同一名称之二大国存在？

有解释之者，如太田亮氏谓当时女王实为大和国之屏藩，而僭称大和以与中国通使。余以为此不过为一种设想。今当从事实观察。

第一，《魏志·倭人传》中原作“邪马壹”而不作“邪马台”。第二，即谓为邪马台也，而日本音“倭”字亦为Yamato。《古事记》上卷有地名大倭丰秋津岛，中卷有人名神倭伊波礼毗古命。所谓大倭丰秋津岛者即畿内，神倭伊波礼毗古命，即神武天皇。倭字之始见于日本典籍者此为最早。我国所以名日本为倭，其源虽不可考，然音倭为Yamato者始于《古事记》。我国之名日本为倭，其始日人不知也，其知之当在汉字传入以后。倭字原不音Yamato，其音之为Yamato，日人之事也。然倭与邪马台两词在魏时本各自独立。邪马台为都名而倭为种族名，其义大异，而日人竟混而为一音，至大和亦音Yamato。日本古传说谓为畿内国名，平安奠都以前，世世天皇所都。然此古传说也，其书之于史，则唐太极元年（西纪七一二年，日本和铜五年），其后于《魏志》之作四百余年，然则能保其名大和为邪马台者非根据于《魏志》耶？其名国都为Yamato，得非由《魏志》而来耶？故因《魏志》之邪马台在先，而畿内大和Yamato之史居后，不能以后者推翻前者，唯有根据前者可以订正后者。基于此，则所谓同时代有两大国并存之疑问，可自解矣。

（原文载于《日本研究》第1卷第1号，1930年1月）

桂林石刻《元祐党籍》

陈乐素

一九八二年我写过《流放岭南的元祐党人》一文，论述北宋绍圣、元符以及崇宁年间，先后被作为“元祐奸党”流放岭南的一些历史人物，他们历尽艰苦流离的情景，以及他们在贬所生活中传播了中原文化，对促进岭南文化的发展，起了一定的积极作用。本文则继前作，略述“元祐党籍”和几个《元祐党籍碑》的历史发展，桂林石刻《元祐党籍》的历史价值，并及与它互为补充的融水《元祐党籍碑》。

一、“元祐党人”之称

“元祐党”这一党名，不是自称的，而是被强加的。北宋元丰八年（1085）三月，神宗死后，哲宗继位，这个年方十岁的孩子，由太皇太后高氏，他的祖母，垂帘同听政，实际掌握政权。她首先起用反对王安石的司马光，罢掉保甲、方田、保马、免役等新政；第二年，元祐元年（1086），又罢掉宰相蔡确和知枢密院事章惇；任命司马光为宰相。同年，王安石、司马光相继死后，太皇太后任用一些正派的人如吕大防、刘挚、范祖禹等，和有名学者如苏轼、程颐等。但苏轼和程颐之间不久就发生派系之争，随即扩大成以程颐为首的洛党，苏轼为首的蜀党，刘挚为首的朔党，互相排挤；还有被罢了的蔡确、章惇等派在暗中活动。这就形成复杂而不稳定的政治局势。元祐四年（1089），有人上奏：蔡确被贬，作诗“讥讪朝廷，上及君亲”。于是再贬到岭南的新州（广东新兴）。当时有人认为过重。太皇太后说：“山可移，此州不可移！”事后，范纯仁对吕大防说：“此路荆棘七八十年矣，奈何开之！吾侪正恐不免耳。”[①]范纯仁的意思是说，仁宗乾兴元年（1022）寇准被贬雷州，丁谓被贬崖州后，距离现在七八十年，没有再贬岭南的，此路已经长满荆棘，不宜再开。元祐八年（1093）九月，太皇太后高氏死，哲宗十八岁亲政。他与祖母的感情不好，一些人就利用这一点，借恢复神宗时期的法制为名，建议起用章惇做宰相。杨畏就是这种主张的人。哲宗采纳了，当年就恢复章惇和吕惠卿等主张新法的人的官。形势于是大变。第二年，基于曾布的建议，改元祐九年为绍圣元年（1094），明白表示绍继神宗时期的法制，正式任命章惇为宰相。这样一来，在人事方面，章惇便大肆报复，假借哲宗的命令，夺司马光、吕公著等赠谥，贬吕大防、刘挚、苏辙、梁焘等的官，安置范祖禹、赵彦若、黄庭坚等于永、澧、黔等州；三年（1096），远窜范祖禹于岭南的贺州（广西贺县），刘安世于英州（广东英德）。四年（1097）二月，更进一步，流吕大防、刘挚、苏辙、梁焘于岭南的循（广东龙川）、新、雷、化州，并贬范纯仁、刘奉世、韩维等三十多人的官。三

① 语见杨仲良《通鉴长编纪事本末》卷一〇七。以下简称《本末》。

月，章惇使中书舍人蹇序辰上疏："朝廷前日追正司马光等奸恶，明其罪罚，以告中外；唯变乱典刑，改废法度，讪讟宗庙，睥睨两宫，交通近习，分布死党，考言观事，实状具明，而包藏邪心，踪迹诡秘，相去八年之间，已有不可备究者。至其章疏文字，行遣案牍，又散在有司，莫能会见，若不乘时取索编类，恐岁久沦失，或邪党交构，有藏匿弃毁之弊。欲望圣慈特赐指挥，选官将贬责奸臣，所言所行事状，并取会编类，人为一本，分置三省、枢密院，以示天下后世之大戒。"[①]章惇、蹇序辰等把司马光等说成罪大恶极，诬捏他们许多罪状，要把他们的所言所行，编类成专案，一人一本，存藏于三省和枢密院两个最高政府机关，示天下后世，使他们永远不得翻身。这种做法，在我国封建社会的历史上是罕见的。第二年，元符元年（1098），章惇、蔡卞等人还要求哲宗把他的祖母作为罪魁祸首，追贬为庶人；未被这个孙子采纳。

元符三年（1100），哲宗死了，弟弟佶立，为徽宗，十九岁，由他母亲向太后同听政，实权在太后手里，她不同意过去哲宗的主张，于是政治形势又一变。首先，徽宗之立，章惇声明反对。这当然招致向太后的不满，初立的徽宗当然更不满。于是很快就遭到陈瓘、龚夬的抨击。《宋史・龚夬传》："时章惇、蔡卞用事（当时章惇还是宰相，蔡卞是尚书左丞），夬首论其恶。大略以为昔日丁谓当国号为恣睢，然不过陷一寇准而已。及至于惇，而故老、元辅、侍从、台省之臣，凡天下之所谓贤者，一日之间，布满岭海，自有宋以来，未之闻也。当是时，惇之威势，震于海内。盖其立造不根之言，文致悖逆之罪，俾朽骨銜冤于地下，子孙禁锢于炎荒，忠臣义士，愤闷而不敢言，海内之人，得以归怨于先帝。其罪如此，尚何俟而不正典刑哉？卞事上不忠，怀奸深理，凡惇所为，皆卞发之，为力居多。望采之至公，昭示谴黜！"于是章、蔡并遭罢免，韩忠彦、曾布当正副宰相。据《宋史・曾布传》："时议以元祐、绍圣，均为有失，欲以大公至正，消释朋党。明年，乃改元'建中靖国'，邪正杂用。"建中靖国元年（1101），贬章惇为雷州司户参军；谏官江公望、陈瓘亦遭罢免。但皇太后刚死了不久，新的情况又出现，就是蔡京上台，当了翰林侍读学士承旨，很快成为徽宗皇帝的亲信。在蔡京的建议下，恢复了他弟弟蔡卞和蹇序辰等官。第二年，年号"崇宁"，表示尊崇熙宁时代的政治制度，实质上借以排挤打击"元祐党人"。于是不特韩忠彦被罢免，连主张"消释朋党"的曾布亦被罢。当年七月，蔡京当上了宰相，形势发生了更大的变化。九月，第一次出现了党人碑。

二、宫城内端礼门的党人碑

崇宁元年（1102）九月，第一个党人碑竖立在宫城内的端礼门。端礼门为文德殿的南门，而文德殿是文武官每日赴朝常参的正衙殿[②]。这就是说，端礼门是文武官常参必经之门，碑树立在那里，文武百官可以看到。

事情是这样的：九月之前的五月，臣僚上言："神考在位十九年，所作法度，皆本先王。元祐党臣秉政，紊乱殆尽，朋奸罔上，更唱迭和，气焰熏炙，不可向迩者，皆神考之罪人也。绍圣追复，虽已窜逐，陛下即位，仁德涵养，使之自新，党类实繁，所在连结。

① 《本末》卷一〇二。

② 据李攸《宋朝事实》卷十二。

内外相应，寖以滋曼，为害弥甚。今皆坐享荣名，显职厚禄，分居要路，疑若昔未尝有罪者，非所以正名也。”又说：“今奸党姓名具在，文案甚明，罪有轻重，情有浅深，使有司条析，区别行遣，使各当其罪，数日可毕。”[①]八月，臣僚上言：“伏见前日诋讪先朝，动摇法度，罪不容诛之人，比者追贬而显黜之，皆板镂所陈章疏，且颁降手诏，著所罪之之由，俾中外洞知本末；此真与众弃之之美意也。臣愚，尚以谓陛下践祚之始，渊默不言，尝开献书之路，而以书献者，有自布衣取甲科，或加秩一等，或解武弁，而寄寺、监、丞、簿之禄。天下之士，不知彼所论列为何等语。欲望出其所上封事，布之四方。果其言有补国是，则至公之议，帖然自厌；脱或志在觊望，侥幸名器，无忠嘉一定之论，有奸险两可之语，附下罔上，累先烈而害初政，则于此时，岂可置而不问？”[②]他们不但建议要确定党人之罪，还要求追查元符三年（1100）上书人中反对绍圣措施的一些人。于是九月己未（十三日），徽宗下诏，把上书人分正、邪各三等，其中邪等，即反对绍圣措施的定为邪上尤甚的三十九人，邪上的四十一人，邪中的一百五十人，邪下的三百一十二人[③]。这样，原定为“党人”的以外，又增加五百多人要定罪。最后，公布列入元祐党籍的计一百二十人，其余未列入籍内。《宋史·徽宗纪》崇宁元年（1102）九月己亥（十七日）“籍元祐及元符末宰相文彦博等、侍从苏轼等、余官秦观等、内臣张士良等、武臣王献可等，凡百有二十人，御书端礼门。”这就是皇帝亲笔、也就是皇帝亲定的第一个元祐党人碑。一百二十人的名单，详见《本末》卷一二一。

三、各地监司长吏厅的党人碑

崇宁元年（1102）竖立在端礼门的党人碑，只有在汴京的文武官或曾到汴京的文武官能看到。蔡京认为这样，知道的人不多，要扩大范围。于是崇宁二年（1103）九月，又有“臣僚上言：近出府界，陈州人士有以端礼门石刻元祐奸党姓名问臣者。其姓名朝廷虽尝行下，至于御笔刻石，则未尽知也。欲乞特降睿旨，具列奸党，以御书刻石端礼门姓名，下外路州军，于监司长吏厅，立石刊记，以示万世！”[④]皇帝答应了这个要求。于是汴京之外，崇宁二年（1103），地方上的监司长吏厅也各有党人碑。所谓监司，是监察州郡的长官，他们的驻地称厅；有提举司、转运司、提刑司等。崇宁二年（1103）的党人碑与元年端礼门的党人碑内容有不同。它分为元祐奸党，曾任宰臣（八人），曾任执政官（十六人），曾任待制以上官（三十五人），余官（三十九人），而没有武臣、内臣。端礼门碑共一百二十人，这里就只有九十八人[⑤]。崇宁二年（1103）以来，各地监司长吏厅树立了一共多少个党人碑，史无记载。

---

① 《本末》卷一二一。

② 《本末》卷一二三。

③ 《本末》卷一二三。

④ 《本末》卷一二一。

⑤ 名单见《本末》卷一二八。

四、崇宁三年的党人碑

崇宁元年（1102），京城有碑；崇宁二年（1103），地方也有碑；人数有异，主要是后者没有武臣和内臣。但到崇宁三年（1104）六月，又下诏“重定元祐、元符党人及上书邪等合为一籍，通三百九人，刻石朝堂”[①]。这主要是增加了上书邪等中的一部分人，列入党籍。值得注意的是，在当年二月间，先有诏：“王珪、章惇别为一籍，如元祐党。”[②]为什么这样做呢？据《本末》卷一二一载，崇宁二年四月，就有臣僚上言：“故宰相王珪，遭遇神宗，擢在政府凡十六年，其所蒙被恩泽，无与比伦。逮神宗违豫，至于大渐，是宜早建储君，以定人心，而乃迟疑顾望，语及同列，谓‘他自家事，外庭不当管’；又密召高士充，欲成其奸谋。”这就是王珪的罪名。这件事，朱熹说得简单明白。他说：“蔡京诬王珪有不欲立哲宗之意；章惇则以不欲立徽宗之故，故入奸党，皆为‘为臣不忠’。”[③]其实章惇原是打击报复元祐党人最主要的人物，在徽宗说来，他应是有功的，但因为他反对立徽宗为帝，这就当然不能容忍，因此用王珪来陪衬，都定为不忠之臣，最后把他贬死（王珪在元丰八年即1085年已死）。在蔡京来说，也是去一大敌。

崇宁三年（1104）党人碑的竖立，据《本末》卷一二二载：“六月壬戌（二十一日），蔡京奏‘奉诏，令臣书元祐奸党姓名。恭惟皇帝嗣位之五年，旌别淑慝，明信赏罚，黜元祐害政之臣，靡有佚罚，乃命有司夷考罪状，第其首恶与其附丽者以闻，得三百九人。皇帝书而刊之石，置于文德殿之东壁，永为万世臣子之戒。又诏臣京书之，将以颁之天下。臣窃惟陛下仁圣英武，遵制定功，彰善瘅恶，以昭先烈。臣敢不对扬休命，仰承陛下孝悌继述之志！谨书元祐奸党姓名，仍连元书本进呈’。”这样看来，三百九人的姓名及其罪状，徽宗先已写了，立石文德殿东壁，然后又命蔡京书写，颁之天下。此时京城便有两个碑，各地监司长吏厅有碑，蔡京书的更广泛地到处竖立起来，这种做法让各地人都知道，皇帝把司马光、文彦博、苏轼等人定为奸党，难免引起舆论的不满。

由于舆论不满，皇帝与宰相都不好收场。到了崇宁四年（1105）九月，他们就借名九鼎铸成的大庆，大赦天下，“诏元祐奸党，久责遐裔，用示至仁，稍从内徙，应岭南移荆湖，荆湖移江淮，江淮移近地！”[④]接着，五年（1106）正月，又借名星变，“诏毁元祐党人碑”[⑤]。又诏：“朝堂石刻，已令除毁，如外地有奸党石刻，亦令除毁。”[⑥]这样含含糊糊地把他们这一罪恶行为算作了结。其后果做成政治极度萎靡，人才极度缺乏。在这种情况下，徽宗还更纵容蔡京、王黼、童贯等人，继续把国家财政、经济破坏到濒于绝境，而对人民的压榨无有止境。农民于是纷纷接着方腊之后，到处起来反抗，而北宋就终于在金军乘机大举南侵下覆灭了。

① 《宋史·徽宗纪》。

② 《宋史·徽宗纪》。

③ 《朱子语类》卷一三〇。

④ 《本末》卷一二四。

⑤ 《宋史·徽宗纪》。

⑥ 《本末》卷一二四。

五、南宋还有党人碑

按照徽宗的毁碑命令，应该说，到了南宋就不再有党人碑的存在了，事实不然，还有党人碑的发展史。

建炎南渡，高宗勉强建立了南宋政权。百事草创，人才大缺，人心不定。新政之一，就是褒赠元祐党人。如绍兴元年（1131），连续追复陆佃资政殿学士，赠程颐、龚夬直龙图等官。当年十月乙丑（二日）诏："本朝自章惇、蔡京首建元祐之党，至崇宁、宣和间，委任一相，则天下人材，不归蔡京则归王黼之门矣。恭闻太上内禅之日，已自悔为奸臣蒙蔽，乃属其大臣，令辅渊圣，尽用司马光政事。逮朕嗣位以来，遵用太上玉音，追复元祐臣僚官职，俄又录用其子孙，亦欲破朋党之论也。"同月丁卯（四日），"吏部言：'元祐党籍及元符上书三等邪人，渡江，籍记各已散失，欲令逐家子孙，各录告敕于照自陈'。从之。"[①]据当时吏部的话，不但党人碑已无存，而且各种有关籍记、档案，也都已散失，只好凭党人的子孙家藏的告敕来决定真假了。后来直秘阁黄策奉命变卖蔡京的家产，才获得蔡京所写的党人碑文和国子监所刊印的党籍上书人姓名册，送吏部[②]。蔡京写的是崇宁三年（1104）的党人碑文，至此，政府才开始掌握了凭证，据以"推恩"。但在推恩中又发生了"推恩泛滥"的弊病。据绍兴四年（1134）张纲所上的《论党籍之家推恩泛滥札子》："臣考之党籍，见于石刻者三百余人，前后推恩已多，而来者不止，递相援例，无有限极；或白身不试，辄命以官；或先次注授，不问资格；一门之中，既及其子若孙，又复旁连弟侄。由是上则多泛滥之宠，下则启侥幸之门。不可不为限制。"[③]这充分暴露了封建社会那种宗亲的依赖性。同年，张纲建议："看详党籍人姓名，见于碑刻者共有二本；一本计九十八人，一本计三百九人。内九十八人者，是崇宁初年所定，多得其真，其后蔡京再将上书人及将已所不喜者作附丽人添入党籍，冗杂泛滥，增至三百九人。看详九十八人内，除王珪一名不合在籍，自余九十七人多是名德之人。所有三百九人，豁除九十七人，更有侍从官上官均、岑象求及余官江公望、范柔中、邓考甫、孙谔等六人，其名德亦显然可见外，有二百余人，虽石刻具存，然其姓名有不显者，及当时议论是非，为年岁深远，别无文字考究，难以雷同开具。"[④]张纲所依据的是崇宁二年（1103）和三年（1104）的两个党人碑，认为其中只有一百三人（九十七人加六人）的子孙可以"陈乞恩例次数"。后来虽不免仍有若干数外的人的子孙陈乞，但毕竟有所限制了。这是绍兴初年的大致情况。后来一些党人子孙不是去"陈乞推恩"，而是采取重刻党人碑的办法，以为宗族光宠。如王明清在光宗绍熙年间所撰的《挥麈后录》卷一所载："近日扬州重刻《元祐党人碑》，以苏迥为苏过。"这就是重刻的一例。这里有一个值得注意的问题：元祐党人碑，既然崇宁五年（1106）已经明令要全部除毁，徽宗又曾自悔为奸臣蒙蔽，如今重立党人碑，岂不是重又公开揭露徽宗皇帝的过失吗？这应怎样解释呢？有一点：宋皇室的皇位继承，自从太宗继他哥哥太祖皇位以后，一直到南宋初期的高宗，继位的都是太宗这一支。太祖的儿子德昭

① 《建炎以来系年要录》卷四八。以下简称《要录》。

② 据《要录》卷四八，绍兴元年十月丁卯条。

③ 《华阳集》卷十五。

④ 《华阳集》卷十八《看详元祐党人状》。

在太宗时被逼自杀，德芳早死。直到高宗无子，才不得已以秦王德芳的后裔——孝宗继皇位。孝宗有志恢复，对非太祖宗支的徽宗招致北宋之亡，是不满意的，对太宗之继承皇位也不会是满意的。这就是李焘作《续资治通鉴长编》敢于公然有“斧声烛影”的历史疑案记载的原因。另一方面，高宗时代，既然有再三褒赠追复党人官职及推恩其子孙之举，而所根据的就是以党人碑为主，那么，后来一些人不避冒犯徽宗的嫌疑而重新树立党人碑，作为专罪蔡京而表彰自己的祖宗，那就不足为奇了。

在南宋时期，究竟重新立党人碑的有多少？无从查考。上述光宗时期扬州有碑外，还有一些，如《景定严州续志》卷六所载，淳安县有“《元祐党籍碑》，县尉司马速刊于县学”。但都不存了。现存的有广西桂林龙隐岩摩崖石刻《元祐党籍》，并有拓本。又广西融水苗族自治县有《元祐党籍碑》，十年动乱中已毁，但还有拓本。

六、龙隐岩摩崖石刻《元祐党籍》

桂林龙隐岩摩崖石刻《元祐党籍》，刻于南宋庆元四年（1198），距今已经七百八十多年。这片石刻，高一百七十厘米，宽一百八十七厘米，题额八分书，正文行楷，稍有剥蚀，我所藏拓本，全文清晰。内容：开始有“皇帝嗣位之五年”至“仰承陛下孝悌继述之志”一段，全文与上述蔡京崇宁三年（1104）六月壬戌上奏同，接下为“司空尚书左仆射兼门下侍郎臣蔡京谨书。”另行“元祐奸党”。接下列举文臣曾任宰臣执政官司马光、文彦博等二十七人姓名；曾任待制以上官苏轼、刘安世等四十九人姓名；余官秦观、黄庭坚等一百七十七人姓名；武臣张庚、李备等二十五人姓名；内臣梁惟简、陈衍等二十九人姓名；为臣不忠，曾任宰臣章惇（惇字缺末笔）。全数三百零八人，缺王珪一人姓名。姓名之后，有饶祖尧一跋，文如下：

> 世之是非，未有久失其当者。所谓公论，天地并存，月日并明，亘亿万年，矛盾驰互，此脉终不可乱；欲势力变置之，有是哉！元祐党议，徽宗固随感悟，高宗亦继昭雪。观国史，谓实录，及诸公家传等书，大氐有考。庆元戊午，备末掾（指通判）桂林，始获识左丞梁公之曾孙府钤辖律。爱其有前輩风度，相与光昵；暇日从容及籍中名氏，因谓欲刻诸石，使垂传。夫前此一时之屈，而后此万世之伸，其所得孰多？然惟是焉，计浅之为丈夫耳，非所施于昔贤。特碑苟无恙，彼小人者，有所瞒惠；其污蔑君子，本以利己，浮说定罪恶，反易位而至于我，生遗家祸，死贻鬼诛。盖至严其邪心，要必少浚明。斯举也，似不无补。岁九月旦，吉川饶祖尧跋。
>
> 镌于龙隐岩　刊者王俊

这里要说明几点：一、这是翻刻《元祐党籍碑》在磨崖石上的，所以只题“元祐党籍”，不称其为碑。二、《本末》卷一二二明载“为臣不忠，曾任宰臣王珪、章惇”，而龙隐岩石刻没有王珪。按朱彝尊《桂林府石刻〈元祐党籍〉跋》末云：“王珪、章惇姓名漫漶者，为瀑水所泐也。”[①]这是可能的。现存石刻上，章惇的姓名在“为臣不忠，曾任宰臣”八字之下，而不是另行，而且笔迹显然不同，明明是后来所加的。三、石刻中姓名，误万俟正为莫侠正，误龚夬为龚史。看来不是蔡京原来写错，而是翻刻时之错。饶祖尧的

① 《曝书亭集》卷五一。

跋，写得不那么通畅。大意是他的下属梁律商得他的同意，刻石表彰君子，暴露小人；而梁律是梁焘的曾孙，梁焘是以元祐中曾任尚书左丞，名列党籍中。梁律要刻石表彰的君子，自然包括他曾祖父在内。

问题是翻刻时间在庆元四年（1198），这正是党禁最严的一年，为什么毫无顾忌？

《宋史·韩侂胄传》："孝宗崩，光宗以疾不能执丧，中外汹汹。（知枢密院事）赵汝愚议定策立皇子嘉王。时宪圣太后（高宗后）居慈福宫。而侂胄雅善慈福内侍张宗尹。汝愚乃使侂胄介宗尹，以其议密启太后。侂胄两至宫门，不获命，彷徨欲退，遇重华宫提举阙礼，问故；入白宪圣，宪圣可其议。礼以告侂胄。侂胄驰白汝愚。翌日，宪圣太后即丧次，垂帘，宰臣传旨，命嘉王即皇帝位。宁宗既立，侂胄欲推定策恩。汝愚曰：'吾宗臣也，汝外戚也，何可以言功？'"宁宗之立，赵汝愚、韩侂胄两人并有"定策"功，因而发生权力之争。韩侂胄是太皇太后（高宗后）妹妹的儿子，又是功臣韩琦的后人，又是皇后韩氏的叔祖，以外戚便于出入宫禁；而赵汝愚是以宗室居相位（宁宗立后为右丞相），位高势危。绍熙五年（1194）七月，宁宗初即位时，赵汝愚原是枢密使，八月，首荐朱熹入经筵，即大遭韩侂胄之忌。双方斗争的结果，赵汝愚就在庆元元年（1195）二月，即任相才七个月，便被罢免，不到一年，贬死衡州。朱熹在经筵才三个月，亦罢。未几，便有"伪学"之案，即借"伪学"之名，排斥同情赵汝愚、朱熹的人。庆元三年（1197）十二月丁酉（二十九日）"诏省部籍伪学姓名"[①]籍记的形式，类似元祐党籍：宰执，赵汝愚等四人；待制以上，朱熹等十三人；余官，刘光祖等三十一人；武臣，皇甫斌等三人；士人，杨宏中等八人。共五十九人。庆元四年（1197），严伪学之禁。六年（1200），朱熹死。至嘉泰二年（1202），才弛党禁，追复赵汝愚、朱熹等官。韩侂胄借禁"伪学"，排除异己，使个人得以专断，他的做法颇似章惇、蔡京借元祐奸党之罪，打击诬陷，谋尽去异己。

韩侂胄的所为，既然与章、蔡类似，特别是蔡京之设置党籍，本不会容许梁律重刻"元祐党籍"上石，免犯步蔡京后尘的恶名，但事实上龙隐岩的《元祐党籍》正在党禁最严的庆元四年（1198），这应该怎样解释呢？要么韩侂胄不以设置"元祐党籍"为错误，而且"伪学党籍"之设，正是模仿"元祐党籍"形式；要么朝廷派系之争激烈，无暇顾及地方所为。这样分析是否妥当，有待高明研究。

元祐党籍中人，不尽是"元祐党人"，而且有正是攻击"元祐党"的人。例如黄履，《东都事略》本传说他"初附蔡确谋定策事，复附章惇排挤元祐之臣。时议嫉之。"张商英，《宋史》本传说他"积憾元祐大臣不用已，极力攻之。"杨畏，《宋史》本传："天下目为'杨三变'，谓其进于元丰，显于元祐，迁于绍圣也。"又如《建炎以来系年要录》卷六七："绍兴三年（1133）八月甲午（十二日）条：上谓大臣曰：'元祐党人固皆贤，然其中亦有不贤者乎？'吕颐浩等曰：'岂能皆贤'？徐俯曰：'若真元祐党人，岂有不贤？但蔡京辈，凡己之所恶，欲终身废之者，必名之元祐之党，是以其中不免有小人。'上曰：'若黄策之类是也。'俯曰：'黄策乃元符末上书狂直被罪,始天下皆称之,如策比者无虑十数人。策不能固穷守节,旋陷于非义。其中亦有议论前后反复，奸恶猥琐，窜名其间，如杨畏、朱师服数人耳'。"像这样的一些人，是少数；大部分人才是受到迫害，其中不少还被贬窜

① 《宋史·宁宗纪》。

岭南烟瘴之地，或多年之后才得北还，或竟死于当地。他们的遭遇虽惨，但他们大都能在患难过程中把中原文化传播岭南，对岭南的经济、文化发展起到了一定的促进作用。我在《流放岭南的元祐党人》一文中论述了他们的具体情况。

元祐党人的被迫害，不止是他本人，不止是生者，他们的子孙不得入国门，不得入仕籍，或者也遭窜徙。典型的如刻石龙隐岩的梁律一家就是一例。

《宋史·梁焘传》："绍圣元年（1094）知郓州，朋党论起。以司马光党，黜知鄂州。三年（1096），再贬少府监，分司南京。明年，三贬雷州别驾，化州（广东化州）安置。三年（作三年误，据《本末》卷一〇二，为绍圣四年）卒，年六十四。徙其子于昭州（广西平乐）。徽宗立，始得归。"梁焘之死，《本末》卷一〇二有这样的记载："绍圣四年十二月癸未（三日），鼎州团练使新州（广东新兴）安置刘挚卒。"先是，梁焘先卒于化州（原注：十一月二十七日），后七日，挚亦卒于新州。众皆疑两人不得其死。朱熹也曾叙及此事。他说："刘莘老（挚）死亦不明。今其行状似云：'死后，以木匣取其首'；或云'服毒'，或云'取首级'，皆无可考。国史此事，是先君修正，云：'刘挚、梁焘相继死岭表，天下至今哀之。'"[①]像这样的遭际，在封建社会里，他家的子孙，把"元祐党籍"重新刻石，公之于世，以纪念他们的先人，是不难理解的。

七、融水县的《元祐党籍碑》

桂林摩崖石刻《元祐党籍》可以刻于庆元党禁最严的时候，到嘉泰二年（1202）先后追复赵汝愚、朱熹的官，党禁解除，那么，嘉定四年（1211）又有翻刻《元祐党籍碑》的出现，就更不足为奇了。

嘉定四年（1211）重刻的《元祐党籍碑》，竖立在广西融水（今融水苗族自治县），经过七百多年，到"文化大革命"期间被毁掉，幸拓本还存。我所见影拓本，文尚清晰，很少剥蚀。原碑高二百厘米，宽一〇二厘米。全部正书。额题"元祐党籍碑"五字。碑式分三截：

上截："皇帝嗣位之五年"至"蔡京谨书"，文与桂林石刻《元祐党籍》同。

中截：文臣曾任宰臣执政官，曾任待制以上官，姓名和次序与桂林石刻同；但余官，姓名数同而次序有异，其中冯百药误为"洪百药"，内臣缺王化臣一人；为臣不忠，曾任宰臣，则有王珪、章惇；惇字避讳缺末笔。

下截：为沈暐识语："右，元祐党籍，蔡氏当国实为之。徽庙遄悟，乃召党人出籍。高宗中兴，复加褒赠，乃录其子若孙。公道愈明，节义凛凛；所谓诎于一时，而信于万世矣。其行实大概，则有国史在，有公议在。余官第六十三人乃暐之曾大父也。后复官，终提点杭州集真观，赠正奉大夫。暐幸托名节后，敬以家藏碑本镵诸玉融之真仙岩，以为臣子之劝云。嘉定辛未（1211）八月既望，朝奉郎权知融州军州事兼管内劝农事古霅沈暐谨识"。

沈暐的曾祖父为沈千，《宋史》无传。据《本末》卷一二三，是属于元符上书被列为"邪上"的人之一。沈暐以融州知州的身份重立此碑，目的与梁律同。值得注意的是，用桂

① 《朱子语类》卷一三〇。

林石刻、沈暐此碑和《本末》所载，三者对比，各有同异，可知各有所本，同源而异流。北宋崇宁间，各地立碑未必多，但毁碑之前，拓本与传抄本当不在少数，各据所本重刻，这是很自然的。

结 语

上述龙隐岩石刻《元祐党籍》及其前后所发展的历史情况，反映了北宋后期政治上派系的激烈斗争，而章惇、蔡京之流，利用势位，打击报复，排挤异己，摧残人才，无所不用其极，加上政治昏庸的徽宗，纵任蔡京、童贯等人，把国家政治经济破坏到不可收拾的地步，招致国破和他们自己的灭亡。党人后裔，在南宋的政治环境下（皇室宗支太祖一系居位），得以重刻党人碑，不避冒犯已故的徽宗皇帝而表彰自己的先人，暴露当时当权者的恶政。但也有不少人乘机借重祖先之名以侥幸取利，表现了宗法社会的常性。我们今天能够有龙隐岩石刻这方历史文物作实证，并有沈刻相互对比；应该说，它们对研究宋史是可贵的有价值的资料。

（原文载于广东《学术研究》1983年第6期）

朱杰勤（1913—1990），广东顺德人。1936年毕业于中山大学，留校主讲中国艺术史。1940年起开始关注南洋专题研究，被英国皇家亚洲学会吸收为会员。1942年任南洋研究所史地研究员。1943年任国立东方语言专科学校印度史和泰缅史教授。1945年任云南大学文史系教授。1952年进入中山大学历史学系，主持亚洲史教研室工作。1958年参加暨南大学复校工作，成立历史学系并担任系主任。1982年创办华侨研究所，并任所长，同时兼任中国社会科学院南亚研究所、北京大学东南亚研究所研究员。他是著名的中外关系史专家，主要著作有《中西文化交通史译粹》《王羲之评传》《中国古代史学史》《中外关系史论文集》《东汉美术史》《龚定庵研究》《东南亚华侨史》等；主编《中外关系史译丛》《东南亚华人华侨史丛书》《中外关系史辞典》等。其论文后整理为《朱杰勤文集》多卷本出版。

中国古代海舶杂考

朱杰勤

殷周二代水上交通工具统称为舟。《易系辞》："刳木为舟。"《论语》："奡荡舟。"都无船舶之称。至秦汉始称为船。扬雄《方言》说："舟自关而西谓之船，自关而东谓之舟，或谓之航。"卫宏的《汉旧仪》载"水处有楼船"。汉代武官有"楼船将军"，可见汉代的楼船主要是服务于水军。这种既高且大的楼船，有船尾舵和高效率的推进工具——橹。

远航于南海（中国海）之大舟曰舶。

> 《华严经音义》称：吕忱《字林》："舶，大船也。"今江南泛海船谓之舶，昆仑及高丽皆乘之，大者受万斛也。又称《埤苍》："舶，大船也。《玉篇》同。"又称，《通俗文》：晋船曰舶（《初学记》引，无船字），大者长二十丈，载六七百人。按《水经注》：孙权装大船，名之曰"长安"，亦曰大舶，是矣。①

"外域人名船曰舶，大者长二十余丈，高去水二三丈，望之如阁道。载六七百人，物出万斛。"②按十尺为一丈，每尺合二十三至二十五公分，二十丈的船，大约有四十六到五十公尺的长度。又3世纪的斛合一百升，每升大致可当一公升，则万斛的船，可当千吨。

根据《汉书》卷二八《地理志》的记载，可以清楚地看出中国同印度和东南亚的海上贸易始于汉初。大致在公元前后，中国航海船舶已知使用风帆行驶大海上。如木玄虚的《海赋》描写道："于是候劲风，揭百尺（李善原注：百尺帆樯也），维长绡，挂帆席（李善原注：绡今之帆网也，以长木为之，所以挂帆也。刘熙《释名》曰：随风张幔曰帆，或以席为之，故曰帆席也。）……或掣掣泄泄于裸人之国，或泛泛悠悠于黑齿之邦。"③印度洋上的尼科巴群岛（Nicobar）古代有裸人国之称；而黑齿之邦可能是东南亚古代国家之一。马融（79—166）在他的《广成颂》中也有道"张云帆，施蜺帱"之语。

帆之设置由简而繁，最初仅有一帆，至汉唐之际，广东地方，已有四帆之舶出现矣。

> 外徼人随舟大小，或作四帆，前后沓载之。有卢头木，叶如牖形，长丈余，织以为帆。其四帆不正前向，皆使邪移相聚，以取风吹。风后者激而相射，亦并得风力，若急则随宜增减之。邪张相取风气，而无高危之虑，故行不避迅风激波，所以能疾。④

到了3世纪，随着中国造船技术的进步，中国人在南海上航行的活动，也更多见之于史籍

① 洪亮吉：《释舟》，《卷施阁文甲集》。

② 万震：《南州异物志》，《太平御览》卷七六九引。

③ 梁昭明太子撰，李善注：《昭明文选》卷一二《江海》。

④ 《南州异物志》，《太平御览》卷七七一引。

记载了。

秦汉至唐，番禺（广州）仍是一个对外贸易的大都会，同时交趾也是对外贸易的市场和海港。番禺与交趾经常有船舶往来，自番禺到交趾一段为海程。据《三国志·吕岱传》："……岱于是上疏请讨徽（交趾太守）罪，督兵三千人晨夜浮海。"可见吕岱由广州出发往交趾亦由海道而非陆道。

东晋法显于义熙六年庚戌（弘始二年，410）冬在多摩梨帝国（古之Tamalitti，今之Tamluk，在恒河口，加尔各答之南），附商人大舶，泛海而西行。待冬初信风，昼夜十四日到狮子国（今之锡兰岛），留住二年，又附舟至婆提国（Yavadhipa），既而乘船赴广州，为风浪漂流至长广郡界牢山（今山东即墨附近）。其所称商人大舶，即我国贸易南洋印度之船，"船上可有二百余人，后系一小船，海行艰险，以备大船破坏。"因其为帆船，故须"得信风"，航行时，"唯望日月星宿而进"，以定方向。又利用海流与季节风以增进速度。

尤其是到了5世纪初，中国的造船术达到了一个新的更高的水平。当时中国人所制造的八槽船，如《义熙起居注》曰："卢循造八槽舰九枚，起四层，高十余丈。"[①]船底舱分有隔槽凡八，即使触礁进水，不致漫延他处，且修补极易，敢于在惊涛骇浪之中作远距离的海上航行，此种船底舱隔槽制是中国人所发明，西方迟至近代始采用之。中国船于5世纪前半期出现在波斯湾头和幼发拉底河中，非常活跃。如据阿拉伯人汉萨（Hamza）及马苏地（Masude）所述，当时常有中国船及印度船由波斯湾头溯幼发拉底河而上，泊于巴比伦西南的于罗（Hira）市区建筑物之前[②]。

8世纪以前，中国人在南海上进行远航的另一确凿的证据，是7世纪初隋常骏等使赤土一事。《隋书》卷八二《赤土国传》说："炀帝即位，募能通绝域者。大业三年（607），屯田主事常骏、虞部主事王君政等请使赤土，帝大悦……其年十月，骏等自南海郡乘舟，昼夜二旬，每值便风，至焦石山而过，东南泊陵伽钵拔多洲，西与林邑相对，上有神祠焉。又南行至狮子石，自是岛屿连接。又行二三日，西望见狼牙须国之山，于是南达鸡笼岛，至于赤土之界。"据研究，赤土国位于马来半岛北部东海岸一带。

南齐祖冲之曾利用机械构造的原理，试制"千里船"，日行百里；隋代宇文恺又根据"千里船"的原理，制成用轮轴转动的战舰。唐时李皋又创造出用车轮代替桨橹划行的"车船"。正是由于中国造船术有优良的传统，而且航行技术不断提高，所以7世纪以后，中国的海舶在南海和印度洋一带颇负盛名。如阿拉伯商人就很喜欢乘中国海舶往来于印度和东南亚之间[③]。

唐代凡往印度及东南亚之船舶多以广州为良港。义净之访印，于671年发自广州，又于689年回到广州。又785年至805年贾耽撰之《四夷路程》（《新唐书》卷四三下），亦由广州记至波斯湾。

扬子江及淮河下游各港亦为唐代市舶之集中地。唐宋二代多以浙江之明州为往日本及高丽船舶放洋港口。赖有各种出使日记，如徐兢撰《宣和奉使高丽图经》之类及洋船针路

① 《艺文类聚》卷七一《舟条》及《太平御览》卷七七〇《舰条》。

② 参看Henry Yule：Cathay and the Way Thither，vol.I.pp.83—84。玉尔：《东域记程录》第一卷，英文版，第83—84页。

③ 参看日人桑原骘藏著，冯攸译：《中国阿拉伯海上交通史》（原名《提举市舶西域人蒲寿庚之事迹》），商务印书馆1930年版，第111—115、118—119页。

的记录，始能考出昔日之航线。

宋代放洋的船舶全以指南针为标推。认定方向，随波上下，曰针路。朱彧《萍州可谈》说："舟师……夜则观星，昼则观日，阴晦观指南针。"指南针或称指南浮针（《宣和奉使高丽图经》），又称南针（吴自牧《梦粱录》），亦谓针盘，粤人多称为罗经者，而航海之人则称为罗星，所谓罗星，乃分二十四向定位（子丑寅卯辰巳午未申酉戌亥艮甲乙巽丙丁坤庚辛乾壬癸），可以新式三百六十度之罗盘与旧式天干地支为定位之罗盘参看便明。熊礓石《岛夷志》说："舶舟视旁罗之针，置罗处甚幽密。惟开小扃直通舵门。灯长燃不分昼夜。夜五更，昼五更，合昼夜十二辰为十更。其针路悉有谱。"兹独举明代以前太仓使往日本针路及福建使往日本针路为例。

太仓使往日本针路：

自南直隶苏州府太仓州港口开船用单乙针，一更，船平。吴淞江用单乙针及乙卯针，一更，平。

宝山到南汇嘴，用乙辰针，出港口。打水六七丈，沙泥地是正路，三更见茶山，（茶山水深十八托，一云行一百六十里，正与此合。）自此用坤申及丁未针，行三更，船直至大小七山。滩山在东北边。滩山下水深七八托，用单丁针及丁午针，三更船至霍山。霍山用单午针，至西后门。

西后门用巽巳针，三更船至茅山。

茅山用辰巳针，取庙州门，船从门下行过，取升罗屿（庙州门水深流急）。

升罗屿用丁未针经崎头山，出双屿港（升罗屿头俱可泊船，崎头水深九托。）

双屿港用丙午针，三更船至孝顺洋及乱礁洋（双屿港口水流急，孝顺洋水深十二托，泥地）。

乱礁洋水深八九托，取九山以行（九山西边有礁打水，行船宜仔细。一云，乱礁洋水深六托，泥地）。

九山用单卯针，二十七更过洋。至日本港口（打水七八托，泥地，南边泊船）。

福建使往日本针路：

长乐县梅花东外山开船，用单辰针、乙辰针或用辰巽针，拾更船取小琉球。

小琉球套北过船，见鸡笼及梅花瓶，彭嘉山。

彭嘉山北边过船，遇正南风用乙卯针或用单卯针，或用单乙针。西南风用单卯针，东南风用乙卯针，十更船取钓鱼屿。

钓鱼屿北边过，十更船风南用单卯针，东南风用单卯针或乙卯针，四更船至黄麻屿。

黄麻屿北边过船便是赤坝屿，五更船南风用甲卯针，东南风用单卯针，西南风用单甲针，或用甲乙针，十更船至赤坎屿。

赤坎屿北边过船，南风用单卯及甲寅针，西南风用艮寅针，东南风用甲卯针（或云单卯），十五更船至古米山，古米山北边过船，有礁宜知畏避。南风用单卯针，及甲寅针，五更船至马屺山。

马屺山用甲寅针，五更至大琉球。

大琉球那霸港泊船（船至此用单卯及甲寅针，行二更进那霸内港以入琉球国中），那霸港外开船，用单子针，四更船取离倚屿外过船，用单癸针，三更船取热壁山以行。

热壁山用单癸针，四更船取硫黄山。

硫黄山用丑癸针，五更船取田嘉山，又用癸丑针，三更半船取梦加刺山，用单癸针及丑癸针，三更取大罗山。

大罗山用单癸针，二更半船取万者通七岛山，西边过船；万者通七岛山用单癸针，五更船取野顾七山岛，内各呼兵之妙，过麻山屿野顾山用巽寅针，二更半船至旦午山，用艮寅针，四更船取亚甫山（一云野顾山，对面行六十里有小礁四五个，最宜畏避，在北边过，用艮寅方行一百五十里至旦午山，用艮寅方行二百四十里至亚甫山）。

亚甫山平港口，其水东流甚急，离此山用艮寅针，十更船取亚慈理美妙，若不见此山，用单艮针，二更船又艮寅针，五更船取沿湾奴（一云沿渡奴），沿湾奴乌佳眉山用单子针三更船，若船开时用单子针，一更船至而是麻山。

而是麻山南边有沉礁名套礁（一云名佐沉长礁），东北边过船，用单丑针，一更边是正路，却用单子针，四更船取大门山中。

大门山傍西边门过船用单丑针，三更船取兵裤港，兵裤港循本港直入日本国都。[①]

关于针路所指之“更”，或言每更五十里（漳州王大海之《海岛逸志》），或言六十里（黄叔璥之《台海使槎录》）。何以定为一更，大约亦有说法。按《樵书二编》云：

更也者，一日一夜定为十更，以焚香几枝为度，船在大洋，风潮有顺逆，行驶有迟速，水程难辨，以木片于船首投入海中，人从船首速行至尾，木片与人行齐至，则更数方准，若人行至船尾，而木片未至，则为不上更，皆不合更也，舟子各洋皆有秘本，云系明王三保所遗。余借录，名曰洋更。[②]

然上述定更之法，未尽精确，盖风速水力之不同，难以一更确定为若干里也。兹引由福州至琉球之水程证之：

琉球在海东南，周回五六千里，自福州开洋至琉球，据郑若曾《日本图纂》计程七十四更。更之验以木梯。系绳自船头抛下，人从船面疾行至梢，人至而梯俱至为一更，而更之说不一，或曰一更六十里，或曰一昼夜十更。大概梯至而人未至，是风大船速，一更便有百里；人至而梯未至，是风小船迟，一更不过六十里。一昼夜可得十更，乃约略之数，总视风为疾徐耳。然惯行海舶皆言大利顺风，七昼夜可到，则一更百里，十更一昼夜与七十四更之说颇合。[③]

其较为精确之法，则另有玻璃漏以定更。其后又有更香之设。如《指南广义》云：

一更六十里，以沙漏定之，漏用玻璃瓶两枚。细口大腹，一枚乘沙满之，两口对合，中通一线以过沙，倒悬针盘上，沙尽为一漏，复转悬之。计一昼夜约二十四漏，

① 见《渡海方槎》及《海道针经》，明胡宗宪《筹海图编》卷二引，并参证明慎懋赏辑之《朝鲜广记》。

② 《台海使槎录》卷一，第13页。

③ 佚名：《东南三国记——中外地舆说集成》卷一〇四。

每二漏半有零为一更。风缓船迟，虽及漏刻，尚不及更；风疾船速，未及漏刻。已逾六十里，为过更也。[①]

大洋中以针盘定向，以更香计时。[②]

更所以度水路之远近，托所以量水之深浅。所谓“托”者，乃方言，“长如两手分开者为一托”。（《东西洋考》）即“横如两臂为一托”。（《金壶七墨》）“以绳坠铅量深浅也，每托五尺”。（吕调阳校：《东南洋针路》）“大洋中虽舵工以针盘定方向，犹须常用水托，水托者，以铅为坠，用绳系之，探取水则也，每五尺为一托”。（胡凤丹校：《航海图说》）

关于东西洋针路，张燮之《东西洋考》卷九有载，后吕调阳作《东南洋针路》以校正之（见《中外地舆图说集成》）。明代吴人慎懋赏辑之《朝鲜广记》，载有太仓往日本针路更数、宁波往日本针路、漳州往琉球并往日本针路、兵库港回琉球并往漳州针路、福建往琉球针路更数。《海国广记》载福建往安南国针路、安南国回暹罗针路、广东东莞县至暹罗针路、广东往暹罗针路、暹罗回广东针路、暹罗往交趾针路、交趾回暹罗针路、广东往爪哇针路、爪哇回广东针路、地满山往旧港针路、旧港回地满山针路、昆仑往爪哇针路、爪哇回昆仑针路、福建安民镇往满剌加国针路、满剌加国回福建五虎门针路、昆仑往暹罗针路、暹罗往满剌加国针路、满剌加国回暹罗针路。“中央图书馆”影印《玄览堂丛书续集》各种针路，不厌其详，但常纷见于他书，如太仓往日本针路，即见于《筹海图编》者也。且间有字句粗俗，疑抄自火长（司针者名火长）之手本。吾人尚须加以考订。又查夏子阳《万历丙午使录》、徐葆光《中山传信录》及周煌之《琉球国志略》，均附有往琉球及回福建之针路，以繁而不录，俟他日为专书以讨论之。明代尚有《海道经》一种，收入《借月山房汇钞》及《泽古堂丛钞》，又重印于商务印书馆之《丛书集成初编》，中有航行口诀多种，亦可参看。

至于海舶之建造内容，至宋代始有详细之记载。因往聘高丽而有“神舟”之建造。

元丰元年，始遣安焘左谏议大夫陈睦假起居舍人往聘。造两舰于明州：一曰凌虚安济致远，次曰凌飞顺济，皆名曰神舟。（《宋史·高丽传》）

宣和四年壬寅春三月，诏遣给事中路允迪、中书舍人傅墨卿充国信使副往高丽。秋九月以国王俣薨，被旨兼祭奠吊慰而行，遵元丰故事也。[③]

仍诏司更造二舟，大其制而增其名，一曰鼎新利涉怀远康济神舟，二曰循流安逸通济神舟。[④]

神舟之外，复有客舟，相伴而行，互为照应，其制度如下：

旧例每因朝廷遣使，先期委福建两浙监司顾募客舟，复令明州装饰略如神舟，具体而微，其长十余丈，深三丈，阔二丈五尺，可载二千斛粟。其制皆以全木巨枋搀叠而成，上平如衡，下侧如刃，贵其可以破浪而行也。其中分为三处，前一仓不安艎板，唯于底安灶与水柜，正当两樯之间也。其下即兵甲宿棚。其次一仓，装作四室，又其后一仓谓之㕑屋，高及丈余，四壁施窗户如房屋之制，上施栏楯，彩绘华焕，而

① 周煌辑：《琉球国志略》卷五，第84页，其首卷附有琉璃漏图。

② 黄钧宰：《金壶七墨》卷一。

③ 徐兢：《宣和奉使高丽图经》卷三四，第6页。

④ 徐兢：《宣和奉使高丽图经》卷三四，第4页。

用帘幕增饰。使者官属各以阶序分居之。上有竹篷，平时积叠，遇雨则铺盖周密，然舟人极畏廧高，以其拒风，不若仍旧为便也。船首两颊柱，中有车轮，上绾藤索，其大如椽。长五百尺，下垂矴石，石两旁夹以二木钩，船未入洋，近山抛泊，则放矴著水底如维缆之属，舟乃不行。若风涛紧急，则加游矴，其用如大矴，而在其两旁，遇行则卷其轮而收之。后有正舵，大小二等，随水浅深更易，当廧之后，从上插下二棹，谓之三副舵，唯入洋则用之。又于舟腹两旁缚大竹为橐以拒浪，装载之法，水不得过橐，以（权）轻重之度。水棚在竹橐之上。每舟十橹，开山入港，随潮过门皆鸣橹而行。篙师跳踯号叫，用力甚至。而舟行终不若驾风之快也。大樯高十丈，头樯高八丈，风正则张布帆五十幅。稍偏则用利篷，左右翼张，以便风势，大樯之巅，更加小帆十幅，谓之野孤驲，风息则用之，然风有八面，唯当头不可行。其立竿以鸟羽候风所向，谓之五两，大抵难得正风，故布帆之用，不若利篷翕张之能顺人意也。海行不畏深，惟惧浅阁，以舟底不平，若潮落则倾覆不可救。故常以绳垂铅锤以试之。每舟篙师水手可六十人。惟恃首领熟识海道，善料天时人事，而得众情，故一有仓猝之虞，首尾相应如一人则济矣。若夫神舟之长阔高大，什物器用人数皆三倍于客舟也。[①]

宋朝欲壮使节之观瞻，故增大神舟之制，三倍于客舟。但就客舟之体制观之，亦可为洋船之模范矣。但普通海舶，大者亦可载数百人，因商人分占贮货。故人得数尺许之地（略见《萍洲可谈》），吴自牧亦谓可载数百人，使舟载人为主要业务。故篙师水手已有百数十人。

元代之舶已有显著之进步，马可波罗谓船之大者，需用二百五十人驶（或谓二百六十人），且有避水舱之设，马可波罗在其书中第三本第三章有云：

其船之最大者，更有避水舱十三所，皆以坚固之木板构成，船或奔礁石，或为饿鲸所击，（此事实为惯见，因船夜行，常发为波纹，偶有鲸鱼在旁，见其幻成泡沫，疑为有可食，乃向其狂冲，往往击船至坏）而有裂痕，设水奔入裂处，滚入底舱——舱底本无一物——而水手乃就受损之处，清所载之货入于邻舱，因夹板甚固密，水不能由一舱流入他舱也。于是可以止塞漏处，而归货于原位。[②]

又于卷二第250页云：

钉板皆用铁钉，板边相迭不遗一线，水板不涂沥青，因其人无此物也。惟仍以别物涂抹其边缘（疑为缝隙），自以为胜于用沥青者。至其制法，可得而言。先以石灰及碎麻，用某种木油（译者按——即桐油之类）搓为一起，三者混合后，则成为胶，以之涂船，颇得其用。[③]

按船用油涂抹之法，为造船之安全主要条件。昔称“油艌”。“夫造船之工，唯油艌为最要。油艌不固，虽板厚木坚，水一入而朽，随之矣。然油艌欲固，又在灰麻如法，舂灰者心须宽、力须猛。心不宽，则入油太骤而不纯；力不猛，则不得成胎，少弛则败弃矣。撕

① 《宣和奉使高丽图经》卷三四。

② 《马可·波罗游记》Ramusio译本卷二，第249—250页。

③ 转引木杰勤译《中西文化交通史译粹》一书，第170页。

麻须细。”[①]而用钉装船之法，唐代尚未通用。刘恂《岭表录异》卷上有云：“贾人船不用铁钉，只用桄榔须系缚，以橄榄糖泥之。糖干甚坚，入水如漆也。”元代船舶之用铁钉及“桐油灰”（粤人之俗称），足见其造船术已入近代阶段矣。

当时出洋船舶，均有武装，以防海寇，而岛夷亦有以劫掠为豪者。如龙牙门（Linga）之人，在昔好劫掠。“舶往西洋，本番置之不问。回船之际，至吉利门，舶人须驾箭棚、张布幕、利器械以防之。贼舟二三百只必然来迎，战数日，若侥幸顺风，或不遇之，否则人为所戮，货为所有。则人死系乎顷刻之间也。”[②]诚如张燮所云：“舟大者广可三丈五六尺，长十余丈，小者广二丈，长约七八丈，弓矢刀楯具都备，猝遇贼至，人自为卫，依然长城，未易卒拔焉。”[③]盖历代海舶均有武器自卫。此种武器，据《元典章》云，每当船下碇于中国口岸时，须呈请官库保管，俟开航之日，始还给之。

历元至明（1368—1644），洪武初规定诸蕃三年一贡，当时履其境者，大国十有八，小国百四十有九。永乐三年（1405）九月置驿于浙闽广东三市舶司以馆诸番贡使。可见其对于国际贸易之积极态度，且承元代漕运之风，对于造船及航海事业均有雄厚基础。其最大规模之南洋经略，实为郑和之七下西洋。

> 永乐三年六月命（郑）和及其侪王景弘等通使西洋。将士卒二万七千八百余人，多赍金币。造大舶，修四十四丈、广十八丈者六十二。自苏州刘家河泛海至福建，复自福建五虎门扬帆，首达占城，以次遍历诸番国，宣天子诏，因给赐其君长，不服则以武慑之。[④]

郑和七次出使之详情，因不在本文范围内，故不具论。独论其出使之“宝船”（亦称西洋宝船、西洋大宝船或西洋船）。

郑和之宝船，据云，“修四十四丈，广十八丈者六十二”。长阔之比约为七比三（即阔度当长度百分之四十一），有数学者（W，P.Groeneveldt及管劲丞诸君）均以为不可能之事。管先生且有《郑和下西洋的船》一文（《东方杂志》四十二卷第一号），根据《龙江船厂志》以证《明史》纪事者之谬，而拟定为：

> 此船长十六丈六尺，船底头至无板处为十丈零二尺六寸，无板虚梢为二丈三尺四寸，头阔为一丈九尺五寸，头深为六尺九寸，中间为二丈四尺三寸，中深为八尺一寸，梢阔为二丈一尺六寸，梢深为一丈二尺，容积相当于二千斛。

上文所拟，颇合情理。以余观之，郑和之使船“修四十四丈”，虽非必要，但亦有可能。盖宋代宣和出使高丽之神舟，照三倍于客舟计，已约有四十丈之长矣，但其阔度不过七丈许。今郑和之船，“广十八丈”，则身广体胖，不便乘风破浪。违背造船之法式，难以理解。试观明代出使之舟，如万历四年（1576）丙子出使琉球之舟，“长十四丈，宽二丈九尺，深二丈四尺。”（萧崇业《使录》）又崇祯元年（1628）之使舟，“长二十丈。广六丈，深五丈，载五百人。”（杜三策《从客胡靖录》）清代顺治十一年（1654）之使舟，“长十

① 李昭祥：《龙江船厂志》卷六，第5页。

② 汪大渊撰：《岛夷志略》龙牙门条。

③ 《东西洋考》卷九。

④ 《明史》卷三〇四《郑和传》。

八丈，宽二丈二尺，深二丈三尺”（张学礼《使录》）；又张燮《东西洋考》云：“舟大者广可三丈五六尺，长十余丈，小者广二丈，长约七八丈”；又如西人艳称之中国的大舶“耆英号”（Keying）乃英人在广州所购，于1846年12月6日由香港出发，内载中国海员三十名，英人十二名，于1847年3月31日绕过好望角，虽遇风浪，履险如夷，既离圣赫勒拿岛（St Helena）后，因粮食不继，乃直指纽约，参观者挤拥异常，又由纽约至波士顿，然后在二十日内横渡大西洋全程。由广州至格累夫孙傅（Gravesend）共七百七十七日，为英美制造之船舶所难能。然亦不过八百吨，长十六丈，阔二丈五尺半而已[①]。从来没有长度与阔度之不相称如郑和之舟。我疑《明史》原文“广十八丈”句中之十字或八字为衍文，改为“广十丈”或“广八丈”尚合情理。

且郑和初次出使人数仅有二万七千八百人，分乘六十二艘之大船，每船平均人数约四百八十人。则普通“广可三丈五六尺，长十余丈”之商舶，已可应用。则二千斛之舟已可载五六百人（吴自牧《梦粱录》江海船条）。如谓以壮声威起见，则二千斛亦已足用。查南京下关静海寺关于郑和航海船之残碑，亦仅谓“永乐三年将领官军乘驾二千斛海船并八橹船……”。如照《明史》所言，使船应有五六千斛之容量，实属大而无当，此可为记载失实之又一证明也。

查永乐五年（1407）改造海运船249只备使西洋诸国[②]，则出洋之使船多为行驶内海之漕运船改造者，然亦足用矣。

明代官方出洋之船，多在福建制造，然福建之船似不及广东船之坚利。明人云：

> 广船视福船尤大。其坚致亦远过之。盖广船乃铁栗木所造，福船不过杉松之类而已。二船在海若相冲击，福船即碎，不能当铁栗之坚也。[③]

然亦时势造成耳。嘉靖元年（1522）罢浙江、福建二市舶司，惟存广东市舶司。清康熙二十四年（1685）设粤海关监督，以内务府员外郎中出领其事，而洋船来粤贸易者日众，而商舶之出口亦益多。因观摩关系，广东船匠梁正洪等已能仿造佛兰机番船矣[④]。据张汝霖云：

> 番舶视外洋夷舶差小，以铁力木厚三寸者为之，底以沥青、石脑油，碇以独鹿木，束以籐，缝以椰索，其柁以铁力木为之，沙底二重，或二樯三樯，度可容数百人，行必以罗经，掌之者为一舶司司命。每舶用罗经三，一置神楼，一舶后，一桅间，必三针相对而后行。（《澳蕃编》）

船上设备以桅及舵为重要。《龙江船厂志》云：“夫桅柁二物者船之要也，可不致详欤。”故特考之。据宋人周去非云，船舵以钦州产之乌婪木者为最佳。

> 钦州海山奇材二种……一曰乌婪木，用以为大船之舵，极天下之妙也。……唯钦产缜理坚密，长几五丈，虽有恶风怒涛，截然不动，如以一丝引千钧于山岳震颓之地，真凌波之至宝也。此柁一双，在钦，值钱数百缗，至番禺、温陵，价十倍矣。然

① 参看1848年4月1日《伦敦插图新闻》Illustraed London News。

② 《龙江船厂志》卷一，第6页。

③ 《筹海图编》卷之十三。

④ 《龙江船厂志》卷二，第13页。

得至其地者亦十之一二，以材长甚难海运故耳。①

但明代海舶多以铁力木为舵，陈侃云：“旧制以铁梨木为舵杆，取其坚固厚重。”（《使琉球录》）

亦有购自外国者，其值更昂，顺治四年（1647）张学礼出使琉球，其船之铁力木舵亦购自红毛国之船。（《使琉球记》）英人曾于缅甸设厂造船，因其地麻栗树甚佳，故疑此为缅甸之产品。

清黄叔璥谓：“余所坐海船，桅木之值数百金。舵师云，得之外域者，任重当风。不稍屈曲，长可八丈，通身无节，名打马木。”（《台海使槎录》卷一）

使船竖有五桅，大桅长七丈二尺。围六尺五寸。余者以次而短。（陈侃《使琉球录》）

使舟桅木之选用，须经官方派员覆勘，以昭慎重。明陈懋仁云：

安溪县伐一巨木，充册封琉球桅木，藩臬檄余覆勘，其责甚重。余以民尺量，长十丈一尺六寸，阔头一丈一尺，至八丈五尺处，围三尺七寸，九丈处，围二尺九寸。复以官尺较定。若从内斫去浮皮，为数益窄，盖桅尾不及三尺，而望斗之下必连凿数孔，以系桅挂，风帆绊缭，所系甚重，不知几千钧，能任与否，请从定式。②

船行则恃舵，船止则赖碇。各船备有三碇：

碇凡三：正碇、副碇。三碇（正碇一名将军碇，不轻下），入水数十丈。棕藤草三绖，约值五千金，寄碇先用铅锤试水深浅，绳六七十丈，绳尽犹不至底，则不敢寄，铅锤之末，涂以牛油，沾起泥沙，舵师辄能辨至某处。③

碇用铁制，作爪状，重数百斤，称为铁锚，古代是用石造，宋代改用铁制，但亦有全以木为之者：

碇有以木为之，长丈余，末有两齿，如鹿角，系以长绳，而远布之泥淖中，船即止。④

闽广洋船，截竹而为两破排栅，树于两傍以抵浪。⑤

海船按十二支干命名，船头边板曰鼠桥，后两边栏曰牛栏，舵绳曰虎尾，系碇绳木曰兔耳，船底大木曰龙骨，两边另钉弯杉木曰水蛇，篷系绳板曰马脸，船头横覆板插两角曰羊角，镶龙骨木曰猴楦，抱桅蓬绳木曰鸡冠，抱碇绳木曰狗牙柱，桅脚杉木段曰桅猪。⑥

此为海舶上水手之俗称，至于政府之造船厂则另有专门名词。其详可参看《龙江船厂志》卷二之“器数”条。

宋元时代，商舶工作人员，有纲首（船长）、作头、杂事、梢工等名目。明清时代，则名目纷更矣。试举如下：

---

①《岭外代答》卷六。

②《泉南杂志》卷上，第11页。

③《台海使槎录》卷一。

④徐怀祖：《台湾笔记》，第2页。

⑤宋应星：《天工开物》卷中“舟车”条。

⑥《台湾使槎录》卷一，第15页。

南北通商，每船出海一名（即船主），舵工一名，亚班一名（有占风望向者，缘篷桅绳向上，登眺盘旋，万无畏怖，名曰亚班），大缭一名，头碇一名，司杉板船一名，总铺一名，水手二十余名或十余名。通贩外国，船主一名；财副一名，司货物钱财；总捍一名，分理事件；火长一正一副，掌船中更漏及驶船针路；亚班柁工各一正一副；大缭二缭各一，管船中缭索；一碇二碇各一，司碇；一迁二迁三迁各一，司桅索；杉板船（每船载杉板船一只以便登岸，出入悉于舟侧，名水仙门）一正一副，司杉板及头缭；押工一名，修理船中器物；择库一名，清理船舱；香工一名，朝夕焚香、祀神；总铺一名，司火食；水手数十名。①

国人出洋船舶称为贸易船或商船亦曰番舶，而外国来华贸易之船则称为夷船或市舶，此明代之说也。《漳州府志·洋税》说："然市舶之与商船，其税稍异。市舶者，诸夷船舶（泊）吾近地，与当地民互为市，若广之濠境澳然；商船则土著民醵钱造船，装土产，径望东西洋而去。其与海岛诸夷相贸易，其出有时，其归有候。"②则以市舶为夷舶，而以商舶为华商出洋贸易之舶（亦有称番舶者）矣。

（原文载于《南洋学报》1948年第5卷第2辑）

① 《台海使槎录》卷一，第15页。

② 《天下郡国利病书》卷九三，福建三。

海神天妃的研究

朱杰勤

迷信鬼神的习惯，自有它的历史根源，在原始社会生产未发达的时代，我们的祖先知识未开，慑服于自然界的力量，相信灵魂的作用，疑神疑鬼，盲目崇拜，历代相沿，养成了一种“超自然的迷信”。自后社会进步，民智渐开，又构成一种宗教意识。我们研究人类社会，不能不从人类的信仰入手①。我今以水神天妃为研究对象，一方面固然是企图对于民俗学有些贡献，他方面，又因天妃与古代航海有莫大关系，特别是对于我国移民海外有精神促进作用，而且东南亚有些地方至今还有奉祀天妃之庙，因此，在今日仍有研究的价值。友人韩槐准先生已有文讨论②。我写这篇文章的动机是由他启发的，虽然我取材立意，在可能范围内，避免蹈袭与雷同，自成一家之说。

据迷信鬼神者的说法：神之不同于人，因为他有无限法力的缘故。他们能够随意现形，有体有用③。神与鬼本难分别清楚，但鬼像人一般，有性善，亦有性不善，又有新鬼故鬼之分。神则须具有多种美德，“聪明正直之谓神”④。因为世人相信神能干涉人事，奖善惩恶，所以发生敬畏之心，崇拜之举。天妃水神，既能呼风唤雨，操人生死之权，自是航海崇拜的偶像，因为航海家终年浮家泛宅，有如水鸟，“可怜处处巢居室，何异飘飘托此身”。生活极不安定，无从获得知识，鬼神传说，易入脑筋。海上遇险，人事既尽，不能不求助于天，所谓“人穷则呼天”，由希望而变为幻觉，势所必然，即百年前西洋航海家亦多迷信习惯，不独中国。

关于天妃成神之经过，传闻异词。据康熙五十八年（1719）奉使琉球，海上遇险数次，以呼神获免的徐葆光所撰之《天妃灵应记》云：

> 天妃姓林氏，莆田湄洲人，宋都巡检愿第六女，以建隆元年庚申三月二十三日生，弥月不啼，名曰默。生而神灵，少与群女照井，有神捧铜符出以授妃，群女奔骇。自是屡显灵异，常乘片席往来海上，或驱檐前铁马渡江，人咸称为通贤灵女，或称神姑。一日方织，忽据机瞑坐，颜色变异，母蹴问之，寤而泣曰：父无恙，兄殁矣。顷之，信至，父与兄渡海舟覆，父若有扶之者，得不死，兄以柁摧，救不获。雍熙四年九月初九日异化。室处二十八岁。时显灵应，或示梦，或示神灯，海舟获庇无数，土人相率祀之。⑤

① 海克尔：《宇宙之谜》（Ernst Haeckel，The Riddle of the Univeristy），第247页。

② 韩槐准：《天后圣母与华侨南进》，《南洋学报》第2卷第2辑。

③ 哈特兰：《神话的科学》（E.S.Hartland， The Science of Fairly Tales），第338页。

④ 左丘明之《左传》中多关于鬼神之语，可以代表当时士大夫之迷信观念。

⑤ 转引周煌辑《琉球国志略》卷七（聚珍版丛书本）。

又据《林氏宗谱》所载与上文同，录之如下：

> 天后晋安郡王禄公二十二世孙，惟悫公（林愿）第六女，祖孚公，曾祖总管保吉公，高祖州牧围公，世居莆之湄洲屿，母王氏，后生于宋太祖建隆元年庚申三月二十三日酉时，诞时地变紫色，满室异香，邻里咸异。姑生至弥月，不闻啼声，因名曰默，幼而聪颖，不类诸女。窥井，神授符箓，遂灵通变化，驱邪救世，屡显神异，常乘席渡海，驾云游岛屿，众号曰通元灵女。至宋太宗雍熙四年丁亥九月初九日白日飞升，年二十八岁。是后常衣朱衣，飞翔海上，里人祀之，威灵屡显，护国佑民。[①]

上述天妃之生卒年月均与前段之记载相同。天妃与天后或天后圣母均同指一人，且亦有称为圣妃者。至于张学礼之《使琉球记》谓“再过猴屿，见梅花所故城，荒榛瓦砾，满目凄然。通官谢必振禀云：天妃姓蔡，此地人，为父母投海身亡，后封天妃”。因未深考，而将她的姓氏籍贯记错了。

研究迷信鬼神的来源，并非本文范围以内，但为格物致知起见，不妨稍说几句。因为世人有相信灵魂不灭的，且相信死亡并非终局，或因思忆亡者，期其复生，念念不忘，形于梦寐，于神志恍惚，“眼花缭乱口难言”的时候，往往生了一种幻觉[②]。所以第一记载，谓天妃“时显灵应或示梦”，就是时人偶然的幻觉，他们相信她死后成神，即再生于另一世界里，“白日飞升”之说，也是同一心理造成的。迷信者的心理，以为神仙或居于水底，或在山边，或在地下。所以有“窥井，神授符箓”之说，因井而联想于水，认为她日后成为水神是有渊源的。

至于天妃之“威灵屡显”，“护国佑民”，则可于各种有关文献考之。宋丁伯桂所撰之《艮山顺济圣妃庙记》云：

> 神莆阳年湄洲林氏女，少能言人祸福，殁，庙祀之，号通贤神女，或曰龙女也。莆临海有堆，元祐丙寅夜现光气，环堆之人，一夕同梦，曰：“我湄洲神女也，宜馆我。”于是有祠曰圣堆。宣和壬寅，给事路公允迪，载书使高丽，中流震风，八舟沉溺，独公所乘，神降于樯，还获安济。明年奏于朝，赐庙额曰顺济。绍兴丙子，以郊典封灵惠夫人。逾年江口又有祠，祠立二年，海盗凭陵，效灵空中，风掩而去。州上其事，加封昭应。其年白湖童邵一夕梦神指为祠处，丞相正献陈公俊卿闻之，乃以地券奉神立祠，于是白湖又有祠。时疫，神降且曰：“去湖丈许脉有甘泉，我为郡民续命于天，饮此泉者立痊。”掘坭坎，甘泉涌出，请者络绎，朝饮夕愈，甃为井，号圣泉。郡以闻，加封崇福。越十有九载，福兴都巡检使姜特立捕寇，舟遥祷响应。上其事，加封善利。淳熙甲辰，民灾，葛侯郛祷之。丁未旱，朱侯端学祷之。庚戌夏旱，赵侯彦励祷之。随祷随答。累具状闻于两朝，易爵以妃，号惠灵。庆元四年加助顺之号。嘉定元年加显卫，十年加英烈……[③]

宋吴自牧之《梦粱录》卷一四“外郡行祠”条亦有关于艮山顺济圣妃庙之纪录，无关宏

① 转引韩槐准之文。

② 可参看普拉斯著《人类对于死亡与不朽之信念》（K.M.Prense，Tod and Unster-blichkeit im Glauben der Naturvolker，1930）。

③ 丁伯桂，闽之莆田人，宋嘉泰（1201—1204）进士，嘉熙（1237—1240）中拜给事中，此文见《浙江通志》卷二一七《祠祀一》。

旨，故不备书。但《琉球国志略》则载宋代封凡十四次，言之颇详，足补上文之不及。

宋徽宗宣和五年，给事中路允迪使高丽，八舟溺其七，独允迪见神朱衣坐桅上，遂安归。闻于朝，赐庙额“顺济”。高宗绍兴二十六年始封灵惠夫人，赐庙额“灵应”，三十年，海寇至江口，神见风涛中，寇溃就获，泉州上其事，加封“昭应”。孝宗乾道二年兴化疫，神降于白湖，去湖丈许得泉，饮者立愈。又海盗至，雾迷其道，至庙前就擒，加封“崇福”。淳熙十一年助巡检姜特立捕台寇，加封“善利”。光宗绍熙三年，以救疫旱功，特封灵惠妃。宁宗庆元四年以救潦功，加封“助顺”。嘉定元年，平大奚寇，以雾助擒贼。金兵至淮甸，战花靥镇及紫金山，神见像，再捷，三战，遂解合肥围，加封“显卫”。十年救旱，获海寇，加封“英烈”。嘉熙三年，钱塘潮决，至艮山祠，若有现而退，加封“嘉应”。宝祐二年，救旱，加封“协正”。三年加封“慈济”，四年以浙江堤成，加封“善庆”。五年教授王里请于朝，封妃父积庆侯，母显庆夫人，女兄以及神佐皆有锡命。景定三年，反风，胶海寇舟，就擒，加“显济”。[①]

关于路允迪奉使高丽之经过，徐兢（叔明）适为随员（提辖官），回国后，撰有《宣和奉使高丽图经》四十卷行世，中言：“宣和四年壬寅春三月，诏遣给事中路允迪、中书舍人傅墨卿充国信使副往高丽。秋九月，以国王俣薨，被旨兼祭奠吊慰而行，遵元丰故事也。五年癸卯春二月十八日壬寅促装治舟，二十四日戊申诏赴睿谟殿宣示礼物。三月十一日甲子赴同文馆听诫谕。十三日丙寅皇帝御崇政殿临轩亲遣，传旨宣谕。十四日丁卯赐宴于永宁寺。是日解舟出汴。夏五月三日乙卯舟次四明。先是得旨以二神舟六客舟兼行，十三日乙丑奉补物入八舟。十四日丙寅遣供卫大夫相州观察使直睿思殿关弼口宣诏旨，锡宴于明州之厅事。十六日戊辰舟发明州，十九日辛未达定海县。先期遣中使武功大夫容彭年建道场于总持院七昼夜，仍降御香宣祝于显仁助顺渊圣广德王祠……”[②]

上文于使节出发前之种种筹备，言之极详，作者态度认真。中云“显仁助顺渊圣广德王祠”，似未必为天妃之祠。又前引丁伯桂之《艮山顺济圣妃庙记》《琉球国志略》之文，均谓允迪奉使高丽，中途遇风，八舟沉溺，独公所乘者，神降于樯，遂获安济云云。但《宣和奉使高丽图经》所述，虽承认得神之佐，而未及此事，仅谓：“臣窃惟海道之难甚矣，以一叶之舟，托重溟之险，惟恃宗社之福，当使波臣效顺以济，不然，岂人力所能至哉？方其在洋也，以风帆为适从，若或暴横，转至他国，生死瞬息。又恶三种险：曰痴风，曰黑风，曰海动。痴风之作，连日怒号不已，四方莫辨；黑风则飘怒不时，天色晦冥，不分昼夜；海动则彻底沸腾，如烈火煮汤，洋中遇此，鲜有免者。且一浪送舟，辄数十余里，而以数丈之舟浮波涛间，不啻毫末之在马体，故涉海者不以舟之大小为急，而以操心履行为先。若遇危险，则发于至诚，虔祈哀恳，无不感应者。比者使事之行第二舟。至黄水洋中，三柁并折，而臣适在其中，与同舟之人断发哀恳，祥光示现。然福州演屿神亦前期显异，故是日舟虽危，犹能易他柁，既易，复倾摇如故。又五昼夜方达明州定海，比至登岸，举舟臞瘁几无人色，其忧惧可料而知也。”[③]

① 见周煌辑《琉球国志略》卷七“天后封号”条。

② 徐兢：《宣和奉使高丽图经》（《知不足斋丛书》本）卷三四，第6页。

③ 徐兢：《宣和奉使高丽图经》（《知不足斋丛书》本）卷三九，第4页。

续而历述回程所经各地，自离高丽至明州界，凡海道四十二日，中途过竹岛，“忽东南风暴，复遇海动，舟侧欲倾，人大恐惧，即鸣鼓招众舟复还”。“过沙尾，午间，第二舟之副柁折，夜漏下四刻，正柁亦折，而使舟与他舟皆遇险不一”。但自始至终，并未提及七舟沉溺之事，殆恐传闻失实，抑或后人张大其词，以表神异，均不可知。

元代定都于北京，去江南极远。而粮食仰给于江南。世祖忽必烈用丞相伯颜海运之策，而江南之粮分为春夏二运，盖至京师者，一岁多至三百余万石。民无挽输之劳，国有储蓄之富。诚一代粮食分配之良法[①]。既由水道运输，费用大减；而路线亦有可述：

> 初，海运之道，自平江刘家港入海，经扬州路通州海门县黄连沙头万里长滩开洋，沿山屿而行，抵淮安路盐城县，历西海州海宁府东海县密州胶州界，放灵山洋，投东北路，多浅沙，行月余，始抵成山，计其水程，自上海至杨村马头，凡一万三千三百五十里。至元二十九年，朱清等言其路险恶，复开生道。自刘家港开洋至撑脚沙转沙嘴，至三沙扬子江，过匾担沙大洪，又经万里长滩，放大洋至清水洋，又经黑水洋，至成山，过刘家岛，至之罘、沙门二岛，放莱州大洋，抵界河口，其道差为径直。明年千户殷明略又开新道，从刘家港入海，至崇明三沙放洋。向东行，入黑水大洋，取成山，转西，至刘家岛，又至登州沙门岛，于莱州大洋入界河。当舟行，风信有时，自浙西至京师，不过旬日而已。视前二道为最便云。然风涛不测，粮船漂溺者，无岁无之。间亦有船坏而弃其米者。至元二十三年始责偿于运官，人船俱溺者始免。[②]
>
> 海道之迂回，风涛之险恶，船舶之窄小（大者不过千石，小者三百石），设备之简陋，技术之粗糙，致使任务之完成与否实难自信。仰求神佑，以辅人力，亦势所必然。粮船出发时必先卜吉于天妃。元贡师泰云：“世祖定都于燕，合四方万国之众，仰食于燕，以中吴米所聚也，故建漕府，万艘如云，毕集海滨之刘家港。于是省臣漕臣斋戒卜吉于天妃灵慈宫，卜既协古，仍率其属，鸣金鼓以统漕，建纛置牙，莫敢复先。每岁春夏运粮，舟将抵直沽，即分都漕运官出接运。中书省复遣才干重臣，从海壖交卸，石以数百万计，而较计至于合勺颗粒，畸不得亏，盈不得溢，是亦难矣。”[③]

元世祖至元十八年（1281），以海运得神佑，封护明著天妃，又进显佑。成宗大德三年（1299），以漕运效灵，加封护圣庇民。仁宗延祐元年（1314），加封广济。文宗天历二年（1329），加封灵感助顺福惠徽烈（共二十字），庙额灵慈。直沽平江周泾泉福兴化等处皆有庙。皇庆以来，岁遣使赍香遍祭。元晋封天妃凡五加封[④]。

明太祖洪武五年（1372），重隆旧典，封天妃为昭孝纯正孚济感应圣妃。成祖永乐七年（1409）封护国庇民妙灵昭慈弘仁普济天妃。自后遣官致祭，岁以为常。庄烈帝封天仙圣母青灵普化碧霞元君，又加青灵普化慈应碧霞元君（明封圣妃一，改封天妃一，改封元君二，凡四封）。[⑤]

---

① 参看危素太朴所撰之《元海运志》（《学海类编》本）。

② 危素太朴：《元海运志》。

③ 元贡师泰：《玩斋集》。

④ 参看《元史·祭祀志》，《琉球国志略》卷七“天后封号”。

⑤ 参看《元史·祭祀志》，《琉球国志略》。

永乐时代，郑和七下西洋，自刘家河出发。宣德六年并勒有娄东刘家港之天妃宫石刻《通蕃事迹记》及长乐三峰塔寺石刻《天妃灵应记》（载钱谷《吴都文粹续集》卷二〇）。兹录其《天妃灵应记》于下：

皇明混一海宇，超三代而轶汉唐，际天极地，罔不臣妾。其西域之西，迤北之北，固远矣，而程途可计。若海外诸番，实为遐壤。皆捧琛执贽，重译来朝。皇上嘉其忠诚，命和等统率官校旗军数万人，乘巨舶百余艘，赍币往赉之，所以宣德化而柔远人也。自永乐三年奉使西洋，迨今七次。所历番国：由占城国、爪哇国、三佛齐国、暹罗国，直逾南天竺锡兰山国、古里国、柯枝国，抵于西域忽鲁谟斯国、阿丹国、木骨都束国，大小共三十余国，涉沧溟十万余里。

观夫海洋，洪涛接天，巨浪如山；视诸夷域，迥隔于烟霞缥缈之间，而我之云帆高张，昼夜星驰，涉彼狂澜，若履通衢者。诚荷朝廷威福之致，尤赖天妃之神护佑之德也。神之灵，固尝著于昔时，而盛显于当代！溟渤之间，或遇风涛，即有神灯烛于帆樯，灵光一临，则变险为夷，虽在颠连，亦保无虞。及临外邦，番王之不恭者，生擒之；蛮寇之侵掠者，剿灭之。由是海道清宁，番人仰赖者，皆神之赐也。神之感应，未易殚举。昔尝奏请于朝，纪德太常，建宫于南京龙江之上，永传祀典，钦蒙御制纪文，以彰灵贶，褒美至矣。然神之灵，无往不在；若长乐南山之行宫，余由舟师累驻于斯，伺风开洋，乃于永乐十五年奏建以为官军祈报之所，既严且整。右有南山塔寺，历岁久深，荒凉颓圮，每就修葺，数载之间，殿堂禅室，弘胜旧规。今年春，仍往诸蕃，舣舟兹港，复修佛宇神宫，益加华美，而又发心施财，鼎建三清宝殿一所于宫之左，雕妆圣像，粲然一新，钟鼓供仪，靡不俱备。佥谓如是庶足以尽恭事天地神明之心，众愿如斯，咸乐趋事。殿庑宏丽，不日成之，画栋连云，如翚如翼。且有青松翠竹，掩映左右，神安人悦，诚圣地也。斯土斯民，岂不咸臻福利哉？

人能竭忠以事君，则事无不立；尽诚以事神，则祷无不应。和等上荷圣君宠命之隆，下致远夷敬信之厚，统舟师之众，掌钱帛之多，夙夜拳拳，惟恐不逮。敢不竭忠于国事，尽诚于神明乎？师旅之安宁，往回之康济者，焉可不知所自乎？是用著神明之德于石。并记诸蕃往回之岁月，以贻永久焉。

永乐三年，统领舟师，至古里等国，时海寇祖义聚众三佛齐国，劫掠番商，亦来犯我舟师，即有神兵阴助，一鼓而殄灭之。至五年回。

永乐五年，统领舟师，往爪哇、古里、柯枝、暹罗国，番王各以珍宝珍禽异兽贡献，至七年回。

永乐七年，统领舟师，往前各国，道经锡兰山国，其王亚烈苦奈儿负固不恭，谋害舟师，赖神显应知觉，遂生擒其王，至九年归献，寻蒙恩宥，俾归本国。

永乐十一年，统领舟师，往忽鲁谟斯等国，其苏门答腊国有伪王苏斡剌寇侵本国，其王宰奴里阿比丁遣使赴阙陈诉，就率官兵剿捕，赖神默助，生擒伪王，至十三年归献。是年满剌加国王亲率妻子朝贡。

永乐十五年，统领舟师往西域，其忽鲁谟斯国进狮子、金钱豹、大西马；阿丹国进麒麟，番名祖剌法，并长角马哈兽；木骨都束国进花福鹿并狮子；卜剌哇国进千里骆驼并驼鸡；爪哇、古里国进縻里羔兽。乃若藏山隐海之灵物，沉沙栖陆之伟宝，莫

> 不争先呈献，或遣王男，或王叔王弟，赍捧金叶、表文朝贡。
>
> 永乐十九年，统领舟师，遣忽鲁谟斯等国使臣久侍京师者，悉还本国，其各国王益修职贡，视前有加。
>
> 宣德六年，仍统舟往诸藩国，开读赏赐。驻泊兹港，等候朔风开洋。思昔数次，皆仗神明助佑之功，如是记于石。
>
> 宣德六年岁次辛亥仲冬吉日，正使太监郑和、王景弘，副使太监李兴、朱良、周满、洪保、杨真、张达、吴忠，都指挥朱真、王衡等立，正一住持杨一初稽首请立石。①

郑和石刻《通蕃事迹记》，讴颂神功，铺陈己绩，亦与上文大同小异，故不转载。自得郑和之表扬，遂加深后代航海家对天妃的信仰。嘉靖年间，陈侃亦援郑和之例，请求皇帝下令祭神了。

天妃既为民众崇拜之海神，故海舶无不奉之。嘉靖十一年给事中陈侃及行人高澄奉命使琉球，所乘之船亦是一例。船“长一十五丈，阔二丈六尺，深一丈三尺，分为二十三舱，前后树以五桅，大桅长七丈二尺，围六尺五寸，余者以次而短，舟后作黄屋二层，上安诏敕。尊君命也，中供天妃，顺民心也。”②可见天妃实为当时航海家之兴奋剂，不能不供以顺众人之心理。陈侃去程中第十四日，忽遇风船漏，众“齐呼天妃而号，剪发以设誓”。后因暂将船旋转并塞漏处而免。回时遇险更大，幸而获安。均认为神明之默佑，其详情见于陈侃《乞奏祠典以报神劝》之表，录之以见梗概：

> 嘉靖十三年臣等初去时，五月初八日开洋，至十二日将抵其国，忽逆风大作，舟摇撼不可当，遂尔发漏，数十人以辘轳引水不能止，舟荡甚，足不能立，众欲塞漏而不可得。于是群呼求救于神，剪发以设誓。俄而风遂息，舟少宁，执烛寻罅，皆塞之固，水不能入，得保无虞，使是风更移时不息，舟之沉必矣。此其功一也。回时，九月二十日在彼开洋，二十一日夜即遇飓风将大桅吹折，须臾舵叶又坏，舟之所恃以为命者桅与舵也。当此时，舟人哭声震天，大呼神明求救。臣等亦知决无生理，为军民请命，叩首无已。忽有红光若烛笼然者自空来舟，舟人惊报曰：“神已降矣，吾辈可以生矣！”舟得无事。当风晦冥之时，红光何自而发？谓非神之精灵不可也。此其功二也。二十三日黑云蔽天，风又将作，众皆知舵当易而不敢任，盖风涛中易舵，一动即覆矣。于是请命于神，得吉兆。众遂跃然起易，舵柄甚重，约有二千余斤，平时百人举之而不足，是时数十人举之而有余。兼之风恬浪止，倏忽而定；定后，风浪复历。神明之助，不可诬也。此其功三也。二十六日忽有一蝶飞绕于舟，佥曰：“蝶质甚微，在樊圃中飞不百步，安能远涉沧溟，此殆非蝶也，神也，或将有变。”速令舟人备之。复有一雀立于桅上，雀亦蝶之类也，令以米饲之，驯驯啄尽而去。是夜果疾风迅发，白浪拍天，巨舰如山，飘荡仅如一苇。风声如雷而水声助之，真不忍闻。舟一斜侧，流汗如雨。臣等惧甚，衣服冠而坐，相与叹曰：“圣天子威德被海内外，百神皆为之效职，海神独不救我辈乎？当此风涛中而能保我数百民命，真为奇功矣。当为之立碑，当为之奏闻于上。”言讫，风少缓，舟行如飞，彻晓，已见闽之山矣。此

① 转录冯承钧《中国南海交通史》，第104页。

② 陈侃、高澄：《使琉球录》（国立北京图书馆《善本丛书》第一集），第5页。

其功四也。有夷舟进表谢恩者与臣等同行，遇二十一日之风漂回本国，至今年三月方到福建，臣等之舟只行八日，直抵闽江，不至漂流失所者，皆神之功也。[①]

后有旨下礼部议，嘉靖十四年（1535）七月由礼部行移翰林院撰祭文一通，行令福建布政司备办祭物香帛，仍委本布政司堂上官致祭一次，以答神庥，不为常例。

此后天后事迹层出不穷，择书其荦荦大者于下：

嘉靖四十年，册使郭汝霖、李际春回闽日，飓将发，有二雀集舟之异，及飓发失柁，汝霖为文以告，风乃息，更置柁，一异鸟集桅不去。[②]

万历七年，册使萧崇业、谢杰，针路舛错，且柁叶失去，虔祷之次，俄有一燕一蜻蜓飞绕左右，遂得易柁。[③]

万历三十年，册使夏子阳、王世祯舟过花瓶屿，无风而浪，祷于神，得风顺济，归舟柁索四断，失柁者三。大桅亦折，水面忽见神灯，异雀来集，东风助顺。[④]

崇祯元年，册使杜三策、杨抡归舟，飓作，折柁牙数次，勒索皆断。舟中有奇楠木，高三尺。三策等捐千金购刻神像，俄有奇鸟集樯端，舟行若飞，一夜抵闽。[⑤]

清人入关，未封天妃，至康熙二年（1663）册使琉球国张学礼、王垓冬季二十二日回航遇险，幸获安全，一旬而抵闽，此次天妃更显灵迹，兹录其经过如下：

十四日，东北风起，出那坝港，暮抵马齿，过孤米。十六日飓风大作，暴雨如注，船倾侧将危，与副使王公登战台匍匐风雨中，亟祷天妃，风愈大，桅摇撼将倒，桅右欹则龙骨现于左，桅左欹，则龙骨现于右（龙骨，船底定膨木也）。忽折半截，相连不断，船愈侧，哭声震天。余曰："两人奉使无状，应死，尔等葬于鱼腹，何辜？"众应曰："大数已定，同死无怨。"桅出波涛，篷半浮水面、半罩战台，相系牵带。舟人曰："桅不速断，舟必中裂。"于是再祷以请，风势如故。余仰天大呼曰："皇帝怀柔百神，天妃血食中土，不在祀典内耶？使臣愿投海中，桅可速去，冀活余人，归报天子，神之赐也！"随有火光荧荧，自风雨中起，霹雳断截其桅。即令守备魏文耀、千总陈兰割去篷索，篷桅逝而船始平。但风浪搏击，舵不能定，舵左转，舵右者随而仆；舵右转，舵左者随而仆。浪由船尾进，从鹢首出。严冬凛冽，舟皆裹冰，榜人冻洹，不能施力，亟易其衣，初以布，次以绸缎裘袄，凡一昼夜。十七日，雨虽止，风仍大作。通官曰："昨险不死，或有可生者，须再祷。"各许愿，设簿登记。时黑云密布，上下晦冥，心寒胆裂，问王振曰："汝言可生若何？"云："大桅虽去，头桅尚存，可生者一；舵乃二绳，没于水底，夹于龙骨，一绳断，舵即浮，今勒索无恙，可生者二。"十八日，舟子忽报曰；"勒索断，舵浮于水，危在顷刻矣。"余令曰："如能下水者，赏银五十两。"有一人出应，令饮酒而下，入水即起。余又曰："能换绳者，赏银百两。"有一二少壮者出应，皆随下随起，入水不能，起舵不可。船从风顺流，随波上下，又一昼夜，不知几千里也。十九日风息。祷神起

① 陈侃、高澄：《使琉球录》附录，第8—9页。

② 详郭汝霖《嘉靖辛酉使录》，转引自《琉球国志略》卷七。

③ 详萧崇业《万历己卯使录》，转引自《琉球国志略》卷七。

④ 详夏子阳《万历丙午使录》，转引自《琉球国志略》卷七。

⑤ 转引自《琉球国志略》卷七。

舵，三祷三从，易绳下舵，风乃止。设使易舵时风起，则船必覆，今祷而从心，人舟无恙，神之佑也。二十日，东北风起，修整篷桅。东风大作，拆账房为帆，继以被，皆可翼风，舟行如飞。二十一日，有一鸟绿嘴红足，形若雁鹜，集战台。舟人曰："天妃遣来引导也。"相狎如驯鸟。二十二日，海水渐浑，中国相近，但恐过闽或抵粤耳。行至申刻，望见一山浮于天际。二十三日，舟子曰："是浙江之定海，北是普陀，西是九山也。"①

康熙十九年（1680）敕封海神天妃为护国庇民妙灵昭应弘仁普济天妃。二十年福建提督万正色以天后著灵，奏闻于朝，诏封昭应仁慈天后。康熙二十二年（1683）清师攻克澎湖，靖海侯施琅屯兵天妃澳，入庙拜谒，见神衣半湿，自对敌时，恍见神兵导引，始悟战胜实邀神助。又澳中水泉仅供居民数百人饮，是日驻师数万，方以无水为忧，而甘泉沸涌，汲之不竭。表上其事，奉诏加封天后②。

台湾赤嵌城附近有天妃庙，亦称为马祖庙。闽人及土人称天妃神曰马祖，称庙曰宫③。但吾粤多称天妃庙为天后宫，盖妃或后宜于处宫，不必指庙而言。据清人望江檀萃云："龙舟以吊大夫，凤船以奉天后，皆与五日为胜会。庚午之夏，番禺石桥村人，醵万金制凤船，长十丈，阔三丈，首尾高举两舷，垂翼为舒敛，背负殿宇，以奉天后。"④其实昔日吾粤珠江三角洲附近各邑均有天后庙，不限于番禺一地。

康熙二十二年（1683）使臣汪楫等归舟遇险，虔祷天妃，竟保无虞。详《使琉球杂录》。又乾隆二十二年（1757）全魁、周煌二人奉请祭海神云："伏念臣等始渡海时，以六月初十日出五虎门，十三日已见琉球之姑米山，十四日近山下碇，守风之次，适当暴期，波浪兼天，舟身震撼，呕逆颠仆者无数。臣等屡祷于神，神出茭示。谓'宁泊此，毋舍去'也。于是肃将简命，虔告天妃：神若默佑生灵，当为神乞加封号；并请于册封之年，明颁谕祭。奈臣等忠信未孚，延至二十四日夜，飑飓大作，碇索十余，一时皆断，舟走触礁，龙骨中折，底穿入水，时既昏黑，兼值雷雨，距岸约六七百步许，自分此时百不一生，呼吁之顷，忽神火见于桅顶。又海面灯光浮来，若烟雾笼罩状，举舟之人皆所共见，乃胥呼曰：'天妃救生矣。'须臾舟稍向岸，赖一礁石透入船腹，得不沉溺，复不漂流，以故解放本舟小船，次第救免。臣等于万叠惊涛之中，赍奉节诏赐物登岸，实皆荷我皇上福，恩同覆载，履险终平，而天妃呵护之灵，尤其彰明较著者。"⑤

综而论之，天妃之灵迹传说纷纭，以上所举，可概其余。但天妃何以博得一般平民，甚至一些旧知识分子的信仰，实有研究之要。试为解释如下：

世人一旦相信灵魂不灭，遂有"事死如事生"的举动，前已略为述及，鬼神入梦，由于心理的不正常。例如孔子以制礼作乐为职志，崇拜周公，所以念念不忘周公，及至道不行，而有乘桴之想的时候。始叹曰："甚矣，吾衰也，久矣，吾不复梦见周公！"一个人梦

---

① 张学礼：《使琉球记》（龙威秘书本）。

② 郁永河：《海上记略》（《中外地舆图说集成》卷九九）。

③ 郁永河：《采硫日记》（《粤雅堂丛书》本）卷上第14页有诗云："肩披鬓发耳垂珰，粉面朱唇似女郎。马祖宫前锣鼓闹，侏离唱出下南腔。"盖指海船多于天后庙演剧酬神，而梨园子弟多操下南（漳泉二郡）腔耳。

④ 见望江檀萃著《粤囊》（《中外地舆图说集成》一〇一卷）

⑤ 乾隆二十二年四月二十一日《请加封号谕祭疏》，《琉球国志略》卷七引，又清吴郡徐锡龄厚卿辑之《熙朝新语》卷一四第4页有更详之记载（《清代笔纪丛刊》）。

者可见到许多奇怪的东西，自以为真历其境。天妃托梦于人，因为人们对她已有传统的信仰，经验的积累，很容易受迷惑的；而且光线蒙昧、精神恍惚的时候，更易幻觉各式形体。人为什么有幻觉呢？原因不外如下：

（一）由于某种眼疾影响视力。老人常常因眼障（白内障）发展的时候，发生各种幻觉。

（二）由于头部上的损伤，或肿胀之类，或有癫痫之症者，都易错认目标。饮酒过度亦然。

（三）寒冷过度亦可令人发狂，饥渴痛苦疲倦都易使人发生幻觉，而在海上拼命和风浪对抗的时候，更易使人心中的天妃成为幻觉的天妃。情感的紧张也是另一种原因。

此外，传说与迷信增加了信仰。据说“天后常衣朱衣，飞翔海上”，或现“红光”，因为我国自古就以红为吉色，吉神必穿红裳，特别是女神，甚至灶神也是，“灶神，其状如美女，着赤衣。”[①]所以后人以为天后是吉神，也照例幻觉她是穿红衣的，其中也有“神道设教”或“别有用心”的人，附会这件事而载入书册。至于所谓“祥光或红光”，据近代航海家言，此不过海中活动时发射之磷光，有如一刹那的闪电，或如“火球”，都不足为奇。又如张学礼所见“忽神火见于桅顶”，“时既昏黑，兼值雷雨”，据科学家言，乃船身最高之处（如桅顶）泄电的缘故，雷雨之际，常可见到有小火焰由发泄处作直腾之状，西人名之曰“圣·埃尔蒙火”（St.Elmo's Fire）[②]；又据我国科学家的分析，在空中的雨云积满了阴电荷，在帆船的桅杆上积集了阳电荷，两种电荷互相吸引，它们就会结合起来了。然而，在雨云和桅杆之间若隔住一层空气，空气是不甚导电的，这样便使电荷的结合发生困难。有两种情况可能使电荷发生：如电荷能够突破空气的阻挡，那便成为惊天动地的雷电；如电荷无力突出空气的包围，便静悄悄地进入空气，成为无声的放电。圣·埃尔蒙火就是无声的静电放电现象。所谓异鸟，也是一种海鸟。海鸟最少有千种之多，且有能旅行至九千英里者。其性质亦有极神秘的，有专书可供参考，不必在此讨论[③]。至于飓风之时发时辍，则因长途航行所历风带（wind belts）之不同。在虔祷天妃中，以气候风浪之变易，转危为安，时有可能。且天下凑巧之事，亦属难免。我们在此不必多所饶舌了。

有谓“今林氏宗族妇人将赴田者，辄以其儿置庙中，曰：‘姑好看儿。’遂去，去常终日，儿不啼不饥，亦不出阈。至暮归，各认己子携去。神犹亲其宗人之子云。”[④]此可证明古人认为鬼神具有人性之一种说法。人之善者，心将成为良善的鬼神。古人一般守旧，故认为鬼神亦必守旧，即捍卫宗法、爱护后人，均为鬼神职责。又从发生一种交换利益的想法，例如神之血食，由人供给，因此也希望神的协助。所以各出使大臣入庙行香，出资酬愿，甚至自以为“捐千金购刻神像”，即可获免于难。均由此种心情所驱使。

中国从宋代到清代的封建王朝统治集团所以积极表扬天妃，因为他们利用天妃的名号替封建阶级政治服务，实行愚民政策及宣传忠君孝悌的思想。甚至地主阶级伪造所谓《天

① 引清郭庆藩《庄子集释》卷七上《达生篇》第十九，第11页。

② 参看克拉克著《海上生活》一文（George L. Clarke， Sea Life: What to do aboard a Transport）。

③ Ludlow Grismon，Oceanic Birds 。

④ 郁永河：《海上纪略》。

后圣母训世宝鉴》以封建道德及因果报应诱惑群众[①]。所以对天妃的崇拜盛于一时。今天提倡科学实验，破除封建迷信，天妃的傀儡和传说一并在被扫除之列了。

（此文原名《福建水神天妃考》，原文载于《南洋学报》1950年第6卷第1辑，此次辑入，内容略有修改）

① 参见1916年湖头市天后庙发行的《天后圣母传》。

金应熙（1919—1991），广东番禺人。1938年入读香港大学中国文学史学系，毕业后到澳门《华侨报》从事译电工作。在该报“星期论坛”的专栏中撰稿，宣传抗日救国。1945年受聘于岭南大学附属中学，继被聘为岭南大学政治历史系讲师，旋升副教授，并在《岭南周报》《南风半月刊》《历史政治学报》上发表学术与时评文章。中华人民共和国成立后，组织上根据其才干和需要多次调动其工作，曾在广州市委宣传部、中山大学历史学系、广东省委理论小组工作过。1978年暨南大学复办，调任暨南大学历史学系教授兼任历史学系主任。他的学术贡献主要体现在对岭南区域史、中外关系史各领域均有较高造诣，学贯中西，谙熟多种外国语言文字，主要著作有《香港概论》《菲律宾史》等。其论文后集为《金应熙史学论文集》多卷本出版。

孙权之辽东遣使

金应熙

孙权遣使辽东，为三国时一重要事件，公孙渊之反复，使魏对彼丧失信任，遂有景初元年（237）毌丘俭及二年司马懿之两次出师讨伐，公孙氏终告灭亡。方公孙氏雄踞海东时，东伐高句丽，西击乌桓，威行海外，又于朝鲜半岛开置带方郡，颇能压制东夷。高句丽、鲜卑二部不能骤得志于东北，亦以慑于公孙氏兵威之故。自渊之灭，魏、晋之抚治东夷，有鞭长莫及之势，一时虽赖毋丘俭、王颀之用命，扬威海隅，得勒石丸都，纪功不耐。然道里既远，后难为继，鲜卑、高句丽渐以滋大，终成外族据有辽东之局。是孙氏之辽东遣使，直接为公孙氏灭亡之导因，间接实影响汉族在东北之发展也（金毓黻先生《东北通史》卷二，第九、十两节论此其详）。他如东吴立国内在之危机，当时华北海上交通情形等，咸得于此次遣使中获得参证，实为值得研究之史实。余以课余排比史文，写为斯篇，分上、下两节，上节述通使本末，下节推论孙权遣使目的，附论东吴国势，取备遗忘，且以练习写作，非敢谓有当于著述也。

上

辽东遣使本末，《吴志》二“孙权传”记之最详，今取以为主，并附采《魏志》三“明帝”、《魏志》八“公孙度传”、裴松之注等文，籍明吴与公孙氏往来之经过。

吴黄龙元年（魏明帝太和三年，229）四月丙申，孙权称帝，五月使校尉张刚管笃使辽东，是为吴与公孙氏通使之始。

《魏志》“公孙度传”注引《吴书》载“公孙渊上权表”：

> 每感厚恩，频辱显使……陛下镇抚，长存小国，前后裴校尉、葛都尉等到，奉被敕诫。

嘉禾元年（魏太和六年，232）三月，权复遣将军周贺、校尉裴潜等使辽东，公孙渊遣校尉宿舒、阆中令孙综（按：当依《魏略》作“郎中令”）等奉表称藩于权，海途遇风。九月，魏将田豫伏击斩贺于成山。

《魏志》“田豫传”载：

> 豫度贼船垂还，岁晚风急，必畏漂浪，东道无岸，当赴成山。成山无藏船之处，辄便循海，案行地势，及诸山岛，缴截险要，列兵屯守。……贼还，果遇恶风，船皆触山沉没，波荡著岸，无所逃窜，尽虏其众。

宿舒等得脱命于十月至吴。

按《吴志》本文云，冬十月，魏辽东太守公孙渊遣宿舒等称藩于权，似十月渊使始发者。然“公孙度传”注引《魏略》载“魏赦文”云：“宿舒无罪，挤使入吴，奉不义之使，始与家诀，涕泣而行，及至贺死之日，复众成山，舒虽脱死，魂魄离身。”是宿舒实与周贺偕行，《吴志》乃书其人见之月也。

> 权大悦，加渊爵位。

次年三月，遣舒、综还，使太常张弥、执金吾许晏等将兵万人，持金宝珍货、九锡备物，乘海授渊，群谏以为渊未可信，皆不从。（权加渊九锡，文见《吴志》二裴注引“江表传”）

> 然渊斩弥等，送其首于魏，没其兵资。

按渊之反复，实由宿舒至吴，见吴兵备虚弱，且躬历成山之役，知海道艰危，吴救不足恃，具以告渊之故。

“公孙度传”注引“魏名臣奏夏侯献表”曰：

> 公孙渊昔年敢违王命，废绝计贡者，实挟两端，既恃阻险，又怙孙权。故敢跋扈，恣睢海外。宿舒亲见贼权军众府库，知其弱少，不足恃，是以决计斩贼之使。

又《魏略》引“渊上魏表”云：

> 贼众本号万人，舒、综伺察，可七八千人，到沓津。伪使者张弥、许晏与中郎将万泰、校尉裴潜将吏兵四百余人，赍文书命服什物，下到臣郡。泰、潜别赍致遗货物，欲因市马。军将贺达、虞咨领余众在船所。臣本欲须凉节乃取弥等，而弥等人兵众多，见臣不便承受吴命，意有猜疑……即进兵围取，斩弥、晏等首级。吏从、兵众……徒充边城、别遣将韩超等帅三军驰行至沓，使领长史柳远设宾主礼，诱请达、咨，三军潜伏，以待其下，又驱群马货物，欲与交市，达、咨怀疑不下，使诸市买者五六百人下欲交市，起等金鼓始震，斩首三百余级，被创赴水没溺者可二百余人。

据此，则张弥等虽没，贺达等并未上岸，得返吴报信也。

> （孙）权闻之大怒，欲自征渊，薛综等切谏乃止。

当时谏孙权者，有薛综、陆瑁、陆逊等，疏分见《吴志》之各人本传，又《通鉴》卷七十二“青龙元年”条略载各谏疏文。

公孙渊既斩送吴使，魏封为大司马、乐浪公，然对之终不信任，俟隙讨除。景初元年（吴嘉禾五年，237），毋丘俭征辽不利，渊复与吴通使，然吴鉴于前事，仅虚与委蛇，不敢大出兵救之。

“公孙度传”注引《魏书》云：

> 渊知此变非独出俭，遂为备，遣使谢吴，自称燕王，求为与国。

又引《汉晋春秋》云：

> 公孙渊自立，称绍汉元年，闻魏人将讨，复称臣于吴，乞兵北伐以自救。吴人欲戮其使，羊衜曰：“不可，是肆匹夫之怒，而捐霸王之计也。不如因而厚之，遣奇兵

前往以要其成，若魏伐渊不克，而我军远赴，是恩结遐夷，义盖万里。若兵连不解，首尾离隔，则我虏其傍郡，驱略而归，亦足以致天之罚，报雪曩事矣。”权曰：“善。”乃勒兵大出。谓渊使曰：“请俟后问，当从简书，必与弟同休戚，共存亡，虽陨于中原，吾所甘心也。”

又《魏志》卷十四“蒋济传”引《汉晋春秋》云：

帝（魏明帝）问济：“孙权其救辽东乎？”济曰：“彼知官备以固，利不可得，深入则非力所能，浅入则劳而无获；权虽子弟在危，犹将不动，况异域之人，兼以往者之辱乎！今所以外扬此声音，谲其行人疑于我，我之不克，冀折后事已耳。然沓渚之间，去渊尚远，若大军相持，事不速决，则权之浅规，或能轻兵掩袭，未可测也。”

各文并见《通鉴》卷七十四“景初二年（238）正月条”。

及渊既灭，始以轻兵袭辽，虏掠男女，时司马懿军已返魏矣。

《吴志》卷二“孙权”载：

赤乌二年春三月，遣使者羊衜、郑胄，将军孙怡之辽东，击魏守将张持、高虑等，虏得男女。

此吴与辽东关系之大略也。

至于当时的海上交通状况，亦有可得而言者。吴使之出发，多在三月，最迟则在五月，其返航则在九月或十月，盖与风向有关。华北海岸，夏季多吹南风，至阳历九月后，秋冬季风嬗变，风向转吹东北及西北，且风力极猛，连日不息。《魏志》“田豫传”所谓“岁晚风急”，即是此项情形之写真，此时航海危险性颇大，周贺复舟成山，由于遇风，公孙渊之所以欲须凉节乃取张弥等，亦因届时吴军归程不便也。

华北沿海之风向，参阅《方志月刊》第六卷第十一期刊登的竺可桢先生著《中国气流之运行》一文。（此文又载于《科学》第十六卷第八期）

吴船开拔地点，当在今江苏海岸，循海北行至今海州一带。

《太平御览》卷七七一引陆景文：

孤将与水军一万，从风举帆，朝发海岛，暮至沓渚。

《魏志》卷二十一“傅嘏传”载：

后吴大将诸葛恪新破东关，乘胜扬声欲向青、徐，朝廷将为之备。嘏议以为：“淮海非贼轻行之路，又昔孙权遣兵入海，漂浪沉溺，略无孑遗，恪岂敢倾根竭本，寄命洪流，以徼乾没乎？恪不过遣偏率小将素习水军者，乘海溯淮，示动青、徐，恪自并兵来向淮南耳。”

《魏志》卷八“公孙度传”注引《魏略》载“公孙渊表”曰：

……必恐长蛇来为寇害。徐州诸屯及城阳诸郡，与相接近，如有船众后年向海门，得其消息，乞速告臣，使得备豫。

由此转东，循朝鲜西方之西鲜海流，抵今金州附近登陆。

按前引“田豫传”文云：

岁晚风急，必畏漂浪，东道无岸，当赴成山。

是吴船本从东道，归途始经成山（今山东荣成市成山头）也，吴船抵辽东，于沓津登陆，地在今金州东南。

《吴志》“陆瑁传”及前引“蒋济传”注并云：

且沓渚去渊，道里尚远。

即指辽东半岛金州其地，其地附近有三山岛。

《魏志》卷十一“邴原传”注引孔融“与原书”云：

顷闻来至，近在三山。

谓此岛也。

沓津为辽东海上交通要地。吴增谨《三国郡县表》卷五、顾祖禹《读史方舆纪要》卷三十七均考订位于金州东南。

海程所经，大体如此，至东吴当时船只之建造，海运之发达，近贤多有详述。（如冯承均先生《中国南洋交通史》上编第二章）兹不复赘云。

孙权与辽东通使既无成功，曾改与高句丽交通，其事造端于吴使秦旦等自辽东地方之逃亡。

《吴志》卷二“孙权传”中注引《吴书》云：

初，张弥、许晏等俱到襄平，官属从者四百许人。渊欲图弥、晏，先分其人众，置辽东诸县，以中使秦旦……等及吏兵六十人，置玄菟郡，玄菟郡在辽东北，相去二百里，太守王赞领户二百，兼重可三四百人。……旦等皆逾城得走。……崎岖山谷，行六七百里。……别数日，得达句丽（王宫），因宣诏于句丽王宫及其主簿，诏言有赐为辽东所攻夺，宫等大喜，即受诏。

按《通鉴》“青龙元年”本条下胡注云：

此非玄菟旧治也。

盖汉末玄菟郡已徒近辽东，在今辽宁铁岭县附近，见吴增谨著《三国郡县表》卷五“玄菟郡考证”。

又高句丽王宫，即《三国史记》之东川王，居于丸都，其确地尚未考得，但在今辑安县附近，当无问题（参见劳榦先生所作《跋高句丽大兄冉牟墓志兼论高句丽都城位置》，文载《历史语言研究所集刊》第十一本第一、二分册合刊）。

秦旦等由玄菟郡赴丸都，殆沿浑河支流而行，即日后毋丘仲恭进兵之路也。

中间东吴数次遣使高句丽，欲加以利用。

前引《吴书》续云：

其年（按指嘉禾二年），宫遣皂衣二十五人送旦等还，奉表称臣，贡貂皮千枚，鹖鸡皮十具。

间一年，遣使者谢宏、中书陈恂拜宫为单于，加赐衣物珍宝。恂等到安平口，先遣校尉陈奉前见宫，而宫受魏幽州刺史讽旨，令以吴使自效。奉闻之，倒还。宫遣主簿笮咨、带固等出安平，与宏相见。宏即缚得三十余人质之，宫于是谢罪，上马数百匹，宏乃遣咨、固奉诏书赐物与宫。

《魏志》“明帝”记载：“（孙）权请使与高句丽通，欲袭辽东。”但高句丽终畏魏兵威，斩送吴使，吴之企图，亦空想而已。

据《魏志》“明帝”记载：青龙四年秋七月，高句丽王宫斩送孙权使胡卫等首，诣幽州，事在谢宏奉使后一年。

下

《吴志》卷二“孙权传”引“裴松之注”云：

臣松之以为权愎谏违众，信渊意了，非有攻伐之规，重复之虑。宣达锡命，乃用万人，是何不爱其民，昏虐之甚乎？此役也，非惟阖塞，实为无道。

夫仲谋任才尚计，一时英杰，以曹孟德之雄武、犹加赞叹，宁有寡谋昏悖，一至如斯。盖其厚结辽东，实为时势所迫，别具苦衷，为裴氏（松之）之所未喻也。考权之遣使至辽，除政治上之结纳外，目的有二，一曰市马，一曰掠民，皆所以能增厚吴军力量，以备外忧内患也，下文分别述之：

在火器未发明之前，骑兵是最有威力之兵种，故马匹之多寡，恒可显示军队之强弱，而南人使船，北人使马，南北军势之差异，亦可以此释之（参考钱穆先生著：《中国史上之南北强弱观》，载《禹贡》第三卷第四期）。东吴立国江表，其兵虽习于舟楫，而马匹缺乏，能守而不能攻，故孙氏对于获得马匹，异常重视。

《吴志》卷二“孙权”载：

嘉禾四年秋七月……魏使以马求易珠玑、翡翠、瑇瑁，权曰；“此皆孤所不用，而可得马，何苦而不听其交易”。

《吴志》卷十七“胡综传”载综伪为吴质降之，文中云：

及臣所在，既自多马，加以羌胡常以三四月中美草时，驱马来出，隐度今者，可得三千余匹。陛下出军，当投此时，多将骑士来就马耳。

按此文虽吴人伪作，正可证其马匹之缺乏，而三国时期之良马多产于鲜卑，次则辽东、朝鲜。

《魏志》“田豫传”云：

自高柳以东，涉貊以西，鲜卑十部，比能、弥加、素利割地统御，各有分界，乃共要誓，皆不得以马与中国市。

《吴志》“陆瑁传”云：

贼地多马，邀截无常。（按指辽东地区）

《太平御览》卷八九七引桓范之《世要论》云：

> 朝鲜之马，披须踶齿，能使其成为骐骥者，习之故也。

吴既不能与鲜卑直接交接，次选唯有与辽东、高句丽作马匹交易，是孙权之遣使，并非全无意义也。

《吴志》“陆瑁传”载：

> 今渊东夷小丑，屏在海隅，虽托人面，与禽兽无异，国家所为不爱货宝远以加之者，非嘉其德义也，诚欲诱纳愚弄，以规其马耳。……夫所以越海求马，曲意于渊者，为赴目前之急，除腹心之疾也。

（《吴志》之陆逊、薛综、虞翻等传，亦论及东吴越海求马之作用，今不具引）

《魏志》“公孙度传”注引《魏略》载“魏赦文”：

> 比年已来，（孙权）复远遣船，越渡大海，多持货物，诳诱边民，边民无知，与之交关，长吏以下，莫肯禁止，至使周贺浮舟百艘，沉滞津岸，贸迁有无。既不疑拒，赍以名马，又使宿舒随贺通好。

至于人口掠夺，为中国中古史上之常见现象，吴士马之强，本不如魏，又加诸将世袭其兵，其直属孙氏之兵，为数更少，故孙权常思掠民自益，除遣诸将征服山越等异族，增益兵额外，并向海外实施人口掠夺。

东吴兵制，陶元珍先生有《三国吴兵考》一文，论之极详。（文载《燕京学报》第十三期）本文但采用陶君研究结论，有关史料，以文繁不复详引。

如远征夷洲、亶洲、珠崖各役，其后虽得不偿失，初意则均在掠民。

《吴志》卷二“孙权”载：

> 黄龙二年春正月，遣将军卫温、诸葛直将甲士万人浮海求夷洲及亶洲。……（亶洲）所在绝远，卒不可得至，但得夷洲数千人还。
>
> 黄龙三年春二月，卫温、诸葛直皆以违诏无功，下狱诛。
>
> 赤乌五年秋七月，遣将军聂友、校尉陆凯以兵三万讨珠崖、儋耳。

《通鉴》卷七十一“魏纪”三“太和四年春”条：

> 吴主……求夷洲、亶洲，欲俘其民以益众，陆逊、全琮皆谏以为桓王创基，兵不一旅，今江东见众，自足图事，不当远涉不毛，万里袭人，风波难测，又民易水土，必致疾疫，欲益更损，欲利反害，且其民犹禽兽，得之不足济事，无之不足亏众。吴主不听，军行经岁，士卒疾疫死者十八九。（末二句见其书卷七十二）

辽东通使时间与征夷洲一役前后相间，殆具有掠夺人口之目的，吴军之虏掠男女，是其证也。

孙权在位晚年，因连岁用兵，人众损减，而曹魏之民力，则经休养生息，逐渐地趋于恢复。

《吴志》卷十二“骆统传”载统上疏曰：

> 今强敌未殄，海内未乂，三军有无已之役，江境有不释之备，征赋调数，由来积纪，加以殃疫死丧之灾，郡县荒虚，田畴芜旷，听闻属城，民户浸寡，又多残老，少

有丁夫，闻此之日，心若焚燎。

《吴志》卷十三“陆逊传”曰：

今兵兴历年，见众损减，陛下忧劳圣虑，忘寝与食。

《吴志》卷十九“诸葛恪传”载：

（恪乃著论谕众意曰：）今贼皆得秦、赵、韩、魏、燕、齐九州之地，地悉戎马之乡，士林之薮。……然今所以能敌之，但以操时兵众，于今适尽，而后生者未悉长大，正是贼衰少未盛之时……自本（古）以来，务在产育，今者贼民岁月繁滋，但以尚小，未可得用耳。若贼十数年后，其众必倍于今，而国家劲兵之地，皆已空尽，惟有此见众可以定事。若不早用之，端坐使老，复十数年，略当损半，而见子弟数不足言，若贼众一倍，而我兵损半，虽复使伊、管图之，未可如何。

今按元逊（诸葛恪字）此论，于当时魏吴兵势，言之可谓痛切。盖三国鼎立，魏据中原，为中国文化经济中心，恢复自较蜀、吴为易，孙、刘二氏，欲打开僵局，惟有冒险北攻，武侯所谓“坐而待亡，孰与伐之”者也。元逊洞悉形势，力欲争取主动，实为奇才，不愧大帝生玉蓝田之誉，惜兵众寡弱，加以强宗不附，东关小胜，继有新城之劫，内患遂作，束篦裹苇，弃尸石岗。然至太康之役，吴兵众寡不敌，卒为晋并。恪之先见，不期验欤。（按：所谓《后出师表》，《诸葛亮集》所无，出张俨默记，疑为吴人伪托，或即出诸葛元逊之手者，以非属本文论及之范围，不具论）

同时吴国内部，六族与帝室之摩擦，亦渐趋剧烈。盖孙氏本出县吏，并非名族，江东门阀，只是迫于外患，有同舟之惧，故相拥戴。然孙氏对大族之待遇，仍极优渥，每以大权付之，如部曲世袭制，即其一端。

《世说》“赏誉篇”注引《吴录》“士林”云：

吴郡有顾、陆、朱、张为四姓，三国之间，四姓盛焉。

《吴志》“陆凯传”云：

先帝外仗顾、陆、朱、张。（先帝谓孙权也）

《吴志》“朱治传”云：

公族子弟及吴四姓多出仕郡，郡吏常以千数。

孙权称尊号后，对大族势力颇加裁抑，国内政局因之颇不安定，在此内忧外患交迫之下，增强军力，间不容缓。辽东遣使，实为应付此内在危机之紧急方策，故权违众行之，（裴）松之深加讥评，非笃论也。

《魏志》“傅嘏传”注引“司马彪《战略》载嘏此对”云：

孙权自破蜀兼平荆州之后，志盈欲满，罪戮忠良……今权已死，托孤于诸葛恪，若矫权苛暴，触其虐政，民免酷烈，偷安新惠，外内齐虑，有同舟之惧。……崩溃之应，不可卒待。

览嘏此对，是当时魏之攻吴，实欲乘其内讧，诱间携贰，待其崩坏。

又《魏志》“邓艾传”云：

> 艾言景王曰：“孙权已没，大臣未附，吴名宗大族，皆有部曲，阻兵仗势，足以建命。”

吴国内情如此，渐有尾大不掉之势，孙权欲增厚直属部队力量，宁足为异。

总之，兵势之薄弱和大族之跋扈，世人所共知为中国中古南北对立时南朝政治之特质者，已早见于东吴，不待永嘉南渡以后，始为显著，此为东吴立国之危机。大帝既没，仍继续发展到孙皓时，兵势极端衰弱，而王室与大族之斗争复尖锐化，晋兵乘之，遂真成崩坏之局，以史实过繁，且与辽东遣使无涉，他日当另文论之，兹不复及焉。

（原文载于岭南大学《南风》1946年复刊第1期。笔名：晨风）

作为军事防御线和文化会聚线的中国古代长城

金应熙

我的同事张广达教授在他的论文中已经从古代欧亚内陆交通史的角度论述了山脉、沙漠和绿洲对东、西文化交流的影响。本文将讨论中国古代长城作为军事防御线和文化会聚线的作用，企图从另一角度对张教授的论点作一点补充。

一

古代蒙古高原上的游牧部落同华北定居农耕区之间的交往，是要通过沙漠、高山、大河等种种地理障碍的。在高原南部分布有广阔的戈壁、沙漠。海拔1500至2000米的阴山山脉横过高原南端，而在其东面边缘上则矗立着大兴安岭山脉，阴山南面有黄河，而在大兴安岭山脉东南则有老哈河和西喇木伦河，二者都是西辽河的上流。尽管有这许多地理障碍，可是考古发掘材料已经证明，交往至迟到公元前第一千纪即已有了一定的发展。到了战国时代（公元前5至前3世纪），这种交往更多地采取了另一种形式——游牧部落对定居农耕区的掠夺战争，于是燕、赵等国都相继建筑长城来防御。这些长城，往往是利用地理条件，沿着重要山脉或河流修筑的。

利用地形是我国古代建筑长城的传统。长城这种军事防御工程本由夯土筑城和筑堤障水的建筑技术演变发展而来，到战国时代已被广泛采用。当时中原各诸侯国为了互相防御多在自己的疆域内兴建一道至数道长城，其中不少是利用山脉建成的。如齐长城，史称其“乘山岭之上”，“因山为之”[①]，是齐国利用泰山、鲁山、沂山山脉在山脊上建筑的。还有楚的方城北面一段，《水经注》“沅水篇”说是“虽无基筑，皆连山相接”，可见是完全依伏牛山脉为险的，在山岭上不再筑城，山脉本身就构成长城防御系统的一部分了。至于利用河流构筑防御工程的，战国时代也有许多例子，其情况可分为两种：一种是在河堤的基础上增修加固，叫做“防”，如齐国在济水上建筑的巨防；另一种是削掘河岸边的山崖构筑长城，叫做“堑”，如秦国堑陕西洛水所修的长城。此外还有“自郑滨洛”的魏国西长城。“属阻漳、滏之险”的赵国南长城，燕国南部边境的易水长城等，也都是利用河川地形修筑的。

到统一的封建国家建立以后，修筑长城就主要为着遏阻北部游牧部落骑兵的侵掠了。为此目的，秦、汉两朝相继都建立了东西绵亘万里的长城防卫体系。这个防卫体系虽以筑城为主，却并不限于筑城。西汉时的侯应说得很清楚：“起塞以来百有余年，非皆以土垣

① 《史记·楚世家》，《正义》引《齐记》；乾隆《诸城县志》卷八。

也。或因山岩石，木柴僵落，谿谷水门，稍稍平之。卒徒筑治，功费久远，不可胜计。”[①]这段话表明，秦、汉修建长城仍然采用尽量利用自然障碍物的原则，亦即《史记·蒙恬列传》中说的“筑长城，因地形，用制险塞”。近年来考古学者对秦、汉（以及战国时代的燕、赵）长城遗迹的勘查也证实了这一点。具体来说，筑城时或是“因边山险”和“因山岩石”即利用山岭，或是“因河以为固”和“谿谷水门”即利用河流。还有利用湖泊、沼泽的例子。据我国学者调查内蒙古长城遗迹发现，秦、汉长城北面主要一段南倚黄河，沿狼山、乌拉山、大青山南麓或山脊修建，在一些地方还能看到在陡峭的山上利用崖壁作长城的痕迹。在山势中断的重要关口，则建筑城障驻兵防守。这是同时利用高山和大河的典型事例。

自然，并不是每一代中原封建王朝都有利用阴山和黄河来构筑防御线的机会。明代到正统以后曾受到蒙古族的强大压力，但因早已先后放弃大宁卫（老哈河流域）和东胜卫（河套地区）等重要据点，牵动整个防卫线大幅度南移，到全面增修边墙时已没有高山大河可资利用了。从明代长城线来看，只有首都北京的东北和西北还可凭借燕山和军都山脉设防。山西大同前线位置重要，但是“浅水平河，夏涨冬涸”，而且“所在群山，星散蚁游，无蜿蜒绵亘联络之势”[②]，很难防守。明方唯有加筑小边、大边，又在大同镇周围多建城堡，指望以多重、纵深配置以补地利的不足。再西面的陕西至甘肃东部一段，由于防御线已撤到黄土高原边缘，更是无险可据。唯有利用鄂尔多斯南部的毛乌素沙漠，尽可能将沙漠筑到长城外面去。如15世纪末到16世纪初，徐廷璋、刘天和等兴筑陕西一段长城时，“凡水草便利处皆筑之于内，使夷绝牧；沙碛之地，筑之于外，使夷不庐”[③]。还将一些已划入长城内侧的重要水泉，如铁柱泉，筑城围护。这样，蒙古骑兵远道涉漠而来，又无水草，顿兵坚墙之下，明方可收以逸待劳之效。不过，在西北地区风沙的威胁下，这一带长城的长久维持是很困难的，如隆庆年间（1567—1572年）所筑的延绥镇长城，十年间就因“风壅沙积”以致墩台埋没，积沙有高过城墙五到七尺甚至一丈的，结果当然是“虏骑长驱，如履平地”了[④]。总之，在利用地形的条件上，明代长城是远远比不上秦、汉的。

风沙之害，还不只填平壕堑、破坏长城而已。更严重的，它能吞没垦殖区，使大片草原沙漠化，直接威胁人类聚落的存在。张教授论文中已举出新疆南部的例子，类似情况在内蒙古也并不少见。如河套西边乌兰布和沙漠北部发现汉代农垦和城堡遗址，经研究后判明是汉代的鸡鹿塞一带。当时经济生活相当繁荣，但是后来逐渐沙漠化，到10世纪时已经“沙深三尺，草木不生”了。又如鄂尔多斯南部红柳河一带，直到5世纪初还是水草丰美的草原，9世纪后渐受流沙威胁，终于成为毛乌素沙漠的一部分了[⑤]。这些地区的沙漠化，固然由于自然条件——风沙，不过社会因素也很重要。鸡鹿塞一带的沙漠化是由于东汉末年人口内移弃耕，致使表土失去作物覆盖而被破坏，助长了风蚀作用。而鄂尔多斯地方则由于唐以后的滥垦与过度放牧，伐树烧草，破坏了植被，遂使朔风得以逞虐。所以，只要采取得当的措施，人们对风沙并不是无能为力的。清人所著的《秦边纪略》也指出：如果

① 《汉书·匈奴传》。

② 方逢时：《备察边情敷陈意见疏》，见《明经世文编》卷三二〇。

③ 《秦边纪略》卷五，第13页。

④ 涂宗浚：《修复边垣扒除积沙疏》，见《明经世文编》卷四四八。

⑤ 侯仁之：《历史地理学的理论与实践》，第69—94、47—59页。

"经营得人"，采取植树防风，跨墙筑台等"因地制宜"的办法，可以在风沙侵袭下继续维持长城的守卫①。

茂密的林木能够限制骑兵的活动，因此森林也常成为长城防卫体系的辅助组成部分。在无林的地方，有时用植林或树立木栅来替代。早在秦代蒙恬筑长城时就曾"树榆为塞"。侯应说的"木柴僵落"，所指的不论是山上僵枯的树干还是木栅，也总是利用密植的木头来御敌。这种防御措施直到后来宋、明两代仍常被采用。北宋对辽，军事上常居守势，但双方交战地区的东部是平原，"无山阜设险"，修筑长城费用大而收效微。北宋朝廷的办法是：在冀中地区开挖塘泊，指望"白浪渺㳽"可以阻住契丹马队的"奔冲"，而在太行山东麓一带则因地势较高不能挖塘，使用植林方法，"植榆为塞，以捍奔突之势"②。这个塘泊加森林的防卫体系虽然并不理想，也算在军事弱势下维持了长期的对峙。明代中叶，明军守卫北京防备蒙古人的进攻，首先是依靠依山构筑的长城，同时蓟州、昌平直到山西边境蔚县、浑源一带山区，都有稠密的树林，有利于守军的设伏邀击，对蒙古骑兵的进攻起到了相当大的限阻作用。所以明朝采纳一些官员的建议，禁止砍伐森林，奖励增种树木，以便同长城配合，形成有力的纵深防御。

综上所论，古代长城是一项军事防御工程，人们在修筑长城时按照地形的原则总是利用了一种或多种自然障碍物（山脉、河流、森林、沙漠等）的。一经建成以后，长城本身在一段时间内也成为对人民交通往来起一定阻隔作用的地理障碍。所以，下面对长城的军事和经济作用作一探索。

二

长城作为军事防御线的作用究竟有多大，它能否有效地遏阻游牧部落武力进入定居农耕地区呢？对于这个问题，国外学者中有过不同的意见。李约瑟、拉铁摩尔等都肯定了长城的遏制作用，而吉本则对此抱有怀疑态度，认为长城并不比激流、悬崖、最深的河流或最高的山峰更为有效③。在我国历代政治家和将领中，修筑长城的利弊更是个长期争论的问题。从西汉的晁错、侯应，北魏的高闾直到明代翁万达、邱浚等人，无不力陈修筑长城之利，认为是暂劳永逸的守边长久之计。但是，由指斥秦始皇筑长城为"无策"的王莽大将严尤起，也有不少人认为长城在军事防御上并不可恃，而且费用浩大，有损无益。明末顾炎武在《昌平山水记》中列举了金主阿骨打、蒙古成吉思汗和农民起义领袖李自成先后攻破居庸关重险，进取北京的战例，说明在"国法不行而人心去"的情况下，就是有高城、险塞也是难以坚守的。顾氏并不笼统地肯定或否定长城的防御价值，却提出要联系各朝国势盛衰的具体条件来考察，这是比较中肯的见解。

实际上，各个中原王朝的民族政策及其同北方游牧民族的关系是不尽相同的，因此它们对修筑长城的重视程度亦有差别。即使是同一个王朝，前后也常有变化。单纯侧重依靠长城来守御的例子是不太多的。如汉、唐两朝初建立时，都因国力尚未充实，分别受到了匈奴和突厥的严重威胁，只得采取和亲政策，同时致力于筑城掘堑以加强守御。但是到后

① 《秦边纪略》卷四，第11页。

② 《宋会要》第185卷，《兵》二十七，第13、28页；欧阳修：《居士外集》"塞垣"。

③ 吉本：《罗马帝国衰亡史》第26章。

来汉武帝、唐太宗在位时，由于力量对比发生了显著的变化，这两位君主都组织了强大的兵力，对匈奴或突厥大举进攻了。汉武帝在进攻中仍然修筑了阴山以北和河西地区的长城和许多城、障；但这些是作为前进的基地，不只是防御线了。唐太宗则于即位后第3年就拒绝群臣关于修治长城的请求，说突厥亡象已见，唐朝何必还去做“劳民远修障塞”的蠢事呢[①]？

明朝的情况与汉、唐都不相同，它是通过推翻元朝而建立的，军事力量在开始时远比蒙古族强大。《蒙古源流》记载，蒙古贵族退回漠北时，40个万户中只脱出了6个，所以当时力量是很虚弱的。明方于洪武二十三年（1390）曾有一次估计，北元“残胡甚少，骑者才五千人，共家属一万口”，实力还比不上明朝的一镇[②]。在这一情况下，明朝虽也增修居庸关、山海关等处重要关隘，但并没有必要兴筑全线连接的完整的长城防卫体系。明朝大举修缮和加固长城，把它作为遏阻蒙古族的主要手段，是在15世纪中叶以后。到16世纪初，蒙古族的力量已经有了很大的恢复，单在漠南一带住、牧的就不下数十万人。而明朝统治下的社会经济已经开始走下坡路，内部的阶级矛盾和民族矛盾都日益尖锐，军队的战斗力已削弱不堪，就唯有主要依靠长城来守卫了。现在华北从山海关到嘉峪关的这一段长城，基本上是明朝在15世纪后半叶到16世纪这100多年中陆续修建的。

从建置规模和防御工程技术来说，明代长城都超过了前代。这个庞大的防卫体系，由坐镇北京的明廷“兵部”掌管，下面分为辽东、蓟镇、宣府、大同、山西、延绥、宁夏、固原和甘肃等9个军区——镇，称为“九边”。各有重兵驻守，共有七八十万人，而北京的“京营”尚不在内。长城全线长达12000余里，城堡、关口各有千处以上。后来又修筑了大批的“墩台”。在一些重要的地段，长城修筑都有多重的配置。可是，尽管机构是如此庞大，在实战中这个防卫体系却并未能收到预期的良好效果。

明朝中叶，在防御蒙古族方面，明军长期采用分兵沿线据守长城的战略，即所谓“摆边”，结果兵力配置异常分散，如“宣府之边，千有余里，一镇之军不过七八万，每里七八十人岂足守御”[③]。又如“蓟镇之边……百里一营……一营不过三千”，这样每里只有30人。在这种“守株待兔”的被动挨打局面中，明方守军每每是“昼夜食宿，俱在墙上”，“槁形孑立，风雨饥寒”，战斗力更大受影响。由于守军备多力分，蒙古骑兵只要突破一点，则“千甲之守，形同虚设”[④]。长城沿线守军虽多，但是“各分信地，不暇援应”。所以，明代的整个长城防卫体系“外形虽壮，内势转虚”，实际上起不了很大的遏阻作用。

“摆边”待守的战略是明朝政治和军事上的严重腐朽性所决定的。16世纪初，明朝“京营”大军的各级军官多数是“世胄纨绔”，平日大食空额。“京营”兵额38万，“见籍只十四万余，而操练者不过五六万。支粮则有，调遣则无”。到上操时乱拉市人充数，呐喊放炮，形同儿戏。1550年蒙古兵打到北京城外，兵部调“京营”出城应敌，士兵“皆流涕不敢前”[⑤]，可见是不堪一击。长城线上的各镇驻军也多同样腐败。将领剥削军粮，削减

① 《资治通鉴》卷一九三；《唐纪》卷九，贞观二年九月己未条。

② 《明实录》，洪武二十三年二月甲辰条；李东阳：《西北备边事宜状》，见《明经世文编》卷五十四。

③ 《明实录》，嘉靖三十二年五月庚申条，方祐奏疏。

④ 刘焘：《边防议》，见《明经世文编》卷三〇四；赵炳然：《题为条陈边务以俾安攘事》，见《明经世文编》卷二五二。

⑤ 《明史·兵志·京营》。

草料，致使兵士相率逃亡，大同镇驻军积年逃亡将近一半，军马则“马匹尫羸，连群骨立”，瘦弱不能打仗。士兵长期缺乏操练，兵器也欠精良齐备，临阵不死便逃。所以各镇将官遇有蒙古军队侵入时，多是闻风退避，不敢接仗。对明朝政府则“虚报敌势，以十百为千万，动称兵寡难敌”，为自己的怯懦辩解。到蒙古军队离境时，始在后望远跟送。甚至有不少将领竟向蒙古贵族馈送金银，请求不要攻打自己管辖下的地区和城堡。中间有一二将领敢于迎战的，则反为同辈所嫉忌，受到排挤[①]。在这种怯战气氛笼罩下，明朝虽有一些官员痛论“摆边”战略的不当，主张组织兵力与蒙古军队“合战”，但这项建议始终无法付诸实施。

到1550年后，蒙古阿勒坦汗连年越过长城线，深入明军的后方进行虏掠，山西北部、中部等处损失最重。明廷见长城守御无效，于是采取新措施，即宣传“人自为战，家自为守”[②]。在蒙古军经常侵入地区提倡乡民自己出力修筑墩堡，有警报时由乡兵或官兵据守。这种办法自1553年在陕西试行后，在山西各地也普遍推行。据《天下郡国利病书》所列，单大同一府就有墩堡918处之多。事实上，这些分散的墩堡充其量只能够抵御小部队的骚扰，遇到大规模的攻击是无力久守的。平日鱼肉农民的明朝官僚机构并不可能真正组织他们起来自卫，官吏反而乘机进行勒索，结果是“城以卫民而乃益其祸”了[③]。墩堡战术的采用，一方面加深了当时华北各省的贫困，另一方面则表明明朝对长城防御体系已经没有多大的信心了。

隆庆元年（1567），张居正在明朝执政后，进行了一些政治改革。他在军事上任用在南方抗击倭寇有功的戚继光和谭纶，加强了长城防卫体系，其主要办法是大量修建骑墙的空心敌台。敌台是从旧有的烽火台（烟墩）和民间的“看家楼”演变来的，戚继光等又在总结前人实战经验后对其形式和位置作了改进。在形式上，初期多筑实心台，空心台从16世纪初即有人试用，实战中证明比实心台有不少优点。在位置上，过去筑台或列在长城之内，或远在城墙外面，“台与墙各峙，互不相救”。戚继光等骑墙建台，敌台与城墙守军可以密切协同作战，办法较好[④]。他们原拟在蓟镇长城沿线筑台3000座，但费用巨大，从隆庆三年到五年（1569—1571）实只建了1000多座。据记载，蒙古军对加强后的蓟镇防卫引避不敢侵犯[⑤]。但实际上明、蒙双方于1571年已达成通贡互市的协议，蓟镇长城加强后并未遭受严重的考验。戚继光也认识到：根本的解决办法不在于防御工程的加固，而在于练兵，但是他的练兵主张并未得到明政府的积极支持，终于无法实现。

以上对明代长城的军事防卫作用的分析，足以证明前引顾炎武意见的正确。无疑，我们应该看到：长城是利用各种自然障碍加工筑成的强固军事工程，往往比单纯一种自然障碍（沙漠、山脉或河流）更难克服。而且中国的长城又比同一历史时期的同类军事建筑（如同与秦、汉长城约略同时的罗马帝国日耳曼边塞、哈德良长墙等）规模更大，防卫力量更强。但是，我们应该把每一个封建王朝所建的长城，同掌握运用这一军事工程的人，以及当时的经济条件、军事制度、战略思想等联系起来进行研究，并且从而作出对每个时

① 王崇古：《禁通虏酌边哨以惩夙玩疏》，见《明经世文编》卷三一六。

② 杨博：《议筑简便墩城疏》，见《明经世文编》卷二七三。

③ 《天下郡国利病书》卷四九引《潞安府志·关隘》。

④ 《武备志》卷一一〇《城制》引郭子章：《城书》；戚继光：《练兵纪实》。

⑤ 谢肇淛：《五杂俎》卷四；汪道昆：《边务疏》，见《明经世文编》卷三三八。

期长城作用的具体分析，而不宜脱离这一切孤立地、笼统地肯定或夸大长城在各个历史时期中的军事防卫价值。

三

在北方游牧民族同中原定居农耕地区之间的经济文化交往上，长城起了什么作用呢？

久已存在的这种交往是双方都极为需要的。在游牧民族方面，畜牧经济的发展使他们有大量的畜产品可作经常的交换。同时他们只有原始的农业，手工业也很不发达，迫切需要把牲畜、皮毛同农耕地区的农产品和手工业制品进行交换以解决生活上和生产上的困难。在定居农耕地区方面，战国以后商业已有很大的发展，游牧地区出产的牲畜、旃裘等已成为“中国人民所喜好”“待商而通”的重要商品[①]。由于共同的热烈要求，南北各族人民都不避艰辛，力求克服各种障碍来进行贸易。

可是，出于传统的商业政策，中原封建王朝的统治者却总是尽量要把这种贸易控制在自己的手中，并且作出种种的限制。在贸易地点上，他们往往不愿意在内地以至首都进行大规模的交易，这是由于害怕游牧民族会乘机虏掠，或是顾虑首都和内地的富庶会引起游牧民族的觊觎。结果是贸易被局限在游牧地区与农耕定居地区邻接的一些特定地点进行。在这种场合下，作为军事防御线的长城便会同时成为经济、文化的会聚线。

可举汉、明两朝的例子来作具体的说明：

西汉初年的数十年间，同匈奴人的贸易主要就是在长城线上某些地点开设的定期集市上进行的，称为“关市”。照贾谊的说法，关市设在险要的地方，有兵驻守[②]。从近年发现的和林格尔汉墓壁画《宁城》图来看，关市同汉朝内地的“市”一样也是方形的，四面有垣并有市门。关市贸易是在汉朝官员管理下进行的。每逢交市日期，市门开放，参加贸易者（有官员也有商贾）各运载货物来到这里，在议定价格后才会合交易，叫做“合市”，一般每个交市日可“合市”3次。通过关市，匈奴从中原地区换得了不少物品，史称匈奴人“嗜汉财物”“自单于以下皆亲汉，往来长城下”[③]。可见长城线上的关市贸易当时是相当繁荣的。到汉武帝元光六年（前129），汉朝出兵袭击前来“合市”的匈奴人，关市贸易由是中断，但直到天汉三年（前98），匈奴单于还向汉朝提出恢复关市的要求，这表明匈奴方面对与中原地区进行贸易的重视。

对同匈奴的贸易，汉朝管制很严。凡私自同匈奴交易的，汉律称为“奸阑出物”，情节严重者可判死刑。如匈奴浑邪王率众降汉后来到长安，长安商人同他们做点买卖，竟被法吏按“阑出财物”问罪，“坐当死者五百余人”[④]。另有一名侯爵因托人从匈奴买回“塞外禁物”，则被革除爵位[⑤]。禁销匈奴的物资范围也相当广，包括兵器、铁器、谷物、牲畜

---

① 《史记·货殖列传》。

② 贾谊：《新书·匈奴》。

③ 《史记·匈奴列传》；《汉书·匈奴传》。

④ 《史记·汲郑列传》；《汉书·汲黯传》。

⑤ 《史记·高祖功臣侯者年表》；《汉书·高惠高后文功臣表》。

等[①]。连农具、谷物等也在禁销之列，这已经影响到匈奴人的经济生活了。不过，这些严厉的管制看来并不十分有效。前133年汉朝派人去引诱匈奴单于入塞，准备设伏围击，被派去的就是一个走私商人，可见对走私者也不是都依法惩治的。在沿长城线的一些匈奴墓葬中，近年来陆续发现许多汉朝内地制作的铁器（包括武器、农具），有些还刻有汉字，其中可能有一部分是通过走私运入匈奴的。

除了商业交往外，匈奴国家还依靠对定居农耕民的掠夺和榨取来巩固自己的社会经济基础。由于畜牧经济具有容易受到自然灾害打击的脆弱性，匈奴国家的社会经济基础本来就是不稳定的。匈奴国家兴起之后，冒顿单于便向中原地区进行频繁的掠夺。汉高祖与匈奴和亲，"岁奉匈奴絮、缯、酒、米、食物各有数"，这实际上是屈服于匈奴武力后的一种贡纳。冒顿单于还迫使西域诸小国（主要是天山南路的绿洲农耕民）归服并接受匈奴僮仆都尉的统辖，匈奴从西域征收农产品和手工业品作为赋税。这两项榨取对匈奴国家的暂时稳固和强大是极其重要的，汉朝政府自然不甘长久屈辱。在对匈奴展开反击后，汉武帝出兵夺取河西走廊，打开西域通道，同时竭力隔绝匈奴同西域的联系。汉朝在河西地区所筑的长城，以及在玉门以西修建的亭障、烽燧等，对于防止匈奴进犯西域、保护新开辟的中西交通大道——丝绸之路起着重要的作用。匈奴在失去汉朝"岁奉"后与汉军争夺西域又遭失败，要求恢复关市贸易也遭拒绝，于是渐见衰弱，促成统治集团的内讧和分裂。到呼韩邪单于附汉（前53）后，匈奴同中原地区各族人民之间的经济文化交往才得到恢复和增强。

明代中原农业地区与北部游牧民族的经济和文化交往，经历了一条与汉代不同的发展道路。

明朝初年，同蒙古族贸易的定期集市只限于辽东一角，而且是专为西喇木伦河的兀良哈三部而设的，后来在大同虽也开过马市，但时间不长。蒙古各部同中原的经济交往，主要限于朝贡方式。蒙古贡使携带着畜产品前来北京或在途经长城线上的重要城镇时进行交易，但是在朝贡人数和交易物品上一直受到明政府的限制。到15世纪后半叶，明朝加强了对蒙古人的经济封锁，于弘治七年（1494）"闭关却贡"，中断了朝贡贸易。蒙古阿勒坦汗一再遣使要求通贡互市，均被拒绝，连使节也被杀害。嘉靖三十年（1551），明廷迫于蒙古军上年兵临北京城下的威胁，在宣府、大同两镇重开马市。但在部分官员的坚持反对下，不久又再次停罢，并且宣布以后再有提出开"市"的人要处死刑，对内地人民与蒙古人的"私市"交易，明朝更再三申明严禁，凡私自出境将内地各种生活物资提供给蒙古人的，依律处死或调发烟瘴地面充军[②]。

这种经济封锁政策给双方人民带来了灾难。蒙古牧民失去了获得农产品和手工业品的机会，炊无釜，衣无帛。而随着草原人口的增殖，更加缺少谷物。到春荒时，不少牧民用一头牛交换一石多米、豆，或用一头羊交换几斗杂粮，艰苦度日。阿勒坦汗的对策之一是招募汉人到丰州川（今内蒙古呼和浩特地区）从事开发，进行农牧业生产。开发虽卓有成效，但并未能马上解决广大贫苦牧民的迫切问题。他还对华北各地发动频繁的掠夺战争，抢掠物资，并指望通过军事压力使明朝方面同意通贡互市。这引致明朝方面采取每年派兵

① 《史记·汲郑列传》"集解"："应劭曰：……律。胡市，吏民不得持兵器及铁出关。"《流沙坠简》释二，第49页（杂事类第二十九）："（上缺）□禁毋出兵、谷、马、生、羊。"

② 万历重修《明会典》卷一六七，"私出外境及违禁下海"条；《明实录》，嘉靖十一年十月戊寅条。

进入草原地区烧荒、赶马的报复行动。沉重的战争损失归根到底落在牧民的头上，他们不愿意继续进行掠夺战争，期望早日恢复和平贸易。

华北农业地区人民的苦难也并不较为轻。在掠夺战争威胁之下，长城线后方有大量的田地由于无人敢种而荒芜了。首当掠夺之冲的山西、河北北部一带，土地本来就比较贫瘠，产量不丰。人们平时已苦于应付宣（府）、大（同）两镇军粮和藩王、官吏的剥削，再遇严重兵灾，就会陷入饥饿的行列。如16世纪中叶山西接连三年歉收，饥民以树皮、杂糠为食，卖妻鬻子仅得一饱，出现民户星散，“十去其七”“行百余里而不闻鸡声”的悲惨景况[①]。由于农业减产，米价腾贵，使边镇士卒常饥，士气大受影响。对蒙古的经济封锁反而造成明朝方面自己的严重困难，为了寻找经济出路，人们只有不顾明政府的法令设法同蒙古人进行贸易了。

由于蒙古和内地人民的共同愿望，长城两边的“私市”贸易，到16世纪中叶有了较大的发展。尽管双方还在不时交战中间，明朝方面的将领和军士却广泛地参加这一商业活动，连哨探军情的墩卒也“时以粮、银私买货物，深入……虏帐……展转图利”[②]。明朝政府虽然也惩办了一些“与虏（指蒙古人）交易”的军官，但无法堵住这股风。“私市”没有规定时间，一般是在长城线外隐蔽的地方进行。内地（军）商民以布帛、粮食、铁锅等日用品换取蒙古人的马匹、牛、羊以及马鬃、马尾、羊毛等畜产品，各得其所。也有一些人组织走私集团，进行大宗的贸易，一旦败露，就逃到蒙古那边去。投奔蒙古人的还有反明的白莲教教首邱富等人。他们把内地的手工艺、医药等传入了蒙古，对蒙、汉文化交流有所贡献。邱富等还以“不取租税”来劝诱山西农民前往丰州川参加垦殖[③]。农民“苦有司之诛求”，又眼见蒙古方面的剥削确实比较轻，“草地自在好过”[④]，因而应召前往者不少，到隆庆五年（1571）时，丰州川已经有人口五万人。

到张居正开始主持朝政时，明廷在财政、军事上都面临着极大的困难。一些有远见的大臣都看到改变对蒙古政策的需要，而阿勒坦汗在停止掠夺、请求恢复贸易上也确有诚意。于是，明、蒙双方于隆庆五年（1571）谈判达成协议，中断了70多年的通贡互市关系恢复了。此时，双方贸易形式有朝贡、马市、月市等，而以马市为主。明朝自隆庆五年起陆续在宣府、大同、山西、延绥、宁夏、甘肃等6镇开设马市11处，每年春天开市，为期一月[⑤]。先进行明朝官府同蒙古各部落首领之间的“官市”，然后进行“民市”，即双方商、民之间的私人贸易。稍后，因“民市”还不能满足广大蒙古牧民的要求，又在大同以西的一些关口增开“月市”或“小市”，每月一次，听蒙、汉人民自由交易。“马市”和“月市”开设的地点，全在明代长城线上。集市规模大小不同，大的如宣府的张家口，商业区店铺林立，达四五里长。商人从江、浙、湖、广运来货物，开设了如南京罗缎铺、苏杭罗缎铺、潞州䌷铺、临清布帛铺等，而市内谷物、蔬果、木材、皮草等行业都成立了同业行会。可见贸易已很发达。小的如延绥的红山市，即今（陕西）榆林城北红石峡旁长城口的

① 王宗沐：《山西灾荒疏》，载《敬所王先生文集》卷二十一。

② 王崇古：《禁通虏酌边哨以惩夙玩疏》，见《明经世文编》卷三一六。

③ 王宗沐：《山西灾荒疏》，载《敬所王先生文集》卷二十一。参看瞿九思：《万历武功录·俺答列传·中》。

④ 王鏊：《上边议八事》，见《明经世文编》卷一二〇；王琼：《北虏事迹》，金声玉振集本。

⑤ 马市十一处为：大同得胜口、新平堡、守口堡；宣府张家口；山西水泉营；延绥红山寺堡（即红山市）；宁夏清水营、中卫、平虏卫；甘肃洪水扁都口、高沟寨。见《明会典》卷一〇七，“朝贡三·北狄·顺义王”条。

小城堡，城内“不屋而陶穴以居，或设帐房”[①]，市场较为简陋，但蒙古族牧民以牲畜、皮毛等畜产品在这里交换农业区的烟、茶、棉布、盐等，贸易数量也不少。总之，长城线上出现了熙来攘往的贸易繁盛景象。

这个和平贸易的局面维持了四五十年，对双方都是很有利的。在蒙古一方，贸易的恢复带来了开发丰州川所需要的物资。到1583年，丰州川农业人口发展到10万人以上，垦田万余顷，连村数百，部分地解决了畜牧区的粮食问题。在和平的条件之下，畜牧业也有了比较大的发展，每年投送到“马市”上去的马匹数量大幅度地增加了。利用了内地传来的手工业技术，蒙、汉两族人民于1581年兴建了呼和浩特城（青城）。商业也发达起来了，每年有喀尔喀、卫拉特等蒙古部落的大批商队来到呼和浩特进行贸易，它逐渐发展成为蒙古地区的一个商业中心。在明朝方面，和平贸易同样有利于生产的恢复。协议成立后，“沿边旷土皆得耕牧”，如宣府镇的地亩在10年间就新增了三分之一。米价也回降，开“市”以前，“斗米值银二三钱”，到万历五年（1577）“仅值钱许”[②]。由于牧区马匹大量输入，既增加了农耕畜力，又免除了华北农民被明朝政府强制养马的负担。长城沿线上的“互市贸易”加速了如张家口、大同等商业城市的成长，也为商业资本向蒙古、东北扩大开展活动提供了良好的条件。张家口开设马市后，有8家山西商号前来扩大经营，加强同塞外地区的商业联系。8家中就有清代前期相当有名的皇商介休范家[③]。对蒙古关系的恢复在明清商业发展史上的影响，于此可见矣。

和平贸易对双方的经济发展有利，因而也是双方人民的共同热烈要求。正是这一点终于克服了明朝顽固派官僚的民族成见和经济封锁政策，使长城作为会聚线的作用获得显著的表现。

四

从以上的讨论之中我们看到：以长城而论，会聚线与障碍物并不是一对绝对对立和互相排斥的概念。相反，它们是可以结合在一起的。在汉、明两代，长城作为遏阻游牧民族侵入农耕定居区的军事防御线，曾在不同的程度上起了障碍物的作用。但与此同时，由于经济生活上的要求，双方人民又总在长城内外进行私下的，哪怕是中原王朝所严令禁止的贸易，所以长城又带有会聚线的作用。两种作用同时存在，哪一种占主导地位则要由具体的政治斗争形势来决定，当中原王朝忙于应付游牧民族的掠夺战争时，长城主要是军事防御线和障碍物；而当双方在相互戒备中通过长城沿线上的“关市”“马市”进行和平贸易时，长城作为会聚线的作用就显著了。在别的朝代（如唐、清），由于政治、经济形势的变化和各个王朝统治策略的改变，长城没有起到军事防御线的作用，故人们对之也不重视，自然也不称其为文化会聚线了。

要说明长城何以又是障碍物又是会聚线，还须对战争和交往的关系作出分析。从一方面说，战争无疑对经济、文化交往起到暂时的严重阻碍作用。但是，从另一方面来看，战争本身也是一种形式的交往，它同和平交往是有互为补充的作用的。马克思和恩格斯在

① 《秦边纪略》卷五，第31页。

② 《明实录》，万历五年九月庚午条；焦竑：《通贡传》。

③ 道光《万全县志》卷十“志余”条；《清实录》，乾隆四十八年七月庚寅条。

《德意志意识形态》中说过："对野蛮的征服者民族说来，战争本身还是一种经常的交往形式……在原始生产方式下，人口的增长需要有愈来愈多的生产资料，因而这种形式（指战争）也就愈来愈广泛地被利用着。"①以游牧部落同农业地区的关系来说，两者之间的和平贸易和掠夺战争构成了这两种经济发展共处的两个重要条件。例如匈奴，正是通过和平贸易和掠夺战争从中原、西域取得自己所需要的生产资料和生活资料，并且接受所传入的农耕、筑城、掘井等技术，借以巩固其部落贵族的阶级统治（匈奴国家）和推动匈奴社会发展的，明白了这一点，对中国古代长城的双重作用就不难理解了。

文化的交流和会聚受到了一系列因素（包括自然环境条件）的影响，但是归根结底要取决于生产力的发展及其与生产关系的辩证关系。张广达教授的论文已从历史唯物主义的观点对这一点作了明确的阐述。在本文所讨论的历史问题中也可见到这方面的例子。比如，西汉和明代都曾对北方游牧民族采取断绝贸易、专意用兵的政策，而成败不同。两朝所依据的自然条件没有大的差别，而在军事技术（如修筑长城、使用火器等）和经济力量（如在人口、垦地、赋税数额上）诸方面明朝都高于西汉，其失败的原因在于明代已到中国封建社会晚期，明代中叶以后生产力和生产关系矛盾的尖锐化导致经济、政治、军事制度的瘫痪和腐朽。又如匈奴和蒙古同是通过和平贸易和掠夺战争这两种形式与中原地区交往，但蒙古在社会发展方面已超过了当时匈奴所达到的阶段，因此在接受和吸收中原封建文化方面的内因远比匈奴更为成熟，文化交流的程度和结果也就很不相同了（如丰州川的开发、蒙古部落的首领同蒙、汉农耕户之间已存在封建的生产关系，这是匈奴所没有的）。这些事例表明，尽管在生产力发展水平不高的古代自然地理条件的作用会显著一些，文化交流和会聚的程度、方向等的终结原因仍是要从社会发展的基础上去探索的。

（原文载于《第十六届国际历史科学大会中国学者论文集》，中华书局1985年版）

① 马克思、恩格斯：《德意志意识形态》，《马克思恩格斯全集》卷三，第26页。

常绍温（1923—2004），山西榆次人。1940年考入齐鲁大学历史社会学系，一年后转入武汉大学历史系，1945年毕业后，继续在金陵女子文理学院英语系求学。1946年任四川大学图书馆管理员。1948年考入中央大学（今南京大学）历史研究所研究生，毕业后历任《人物》杂志社编辑，上海、北京《大公报》编辑、国际部研究员。1956年任中国科学院哲学社会科学学部历史研究所助理研究员、副研究员。1961年调任山西大学历史系副教授，1979年到暨南大学历史系任教。1984年转入古籍研究所任副所长，1986年晋升为教授。同年，任古籍研究所所长。1993年离休。常绍温先生毕生从事文史研究，在中外关系史、宋代文学史、宋代文化史等方面均有建树。主要著作有整理出版《海国图志》，主编《历史文献与传统文化》多集，并为白寿彝主编《中国通史》撰写了中外关系史部分篇章。

谢翱及其《登西台恸哭记》

常绍温

南宋末文天祥抗蒙古军南侵失败被俘，抛颅燕市，随死于难者，《宋史·忠义传》记有19人（含兵败逃亡忧愤死者不含未死者），表现了不屈不挠的民族气节和爱国情操，谱写了南宋亡国之际一曲可歌可泣的史诗，得到后人的长远忆念。但另外还有一些人虽侥幸未罹难，却也保持了民族气节，不做投降派，不为蒙元仕宦，为躲避追捕和屠戮，或浪迹江湖，自甘流离贫困，或不畏危难，以某些冒险行动表现了对故国和先烈的忠贞。他们基本上多属“布衣”，是一些社会地位不高而学识不低的爱国知识分子。当时及后世，人们同样尊称他们为“义士”，最为后人称道的有浙东六义士。他们都有诗文传世，谢翱是其中之一。

关于谢翱，《四库全书总目提要》集部别集类列有他所著《晞发集》等著作，并简介他的生平说：“翱，字皋父，长溪人，后徙浦城。咸淳中试进士不第，文天祥开府延平，署为咨议参军。天祥兵败，避地浙东后以元贞元年卒于杭州。事迹具见《宋史》本传。南宋之末，文体卑弱，独翱诗文桀骜有奇气，而气节亦卓然可观。”这段评介，概略道出谢翱其人和其著作风格的特点，尽管简略，却是实事求是的。但说《宋史》有谢翱本传，则是搞错了。《宋史·忠义传》所载这段时期的“忠义”人物，只列了死事诸人。此外有一个近似的名字谢皋，是开封人，其事迹载为：“李成陷虢州，欲降之……自刎其心以死。”可知是南北宋之际的人，显然不是谢翱。

《宋史》和《昭忠录》虽然都没有列入谢翱，但是自他之死，为他作行状、小传、年谱以及诗文笺注、序跋等评介他的行迹的，元明清各朝都代有人在，而且其中不少是著名人士，如杨维桢、危素、刘基、宋濂、黄道周等，作歌诗吊祭咏叹的更多。危素《跋西台恸哭记》谈到谢翱时说：“文丞相忠义明白，世多为之记载。礼部侍郎邓公光荐作《续宋书》，最为详备，文公之将校姓名往往在焉，然不及于宾客。故谢翱先生几失其传，赖其遗文多传于学者，而《西台恸哭记》则有张丁为之注释，考订精密，儒林称之。”[①]这段话说明两个问题，一是《宋史》《续宋书》等之未列谢翱传，主要由于谢翱不属随文天祥作战死难的将校；二是谢翱的事迹所以能流传，是因为他留下有影响的纪实诗文，得到当时至后世爱国者和有识之士的尊重。虽然，这只是原因之一，因为，他人的传述和记载也有不小影响，如谢翱的至友方凤所作《谢君皋羽行状》，就是很重要的依据。

最早记述谢翱生平的要数任士林的《谢翱传》和方凤的《谢君皋羽行状》，及吴谦的《谢君皋羽圹志》[②]，现录方凤所撰《行状》中有关文字如下：

① 程敏政：《宋遗民录》卷三。

② 谢翱：《晞发集》附录。

君讳翱，字皋羽，姓谢氏，福之长溪人，后徙建之浦城。（中叙先世略）试有司不第，落魄泉漳间。会丞相信公开府，策杖诣公，署谘事参军，其略见《西台恸哭记》。后避地浙水东，留永嘉、括苍四年，往来鄞、越复五年，戊子夏至婺（金华），遂西至睦（建德）及杭。读《离骚》二十五，托兴远游，以“晞发”自命。为诗厌近代，一意溯盛唐而上，文规柳及韩。尝欲仿效太史公法著《季汉月表》，采独行全节事为之传。大率不务为一世人所好，而独求故老与同志以证其所得。会友之所名汐社，期晚而信，盖取诸潮汐。尝为《许剑录》慨时降交靡，耆旧凋落，尽吴越殆无挂剑者，思集同好姓氏年爵居里，择地昔贤所尝游，作亭立石，他日示宿草不忘意。……甲午寓杭，遗人刘民妻以女。……乙未（元成宗元贞元年，1295）复来婺、睦，寻汐社旧盟。夏由睦之杭，肺疾作，以秋八月壬子终，盖于是距生年己酉（宋理宗淳祐九年，1249）四十有七矣。垂殁时语妻刘：吾去乡远，交游惟婺睦间方某翁某最亲，死必以赴，慎收吾文及遗骨，候其至以授之。

方凤、方焘随后在严陵买山地埋葬了谢翱及其文稿，遵照他的“初志”建造了“许剑亭”，题他的墓碑为“粤谢翱墓”，并由方凤撰《行状》、吴谦撰成墓志。经营墓地和埋葬事，是在谢翱死后的“越明年”，即元成宗大德元年（1297）。方凤撰《行状》。上面这段文字，虽然有些叙述比较隐诲，例如慨叹时降交靡，耆旧调落，尽吴越殆无挂剑者，故择地昔贤所尝游，作亭立石等，是取《史记·吴太伯世家》所书季札解剑系于徐君墓树而去的事，表明自己对亡友的许诺至死不变。这里的“昔贤”是指文天祥。而慨叹当时吴越无挂剑者，所以作《许剑录》。计划在文天祥所至之地立石作亭，则既是表明自己的心迹，也是鉴于时过境迁，教育后代勿忘故国和为故国捐躯的先烈。《许剑录》未完功，“许剑亭”则由方凤等人建成。方凤是谢翱的至友，也是他的同志。《行状》中有一段话叙及他们相处的情况：

忆君始至时留金华山中，岁晚为文祭信公，望天末共哭，复赋短歌行以寄余悲。自是与余为异姓兄弟不忍离，离辄复合。每卧起食饮相与语，意不能平，未尝不抚膺流涕也。君好修抱独，刻厉愤激，直欲起古人从之游，其树立有如此者。顾死中年，无后。翁衡与予子肖，俱尝从君受《春秋》，未卒业。诸学者经指授，率异响所能……

这里所说的“古人”，主要是指屈原。谢翱景仰屈原对楚国的忠贞不二，虽遭放逐，所关怀的是祖国的兴亡。《行状》谈到谢翱无后，这也是所以托身后事于好友的原因（但关于这个问题，到清初，全祖望曾提出不同意见）。关于谢翱的情况，还可以补充明初胡翰所写《谢翱传》叙述的一段话：

谢翱，字皋羽，建宁人也。家故赢于财。父钥，居丧哀毁，人称其孝。宋咸淳初，翱试进士不第，慨然求诸古，以文章名家。元兵取宋，宋相文天祥亡走江上，逾海至闽，檄州郡，大举勤王之师，翱倾家资，率乡兵数百赴难，遂参军事。天祥转战闽广，至潮阳被执，翱匿民间，流离久之，间行抵勾越。勾越多阀阅倣故，而王监薄（王修竹）诸人方延致游士，日以赋咏相娱乐。翱时所长，诸公见者，皆自以为不及，不知其为天祥客也。然终不自明，且念久不去人将虞我矣，乃去而之越之南鄙，依浦阳江方凤。时永康吴思齐亦依凤居，三人无变志，又皆高年，遂俱客吴氏里中。……翱尝上会稽，循山左右窥祐、思诸陵，西走吴、会，东入鄞，过蛟门，临大海，所至欷嘘流涕。……及翱居钱塘，病革语其妻刘曰：我死必以骨归方凤，葬我许剑之地。凤闻讣，讫如其言。[①]

胡翰在《跋西台恸哭记》一文中还说：

谢公以布衣从文丞相起兵闽中，其事不见《宋史》，而任士林盖尝为方凤书之。是时元始有天下，言者尤多讳辞。[②]

从上面这些记载中我们可以看到谢翱行迹的大略。然而，给当时和后世人印象最深影响也最大的，是他的自述体散文《登西台恸哭记》（或作《西台恸哭记》）。上述诸人所作《传》中，都或明或隐地提到或引用了该《记》的叙事和歌诗。如任士林《谢翱传》中说他“倜傥有大节，尝布衣杖策参入军事。未几，善哭如唐衢。过姑胥望夫差之台，恸哭终日。过勾越，行禹窆间，北向哭。乘舟至鄞，过蛟门，登候涛山，感夫子乘桴之叹，则又哭。晚登子陵西台，以竹如意击石，歌招魂之词曰：‘魂来兮何极，魂去兮关水黑，化为朱鸟兮，有咮焉食?!’歌阕，竹石俱碎，失声哭，何其情之悲也？所知沦没，碧血溅空，山川池榭，云岚草木，与所别处及其时适相类，则徘徊顾盼，悲不自已。”这段话基本上引用了谢翱《记》中的叙事和文辞，只不过不是全文照录，而且“招魂”辞中的第一二两句与《登西台恸哭记》略有不同。任士林作此《传》当是在谢翱逝后不久，当时元朝对江南特别是宋故都一带的遗民防范甚严，所以《传》中通篇未提文天祥的名字，实则谢翱之“参入军事”指的是参加文天祥军；“恸哭”“招魂”“所知沦没，碧血溅空”“与所别处”等，所指都是文天祥。其不敢明言而用隐语，也与《登西台恸哭记》相似。“招魂”一词，在方凤、宋濂、胡翰诸人所撰《谢翱传》中都曾照录。

《西台恸哭记》以托名颜鲁公以代明言文天祥开始：

始故人唐宰相鲁公开府南服，余以布衣从戎，明年别公漳水湄。后明年，公以事过张睢阳及颜杲卿所曾往来处，悲歌慷慨，卒不负其言而从之游。今其诗具在可考也。

按文天祥于景炎元年七月（1276）至南剑（今南平）开府，十一月至汀州（今长汀），二年正月移屯漳州龙岩县，三月至广东梅州。谢翱于景炎元年（1276）参加文天祥军，时年二十八岁。二年春别天祥。祥兴元年（1278）十二月二十日天祥于海丰以北的五坡岭兵败被俘，次年正月十三日被带至崖山，二月六日帝昺死，南宋亡。三月十三日天祥被带至广州，四月二十二日离广州前往大都，十月一日到达，时为元世祖至元十六年（1279）。他在北行途中曾赋有《颜杲卿》《许远》二诗，《颜杲卿》诗中有句云：“常山义旗奋，范阳哽喉咽。……哥舒翰且拜，公舌膏戈铤。人世谁不死，公死千万年！”《许远》诗为：“起师哭玄元，义气震天地。百战奋雄姿，脔妾士挥泪。睢阳水东流，双庙垂百世。当时令狐潮，乃为贼游说！”[③]“脔妾”是张巡的事，“双庙”是祭祀张、许的庙。明末黄宗羲认为

① 《皇明文衡》卷五十七。

② 《宋遗民录》卷三。

③ 《文山先生全集》卷十七，《指南后录》。

上文谢《记》中“后明年”之后的“公悲歌慷慨，卒不负其言而从之游”，即指这两首诗[①]。但我认为，做这样理解固然也合理，只是两诗中虽然歌颂了颜、张、许之被难死国，作者并没有明言提及自己，他的“言”是在两诗的“不言”中，可意会而不赖言传。而谢《记》中的“其言”则是明言。所以这“卒不负其言”更似指文天祥对谢翱说过的话，也即《记》中下文所说“独记（公）别时语”。文天祥起义勤王开府南剑时形势已很危急，前途未卜，他固然是为所当为，成败利钝在所不计，但两人明心誓志，也是有可能的。现接上文录如下：

余恨死无以藉手见公，而独记别时语，每一动念，即于梦中求之，或山水池榭云岚草木，与所别处及其时适相类，则徘徊顾盼，悲不敢泣。又后三年过姑苏。姑苏，公初开府旧治也，望夫差之台而始哭公焉。又后四年而哭之于越台。又后五年及今，而哭之于子陵之台。……今余且老，江山人物眷焉若失，复东望（按指登子陵西台哭拜后）泣拜不已。有云从南来，渰浥浡郁，气薄林木，若相助以悲者。乃以竹如意击石，作楚歌招之曰：“魂朝往兮何极？暮归来兮关水黑。化为朱鸟兮，有焉食！”歌阕，竹石俱碎。于是相向感惜（按与另三人，《记》中云与友人甲乙若丙，未书名），复登东台，抚苍石还，憩于榜中，榜人始惊余哭，云：适有逻舟之过也，盍移诸？遂移榜中流，举酒相属，各为诗以寄所思。……其为文词，亦诚可悲已。[②]

从榜人惊谢翱之哭，提醒他有逻舟经过，因而移舟中流的情况，可知当时元朝官方对“南人”监视之严密。谢翱在移舟中流后所作的诗题为《西台哭所思》，诗云：

残年哭知己，白日下荒台。泪落吴江水，随潮到海回。故衣犹染碧，后土不怜才。未老山中客，惟应赋八哀。

又有《哭所知》：

总戎临百粤，花鸟瘴江村。落日失沧海，寒风上蓟门。雨青余化血，林黑见归魂。欲哭山阳笛，邻人亦不存。

以上均载《晞发集》卷七。另有《拟古寄何大卿》一首，当是从西台归后所作。

山人食木实，竹实以饲凤。闻此来空烟，三载脱尘鞚。不见玉笛音，唯闻溪鸟弄。西台忆故人，野祭忽如梦。仰视浮云驰，不觉哭之恸。[③]

由于这篇文章用辞多隐语，而纪实抒感，文情并茂，自谢翱逝后逐渐流传，所以明初有张丁，明末有黄宗羲，都曾为之作注，但二者关于谢翱登苏台、越台子陵西台的年代不尽相同。张丁认为登苏台在乙酉，即至元二十二年（1285）；登越台在丙戌，即至元二十三年（1286）；登西台在庚寅，即至元二十七年（1290）[④]。黄宗羲认为张丁之说错误，登苏台当在癸未，登越台在丙戌，登子陵在庚寅，分别为至元二十年（1283）、二十三年（1286）、二十七年（1290）。张、黄二注关于谢翱登苏台的时间虽不同，于西台之祭的时

① 黄宗羲：《南雷集》，《南雷文案》卷十。

② 谢翱：《晞发遗集补》。

③ 《晞发集》卷六。

④ 《宋遗民录》卷三。《晞发遗集补》。

间则一，都定为庚寅，即至元二十七年（1290），这是因为《记》中最后有一段话：

> 予尝欲仿太史公著《季汉月表》如秦楚之际。今人不有知予心，后之人必有知予者，于此宜得书，故纪之附季汉事后。时先君登台后二十六年也。先君讳某字某，登台之岁在乙丑云。

这里所说的乙丑是宋度宗咸淳元年（1265）。当蒙古世祖至元二年。倘若从他侍父登台的次年起算，到至元二十七年（1290）为二十五年，不合二十六之数。而且将张、黄二注所说谢翱登苏台、越台、子陵台的时间差距，与谢翱所记两相对照，则颇有不合之处。以张注而言，倘定登苏台在乙酉，则登越台不当在丙戌，因二者相距只一年，而谢《记》明言登苏台之后四年哭于越台（此疑黄注尝提及）；从黄注来看，定哭于苏台之年在癸未，则四年后之登越台当在丁亥，至元二十四年（1287），而非丙戌。因而“又五年”后之登子陵西台，无论依张依黄，都不应得出岁在庚寅。

为什么会有这种情况呢？我以为，是因为两《注》都力求符合谢《记》中所说“先登台后二十六年”之数。又因谢翱不承认蒙元统治，故所记年须从乙丑年咸淳元年（1265）侍父登台之年算起，则始登台后二十六年，以实际时间计当在至元二十八年（1291），即登台哭祭岁在辛卯而非庚寅。已有撰著论及[①]。略补充，供指正。

谢翱一生著述，据方凤《行状》所记，有手录诗六卷，杂文五卷（任士林《谢翱传》，作二十卷），《唐补传》一卷，《南史补帝纪赞》一卷，《楚词芳草图谱》一卷，《睦州山水人物古迹记》一卷，《浦阳先民记》一卷，《宋铙歌鼓吹曲》《骑吹曲》各一卷，《东坡夜雨句图》一卷。《四库全书总目提要》说：“然世无传本，莫知其审。”现《四库全书》所藏有《晞发集》十卷，《晞发遗集》二卷，《晞发遗集补》一卷，附所编宋末故臣遗民诗《天地间集》一卷，张丁注《西台恸哭记注》及《冬青引注》各一卷，前者有诸家跋语，后者包括诸家考证唐珏、林景照等“义士”事迹。又据方凤、宋濂等所记，还有《浙东西游录》九卷，《四库总目》未著录。至于殉葬的遗稿，《行状》没有记其名称，故不知究竟。未完功的有《春秋左氏续辨》《历代诗谱》及仿秦楚之际月表所作《独行传》等。《潮州志》引吴鸿藻《谢翱轶事拾遗记》称：“谢处士翱，文学忠义昭宋季，著《晞发集》卷殆百，今存者不及十之二。每卷首辄自署曰‘粤谢翱’。”则大部分的诗文或散失或殉葬了。前人称他的诗文气格高古，直追盛唐而上，一变南宋文体的卑弱，这是不错的，但历经元明清三代，人们之颂赞他和他的诗文，不单只因为他的著作风格特异。任士林说：“若翱者，章皇山泽……既客浦汭，往来桐庐，人翕然从翱学。所为歌诗，其称小，其指大，其辞隐，其义显，有风人之余，类唐人之卓卓者。尤善叙事，有良史才。……当天下广大（按指元朝统一中国后），足历燕、魏、赵、代，问遗事故迹，且涉大瀛海外，尽识风物鸿濛之初，度越子长矣。”[②]所谓“度越子长”，是指谢翱为访求故国遗事行踪之广和闻见之多，并非说他的史学成就就一定超越司马迁的《史记》，但可见评价之高。

谢翱的诗文，后世传诵最多的，文为《登西台恸哭记》，诗为《冬青树引别玉潜》。此外，为哀汪水云而作的《续琴操哀江南》“我赴蓟门”“瞻彼江汉”“我操南音”“兴言自古”等四章，元中叶已有人传诵；《结客行》和《西台哭所思》《哭所知》等也都逐渐流

① 参见林校生：《谢翱事迹考略》，《福建师大学报》（哲学社会科学版）1981年第4期。

② 《宋遗民录》卷二。

传。这些都是因为能以卓越的诗笔写出结合历史与实际的诗篇，抒发出深挚的爱国缅怀先烈之情，而不单只因为风格特异。他的诗文大都如此。还在南宋咸淳初年，鉴于国势不振，政治腐败，社会风气日靡，他虽考进士未被录取，即慨然倡导古文，并为鼓舞朝廷和士气，写出了宋祖铙歌鼓吹曲和骑吹曲等二十二篇，歌颂宋太祖统一的事迹。那时他还不到二十岁。元著名学者吴莱说这些诗“文句炫煌，音韵雄壮，如使人亲在短箫鼓吹间。斯亦足以尽孤臣孽子之心也已！”[①]这两种鼓吹曲因作于宋亡前，所以语义明显；宋亡后，不得不有所避忌，因而“题小、旨大、语隐、义显”，就成为他歌诗的特点。

《西台恸哭记》元代虽已渐传播，但不广，入明以后，著文称道的人渐多，不少文章指出是哭文丞相之作。事实上不仅如此。元时杨维桢（铁崖）有《吊谢翱文》赋文及序，其序文言：

> 予读谢翱《西台恸哭记》，为之掩卷叹曰：嗟乎！翱以至诚恻怛之心，发慷慨悲歌之气，世知其为庐陵公恸也，吾以翱恸夫十七庙之世主不食，三百年之正统斯坠也。盖是恸，即箕子过故国之悲，鲁连蹈东海之愤，留侯报韩、靖节存晋之心也。天经地义，于是乎在。异日杨琏发陵事，翱又有阴移冥转之功。嗟乎！自箕鲁而下，旷千载有国士风者，非翱而谁？翱三山人，自号晞发宋累者。[②]

这篇赋体吊文（文长从略）及其序，指出了《西台恸哭记》之作及其哭，是恸文天祥壮志未酬，为国捐躯，究其根本，是恸宋朝之沦亡，故国之不再，表现了对亡友深刻的怀思敬仰和热爱国家民族的高尚情操。所以总修宋辽金三史的欧阳玄读后说：“吾于三史义士传不入谢先生，抱此遗憾。今得铁崖赋文，传不作可也。”[③]但文中所说元僧杨琏真伽发掘南宋六陵后，谢翱参预了移葬六陵遗骨而有“阴移冥转”之功，则后世有不同意见，这关联到杨僧掘陵的时间、谢翱《冬青树引别玉潜》诗的原文及其理解问题，以及谢翱别文天祥后至哭于苏台这段时间的踪迹等。未决诸疑，可另作探究。清初全祖望为此曾专门论述，驳斥此说为“杨廉夫之言妄也”[④]。但他虽否定了谢翱有“阴移冥转”六陵遗骨之功，却也认为谢翱应配享“冬青义士祠”祭，其言为“然则皋羽之配享当去乎？是又不然。皋羽之大节，宋末为最，即白衣而拜灵禽之下，亦足千古。附之唐（珏）、林（德旸字景熙）之后，未为不可，但不当以为共事者。”所谓“白衣而拜灵禽之下”，是指谢翱诗中有“白衣人拜树下起，灵禽啄粟枝上飞”两句自叙与唐珏同拜陵下情景的诗句[⑤]。

杨维桢的这篇吊文是在元顺帝至正年间他就任建德路总管府推官时，为赴子陵西台吊祭所作，但具体时间，他自己也所记不一，在《吊谢翱文》的序言中记为至正丙申，即至正十六年（1356），文为：

> 至正丙申，予为李官睦州，道出桐庐，过子陵钓台，翱冢在台之对山，因披蓁上台，祭以肴酒，而又为文吊之。明年……刻吾文于石以表其墓。

在《高节先生墓铭》中则说：

① 《渊颖吴先生文集》卷十一“宋铙歌骑吹曲序”。

② 《宋遗民录》卷二。

③ 同上书，附杨维桢《吊谢翱文》后。

④ 全祖望：《鲒琦亭集》卷三十三，“冬青义士祠祭议二与绍守杜君”。

⑤ 《晞发集》卷四。

越十年丁酉，余以建德理官过钓台。……又访台南谢奇士家，余为奇士阡表。

文中并记谢翱偕同严侣（即高节先生，严子陵三十五世孙）登西台的情况说："有裹粮自瓯越来者，宋者文山氏客，奇士也，雪夜与之（严侣）登西台绝顶，祭酒恸哭，以铁如意击石，复作楚客歌，声震林木，人莫能测其意也。"①

在《冯处谦墓铭》中则记为："至正丙申秋，余以建德理官道富阳。"②

所以有两种时间，很可能是吊祭在丙申，次年丁酉树石碑时杨氏也亲临现场之故。

恸哭并不能扭转局面，改变形势，然则为什么后世对谢翱及其诗文，给以高度评价呢？元人许元《跋西台恸哭记》说："昔楚屈原伤其君之既死，忧其国之危亡，而《离骚》诸篇作焉。……今观粤人谢皋羽父所为《登西台恸哭记》，盖亦恸斯人之云亡，悯亳社之既屋，义激于中而情见乎辞。亦庶几屈原之志哉！"③屈原痛楚之将亡而无力拯救，赋《离骚》《哀郢》等抒发爱国激情和无可用力的痛苦，以"沉湘"结束了个人生命。谢翱身处宋亡后的江南，当时爱国知识分子的情况明人储巏《晞发集引》有颇为生动的叙述："硕儒豪杰之士穷处于家者，耻沦异姓，以毁冠裂裳为惧，则相率避匿山谷间，服宋衣冠以终其身。"而谢翱则"彷徨山泽，长往不返，怀贤愤世，郁幽之意一吐于词，卒穷以死。"并评价他的死为："视一时督府相从之士等死耳，翱真丞相之客也！"评价他的一生为"其志洁，其行廉，有沉湘蹈海之风，是宜传也。"所以他的诗文可说是代表了当时爱国知识分子的心声，也正如《晞发集引》所说："同时之士泯焉不存者多矣，翱独赖是集之存，传翱，可以想见其余。"④

至于他的《登西台恸哭记》，除抒发愤激和悼念故国亡友而外，也含有某种自悔自失之感。这从他"恨死无以藉手见公，而独记别时语"等叙述可以看出。是否他与文天祥分手时，天祥曾作了某种安排甚至嘱托呢？《记》中没有说，不能臆断，但他之独记别时语，每一动念即于梦中求之，每遇与天祥分手之地有相似处就徘徊瞻顾，悲不敢泣，说明时势变易，统帅已亡，自己无力匡救，过去筹策成空，虽组织汐社，与故老同志相聚，也只能以诗文抒怀相勉，取潮汐之有信表自己不忘对天祥的承诺；作《许剑录》，嘱葬许剑之地，作《季汉月表》以表宋亡天下无统，不承认蒙元统治为正统等，都只能表明自己虽彷徨山泽，犹尽力之所能为，所以他的诗文，愤激沉郁中深蕴爱国激情，声则时显悲苦，从前文所引诗可见，其他诗不少亦如此。明初太史馆编修高启咏西台恸哭诗指出："所哭岂穷途，中抱千古冤。上悲宗周陨，下念国士恩。凄凉当世事，感慨平生言。"⑤潘阙则更直接明言他之别文天祥，系因天祥对他曾有嘱托安排，现录其诗如下：

谢公昔为苍生起，从事曾蒙相国知。杖策辕门知画诺，运筹幕府异能为。漳江此日初云别，大厦当年已不支。祇道开边同所誓，可怜铸错悔应迟！血词怀古悲歌处，白练如霜赐死时。太史直书无以贬，先生恸哭有余思。同心肯学哥舒翰？抗节能侪介子推！吴越伤心非旧土，金汤触目尽遗基。百年惊见文章在，一代仍嗟气运衰。南土

① 杨维桢：《东维子文集》卷二十六。

② 同上。

③ 转引自《文文山传信录》卷十二"西台事辑"。

④ 《宋遗民录》卷二和储巏《晞发集引》。

⑤ 《高太史大全集》卷六。

衣冠方寂寂，中原禾黍重离离。正人端士余无几，孝子忠臣更有谁？遥睇西台堪堕泪，清风穆穆子陵祠。[①]

这首诗中所说的"铸错"，当是指与文天祥相别，而相别的原因，作者认为在于委他开边。然而未久天祥即被执，南宋小朝廷灭亡，四年后天祥被杀。谢翱自己则"避匿民间，流离久之"，（胡翰《谢翱传》中语）彷徨山泽，岩居野处。（谢翱有《岩居效贾岛》诗。在《食荠歌送别方安道》诗中有"我家瓯越草应出，土湿烟青归不得"句）所谓"先生痛哭有余思"，道出了谢翱之悔别和救亡成空梦的自失之感。最后的几句写出江南后一代士绅已不记先烈受难之事。诗虽不能作为判断史事的全部依据，然而这首诗有类于诗史，所叙史实当有所本。

谢翱及其诗文，特别是《西台恸哭记》，对后世爱国知识分子有过相当影响，尤其是当国家危急存亡之秋，或面临异族入主之际。明初的刘基、宋濂、张丁、胡翰、高启等都曾经历过元朝统治。不少人提到，谢翱之"恸哭"犹如屈原之"沉湘"，其事虽不同，其情则一；文笔虽有差异，作品则都抒发出对国家民族的深切关怀和时危国亡的钻心之痛。张丁和黄宗羲作《西台恸哭记注》[②]，程敏政之撰《宋遗民录》，原因也在此。

［原文载于《成都大学学报》（社会科学）1995年第1期］

① 《宋遗民录》卷三。

② 参见黄宗羲《南雷文定前集》卷一"谢皋羽年谱游录注序"。

阮元创办学海堂与广东学术风气的转变

常绍温

前言

阮元，字伯元，号云台，江苏省仪征县人，生于清代乾隆二十九年（1764），卒于道光二十九年（1849）。他一生既是“达官”，又是学者，理政与治学两不废，在清代有“贤相兼大师”之称。嘉庆二十二年（1817），他由湖广总督调任两广总督，道光六年（1826）调任云贵总督；在广东任职期间建树很多，学术文化方面尤为后人所称道。由于他的大力提倡，使广东的学术文化有了新的发展，对清中叶后全国许多地区学术风气的变化，也有不少影响。

作为学者，阮元的学术活动和贡献是多方面的。他每到一地任职，处理政事之余，便是着力于做学问。他访求古籍古器，访求有学之士，相互切磋，进行研究，对所取得的研究成果，尽力支持印行出版。他很重视教育，并善于结合时代特点进行一定程度的改革，培养后进，发掘人才。如此等等，在到广东任职之前，成绩已斐然可观，到广东后又有新的发展。大体说来，阮元对广东学术文化方面的建树，主要有三方面，一是建立学海堂，讲求实学，提倡实事求是的研究；二是主修《广东通志》，倡导结合历史和时代实际的地方史、志研究；三是大量编修、刊刻有关中国传统文化的典籍撰著，不仅着眼于前人成果的整理，也着力于当代人成果的刊行，如主持编纂《皇清经解》——这部书又称《学海堂经解》，道光四年（1824）由阮元的弟子严杰负责编辑，道光六年（1826）阮元调离广东后，由严杰继续完成，于道光九年（1829）在学海堂开刻刊行；全书汇集清代学者所撰经解一百八十八种、一千四百卷，集中体现了清代学者学术研究的成就和水平。在此之前，他还曾刊印《江苏诗徵》一百八十三卷，包括作者五千四百三十余人，并刊印了江藩所著《汉学师承记》八卷。所有这些，都为深入钻研我国传统文化和沟通广东与国内其他地区的学术文化，作出可贵贡献。这些事业互有关联，互为促进，总蔚为广东学术的蓬勃发展，其中学海堂的创建，对清中叶后广东人才的辈出，以及影响及于全国的学术风气的转变，具有特别重要的意义。本文拟对此试作探讨，就教于读者。

一、办堂缘起和宗旨

学海堂始创于嘉庆二十五年（1820；一说于道光元年，1821），道光四年（1824）堂构落成。它是一所教学机构，但与当时一般书院又有所不同，而是一个合教学、学术研究、藏书和印行出版事业于一堂的机构。它的创建，基本上是根据阮元任浙江学政期间，于嘉庆二年（1797）在杭州建立的“诂经精舍”为范的，阮元当时“聚诸生于西湖孤山之麓，成《经籍纂诂》百有八卷”[①]。嘉庆五年（1800）他任浙江巡抚后，又聘请武进臧庸对《经籍纂诂》进行校勘、补订，共成书一百十六卷[②]。嘉庆六年（1801），他就在修《经籍纂诂》的原址，建立了定名为“诂经精舍”的书院：“以昔日修书之屋五十间，选两浙诸生学古者读书其中，题曰‘诂经精舍’。精舍者，汉学生徒所居之名；诂经者，不忘旧业，且勖新知也。”[③]说明建精舍的目的，是为培养深研经籍、发扬汉学的人才。精舍由阮元聘请王述庵、孙渊如两位经学家主讲，选高材生读书其中。教学内容和方法，曾国藩《国朝先生事略·阮元传》记为“课以经史疑义及小学、天文、地理、算法，许各搜讨书传条对，不用扃试糊名法”。张鉴《诂经精舍志初稿》则是“专肄经史辞赋”，“月率一课，只课经解史策，不用八比文、八韵诗”。学海堂大体上继承了诂经精舍的办学宗旨和办法，阮元《学海堂集序》说：“昔者何邵公学无不通，进退忠直，聿有学海之誉，与康成并举。唯此山堂，吞吐潮汐，近取于海，乃见主名。多士或习经传，寻疏义于宋齐；或解文字，考故训于仓雅；或析道理，守晦庵之正传；或讨史志，求深宁之家法。或且规矩汉晋，熟精萧‘选’，师法唐宋，各得诗笔。虽性之所近，业有殊工；而力可兼，事亦并擅。若乃志在为山，亏于不至之讥；情止盈科，未达进放之本；此受蒙于浅隘而已，乌可睹百川之汇南溟哉！”[④]这里明确提到朱熹“析道理”的学说为“正传”，是与诂经精舍课业的不同之处。这意味着阮元在办学上而不仅在治学上希望能表现为“调和汉、宋”，推尊汉儒经学而不绝对排斥宋儒理学；在教学上则倡导一定程度的兼容众说，作实事求是的探讨，以达到使学生能“睹百川之汇南溟”的目的——尽管宋儒之学在学海堂课业中比重远不能和汉学相比，而且只提到朱熹之学，并没有提到其他宋儒。这些情况之发生，一方面是因为宋学家对汉学家的批评有切中要害之处（如方东树《汉学商兑》所言），另一方面也因为，阮元自己对待宋、明诸大家的学说，有不同看法。

关于朱熹，阮元在《书东莞陈氏学蔀通辨后》一文中说：“朱子中年讲理，固已精实，晚年讲礼，尤耐繁难，诚有见乎理必出于礼也。……此朱子一生拳拳于君国大事，圣贤礼经，晚年益精勤之明证确据。若如王阳明诬朱子以‘晚年定论’之说，直似朱子晚年厌弃经疏，忘情礼教，但如禅家之简静，不必烦劳，不必悽黯矣？”[⑤]即他认为朱熹理学并不违反他所主张的“圣贤之教，无非实践，学者亦当实事求是，不当空言求理。”[⑥]他在为陈建《学蔀通辨》所写序文中，则更明白地表达了对朱、陆、王三家的态度。他说：“四库书《提要》曰：朱陆之书具在，其异同本不待辨。王守仁辑《朱子晚年定论》，颠倒岁月之先后以牵就其说，固不免矫诬，然此书（按指《学蔀通辨》）痛诋陆氏，至以病狂目之，亦未能平允。元于东园清暇，重加披阅，遵《提要》之言，手将病狂失心等语加以删削而还之。盖除此所删，皆表彰正学之要言；即有过激之论，无非欲辨朱子之诬。”[⑦]从这些论述

① 阮元：《揅经室二集》卷七，《西湖诂经精舍记》。

② 臧庸：《经籍纂诂序》。

③ 《揅经室二集》卷七，《西湖诂经精舍记》。

④ 《揅经室续集》卷四，《学海堂集序》。

⑤ 《揅经室续集》卷三，《书东莞陈氏学蔀通辨后》。

⑥ 方东树：《汉学商兑》卷中之上。

⑦ 《揅经室续集》卷三，《学蔀通辨序》。

可以看到，他反对的主要是陆九渊以迄后来王守仁的心学，特别是后者。而对陆学，尽管他并不赞同，却也不同意作过甚的“痛诋”，主张实事求是地对待。这种实事求是的作风和容纳众说乃至不同意见的开明态度，也体现在学海堂的教育中，形成它的一个重要特色。

反对空谈心性的理学，这是一方面；另一方面，阮元更反对自明代以来，书院把为应付科举考试而学诗文制艺，作为教育的主要内容。他认为，这种八股之业“未达进放之本”，只能使学者目光短浅，识见鄙陋；尽管这是国家取士之道，却不是他办学“造士”的目的。他希望能创出一种论学问难的学术环境和学术风气，培养出学业或有“殊工”、或能“并擅”的人才。为此，只就当时已有的书院改头换面作零星调整，难以达到期望，需要另起炉灶。从学海堂的命名、体制乃至选址，都或隐或显地贯穿着这一思想。黄以周《南菁文集序》说：“古者王者卿大夫之子及国中俊秀之士，无不养于学。学校一正，士习自端，而风会借以主持。自唐代崇尚诗赋，学校失教，华士日兴，朴学日替。南宋诸大儒思矫其弊，于是创精庐以讲学，聚徒传授，著籍多至千百人，而书院遂盛。有明以来，专尚制艺，主讲师长复以四书文（即八股文）、八韵诗为圭臬，并宋人建书院意而失之。近时贤士大夫之崇古者又思矫其失，而习非成是，积重难返，不得已别筑讲舍，选高才生充其中，专肄经史诗赋，一洗旧习。若吾浙之诂经精舍，广东之学海堂，其较著者也。”这段话概括了阮元办诂经精舍和学海堂的缘起，也道出了学海堂规制所以作变革的主要原因。

二、学长制的确立

阮元兴办学海堂时面临着两方面的问题，一是前此书院大都流为专重举业，二是理学末流的空疏。关于前者，自康熙初发生庄廷钺、戴名世之狱，文网渐兴；到雍正大起吕留良、严鸿逵、黄补庵等之狱，乾隆追论曾静罪处死，文网更密。士人恐惧文字狱的迫害，多所避忌，书院大多成为专习帖括以应举的场所，全祖望说：“国初多稽古洽闻之士，至康熙中叶而衰。士之不欲以帖括自竟者，稍廓之为词章之学已耳。求其原原本本，确有所折衷而心得之者，未之有也。”[①]其所指正是康熙年间兴起文字狱之后的情况。一些沉潜笃志的学者往往深自矜慎，不肯轻著书，如长洲何焯就是这样。为使士人埋头不问政事，从康熙至乾隆，一方面大力提倡经学，另一方面逐步恢复一些旧有书院并新建一些官办的书院，用为举业而学笼络士子。雍正时曾下谕各地建立这样的书院，乾隆时曾诏令大学士、九卿、督抚公举潜心经学者；因而沉潜好学之士为学术本身或为避文网而埋首穷经，一般士人则为科名入书院求出路。在广东，避文网之厄的情况也不例外，但以学术而言，则以陈白沙及其弟子湛若水的影响为最大。

陈白沙是明代广东最重要的学者。他的学说主静，师承主要是陆九渊一派的心学。他认为：“学者不但求之心，而求之吾心。察于动静有无之机，致养其在我者，而勿以闻见乱之。去耳目支离之用，全虚圆不测之神，一开卷尽得之矣。非得之书也，得自我者

① 全祖望：《鲒埼亭集》十七，《翰林院编修赠学士长洲何公墓碑铭》。

也。”[①]他自述心有所“得”的经验是：“唯在静坐久之。”[②]教授来学者的办法是：“有学于仆者，辄教之静坐。”[③]他自己身体力行，在故乡新会筑“阳春台”“静坐其中，不出阈者数年。”[④]“杜门独扫室，日静坐其中，虽家人罕见其面。”[⑤]后来虽然有所改变，改变的情况则是：“或浩歌长林，或孤啸绝岛，或弄艇投竿于溪涯海曲，忘形骸，捐耳目，去心智，久之然后有得焉。于是自信其乐。其为道也，主静而见大。”[⑥]依然不脱一个“静”字，只是吟啸于山林海曲，不再斗室静坐而已。他的弟子湛若水传他之学又加以发展，提出“人心与天地万物为体，心体物而不遗，认得心体广大，则物不能外”，因此提出为学在于“随处体认天理”，而天理在于人心，只要能“动静一于敬”，涵养自己的心，就可以体认天理；如此等等[⑦]。他曾经做过南京国子监祭酒，历经南京吏、礼、兵三部尚书，活到九十五岁，享年高而声望重，“平生足迹所至，必建书院以祀白沙，从游者殆遍天下”[⑧]。并为书院置办学田，以赡养来学者，因而白沙学说流传更广。他们的学说突破宋元以来道学藩篱，讲论又精微奥妙，得到士人的景仰尊崇，特别是陈白沙，为人淡于名利，自得自乐，信行高洁，语言又如道家常，平易近人，讲学江门时已有不少追随者，湛若水又扩大了他的影响。虽然书院在明代曾经历过正德十六年（1521）、嘉靖十七年（1538）、万历十年（1582）和天启五年（1625）的明令禁毁，他们的影响却经久不衰，如清初陈遇夫传白沙学说，乾隆时全祖望讲学于端溪书院，意图调和“浙学”和“粤学”，首祀陈白沙，下才及其他学者等。所以在广东，士人除追逐功名者外，超然点的多沉浸于白沙之学[⑨]。这种学说发展到后来，被追随者们弄得日益空疏，它的末流往往成为：如学白沙静坐之功，便易入于禅；如学他的吟啸山林，弃形骸心智，便易入于老庄；更下者则流为空虚或浮嚣。因此阮元要改变学风、文风、士风而创建学海堂时，就面对士人为应举而学的目光短浅、识见鄙陋和陈、湛末流的空疏虚无这两方面的问题。要想改变这种状态，学海堂就必须建立一套行之有效的规制，引用能实现办学宗旨的人才。为此就必须首先解决：是否沿书院通行的惯例，继续设置山长的问题。

书院设山长（或称山主、洞主）主讲并总理院事，自宋代以来就已形成传统。清初书院山长大都由有学术声望的学者担任。康熙初发生庄廷鑨之案后，学者渐生畏心，书院也受到影响，但仍然有一些书院还保留着聚会讲学的风气，如关中学者李二曲，于康熙九年（1670）应邀赴常州府讲学，听者云集；开讲于无锡、江阴、靖江、宜兴等地，情况都类似，昼夜不得休息。常州士人想留他常住主持讲席，未能办到，特建延陵书院纪念，悬挂他的肖像供奉[⑩]。康熙十二年（1673）关中书院修复，也礼聘他主讲，“环阶席而侍听者，

① 黄宗羲：《明儒学案》卷五，《白沙学案一》，“著撰·道学传序”。

② 《明儒学案》卷五，《白沙学案一》，“论学书”。

③ 《明儒学案》卷五，《白沙学案一》，“论学书”。

④ 《明儒学案》卷五，《白沙学案一》，“文恭陈白沙先生献章”。

⑤ 《儒学案》卷六，《白沙学案二》，“通政张东所先生诩·文集”。

⑥ 《儒学案》卷六，《白沙学案二》，“通政张东所先生诩·文集”。

⑦ 《明儒学案七》，《甘泉学案一》，“文简湛甘泉先生若水”“湛甘泉心性图说”等。

⑧ 《明儒学案七》，《甘泉学案一》，“文简湛甘泉先生若水”“湛甘泉心性图说”等。

⑨ 乾隆时曾一度提倡朱熹之学，郑之侨提倡王守仁学，全祖望希望调和粤学（白沙之学）和浙学（浙东之学），都收效不大。

⑩ 谢国桢：《李二曲学谱》一，“传纂”。

几千人。先生立有学规会约，约束礼仪，整肃身心。三月之内，一再举行，鼓荡摩厉，士习不变。”[①]再如漳南书院请颜元主教讲学，经三次敦请，颜元于康熙二十五年（1686）前往，“为立规制定甚宏，从游者数十人，远近翕然。”[②]如此可见当时有些书院还保有由硕儒主持讲学、学者共同研讨切磋的风气。到雍乾之际文字狱加厉，使书院情况发生了变化。尽管雍正十一年曾下谕各省省城设立书院，但提出以“屏去浮嚣，杜绝流弊”为宗旨，实际就是怕士子们借集会之机议论朝政，聚众闹事，要督抚严加管制；因此督抚的措施如何，在当时的形势下就具有特别重要的意义。而山长们为恐招至飞来横祸，不敢主持讲学，书院的学术空气因之大衰，大多数书院变成专讲八股帖括的场所，不少山长成为但领膏火薪资、不求建树只求无过的学界官僚。这类山长不需要深厚的学术功力和专精的学术水平，容易做又容易猎取名位，因而滥荐山长的事时有发生。鉴于这种状态，阮元认为：山长一人既不能“兼赅众长”，又不乏滥竽充数者，于是规定学海堂永不设山长，设八个学长共同负责全堂事务。为此他发出文檄，提出：“本部堂建学海堂，为课通省举贡生监经解诗古之所，其堂内事应行酌定，以垂久远。”明确表明学海堂不是为讲八股、应科举而设。”并订立“学海堂章程”，第一条就是：“本部堂酌派出学长吴兰修、赵均、林伯桐、曾钊、徐荣、熊景星、马福安、吴应逵八人同司课事；其有出仕等事，再由七人公举补额。永不设山长，亦不容荐山长[③]。后来学海堂一直遵行不设山长的规定。

学长的任务总的来说有二，一是担任教学、考试、阅卷等属于课业本身的工作，二是行政性质的“管课”：八人同负责，又有适当分工，例如，堂中规定每年按季度分为四课，所谓“课”，略相当于我们现今所说的单元，即一年分四个单元；每课由两位学长经管，两人一班管一季，四班轮番更替，周而复始，轮流料理全年事宜。学长们每人都有授课、出试题、评阅试卷等职责，但管课学长则须负责召开会议，商讨有关事项。关于考课，规定由学长拟题，每季第一月初旬，由管课学长通知各学长齐集堂中，共同拟定题目，每一种题目都加倍拟出，请示总督、巡抚、学政“三宪”裁定后发出刊印，在学海堂张贴，并分送各学长。每发题纸，都注明收卷月日，届时交管课学长，送各学长分阅，然后定期公集堂中，由各学长互阅评定，没有异议时才决定录取名单，汇总课卷，送呈三宪审阅，决定后发榜。值得注意的是，学长们如认为所阅课卷中有值得刊印的，就列出名单，以便发榜后抄存备刻。这种办法，阮元在办诂经精舍时已经实行：允许员生“各搜讨书传条对，不用扃试糊名法。刻其文尤雅者曰《诂经精舍集》。”[④]学海堂继承了这一传统。后来刊印的《学海集》初、二、三集，就是师生们历年研究成果的总汇。对于学长们，除按规定发给薪资外，在促进学术提高上也给以关注和优惠，例如《学海堂章程》规定：学长为员生出课题时“如有拟程，可以刻集，但不给膏火”。这大约是认为“拟程”属学长岗位工作的一部分，不额外发给“稿费”。在《藏板章程》中又规定：当堂内印书之时，学长们如有需要个人加印一部的，只要照纳板租交堂，照给刷印工匠茶资，就可以加印。这些措施，无疑鼓舞了师生刻苦钻研的信心，使他们看到研究成果有出版问世、传之久远的希望，是有利于学术文化事业的发展的。

① 《二曲集·历年纪略》，转引自柳诒徵《中国文化史》“学校教育”章。

② 戴望：《颜氏学记》。

③ 林伯桐：《学海堂志》，“学海堂章程”。

④ 曾国藩：《国朝先正事略》，“阮元传”。

取消山长制，代以学长制，这在当时是带有实验性的创举。学长们既分门别类指导课业，本身就必须学有专长；既轮流执掌堂务，就较易产生共同协力洽事的责任感；且学长都是身任教职的导师，对学生情况和办学当务之急，可有较深的了解。所设课程既不为举业，学生不必把时间和精力消耗在揣摩八股程式上，得以专心致志于学术研究，并彼此切磋，开拓眼界。阮元说明所以作这一变革的理由是："学长责任实际与山长无异，唯此课既劝通经，兼赅众体，非可独理，而山长不能多设，且课举业者各书院已大备，士子皆知讲习；此堂专勉实学，必须各学长各用所长，协力启导，庶望人才日起。永不设山长，与各书院事体不同也。"[①]这样说，是因为他不能对朝廷为奖励科名而设书院事公然反对，也不便一概反对山长制，特别是，某些教习举业的书院山长也并非尽皆不学无术，而且，也自有一套经验，在热衷于仕途的士人中还有市场。因此他采取了别树一帜、另辟蹊径、由点到面、尝试渐进的做法，以期既能收"救学风之弊"的实效，又不致"欲速则不达"，"功亏一篑"。从办诂经精舍到办学海堂，事实证明，他的做法是取得成效的。

学海堂的这一新体制，有别于当时的其他书院，是书院制度本身的新发展，也体现了阮元在教育思想上的发展和进步。学海堂提倡学长分工治事，集体负责，这就使管理体制方面带上了一定的民主性。而在人员的选择上，学长既是治理堂事的管理者，又是指导诸生课业的实际教育者，必须德才并举、立身正而学有专长的人，这对一些不具学术水平而觊觎负责职位的人，无异是一种警告。这些措施，后来为不少书院所效法，一定程度上打击和限制了奔竞、滥荐的歪风恶习，从而使书院增强了"免疫力"，避免了从教育、学术机构变质为官僚式教育衙门的可能性，在当时的历史条件下是一种针对"时弊"的改革，精神是值得赞许的。

三、论辨探讨，实事求是，以求通经致用
——从选址到课业看阮元的治学态度对办学的影响

学海堂的创办，在选址方面也是颇具深意的。诂经精舍建于杭州城外面对西湖的孤山之麓，学海堂建于广州城内越秀山，都体现了阮元期望为学者创造一个不受城市喧嚣的干扰，能培养澄明广阔的胸怀而又不隔绝于现实社会生活的学术环境，同时又要便于作为上司的督抚进行领导。学海堂位于越秀山："堂在半山，群峰环绕。堂后垣外稍东即越王台故址。……又东北镇海楼在焉。"[②]可见形势之胜。阮元为学海堂的选址可谓煞费苦心，曾经经过四次择地："初拟于前明南园旧址，略觉湫隘；又拟于城西文澜书院，以地少风景；最近拟于河南（按指珠江之南）海幢寺旁，亦嫌近市。相视久之，遂定于越秀山。枕城面海，因树开门，荆榛则剃之，古木则培之。公（指阮元）于政暇亲躬指画经始，甲申（道光四年。1824）之秋，阅一时而蒇事。行礼讲业，具得所宜；高下自然，曲折有意。自是以来，结童入室，下邑横经，或闻风而聿来，或游观而不舍，蒸蒸然多所兴起矣。"[③]道光元年（1821）至六年（1826），他捐出自己的"廉俸"，支付学海堂的膏火津贴；道光六年（1826）夏调任云贵总督前，还以学海堂"堂费浩繁，捐白金四千两发商生息，为之协

① 《学海堂志》，"设学长"。

② 《学海堂志》，"图说·学海堂全图说"。

③ 《学海堂志》，"筑堂"。

济”[①]。作为统治阶级代表人物的封疆大吏，肯于解私囊助学，在当时的达官贵人中是难能可贵的。这一行动为后人提供了范例。咸丰七年（1857），两广总督劳崇光捐银七百两补刻《皇清经解》；同治三年（1864）学使王淞捐银五百两奖学；五年，署理巡抚郭嵩焘也拟捐“养廉银”用为学长们的津贴，后来因学长们认为非经久之计而另设别法未行。尽管这所谓的“廉俸”“养廉银”从根上说来自统治阶级对人民的剥削，作为个人而言却是私人所得的俸禄；能捐私俸协助办学和印书，毕竟是好事。应该说，阮元为后人树立了榜样。

阮元督粤时期，学海堂的课业正如《学海堂集序》所说，或习经传、或解文字训诂，或研讨史志，或熟精《昭明文选》，或解析朱子义理……。学习的办法则是：“不专一题，俾得所近；不速其期，俾尽所长。”[②]旨在鼓励学生根据自己的情况，选课题进行深入钻研。对学长也提出要求“此课之设，首劝经史，而诗赋备具。应课者各有所长，司课者宜兼众力。……相互补苴，宜无卤莽，各经论辨，自可持平。”可以看到，学海堂提倡各抒所长、自由探讨的学风。这与阮元办学海堂的宗旨有关，也与他个人的治学态度有关。

阮元的治学，很强调治经必自笺疏始。为此又强调修习汉儒的名物训诂音韵等学说。他认为：“圣贤之道在于经，经非诂不明。汉人之诂，去圣贤为尤近。盖远者见闻，终不若近者之实也。”[③]“两汉学行醇实，尚近于春秋战国之世。汉末气节甚高，党祸横决，激而为放达，流而为老庄，为禅释；宋儒救之，取学术中最尊者为性理。至明儒，学案纷纷矣。”[④]这些论述概括而言，可以归结为：其一，他崇尚汉儒之诂，是认为汉儒距前古经书制作时代近，更能理解它们的文字含义；其二，汉儒学风醇朴，解诂应较可信；其三，从汉儒到明儒，学术的起落兴衰显示出：一种学术之取代另一种学术的地位，是因为这另一种学术已发展到百弊丛生，走向自己的反面，导致产生自己的对立物，于是新的学术代之而起。因此他认为，就学术而言，稽古很重要，但稽古的目的，则不单纯在于学术。他说：“稽古之学，必确得古人之义例，执其正，穷其变，而后其说之也不诬。政事之学，必审知利病之所从生，后日所终极，而立之法，使其弊不胜，利可以持久不变。盖未有不精于稽古而能精于政事者也。”[⑤]可以看到，他这些主张，与康雍乾之际文字狱盛行时期汉学家们之埋头于“为学术而学术”，是有差异的；这是因为，他不仅是个学者，而且是朝廷官员，仕途顺利，又在海氛方炽，闭关自守的局面渐渐被洋人打开的时代。这一“鉴古以资治”的见解，是我国封建士大夫的传统见解；它的运用，涉及实践者的立场、观点、方法等一系列问题，以及单纯稽古是否即可“资治”的问题。如果我们撇开这类问题不论，则可以认为：阮元提倡汉学，并非为复古，更主要的是为了使学者对古史古事得到真知，从中得出对当世有用的经验教训，即：通经以致用，或者说，古为今用。他办学海堂提倡以实学“造士”，也正是希望能培养出通经致用的人才。

另一方面，他治学虽然遵从汉儒，却并不专信汉儒。他在《江西校刻本十三经注疏书后》一文中说：“窃谓士人读书，当从经学始，经学当从注疏始。空疏之士‘高明’之徒，

① 《学海堂志》，“经费”。

② 《学海堂志》，“设学长”。

③ 《揅经室二集》卷七，《西湖诂经精舍记》。

④ 《揅经室一集》卷十一，《诂经精舍策问》。

⑤ 《揅经室一集》卷十一，《汉读考周礼六卷序》。

读注疏不终卷而思卧者，是不能潜心研索，终身不知有圣贤诸儒经传之学矣。至于注疏诸义，亦有是有非。……又在好学深思、实事求是之士由注疏而推求寻览之也。”[①]在《焦理堂群经宫室图序》中说：“盖株守传注，曲为附会，其弊与不从传注、凭意空谈者等。夫不从传注、凭意空谈之弊，近人类能言之；而株守传注、曲为附会之弊，非心知其意者，未必能言之也。……昔许氏为五经异义，而郑君驳之；何氏为公羊墨守，而郑君发之、究之；各成其是，于叔重、邵公无损也。”[②]阮元举许慎、郑玄、何休等汉儒各求其是、各有成就的事例，特别是郑玄在治学上不盲从、不掩他人所长的严正学风，要求当代人以之为范，既不要迷信古人，又要能容纳不同意见，通过研讨、争鸣，但求其实。这一治学态度，也成为他创办学海堂时的指导思想。学海堂所行的以学长制代替山长制；以研究汉学为主，却并不一概排斥宋儒理学；可以说都体现了这一指导思想，带有一定程度的开明色彩。

学海堂悬有一副阮元所撰的楹联，文为：“公羊传经，司马记史。白虎德论，雕龙文心。”这副楹联大体上概括学海堂课业的主要内容，也反映了在经传方面阮元对于《春秋公羊传》的重视。他之提倡公羊学说，尽管并不是像龚自珍之借经义讥刺时政，或像康有为之引申经义托古改制；也不是如晚清一些忧国之士依托公羊传论以昌言救世；但由于他在学海堂的提倡，自然会促进学者去钻研思辨，自由探讨，而他提倡实学又是主张用之于行事，通经致用，这些就使员生在学术上得以各展所长，各有所成；在思想上则播下了由学术思想进而探索政治社会思想的种子。

四、人才的培养

由于学长负责制的确立和用人的得当，学海堂自创立之后，蔚为岭南人文渊薮、学术中心和教育重镇。它培养出许多优秀学者，造就了好几代人才，使广东的学风、文风起了变化，影响及于省外。这些成果之取得，与阮元的善于发现人才和使用人才，有着密切的联系。

学海堂的第一批学长，都是阮元任职两广总督期间委派的。他们在经史、诗文、金石、地理、历算等许多方面各擅专长，有的人还并工兼擅，能文能武，他们的研究方向和主要撰著，大致如下[③]：

吴兰修（广东梅州人）：工诗文，善倚声，兼通算学，精考证。著作有《方程考》《荔村吟草》《桐华阁词》《石华文集》《南汉纪》《南汉地理志》《南汉金石志》《端溪砚史》《宋史地理志补正》等。

赵均（广东顺德人）：著有《自鸣轩吟草》。有治事才干。学海堂的建筑大都出于他的营画和监造。

林伯桐（广东番禺人）：穷研诸经，兼通汉学和宋学，尤其精于《毛诗》。所著有《毛诗通考》《毛诗传例》《毛诗识小录》《易象释例》《易象雅训》《三礼注疏考异》《冠昏丧祭仪考》《左传风俗》《史记蠡测》《供冀小言》《古音劝学》《古谚笺》《四礼通考》《公车闻

① 《揅经室一集》卷十一，《江西校刻本十三经注疏书后》。

② 《揅经室一集》卷十三，《焦理堂群经宫室图序》。

③ 参见吴道镕：《广东文征作者考》卷八至十有关人物传及《清史稿》有关各传。

见录》《学海堂志》《两粤水经注》《粤风》《修本堂稿》《修本堂诗文集》等。统名为《修本堂丛书》。

曾钊（广东南海人）：专治汉学，精于训诂。所著有《诗说》《诗毛郑异同辨》《毛诗经文定本小序》《毛诗考异》《毛诗音读》《虞书命羲和章解》《周易虞氏义笺》《周礼注疏小笺》《论语述解》《春秋国都爵姓考补》《读书杂志》《面城楼文存》等。鸦片战争中他曾辅助两广总督祁贡相度地形，加强防务，建议集合南海、番禺两县团勇三万六千人操练演习，以防御英军侵入广州。后来又上《炮台形势议》十条，作为修复虎门炮台的参考。是一位深具爱国心的学者。

徐荣（广州驻防汉军正黄旗人）：工诗，精于隶书，善画梅，有诗书画"三绝"之誉。所著有《大戴礼记补注》《日新要录》《怀古田舍诗集》等。

熊应星（广东南海人）：据《清史稿》本传，他以诗获得阮元赏识，但他不满于文士之绵弱，于是转而学骑射技击。以举人终学官，假诗画自娱，没有再参加科举考试。

但《清史稿》所说阮元开办学海堂，以熊应星和谭莹、侯康、仪克中、黄子高为学长一事，则所记不确。实际只有熊应星是在阮元任两广总督期间被任命的，其他四人都在阮元调离之后。据《学海堂志・题名》所载，上述四人受任学长的时间分别为：黄子高在道光十年（1830）二月，仪克中在道光十四年（1834）三月，侯康在道光十七年（1837）二月，谭莹在道光十八年（1838）三月。阮元则于道光六年（1826）已调任云贵总督。

马福安（广东顺德人）：曾与曾钊创"希古堂文社"。著有《止斋文集》，载《学海堂丛刻》中；又著有《鉴古录》。

吴应逵（广东鹤山人）：著有《雁山文集》及《岭南荔枝谱》。姚椿撰《国朝文录》，所选广东作者的文章只有吴应逵一人的作品。

此外如李黼平，字绣子，广东梅州人。他因革漕政陋规，遭到中伤，系狱七年，出狱后回广东，适逢开办学海堂，阮元看重他的学行，聘他校阅学海堂学生作业，并请他教诸子经学[①]。所著有《毛诗细义》《易刊误》《小学樗言》《说文群经古字考》《堪舆六家选注》《文选异义》《读杜韩笔记》《花庵集》及其《续集》等。

上述诸人，有的成名在先，阮元甄选为学长；有的最初却是有学无闻的贫士，经阮元识别提拔，如曾钊就是这样。关于曾钊的传说甚多，例如曾钊如何以一介贫士得以认识阮元，《清史稿》与《世载堂杂忆》所记就不同。又如关于学海堂的创办，有一种流传甚广的传说是：虽然始创于阮元，导之而成的却是曾钊；但也有文章认为并不是这样[②]。不论诸种说法如何不同，却有一个共同点，就是：阮元非常爱惜人才，并善于发掘人才和不拘一格使用人才。同时，在使用人才上，阮元不仅注意才学，同样重视品德，例如规定举学长时要注意"乡评"，也即重视听取各自本乡公众的意见，以求其人确实品学兼优。梁启超曾评论阮元说："本以经师致通显，任封疆，有力养士，所至提倡，隐然兹学之护法神也。"[③]语气虽似不无贬义，却道出了阮元培养人才、提拔后进的事实；也道出，教育之能否取得成效，与掌权者的重视与否，有很大关系。

---

① 此据《广东文征作者考》。《清史稿・李黼平传》只说"以亏挪落职系狱，数年乃得归。会粤督阮元开学海堂，聘阅课艺，遂留授诸子经"。

② 宇翁：《阮元与学海堂》一文注二，见商务印书馆香港分馆所出《艺林丛录》第三编。

③ 梁启超：《清代学术概论》第十八。

五、质疑论难学术风气的发展

阮元为学海堂树立的规范，在他调离广东后继续保持下来。道光十四年（1834）卢坤任两广总督期间，又在学海堂设立了更高一级的学位——专课肄业生。规定专课生的遴选，须经八学长公商，举出品学兼优者。经过公举选出的第一批专课生是：陈澧、张其翻、吴文起、宋次琦、李能定、侯度、吴俜、潘继李、金锡龄、许玉彬。此后因经费短缺，这项工作停顿很久，到同治四年（1865）郭嵩焘署广东巡抚期间，又进行了一次公举，选出桂文炽、潘乃成、梁以瑭、孔继藩、高学耀、陈庆珍、崔颜问、王国瑞、周果、伍学藻等十名。所谓专课生，是专门攻读某门学问的学生，有点像现今的专业研究生。卢坤曾发手谕说明专课生的来源及教学要点和方法："宜令学长于所课诸生中举其尤异，教以专门。治经必始笺疏，读史宜录汉魏，各因资性所宜，听择一书专习。"所定的书《十三经注疏》和前四史以及杜甫、韩愈、朱熹的诗文全集等。郭嵩焘署广东巡抚时又加了一门数学课。

正是由于学海堂的这些特点，或者说所据的优势——上有督抚亲自过问，解决办学方面的重大问题如方针、经费之类；本身有专家学者共同管理，分别教导；使它能在创建之后，一直保持着岭南学术核心的地位。继第一批学长之后担任学长的有三十二人，他们中大多数毕业于学海堂，其他则原有一定学术专长和深厚学术功底者，如张杓，以硕儒于道光七年（1827）正月担任学长。张杓青少年时就在诗、骈文和隶书方面有相当造诣，中年以后转而治经，昼夜点勘选录，晚年竟至失明，所著的书以致都散佚，后来经南海桂文灿搜访，辑得《仪礼古今文》《经史笔记》《增校尸子》《四民月令》《磨甋斋文存》等，载于《学海堂丛刻》中，这类学者勤奋不息，并不以取得的学术地位或荣誉自负自满，而这在学海堂人才中并非仅见——尽管情况不同，精神则一。

在卢坤及其后任所任命的学长中，影响最大的是朱次琦和陈澧，有岭南两大儒之称。朱次琦，字九江，广东南海人。他不仅道德学问为士林景仰，从政也很有治绩。在摄山西襄陵县事任上，举凡防盗、治水、兴建、调解民事纠纷等，无不做详尽的调查了解和部署，倾听各方意见，然后做出裁断，深得民心，"在任百九十日，民俗大化"[①]。后来辞归乡里，讲学于礼山二十余年，人称九江先生。鉴于广东赌风极盛，他归乡曾与乡人立乡约，严防赌风流入，卓有成效。他治学兼容并蓄，不分汉、宋畛域，认为郑康成集汉儒学术之大成，朱熹集宋人理学之大成，而"朱子又集汉学而精之者也。宋末以来杀身成仁之士远轶前古，皆朱子力也。"[②]显见其推重。但对陆九渊、王守仁、陈白沙之学，他也是有所择取的，例如认为"姚江之学"足以知兵御乱。在明末清初的学者中他最佩服顾炎武，认为《日知录》一书的"大法"如能加以研究总结，可以行之于天下。他为学以经世致用为宗，指出所谓"实学"，其"实"不单在于读书做学问，更在于身体力行，因而提出"修行之实"四要点和"读书之实"五要点。所教的弟子极多，形成"九江学派"，弟子中最著名的是简朝亮。康有为也曾从他学了三年，不过后来接受廖平的影响，形成自己的学

① 《清史稿·儒林传》"朱次琦传"。

② 《清史稿·儒林传》"朱次琦传"。

说，自成一家。

朱次琦早年是卢坤任两广总督时期（道光十三至十五年，1833—1835）学海堂的专课生，与陈澧同时被入选。咸丰九年（1859）任学海堂学长，任期不详。卒于光绪七年（1881），平生所著有《国朝名臣言行录》《五史实征录》《国朝逸民传》《性学源流》《蒙古见闻》及《晋乘》等。他疾革时将所著书稿焚烧，留下手辑的《朱氏传芳集》和所撰《南海九江朱氏家谱》《大雅堂诗集》《燔余集》《囊中集》等。后来由门人搜集他的散佚诗文，辑成《朱九江先生集》刊行。

陈澧，字兰甫，号东塾，人称东塾先生。道光十四年（1834）被公举为学海堂专课生，道光二十年（1840）补任学海堂学长，任职长达数十年。他在少年时曾从张维屏学《诗》，从侯康学经书，对天文、地理、乐律、算术、隶篆书法等都进行研究，中年以后专注于诸经注疏、子、史及朱熹之学，著《声律通考》《切韵考》及“外篇”、《汉书地理志水道图说》等。又认为“汉儒言义理无异于宋儒，宋儒轻蔑汉儒者，非也。近儒尊汉儒而不讲义理，亦非也。”[①]著《汉儒通义》七卷，被认为“能汇汉、宋之通”。晚年致力于考校经学源流发展及得失所在，旁及九流诸子及两汉以后学说，著《东塾读书记》二十一卷。在治学方面，主张“博学于文，当先一艺”，“好一则博，多好则杂，非博也”。在教育学生上主张以治经为主，特别要重视“行己有耻”，勉励学生笃行立品，通经以致用。他的学说受阮元的影响很大，如阮元著《性命古训》，颇想调和汉、宋之学；陈澧《汉儒通义》说汉儒亦讲义理，也是想汇通汉宋。他批评乾嘉汉学“近儒”不讲义理，则是比阮元更进了一步。他晚年主讲于菊坡精舍，其规制亦以学海堂为范。

此外如谭莹，道光十八年（1838）起任学长，长达三十年。主持刻书，凡刻《岭南遗书》五十九种三百四十三卷及《粤十三家集》《楚南耆旧遗诗》七十四卷，并博采罕见书汇编为《粤雅堂丛书》。晚年著《乐志堂集》，学术与陈澧齐名。再如梁廷楠，道光二十年（1840）任学长，著作涉及的范围甚广，学术另具特色，除研究中国传统文化外，还研究当代中外关系。他的名著《粤海关志》和《夷氛闻记》紧密联系实际，是当时历史的实录——外国殖民主义者侵略中国的忠实记载，超越了“为学术而学术”的范畴，使他较前此学海堂的许多学者，更具进步性。

阮元在学海堂倡导的质疑问难学风，不仅改变了过去一般书院专尊八股的沉闷空气和士人沉浸于心性之学的空虚风尚，而且对后来政治改良学说的出现，也有一定影响——尽管只是间接影响，既为阮元始料所不及，也绝非他办学海堂的本意。梁启超指出：“清学家既教人以尊古，又教人以善疑。既尊古矣，则有更古焉者，固在所当尊；既善疑矣，则当时诸人所共信者，吾曷为不可疑之？……故在本派中有异军突起，而本派之命运遂根本动摇。”[②]这段话一般地概述了清代汉学衰落的原因，却也适用于学海堂，而梁启超自己正是学海堂培养出的“异军”。据他自述，他十三岁入学海堂，与陈千秋同学戴震、段玉裁和王念孙、王引之父子的学说，及“康有为以布衣上书被放归，举国目为怪。千秋、启超好奇，相将谒之，一见大服，遂执业为弟子，共请康开馆讲学，则所谓万木草堂是也。二人者学数月，则以其所闻昌言于学海堂，大诋诃旧学，与长老侪辈辩诘无虚日。”[③]由此可

① 《清史稿·儒林传》“陈澧传”。

② 《清代学术概论》第二十。

③ 《清代学术概论》第二十五。

以想见学海堂当日争鸣论难的风气。可以说，阮元创办学海堂，不仅在改变书院相沿已久的旧习气上起了作用，就是在启发学者通过穷研深究、质疑问难，思考如何“通经致用”，终于使杰出之士能突破藩篱，在推陈出新方面，也是起了一定作用的。

六、结束语

自然，就阮元自己的思想实质而言，他的办学种种，归根结蒂是为巩固清朝的统治。他所谓“用”，是求用之于维护封建的社会政治秩序。在治学上，他也有汉学家们常易发生的情况：着力于繁琐的考证，以致“见叶不见枝”，这对学海堂学者们的治学，也有一定影响。而在西方先进的科学知识已在民间传播的时候，学海堂课业不见“西学”，不能不说是一种缺陷。同时，学长制是否必定比山长制好，后人也有不同意见，也未必能一概而论。但是，如果对事物从一定历史条件出发来考察，则阮元于嘉庆二十二年（1817）到广东任职未久就奏禁鸦片；为防止英军入侵，兴建大黄滘、大虎山和肇庆府各炮台分兵驻守；嘉庆二十五年（1820）创办学海堂，讲求实学，提倡质疑论难，使之成为教学、科研、刻书三结合的学术重镇；不仅培养出人才，也促进了广东出版事业的发展。这些作为，在当时的封疆大吏中相当突出，受到人们广泛称颂。他在学海堂实行的新规制，给学术界带来新风，是针对时弊的措施，在当时有其进步意义。后来不少书院参照它的经验办学发展了自己的特色[①]，在更大范围内造成新的学术风气，阮元创办学海堂起了先驱作用。他六十寿辰时龚自珍曾为他写年谱，有一段谈到他在广东的建树：“今兹来粤，暇日无多，又复搜其文献，勒成巨编，刊《广东通志》若干卷。斠士之堂，榜曰‘学海’，想见俊髦之翕集，与其波澜之壮阔焉，此公之功在训迪者也。”[②]阮元生于乾隆二十九年（1764），他六十岁时学海堂还在草创时期，成立未久，后来的发展证明龚自珍的评价不为过誉。学海堂的创建，对广东的教育和学术发展做出了可贵建树，在我国近代教育史和学术文化发展史上占有重要地位，阮元为此所作的贡献是无愧于人们对他的称颂的。

（原文载于《历史文献与传统文化》第一集）

① 如湖北的经心书院、两湖书院，四川的尊经书院、江苏的南菁书院、广州的菊坡精舍以及康有为所办的万木草堂和张之洞任两广总督时所办的广雅书院等，都参照过学海堂的规制。

② 《龚自珍全集》第三辑，《阮尚书年谱第一序》。

林乃燊（1923—2019），广东中山人。1961年北京大学先秦史研究生毕业。1961年在中国科学院历史研究所工作，曾参加少数民族社会历史调查及甲骨文整理工作。1965年起先后任教于中山大学、华南师范学院等学校历史学系，后调入暨南大学历史学系工作，教授。主攻先秦社会经济史及甲骨文，旁及考古学、中国农业史、医学史、少数民族史及饮食文化史。主要著作有《中国饮食文化》《中国饮食文化志》等，主编《佛山史话》。发表论文数十篇。

略论中外饮食文化交流

林乃燊

一、中国饮食文化对世界的贡献

中外饮食文化交流和中外交往一样古老，数千年来，这一领域的交流绵延不断，在历史的开放年代，更是跨步发展。饮食文化交流，谱写了中外人民互相学习，互通有无，互励创造的无数友好篇章。

中国自古以来是一个农业大国，中国人民在开拓食料生产、创造食品技艺和饮食器具等方面，都曾对世界文化作出重大贡献。回溯历史，中国在这一领域的贡献，可归纳出五大项目：

（一）提供大豆蛋白资源及大豆系列产品

周代王室郊祀后稷的乐章《大雅·生民》，就记载后稷为帝尧的农师时，已栽植“荏菽”，荏菽即大豆；中国最早的农书《夏小正》亦有种菽的记载。可见我们的祖先培植大豆，最少已有四千多年的历史。《诗·小雅·采菽》：“采菽采菽，筐之筥之”，则描写大豆收成的时候，一箩筐一箩筐搬个不停，可见大豆已是周代重要的经济作物。我们的祖先，开拓出大豆这个重要的植物蛋白资源，对世界是一个伟大的贡献。

运用发酵技术对大豆进行深加工，在古代食品制造业上，也具有世界意义。发酵业是我国古代食品制造业中一项有特殊成就的系统工程，是利用多种良性菌株为口腹服务的一系列重大成果。尽管初民还不知道发酵的原理，但从长期实践中，已懂得利用发酵的多种成果，为烹调和饮食增添异采，也是生物化学的萌芽。早在新石器时代，我们的祖先已懂得利用酵母菌使糖类发酵来酿酒。随后又懂得运用醋酸菌使糖类发酵变酸来制醋和运用乳酸菌来制泡菜。到了三代的时候，已能制造澄酒（从酿滤去酒糟的米酒）、醴酒（又称“醪”，短期酿成的连糟酒，即老糟）、香酒（加香茅草或桂花等香料酿成的米酒）和药酒（加药材浸渍用以治病的米酒，早在《内经》中就有“醪药”治痹症的记载）。醋在先秦古籍中称“醯”（音苏），泡菜称“菹”（音租）。周代更摸索出运用毛霉菌发酵而开拓出制酱业。制酱业是我国发酵业中一项特殊成就，就是用黄豆（或蚕豆）为主料，加上适量的麦麸、淀粉、糖等配料，利用毛霉菌的发酵作用制成。周代已有酱油、豆酱和豆豉。这些酱类都含有多种氨基酸、维生素B1和麸酸钠（即味精）一类东西，与多种多样菜肴都能调合和增强美味。这些酱类不仅是一种优越的调味品，能增强食欲，又含有发酵细菌制造的大量酵素（酶），能促进人体复杂的化学反应，凡入口的食物转化为能量，都是由酶来完成的，它是人体新陈代谢的催化剂，人体的肌肉收缩，脑细胞的记忆与思维等生理活动，都须要酶的参与，才能正常运转。我国的豆酱酿造业，不仅为烹调技艺增添了翅膀，对营养和保健，都具有重要意义。

几个世纪以来，在东亚、东南亚、西亚和东非各国，都不断出土唐宋以来装载酱料的中国陶制坛罐，这是中国豆酱制品输出亚非各地的物证。近数个世纪，凡是有华侨到达的地方，市场上都有中国的豆酱制品，这已是尽人皆知的事实。

汉代已从大豆中开发出豆腐和系列豆制品。1961年，在河南密县打虎亭出土汉代画像石豆腐作坊图，证明汉代已生产豆腐和豆制品。汉代的“豆饧”（甜豆浆或豆腐脑），在《盐铁论》中，被称为时尚之食，则反映了豆腐在西汉前期是出世不久的食品。有人怀疑汉代能生产豆腐，其实，华夏人在三代时已从北方少数民族中学会在牛奶中点醋做成奶酪，汉代用石磨做豆浆已很普遍，豆浆点卤就变成豆腐，也合乎食品制造业的发展逻辑。传说豆腐是淮南王发明的。淮南王是一个美食家，他的门客创造出豆腐也是可能的。以豆浆为底料，可制成两类豆制品：一类是点卤制成豆腐（豆腐家族的系列产品有豆腐、豆腐脑、豆腐干、千张、豆筋、腐乳、酱豆腐等）；一类是腐皮制品。煮豆浆时，豆浆中的脂肪和蛋白质不断凝聚成一层薄膜，浮在锅面上，捞起来晾干，就是腐皮或腐竹，营养价值可与奶皮相比。目前中国的豆腐系列食品，已发展到一百多个品种。中国制造豆腐的技术，进一步打开了利用大豆蛋白质的途径，不仅丰富了饮食内容，在开发植物蛋白方面，也是一项重大突破。

中国制豆腐的技术，在唐代鉴真和尚东渡时传到日本，以后在朝鲜和东南亚各国陆续传开。近年西方世界发现他们传统的三高膳食（高蛋白、高脂肪、高热量），过多的动物蛋白和动物脂肪对健康的不利，豆腐和大豆制品在欧美各地正崭露头角，中国的大豆制品，已逐渐普及于全世界，为世界人民的健康和增添美食作出贡献。

（二）饮茶风习的外传

中国是产茶的故乡，现在西双版纳勐海县的巴达山还有一株老茶树，高达三十多米，据鉴定，已有一千七百多年的树龄，这是目前所知世界上最古老的一株茶树。陆羽《茶经》记载，唐代大巴山到巫峡一带有两人合抱的大茶树。唐代见到的这种参天大茶树，始植时间可上溯到三代。古籍对茶叶有“荼”“槚”“茗”“荈”“葭”等异称。我国最早一部类书《尔雅》（成书于汉代）即有茶叶的记载，《尔雅》的内容，是上古以来积累的博物知识的归结，反映了汉代以前的博物知识水平。过去不少注释家都笼统地把“荼”解作单一的苦菜，《尔雅》就有区别，在草部把荼解作苦菜，在木部则把荼解作“槚”，即茶茗。《诗经》中对“荼”亦早有区别：在《谷风》中和荠菜并提的（“谁谓荼苦，其甘如荠”），是指苦菜；在《绵》中和“堇”（乌头，即黄精）并提的（“周原膴膴，堇荼如饴”），当指茶叶。甲骨文“[illegible]”（采）字，像手在灌木尖上采摘，大抵就是受采茶启发而造出来的象意字。《夏小正》记载：夏四月“取荼”，秋七月“时有霖雨，灌荼”，当指春茶和秋茶的采摘和中耕事宜。西周时把茶叶与黄精并提，黄精补血，茶能消滞提神，可能茶叶开头是作为草药的清凉剂饮用。饮茶成为日常风习，最早见于汉代的记载，王褒《僮约》就有“烹荼”“买荼”“担荷”的记载，反映了西汉时西南地区茶已和盐、油、酱、醋一样，成为民间的日用商品。孙吴的一个大臣韦曜参加孙皓的宴会，他不善饮酒，以“茶荈”代酒（见《三国志·吴书·韦曜传》），则说明三国时，饮茶之风，已盛行于长江下游。从东汉到南北朝期间，道教和佛教盛行，这两种宗教都提倡吃素、饮茶，作为养生之道，从而使饮茶的风气逐渐在全国普及。

茶在中华民族的卫生保健事业中，长期以来，起着重要作用。茶叶带碱性，在肌体的酸碱平衡中，是一个重要角色，饱食肉类或油腻食品（肉类和油脂的消化尾产物多带酸性）以后，喝一杯浓茶，使人顿感舒适，中医说茶能“消食”（消滞），是符合科学的。茶叶中含有维生素C和多种微量元素，对调节生理机能，活跃新陈代谢，能起积极作用；茶叶含有少量咖啡因，能提神醒脑，有助于脑力劳动；茶叶含有一定数量的单宁酸，具收敛作用，茶碱又具有一定的抑菌作用，所以能防治肠炎。早在唐代以前，中医就把茶叶与一定的中药配伍，制成防治感冒、下泻、积滞、烦渴和利尿、解酒、提神等的茶叶制剂。直到近代，广东的甘和茶，广西的罗汉果茶，福建的清源茶等，都是防治感冒、肠炎和清热利尿的著名中成药，行销国内外，连西贡、曼谷和新加坡的一些咖啡馆，也兼售甘和茶，至于消暑解渴的柠檬茶，则成了世界各地餐饮业必备的饮料之一。

唐代回纥人用马来交换汉区的茶叶。我国西部和北部一些少数民族用牛奶（或马奶、羊奶）或酥油（奶油）来煮茶，在唐代已盛行，比欧洲人用牛奶兑咖啡或可可作饮料，要早七八个世纪。饮茶的风习，也是唐代开始传到日本和亚洲各国，西亚的饮茶风习，主要是通过我国西北部的少数民族传过去的，以后几个世纪，逐渐传到欧美各地。

唐宋以来，茶叶与丝绸和陶瓷，成了中国三大传统出口产品，直到现在，都仍是这样。进入十七世纪，荷兰及英国先后于印度尼西亚和印度设立“东印度公司”，大量贩运中国茶叶至欧洲，又大量贩运鸦片来中国，谋取暴利。随着欧美饮茶之风盛行，中国茶叶的出口量急剧增长，至光绪十六年（1890），输出茶叶的数量达一百三十四万公担，值银五千二百二十万两（见吴觉农、范和钧《中国茶业问题》万有文库版），占当时中国出口总值的百分之六十。荷、英商人，一面贩运中国茶叶获利，一面在其殖民地广泛种茶，移植中国的茶种和吸收中国的种茶、制茶技术，以争夺世界茶叶市场。在1903年以前，中国茶叶出口，仍执世界牛耳，以后则江河日下，印度、印度尼西亚、锡兰（斯里兰卡）、日本等国茶叶出口纷纷赶上，随着清末和民国的腐败昏庸，我国茶叶的世界市场奄奄一息，直至解放以后，才逐渐回升。近十年发展很快，1989年，产量已达四十多万吨。近十年每年出口平均递增5.7%，现仅次于印度，成为世界第二大茶叶出口国。

中国的茶文化不仅在本土根深叶茂，遍地开花，还在国外落地生根，如日本的“茶道”，英国的“午后茶”等风习，都渊源于中国茶文化的影响，又与中国的茶文化相辉映。由于茶比咖啡、可可更有利于健康，饮茶之风，逐渐为各国人民所欢迎，近代已普及于全世界。

（三）膳食平衡的优良传统和出色的烹调业务走向全世界

早在两千多年前，中国的第一部医典《内经》（成书于战国）就提出了符合营养卫生的膳食原则：“五谷为养，五果为助，五畜为益，五菜为埤（配）……养精益气。”这是世界最早的膳食平衡理论。数千年来，中国人的餐桌，从不缺少瓜菜和各种豆薯及豆薯制品、豆腐制品等副食，这些食物，对肌体提供植物蛋白，不饱和脂肪酸，多种维生素，矿物质，微量元素和植物纤维，对保证蛋白质吸收合理分量，保证酸碱平衡，保证肠胃的正常运转和调整多种生理功能，都起着重要作用。春秋战国的时候，讲究美食的孔丘和吕不韦，都主张吃肉要有节制。孔丘说："肉虽多，不使胜食气。"吕不韦说"肥肉厚酒"，是"烂肠之食"。这些论见，都是符合营养卫生知识的。中国膳食平衡的优良传统，数千年来，为中华民族的健康繁衍，起着积极作用。今天那些素有三高膳食传统的国家的高发病，如肥胖症、直肠癌、膀胱癌、心血管疾病和过早衰老等，在中国的发病率都较低，世界医学界和卫生家都公认，这与中国膳食平衡的民族传统有关。中国人民的饮食结构，已成了当前世界的营养卫生家研究和借鉴的重要课题。

中国有着源远流长的烹调传统，早在春秋战国之世，已有比较系统的烹调理论，有关烹调的各个方面的经验，从选择屠宰对象、烹调与时令、主副食搭配、刀功、调味与火候等，都已总结出一套经验。历代都涌现不少出色的厨师，各类食谱和食物制作典籍，也十分丰富，有的已翻译成外国文字，流传于域外，如北魏贾思勰的《齐民要术》，保存着我国古代许多食料生产、食品制造和烹调技艺等宝贵内容，为世界所瞩目，早已被译成多种文字出版，成为畅销的世界名著。

近千年来，中国又逐渐形成了七大菜系：苏系、粤系、川系、鲁系、素食系、清真系、食疗系（细分当然不止此数）。全国数以千计的城镇，又各自拥有地方特色的美食。无数外国朋友来中国旅游，都以能尝到正宗的中国各类美食为人生的莫大乐趣。中国的美食、美景和丰富悠久的历史文物，已形成了旅游业的三大优势，吸引着五大洲的游客。

中国菜漂洋过海，也已有几个世纪。中国烹调知识、烹调技术和烹调美学，丰富了世界文化宝库，目前已有数万家中国菜馆，遍布于世界各个角落。这些都体现着我国烹调技艺的累累硕果。中国被世界人民称为烹调王国，这不是中国人的味蕾有天生的特异功能，而是因为有独特而深厚的烹调文化传统。

（四）食疗学为世界保健事业开辟了新途径

食疗学，是建立在中医营养卫生理论基础上的一门专门学科，食疗学与针灸学、本草学，成了中医学突出的三大成就，都在《内经》中有所体现。《内经》是三代医学的结晶，是世界古代直观医学的一部卓越医典。《内经》提倡"不治已病治未病"，成了预防医学的鼻祖。《内经》总结了保健的三大途径，其一曰："阴阳四时者，万物之终始也，死生之本也，逆之则灾害生，顺之则奇疾不起，是谓得道"（卷二）；其二曰："五谷为养，五果为助，五畜为益，五菜为埤（配），……以养精益气"（同上）；其三曰："百病生于气也，怒则气上，喜则气缓，悲则气消，恐则气下，寒则气收聚，炅（音桂、热也）则腠（音粗，即体表）理开气泄，忧则气乱，劳则气耗，思则气结，九气不同（郁），何病之生？"（同上）。这三段话的意思，就是一要使肌体与生物圈的自然变化相适应；二要膳食平衡；三要使自已处于和谐的人际生活中，情绪经常保持镇定和乐观。这三者，都是根本的养生之道，就是要保持机体与外界物质交换的优质平衡和情感与社会关系的协调，可见当时已能把养生经验提到理论上来总结。在这个基础上，又总结出中医治疗的一条根本方针："毒药（重剂量的药）攻邪，五谷为养，五果为助，五畜为益，五菜为埤（配），气味合而服之，以养精益气"（同上），就是对付疾病，要用药物重点进攻和营养培元相结合，也就是"三分治疗七分养"的方针。保证适宜的营养，加强免疫力，调动自身的自然疗能，结合药物的重点进攻，把保证全面和处理局部有机地结合起来，这是一个科学治疗方针，是中国古代医学的一个重要遗产。

食疗学除了要懂得生理病理知识，还要掌握食疗物品的性能，在这方面，三代已有颇高的认识：“凡药以酸养骨，以辛养筋，以咸养脉，以苦养气，以甘养肉，以滑养窍。”（《周礼·天官冢宰·疡医》）现代医学告诉我们：酸能帮助食物中钙质的溶解，以补充骨骼所需的钙，所以酸能“养骨”；辛烈的东西能兴奋神经系统和提高血压，所以对于体弱和血压低的人，辛就能“养筋”；咸能补充血液里盐分的浓度，尤其是夏天，能使患中暑流汗过多处于虚脱状态的人脉搏稳定下来，所以咸能“养脉”；苦的东西多是清凉剂，中医认为清凉剂能去湿热，清肺气，所以苦能“养气”；甘的东西主要是糖类，多存在于谷类和杂粮淀粉中，多吃能使人胖起来，所以甘能“养肉”；滑的东西如蜂蜜、果瓤等，能润肠利尿，所以滑能“养窍”。

《内经》还留传下来一些具体的食疗方剂，有的沿用至今。与《内经》同样古老的《山海经》（成书于战国，《山海经》是一本记载我国上古关于地理、民俗、神话、物产等的博物集子），亦留下不少食疗内容，该书记载着食疗物品近百条，还有一些食忌的记录，剔除《山海经》中那些神秘荒诞的描写，辨清所记的对象，加以化验筛选，当能打开三代一个被淹没的食疗宝库。

我国最早一部药典《神农本草经》，成书于秦汉，反映了三代以来的药学水平，该书收录药物三百六十五种，现在常用的滋补药物如人参、鹿茸、狗鞭、石龙子、灵芝、黄芪、杜仲、巴戟、贝母、石斛、当归等；消炎去瘀通窍药物如麝香、牛黄、熊胆、犀角等都已具备。三代常用的调味品甘草、蜂蜜、梅子、陈皮、紫苏、姜、蓼、葱、荠等都已入药。《神农本草经》还列有阿胶和白胶（鹿角胶），可见这两种补药的泡制，已有二千多年的历史。

食疗菜系又称“药膳”，是以各类中药与含有各种营养成分的肉类配伍制成的菜肴或汤类，尤以炖品为多。食疗菜在封建帝王的御膳房中，一直有专职厨师掌理。在民间则包含在各菜系中。专业的食疗饭馆，过去只是稀疏出现，主要是近年发展起来的。目前食疗已跨出饭菜的范围，在点心和饮料领域大显神通。随着预防医学的发展和人们对饮食保健的重视，食疗学不仅在中国饮食文化中异军突起，也为世界卫生家和餐饮业所青睐，仅东京近年就有三十多家药膳馆开张。据统计，美国目前已有一万一千多家中药销售点和中药保健食品供销点，每年销售总额达十六亿美元以上，而药膳在其中占了很大比重。法国的“哈姆茶”，就是中药紫苏叶沏的茶，原配方见于晋代《肘后方》。意大利盛行的“大黄酒”，原配方见于唐代孙思邈的《千金方》，它由十多味中药调配制成，这种酒饭前开胃，饭后消滞，次日通肠，它吸引了无数欧洲的旅游者。食疗学的发展，正方兴未艾。

（五）独领风骚数千年的陶瓷餐具

人类曾运用多种原料制造餐饮器具，如竹木、玉石、象牙、水晶、琉璃、银器、髹漆、青铜、陶瓷等，近代更有搪瓷制品、铝制品、不锈钢和塑料制品等。以玉石、象牙、水晶、琉璃、髹漆、青铜、白银为原料的餐饮器具，价钱昂贵，仅是古代的少数贵族能使用，而玉石、水晶、白银等都太重，使用不便；青铜除了笨重，还含铅，对健康不利，而且传热快，熨手烫嘴，又易氧化，洗涤也不便，髹漆既含铅，又不耐高热；琉璃遇高热易炸裂，都不是理想的餐饮器具。竹木餐具容易制造，价钱便宜，但不耐用，不易洗涤消毒，主要是古代的穷苦人民使用。只有陶瓷器具在饮食文化中最富生命力。陶瓷餐饮器具不易传热，比较轻便，又容易洗涤，所以自古以来最受欢迎。

中国的制陶业，已有八九千年以上的历史，在悠久的制陶业基础上，我们的祖先发明了制瓷业，对世界是一大贡献。瓷器的制造，要具备原料、釉料和火候三个特定条件。原料应是白膏泥（高岭土）作坯，釉料应是矿物釉（长石釉或石英釉），火候应达到1300℃—1400℃。它是从长期的制陶经验中摸索出来的。近年在江西清江吴城遗址（属商代中期）发现两座商代龙窑，这是迄今为止我国发现最早的龙窑，龙窑能烧制高温、大型、精美的陶瓷，那两座窑址附近的商代墓葬中，发现不少高岭土制的瓷片，烧成温度已达1200℃，可见商代中期已出现原始瓷。到了西周，原始瓷的生产已逐渐普及，在陕西岐山、长安，河南浚县、洛阳，江苏丹徒和安徽屯溪等地，都出土高岭土烧制的原始瓷，釉色有淡黄、青绿、青灰等，器物有簋、罍、豆、罐、盂、碗、尊、盘等。到了汉代，青瓷餐饮器已逐渐普及，以后逐渐取代了竹木器、粗陶和漆器，成了大宗日用商品，并有大量出口。自汉代以来，“丝绸之路”和“陶瓷之路”，已成了中西交通的代名词。在中世纪，中国瓷器输出到西方时，曾和金子一样贵，只供西方各国的宫廷和贵族享用。自唐宋以后，中国日用瓷器（主要是饮食器具，如碗、碟、杯、盘之类）大宗输出，逐渐普及于亚洲和欧美各国，深受各国人民欢迎。

中国的瓷制餐饮器具，花色品种丰富多彩，不仅富有实用价值，还富有鉴赏价值，在各种餐饮宴席场合，对美化饮食气氛，增添生活的韵味，都起着良好作用，成了世界饮食文化的一个重要组成部分。

二、中国人民长期吸收、消化了不少国外饮食文化

中国人民也善于吸收、消化外国优良的饮食文化。在历史的长河中，也大体可以归纳出五大项目：

（一）吸收阿拉伯人的高脚桌椅，结束了席地坐食的习惯

汉代以前，中国人进食，都用矮案承载菜盘和茶酒，人则席地而坐，和今天日本人的坐式一样。随着中西交往的频繁，阿拉伯世界的高脚桌椅开始受中国人的青睐，《晋书·五行志》记载，西晋的贵族“相尚用胡床貊槃……吉祥嘉会，皆以为光”。“胡床”是高脚桌椅的统称，这段记载说明，西晋时，阿拉伯的高脚桌椅成了中国贵族社会的时尚家具，可见当时是输入不久的舶来品。以后高脚桌椅逐渐改变了中国人进餐和饮茶的坐式。到了封建后期和近代，经过改进的多姿多彩的中国式红木桌椅和酸枝桌椅，还是高贵的出口家具，成了西方不少王宫和富人客厅中的尤物。可见中国人不仅善于吸收先进的外国文化，而且改良后以具有中国文化韵味的产品反馈于国外而备受青睐。近代仿制欧美的“沙发”，样式千姿百态，也很受外商欢迎。各类雅致的“沙发”和红木家具，按照各种餐厅和客厅摆设的成套设计，十分协调雅观，增添了室内聚会和餐饮的无限韵味。这类融合中外文化神韵的客厅和餐厅的精美摆设，不仅在中国到处可见，在世界各地也都能见到。

（二）佛教传入促进了素食菜系的形成和发展

中国人吃素菜历史悠久，先秦时期，人们在祭祀或遇到日月蚀，或遭重大天灾等，都

有“斋戒”的习惯。但作为一个菜系，则是在汉代以后，道教和佛教盛行时逐渐形成。道教的养生之道，主张人们多吃鲜蔬野果，花蕊茶茗。但道教不戒肉食，没形成自己独特的教餐。佛教则全吃素食，信佛的有贵族，有平民，寺院菜有粗有细，菜式逐渐繁多，就形成了一个素菜系。南北朝时佛教最盛行，北魏都城洛阳，有十万九千余户，人口五六十万，就拥有佛寺一千三百多所。南梁都城建康（今南京），亦有寺院五百余所，拥有僧尼十余万人。隋唐以后，佛教稍衰，唐代的长安城，仍拥有一百多座寺院，全国的佛寺，就不计其数了。宋、元、明、清各代，佛寺和唐代相差不多，可见一千多年来，素菜多拥有颇为可观的群众基础。随着素食在社会上盛行，在一些饮食著作中，就出现介绍素菜做法的专章，北魏贾思勰的《齐民要术》，就特辟“素食”专辑，介绍了十一种素食做法。到了宋代，出现了专门的素食店，吴自牧在《梦粱录》中，就收集了临安（今杭州）市面上素食店的素菜36款，素糕点26种。宋代还出现介绍素食的专书，如林洪的《山家清供》和陈达叟的《本心斋蔬食谱》，前者着重介绍素菜，后者全部介绍素菜，都反映了素菜的发展情况和社会需要。中国地大物博，素菜原料十分丰富，也使素菜大有用武之地。尤其是中国的豆腐制品，成了素菜的重要原料，许多名山大刹，都有驰名中外的斋菜，其中的豆腐，成了食客交口称赞的美食，如泰山斗姆宫附近的饭馆，杭州的灵隐寺，成都的宝光寺，广东鼎湖山的庆云寺等，都有出色的寺院菜，尤以烹制豆腐最为拿手。长期以来，素食不仅普及于民间，还进入宫廷，清王朝的御膳房，就专设有“素局”，拥有专职素菜厨师二十多人，近代各大城市，都有一些素食馆，如上海的功德林，广州的菜根香等，都是很著名的。为适应社会需要，许多饭馆都备有若干款素菜，供顾客选择。素菜富含多种矿物质、维生素、微量元素和粗纤维等，对平衡膳食，保证消化系统的正常功能，都起着重要作用，已为越来越多的人所重视。中国的素菜，大有发展前途。

（三）伊斯兰教传入，促进了清真菜系的形成和发展

清真菜是随着伊斯兰教的传入盛行起来的。在伊斯兰教传入之前，我国西北地区的一些少数民族如羌族、维吾尔族等，已擅长做牛羊菜。伊斯兰教最早由阿拉伯人（大食国）于隋代开始传入中国，阿拉伯人精通天文和航海术，他们多从海路取道波斯、印度、东南亚来广州。隋代从海路来中国传播伊斯兰教的第一批阿訇有四人，称为穆罕默德的四大弟子，第一弟子苑葛素落脚广州，其余三人落脚泉州、扬州、杭州。广州的怀圣寺和光塔也是这时建立，光塔是我国最早的伊斯兰教寺庙之一，隋唐时代，光塔所在的坡山古渡头（今广州维新路一带）是珠江码头，每年来广州的阿拉伯商船很多，光塔既是灯塔（夜间在塔顶点灯导航），又是教徒每晨集中祈祷的地方。苑葛素死后葬于广州兰圃，他的墓茔现在仍保存完好。现在广州、海南和泉州等地，仍有一些早已汉化的阿拉伯人后裔的社区，海南三亚的波斯村，又称番村或回回村，就是隋唐以来移居中国的阿拉伯人的传统聚居地之一。伊斯兰教从陆路传入的是西北地区，唐代大量阿拉伯人集居于西安和银川等地，元代又有大批阿拉伯人东来，大量入籍中国，同汉、蒙、畏兀尔等族，长期杂居相处，互通婚姻，逐渐交融，开始形成一个新的民族——回族。回民散居于全国许多城镇，大多经营饮食业。清真菜系以牛羊菜为主，伊斯兰教规禁食猪、狗、马、驴、骡和无鳞鱼。南方的清真饭店菜目中，鸡、鸭、鹅的比重很大，鸡、鸭、鹅菜的做法，多受南方各菜系的影响。清真系继承了中国古代西北和东北游牧民族做菜的优良传统，名馔有全羊席

和烤全羊。其它菜式如涮羊肉、油爆或水爆肚仁、散丹（牛或羊百叶）、烤羊肉（羊肉片调好味、围着火炉现烤现吃）、羊肉抓饭等，走街串巷的烤羊肉串，也是这一菜系的著名美食。清真系的小吃和糕点也很有名，北方清真饮食店的羊肉水饺、羊肉泡馍、牛（羊）杂汤和黄米豆沙软糕、黄米枣糕、芝麻烧饼等，都很有特色。南方清真饮食店的糕点，以萨奇马、蛋馓、蛋糕、核桃酥等著名，其它糕点则多仿制南方各菜系。

（四）印第安人培植的玉米，成了中国旱地农业的大宗作物

印第安人培植的玉米，对世界是一大贡献。玉米是一种成本低廉的耐旱高产作物，既可作粮食，又可作精饲料或加工产出高级植物油，用途很广。玉米于明代经华侨传入中国，逐渐从南到北、从东到西普遍种植，在黄河流域，玉米与麦子、高粱、小米并驾齐驱，最后与小麦形成了我国旱地的两大高产粮食作物。玉米对土壤和气候适应性较强，在海拔三千多米的高寒山区仍能生长，几个世纪以来，已成为我国西部和北部许多少数民族地区的主粮。新中国成立以前，华北、西北和东北一部分地区，玉米也是主粮。新中国成立以后，尤其是近十多年，随着粮食的增产，在东北和华北平原的玉米高产地区，大批商品玉米提供作精饲料，转化成肉类，对我国农业区的肉食增产，起着重要作用。玉米油作为高级保健食油之一，随着我国人民从温饱到小康生活的过渡，需要量亦越来越多。玉米粉又可作为点心的配料，还可以制成多种膨化美食，玉米在中国人民的日常生活中已成了一个重要角色。

（五）可可和咖啡丰富了中国的食品制造业

可可和咖啡是近代输入中国的，这两种饮料没能改变中国人饮茶的民族传统，仅在一些城镇的甜食店中作为增添项目。专营的咖啡馆过去只在沿海的大城市中稀疏出现，近年才在全国的城镇中有一定数量的发展。但可可和咖啡在中国的食品制造业中却充当了重要角色，大大丰富了中国的饼干、点心、糖果和冰激凌等的花色品种，增添了这些食品的美味，受到中国人民的普遍欢迎。

三、中国的开放岁月和层出不穷的中外物产交流

从汉代到唐代，中国一直是对外开放的。汉代开通的丝绸之路，张骞和班超的先后出使西域，晋代法显远涉印度、锡兰一带取经等事迹，是人们所熟知的。十六国和南北朝时期，中国虽处于战乱频仍的状态，对外交往仍没中断，在中原地区，氐人苻坚的前秦政权强盛时，曾有六十二国来朝（见《晋书·苻坚传》）。北魏时期，与西亚各国都有信使往来，京都洛阳曾居住一万多家外国商贾。当时洛阳最大的永明寺，拥有寺僧三千多人，有不少外国僧众，还有远自罗马东来皈依的僧人。

东南地区，自汉代以来，也开辟了一条海上陶瓷之路，1974—1975年，广东省博物馆两次在南海诸岛调查发掘，在西沙群岛的许多礁盘上发现古代沉船遗物，大多是陶瓷器，有的礁盘上陶瓷片俯拾即是。在西沙北礁还发现四百多斤铜钱和一些铜、铅、锌锭及铜镜等。铜钱从秦半两到明代永乐通宝，共有五十多种。陶瓷运输取道海路比陆路方便，可见从秦汉以来，中国陶瓷出口主要是取道海路。三国时，孙吴政权与东亚至西亚各国都有贸

易往来，孙吴的船队，经常来往于中国沿海和印度洋东部各国之间，到孙吴政权灭亡时，仍拥有舰船五千多艘。东晋和南朝的政权，仍保持着孙吴时期海上贸易的规模，还略有发展。

到了唐代，中国与外部世界的水陆交往，都空前畅通。唐代还在广州开始设立市舶司，专门管理海上贸易，以后随着经济中心南移，海路跃居对外交往的主要地位。唐代中外信使往来和与各国的经济文化交往都空前频繁。唐僧到西方取经和鉴真东渡日本，则成了妇孺皆知的中外文化交流的盛举。

宋代由于西北地区崛起辽、金势力，陆路被阻断，但海上贸易继续有所发展。元代又是水陆两路畅通，中外商旅往来，络绎不绝，又一次呈现大开放的局面。明代的永乐年间和清代的康乾之世，开放都气势不凡。永乐年间郑和率领庞大的舰队七下西洋，在世界航海史上写下了光辉的一页。虽然宋、元、明、清时期，由于统治者害怕沿海的农民和渔民起义，或边防告警（如倭患），或官府企图垄断对外贸易等原因，在一定时期曾实行海禁，历次海禁对中外经济文化交流，当然产生一些消极影响，但民间交往从未被禁绝。

鸦片战争以后，中国是被卡着脖子的开放海关，主权旁落，民族工业遭受摧残，帝国主义的政治、经济、文化侵略接踵而至，国运不绝如缕，激起了中国人民一次又一次的反帝反封建斗争，震撼着全世界。这段时间，中国人民与各国人民之间自发的经济文化交流仍在发展。

新中国成立以后，由于帝国主义的封锁和禁运，我们被迫闭关建设，但与第三世界的交往从没中断。即使在20世纪50年代，美帝张牙舞爪的禁运，我们仍可以通过第三国的商船，用五吨虾兑换一吨钢材的高昂代价，去换取建设物资，咬紧牙关，艰苦建国。可见从来没有绝对的闭关锁国。十年动乱，关门内讧，错失了改革开放良机，粉碎了林彪、四人帮两个反革命集团，中国各族人民，又高举振兴中华的旗帜，在中国共产党领导下，万众一心，紧握经济建设的缰绳，坚持改革开放和四项基本原则，今天中国人民已进入完全自主的全方位开放时期，开放的规模和深度，都是空前的。

历史上频繁的中外交往，在饮食文化上也使中外互相吸收了不少有益的东西，如胡荽（芫茜）、紫葱（洋葱）、茉莉花等，均非中国原产，移植过来以后，很快在全国普遍种植，直到现在，都是中国人民餐桌的常菜和制花茶的优良花种。魏晋至隋唐的贵族，以水晶砵、玛瑙盘、琉璃碗、赤玉杯、犀角筷子等为时尚餐饮器具，这些大都是舶来品。尤其是西亚一带传入的“胡床”“胡椅”，还改变了中国人民的饮食方式。差不多同时，中国的筷子传到日本，结束了日本人用手抓饭吃的历史。中国的陶瓷餐饮器具，更为世界各国人民所欢迎，可见先进文化的传播，是没有国家或民族界限的。近四五百年以来，美洲的玉米，已成了中国旱地的重要作物；中国的大豆，亦在美国大规模种植。中国的甜橙移植美国，猕猴桃移植新西兰，经他们精心培育，改良品质，已成了世界著名水果。东南亚特产的胡椒，也成了中国人民几乎每饭不离的调味品。胡椒难于移植，历代都从水陆两路大宗进口，近代才在海南和西双版纳移植成功。中国特产的酱料、大豆制品和蔗糖等，几个世纪以来，都是大量供应东亚和东南亚以至西亚的市场。中国的茶叶，则大宗输往欧美和非洲、澳洲等地。中国创制的咸蛋、皮蛋和豆芽菜等，也早已进入许多国家的人民的餐桌。近代，外国输入的咖啡和可可，也大大丰富了中国的食品制造业。长期以来，数万家中国饭馆，遍布于世界各地，吃中国菜，已成了世界人民生活的组成部分。

新中国成立以来，从国外引进了不少动、植物优良品种，大大改变了中国养殖业和种植业的面貌。如荷兰的奶牛，英国的约克、盘克种猪等，已在全国各地繁殖开来。改革开放以来，十多年间，养殖业和种植业引进的优良品种，在中国历史上是空前的，如美国王鸽落户中山，火鸡落户北京，AA鸡落户广东，日本白鸡、法国珍珠鸡落户广东，英国樱桃谷旱鸭落户山西和广东，澳洲鸵鸟落户广州，亚马逊河淡水白鲳和加州鲈鱼落户广东，美国和日本的扇贝落户渤海湾，美国虹鳟鱼落户东北和西北各省，东南亚的罗氏沼虾落户闽粤，古巴牛蛙落户湖南，泰国大种鲮鱼、埃及胡子鲶（俗名大种塘虱）和罗非鱼落户广东等。上述的许多品种，已逐渐越出了原来落户的基地，在许多省区繁殖开来。种植业方面，近年引进的优良品种也不少，如美国、法国、日本、新西兰等国的包心玻璃生菜，纤维脆嫩的绿芹，紫甘蓝绿菜花等优质蔬菜，已在广东、福建、北京等地大面积种植。优质水果如吕宋芒果、美国蜜瓜、南美西番莲、南洋甜杨桃等，已在广东、福建、兰州等地种植。这些优质品种，都大受中国人民欢迎。

中国也有许多良种输出，如北京鸭落户土耳其、法国和日本，象山白鹅和高鹤黑鬃鹅落户日本和东南亚各国；西北文冠果（油栗树）落户朝鲜，广东的芥蓝和菜心落户古巴，北京大白菜落户欧洲，中国茶树和稻种落户非洲等，形成了中外物种和特产交流的一个高峰。近年独联体一些国家，还用劳务进口的方式，招募大批中国的种菜、种果能手，帮助他们开拓各该地区的种植业。最近人们发现云南是咖啡的最佳生长地，世界著名的麦氏和雀巢咖啡公司相继到云南开辟原料基地。云南省糖烟酒公司大力支持当地农民企业家大规模开辟咖啡种植基地，近年东南亚、欧洲和独联体的许多国家，都纷纷来订货。

近年美国的麦当劳快餐店和肯德基家乡鸡、日本的牛肉盖浇饭等快餐店，亦在北京、上海、广州等城市不断出现，与中国饭馆在世界各地经营相辉映。天津的“狗不理”包子店亦将在旧金山、东京、汉城、新加坡等地开业。这些都谱成了中外饮食文化交流的一首首协奏曲，也表现着中外饮食业竞争的空前活跃。

四、须要订正的若干误传

中国自古以农立国，是世界上最大的农作物起源中心。中国人民在开拓食料资源方面，无论种植业的粮、油、果、菜、茶、糖和调味品等各生产领域，养殖业的禽、畜、水产、爬虫（如龟、蛇等）等许多品种的繁殖，都走在世界前列，园艺业尤为突出，劳动人民培植出无数优质的粮食作物、蔬菜和水果、坚果等，丰富了世界人民的饮食领域。中国是小米、大米、大豆、芋艿、甘薯、莲藕、板栗、榛子、茶叶、柑、橙、猕猴桃、芒果、枇杷、荔枝、龙眼、桃、李、梅、杏、枣、梨、山楂、甘蔗等的故乡，这些都有出土的物证或古籍的记载，是彰彰可考的。

但有若干误传，一直以讹传讹，亟须订正。这些误传，大体有三种情况。

一种是望文生义导引出来的讹传。最典型的是对栗子原产地的想当然之论，有人在某晚报撰文说，栗子原产于地中海，栗字从西从木，意即西方的果木。其实，早在五六十万年前的北京人遗址中，就有炭化的朴树籽和栗子的遗存，六七千年前的半坡新石器遗址中，也出土炭化的栗子，与炭化的榛子、松子、朴树籽等共存。甲骨文栗字作“[illegible]”，是个象形字，从西从木的“栗”字是后来的讹变。《诗经》中已记载周代栗树的人工培植。周口店附近的良乡，自古以来就是华北盛产栗子的著名基地。中国华北和西部各省区，以至五岭周围，原来都产栗子。

有的是因有“胡”字作词头讹传下来。如蚕豆因有“胡豆”之名而误认为是从西亚传入。近年考古发掘证明，早在五千多年前新石器时代的钱三漾遗址，已出土碳化的蚕豆。在《山海经》中，蚕豆称“虋”，晋代郭璞注云：虋即虎豆。盖因蚕豆像简笔的侧面虎头之形而得名。虎与胡音近，因而讹传下来。芝麻则因古代西北地区维吾尔等族喜用芝麻做烧饼，内地称胡饼而误称芝麻为“胡麻”。芝麻也出土于钱三漾遗址，可见芝麻和蚕豆的原产地是在长江下游。

另一种情况是传入良种繁殖开来，掩盖了该物种的中国原产地。如花生、甘薯、大蒜、西红柿、苦瓜和占米、凉菜、豌豆等，都属于这一类。

有的书刊认为花生是明代才输入的。然而，钱三漾遗址就有碳化的花生出土。湖南石门县一个商代遗址，又发现花生化石，可见花生也是中国的原生作物，早在数千年前，已出现于长江中下游，花生的栽培，并不比稻米复杂。

有的书刊认为，甘薯也是明代才输入中国的作物。可是，早在一千五百年前，贾思勰就有明确记述：“藷（甘薯），根似芋，可食。”他还引《南方草木状》加以说明：“甘藷，二月种，至十月乃成根，大如鹅卵，小者如鸭卵，掘食（掘出来即可生食）、蒸食，其味甘甜。”又引《导物志》曰：“甘藷似芋，亦有巨魁。剥去皮，肌肉正白如脂肪，南人专食，以当米谷。蒸炙皆香美，宾客酒食亦施设，有如果实也。”这两段话，把甘薯的产地、种植和收获季节，性状和食法都说得很清楚，可见甘薯是我国长江以南的原生作物。它和花生一样，在中国栽种悠久，但在明代引进良种以后，则广为种植。在“薯”字之前冠个“番”字，更助长了这种误传。

大蒜，人们习惯于按传说认为是张骞通西域时移植过来的。然而，中国第一部农书《夏小正》就已有大蒜的记载：“十有二月……纳卵蒜。”这是王室地窖收藏大蒜（蒜大如卵）的记载。《山海经·南山经》记载中国南部的“招摇之山”，有一种名为“祝余”的草本植物：“其状如韭而青华（花），其名曰祝余，食之不饥。”这大概就是指蒜心。《尔雅》则称蒜为“蒚”。王褒《僮约》亦有“园中拔蒜”的记载。可见我国培植大蒜，最少已有四千多年的历史，古文献亦不乏关于大蒜的记载。

过去都认为西红柿（番茄）是一百多年前从外国传入的，所以在“茄”字之前加个“番”字。近年在成都凤凰山一座汉墓中出土番茄种籽，在地下埋藏了二千多年，经过培植，还能萌芽苗株，证明确是番茄。可见番茄也是中国的原生浆果。扬雄的《蜀都赋》和《反离骚》中所称的“茄”，是否指这种作物，很值得园艺史家去探究。

人们又传说苦瓜是数世纪前从南洋输入，而《诗经》中就有苦瓜的记载（《豳风·东山》：“有敦瓜苦。”）。

广东是外国良种输入最早最多的地区，良种繁殖开来后发生的误会更多。宋代输入的良种籼米“占城稻”，在岭南繁殖起来，风行数世纪，广东人竟把所有籼米都通称为“占米”，其实占米仅是籼米中的一种。

广东人习惯于把凉菜称“西洋菜”，把豌豆称“荷兰豆”。按凉菜是中国原生的水生蔬菜，现在华北一些沼泽和水田中，还能找到野生的。先秦古籍如《诗经》《左传》等，都常提到古人常用来做菜羹的“苹”，有的注释家注为浮萍不确。苹可能就指凉菜，浮萍带苦涩味，自古以来都是猪饲料，凉菜清香脆嫩，吃起来爽滑清润，是做羹汤的好料。豌豆苗在《诗经》中称“薇”，用豆苗做的菜羹则称为“藿”。可见中国人吃豌豆已有三千年以上的历史。当然不排除近数世纪岭南曾从西方输入凉菜种子和从荷兰输入豌豆种。

第三种情况是中国物种外传，经改良品质后名燥于世，因而掩盖了它们的原产地，如橙子、猕猴桃、芒果、枇杷等，就属于这一类。

橙子原产于岭南，新中国成立后在广西贵县罗泊湾一号汉墓中，就出土橙子的籽实，可见橙子在汉代已是岭南佳果，贵族死后仍在墓中供奉。橙子传到四川，称为“广柑”，传到美国，经过改良的“金山橙”，近百年来，名燥于全世界。猕猴桃原产于中国长江以南，《夏小正》记载的“杝桃”即猕猴桃，古时又称山桃，今天长江以南都有很多野生的。近代传到新西兰，经过改良，亦名燥于世。

芒果和枇杷的故乡都在中国，甲骨文已有“[illegible]”（杧，即芒）字，今天西双版纳仍有野生的芒果树。汉晋的史书都称枇杷为“卢橘”，今天岭南一些农村的方言仍称枇杷为“卢橘”。英文称芒果为“mango”，称枇杷为“loquat”（卢橘），都是从汉语翻译过去的。今天的吕宋芒、印度芒和加州枇杷都驰名于世。近年这些改良的良种又反馈于中国，我们应加强农业科技，急起直追，改良品种，为世界饮食文化作出应有贡献。

（原文载于《海交史研究》1993年第1期）

石湾陶瓷的源流、特色和历史地位

林乃燊　邹　华　石　稳

1976年，中山大学历史系部分师生受石湾镇委的委托，与佛山博物馆、石湾陶瓷研究所的同志一起，对石湾附近的贝丘遗址和古窑址进行了初步调查[①]；对河宕旧圩（位于大帽岗东）的贝丘遗址进行了重点试掘。1977年冬至1978年春，广东省博物馆和佛山市博物馆，又联合对河宕旧圩遗址进行了发掘，在这个遗址的约一万平方米的面积内，发掘了七百五十平方米，清理了七十七座原始社会墓葬，出土陶片共约三万片[②]。这些调查和发掘，提供了有关石湾陶瓷历史的可靠资料。

一、古老的陶瓷基地

石湾陶瓷的起源　石湾镇在佛山市西南郊，离市区六公里。目前石湾镇的行政区域和陶瓷生产重心（即厂房范围），位于沿石湾江（即东平河）东北岸，大帽岗以西，海口以东，澜石以北约二平方公里的一片狭长地带。但作为陶瓷生产基地，石湾最少有两条明显的历史脉络联系着南海县的两个地方，即西南的西樵山和西北的奇石（属小塘公社）。以大帽岗为起点，到西樵山和奇石各约十五公里，形成了一个约略的等腰三角形。此外，唐宋时期，南海县北部的官窑和东部的皇帝岗（即今广州西村）也与石湾的生产有关联。

石湾陶瓷的起源最早是在西南线。西樵山是珠江三角洲久已升起来的一座死火山，海拔五百米。远古时候，从西樵山到大帽岗，形成了一片断断续续的丘陵和缓坡台地，附近有浅海、沼泽、土洲群和西、北江夺路出海的很多支流和港汊。这是古代良好的渔猎和耕作环境。新中国成立后，在西樵山周围曾发现二十处原始社会遗址，包括一万多年前的旧石器晚期到三四千年前的新石器晚期的延续时间。这些遗址，大体可分为早晚两期。早期遗址出土物是一些打制的石片石器、石核石器等，第二步加工不明显，有的有使用痕迹。后来，打制技术比以前进步，器形也比较复杂，出现磨制石器和陶片。晚期就是以磨光石器与几何印纹陶器共存的文化遗址为特征[③]。西樵山的新石器晚期遗址，属于岭南地区（包括粤北的“石峡文化”）约五千至三千年前的新石器时代晚期。1976年，我们在石湾大帽岗东边山脚下，在不到一公里的范围内，发现六七处新石器时期的贝丘遗址。这就是石湾历史黎明期的地下物证。从旧圩贝丘遗址来看，这是大帽岗东缘的一块缓坡台地，它的东面和东南面现在是一片低洼的农田和鱼塘，间杂着一些小山丘。近几年搞农田基本建设，挖出的泥土，夹杂着大量的枯木、贝壳、植物的根叶以及鱼类和兽类遗骨等，说明古

① 佛山市博物馆：《广东石湾古窑址调查》，见《考古》1978年第3期。

② 据杨式挺、陈志杰整理的发掘报告（未刊稿）。

③ 广东省博物馆：《广东南海西樵山出土的石器》，见《考古学报》1959年第4期。

代这一带气候温暖，土地肥沃，适于人类生活。遗址中有砍伐器、双肩石斧、石锛等开荒工具和大量陶器及窑穴，反映了当时这里的经济生活是以定居的原始锄耕农业为主。出土的猪骨头，经中山大学地质系王将克同志作生物鉴定，属于家猪，一般重七八十斤，说明当时具有较好的驯养家畜能力。但从石镞、网坠、鱼骨、兽骨和大量食后弃置的贝类、螺蛳等遗壳的存在，表明渔猎经济仍占很大比重，当时仍未过渡到完全的农业经济。旧圩遗址出土的双肩石斧，所用的石器原料是燧石，石料质地与西樵山发现的半打制石料相同，器形亦极其相似。可见，石湾的原始聚落的活动，和当时西樵山的石器加工有一定联系，至少可以说明当时活动范围的广阔。

河宕旧圩遗址的文化堆积，自上而下，可分为三层：上层为唐宋至近代的遗物和墓葬，下层和中层为同一种新石器文化的两个相续阶段的遗存。经考古研究所碳14测定：中层用人骨测定的年代为距今3600—3800年，树轮校正为3900—4200年；下层用贝壳测定的年代为距今4900—5000年，树轮校正为5500—5700年[①]。从遗存下来的大量石器、骨器、网坠、纺轮、陶器碎片中，我们可以看到当时的手工业制作已具有一定的水平。

陶器制作，远比石器、骨器复杂。制陶是人类用物理和化学的方法，改变和加强天然物质的性能和形式，来为人类服务的一项重大成就。陶器制作，是石湾最早的复杂手工活动之一，它在新石器时代已经开始了。石湾原始陶器的出现与农业的发展有密切关系，农业灌溉需要陶制的盆罐，定居生活给制作大量陶器提供了客观条件。石湾陶器制作随着以农业为主的定居生活而出现，同时它又使定居生活逐渐稳固下来。旧圩遗址大量出土的陶器碎片，可分为泥质陶和夹砂陶两大类。泥质陶分为印纹软陶、印纹硬陶、素面磨光陶、彩陶、白陶、灰陶等多种；夹砂陶分为夹粗砂和夹细砂两种。夹砂陶多是黑色、深灰色和红褐色。旧圩遗址的软陶和硬陶，经石湾陶瓷研究所卢广同志鉴别：前者一般未烧结，吸水率较高，火候在八百摄氏度至一千摄氏度；后者烧结好，吸水率低（现代标准少于百分之五），火候在一千一百摄氏度以上。这时候，石湾人民已根据各种器物的用途不同而区别运用原料的不同组合，如煮炊器中的釜类，是在陶土中掺入适量粗砂；罐类则掺入适量细砂。这种粗、细砂都含铝较多，烧成夹砂粗陶，陶质不大致密，有稀疏的气孔，伸缩性大，遇到急冷急热，不容易破裂，具有良好的耐火性能。印纹软陶的器物，陶泥都经过淘洗。从陶器碎片看，一种胎较薄的，厚薄不匀，泥条清楚可辨，可能是用手制成的；另一种胎较厚的，则比较均匀，是采用轮制，而口沿都经过轮修。器物素面的很少见，夹砂粗陶多印有绳纹、方格纹。印纹硬陶和软陶，表面都有装饰，有方格纹、回纹、曲尺纹等多种纹饰。根据广东省博物馆杨式挺同志统计，河宕出土的陶器有十五种左右，纹饰有二十多种。到目前为止，河宕的陶器纹饰，是我国同一历史时期所有印纹陶遗址中陶饰最丰富多彩的。其中的云雷纹，比商、周青铜器的云雷纹还早一千多年。刻划符号的陶片已发现六十多片，其中有“Ⅰ”“Ⅱ”“Ⅲ”“×”“↑”等。在西安半坡仰韶文化的陶器、山东大汶口文化和青海柳湾等新石器遗址的陶器中，都有此类符号。河宕的陶文，继上述地区之后，又为中国文字的萌芽提供了可贵的实物资料。这种萌芽状态的文字，刻划在陶器上，说明文字是劳动人民创造的，也说明中国文字的起源是多元的。河宕遗址的器物不但实用，还讲究器形的匀称，外观大方。遗址中陶器碎片，呈现出不同的色彩，这是掌握了不同的烧

① 据杨式挺、陈志杰整理的发掘报告（未刊稿）。

窑技术的反映。旧圩遗址出土的陶器碎片，色彩多样，造型复杂，外表美观大方，证明人们经过长期的生产实践，这时已经掌握了选择陶土、成型、煅烧的一定技术，积累了相当的经验。

在旧圩遗址东面约一公里桥头地区的贝丘遗址中，则是另一种情况，露出地面的多数陶片都是较厚的磨光黑陶。这个遗址的范围也很广，分布面积还不清楚，也没有试掘，内含所知不多。我们捡到的陶片，能复原器物的很少，但多数划有精细纹饰。有的纹饰是独有的，表面修饰的手法有打印、刻画、磨光等，这种黑陶是渗入炭素制成的。从磨光黑陶的成熟性，可以看到桥头遗址较旧圩为晚。桥头与旧圩，究竟是两种文化，还是同一文化的生产分工或相续阶段，则有待于以后发掘才能回答。

从石湾的新石器贝丘遗址可以看到，早在四五千年前，这一带曾居住过制陶业相当发达的原始农业聚落。他们揭开了石湾历史的序幕，用精致的印纹陶和磨光黑陶，迎来了石湾历史的曙光。

由于石湾窑址密集，厂房一栋接一栋，难于找到挖深沟的适宜的空隙。因此，尽管有叠压古窑的线索，但我们对从春秋战国至隋代石湾地区陶瓷的生产情况，仍然所知甚少。目前仅能从新中国成立后出土的澜石战国墓葬群和东汉墓葬群中得到一些资料。新中国成立后曾在澜石鼓颡岗发现大批战国的瓮棺墓葬和米字纹、方格纹硬陶片，火候比旧圩贝丘遗址的原始陶片为高，可以窥见石湾地区的人口逐渐增加，经济文化不断发展。

1964年，广东省博物馆在澜石发掘了十多座东汉墓葬，随葬器物很丰富，其中水田附船模型（现存北京中国历史博物馆）和陶屋模型的出土最为可贵。这两件器物生动地反映了汉代石湾地区的农业生产水平和建筑水平，揭示了石湾现实主义陶塑艺术的起源，并且告诉我们：石湾是珠江三角洲自古以来农业生产最发达的地区之一[①]。

汉代以后，石湾地区农业发达，人口增多，推动了陶瓷的生产。近年来石湾地区出土汉代至隋代的墓葬中，大量的随葬品是陶瓷器皿，许多器物都属于传统的石湾风格。甚至外地亦有这种发现，如广州市郊东汉砖室墓出土的挂釉陶盂，很像石湾烧制品的风格[②]。《广东新语》记载："南海之石湾善陶，凡广州陶器皆出石湾乡"。由此推断，陶潜《搜神后记》所说晋代广州的瓦罂，也应是石湾的产品。可见，石湾的陶瓷，在汉晋时期，销路已在扩大。

陶瓷商品生产基地形成的唐宋时期　以上我们大体看到了石湾陶瓷生产的起源时期，以及这一时期与西南线有关联的一些资料。石湾成为陶瓷生产基地，则是以大规模进行商品生产为特征的。这个时期，大抵开始于唐代，至宋代奠定基础，到明清两代最发达。这一时期，则与西北线关系较为密切。

现在先从大帽岗谈起。大帽岗蕴藏了大量的岗砂，附近有丰富的陶泥，地形又很适宜于建窑，相传古代石湾最早的窑灶就建在这里。《南海县志》亦载：大帽岗"石湾乡三窑同建"。新中国成立后，广东省博物馆曾先后多次在大帽岗进行探挖。1957年，首先发现了宋窑遗址及大量器物[③]；后来在1962年，再次发现了宋窑之下压叠着唐代窑址[④]。1976

① 广东省文物管理委员会：《广东佛山市郊澜石东汉墓发掘报告》，见《考古》1964年第9期。

② 广州市文物管理委员会：《广州市东郊东汉砖室墓清理纪略》，见《文物参考资料》1955年第6期。

③ 广东省文物管理委员会，《佛山专区几处古窑址调查简报》，见《文物》1959年第12期。

④ 1962年石湾大帽岗唐宋窑址发掘资料，现存广东省博物馆。

年，我们在大帽岗附近进行了几次探挖[①]，出土的器物有碗、碟、罐、盆等，都是敞口，矮足，平底，施釉不均，容易剥落，碗内有垫烧痕迹。这是广东唐代日用陶瓷所具有的特征。在出土的遗物中，有的因火候过高而塌架变形，有的则因火候不足而烧不熟，也有的粘连在一起，这完全可以证明是附近唐代窑址遗留下来的废品。其中出土的淡青釉碗、碟，与石湾、澜石附近唐墓所出器物，无论釉色、胎质、造型都极其一致。尤其是有两种碟，与唐墓所出几乎没有分别，因而可以断定是唐代产品。由此可见，石湾在唐代已经开始大量生产陶瓷，逐渐成为岭南的陶瓷基地，至今已有一千二百年历史，甚至可能还要长。

从石湾镇西北角的海口村，沿着石湾河东岸向西北走，直到小塘公社的奇石村，是连绵不断的小山岗，较大的有肖家岗和王借岗。这一带，凡有山岗的地方都有古窑址。尤以奇石附近最为密集，奇石周围六七个村庄，沿北江河口约三公里的山坡旁边，全是古窑址。这一带，发现大量唐代和北宋的酱青釉和酱褐釉日用瓷片；也有少量魂坛和花瓶等器物。我们还捡到印有北宋嘉祐和政和年号的陶片。石湾和奇石的器物，无论在胎质、釉色、煅烧方法上都极其一致，几乎难以分辨。其中少数淡青釉碗、碟，与大帽岗所出亦相像。奇石以青黄釉及酱褐色釉为主，也有少量淡青釉。青黄釉及酱褐釉的原料是草灰和泥浆，这两种釉色，石湾一直沿用至今。奇石制作有耳器物的手法和石湾的作法一模一样，各种耳都是以泥搓成泥条，屈成耳型，然后粘贴在器物上。这种耳的粘贴法属于典型的石湾风格。可见石湾和奇石是同一个生产系统的两处窑区，可统称为“石湾窑”。

从奇石沿河往北约十公里，即到南海北部的官窑。官窑的几个山丘，也有密集的古窑址和大量弃置的唐宋陶瓷片，这些陶瓷片和石湾、奇石的一样，大都是日用陶瓷，以青黄釉和酱褐釉居多。

唐代有很多阿拉伯人到广州经商，广东沿海居民到南洋一带经商的也很多。当时南海县的石湾，石湾西北部的奇石、官窑，和石湾东部的皇帝岗所烧造的大量以青黄釉、酱褐釉为主调的日用陶瓷，显然是为满足当时国内外市场的需要而生产的。在奇石和官窑都未发现北宋以后的陶片，说明陶瓷生产到北宋中、后期已经衰落。皇帝岗的情况也差不多。宋以后，只有石湾这个基地坚持下来，到明清又得到发展。为什么有这种变化？明显的原因是：一、交通条件的变化。北宋以前，西、北江在三水汇合后，通广州的主航道是经三水县的芦苞圩，取道南海县的官窑、石门这一线。北宋以后，这条水路淤浅，被取道王借岗北边从沙口分叉的两条水路所取代。一条是往东，经佛山北部的汾江到广州；一条是往东南，经石湾、澜石，取道佛山南部的支流到广州。在古代，陶瓷的运输主要靠水运，由于水运改道，所以奇石、官窑就衰落下来。二、宋代以后，佛山的手工业生产有了进一步的发展，作为陶瓷基地，石湾在原料、燃料来源和兴建大量龙窑的地理条件方面都远胜于皇帝岗，所以皇帝岗这个基地也凋零下来。三、从南宋到元代，中国出口商品的主要港口，从广州转移到泉州，所以这一时期，福建和江西的陶瓷生产特别发达，广东的陶瓷出口则锐减。石湾从北宋起即普遍采用龙窑，进行设备更新，这是它能立于不败之地的重要原因。

宋代，中国陶瓷的海外市场进一步发展，朱彧的《萍洲可谈》记载了北宋末年广东商

---

① 佛山市博物馆：《广东石湾古窑址调查》，见《考古》1978年第3期。

船的出口情况："舶船深阔各数十丈，商人分占贮货，人得数尺许。下贮物，夜卧其上，货多陶器，大小相套，无少隙地。"这些大小相套的陶瓷，不少是来自石湾的。

宋代石湾窑全部是生产民间日用品。最能说明当时生产规模的是古窑遗址的情形：奇石遗址是北宋中、后期弃置的。其中大量是馒头窑，有一条龙窑压在馒头窑之上。馒头窑一般是直径两米多的圆形小窑。龙窑是数十米长的大窑，每次烧窑，产量是馒头窑望尘莫及的。奇石遗址告诉我们：北宋时期，曾进行窑灶改革，用龙窑取代馒头窑。这反映了商品生产的发达，也反映了经营者资金的集中。石湾未发现宋代的馒头窑，可见宋代石湾已普遍采用龙窑。从窑址的范围及废品的堆积层来看，生产量是相当大的。宋代石湾窑址的布局，还依稀可寻：设置有晒胚场地，泥料存放场地，原料加工场地，窑址旁边还有废料堆积场地，这些设施完全适合于陶瓷生产的流程。场地范围之大，说明了当时的生产规模。

宋代石湾陶瓷的制造已经到了比较成熟的阶段，生产技术水平比唐代有所提高。唐代石湾窑的器物不很规整，胎的厚薄不一，碗底多见平足、圆饼足，底心突起，是旋削技术不熟练的结果。《陶录》说："用刀旋削，则器之里外皆平矣。"宋代器物则胎壁厚薄一致，表面圆滑，底足平稳，说明旋削技术比唐代熟练。

施釉后的器物，在煅烧时釉药流动大，容易发生搭釉现象，造成废品，这是同时期各窑区所碰到的问题。为了避免造成过多废品，石湾窑当时所用的釉药甚稀，施釉技法上，比较注意采用先浇器物里面的釉药，然后再用手倒拿器底在釉药中醮外釉的技术，其特点是器物底部短釉露胎。石湾无论青釉、黑釉，还是酱黄釉都比较薄。青釉、酱黄釉还带有半透明，流动性不大。石湾宋窑遗物很少由于搭釉造成废品的现象，可见，稀薄釉是石湾窑的创造。

石湾窑煅烧技术也比唐代进步。唐代后期有匣钵，碗碟都是叠烧，碗内有数撮垫烧的泥块。宋代器物叠置入窑的方法有两种：一种是把同类器形的叠置在一起，中间放上碎泥片套入匣钵，然后装窑，碗碟的中央因之有碎泥痕迹；另一种是一件器物用一个匣钵，这样的瓷器精致[①]。

石湾窑的胎质的一个特点是比较粗糙，稍能吸水，呈现灰色或灰白色，胎质细腻洁白的较少。所烧的温度约在一千三百摄氏度，瓷化程度较高，属半陶瓷性质。

宋代石湾日用陶瓷的生产，产量不少，品种类型相当丰富。就种类而分，就有碗、碟、盆、罐、壶、坛、瓮、炉、魂坛等十多种，而每种类又分大、中、小不同的型号。日用陶瓷的生产，与人们日常生活有密切联系，又受市场上供求关系的影响。这正反映出民窑生产的一个显著特征。

陶瓷商品生产繁盛的明清时期　明清时代，石湾陶瓷业进入繁荣阶段。这与封建后期全国商品经济的发展有密切关系。佛山在明清时代，由于手工业和商业的繁荣，跃居四大镇之首，更加促进石湾陶瓷业的发展。宋代以后，曾在佛山南部的临海炮垒（现为排灌站）设立市舶提举司，佛山已成为南方重要对外贸易港口之一。元代广东手工业工人反抗封建王朝统制工匠的斗争取得一些胜利，不再被编为匠户，所受人身束缚有所减轻，因而明清时代佛山手工业有较蓬勃的发展。加上北面河道淤浅，汾江和石湾江便于与广州通

① 广东省文物管理委员会：《佛山专区几处古窑址调查简报》，见《文物》1959年第12期。

航。明初郑和七下南洋，又进一步开拓了海外市场。这些都是促使石湾陶瓷业繁荣的因素。

商品经济的发展，刺激了民窑陶瓷器的生产，这就要求陶瓷产量不断增加。社会的要求同效率低下的制作方法，形成了尖锐的矛盾。古代窑业的废品之多是可惊的，对于民窑来说，要延续和发展生产，最重要的是减少生产中的废品。在社会客观需要的推动下，在生产经验日益丰富的基础上，陶工对元代石湾的旧式龙窑进行了改革。元代的龙窑结构比较简单，每次烧窑的产量也比较低。根据石湾《霍氏族谱》的记载："霍氏三世祖原山公烧龙窑一座，土名（即地名）莘村岗，窑名'文灶'。东西俱十六丈七尺，南北俱二丈五尺（包括整个窑场的面积——引者注）。"霍氏在南宋前迁到南雄，咸淳年间（1265—1274），又从南雄迁来石湾。其第三代"三世祖原山公"生活在元代。从霍氏族谱画下来的"文灶"图样，可以窥见，这座龙窑有两排火眼（投柴孔），分别开在窑的两边。火眼之间的距离相隔约七十至八十厘米。龙窑全长约三十米，窑头设有火堂，窑旁有窑门。元代这种龙窑结构适应于烧杂草、松树枝等燃料，耗费相当大。同时由于火眼都设在两旁，窑内各个地方的温度不一样，温度相差很大，往往使装在窑里的器坯，离火眼较近的由于温度过高，容易塌架变形；离火眼较远的则由于温度不够而烧不透。人们难以控制窑内的温度，造成很多的废品。明代以前，石湾的龙窑和南方各地的龙窑一样，技术水平未能达到有效地控制窑温，以至出现大量废品。明代石湾陶工在生产中积累了丰富的经验，对元代龙窑进行改革。明代正德年间（1506—1521）的"南风灶"，就是在这个基础上进行改革而建造的（这个窑现在还在石湾日用陶瓷三厂内）[①]。"南风灶"把原来"文灶"设在窑两旁的火眼，由两排增至五排，每个火眼的距离缩小为七至八厘米。火眼由窑的两侧改在窑顶，并增设三个，使窑内各个不同的部位都能加进燃料，克服了过去火候不均匀的缺点，便于控制烧窑温度，大大降低了废品率。同时，窑长由三十米增加到四十多米，增加容量，提高了每窑的产量。更重要的是，窑工在烧窑的实践中，摸索出装窑和煅烧的方法。石湾没有北方的倒焰窑，只有龙窑。要烧出氧化焰或还原焰，全靠陶工在装窑时根据不同产品的要求堆叠器坯。由于所堆叠的器坯疏密与大小不同，煅烧时空气流通不一致。器物互相靠拢，使温度不致很快散失；如烧制物装置不多，也会产生不同的结果。掌握这种方法，造成窑内产生还原或氧化的条件；加上用劈小的干柴为燃料，一根根往火眼投，能成功地控制窑温急速上升或下降。这样就完全能够根据不同坯胎、釉料，在同一窑中，烧成各种温度，造成不同的条件，使产品收到预期的效果。这是明代以前没能做到的。

"南风灶"的出现，是石湾陶瓷技术的一次重大革新，标志着石湾陶瓷的生产达到一个新的水平，为后来石湾仿造各地名窑的产品，奠定了技术基础。

明代以前，石湾和南方其它窑场同属一个系统，以青釉为主要色调。发展到明代，石湾的陶工已经摸索出大量的颜色釉。石湾颜色釉五彩斑斓，说明当时石湾的釉色已达到一个新的高峰。现在分析起来，这些引人入胜的颜色釉，大致可分为植物灰釉与含有大量钾、钠的长石釉两大类。以桑枝灰、禾草灰、谷糠灰加上石灰及蚬壳灰等为主要原料的釉药，宜用于陶胎上；以石英、长石等为主要原料的石质釉宜用于瓷胎上。以上两种釉药烧出来的各种颜色，主要靠金属氧化物，如氧化锰、氧化钴、氧化铜、氧化铁等在煅烧过程

---

① "南风灶"已被佛山市人民政府列为重点文物加以保护。

中所起的变化。如锰变黄，钴变蓝，铜变绿，铁变红。颜色釉是陶瓷工人在长期劳动实践中的一项重大发明。石湾颜色釉的丰富多彩，在我国陶瓷史上占有重要的地位。

明清时代，石湾发展为综合性的陶瓷生产基地，产品分为日用陶瓷（包括炊煮器、饮食器、容贮器、灯盏、烛台和文房用具等类），美术陶瓷（包括各种陶塑、实用美术器物、玩具、花瓶、花盆、金鱼缸、仿古器物和仿各名窑产品等），园林陶瓷（包括各色琉璃瓦、造型瓦脊、色釉栏干、华表、花窗、柱筒、鼓墩等），手工业用陶瓷（包括酿造业、浆染业、制糖业等所需的大缸、大盆及各种类型的瓮、坛、罐等）及丧葬用陶瓷（如魂坛、瓮棺、祭器等）五大类。尤以日用陶瓷、美术陶瓷和园林陶瓷驰名中外。当时“石湾之陶遍二广，旁及海外之国”①，深受人们欢迎，赢得“石湾瓦，甲天下”②的声誉。

明清时代，随着国内外市场的扩大，石湾陶瓷生产规模和陶工的队伍也相应扩大。高要、四会、东莞、三水等地的劳动人民，纷纷到石湾做工。当时石湾设有各县的会馆。明嘉靖七年（1528），在莲子岗丰宁寺旁，筑起宽敞的陶师庙，以代替宋代矮小的陶师庙。清代同治年间，陶师庙又重修一遍。庙前常有粤剧演出，不少人到这里听“说书”，附近形成了一个热闹的圩市。这里还有三间大茶楼，从侧面反映了当时石湾陶瓷业的兴旺。关于明清陶瓷全盛时期石湾镇的人口，历史上有两条颇有出入的记载，一条是清代嘉庆年间林绍光《拟公禁石湾挖沙印砖说略》的记载：“石湾六七千户，业陶者十居五六”。按这一条，人口大约是四万。另一条是近代人吴景康《石湾陶业考》的记载：“石湾陶业全盛时代，共有陶窑一〇七座，容纳男女工人六万有奇。”③这里，陶窑数目是没有疑问的。陶瓷从业人口则与清代的记载有出入。在我们调查了解时，一些老工人指出：石湾的全盛时期，平时的陶业工人有三四万。但四乡很多人是半农半工，农忙季节种地，农闲季节从石湾的陶瓷厂挑泥回去，做成器坯，再挑回来，计件领取工钱。所以在旺季，包括这一部分场外工人，就有五六万。有的同志则认为，新中国成立前石湾属于石洲乡，五六万可能是石洲乡的人口。

二、石湾陶瓷的特色

人民性　在历史上，石湾陶瓷生产的性质，与官窑有根本的区别。它为市场生产，为人民需要生产，而不是为官府权贵生产。从经营来说，石湾陶瓷业从来都是民窑，不为官府所重视。而它和人民生活息息相关。社会需要和价值规律推动着它的发展。在生产领域，它较少受官府的干扰，美术创作内容无须服从统治者的意志，各种历史思潮和社会风尚在产品中的反映是自流的。它生产的东西，大都是人民日常需要的；产品的风格，大多是人民喜闻乐见的。这就是石湾陶瓷的人民性。在石湾陶塑艺术上，人民性表现得尤其突出，以渔、樵、耕、读等人民生活和斗争内容为广泛题材的创作，形成了石湾现实主义陶塑艺术的优良传统。渔、樵、耕都是表现劳动人民，这是石湾陶工日常接触的题材，创作的模特儿往往就是他们的叔伯兄弟，所以渔翁、樵夫、农民都塑造得惟妙惟肖，不仅外形逼真，而且能从这些人物的表情神态中，刻画出劳动人民战天斗地的英雄本色。这些作

① 屈大均：《广东新语》卷一六。

② 《明诗综》第一百卷，“谣谚”。

③ 据曾广亿：《广东古代陶瓷窑址》（未刊稿）。

品，不拘一格，没有框框，散发着清新而亲切的乡土气息。石湾陶塑的读书人，多属两类主题：一类表现劳动人民渴望知识的形象，如牧童在牛背上看书，药农背篓上放着书等；一类是人民喜爱的读书人，如屈原、李白、杜甫、李时珍等形象。此外还有武松、李逵、鲁智深、花木兰、竹林七贤、苏武、达摩等人物。各种塑像，都能表现出人物特有的神态，为人民所喜爱。优美的神话故事如孙悟空大闹天宫、嫦娥奔月等，也常在石湾陶塑艺人的手下活现出来。反映鸦片战争时期中国人民反侵略精神的两件陶塑，更是石湾陶塑反映现实的杰作。一件是主战派和主和派的陶塑群像（器存北京中国历史博物馆）。主战派英雄不屈的形象与主和派觍颜事敌的丑态，形成强烈的对照。一件是巴夏礼尿壶。这件作品，俗称“番鬼尿壶”是不确切的。中国人民不是憎恨一般外国人，只是憎恨当时以巴夏礼为代表的英国侵略者。为了表示对侵略者的愤恨，石湾的陶工塑造了侵略者巴夏礼屈足侧卧的躯体作为壶身，礼帽作为壶口，右手支腰，作为提把，左手托腮，肘支地，眼神狰狞而晦暗，充分表现了侵略者被中国人民围困的沮丧无望的丑态。这件艺术品辛辣地嘲讽了英国侵略者。当时各厂竞相仿制，人民争购，流传很广。英国政府曾强迫卖国的清政府密令搜查，收毁了很多。但人民把它密藏起来，以后陆续有发现。这件艺术品，已成了一件很有意义的革命历史文物。

善创善仿，产品适应性强　石湾是华南地区具有悠久历史的综合性陶瓷基地，有广泛而深厚的工艺基础，世代相传，又不断吸收外地的长处。因此它的产品适应性强，凡是市场需要的，都能生产出来。由于基础深厚，所以善创善仿，又具有自己独特的风格。近数百年来，在美术陶瓷方面，表现尤其突出。

元明以来，石湾的陶工从青釉体系中摸索出多色釉，使石湾的美术陶瓷进入花繁果硕的境界。仿各种瓜果鸟兽虫鱼的原色，仿鱼篓藤色，仿古代钟鼎的古铜色，仿唐三彩等作品，纷纷问世。随着市场的需要，仿各大名窑的产品也大批生产。我国宋代哥窑、定窑、汝窑、钧窑、官窑五大名窑各具特点。汝、官、钧窑以釉色见长，哥窑以冰裂著称，而定窑则有丰富精美的装饰花纹。明清时期，石湾窑都能仿制这些窑的产品，常见的就有仿龙泉窑的“影青”，仿哥窑的“百圾碎”，仿定窑的“粉定”，仿汝窑的“玻璃绿”，仿钧窑的“钧釉”，仿景德镇的“采瓷”等。石湾陶工善仿各名窑的作品，集全国各名窑之大成，不只是追求模仿得相似、逼真，而是吸取它们的优点，融合变化，青出于蓝。石湾的仿制品具有鲜明的地方特点，其中有一些产品还胜于其它窑所造的，如“百圾碎”，“在江西窑之上”[①]。又如钧窑有一种天青色釉，称为“雨过天晴”。石湾则利用蓝釉发葱白点的窑变，烧出一种独特的“雨洒蓝”，像夏日晴空来一阵骤雨。《陶雅》中称它“较之雨过天晴尤极浓艳”。可见石湾窑仿中有创，不断升华，这是对颜色釉的研制有深厚的基础才能达到的。

元明以来，石湾窑在釉色方面有很大突破。它在自然的植物灰中，发挥了铁质釉的作用，在火候的变化中产生了窑变艺术，使石湾陶瓷的釉色绚烂多彩。在施釉技巧上，石湾陶瓷产品的坯胎是半陶瓷质的，比较厚，在釉色使用上很讲究器物与釉色的结合。一般釉料粘附较厚，不论单色釉或复色釉，施釉时釉层都比较厚，复色釉的釉色多的竟达二三层，追求在一个基本的色调中寻找千变万化的色彩，有釉、胎俱厚的特点。石湾窑所用的釉药，色彩艳而不娇，华而不俗，粗犷中蕴藏韵秀，浓郁中显露古雅。它对古代各名窑的

① 阮元：道光《广东通志》卷九七，“舆地略”一五。

釉色又能兼蓄并用，不断创新，因此明清两代，硕果累累，赢得了中外人民的赞赏。

实用与美、巧相结合 石湾陶瓷的生产能面对人民，产品的制作大都具有实用性，也可说是一种实用美术，使实用价值与美学价值浑然一体。它有三种表现形式：一种是实用与美术相结合；另一种是实用与巧妙设计相结合；又一种是两者兼而有之。第一种如鱼形花瓶、蟹形水仙盆、鹦鹉壁插、荷叶笔洗、山形笔架、立鹤树头笔筒等，这些既是日用品，又是美术品，深受人民群众的欢迎。第二种以饭煲、粥煲、药煲（即煮饭、煮粥、煮药用的砂锅）为代表，“三煲”一直是石湾的传统名牌货，是用石湾本地的泥土，掺和大帽岗适量的岗砂制成，陶质略为疏松，对热胀冷缩有较强的适应性；质地坚致轻薄，经久耐用。这三种炊煮器又各具自己独特的性能，是陶工从长期实践经验中巧妙设计的。饭煲呈圆扁的鼓形，有个把手。鼓形可使炉火接触器物的面积增加到最大限度，使煲内的米受热均匀。广州有名的“砂锅焖饭”，就是使用这种饭煲。南方气候炎热，人们劳动以后都喜欢吃些稀粥，石湾的粥煲很适合人们的要求，煲身高，腹部圆鼓，容量较大，煲口的唇较高，盖子还有个出气孔，使粥煮沸时不会往外溢泻。器形一般做得宽阔而底大，无论放在船上、田头或鱼塘桑基上，都不容易翻倒。石湾的药煲是圆敦形的，有把手和流咀，容量一般能装五六碗水。中药一般是三五碗水熬成一碗，煮沸时，蒸汽从流咀冒出，不致于把盖掀起。药煮好后，流咀也便于把药汁斟出来，使药渣卡在煲内。陶质药煲不会使药物氧化，这是金属锅所不能代替的。石湾的“三煲”，价廉物美，几个世纪以来，深受国内外人民的欢迎，到今天还大量制造。第三种是实用与美术、与巧妙设计融为一体的。这类器物的典型代表是清代的猫形油灯盏。灯盏是曲坐着的猫身，灯罩是猫头。当时使用油灯，人们睡前把灯罩盖上，像猫蹲坐在案台上，老鼠不敢来偷油。白天又可作案头摆设，真是美妙极了。建筑陶瓷也有很多既实用美观，又设计巧妙的作品。如民族形式的建筑，烟囱用琉璃瓦砌成塔形，既调和又美观。

民族性与地方风格相结合 石湾的美术陶瓷产品，大都表现出民族性与地方风格相结合的特点。我国有很多传统的民族艺术技巧，如国画的意笔和工笔，木雕的玲珑剔透、布局从容等。这种传统的艺术技巧，为石湾的陶塑艺术所借鉴、继承和发展。清代制的瓷身陶胎达摩像（现存佛山博物馆），就是吸收了国画写意特技，运用粗豪简练的线条，把人物刻画出来的。达摩身披翠绿色袈裟，线条豪犷而得体。站立，跣足，面部和足部是石湾传统的柿褐色陶胎，很像亚热带阳光晒出来的肤色，眼睛含露着达观而又面对现实的神情。拿它与清代岭南人物画家苏六朋的达摩像（见《广东名画家选集》）一比，线条酷似，简直就像一幅简练遒劲的立体国画。石湾塑造动物的细部，也常常创造性地借鉴国画中的工艺手法，在动物身上刻出羽毛，俗称“胎毛”，形成石湾的传统技法。清代艺人黄炳，做了一只陶制的花猫，一副抓鼠的架势，加上刻出羽毛，非常逼真，几与真猫一样（该器现存广东省博物馆）。

石湾陶工在生产过程中，摸索钻研，充分发挥本地区原料的功用，使用单一的陶土或陶土与瓷土混合制坯。陶土的粗犷朴实，与瓷土细润纤巧的特点被充分利用。对男女老幼不同的人物，以及各类不同的动物，分别用不同的灰泥或乌泥捺出的坯胎，采用局部上釉的露胎方法，经过煅烧变成青灰或柿褐色的胎骨，近似人物、动物的肤色，显示出质地的美，形成了一种独特风格，也很像国画中的淡抹素描。

石湾陶塑的艺术造型，追求形神兼备，特别注意“传神”的刻画，无论对人物或动物的塑造，都能活灵活现，引人入胜。石湾周围是农村，陶工大多来自农村。他们对家畜、家禽、水生动物或飞鸟、蜂蝶、瓜果，都有深刻的观察，加上借鉴国画的写意和工笔的技巧（不少陶塑艺人同时也擅长国画，如黄炳、黄古珍等），艺术造型，栩栩如生，又像立体国画。如清代的鸭子，好像浴罢归来，一摇一摆地走着，张开嘴巴嘎嘎地叫，欢快神态活现。翻开明清以来对岭南艺坛有影响的名画家的作品，从明代林良的飞雁，张穆的喜鹊枝头，清代居廉的花鸟，直到近代何香凝的猛虎下山，与石湾的同类题材的陶瓷，在艺术风格上都非常相近。

石湾的陶塑艺人对山明水秀的南国风光和乡村景色，寄托着深厚的感情，创造出丰富多彩的装饰假山盆景的小摆设，任人点缀，一盆一个主题，把自然的美和劳动生活的美重现在盆景上。不论是松溪晨牧，秋江渔笛，还是瓜棚小鸡，都有浓厚的生活气息，使人凝望盆景，唤起无限乡情。这些盆景是石湾陶塑艺坛上一朵特别鲜艳的花。

明清时代，岭南的木雕艺术，以玲珑剔透和善于表达大场面为特点。当时粤剧盛极一时，木雕常用来表现古戏群像，以从容的布局来雕刻复杂的场面。这些技法，也为石湾陶瓷艺术所吸收和发展，很多陶塑的瓦脊和墙头装饰的古戏群像，都表现了这种特色。著名的佛山祖庙、广州陈家祠和广州西来初地关帝庙的屋脊装饰，都是石湾的这类代表作。这类构件，人物比例还注意到作品所处的空间位置。如瓦脊上的装饰品雄狮，近看头大而低垂，身短不匀称，既不合比例，又显不出生气。可是把它装到十几米高的瓦脊之后，雄狮神气十足，活现出一副醒狮威武的形象。这种艺术效果是按实际比例造型所不能达到的。

石湾窑的人物、动物作品，在处理形和神之间的关系方面有很大的特点，形神兼备，而形态服从神态，突破了造型的板滞。明清时期，石湾窑的艺术传统是“造型服从性格，手法服从神态，创作服从制作”。这除了总结本身塑造的经验以外，还吸收融合了国画和木雕等艺术手法的优良传统，不仅形神兼备，活灵活现，富于美感，而且还带有中国气派，使人感到格外亲切。

在人物、动物和器形特征上，石湾窑大多表现了地方风格。艺人都是从自己最熟悉的现实社会中去寻找模特儿。人物的脸部和体型，很多都表现出广东人的特征。如武松和苏武，衣着是模拟舞台的，人却像广东人。劳动人民的形象，往往是上裸、下跣、短裤、蓑衣、笠帽。塑造动物也擅长于本地的。象形器物也多带南方色彩，如柿形的盅、虾篓形盆、瓜壶、荷叶碟等，都是模拟南方常见的东西。这也是石湾写实风格的一个特点。

三、被湮没了的历史地位应该恢复过来

过去不少鉴赏家和艺术评论家，把各个官窑的代表产品作为陶瓷艺术的最高标准。这种标准是很值得商榷的。官窑或以某种色釉胜，或以瓷质胜，或以彩绘胜，或以特种煅烧胜。这仅是某一窑场的陶工在某一项工艺水平上的成就。而这种工艺成就的运用，总要服从剥削阶级的意志。那些官窑的作品，在彩绘方面，大多是龙凤灵圣、富贵牡丹那一类封建贵族的八股调；在器形上，大多是仿制古代重器，作为庙堂或地主大院中起威压作用的摆设；在塑造方面，大多是帝王将相、才子佳人和鬼神佛道形象。就是一般的山水花鸟，很多也是从属于剥削阶级的某些思想内容的。各地官窑的美术陶瓷，尽管也有一些健康的或无害的作品，但从它的主流来说，封建统治阶级的烙印甚深。对之不加分析地一味膜拜

是不对的。

石湾的美术陶瓷，有鲜明的人民性，内容丰富多彩，充满了生活气息。塑造的人物、动物，形神兼备，千姿百态；无论动物、植物、山水，都善于模拟自然原色；器物斑斓雅朴而浑厚。几个世纪以来，得到中外人民的喜爱。但在某些人眼里，却“殊贱视之”[①]，不是把它贬为“胎质粗下”[②]，就是骂它“有刻眉露骨相，可厌！”[③]甚至把石湾的作品，栽到“广窑”和“阳江窑”的头上去骂。还有一些鉴赏家看到石湾一部分器物的色调与钧窑近似，就说石湾窑只善于仿钧，或把它归入钧窑系统，这也是错误的。钧窑是官窑，石湾是民窑。钧窑只出产单一的窑变釉，石湾窑出产综合性美术陶瓷，近似钧窑色调的窑变釉仅是一小部分，怎能贸然归入钧窑系统呢！有的鉴赏家看到石湾类似钧窑的明代存世器，就说石湾的这类窑变器始于明代，这种说法也是站不住脚的。根据1976年我们在奇石村采集到的北宋陶器中，有些器物上就发现有大片的窑变釉。这些窑变釉的烧造，开头可能带有很大的偶然性。后来陶工在生产实践中不断总结经验，利用釉中各种金属颗粒分布不同，在煅烧过程中起化学作用而变色，创造出这种窑变效果，工艺逐步熟练，以致能逐渐进行定向生产，是完全可能的。奇石陶片的窑变釉呈蓝色、白色斑纹，同明代石湾的窑变釉也非常相似。根据现有资料，石湾最早有类似钧釉器物，并不是在明代。1960年11月，在香港展出的《石湾陶瓷展览》中，有一件窑变釉象鼻大瓶，这瓶的底款刻着至正元年（1341）字样[④]。至正是元代的年号，可见石湾最早的钧釉器物是在元代。我们认为石湾的所谓“仿钧器”，主要是石湾的陶工在煅烧实践中长期运用颜色釉摸索制造出来的。从宋代到明代，积累几百年的经验，所以石湾的窑变釉有较高的水平。钧窑的窑变釉是一层釉色的，而石湾的这类窑变釉分底釉与面釉，这与钧釉是有明显区别的。石湾的窑变先上底釉，后上面釉，煅烧时底釉与面釉发生相互渗透的作用，产生五彩斑斓、浑厚润泽的效果。其中翠毛釉最为突出。三稔花亦是石湾窑变釉的特色，为他窑所未见。当然，后来为了适应市场需要，石湾窑有相当数量的产品按钧窑色调定向生产，有些鉴赏家就抓着这些片面现象，贸然说石湾窑变都是仿钧，那是不确切的。

过去有成就的民窑，今天都应如实地恢复它的历史地位。石湾陶瓷生产基地，有一千三百多年的光辉历史，它的渊源则可上溯五千年，这是客观存在。它的产品存世的很多，人民群众素予好评，它的历史地位是不能抹煞的。我们今天力求本着历史唯物主义的精神，从史学与美学的角度，对石湾陶瓷的成就及其历史地位进行实事求是的分析。错陋的地方，请读者指正。

一九七八年一月初稿 一九七九年三月修订

［原文载于《中山大学学报》（哲学社会科学）1980年第3期］

① 许之衡：《饮流斋说瓷》，见《美术丛书》三集第六辑，第161页。

② 许之衡：《饮流斋说瓷》，见《美术丛书》三集第六辑，第161页。

③ 蓝浦：《景德镇陶录》卷七，见《美术丛书》二集八辑，第157页。

④ 载香港《新晚报》1960年11月12日。

陈华（1925—1998），广东茂名人。1943年入读岭南大学历史政治学系，后短暂借读于时在罗定的广东文理学院史地系。1947年岭南大学毕业后，留校任助教。1952年任教于中山大学历史学系，1958年调入暨南大学历史学系，1961年晋升副教授，兼任历史学系副系主任、党总支书记。1970年暨大停办后，在华南师范学院历史学系工作。1978年暨大复办，回任原职。1984年调古籍研究所工作，曾担任古籍研究所副所长，1991年晋升为研究员。主要著作有整理出版《海国图志》《四洲志》等，发表论文数十篇。

有关《四洲志》的若干问题

陈　华

前人早就草点过《四洲志》一书，以难于索解之处太多，研究中断。

事实证明，这是一部必须做艰苦校勘的书。不做校勘，既读不通，点不下去；林则徐对译稿所作的重要修改和补充，也难于发现和证实，影响对此书的确切评价，也影响对林则徐的评价。

林则徐对此书修改定稿，已经整整一个半世纪了，学界对它的历史意义、有无整理价值、应如何整理研究等问题，仍有不同看法。本文即为此而作。力不从心，谬误难免，厚望方家赐正。

一

约9万字的《四洲志》，其绝大多数内容是林则徐要梁进德从厚达1500多页的The Encyclopacdia of Geography，即原著的美国版摘译和据书中地图加译的。要校勘，首先就要弄清楚《四洲志》译自该书的哪个版本。原著的首版是1834年在英国出版的，原名An Encyclopacdia of Geography，后来转到美国出版，改了书名的首字，从1837年起，连续出版多年，版本很多；但从林则徐获得此书的时间看来，可供考虑的版本只有几种。《四洲志》译载不少1835年的统计数字和一些声明为1836年的情况。光是这一事实，即可否定一位日本学者考为译自原著1834年英国版之说；还戳穿了这位“学者”不但未对这个问题做过考据，甚至连仅得9万字的《四洲志》也未粗读一遍。附和此说的学者，都受骗了。我国学者大都认为译自原著的美国版，这是对的；但有些论著考为译自原著1836年美国版，亦无确据。原著美国版首版的出版登记手续虽是1836年办的，出版广告也是这年的10月发的，但出版时间要晚一点，现通称该版为1837年版。笔者读过原著从1834年至1849年的几个版本，惜未全睹1837年至1839年这三个版本，还不敢肯定是1837、1838或1839年这三个版本中的哪一个，只好说可能性较大的是前二者之一。

要校勘，还得参考19世纪40年代引用《四洲志》抄本文字的古籍。首次刊载《四洲志》的是1843年初出版的《海国图志》（以下简称“《图志》”）五十卷本；但有关古籍证明，《图志》撰人魏源手上的《四洲志》抄本，并非最好的抄本。

80多年以后才出版的《小方壶斋舆地丛钞》（以下简称“《小方壶》”）本《四洲志》是据《图志》转辑的，文字略有出入。《小方壶》本《四洲志》的辑者知道魏源“重辑”《四洲志》时删掉抄本的100多字；但不知道他在“重辑”过程中已经改动原抄本若干节的顺序以适应《图志》的编辑体例。只要留心看看这个版本的首句和头几节，就会怀疑不大可能是原来《四洲志》抄本的顺序。

由于《四洲志》一书的讹脱衍倒很多，多处读不通，整理此书时用原著作校勘，或者说在未能确考译自原著何版之前，用比较接近该版的原著版本作校勘，是非常必要的。某些一看即知其讹的语句，也应校改或作简注。选举前人草点件中的两例，即可说明问题。

（1）《四洲志》的英国“王宫岁用”（Civil List）那一段，前人草点如下：

王宫岁用

甘文好司岁输银二百五十五万元，凡有金银矿所产金银与赃罚银俱供王宫支发。称国王曰京，岁需银三十万元。称王妻曰郡，岁需银二十五万元。值宿官曰占麻连、管马官曰士底赫、管家官曰麻司达阿好司，岁需银七十七万元。护卫官曰班侍阿勒尔，岁需银三十七万五千元。此外尚有津贴罗压尔之官、嗌士达之官、唔官、里士曼等官，岁需银八十五万元。综计每年王宫需银五百九万五千元。

要是采取最简单的整理形式——仅作标点，谁来点，也会大体如此。但仔细看看，就觉得这159字的一小段，问题实在太多了。

1.无论校以原著或核以史实，所谓2550000元就是威廉四世朝（1830—1837）初期议会新定的宫廷用度510000英镑的1∶5折算。新定的宫廷用度是王室特权为下院议员严加限制的典型事例，当时每年的宫廷用度决无加倍可能。译文不合理地移原著上文一长段中的the king is entitled to all royal mines of gold and silver和estates may revert to him by escheat, from the commission of crime by their possessors二语到这一段，并译为“凡有金银矿所产金银与赃罚银俱供王宫支发，这就使读者不大容易察觉段末的宫廷用度总额是一个误增的数字。原著明明说“总额为510000英镑的宫廷用度，分项如下”，表列的各分项相加就是510000英镑，即2550000元；译文对其中一个分项漏译1000英镑，折合5000元，那就应说“综计每年王宫需银2545000元”，但段末“综计”却是5095000元。很明显，这是错误地把原著正文中的510000英镑同表上的分项数字加了起来，并减去漏译的1000英镑，再乘以5的结果。当时引自《四洲志》抄本的其它古籍，亦作5095000元，可见不是抄写人的责任。是什么想法造成这样的误译？未得其解。

2.关于“值宿官”“管马官”“管家官”三名，引自《四洲志》另一抄本的《兰伦偶说》（以下简称“《偶说》”）作“值宿者”“管马者”“管家者”。此句原著作Salaries in the departments of Chamberlain，Steward，Master of the horse，……。似《偶说》作者梁廷楠手上那个抄本的文字较接近原意，疑这句的三个“官”字均非原译。《四洲志》的音译名，绝大多数是梁进德用他十岁以后才在南洋学会的闽南语音译的。由于这节译文的前面那一节出现过“马士达阿付厘夥士专司马政”一语，聪明的梁廷楠可能因发现前后二节的译名自相矛盾而在《偶说》中有意不引“士底赫”“麻司达阿好司”等音译名。《图志》本“马”“家”二字显然倒置，疑为译者笔误。

3.原著Civil List的最后一项是Pensions，￡75000；应译“国王赏赐金375000元”。很可能是译者把Pensions误为Pensioner，并译为护卫官；未见版本误植此字的可能性不大。当时引用《四洲志》抄本的其它古籍亦作“护卫官岁需银375000”，可见责任在译者。不懂英语的人要制造这一错误也是造不出来的。但把国王赏赐金误为“护卫官”，就使有关语句都变得不可理解。即令读者是一位未学过英国史的学生，只要仔细看看，也会提出疑问：一名护卫官或跟班的年俸为何高于国王25%，高于王后50%？讲不通的。

4.“津贴罗压尔之官、嗌士达之官、唔官、里士曼等官，岁需银八十五万元”一句，《偶说》作“罗压尔嗌士达唔官里士曼各官，岁津贴八十五万”，也错得少一点。原著此句作 Maintenance of royal establishment，￡171000；应译“皇家机构维持费855000元”。梁进德未能意译 royal establishment，仅作音译；但不会把 royal 译为“罗压尔之官”，也不会把 establishment 一词分解并译为 esta 之官、b（闽南语 b、m 读音近似）官、lishment 官的。“官”字满天飞，疑与定稿、抄稿等环节有关。

在整理者也读不懂这段文字的情况下，难于苛求；但真相既白，却要求不作校注、不必校改，仍按原译文标点，谁能点得下去？

（2）《四洲志》“育奈士迭国”（United States 美国）章中的一句，前人草点为“耶稣纪岁千二百九十二年（宋祥兴十五年），吕宋之戈揽麻士乘船西驶，始知此地”。要是按原译点，谁来点，也不会有标点上的困难。

但学者们一眼即可看出所谓“吕宋”就是西班牙，“戈揽麻士”就是哥伦布（Cristoforo Colombo，英语作 Christopher Columbus）。哥伦布于1492年西航抵美洲，是众所周知的。怎么提前了200年？祥兴二年（1279）陆秀夫就负宋帝昺赴海死，南宋亡，何来祥兴十五年？所谓“宋祥兴十五年”应是元代忽必烈那个至元年号的二十九年。但1292既为1492之讹，就应把译文的头一个“二”字校改为“四”，并推后200年，把“宋祥兴十五年”校改为“明弘治五年”。所见原著诸版多处提到哥伦布初航抵美洲之年，一再提及他到达 Hispaniola 岛（海地岛）之年都没出现差错。即令译者所用的是笔者未见的版本，也可肯定所谓“耶稣纪岁千二百九十二年”必然译自该版美国章历史节的第二行，倘或该版的那一行，确把哥伦布到达伊斯帕尼奥拉岛之年误植为1292，那就绝对证明林则徐交给梁进德翻译的就是这个版本。

话说回来，如果连这么明显的错误也不校改，能够称之为“整理”吗？

《四洲志》一书并非每段每句都像上举二例那样错得一塌糊涂；但这部书的问题很多，较难整理。是否值得花那么大的气力去校？这就要看如何评价此书的历史意义了。

二

前人断言林则徐对《四洲志》译稿所作的修改，仅属“润色”。数十年内，对《四洲志》一书的评价，多受此说局限，局限于把此书评为我国翻译西洋地志之始，或评为我国人睁眼看世界的突出事例。至于林则徐在修改译稿的过程中，究竟看出哪些重要问题，作出何种反应，是否在译稿的修改件上有所表述，长时间内都无人进行探索；仿佛“润色”二字就是真理，谁也不应逾越。但是，译稿的原改件已佚，首倡此说的老前辈既不可能就该件进行分析，也没把《四洲志》刊本同据以翻译的原著作过比较研究，甚至连原著的书名也不能准确地写出来，何以知林则徐对译稿的修改皆属“润色”？经过比较，笔者认为，除对译稿作“润色”和把少量我国古籍的内容辑进此书外，林则徐还对译稿作了实质性的、并且是很重要的修改和补充。证实这些重要的修改和补充，对评价此书和林则徐本人的政治思想都具有重要意义。

（1）从《四洲志》的首句开始，林则徐即就译稿中他能够发现的有关我国领土的错误提法作了一系列精心修改。也许他只知道那些提法译自原著，不一定知道原著对我国领土捏造了一整套荒谬的“地理概念”，他的那些修改或为就事论事亦未可料；但这些修改却击中了原著这个方面的要害，实际上是对原著肆意歪曲我国领土、损害我国主权的谬论作了义正词严的驳斥。

哪一句是《四洲志》的首句?《小方壶》本《四洲志》，始于以“安南在暹罗之东北，国都建于傅依（Hué顺化），亦原有三国”为首句的安南节；但这一句不可能是林则徐定稿的原抄本的首句，这一节也不可能是原抄本的首节。如此起句已令人怀疑此节会在暹罗节（该本第二节）之后，且既云“亦原有三国”，也可料想，前面必有包含意似“原是三国”四字在内的另一节。果然，在该本第三节（缅甸节）中就有这四个字。要分析的问题，仅在原抄本究竟是从《小方壶》本《四洲志》的第二节或第三节开始。这就要看哪一节的首段是中印半岛数国的总论了。该本第三节的首句“缅甸与暹罗、安南三国在阿细亚洲南洋，欧罗巴人以其与印度交界，统谓之印度外”，译自原著Further India这一章的简短前言，第二节的首段译自该章第一节General Outline and Aspect，都带有总论性质，不易分辨。但细看第三节首句，在“缅甸”二字之后着一“与”字，就带有分论性质；且含有“原是三国”四字的这一节，如为长达千数百字的第二节隔开，亦难于与含有“亦原有三国”五字的那一节联系。这样，原抄本的首节就非该本的第二节莫属了。该本第二节以“安南、暹罗、缅甸三国幅员相接，北与中国西藏、云南、广西交界……”一语开始的第一段，显然是这几个国家的总论，此语亦即全书首句。乍看起来此语亦无惊人之处，但对校原著，它的意义就突出起来了。

原著的前后版本证明，1837年至1839年这三个版本或更晚得多的版本，对中国领土的那些荒谬论述都是一个调子。原著在Further India这一章中频繁使用，在该章首节亦一再使用China and Thibet（“中国与西藏”）这一荒唐的提法，孤立地看这一章，可以说当时的原著就是在制造两个中国——“一中一藏”的谬论。但综观全书，实际上是制造“三个中国”的谬论。原著把当时的我国领土分为三个部分：1.约500万平方公里的China（中国）；2.约200万平方公里的Thibet（西藏）；3.五百几十万平方公里的Eastern Tartary（东达达里）。所谓东达达里包括当时东起库页岛西至巴尔喀什湖一带的辽阔的我国北部地区。对于后两部分，原著有意使用foreign dominion of China一语。这几个字有点费解，姑译之为“纳入中国版图的外国领土”。原著把当时的我国领土分为近3章论述：1.Chian；2.Thibet；3.Tartary章的一大半。对于东达达里，原著使用了为foreign power（外国政权）统治一语。从原著英国版到原著美国版首版，时间不足三年，原著就不得不对Tartar一词作补充说明，可能是作者们已经发现在满洲一名出现以后的两百年间，特别是此名出现才9年，中国的历史就已进入清朝时期，要说Mandshuria（满洲）为何种“外国政权”统治，实在无法自圆其说；但他们仍不放弃把Mandshuria列为Tartary的第一个大地区的写法，这就更加无法自圆其说。清朝是中国历史上最后一个封建王朝；在原著先后在英、美出版的19世纪30年代，这个政权是一个落后、腐朽的政权。但这个政权对中国的各个区划、各族人民来说，都是本国政权，而不是什么“外国政权”。这个政权管辖下的每一寸领土都是中国领土；而不是什么“外国领土”。成书于此时的原著，不去谴责正在蚕食和企图鲸吞我国领土的西方国家，反而制造上述奇谈怪论，无非是想把这些中国领土纳入西方侵略者的版图，无非是想把这些中国领土置于西方国家的统治之下罢了。原著撰人Hugh Murray等及同时期以类似观点用外文或中文编写地理著作的“学者”，实际上都是西方国家侵略政策的代言人。

有人问难：原著也把英国分三章论述，难道也是制造三个英国？回答很简单：原著的英格兰章历史节用The union with（合并）与苏格兰联结起来，接着又用That with与爱尔兰联结起来，甚至连爱尔兰革命也称之为“叛乱”。这同胡说我国的大部分领土是纳入我国版图的外国领土有一丝一毫的共同之处吗？

《四洲志》不译专讲我国的近三章，仅摘译原著的其它章节。但原著对我国疆域的刻意歪曲，是周密地贯彻到有关章节中去的。《四洲志》首译原著的Further India这一章。林则徐既不知此名在原著英国版中原作Indo—Chinese Countries（印支国家），也不知美国版改用新概念的用意。但他对“中国与西藏”这一居心险恶的提法是看得很清楚的。《四洲志》的首句，就是他把译自原著的安南、暹罗、缅甸三国“北界中国与西藏”改定为“北与中国西藏、云南、广西交界”的。“中国西藏、云南、广西”这8个字，用现代汉语说，就是“中国的西藏、云南、广西”，意即西藏同云南、广西一样都是中国的领土，不容歪曲。随后译稿在缅甸节中再次出现缅甸“北界中国与西藏”之句，林则徐又改为“北界云南、西藏”，意即西藏同云南一样都是中国的领土。再后，在悉毕厘阿（Siberia西伯利亚）那一章中，原著说西伯利亚隔着大山脉南接东、西达达里，林则徐又把译稿中的“东达达里”改为黑龙江、蒙古、伊犁等处，意即根本不是什么“东达达里”，而是我国的这些地方。其中“黑龙江”三字，包括镇守黑龙江一带的黑龙江、吉林二将军辖区。原著借“地理著作”有计划地而且很严密地贯彻西方侵略者分裂中国的阴谋，而为了维护我国的领土、主权，从《四洲志》的首句开始，林则徐就在他能够发现的问题上，对原著的谬论作了一系列的批驳，这样一场针锋相对的斗争，怎能说是“润色”呢？这样看来，《四洲志》不但是我国第一部翻译“西洋地志”的书，而且是我国第一部批驳西方地理学中某些捏造出来的荒谬绝伦的“地理概念”的书。

我们有责任把这一历史真相公之于世，再也不能让林则徐这一重要爱国表现被“润色”二字掩盖起来了。把他的这些重要修改视为原著本有的“译文”，根本就是极大的误会，也是应该澄清的时候了。

又有人问：何以知这些语句一定不是译者交稿前就改写了的？回答也很简单：姑勿论译者的职责如何；如果他有这样的水平，在这个问题上，这部书就不会出现本文第三部分将要提到的例如“阿山”一类的漏着了。

（2）《四洲志》也是中国近代史开端时期第一部称赞“不立国王，仅设总领”那种资本主义国家的政体优于奴隶制时代和封建时代的君主制的书，书中的有关语句并非原著本有、并非译文，而是林则徐在修改定稿时加上去的本人体会。那时候的中国刚刚步入旧民主主义革命时期，应该说，林则徐的这些见解是很先进的，说他是我国的维新先驱，一点也不过分。由于过去认为《四洲志》的那些语句译自原著，因而把魏源定为中国近代史上第一位发表这种见解的学者和政治家。现在看来，这一论断似有改写的必要。

学者们知道，《四洲志》据以翻译的原著美国版，对19世纪30年代仅在英国出版过一次的英国版作了较大修改。这些修改有删去段落编号、改变提法、换上或补充新的统计数字、换上新的美国地图和加上声明是美国版补充的段落，等等。但美国版本身却很少改动。虽连续出版多年，甚至极其大量的统计数字也依然如故。所见原著美国版各版的美国章均无笔者认为是林则徐加上去的那些语句。

在《四洲志》的美国章中，从不同年份的美国人口统计开始的那几个译段，就是所见原著各版该章的Civil and Social State（人民和社会状况）那一节头几段的翻译和补充。原著这一节的头三段和所附几个统计表被合并为一个译段。其中第二段的评论语句移至这一译段的末尾。这一译段，不但各项统计数字都译得比较准确，经林则徐润饰过的评论语句也译得贴切典雅。原著此节第四段的内容，就是《四洲志》这一节的第二译段。看来译文也经过林则徐的加工，但与原意吻合。越过原著此节第五段往下看，译文又与原著第六段大意相同，仅末句稍有出入。但原著此节第五段却与《四洲志》此节第三译段很不一样，特别是后半段。关键就在这里。现将所见原文和《四洲志》这一段的文字均录于下：

原文为："The United States", says a very clever English writer, "were colonized a century later than Spanish America; but their brilliant and rapid progress shows, in a striking light, how much more the prosperity of nations depends on moral than on physical advantages. The North Americans had no gold mines, and a territory of only indifferent fertility, covered with impenetrable woods; but they brought with them intelligence, industry, a love of freedom, habits of order, and a pure and severe morality.Armed with these gifts of the soul, they have converted the wilderness into a land teeming with life, and smiling with plenty; and they have built up a social system, so pre-eminently calculated to promote the happiness and moral improvement of mankind, that it has truly become the envy of nations. The characteristic facts in their conditions are the non—existence of tithes, of privileged classes, of corporations in our sense of the term, of a landed aristocracy, of mendicity except to a very limited extent, and of an endowed church: the cheapness and efficieney of the government, the universality of edueation, the omnipresence of its periodical press, the high feeling of self-respect which exists in the very humblest classes, and the boundless spirit of enterprise which pervades society from top to bottom. The higher clsses are less polished than in England, the middle are perhaps, less carefully instructed; but the American people, taken collectively, are better educated, and have more intelligence and manliness of character, than any other nation in the world."

《四洲志》的这一段却作"传闻大吕宋开垦南弥利坚之初，野则荒芜，弥望无人；山则深林，莫知矿处；壤则启辟，始破天荒。数百年来，育奈士迭遽成富强之国，足见国家之勃起，全由部民之勤奋。故虽不立国王，仅设总领；而国政操诸舆论，所言必施行，有害必上闻，事简政速，令行禁止，与贤辟所治无异。此又变封建郡县官家之局而自成世界者。"

细看这段文字，既然讲的是美国发展之"遽"，为何用1/3的篇幅去谈南美"开垦之初"的情况？讹译问题很快即可发现。所谓"大吕宋开垦南弥利坚"，实际上是原文"育奈士迭之拓殖晚于大吕宋南弥利坚（西班牙美洲）一个世纪"的讹译。随而北美"开垦之初"的情况，也讹为南美开垦之初的情况。接着，原文的Wilderness被译为"野则荒芜，弥望无人"；covered with impenetrable woods被译为"山则深林"；had no gold mines被译为"莫知矿处"；a territory of only indifferent fertility被译为"壤则启辟，始破天荒"。而their brilliant and rapid progress，被译为"育奈士迭遽成富强之国"；shows，in a striking light（显示），被译为"足见"；the prosperity of nations被译为"国家之勃起"；depends on……the boundless spirit of enterprise which pervades socicty from top to bottom被译为"全由部民之勤奋”。这一译段的前半就是这样误译和摘而意译出来的。

至于后半段，那位英国作家的说话是从社会状况方面立论，而不是从政体方面立论的，只提到美国“没有特权阶级”“没有土地贵族”，根本没有“国王”“总统”等词。原著的美国政治那一节对总统制作了详细介绍，“不立国王”，虽在意中，但无此语。《四洲志》中的这一段，从“故虽不立国王，仅设总领”开始，虽还可能用上原译稿的一些语句，但实质上已是林则徐本人的文章了。原文的the omnipresense of its periodical press，意为“报刊随处可见”，如果梁进德把omnipresense误为omniscienee，“国政操之舆论，所言必施行，有害必上闻”这一句，就与原译有关，不然，就没什么关系。“事简政速，令行禁止”可能是the cheapness and effieiency of the government的意译，或对译文再加工，“与贤辟所治无异”，则是林则徐本人加上去的对当时美国总统制的高度评价。原文末句意为“美国人之教育、才智与勇敢，均优于世界上其它各国”，林则徐把它改了，改为“此又变封建郡县官家之局而自成世界者”。

要是梁进德使用的那个原著版本与所见版本的这段原文根本不同，是不可能出现这么多的巧合的。可以绝对肯定，即令梁进德使用的是笔者未见的版本，这一段也必然引用，而且就像已见版本一样全引那位英国作家的整段说话。至于“封建郡县官家之局”是什么意思，可能Murray等人连阅读的条件也不具备，更不用说在原著中以意似的话来表达了。

从大约半年以后林则徐把《四洲志》抄本、高理文（Elijah Coleman Bridgman，通译裨治文）用中文撰写的《美理哥国志略》及其它许多资料交给魏源，嘱他撰写《海国图志》这一事实看来，当时的林则徐在政体问题上开始有新见解是不足为奇的。在第一次鸦片战争这一关系中国命运的严重时刻，清朝政府的腐败暴露无遗，这位伟大爱国主义者的目睹身受，使他深深忧虑我国的前途，也易促使这种见解形成。在修改《四洲志》译稿时，含蓄地表达他对政体问题的新看法，也是可以理解的。

要是管见经得起验证，长期被“译”字掩盖着的林则徐这一重要思想，就应重新获得它在历史上的应有地位。魏源在《海国图志》五十卷本和一百卷本中对这一思想所作的重要发挥，其所起的作用仍不能低估。但在中国近代政治思想史上，涉及这一问题时，有些提法就应有所调整了。

（3）在《四洲志》一书中，林则徐对世界各地的民情习俗也表达了他的重要见解。他对摆出太上学者架势的“欧洲人”随意非议东方的风俗习惯相当反感。印支各国吃蛇，Murray他们评为“欧洲人所憎恶的”，林则徐把这句话改为“盖近中国闽广之风矣”。我国闽广一带就吃蛇，那些欧洲太上学者们（Murray其人就是写了原著的英国版后才徙居美国的）实际上把我们的风俗习惯也骂在内了。这种无理指责，当然要引起林则徐的愤慨。林则徐所作的修改，意在说明应该尊重世界各地不同的风俗习惯，不应妄评。林则徐在修改译稿关于印支国家各种丧礼的评论时，因受旧观念的束缚，虽觉得火葬一类丧礼“惨”了一点，仍积极为之辩护。在他为印支各国的风俗习惯所作的辩护中，有些论点似欠足够证据；但整个说来，都是从尊重各国习俗这一基本点和友好睦邻政策出发的。

经过认真研究才判断《四洲志》的整理价值、评论它的历史意义，结论产生于调查研究的末尾，似较稳妥。反过来说，如果不去钻研，不审查前人的结论，是会一叶障目，很重要的问题也会视若无睹的。

三

《四洲志》的确是一部相当难读的书。

此书首节在说了喜马拉雅山“最高”之后，接着就说“次则以阿山为最”。“阿山”指什么山？很难想象。由于译得太简，精明的林则徐也未发现这句译文牵涉到边界问题，只好保留原译。校以原著，才知道此句译自 The mountains……which form the northern frontier of Assam are exceedingly lofty， falling little short of Himalaya。阿萨姆地处著名的阿萨姆平原，或称布拉马普特拉河平原，它的北境之内，根本就没有原著所说高度仅次于喜马拉雅的高山。英国才夺得阿萨姆不久，这种捏造的地理概念就出笼了。目的何在？无非是想把阿萨姆的疆界向北推进，吞并我国西藏的一块。这一捏造，不啻是几十年后那荒唐的“麦克马洪线”的张本。这是一个很严重的问题，决不能信手把“阿山”加上地名线了事。这样一类的问题给我们上课了，不作校勘，是根本不行的。

“英吉利”似乎是一个小学生也懂得的国名，但它译自原著何名？查遍原著的英国部分都无此名。原著提到Angles这一种族名，《四洲志》未作翻译；East Englas则译为“依掩那司”。其实《四洲志》的“英吉利又名英伦”一语是一句带有注释性的译文。“英吉利”是沿用流行已久的译名；“英伦”译自England（英格兰）。在我国古籍中，1745—1751年成书的《澳门纪略》始用“英吉利”三字译英国。但从1707年起，英国的正式国名已是大不列颠（Great Britain）王国，England是它的领土的主要部分，也是它的惯称。但England或Great Britain都不能与“英吉利”三字对音。《澳门纪略》的两位作者都懂得一定数量的葡文名词，并能较准确地用汉语注音，但没资料证明他们懂得别的外语。而葡文称英国为Monarquia Ingleza（英吉利王国），称英国领土的主要部分England为Reino de Inglaterra。《澳门纪略》的“英吉利”三字，显然译自葡语。在此以前，在1717年的奏折和在1730年成书的《海国闻见录》中都有与“英吉利”三字首字相同，末二字音同字异的译名，但那时候葡语还是中西贸易的通用外语，似更可能译自葡语。到18世纪90年代“暎咭唎国”一名已常见于官方文书。若干词典认为我国古籍中的“英吉利”一名译自England，也有对England一名作词源考释，从中挑出一个可同“英吉利”对音的词以证其说的；还有学者干脆说此名译自English（英国人），似皆局限在英语范围内考虑，不一定符合二百几十年前的实际。

《四洲志》的地名多，弄错了的地名也不少。像“义唔”“叶希里”一类地名，因错在首字，书中所示条件又过少，是较难解决的。但只要原著的地图在手，“叶希里”这样的地名还较易校出是“艾希里”之讹；“义唔”这样的地名，难度要大得多，要费较大力气才能考出是“差唔”之讹[①]。不过，这种难关是一定要闯的，不然，问题就只好老是挂着。至于像“浔伦冰雪”一类地名，虽然译得古怪，一查对原著，是较易证实为瑞士的Shreekhon和Grimsel等冰川的。

林则徐要梁进德把原著正文没讲清楚的许多国家的省或州、郡的四至都译出来。由于原著的分国图都很小，在这些地图中，省或州、郡名又往往以编号作注表示，为了译这些

① 参见拙作《有关〈海国图志〉的若干问题》，《求索》1988年第3期。

区域的四至，梁进德据原图编号译绘了一批草图，可惜保存下来的已经很少了。由于他的工作做得不够精细，这些“四至”错了很多。法国的省级区划多，第一个省——西尼爱西（Seine and Oisc塞纳——瓦兹）的东界就弄错了。说这个省“东界西耶玛尼”，当然是“东界西尼玛尼（Seine—et—Marne塞纳—马恩）”之讹。梁进德不会不知道从当时的塞纳—瓦兹往东，要经过好几个省才到德国西部，“耶”字不是译者笔误，就是抄者抄错。说第三个省——罗阿付（Lower Alps下阿尔卑斯）“西界鬲”（Gard加尔），原因在他绘草图时，就把沃克吕兹（Vaucluse）这个省漏掉了。漏掉这个省，不但把下阿尔卑斯的西界弄错，而且导致与沃克吕兹相邻各省的省界都发生错误。瑞士的国境较小，州不算多，但也出现“洼利斯（Valais瓦莱）西界洼利斯”“额里渠（Grey League）东界斯渣付侯新（SchaffhOusen沙夫豪森）”等不可索解之句。瑞士瓦莱州之西是现在法国的萨瓦（Savoy）地区，当时地图作Sadinia States。“额里渠”一名，当时地图多用法文名Grisons，即今Canton of Graubunden（格劳宾登州），它的东面根本不可能是瑞士最北的沙夫豪森州，而是现在的意大利。诸如此类的错误，不胜枚举。大量的省、州、郡界错误，不校不行，但要核对清楚，就得用较多时间。

“北都鲁机”（Turkey in Europe）这一章出现“欧罗巴各国与腊体讷国同时兴兵”之句。在“欧罗巴各国”之外的“腊体讷国”是什么国家？很难想象。校以原著才知道是“……the European powers to the great enterprise of the crusades 。The Latin nations poured in with a force……”意为“欧罗巴列强遂组织十字军，拉丁国家之兵源源开至”。本在欧罗巴各国之内的拉丁国家，竟译为在欧罗巴各国之外，不校出来，那个“腊体讷国”便要成为不解之谜。

一些不常见的地名，如中非的“沙达卢根戈卢领尼古墨鲁古富腊卢五小国”，西非的“领儿腊阿儿语洼扫阿广磨四国”和“雅漫阴达那安麻诸国”，不逐一查清是Satadoo，Konkodoo，Dindikoo，Brooko，Fooladoo，Dinkira，Akim，Warsaw，Aquamboe，Gaman，Inta，Dagwunba，并逐个用闽南音比对，安知译文一定准确，又怎能准确地把顿号点上去？

人名问题有时也影响地名。梁进德所译的“凝匿士王”，就是成吉思汗。从林则徐反驳原著的构思看来，如果他发觉凝匿士王就是成吉思汗的话，肯定要把梁进德所译的“鞑鞑里之凝匿士王”改为“蒙古之凝匿士王”或“蒙古之成吉思汗”的。但他没看出这个人名是谁，只好保留梁进德的原译。

从《四洲志》缅甸节的上下文分析，当然也可判断“阿罗般部落”一名只能是雍籍牙（Aungzeya），但外国通用的是Alaungpaya一名，为何译作“阿罗般部落”？查出原著使用Alompra一名，就可取得更确切的证据。由于《四洲志》所用“部落”二字甚多，绝大多数指行政区划，而人名线又同地名线一模一样。只加人名线，恐怕还不能完全解决问题。

《四洲志》一书在历史事实和人、地名方面的错综乱译，莫过于意大利章所说的“其他上古无主统摄，各霸一方；嗣里渣赤之益喀尔西阿士王始并各部落为一，名曰罗汶国（Rome）”了。传说公元前8世纪时，罗慕洛斯始建罗马城，开创罗马的王政时代，到公元前6世纪又出现罗马共和国，约在公元前3世纪意大利半岛就基本上统一了。罗马帝国的历史早于基督教的历史。到公元4世纪基督教才成为罗马帝国的国教。“里渣赤”一名是States of the Church（教皇国）后半的译音，而“益喀尔西阿士”则是Ecclesiastical States（教皇国）前半的译音。原著既未提到Ecclesias这么一个王，也没说他是States of the

Church之王，更没说到他那时才并“各部落为一，名曰罗汶国”。教皇国的出现很晚。到它出现，已是公元8世纪了。原著提到the Pope, temporal ruler of the States of the Church（教王是教皇国的世俗统治者），即令据此硬把Pope变作原著所无的ecclesia王，甚至ecclesia’s王，也不能说是到教皇国的教王时，“始并各部落为一，名曰罗汶国”。

在年代方面，由于译者没充分理解Century一词的意思，像把第5世纪译为“耶稣纪岁五百”，第10世纪译为“耶稣千年”，12世纪译为“千二百年”，15世纪译为“千五百年”等一类问题充斥全书。不作校勘，许多年代均与史实对不上号。但不能说他所译的多少百年都是第几世纪之讹，在英国部分，他译的“八百年（in the year 800）间，委屑司（Wessex韦塞克司）之伊末（Egbert爱格柏）遂并七部为一，……”就译对了。这就只好对他翻译的年代，逐一查证。

今人较易翻译英国内阁那12个大臣。但梁进德既漏译外交大臣，所译的11个大臣，也只能对其中二者释意，把掌玺大臣释为“管印官”还可以；把首相释为“管库官”，就会与财政大臣分不清了。其它9名大臣他都用闽南语音译。殖民地和战争大臣（Secretary of State for Colonies and War）译为“色吉力达厘阿付士迭火哥罗尼士奄窝”，内政大臣（Secretary of State for the Home Department）译为“色吉力达厘［阿付］士迭火厘火伦厘拔盟”，前者长达16字，后者如补上漏译的of，也长达16字。这一类译名还较易猜。像“阿西士庵尼西布莱阿士衙门”这样，译名虽较短，但因译音欠准，又杂有拉丁文，就不易一下子猜出是Courts of Assize and NisiPrius（巡回审判法庭）。至于法国的Chamber of Deputies，在未能意译为众议院的条件下，音译未尝不可。但把此名译为“占马阿富衙门”，错将“议员”作“衙门”，不弄清楚是无法理解的。

梁进德不会不知道carry on banking的最普通意思就是“经营银号”，原著在说欧洲土耳其的犹太人carry on banking之后，紧接着就说放高利贷，更使此语非译“经营银号”不可。但他因在上文译了“犹太人即不见重，所至受人欺凌”这一句，便怀疑“经营银号”与“所至受人欺凌”有矛盾，结果，挖空心思把carry on banking译为“以烧面为业”。这样的译文，虽然煞费苦心，还是大错特错。不校出来，是会莫名其妙的。

至于译者将“鲸”译“鳅”，那是有所据的。在《四洲志》中，Whalebone一名有二译，既译鳅鱼骨，也译海鳅骨。露脊鲸旧称海鳍，鳅通鳍，遂作鳅。Whalebone是无齿鲸类口部的角质薄片，今译鲸须。现在的译名也不见得很准确，梁进德的译名更不准确。这样一些翻译，属于始译难工，就不能说是讹译。

总的说来，《四洲志》是一部很有整理价值、亟待整理又较难整理研究的书。争论焦点在要不要作艰苦的校勘。但什么是认识和整理这部书的钥匙？答案似乎是非常明显的。

［原文载于《暨南学报》（哲学社会科学）1993年第3期］

《海国闻见录》所载非洲地名考

陈　华

在1730年成书的陈伦炯著《海国闻见录》的非洲部分，常常使用“乌鬼”一词；或曰“顺毛乌鬼”，或曰“绻毛乌鬼”，或在地名之前加“乌鬼”二字，或在“乌鬼”一词之前冠以地名。这些用词都是不适当的，而且早为“黑人”“直发”“绻发”等词代替。但为考释该书所载的非洲地名，本文不得不较多地引用原书中这些不适当的用词，也只限于这样引用。

此书所载的非洲地名才9个，前人早有考释。但笔者只赞同其二，半赞同其一，前人所释的其它6个地名，似皆与该书所示条件不符。全赞同的是，释“吗里呀氏简”为马达加斯加（Madagascar）；释“乌鬼之岬”为好望角（Kaap de Goeie Hoop）。半赞同的是，释“顺毛乌鬼国”为埃及（Egypt）；但似不如释“顺毛乌鬼地方”为埃及和努比亚（Nubia，今苏丹民主共和国北部地区），更符合作者原意。

疑为前人误释的6个地名，分考如下：

1.“闾年乌鬼王国”

按该书所述，这一王国位于好望角“绕向西北”的地方，从这一王国“又向西北”，“复绕出”非洲“极西”一带，便是“西面皆沿海接连”的“闾年绻毛乌鬼地方”，该书所附的《四海总图》，又把这个王国绘于现在的扎伊尔（Zaire）一带。这样，“闾年”二字就成了必须认真考虑的关键问题。毫无疑问，“闾年”就是葡文Guiné的闽南语译音，英文作Guinea，通译几内亚。但几内亚地区又有“几内亚”和“下几内亚”地区之别。当时欧洲的地理著作是把Loango和Congo及其邻近地方，即今刚果、扎伊尔及其邻近地区称为Lower Guinea（下几内亚）的。关于下几内亚地区的范围，学界有争论。我国史学界的老前辈就有认为“下几内亚”地区不包括扎伊尔、刚果及其邻近地区的。本文不打算讨论这个问题：只想说明陈伦炯当时所“闻”的就是欧洲地理学界的流行观念，所以该书所附的《四海总图》才把“闾年乌鬼王国”绘于扎伊尔一带，我们也只能按其原意说他所称的“闾年乌鬼王国”，就是指刚果、扎伊尔及其邻近地方。注《闻见录》的老前辈却把“闾年乌鬼王国”释为现在的几内亚共和国（The Republic of Guinea），这样就引起连锁反应，下面的地名便难于解释了。

2.“闾年绻毛乌鬼地方”

现在欧洲出版的世界地图或非洲地图大都印有Guinea这一地理区域。这个区域的民族和部族，大都是绻发（Wolly hair）的，亦符合《闻见录》所说的毛发特征。15世纪葡萄牙殖民者在西非登陆，便把从塞内加尔（Senegal）至几内亚湾沿岸一带的国家命名为Guiné，意为黑人地区或黑人国。17世纪中叶，法、英二国差不多同时侵入塞内加尔和冈比亚（Gambia）河口，法国殖民者便把塞内加尔和冈比亚合称为塞内冈比亚（Senegambia）。此后这一地区便成为西非的另一地理区域。关于几内亚这个地理区域的界线也有不同讲法，但似以说约指今几内亚比绍（Guinea-Bissau）、几内亚共和国至几内亚湾沿岸一带的国家为宜。原书说，自扎伊尔、刚果“又向西北”，“复绕出”非洲“极西”一带，“皆闾年绻毛乌鬼地方”，正是指这一个地理区域。但注此书的老前辈，由于已把“闾年乌鬼王国”误释为现在的几内亚共和国，这个“闾年绻毛乌鬼地方”便成了难题。本来几内亚共和国的西北还有几内亚比绍可冠以“闾年”二字，但原书用了两个“皆”字来说明这个地区：(1)“闾年乌鬼王国”西北以至非洲“极西”一带“皆闾年绻毛乌鬼地方”；(2)这一地区“西面皆沿海相接”，似乎地方很大。结果，老前辈把“闾年绻毛乌鬼地方”八字的前面二字和后面二字都去掉，独注中间的“绻毛乌鬼”四字。去掉前后共四字，特别是去掉前面的“闾年”二字，这就与作者的原意大不相符了。老前辈把“绻毛乌鬼”四字释为撒哈拉沙漠以南的尼格罗族居住地区，这又与书上接着出现的“苏麻勿里”地区发生矛盾。

3.“苏麻勿里”

这是什么地方？《闻见录》有两段文字很值得注意。第一段说：“闾年绻毛乌鬼地方”西北“与苏麻勿里乌鬼为界……北面一带陆地俱联苏麻勿里——东与接连阿黎米也之顺毛乌鬼为界”。由于几内亚地区的东部距努比亚一带约2000公里，“东与接连阿黎米也（Arabia）之顺毛乌鬼为界”一语显然是说“苏麻勿里”的，如果不在它的前面加上解释性的破折号，就应说它的前面脱了“苏麻勿里”四字，并标点为“……北面一带陆地俱联苏麻勿里，（苏麻勿里）东与连接阿黎米也之顺毛乌鬼为界”，意思都一样。第二段说：“苏麻勿里西临大洋”，北邻“西临大洋”的“弥黎吕黎、惹林”。《四海总图》还把“苏麻勿里”绘为横贯非洲的一长条。这就是说“苏麻勿里”东接努比亚一带，南接几内亚这个大地区，西北面是非洲大陆极西偏北并西临大洋的“弥黎吕黎、惹林”，这个地区确如该书所说“地方广阔”。这样一个地区，实际上只有撒哈拉沙漠以南，横贯非洲、当时约有20多个小国的苏丹（Sudan）这一辽阔的地理区域足以当之。这一地区亦称尼吉里西亚（Nigricia，Nigritia）。但无论Sudan或Nigricia都不能与“苏麻勿里”对音。“苏麻勿里”究竟译自何种文字，是怎样译出来的？中世纪的阿拉伯作家曾称这一带为Biliyad-es-Sudan，意为黑人之国。“苏麻勿里”就是此名的闽南音倒译，把Sudan放到前面，“麻”字不能准确对音，可能是所“闻”稍有出入。但不把“苏麻勿里”视为这一地区，确实无法解释得通。可是，早在几十年前，注《海录》一书的老前辈，在偶然提及《闻见录》中的这一地名时，就已释为索马里（Somali）；后来注《闻见录》的老前辈在把“闾年绻毛乌鬼地方”实际上误释为尼吉里西亚之后，再要解释“闾年绻毛乌鬼地方”“北面一带陆地俱联苏麻勿里”，就只有把“苏麻勿里”北移至撒哈拉沙漠了。但原书根本没提到这块大沙漠。结果便接受前人的误释，也释“苏麻勿里”为索马里。两位著名的老前辈都这么说，确令后学为难。索马里在非洲东面，素有“非洲之角”之称。它的东面、南面都是印度洋，北面是亚丁湾（G.of Aden），西北面是埃塞俄比亚（Ethiopia，旧称Abyssinia阿比西尼亚），西南面是肯尼亚（Kenya）。这样的地理位置同书上所说的条件实在相去太远了。索马里同非洲大陆最西面的“弥黎吕黎、惹林”相距6000公里以上，根本不可能“北邻弥黎吕黎、惹林”。索马里同几内亚湾附近一带的国家至少也相距3000公里，也不可能说索马里的南面是几内亚这个大地区。总之，《闻见录》所说的“苏麻勿里”的地理位置完全与索马里不符。考释古籍中的外国地名要讲对音，但不能凭近似对音定夺，而不顾其它条件，何况用闽南音译Somali，非删去中间那个“勿”字不可？

4.“乌鬼王国”

原书说，自“闾年绻毛乌鬼地方”，“复往西北，与苏麻勿里为界；中有一国亦名乌鬼王国”。句内的“中”字显指“闾年绻毛乌鬼地方”之“中”，而不是指“苏麻勿里”之“中”。在当时几内亚这一地理区域数十国中的“乌鬼王国”，很可能是以廷博（Timbo）为首都，并有较大城邑拉贝（Labé），随时可召集16000兵员投入战场的西非大国富塔贾罗（Foota Jallo）。此国同邻近20多个部族，从15世纪起就先后被葡、西、法、英殖民者入侵，并于19世纪末沦为法国的殖民地。但他们经过长期斗争，终于在1958年取得独立，即现在的几内亚共和国。老前辈既把几内亚这一大地区实际上误释为横贯非洲的苏丹地区，那也应在当时苏丹地区之“中”，去寻找这个“乌鬼王国”。但他却把这个“乌鬼王国”释为埃塞俄比亚，这就一误再误。大体说来，横贯非洲的苏丹地区是东界当时的努比亚和阿比西尼亚二国的。埃塞俄比亚不是在苏丹这一地理区域之“中”，而是在它的东面。

5.“弥黎吕黎、惹林”

对这两个地方，原书说了三点：（1）苏麻勿里“北邻弥黎吕黎、惹林”，但实际上苏丹这一广阔地区的正北面是撒哈拉沙漠，所谓“弥黎吕黎、惹林”总的说应在苏丹这个地理区域的西北面；（2）“西临大洋”，即西临大西洋；（3）“北一带与猫喇猫里也毗联”，但严格说来，应该说从它的东北面越过撒哈拉沙漠才到达“猫喇猫里也”地区。从这三点看，这两个地名只能是塞内加尔、冈比亚。在西非的那一带，除塞内加尔、冈比亚外，实在无法找到其它勉强可同“弥黎吕黎、惹林”对音的地区。不过，陈伦炯如何把Senegal和Gambia用闽南音译为“弥黎吕黎、惹林”，还应认真研究。如果解释不通，那就只好存疑了。约在1840年摘译出来的《四洲志》，也是用闽南语音译地名的。此书就把Senegal译为“色黎雅尔”，把Gambia译为“安弥阿”或省译为“安弥”。看来，用闽南音把Senegal译为“色黎吕黎”，还可讲得通，译为“弥黎吕黎”就讲不通了。Gambia一名可用闽南音译为“惹林弥阿”或省译为“惹林弥”。这样，Senegal和Gambia二名，只能异译为“色黎吕黎、惹林弥”，不可能译为“弥黎吕黎、惹林”。但是，我国古籍中的外国地名常有倒讹，有时还倒讹得非常奇特，这是学界都知道的。“弥黎吕黎、惹林”一名的出现，其实是后面的“弥”字倒到了前面，并取代了前面那个“色”字的缘故。要是这一分析能够成立，“弥黎吕黎、惹林”这一怪名当然就是Senegal和Gambia。《四海总图》把“弥黎吕黎、惹林”绘于撒哈拉沙漠一带，很可能是绘图人夏璇渊误绘，也有可能是陈伦炯本人不大清楚这个地区的东界。老前辈把“弥黎吕黎”释为的黎波里（Tripoli），把“惹林”释为乍得（Chad），并认为“惹林”就是《海国图志》的“加林”，似皆欠妥。从译音上说，“弥黎吕黎”的“弥”字和“吕”字均不能同T和po对音，《四洲志》用闽南音把Tripoli译为特厘波里是可作参考的。至于“加林”，闽南音一般是把ga译“雅”“惹”，把ka译“加”“嘉”的，“惹”同“加”不见得能对得上号。何况“加林”是什么地方还是一个有待考证的问题。《海国图志》百卷本的非洲部分，即从卷33至卷37都无“加林”一名，只有卷4的《利未亚洲全图》才出现“加林邑”一名，并绘于距乍得湖（Lac Tchad）较远的东南面。这幅地图是19世纪40年代后期从香港传进广州的，笔者也只看到摹件，未查到当时在香港流行的原图，还不能肯定译制此图的是谁。但这是一幅很粗糙的地图，许多地名的方位都绘得不准确。从该图乍得湖一带的地名或种族名看，就很不准确。本来是在湖的西北以至湖的南面的

“补奴”（Bornou波尔努）绘在湖的西南，本来是在湖西北面而且是以尼日尔（Niger）境内的比尔马（Bilma）为活动中心的“特补族”（Tibboos提卜布族）却绘在湖的东北。所谓“加林邑”，在近湖南面的较大城邑中无此地名，在南一点的曼达拉（Mandara）、洛贡（Loggun，Logone）等地也没有，稍东的贝吉尔米（Begarmi）地方还是没有。这就不能不认真考虑是不是当时英文地图中的大商站安戈尔努（Angornou），但不能对音。再考虑旧波尔努（Old Bornou）的王庭甘巴鲁（Gambarou），如用闽南音略译，可把Gam译为“雅林”或“惹林”，此地在今尼日利亚（Nigeria）的东北角。但在19世纪中期译制的非洲简图，在它那极其有限的地名中，是不可能把早成废墟的Old Bornou的这个地名绘进去的。这样，“加林”一名就只能是《海国图志》卷36用闽南语音译的“加领”，即现在乍得共和国的加奈姆（Kanem）省，位于乍得湖的北面，省会马奥（Mao）在省的东部，但Kanem一名是不可能用闽南音译为“惹林”的。说“加林”在乍得是对的，但把那个绘错了位置的“加林”入注，就不仅是误“加林”为“惹林”，连“加林”本身的位置似亦未作研究。再从大的地理方位看，把“弥黎吕黎、惹林”释为“的黎波里”和“乍得”，那就有许多问题不能解决，主要是：（1）老前辈既把“苏麻勿里”释为索马里，索马里怎么可能“北邻”或西北邻接的黎波里和乍得呢？这是绝不可能的；（2）怎么说明的黎波里和乍得“西临”大西洋呢？这又是绝不可能的；（3）老前辈既然实际上把“闾年绻毛乌鬼地方”释为横贯非洲的地理区域苏丹，乍得共和国的绝大部分地方就在这一区域之内，只有西北角在撒哈拉沙漠，那就只能挑出它的西北角说是北与猫喇猫里也“毗联”了。至于“的黎波里”，其本身就是“猫喇猫里也”地区的东部，怎么能说它的北面或东北面“与猫喇猫里也毗联”呢？这些都是讲不通的。

6.“猫喇猫里也”

原书对此名讲了三点：（1）“弥黎吕黎、惹林……北一带与猫喇猫里也毗联”；（2）“西临大洋，北一带与红毛（原书谓‘西北诸番之总名’，泛指西、北、中、南欧）隔中海对峙”；（3）“由阿黎米也而向西，直出至西洋，皆猫喇猫里也中海沿边之地”。《四海总图》还把此名绘为地中海以南横贯北非的一大片。大致由利比亚的的黎波里地区起直至摩洛哥（Morocca）一带。前文已经说过，塞内加尔、冈比亚的东北面隔着撒哈拉沙漠与北非接连。不全面看原书所示的条件，只看第一点，是有可能把这个地名误释为摩洛哥的。但全面分析这些条件，并从对音考虑，它就只能是巴巴里（Barbary）地区。此名的本意是柏柏尔人居住的地区（Pays bar baresques），简称巴巴里。这一地区包括摩洛哥、阿尔及利亚（Algeria）、突尼斯（Tunisia）和利比亚的的黎波里地区。巴巴里一名与马格里布（Maghareb）一名大体相同，但马格里布一名较多指摩洛哥、阿尔及利亚、突尼斯三国。如果把“猫喇猫里也”释为摩洛哥，在地理位置上只能说是对了1/4，但从对音上说就完全不对了。《四洲志》用闽南音把Morocca译为“摩罗果”，把Barbary译为“麻马里”。后面的这一译名，是梁进德把Bar译“麻”、把ba译“马”、把ry译“里”的结果。撰《海国闻见录》的陈伦炯是怎样译这个地名的？他把Ba译“猫”，把r译“喇”，再把ba译“猫”、把ry译“里也”，所以译出这个不大好懂的地名。老前辈在前面的若干地名中似乎较着重近似对音，而不大理会地理位置。但对这个地名，似乎二者都不理会。Morocca一名无论如何也不能同“猫喇猫里也”近似对音。而从地理方位说，既然把“弥黎吕黎”释为的黎波里，那末在“弥黎吕黎”之“北”或东北的“猫喇猫里也”就应在地中海里面，但他又不能不根据“西临大洋”“北一带与红毛隔中海对峙”等语，把此名释为摩洛哥。这样，摩洛哥便要东移到地中海里面了。既然注意到“猫喇猫里也”的一些地理条件，似乎就应全面衡量这些条件。抓住一点，遽然论定，以偏概全，当然无法得其正鹄，也使读者疑云重重，无法理解。

[原文载于《暨南学报》（哲学社会科学）1993年第4期]

邹云涛（1931—2007），广东大埔人，1954年中山大学历史学系毕业后，先后在中国科学院哲学社会科学学部历史研究所、中山大学历史学系、中山大学工农预科、广州市第六中学从事历史教学与研究工作。1987年至1991年在新华社香港分社工作。后调入暨南大学历史学系工作，副教授。邹云涛系历史学家金应熙教授夫人，辅助金教授工作多年，并在金教授去世后主持整理金教授遗著。发表多篇学术论文。

试论三国时期南北均势的形成及其破坏

邹云涛

自东汉末年黄巾大起义以来，东汉封建王朝的统治濒于崩溃，中原地区群雄割据，出现了持续十余年的大混战，直到公元200年官渡之战，曹操战败袁绍，北方始告基本统一。公元208年，曹操率兵南征，却在赤壁为孙权、刘备的联军所挫败撤退。以后曹魏经营中原，刘蜀进取益州、汉中，而孙吴则据守江南，他们相继立国称帝，形成了鼎立之势，这种局面一直维持到公元279年晋朝司马氏灭吴为止，共约七十年。在这段时间，魏、蜀、吴三国为使暂时的平衡向有利于自己的方向转变，都采取了各种措施，进行了艰巨的斗争。然而，为什么吴、蜀的主观努力仍不能阻止两国国力逐渐削弱的趋势，终于相继为立国北方的魏、晋所并呢？这是一个很值得研究的问题。在冀朝鼎、唐长孺等同志的有关著作[①]中，都有涉及这个问题的论述，但尚未见有着重这一点进行分析的专文，本文拟论述维系三国力量平衡的诸因素，以及这些因素的逐渐变化、消失的过程，试对这段历史作一个初步的探讨。

一、三国鼎立的诸因素

在中国封建社会的前期，构成封建农业经济主体的人口与耕地的分布是很不均衡的。汉代，中国农业发展的经济重心仍在北方黄河流域的中下游地区。依据《后汉书·郡国志》的统计，黄河流域中下游地区（包括司隶校尉部和豫、冀、兖、青、徐五州），面积约占全国总面积的1/8，而人口却占全国总人口数（四千九百七十三万多）的68%以上[②]。这一地区水利灌溉系统比较发达，开垦的耕地也比较多，因而劳动生产率也比其它地区高[③]，是当时最富足的地方。北方还是汉代的政治中心。组成封建统治集团的骨干，绝大多数是北方地主，而南方地主在政治上的地位与北方相比，差距甚远。总之，在汉代，北方地主阶级的经济、政治力量，与南方比较起来仍占有相当大的优势，基于这一情况，冀朝鼎在论述两汉经济发展时曾经指出："包括泾水、渭水和汾水流域，以及黄河的河南河北部分在内的这一地区"，构成了两汉时期的基本经济区。不管哪一个政治集团，只要控制了这一地区，它就有较大的可能统一全国[④]。

然而，在汉末纷争中，打败袁绍统一了中原的曹操，挟余威而南下，为何却不能一举

① 冀朝鼎：《中国历史上的基本经济区与水利事业的发展》，中国社会科学出版社1981年版；唐长孺：《东汉末期的大姓名士》，刊《中华学术论文集》，中华书局1981年版。

② 据《后汉书》郡国志所示数字统计。

③ 参看宁可《汉代农业生产漫谈》，载山西社会科学院编《中国社会经济史论丛》。

④ 冀朝鼎前书。

平定南方，完成其统一全国的事业，相反在赤壁一战为孙刘联军所挫，被迫退回中原，形成三国鼎立的局面呢？“在历史的发展中，偶然性起着自己的作用，而它在辩证的思维中，就像在胚胎的发展中一样包括在必然性中。”[①]赤壁之战，是揭开三国鼎立序幕的一战，同时又是这一时期历史发展趋势的一种反映。在当时特定的历史条件下，三国鼎立的诸种因素正在逐渐形成，为三国鼎立的局面奠定了基础。

从经济上来说：东汉末年的大规模战争，尤其是长达十多年的封建军阀混战，加上自然灾害，严重破坏了中原地区的经济。我们可以在有关的史籍记载中，看到当时北方几个重要地区所遭受的严重损失，如在首都长安和关中：“谷一斛五十万，豆麦二十万，人相食啖，白骨委积，臭秽满路。”[②]“长安城空四十余日，强者四散，羸者相食，二三年间，关中无复人迹。”[③]在洛阳，“是时，宫室烧尽，百官披荆棘，依墙壁间，州郡各拥强兵。而委输不至，群僚饥乏。尚书郎以下自出采稆，或饥死墙壁间，或为兵士所杀。”[④]在公孙瓒和袁绍相攻的河北、青州地区：“互掠百姓，野无青草……旱蝗谷贵，民相食。”[⑤]江淮一带，“（袁）术兵弱，大将死，众情离叛。加天旱岁荒，士民冻馁，江淮间相食殆尽。”[⑥]天灾人祸，使人口损耗严重，“天下户口减耗，十裁一在”[⑦]。以至曹操统一北方后，经济力量远不如前。“今大魏奄有十州之地，而承丧乱之弊，计其户口，不如往昔一州之民。”[⑧]这些记载在一定程度上揭示了北方经济遭受的严重损失。然而，南方（包括益州地区）受战乱影响较少，较为稳定，成为北方士大夫避乱之所。例如：在江南，“是时，四方贤士大夫避地江南者甚众”[⑨]。东吴名臣鲁肃就是南渡避乱的，临行谓其部属：“吾闻江东沃野万里，民富兵强，可以避害。”[⑩]蜀中情况也是这样。诸葛亮就曾在《隆中对》称：益州是“沃野千里”“民殷国富”的地区[⑪]。安定的经济和北方劳动力的移入，为江南、巴蜀地区的开垦和发展，起到了很大的作用，南北经济力量，此消彼长，便出现了一种暂时的均衡，成为三国鼎立的经济基础。

冀朝鼎在分析导致三国鼎立的物质因素时指出：几个对立竞争的经济区的兴起，使它们成为足以同统治主要的基本经济区的君主长期抗衡的基地。东汉末年四川盆地和长江下游的昌盛，就是三国时代力量均衡的根本原因[⑫]。他的这一分析是深有见地的。

东汉是地方豪族势力长成的时代，上述四川盆地同长江下游两个新经济区的兴起，必然导致两区内豪族的发展。据日本学者鹤间和幸、佐竹靖彦的研究，江东豪族的形成略后

① 恩格斯：《自然辩证法》，《马克思恩格斯选集》第三卷，第545页。
② 《后汉书》卷七十二，董卓传。
③ 《后汉书》卷七十二，董卓传。
④ 《后汉书》卷九，献帝纪。
⑤ 《后汉书》卷七十三，公孙瓒传。
⑥ 《后汉书》卷七十五，袁术传。
⑦ 《三国志》卷八，魏志，张绣传。
⑧ 《三国志》卷十六，魏志，杜畿传附子恕传。
⑨ 《三国志》卷十三，魏志，华歆传引华峤《谱叙》。
⑩ 《三国志》卷五十四，吴志，鲁肃传引《吴书》。
⑪ 《三国志》卷三十五，蜀志，诸葛亮传。
⑫ 冀朝鼎：前引书，第79页。

于关东地区，而巴蜀大姓又更晚一点[①]。但到东汉末年，江东吴郡的顾、陆、朱、张，会稽的虞、魏、孔、贺，还有《华阳国志》所记的巴蜀诸郡县的著姓，都已经形成了比较固定的地方当权势力[②]。另外，汉末南迁江左或巴蜀的也有一些大姓，如以周瑜、鲁肃为代表的皖北豪族，以诸葛亮为代表的荆楚客居地主等，他们也都有一定的经济、社会力量，而且其中还有不少杰出的政治人才。皖北豪族同江东豪族之间、荆楚客居地主同巴蜀著姓之间，也存在着各种的矛盾，但在三国鼎立局势形成过程中，他们还是一致拥戴了孙、刘二氏与曹魏对峙的。赤壁战前，鲁肃曾经谈到他自己迎降曹操后的可能出路："今肃迎操，操当以肃还付乡党，品其名位，犹不失下曹从事……累官故不失州郡也。"[③]这同他以后在孙权一边受任领兵独当一面的成就相比，是差得太远了。南方各个豪强集团的大多数人，正是由于对自己前途的考虑，在关键时刻联合起来力拒曹操的。

再从军事上来说：曹操拥有一支强悍的北方马军，惯于平原作战，曾随其转战中原，破袁绍，诛吕布，灭袁术……威震中州，但是经过连年征战，这支军队的战斗力有较大的损耗，需要有一个长期的休整才能恢复。而吴据长江之利，加上一支训练有素的水师。后来蜀守剑阁之险，其马军亦是经过中原百战的精锐。吴蜀占据地理上的优势，其军队又有一定的战斗力，而曹军征南，却要舍己之长，与敌较量，还经常受到两线作战的牵制，人数上的优势便抵消。

在外交上，曹魏的压力，给吴、蜀造成了严重的威胁，鉴于相同的战略需要，吴蜀结成同盟抗魏。虽然由于两国的利益纠纷，吴蜀同盟一度破裂，但是，在曹魏的压力消失之前，吴蜀同盟的基础是存在的，而这种同盟很大程度上牵制了曹操的力量。

例如：在赤壁战后，曹操并没有放弃统一的事业，公元215年，曹操领兵进攻张鲁，夺取汉中，窥伺西蜀。然而就在曹军攻占汉中，"蜀中一日数十惊，备虽斩之而不能安也"[④]的有利战机下，曹操却不能听从刘晔、司马懿的劝告，乘胜直捣西川，而匆匆撤兵东返，就因为东吴发动了合肥战役，东线战情紧张。公元216年，当曹军东返，围濡须口，逼攻东吴，正要得手之际，刘备又"遣张飞、马超、吴兰等屯下辩"。迫使曹操"遣曹洪拒之"[⑤]。而张郃在瓦口难敌蜀军，刘备进攻汉中，曹操因西线告急又不得不撤濡须之围，西上御敌；当曹军风尘仆仆赶到汉中，夏侯渊已被杀，汉中易手，刘备遂谓："曹公虽来，无能为也，我必有汉川矣。"[⑥]"敛众据险，终不交锋"，曹操东奔西扑，一无所获，实乃受吴蜀同盟之制，被迫两线作战所造成的结果。曹军主力被迫两线作战之窘况，以后一直未能改善。诸葛亮在《后出师表》中分析曹军之弱点，谈到"今贼适疲于西，又务于东，兵法乘劳，此进趋之时也"[⑦]。这就是吴蜀二国在军事上能以弱敌强的重要条件之一。

曹操之不能够统一全国，还有一个很重要的原因，就是受到北方内部大族势力的制

① 唐长孺：前引文，第71页。

② ［日］鹤间和幸：《汉代豪族の地域の性格》，《史学杂志》第87卷第12期；［日］佐竹靖彦：《汉代十三州の地域性》，《历史评论》1980年第1期。

③《三国志》卷五十四，吴志，鲁肃传。

④《三国志》卷十四，魏志，刘晔传引"傅子"。

⑤《三国志》卷一，魏志，武帝纪。

⑥《三国志》卷三十二，蜀志，先主传。

⑦ 诸葛亮：《后出师表》，引自《诸葛亮集》，中华书局1960年标点本，第7页。

约。曹氏之兴起，主要是依赖颍川地主集团的支持。颍川地主集团的许多成员都成了曹操的谋臣和重要官吏。然而，曹操在统一北方的过程中，曾与一些强大的世族，如四世三公的汝南袁氏等进行过激烈的斗争：指斥他们“使豪强擅恣，亲戚兼并”[①]；实行了一些限制世族地主势力扩大的措施。从而引起了世族地主的不满和反抗，使曹操一直有后顾之忧。公元218年、219年连续两次发生宫廷政变。韦晃、耿纪、吉本等在许昌纵火，谋杀长史王必，就拖延了曹操进攻吴、蜀的作战计划，曹操虽然以残酷手段将他们镇压下去，诛杀官吏达千人，但内部的困扰使曹操不能全力对付吴、蜀，阻滞了曹操征服南方的步伐。

以上因素影响着历史的进程，使这一时期中国南北方的力量对比趋于一种暂时的平衡。这些因素是三国鼎立局面形成的基础，赤壁之战只不过是新的历史时期开始的标志，三国鼎立却是东汉末年黄巾起义以来历史发展的必然产物。

二、吴、蜀政权为延续三国鼎立局面所做出的巨大努力

南北力量的平衡自始就是不稳定的，因为直到三世纪末，生产力水平和社会经济的发展还是北胜于南，三国鼎立的诸种因素，是以汉末军阀混战，黄河流域经济凋敝，人口锐减为条件而存在的，随着北方经济的逐渐复苏，南北力量暂时平衡的条件也就出现变化。魏国为农业经济发展，采取了一系列的措施，司马懿“迁为军司马，言于武帝曰：‘昔箕子陈谋，以食为首，今天下不耕者盖二十余万，非经国远筹也，虽戎甲未卷，自宜且耕且守’，魏武纳之，于是务农积谷，国用丰赡。”[②]公元196年，曹魏实行屯田制度，设立典农中郎将和司农度支校尉管理，收到了显著的成效。按史书记载：中原地区“广农垦殖，仓谷盈积”[③]。北方经济逐渐恢复，均衡的天平开始倾斜。吴、蜀二国一些有政治眼光的代表人物，也看到长期相持对己不利，诸葛亮在《前出师表》中大声疾呼：“先帝创业未半而中道崩殂，今天下三分，益州疲弊，此诚危急存亡之秋也。”[④]诸葛亮此说并非危言耸听。个中道理，东吴诸葛恪在劝谕部属的文章中也曾详细言明：“今贼（指曹魏）皆得秦、赵、韩，魏、燕、齐九州之地，地悉戎马之乡，士林之薮，今以魏比古之秦，土地数倍，以吴与蜀比古六国，不能半之，然今所以能敌之，但以操时兵众，于今适尽，而后生者未悉长大，正是贼衰少未盛之时。……当今伐之，是其厄会，圣人急于趋时，诚谓今日。若顺众人之情，怀偷安之计，以为长江之险可以传世，不论魏之终始，而以今日遂轻其后，此吾所以长叹息者也。自古以来，务在产育。今者贼民岁月繁滋，但以尚小，未可得用耳。若复十数年后，其众必倍于今，而国家劲兵之地，皆已空尽，唯有此见众可以定事。若不早用之，端坐使老，复十数年，略当损半，而见子弟数不足言，若贼众一倍，而我兵损半，虽复使伊、管图之，未可如何。”[⑤]诸葛恪的看法是颇有见地的，他清楚地指明了在长期相持中，吴、蜀所处的不利地位。

为了摆脱这种处境，使暂时的平衡向有利于自己的方向转化，吴、蜀二国分别采取了

① 《三国志》卷一，魏志，武帝纪注引《魏书》引曹操建安九年收田租令。

② 《晋书》卷一，宣帝纪。

③ 《三国志》卷二十七，魏志，王昶传。

④ 诸葛亮：《前出师表》，引自《三国志》卷三十五，蜀志，诸葛亮传。

⑤ 《三国志》卷六十四，吴志，诸葛恪传。

各种对策，并为这些对策的实施付出了巨大的努力。

首先，吴、蜀二国统治者都非常注意发展生产，增加国力。蜀汉丞相诸葛亮就大力鼓励发展农业生产，尤其把水利设施，视为“农本，国之所资”，注意加强建设和保护。因而蜀汉时期，四川地区“务农殖谷”，生产取得较大发展，如绵竹、雒县“各出稻稼，亩收三十斛，有至五十斛”[①]。这在当时是相当高的生产率了。诸葛亮又设司金中郎将，制造农战器械，制造木牛流马，开展山区运输，蜀地特产井盐蜀锦等，产量仍在不断提高。吴主孙权亦十分重视农业生产，史载公元226年，陆逊上表建议令诸将“增广农亩，权报曰：‘甚善，今孤父子亲自受田，车中八牛以为四耦，虽未及古人，亦欲与众均等其劳也’。”[②]孙吴政权还仿效曹魏，建立兵屯和民屯，虽然不及曹魏普遍，然在一定程度上促进了农业生产。由于孙吴政权的努力，江南地区亦出现“国税再熟之稻，乡贡八蚕之绵”[③]的繁荣景况。吴、蜀二国农业生产的发展，在一定程度上增强了国力。

在军事上，吴、蜀二国为了争取主动，采取出师伐魏以攻为守的策略。诸葛亮在《后出师表》曾款款陈述采取这种策略的理由：“以先帝之明，量臣之才，故知臣伐贼，才弱敌强也。然不伐贼，王业亦亡，惟坐待亡，孰与伐之？是故托臣而弗疑也。”“自臣到汉中，中间期年耳，然丧赵云……等及曲长屯将七十余人，突将、无前、賨叟、青羌、散骑、武骑一千余人，此皆数十年之内所纠合四方之精锐，非一州之所有；若复数年，则损三分之二也，当何以图敌?”“今民穷兵疲，而事不可息，事不可息，则住与行劳费正等，而不及今图之，欲以一州之地与贼持久。”[④]基于这种策略，诸葛亮六出祁山，进攻陇右，计划占领长安，争取通过作战胜利，改变对峙的形势。为贯彻实施这一计划，诸葛亮不辞劳苦亲督士卒出征，最后自己亦积劳成疾，病殁于军中。诸葛亮去世后，蜀将姜维等仍坚持这一战略，连连出师伐魏，不过由于国力所限，其规模已大不如前，以攻为守的成分更为浓厚。东吴当诸葛恪辅政时，曾出师二十万围攻曹魏合肥新城，因无法攻克而撤兵。后来诸葛恪在吴国内部政争中被杀，吴军亦无力量发动大规模的北伐攻势。虽然由于力量不够，吴、蜀两国对魏的军事攻势都未能坚持下来，但在一段时期内，这种以攻为守的策略，是起到自保的作用的。

为了使自己的国家能够取得新的人力、物力来源，吴、蜀两国的统治者非常重视开发少数民族地区，甚而使用武力，迫使少数民族首领就范，强行开发，以榨取劳动力和物资税收。突出的例子就是诸葛亮平定南中和孙权进攻山越：公元223年，少数民族聚居的南中地区一些大姓和少数民族首领，乘刘备死亡，举兵叛蜀，企图形成地方割据。公元225年，诸葛亮亲自领兵，分三路南征，“五月渡泸”，平定了南中叛乱。诸葛亮将原来的四郡分为七郡，起用一些少数民族上层人士，加强对这一地区的控制。诸葛亮在味县实行屯田，使山区部落“渐去山林，徙居平地，建城邑，务农桑”。蜀汉政权在征服和开发南中地区的同时，也从这一地区取得人力物力的补充。“移南中劲卒青羌万余家于蜀”，“出其金银、丹漆、耕牛、战马给军国之用”[⑤]。孙吴政权出于同样的目的，发动了对山越的进

---

① 《华阳国志》卷三，蜀志。

② 《三国志》卷四十七，吴志，孙权传。

③ 左思：《吴都赋》。

④ 诸葛亮：《后出师表》，引自《诸葛亮集》，中华书局1960年标点本，第7页。

⑤ 《华阳国志》卷四，南中志。

攻。山越聚居的地区，包括今皖浙赣闽的一些山区，他们基本是汉代越族的后裔，也有一些入山避役的汉人，“依据山险，不纳租税”。孙权花了近四十年时间，用了很大力量“讨伐”山越，先后迫使山越十多万人迁居平川，其中大部分被编为兵，一部分从事农业生产。公元237年诸葛恪用经济封锁和破坏农作物的手段，迫使“饥穷”的山越出来投降的一役，就得“甲士四万”之多。这不但巩固了孙吴后方，亦扩大了军队和农耕队伍。吴、蜀二国对少数民族地区的开发，取得的效果尽管有限，毕竟使二国增强了国力。

此外，根据吴国地处东南沿海和水师强大的条件，东吴政权还积极发展海上交通，试图通过贸易增加国富，并争取外援。公元230年，孙权曾派卫温、诸葛直率领甲士万人航行到台湾（夷洲）虏得人口数千而还。孙权还通过海路与辽东公孙渊联络，派张弥、许晏领兵七八千前往辽东，希望得到良种马匹，加强东吴的骑兵；后因公孙渊反复无常，七八千兵士几乎全军覆没，孙权的指望才告落空。孙权还派使臣康泰、朱应出使扶南等南海诸国，加强对外联系，希望得到外援。

吴、蜀二国以上的对策，尽了很大的努力，虽然由于当时历史条件的限制和各种复杂因素的阻碍，这些对策对扭转三国力量对比的变化，摆脱在三国鼎立局面中，吴、蜀所处的不利地位，没有能够起到决定性的作用。但是，无可否认，吴、蜀二国的这些对策及其所做出的努力，在一定程度上抵消了北方曹魏政权拥有的优势，延续了三国鼎立的时间。同时，在与北方曹魏政权激烈抗争中，南方经济有了很大发展，少数民族地区亦得到了开发，吴、蜀两个政权在促进南方地区经济的发展所起到的作用功不可没。

三、南北力量平衡的转变和西晋的统一

前文提到：吴、蜀二国为摆脱不利局面所做的努力，虽有一定成效，却没有能够起到决定性的作用。主要原因，固然是由于北方经济力量的迅速发展，重新获得力量对比上的优势。然而，从吴、蜀二国的内部来看，世族地主势力的扩大，使吴、蜀二个政权继续延缓三国鼎立局面的努力归于失败，也是一个重要的原因。下面我们就从这两个方面探讨三国鼎立局面结束的原因。

自曹操统一中原地区后，经济恢复很快，尤其是曹魏政权的屯田，对农业生产的恢复有着积极的意义，作为大规模农业生产恢复的标志，北方开始修建许多新的经济设施。例如：“魏武封于邺为北宫，宫有文昌殿，沟水南北夹通，枝流引灌，所在通溉。”[①]嘉平二年（250）导高梁河，开车霜渠。“长岸峻固、直截中流、积石笼以为主遏，高一丈……灌田岁二千顷、凡所封地百余万亩。”[②]随着北方经济力量的恢复，曹魏政权开始经营淮河流域农业区。早在三世纪初年（200—208）刘馥任扬州刺史时，就曾修治芍陂、茹陂、七门堰、吴塘等处水利，使农业恢复、“官民有畜”；公元220年豫州刺史贾逵又造新陂和小弋阳陂开通贾侯渠二百多里[③]。正始二年（241），邓艾陈述了经营淮河流域农业区的意义：“今三隅已定，事在淮南，每大军征举，运兵过半，功费巨亿，以为大役。陈、蔡之间，

① 《水经注》，浊漳水。

② 《水经注》，鲍丘水。

③ 《三国志》十五卷，魏志，刘馥传，贾逵传。参看［日］佐久间吉也：《魏晋南北朝水利史研究》，1980年，第一章。

土下田良，可省许昌左右诸稻田，并水东下。令淮北屯二万人，淮南三万人，十二分休，常有四万人，且田且守。水丰常收三倍于西，计除众费，岁完五百万斛以为军资。六七年间，可积三千万斛于淮上，此则十万之众，五年食也。以此乘吴，无往而不克矣。”[①]曹魏政权接受了邓艾的建议，在淮河南北实行了大规模的军屯：“北临淮水，自钟离而南，横石以西，尽沘水四百余里，五里置一营，营六十人，且佃且守，兼修广淮阳，百尺二渠，上引河流，下通淮、颍。大治诸陂于颍南、颍北，穿渠三百余里，溉田二万顷，淮南、淮北皆相连接，自寿春到京师，农官兵田，鸡犬之声，阡陌相属。”[②]由于淮河流域水土肥沃，收成量较高，通过大规模的军屯，且耕且守，这里的农业生产有了很大的发展，魏国终于建成了淮河流域农业丰产区。

淮河流域农业区的建成，对北方政权（曹魏以及后来代替曹魏政权的晋朝司马氏政权）结束三国鼎立局面，统一全国的事业有着极为重要的意义：一方面北方政权增加了一个富庶的农业区，使其国力得到了很大的加强，经济力量较之南方占有了更大的优势，从而为打破三国鼎立的均衡局面奠定了物质基础。开辟淮河流域农业区的另一种成果是：北方政权避免了两线作战的不利的军事形势；在与吴、蜀的战争中占据主动的地位。由于淮阳、百尺二渠的修广，打通了由黄河中下游直达江淮的漕运路和军事运输路。“每东南有事，大军出征，泛舟而下，达于江淮，资食有储，而无水害，艾所建也。”[③]吴军所凭借的地利优势开始丧失，淮河流域军屯区，就如一堵坚墙，反客为主，阻挡着吴军北上出击，而当西线有战事时，北军主力再无后顾之忧，全力以赴对付蜀军。自赤壁之战以后，北军长期以来陷于两线作战的窘境已经解除，结束三国鼎立局面的条件逐渐具备，只是等待一个有利的时机将其付诸实行了。

北方淮河流域农业区的建成，使吴、蜀二国政权遭受到了越来越严重的压力，然而，使吴、蜀二国延续三国鼎立局面的努力最终归于失败的，却是吴、蜀内部世族地主经济、政治力量的发展和壮大。

孙吴政权的建立，曾得江南世族的地主势力的大力支持。顾、陆二姓大族就长期担任孙吴政权的宰相、将军等要职[④]。因此孙吴政权对世族地主实行了一系列宽容赞助的政策。一是世袭领兵制，世族担任将领，可以将所部兵员当成自己的部曲，父死子继，兄弟相承。这些士兵是由主将赡养的，如陈表为偏将军，“北屯章阬，家财尽于养士”[⑤]。主将立了军功，所领部曲还可以得到增加，吕蒙攻拔魏国庐江城，孙权“嘉其功，即拜庐江太守，所得人马，皆分与之”[⑥]。故此，“吴名宗大族，皆有部曲，阻兵仗势，足以建命”[⑦]。东吴政权还给世族实行复客制，即由孙吴政权将大量奉邑、田客分赐给有功的世族地主，如陈武阵亡，孙权“命以其爱妾殉葬，复客二百家”[⑧]。蒋钦死，孙权亦“以芜湖民二百

① 《三国志》卷二十八，魏志，邓艾传。

② 《晋书》卷二十六，食货志。

③ 同上注，关于淮河流域漕运路的开辟，参看［日］佐久间吉也，上引书第二章。

④ 史载顾雍曾担任东吴宰相十九年之久，陆氏一门两个宰相，五个侯，十多个将军。

⑤ 《册府元龟》卷四〇六。

⑥ 《三国志》卷五十四，吴志，吕蒙传。

⑦ 《三国志》卷二十八，魏志，邓艾传。

⑧ 《三国志》卷五十五，陈武传。

户……给钦妻子"[①]。这些赐给臣下的复客，只向主人纳课服役，不再担负政府的赋税和徭役，实际上已经再不属于吴的户籍了。由于孙吴政权在经济上、政治上、军事上对世族地主的扶植使江南世族地主势力有很大的发展，出现了"僮仆成群，闭门为市，牛羊掩原隰，田池布千里"和"商贩千艘，腐谷万庾，园囿拟上林，馆第僭太极"[②]的景况，难怪后人曾有评曰"吴郡有顾、陆、朱、张为四姓，三国之间，四姓盛焉"[③]。从顾、陆、朱、张这些世族之盛，反映出江南世族地主政治和经济力量的膨胀。巴蜀世族地主的地位，比江南世族地主要低，而刘备、诸葛亮实行的政策比较严明，巴蜀世族地主没有得到江南世族地主那么大的政治、经济和军事上的利益。然而这并不是说巴蜀地区世族地主的势力无所发展，不过在规模和力量上均比江南地主稍逊一筹罢了。刘备进入巴蜀以后，为了巩固自己的地位，一方面大力扶持随其入蜀的荆楚客居地主集团，另一方面也注意笼络巴蜀当地地主集团。主要手段就是加官进爵，"使立门户"。然而，"政治权力不过是用来实现经济利益的手段"[④]。世族地主在获得政治权力后，必然畜养部曲奴婢。《华阳国志》记载蜀汉时期巴蜀地方大姓富豪，就多处提到这些世家豪族拥有部曲[⑤]。至于史书中提到蜀汉政权官吏家养奴婢，那就更多了。故此，蜀汉统治区内世族地主势力亦在发展，其能量不可小视。

吴、蜀二国世族地主势力的发展壮大，严重妨碍了吴、蜀两国为延续三国鼎立局面所做的努力。首先，世族地主为了保存自己的利益，以苟安江南为满足，反对主动出师攻魏。以孙吴政权为例：名臣陆逊，出于吴郡世族，吴黄武七年（228），陆逊击败魏军大司马曹休，诸将建议乘胜追击，孙权问陆逊"逊以为不可，故计不施行"[⑥]。吴太平二年（257）诸葛诞叛魏，孙吴发兵救之，大将朱异不肯力拼，即以军还。是故三国后期，孙吴极少出击北伐，失却了以攻为守的主动性。再者，世族地主势力的发展，使他们在政治上结党营私，引起政争，仍以孙吴政权为例：围绕着孙权继承人问题，形成了孙和与孙霸的政争，许多世族地主卷入了这一政争，酿成东吴内部自相残杀，内政混乱，大损元气。

世族地主经济力量的发展，蓄养了大批的依附人口，严重地削弱了国家的人力、物力来源，这是造成吴、蜀二国政权为延缓三国鼎立局面的努力最终陷于失败的要害。三国后期，在北方强大的军事压力下，吴、蜀深感其兵力薄弱，难以支持，凤凰三年（274）陆抗在奏疏中陈述："今臣统千里，受敌四处……而上下见兵财有数万，羸弊日久，难以待变。"[⑦]《三国志》中亦谈到，作为蜀军北伐主将的姜维，"每欲兴兵大举，费祎常裁制不从。与其兵不过万人。"[⑧]费祎死后，作为蜀军主力，官拜大将军的姜维所将兵丁不过三万。为了补充兵源，东吴政权只得抽调屯田民充当直属部队，结果是"耕种既废"。为什么吴、蜀二国的兵源处于如此困难的境地呢？我们知道古代养兵的多寡标志着一个国家人

① 《三国志》卷五十五，蒋钦传。

② 《抱朴子》外篇，吴失篇。

③ 《世说新语》赏誉篇，注引《吴录》士林。

④ 恩格斯：《路德维希·费尔巴哈和德国古典哲学的终结》，《马克思恩格斯选集》第四卷，第230页。

⑤ 见《华阳国志》卷一至四：巴、汉中、蜀、南中志。如郪县："又有高、马家世掌部曲"。朱提郡："大姓朱、鲁、雷、兴、仇、递、高、李亦有部曲。"涪陵郡徐、蔺、谢、范，"遂世掌部曲为大姓"等。

⑥ 《三国志》卷五十六，吴志，朱桓传。

⑦ 《三国志》卷五十八，吴志，陆逊传。

⑧ 《三国志》卷四十四，蜀志，姜维传。

力、物力的来源是否充裕，也就是国家的人口数量和赋税所能支持的程度。正如上文中所提到：由于吴、蜀二国为维持三国鼎立的均衡所做的努力，吴、蜀二国的经济有所发展。按正常的数字估计，江南和巴蜀的人口应该有增加，相应地它亦应促进国家赋税的收入。然而，尽管吴、蜀经济在发展，吴、蜀所管辖的户口数却没有多大的变化，蜀建国时（221），“其户二十万，男女口九十万”[①]。而景耀六年（263）蜀亡时“领户二十八万，男女口九十四万，带甲将士十万二千，吏四万人”[②]，两相对比，人口仅增加四万。吴初孙权赤乌五年（242），其户五十二万三千，男、女口二百四十万[③]，而天纪四年（280）吴亡时“户五十二万三千，吏三万二千，兵二十三万，男女口二百三十万[④]，比赤乌五年（242）的人口数尚少十万。经济发展，人口增加，而政府户籍却没有增加，这证明很大一部分人户已落入世族地主的依附人口之中。史载：蜀吏吕乂迁蜀郡太守，“蜀郡一都之会，户口众多，又亮卒之后，士伍亡命，更相重冒，奸巧非一，乂到官，为之防禁，开喻劝导，数年之中，漏脱自出者万余口”[⑤]。仅一郡之地，漏脱自出的依附人口就有一万以上，可见依附人口之多。东吴的依附人口问题也很严重，部曲动辄数以千计，如张昭之子张承就曾“为濡须都督，奋威将军，封都乡侯，有部曲五千人”[⑥]。顾雍之孙顾承参加讨伐山越，“别得精兵八千”[⑦]。这八千人也就成为他的私家部曲。类似的例子史书中还有许多。吴蜀世族地主掳掠隐匿人口如此猖獗，无怪乎国家编籍的人口难以增加了。吴、蜀二国政权为扭转不利处境，维持三国鼎立局面采取的措施，总的要旨是在发展经济，增强国力，争取军事上的主动，而三国后期，吴、蜀世族地主势力发展，依附人口越来越多，就直接影响了吴、蜀政权的人力物力，严重削弱了其军事力量，连自保都顾不上，哪里还谈得上争取军事上的主动。事实上，吴、蜀覆亡，兵力单薄是致命的直接因素。公元263年，邓艾、钟会两路进攻蜀国，蜀国姜维退保剑阁。由于兵力缺乏，蜀军难以分兵扼守险阻要道，邓艾乃能偷渡阴平，长驱入蜀：除绵竹遇诸葛瞻的抵抗外，其余城池，大都无兵可守，望风而降，邓艾直趋成都，迫得蜀后主刘禅投降。公元279年，晋军二十多万分六路伐吴，在这生死存亡的紧急关头，吴军所能调集迎敌的主力，只丞相张悌带领的约三万人，由于众寡不敌很快败亡，吴主孙皓也只好步刘禅之后尘，“一片降幡出石头”了。

本文通过对三国时期一些史实叙述，分析了三国鼎立诸种因素的形成、变化和消失。着意于阐明三国时期历史发展的基本趋势。

三国鼎立的局面，并不是哪一次战役所决定而形成的，它是在东汉末年长期战争严重破坏了中原经济的特殊条件下，以南北力量暂时平衡为基础的历史发展的必然产物。它的形成包含着经济、政治和军事的各种因素。

三国时期，中国封建农业的发展水平，仍然是北方高于南方，这导致了三国力量对比的差距，魏强而吴蜀弱，吴蜀为扭转力量上的差距，摆脱不利处境，采取了许多措施，尽

① 《晋书》卷十四，地理志上。

② 《三国志》卷三十三，蜀志，后主传引王隐《蜀记》。

③ 《三国志》卷四十四，蜀志，姜维传。

④ 《三国志》卷四十八，吴志，孙皓传引《晋阳秋》。

⑤ 《三国志》卷三十九，蜀志，吕乂传。

⑥ 《三国志》卷五十二，吴志，张昭传附子承传。

⑦ 《三国志》卷五十二，吴志，顾雍传附孙承传。

了很大的努力，也起到了一定的作用，这是三国鼎立局面之所以能维持七十多年的基础。

而三国鼎立局面的结束，一方面是由于北方经济力量的恢复，尤其是淮河流域农业区的建成，改变了南北力量的暂时平衡，北方力量再次对南方取得压倒的优势；另一方面原因则是吴蜀世族地主势力的兴起，使吴蜀为延续三国鼎立局面的努力终于自我抵消，三国鼎立的局面在维持七十多年之后，最终不能继续延续下去，北方代魏而起的晋朝重新统一了全国，三国时期的历史也就结束了。

（原文载于《中国魏晋南北朝史学会成立大会暨首届学术讨论会议文集》1984年）

国外对六朝世族的研究述评

金应熙　邹云涛

近年以来，我们在授课中颇注意向同学介绍国外史学界研究魏晋南北朝史的成果，但因广州各图书馆所藏图书资料有限，掌握到的情况很不完全。以我们所知，国外的魏晋南北朝史研究同其他的中国断代史研究比较起来在数量上显得单薄，但是逐年积累起来仍是相当可观的。单在日本，从20世纪70年代起每年有关魏晋南北朝史的论文有七十至九十篇，专著也很不少。美国在这方面的研究以前相对落后，如1977年创刊的《南北朝研究》初时组稿都很困难，近年也急起直追，在魏晋南北朝历史、文化等方面表现出很大的兴趣。综合看来，国外魏晋南北朝史的研究课题范围相当广泛，不论在社会经济、阶级关系、民族关系、文化发展各领域内都有所成就；不同学术流派之间的交锋十分热烈，富有启发性。了解和吸收他们的成果对于改进我们的教学和研究工作是有好处的。本文仅就魏晋南北朝门阀世族这一课题简略介绍国外的研究情况及其特点，挂漏、错误之处，请同志们指正。

一

国外学者中最早注意中国世族政治问题的是日本的内藤湖南。他于1922年就提出从六朝到唐代中叶的贵族政治是同宋以后的君主独裁政治很不相同的。他认为："作为一种制度来说，（六朝）贵族并不是由天子授予土地和人民的。贵族阶层由拥有持久家世系谱的地方名族（郡望）构成，垄断重要官职，实行内婚制，把庶民看做奴隶。"[①]他还断言，就是强有力的天子也不能更变贵族的地位，皇权受到贵族特权的限制，成为其代表机关了。内藤以后，日本学者冈崎文夫和西方学者艾伯汉（Wolfram Eberhard）等继续对世族问题进行研究[②]。近年来许多人都重视下面的问题：魏晋南北朝的世族拥有土地和财富、门第和社会地位、文化教养、重要官职，有时还有强大的军权，但在这众多因素中哪一个在促进世族的形成和发展中起了决定作用呢？

有不少史学家认为，最重要的因素乃是世族分子在中央政权中担任高官的特殊地位。对世族与皇权的关系，他们抱有与内藤湖南颇不相同的理解。

姜士彬（David Johnson）在所著《中世纪中国的寡头政治》（1977年版）一书中强调认为，由晋至唐中国是由数百个大姓从政治上和社会上进行支配的，而这些大姓的权力则最终来自对政府的供职，而并非来自血统和门第。正是官职的有无和高低决定门第的高下。

① ［日］内藤湖南：《概括的唐宋时代观》，《历史与地理》九之五，1922年5月。

② ［日］冈崎文夫，《魏晋南北朝通史》，1932年；［德］艾伯汉：《中国史》，1950年。

他与内藤针锋相对地指出："世族的崇高地位没有国家权力的批准是不能取得的。"[①]从身份与官职不可分的观点出发，他不称六朝的世家大姓为"贵族"，而称之为"寡头"，因为贵族的标准是身份的世袭，而在他看来，中国中世纪的高层统治者其身份并非世袭，却是通过担任高官取得的。姜氏运用他这一论点来说明世族政治的没落，写出了《一个大姓的末日——唐末到宋初的赵郡李氏》这篇长文[②]。文中分析了隋、唐中央集权政治和科举制度对世族地位的影响，引用刘秩"隋氏废中正、举选不本乡曲，故里闾无豪族，井邑无衣冠"和贾至关于唐代世族留居乡村者百无一二的纪述，说明在新制度下门第已不再是当官的标准，世族的各成员为了追求官职不得不迁离原籍，以京师为活动中心从而失去了在乡村的地方势力基础。赵郡李氏失去了赵郡的田产和依附民众，同族间的团结也大为削弱，依靠唐王朝更成为求得生存的唯一出路。最后，随着唐朝的覆亡，这些世家大姓也就从历史舞台上消失了。

日本史学家中也有不少人十分重视官职在世族形成中的作用，其中观点比较鲜明的要数矢野主税。1976年，他在两篇论战性旧稿的基础上写成了全文九章的《门阀社会成立史》，着重探索了东汉和西晋门阀社会的形成。他认为门阀制度形成的根本原因在于"寄生官僚制"。所谓"寄生官僚"，是指从东汉中、后期起出现的一个累世在中央政权中为官的社会阶层。由于中央高级官僚家庭逐步固定化，这些官僚全家长期在京师居住，他们同家乡的关系就逐渐稀薄化了。他们除官俸外没有其他收入，还要以清廉要求自己，所以没有什么积蓄，形成了一个寄生于中央政权的官僚阶层，这与在各个郡、国中拥有大量田地和财富的地方豪族是有明显区别的[③]。矢野认为，魏晋的中央官僚都同样具有这种寄生性质，魏晋的世族就是由与魏晋皇室关系密切的部分中央官僚发展形成的，同地方豪族则关系不大。依他看来，曹氏制订九品中正制原是出于反门阀倾向的立场，九品制初期各郡都有郡中正，地方豪族有一定程度的人事权力。司马懿与曹爽斗争时，主张废九品设州大中正，这是司马氏为了取得中央官僚的支持而提出的措施[④]。司马氏夺得政权后，即在司徒管理下设立州大中正，中央寄生官僚的地位更加巩固，门阀社会就迅速形成了。矢野将门阀社会形成和发展的历史划分为东汉、魏及西晋、南朝等三个阶段，而在三个阶段中，中央政权中的官职和地位都是门阀世族形成的主要因素。

姜士彬和矢野主税一方面补正了内藤湖南把六朝贵族看成完全凌驾于皇权之上的片面观点，但是，另一方面自己也陷入了单纯看重官职在世族发展中作用的片面见解。不少人对他们的主张提出质疑。萨默斯（Robert M. Somers）在一篇评论中提出："当想到在分裂和混乱的时代中官职带有何等重要性这一点时，确实感到是一种讽刺。"[⑤]他认为姜士彬夸大了朝廷官职对世族发展的作用，并且指出：在皇朝更迭频繁、统治权本身极不稳定的情况下，仕为高官带来的风险往往多于利益，世族分子多是不愿做官的。越智重明也批评矢野主税说，史籍上关于中央官僚"清贫""轻财好施"等纪述是不可尽信的，未必能反映

① ［美］姜士彬：《中世纪中国的寡头政治》，1977年，第23页。

② 此文刊于哈佛亚洲研究学报，27—1，1977年。

③ ［日］矢野主税：《门阀社会成立史》，1976年，第五章，《后汉寄生官僚制论》。

④ 同上，第六章，《门阀的超王朝性格》。

⑤ 萨默斯文刊于亚洲研究学报（Journal of Asian Studies） 1978年11月号。

他们实际上的经济生活[①]。安田二郎更对寄生官僚制论点提出疑问：六朝世族在中华民族历史发展过程中所起的重大作用，岂能由矢野所描述的非常卑小的寄生官僚层担当起来？

另外，许多学者则试从经济上找寻世族形成和发展的原因。他们认为世族之所以成为世族并非由于他们是高官，而首先由于他们是大地主。宇都宫清吉认为，魏晋门阀源出于东汉的豪族，而豪族的大土地经营方式是上家下户制，即依靠地主对佃户的剥削。宫崎市定在《中国史上的庄园》[②]中论述六朝时代的农奴制庄园是世族政治的社会经济基础。渡边信一郎在《汉、六朝时期的大土地所有及其经营》[③]等论文中提出，在六朝时期的大土地所有制下土地可区分为地主直接经营和间接经营两种情况，起着主要作用的是直营地，生产者以家内奴隶为主。这三位日本学者对大土地所有制下主要生产者的阶级成分估计各不相同，但是，都以为魏晋南北朝世族的势力是建筑在大土地所有制的基础上面的。

伊伯莱（Patricia B. Ebrey）在《前期中华帝国的贵族家庭：博陵崔氏个案研究》（1978年版）一书中对这个问题提出了自己的分析。她认为魏晋南北朝的高门大姓，其社会地位确实是世袭的，所以，她仍然使用aristocracy（贵族）一词而不采用姜士彬所用的oligarchy（寡头统治），因为六朝世族并没有拥有由少数几个人统治国家的那样的权力，特别北朝到隋唐皇权的强大就更使“寡头统治”一词不符合中国历史实际了。至于决定世族地位的主要因素是什么，伊伯莱认为，要注意到世族发展的阶段性，在不同的发展阶段中各种因素的重要性会有升降。一口咬定某个因素最重要是不恰当的。具体地说，在汉代、魏晋南北朝和隋唐这三个发展阶段中，地方势力基础、家族声望与文化教养、政府官职等三个因素重要程度发生了如下的变化：在汉代是地方势力基础最重要，家族声望次之，官职的作用最低；到魏晋南北朝则家族声望跃居首位，地方势力基础居于最末；及到隋唐时期则朝廷官职对世族地位的维持变成最重要的了[④]。博陵崔氏一族的兴衰提供了这种变化的例证。伊伯莱从对《四民月令》的研究中详细分析崔氏等汉代豪族的农业经济力量和文化传统，他们凭借其地方势力基础已能大体上对东汉中央政权具有某种自主性，即无须政府的助力而独自发展。不过，每个豪族能否升到全国统治层，则是有赖于积极参加中央政权活动及得到国家承认的。从东晋到北魏中期，博陵崔氏同在华北建立的各个少数民族政权甚少接触，也没有出来当官，但是，仍能一直保持其家族声望和地方势力基础不受损害。自5世纪中叶起，崔氏成员力图取得和维持其官位，不惜屈从北魏及北魏以后诸皇朝，虽一时得保尊荣，但亦因此逐渐丧失其地方势力基础及宗族团结，终亦归于没落[⑤]。伊伯莱的分析比较细致，有较强的说服力。

二

约从20世纪60年代开始，战后的日本六朝史研究进入了新阶段。川胜义雄和谷川道

① ［日］越智重明：《魏西晋贵族制论》，刊于《东洋学报》第45卷第1期，1962年。

② ［日］宫崎市定：《中国史上的庄园》，原刊《历史教育》二卷六期，1954年，以后收入《亚细亚史研究》第四卷，1964年。

③ ［日］渡边信一郎：《汉六朝时期的大土地所有及其经营》，载《东洋史研究》第33卷第1、2号，1974年。

④ 参看哈佛亚洲研究学报，第40卷第1号（1980年6月）上所刊达尔比（Michael Dalby）的评论文章。

⑤ ［美］伊伯莱：《前期中华帝国的贵族家庭：博陵崔氏个案研究》第六章。

雄等，提出了关于魏晋南北朝社会的新说——“豪族共同体”论。他们不赞成以大土地所有制为六朝世族成立基础的观点。谷川在《北朝贵族的生活伦理》一文中明确表示：“直接从大土地所有制去寻求六朝贵族成立的基础，这个方法今天已经有很多人表示怀疑了”；“六朝贵族并不是大土地所有者的同义词。”[①]他们也不赞成世族要依存于国家权力的官僚贵族论。谷川提出：“豪族共同体”论同官僚贵族论的分歧，可以归结为这样一个问题，即“在当时的统治阶层只有依靠国家权力才得以存在这一意义上是官僚性的呢？还是统治阶层不以国家权力的存在为前提，其自身就是统治阶层，而只是在其存在形态上带有官僚性？”[②]依谷川的意见，在中国中世国家权力严重削弱的条件下，无疑只有这一问题后半的提法才是符合实际的。总之，“豪族共同体”论者认为世族的地位既非来自他们独占的高级官职，亦非来自大土地所有，而是来自他们在农村共同体中的领导作用。这一派学说，目前不但在日本而且在西方也有广泛的影响，很值得我们重视。

川胜、谷川等认为共同体是中国古代史发展的基本因素。秦汉帝国的基层结构是按血缘和地缘结合的里共同体，其基本成员是小农，在共同体的领导者（父老）和一般成员之间没有明显的社会分化。后来，由于生产力的提高在里共同体内部出现了贫富的分化，富裕的豪族用财力和武力对小农进行露骨的支配，向封建领主制发展。这种“豪族的领主化”导致里共同体的解体，并且带来了东汉末年的动乱。与这种领主化倾向对立的是反映小农民层要求的重建共同体运动。重新编制建立的共同体也是由豪族领导的，但是，这些豪族却不能单凭财力或武力，而必须具有政治和文化的才能。他们依据儒家士大夫舍私为公的道德观念，制约自己的欲望，对共同体的小农民提供必要的救助和保护。由此他们获得乡里舆论的支持，能在共同体中起到精神支配的作用。他们同共同体内农民之间不是或不仅是地主与隶农的关系，而主要是士与民的关系。士（教养贵族）在豪族共同体内的统治，与其说是建筑在强制的基础上，不如说是建筑在道德威信的基础上的。川胜义雄在《六朝贵族制社会的研究》（1982年版）中，具体分析了贵族制的乡论主义体制与封建性的领主化倾向之间的三次斗争[③]。第一次就是上述东汉末年清流势力反对豪族领主化的反抗运动。到三国时期，江南地区急速开发，孙吴政权下诸将通过采邑制和世兵制发展成为武人领主。随着孙吴的灭亡这种开发领主制就被魏和西晋的乡论主义体制挫败了。这是第二次。第三次是在永嘉南渡以后。经由质任关系等私的主从关系组织起来的一些武力集团是孙吴开发领主制的残余，北来贵族几经斗争才得确立乡论主义体制。这样，川胜按照自己的论点详细地叙述了六朝贵族制以豪族共同体为基础形成及展开的历史过程。

从学说史来看，“豪族共同体”论是京都学派观点的新发展。川胜和谷川的论点有不少是从内藤湖南、宫崎市定、宇都宫清吉等京都学派前辈学者脱胎的。例如，在中国古代史分期上，川胜等以东汉后期为上古的结束，经过里共同体的解体和豪族共同体的建立，转入“非封建结构的中世”，这一看法就本自内藤。内藤的中国古代史三分法（上古、中古、近世），是日本史学家按照中国历史内容来解决分期问题的第一次尝试，影响深远，但是，他的分期标准是以文化发展为主，有时又强调政治体制的变化，对经济基础则极少注意。这一点也为川胜等所继承了。第二次世界大战后，京都派学者在内藤史学的基础上

① ［日］谷川道雄：《北朝贵族的生活伦理》，载于中国中世纪史研究会编的《中国中世史研究》，1970年。

② ［日］谷川道雄：《中国中世社会与共同体》1976年，第153页。

③ ［日］川胜义雄：《六朝贵族制社会的研究》1982年，第一、二部。

继续研究六朝贵族制，宫崎市定与宫川尚志等先后对九品官人法作了探索。谷川曾说明他自己正是从宫崎的《九品官人法的研究》（1956年版）中关于当官基本取决于乡里舆论的论述看出乡里社会（共同体）是贵族制基础的。宫崎认为中国的中世与欧洲中世纪不同，由于古代帝国没有彻底崩溃，所以六朝世族没有发展为封建领主。这个论点也对“豪族共同体”论发生了影响。至于宇都宫清吉，他同川胜、谷川的学术关系就更为密切。例如说汉代社会基层组织是里共同体，后来因豪族势力的发展才产生阶级分化，还有说豪族是古代帝国社会内部发展的矛盾物，其发展使汉帝国陷入危机等，原来都是宇都宫的观点，后来由川胜等加以发挥。宇都宫于20世纪60年代中期发起成立了中国中世史研究会，该会于1970年组织人力撰写《中国中世史研究》，川胜和谷川都参加撰稿。该书总论部分包括两篇文章，即宇都宫的《为把握中国古代、中世史的一视角》和川胜、谷川合写的《中国中世史研究的立场与方法》。两文从方法论上概括了几位作者的研究。可见，他们的学术观点是比较接近的。

“豪族共同体”论问世后曾遇到严厉的责难。东京学派的五井直弘、田中正俊、木全德雄等都对此说提出批评，集中在两个问题上面。一是认为过分偏重道德观念的作用，忽视了经济基础，一是指责此说同阶级分析方法完全背道而驰。川胜和谷川对这些评论作了答复，自认为对阶级关系并未忽略，认为批评没有对准靶子。评论文章中最激烈的是重田德的《中国封建制研究的方向和方法》[①]。重田指出，在阶级社会里共同体的作用是次要的，至多只能是缓和阶级矛盾的因素。因此，谷川、川胜等人把中国社会的发展完全作为共同体本身的发展历史，撇开经济基础不谈，这“从一开始就脱离了世界史发展的轨道，走入了死胡同”。重田还认为，“豪族共同体”不过是内藤以来京都学派传统的六朝贵族制的翻版。在他看来，从田园牧歌式的里共同体到豪族共同体都是些没有史料证实的虚像，“豪族共同体”论正是脱离历史的演绎法。同重田相比，苏联学者马良文就显得比较宽容了，他也认为谷川等人低估了作为“豪族共同体”基础的阶级关系的作用，只看到上层建筑而忽视了生产方式，不过他仍然肯定日本京都学派的学者讨论了一些重要的社会历史问题，如社会统治阶层的精神，自我意识和心理等，而这些问题在苏联的史学著作中是至今研究甚少的[②]。

尽管受到上述批评，“豪族共同体”论却在日本和西方的中国史研究中有着广泛的影响。一些非京都学派的史学家如崛敏一和越智重明等都对它作出良好评价，甚至有人认为它是“日本学术界在中国中世贵族制研究方面所作出的最大贡献”[③]。为什么“豪族共同体”论会受到这样的重视呢？首先，战后日本史学界曾有将中国史纳入世界史，按世界史的基本法则来说明中国历史的倾向，但是，从20世纪60年代以后出现了新的风气，对明治维新以来日本史学的根本观念（以西欧史为世界历史发展的标准，忽视亚洲历史的特殊性）进行反省，强调探索东洋历史的特殊道路，追求“世界史像的再构成”。“豪族共同体”论者主张保持世界史的视野，但同时要求重视中国中世社会的独特性。他们所提出的

① ［日］重田德：《中国封建制研究的方向和方法》，刊于《历史评论》247号，1971年。重田去世后，此文被收入他的论文集。

② ［苏联］马良文：《京都学派与中国历史上的“中世纪”问题》，载《亚非人民》1981年第2期，第188页。

③ 参看［美］李约翰：《英美关于中国中世贵族制研究的成果和课题》，《史林》第67卷第1号，1984年，第139页。

"非封建结构的中世"或"接近封建性的贵族社会"，无论如何不失为探索东方历史特殊性的一次尝试，因而受到欢迎。再则，日本战后经过"农地改革"，扫除了半封建的生产关系，使资本主义生产关系得到比较迅速的发展。在这样的历史背景下，出现了大塚久雄关于农村共同体的崩溃是资本主义成立前提的史学论点。因此，日本史学界与我国不同，是很重视古代村落共同体的研究的。日本学者对共同体的看法，也不着重公社土地所有制存在与否，而是着眼于人们在生产与再生产过程中的相互联系和协作。川胜和谷川等人强调"共同体是历史发展的基本因素"，从共同体自身的发展变化来说明中国古代史，这是同日本史学界的趋势一致的，所以受到普遍重视。

三

上面概括地介绍了国外对魏晋南北朝世族研究的重要成果，并着重评介了非马克思主义的"豪族共同体"论。现在再谈谈国外世族研究在研究方法上的一些特点。

首先，国外学者大都把门阀世族看作一个变化、发展中的制度，注意弄清其来龙去脉。魏晋南北朝门阀世族并非突然出现的，它同汉代豪族有着密切的渊源关系。而到隋唐时代它仍能在中央集权制加强的条件下维持数百年，直到晚唐方始没落。在上面我们已经看到，西方学者姜士彬、伊伯莱等都把研究视野扩大，从汉到唐探索世族整个兴衰的过程。日本学者讨论汉代豪族与门阀制度的关系，出现几个不同意见，宇都宫清吉主张魏晋门阀是汉代山东文臣家族的后裔，川胜义雄认为，魏晋贵族的源流是汉末清流派势力，而矢野主税又以为源出于与魏晋皇室关系密切的中央官僚，愈弁愈深，研究很细。英国学者崔维泽（Denis Twitchett）在《唐代统治阶级的构式》中根据敦煌写卷中有关姓氏族谱资料，论证唐代统治阶级中既有少数溯源于南北朝时期掌握朝廷大权的世族大姓，同时也有范围更广泛，流动性更大、家世同样源远流长的地方郡望[①]。这些研究对于了解魏晋南北朝世族都很有帮助。

在魏晋南北朝时期世族地位也经历不少变化。对于世族地位或世族内部权力结构产生重大影响的政治事件，如西晋代魏、刘宋代晋、义熙土断、天监政制改革等，国外学者也作了很多研究，讨论非常活跃。例如，关于司马懿与曹爽的政争和州大中正设立问题，过去越智重明、矢野主税、川胜义雄等都曾论述，各有见地。1986年1月葭森健介又综合评述了日本及我国的各家见解，提出同矢野看法相反的观点，即曹爽政权是由中央官僚名族把持的，而司马氏主张的设州大中正反而代表了地方豪族的利益[②]。关于刘裕集团的性格和刘宋政权中贵族的地位，日本学者中意见也不一致。越智重明从东晋南朝官僚的族门制（即官僚分为甲族、次门、后门等三个阶层）出发，对梁武帝天监七年（508）的官制改革作了深入的分析[③]。以上这些研究都有助于理解魏晋南北朝世族地位的变化与升降。

其次，国外学者很多都重视对魏晋南北朝世族进行地域研究和个案研究。

地方史和对地方精英分子（local elite）的研究是近二三十年来西方史学发展的新趋向

---

① ［美］芮沃寿和［英］崔维泽合编：《唐代透视》，1973年，第47—85页。

② ［日］葭森健介：《魏晋革命前夜的政界（曹爽政权与州大中正设置问题）》，《史学杂志》第95编第1号，1986年1月。

③ ［日］越智重明：《论东晋南朝的族门制》，《古代学》第18卷第1期，1972年。

之一。日本学者运用这种方法来研究汉代豪族和六朝贵族，也已获得不少成果。木村正雄、鹤间和幸等从地域论的角度研究汉代豪族的形成和发展，论证豪族主要由公社分解贫富分化而产生，关东豪族形成最早，江淮地区和巴蜀地区次之。关东及江淮豪族多产生于战国前设立的旧县地区，巴蜀豪族则出于新县地区[①]。佐竹靖彦从家族规模统计资料结合地域研究，补充说明到东汉中、后期冀州一带豪族的崛起。以后魏晋的门阀世族即由他们所研究的这些地方豪族一部分进入中央政权发展而成。魏晋南北朝时期某些重要的地方豪族，如河西豪族、巴蜀豪族等，曾由白须净真、狩野直祯、中林史朗等分别研究。1983年出版了由谷川道雄主编的《中国士大夫阶级与地域社会关系的综合研究》，着重探索士大夫与地域社会的关系，引起重视。这书共收论文十五篇，其中关于东汉和六朝的豪族、世族同各地区乡里社会关系的有六篇，从各个角度论证贵族制的根基是在各地区的乡里社会。

从事家族个案研究的最早有守屋美都雄。他于1951年《六朝门阀的一研究》中研究了太原王氏。矢野主税从20世纪50年代到60年代先后研究了张、郑、裴、韦等族，说明政治职位对各族兴衰的作用。以后个案研究方法得到更广泛的采用。墓志是个案研究中的重要资料来源。最先大量使用这方面资料的有我国台湾省学者毛汉光于1967年对琅琊王氏的研究。上面第一节中所举的伊伯莱关于博陵崔氏的专著，是个案研究法的一个重要成果。她在书中专题讨论了《新唐书宰相世系表》作为史料的可信程度问题，经过用有关墓志同世系表对校，证明表中所列承嗣关系大致是可信的，补正了从前洪迈、沈炳震等完全否定《世系表》之说。伊伯莱使用了台湾省所藏未公布的碑铭墓志拓本数十份，但仍有一些与博陵崔氏有关的墓志资料未及使用。

再次，外国学者不少重视魏晋南北朝世族的历史作用。许多人认为从东汉末年起，豪族（和后来的世族）在乡村中的生产、自治、自卫（在有外来侵掠时）中都曾起过积极的作用。佐久间吉也的《魏晋南北朝水利史研究》（1980年版），着重探讨水利史中民众、豪族、王朝三者之间的相互关系，对魏晋、晋代及南朝、北朝豪族（世族）与水利设施的关系，以及发生水、旱灾时豪族对邻里、宗族的救济活动，都有详尽的论述。对于在世局动乱中组织自卫集团保卫乡土的如田畴、郗鉴、庾衮等人的事迹，增渊龙夫、宫川尚志、多田狷介等曾先后进行研究。崛敏一在《均田制的研究》中对豪族的上述作用作了很好的概括，并对豪族的历史作用作了全面的评价。他认为从汉到六朝乡村中都有阶级关系和共同体的矛盾，当时的豪族势力既有共同体的一面，又有地主制的一面，均田制的产生就是为了解决这一矛盾的[②]。另外，许多国外学者研究十六国时期和后来北朝中原士族同各个少数民族政权统治者的关系，着重探究他们对于加速少数民族政权在制度上的汉化，推动民族融合，保存汉族优秀文化等方面的历史贡献。限于篇幅，这里就不详说了。

最后，国外研究魏晋南北朝的世族，较多运用比较研究的方法，即与欧洲、日本及其他地区中世贵族的情况相结合。法国年鉴学派奠立者之一布洛克（Marc Bloch）就曾提倡过比较封建制度的研究方法。布洛克研究从9世纪中叶到13世纪初期的西欧、中欧封建社会，强调封建制是在旧社会激烈解体后诞生的，其本质是领袖与依附者之间的主从关系

① ［日］鹤间和幸：《汉代豪族的地域性》，《史学杂志》第87卷第12号，1978年12月；［日］佐竹靖彦：《汉代十三州的地域性》，《历史评论》1980年第1期。

② ［日］堀敏一：《均田制的研究》，韩国磐等中译本，第117—128页。

网。所以，他的大著《封建社会》的上册即以《从属关系的成长》为题。布洛克的方法与论点对许多研究东方封建制的学者（包括日本京都学派的一些人）都是很有影响的。伊伯莱也很重视比较研究。如她在讨论世族地位同朝廷官职的关系时，指出这种关系是随时代和国家而变化的。17世纪的俄罗斯贵族拥有大量田地，但要维持其经济地位，必须依靠官职。日本平安时代和藤原时代的武士是凭借对宫廷拥有无可争议的控制而得保全财富及权力的。但是，古代罗马的贵族则是凭其富有而得到较高社会地位，并从而得到政治特权的。六朝世族的地位，可从广泛的具体比较研究中得到进一步的了解。

以上所举国外魏晋南北朝世族研究的几个特点，对我们来说是有借鉴意义的。过去我国的魏晋南北朝史研究中，比较研究方法应用较少，地域研究和个案研究近年开始增多，但是还不大普遍。对于世族的历史作用，过去史学界多持否定的态度，近年有一些同志认为，世族在其发展前期是有进步作用的，这个问题正在开展深入讨论。因此，掌握国外的学术情报是对我们有帮助的。当然，国外的研究多是非马克思主义的，但是，这不应妨碍我们从中吸取必要的养分。

［原文载于《暨南学报》（哲学社会科学）1987年第2期］

李龙潜（1931—2015），广东化州人。1956年毕业于中山大学历史学系。曾任教于中山大学、海南师范专科学校等历史学系。1979年调入暨南大学历史学系，先后任中古史和明清经济史教研室主任、教授、硕士生导师等，兼任中国明史学会理事、广东省明清经济史学会理事等。1993年获中华人民共和国国务院颁发的“有突出贡献专家”证书，享受政府特殊津贴。主要从事中古史、明清经济史的教学与研究。主要学术著作有《明清经济史》《宋元明清经济史》《明清经济探微初编》。主编《14世纪以来广东社会经济的发展》，点校《香港纪略》。其中《明清经济史》荣获1992年国家教委第二届高等学校教材优秀奖，中南地区大学出版社优秀教材一等奖。《明代广东三十六行考释》一文获广东省优秀社会科学研究成果三等奖。

明代广东的对外贸易

李龙潜

在明代，广东是对外贸易的重要地区之一。明代广东的对外贸易，若从贸易的方式看，可以分为市舶贸易和商舶贸易两种。明人王圻说："贡舶与市舶一事也。……贡舶者王法之所许，市舶之所司，乃贸易之公也。海商者王法之所不许，市舶之所不经，乃贸易之私也。"①这种解释，在严格执行海禁时期，从法的观点来划分，分为合法贸易，即贡舶贸易，非法贸易，即商舶贸易，是对的。但隆庆以后，海禁松弛，允许海商出洋贸易，商舶贸易不再是非法而是合法的了。因此，本文所说的贡舶贸易，以王圻所说为据，商舶贸易则包括海商的合法非法贸易在内，并不拘泥于海商的非法贸易的叙述。今为便于叙述起见，先从贡舶贸易谈起。

一、明代广东的市舶司与贡舶贸易

明初，朱元璋出于政治上的需要，防止海外和内地反抗势力联合起来，危害刚建立的明政权；同时，害怕商品经济的发展，侵蚀了明政权的自然经济的基础，承袭了传统的"重农抑商"思想。因此，在对外贸易上，一方面实行严厉的"海禁"政策，规定"片板不许入海"，"滨海居民不许与外洋番人贸易"②。颁布了凡"将人口军器出境及下海者，绞"的严刑峻法③。洪武二十三年（1390）、二十七年（1394）屡申通番禁令。另一方面与海外诸国相处，采取人不犯我，我不犯人的原则，为了怀柔远人，声明对朝贡国家为"不征之国"实行和平友好往来的"朝贡贸易"，借"所以通夷情，抑奸商，俾法禁有所施，因消其衅隙"，避免引起侵扰边疆的战争。④

朝贡贸易的原则和内容，明人王圻说："凡外夷贡者，我朝皆设市舶司以领之……许带方物，官设牙行与民贸易，谓之互市。是有贡舶，即有互市，非入贡即不许其互市。"⑤可见朝贡贸易是在明政府直接控制下进行的，不是朝贡国家，"即不许其互市"。其实朝贡本身就是一种贸易，因为每次朝贡，明政府照例依据朝贡物品偿以相当的代价。但多数朝贡国家并不以此为满足，他们的贡使，或附带的行商，常常运载大批货物前来互市，经营普通方式的贸易。

据《皇明祖训》记载明代允许朝贡并领有"勘合"的国家，计有：真腊（即今柬埔寨

① 〔明〕王圻：《续文献通考》卷三一，市籴考。

② 《明史》卷二〇五，朱纨传；陈寿祺纂《福建通志》卷二六七。

③ 《唐明律合编》卷八，明律第一五，兵律三。

④ 〔明〕张萱：《西园闻见录》卷六六；《明史》卷八一，食货志五，市舶。

⑤ 〔明〕王圻：《续文献通考》卷三一，市籴考。

的高棉）、苏门答剌（Sumatra Pase，即苏门答腊岛西北部的亚齐）、锡兰山（Ceylan，即今印度半岛以南的锡兰岛，或称师子国）、暹罗（今泰国）、占城（在今越南南部）、苏禄国东王、西王和峒王（在菲律宾西南的苏禄群岛）、浡泥（即印度尼西亚的加里曼丹）、古里（Calicut，在今印度半岛南端西部滨海之地）、古麻剌（即《明实录》所载的古麻剌朗国，在今菲律宾的棉兰老岛）、爪哇（Java，在今印度尼西亚的爪哇岛）、柯支（Cochin，在今印度半岛南端西部滨海之地）、满剌加（即马六甲）等。他们朝贡的仪式和手续，相当繁琐，贡期、贡道和船数也有明确的规定。他们运来的物品，除贡品外，其余货物，运到京师的，由礼部派员监督，在会同馆开市，运到市舶司所在地，也可以互市。他们的贡道，大都是经广东，然后入京朝贡。如从洪武至正德四年（1509），来贸易和朝贡的国家，“凡十二国，皆尝来往广东者”[①]。可见广东在贡舶贸易中占着重要的地位。

管领朝贡和贸易的机关，是广东市舶提举司，洪武三年（1370）“设署广州城内一里，即宋市舶亭海山楼故址”。洪武七年（1374）废止。永乐元年（1403）重开，并设怀远驿于广州西关十七铺蚬子步，共有房舍一百二十间，由市舶提举司管理，专以款待外国贡使和随行人员[②]。嘉靖年间，曾经罢废；嘉靖三十九年（1560）经淮扬巡抚唐顺之请求，得到恢复。自此以后，终明之世，广东市舶司一直不再变动。

广东市舶提举司，根据永乐元年（1403）定制：设“提举一人，从五品，副提举二人，从六品。其属吏目一人，从九品。掌海外诸番朝贡、市易之事。辨其使人、表文、勘合之真伪。禁通番，征私货，平交易，闲其出入而慎馆穀之。”[③]可见市舶提举司的职掌，不仅包括管理朝贡事宜，而且还管理市易之事，甚至还执行着“禁通番，征私货”的任务。但是，由于市舶提举司长官的官阶不高，皆在五品以下，隶属于布政司[④]，而且，永乐以后，又开始派内臣提督，如“永乐元年八月，命内臣齐喜提督广东市舶”[⑤]。因此，市舶提举的职权，受到他们的限制，没有掌握贡舶贸易中重要的抽买货物和税收管辖权。

明代贡舶征税，采取抽分制。从洪武至永乐年间，广东贡舶互市，一般都是由政府收买，没有抽税。如明初苏禄国来朝贡，附带“货物，例给价，免抽分”[⑥]。所谓“给价”，就是给予所收买货物的价格。所以明人黄佐说：从广东“布政司案查得，正统年间以迄弘治，节年俱无抽分”[⑦]。直到正德三年（1508），广东才开始实行抽分制。史称：

> 惟正德四年，该（广东）镇巡等官都御史陈金等题，将暹罗、满剌加国并吉阐国夷船货物俱以十分抽三。该户部议：将贵细解京，粗重变卖，留备军饷。[⑧]

这里说广东抽分开始于正德四年（1509），其实据《武宗实录》卷六七，是正德三年（1508），不是正德四年（1509）。当年抽分是征取十分之三的货物入口税，完全是征收实物的；出口税，还未见文献有记载，似乎是没有征收。税收则掌握在镇巡等地方官手中。

① 〔清〕屈大均：《广东新语》卷一五，货语。

② 〔清〕杜臻：《闽粤巡视纪略》卷二，香山。

③ 《明史》卷七五，职官四。

④ 〔清〕梁廷枏：《粤海关志》卷四，前代事实。

⑤ 《皇明从信录》卷一三；《国榷》卷一三。

⑥ 《明会典》卷一一一，礼部六九，外夷上。

⑦ 〔明〕黄佐：《嘉靖广东通志》卷六六，外志三，夷情上。

⑧ 〔明〕黄佐：《嘉靖广东通志》卷六六，外志三，夷情上。

由于利之所在，便在正德四年（1509）引起了市舶太监熊宣和毕真与广东镇巡官及三司长官争夺税收管辖权事件。熊宣失败，毕真继之，并勾结刘瑾，争夺税收管辖权[①]。正德五年（1510），刘瑾事发，被逮下狱处死，毕真失去支持，才没有实现。九月“户部复议两广镇巡官奏：谓盗贼连年为乱，军饷不支，乞将正德三年、四年抽过番货，除贵重若象牙、犀角、鹤顶之类解京，其余粗重如苏木等物，估价该银一万一千二百有奇，宜变卖留充军饷。报可。”[②]可见税收权仍旧掌握在镇巡官及三司官手中。所以到了正德十二年（1517）巡抚两广都御史陈金会勘副使吴廷举重申一次，向明廷户部报告，户部支持了他们，题准由他们照旧抽分，“收备军饷”，税率改为十分之二。是年占城贡舶附带货物就是按此例纳税的[③]。以后的税率一般都维持在十分之二的水平，成为一种税收制度了[④]。直至万历二十六年（1598）以后，澳门的税收，采取了定额的包税制。税饷不再停留作地方经费，直接上缴明廷户部。大概由于“有司势绅包侵隐匿”过多，澳门外商漏税严重，年年缺额，才改由市舶提举征收，县官稽察盘验。这种改变，何时开始，无从查考。李侍问说：崇祯十四年（1641），“香山澳税隶于市舶司，而稽察盘验责于香山县”[⑤]。如果是这样，已是明亡前夕的事了。

明代广东贡舶贸易——互市的情况，根据文献记载，当时外国贡舶来广东，大抵被规定停泊在沿海的“澳”中，即“泊口”[⑥]。诸如新宁县的广海、望峒，新会县的奇潭，香山县的浪白、壕镜、十字门，东莞县的鸡栖、屯门、虎头门等澳，皆是外国停泊贡舶之处。每澳“皆置守澳官”。凡是外国贡舶到，先由“守澳官验实，申海道闻于抚按衙门，始放入澳”，然后由镇巡及三司长官委派地方官会同广东市舶司官员加以检验，一是检验贡使带来的勘合，比对相合，即派员护送进京；二是检验贡品，加以封识，造册报户部，随同贡使一起，差督人夫，运解入京；三是检验附带货物。明初，对于这些货物，如上所述，由市舶太监管辖，市舶司“给价收买”。收买以后，将贵细解京，除供统治者享用外，余下粗重的货物，即运入广州，贮于布政司的广丰库里。正德以后，实行抽分制，广东地方官征收到的实物，也是贮在广丰库里。这些贮在广丰库里的货物，正德以前，是全部令民“博买”；正德以后，每年抽取出一部分，以充广东地方高级长官如布按三司文武官员折俸之用，史称：“本司备行广丰库，于库贮抽回胡椒苏木，计算各名下折色俸银，每一两内除八钱折苏木一百斤，尚余二钱，折椒五斤八两八钱八分。”[⑦]余下货物，才令民“博买”，以备军饷。所谓“博买”，永乐时的情况是：

> 永乐改元……贡献毕至，奇货重宝，前代所希，充溢库市，贫民承令博买，或多致富，而国用亦羡裕矣！[⑧]

这里的“博买”，不是揽买的意思，而是似宋代设立的博易院——互市市场一样，外国进

---

① 清高宗敕修：《续文献通考》卷二六，市籴考。

② 《武宗实录》卷六七。

③ 〔明〕黄佐：《嘉靖广东通志》卷六六，外志三，夷情上。

④ 〔明〕黄佐：《嘉靖广东通志》卷六六，外志三，夷情上。

⑤ 李侍问：《罢采珠池盐铁澳税疏》，载《乾隆广州府志》卷五三，艺文。

⑥ 〔清〕屈大均：《广东新语》卷二，地语。

⑦ 〔明〕黄佐：《嘉靖广东通志》卷六六，外志三，夷情上。

⑧ 〔明〕严从简：《殊域周咨录》卷九按语。

口的主要商品，由官府专卖，非从官库“博买”出去转售民间者，即属非法。明代从永乐至弘治年间，由于郑和下西洋的影响，外国许多国家纷至沓来，“贡献者日夥”，在市舶太监管辖下，广东市舶司收进的贡品和抽买的货物，多是椒木、铜鼓、戒指、宝石之类的“奇货重宝”，“充溢于库”，只好开“库市”，由官出卖。“贫民承令博买”，“缴交必要的税收”——商品税，领取“执照”，然后便可在库市里提货，转售于民间。由于这些“番货甚贱”，因此，承令博买的贫民，“多致富”。说明这种“博买”制度，是承袭宋代对进口商品所采取的直接垄断的专卖制度，也是当时禁止“私通番舶”的一种具体措施。这种“博买”，是临时性的买卖，不是经常性的。

经常性的买卖，开始于永乐三年（1405），贡舶带来的货物，先由“官家”收买，余下货物，“许令贸易”[①]。正德三年（1508），实行抽分制以后，除非特殊需要，不再收买，完全允许出卖。其贸易情况，明人王圻说：

> 凡外夷贡者……许带方物，官设牙行，与民贸易，谓之互市。[②]

牙行在洪武年间原是法律上严厉禁止的，“不许有官牙、私牙”的存在[③]。随着商品经济的发展，民间交易频繁，明政府为了便于控制和管理商业市场，到了永乐年间便取消了官设牙行的禁令，在城乡商业发达的区域，设立官牙，在城者，称为“牙行”；在水道者，称为“埠头”。凡是官立牙行，都必需是“有抵业人户充当”，以防亏损客商，无法赔偿；并发给“印信文簿，附写客商船户住贯姓名、路引字号、物货数目，每月赴官查照”[④]。以防走漏商税，可以追查。凡是私牙，律令尚在严禁之中。当时，在广东的对外贸易中，内外商人交易，规定必需通过官牙进行，否则，便属“私通番货”，是违法行为。外国商人来广东，互市地点被规定停泊在泊口中的贡船上进行。每当贡舶来到之时，牙行便前往看货，并将货物报官，待派官抽分以后，才由牙行带领内商前来交易。牙行在外商和内商之间，作为买卖的中介人，即评定货价，介绍卖方，并在买卖过程中收取行佣钱，即所谓“牙钱”。在整个买卖过程中，是由广东市舶司主持，如正德年间广东市舶司提举陈文周，就履行过“平番货之直，禁民无得低昂”的“平交易”的职责[⑤]。但主要依靠牙行维持秩序，主持公正，以免出现短少尺寸斤两，货物以假冒真，发生欺骗冲突争吵殴斗等现象。自然，若出现以奸犯科，亦惟官牙是问。可见初期的牙行，已开始代替了广东市舶司的某些职责，参与了管理对外贸易的某些事宜，但仍未脱离中世纪牙行的窠臼。

牙行制度和博买制度一样，都是明政府统制对外贸易政策下的产物。明政府通过它控制商人的活动和竞争，限制商品经济的发展，对维护封建社会市场秩序起着积极的作用。

明代广东的贡舶贸易，明政府规定贡期，长的十年，短的一年或三五年一次，来船一般不能超过三艘，人数不能超过二百。这种限制，使每次进行贸易的数量不大，规模较小，根本不能满足国内外经济发展的需要。于是有的朝贡国家，不管是贡期或非贡期，都来要求贸易。弘治年间，明政府在怀远驿张挂榜文，一再重申非贡期不能来，也没有生

① 《明会典》卷一一一，礼部六九，外夷上。

② 〔明〕王圻：《续文献通考》卷三一，市籴考。

③ 《古今图书集成》卷二二三，食货典杂税部汇考七，明二。

④ 〔明〕舒化等纂修：《大明律例附例》卷一〇，载《玄览堂丛书》三集，一六册。

⑤ 严讷：《广东提举太湖陈公墓志铭》，载邵松年编《海虞文征》卷二一。

效[①]。有的国家如正德四年（1509）暹罗国的商船，托言因“风飘泊至广东境内”要求贸易。镇巡官会议，决定“税其课，以备军需。”[②]有的非朝贡国家，“冒称入贡”，“而有司利其所榷，漫不知禁”[③]。正德中，因朝廷要广东收买龙涎香上交，布政吴廷举无法交差，便“不问何年来即取货，致番舶不绝”[④]。这样原来的贡舶贸易制度便遭到破坏，不能照旧维持下去[⑤]。因此，商舶贸易便逐渐代替贡舶贸易而兴起，开创了明代广东对外贸易的新阶段。

二、明代广东商舶贸易的兴起与对外贸易政策的演变

本节叙述的商舶贸易，是指海商私自造舟出洋贸易和私人在广东沿海的贸易，在海禁时期，是一种非法的贸易活动。

海商私自造舟出洋贸易，在广东，最早出现于宣德八年（1433）六月。明中叶以后逐渐增多，而且“勾引外省”，进行对外贸易。“在福建者，则于广东之高潮等处造船，浙江之宁绍等处置货，纠党入番。在浙江广东者，则于福建之漳泉等处，造船置货，纠党入番。”[⑥]可见他们联系三省的海商，利用沿海的有利条件，共同从事海外贸易活动。其中著名的海商舶主有汪直、叶宗满等人。他们到海外贸易的情况，史称：

> 嘉靖十九年，（汪）直与（叶）宗满等之广东造巨舶，抵日本、暹罗诸国互市，致富不赀，夷人呼为五峰船主。[⑦]

汪直和叶宗满，都是徽州人。他们拥有相当大的资本，合伙经营海外贸易。他们在广东造的船，规模很大，“巨舰联舫，方一百二十步，容二千人，木为城为楼橹，四门其上，可驰马往来。”[⑧]他们经营如硝石、硫黄、丝、绵等违禁物品。同时，他们还作日本商人的经纪人，替日本商人运货至中国出售[⑨]。因此，获利相当丰厚。五六年后，他们便积累了大批资本。日本、暹罗、西洋诸国都有他们的足迹。

至于以“私通番货”为表现形式的私人经营的海外贸易，早在洪武年间就已经出现；到明中叶以后，广东沿海商民“有力则私通番船”，已是普遍现象[⑩]。实际上明初而后一百多年来，广东沿海的私人对外贸易一直没有停止过。嘉靖年间，广州濠畔街的外省富商，完全是从事对外贸易的商人。他们营运的情况，明人霍与瑕写道：

> 广东隔海不五里而近乡名游鱼洲，其民专驾多橹船只接济番货，每番船一到，则通同濠畔街外省富商搬磁器、丝绵、私钱、火药违禁等物，满载而去，满载而还，追

① 《孝宗实录》卷六八。

② 清高宗敕修：《续文献通考》卷二六，市籴考。

③ 《世宗实录》卷二。

④ 《咸丰顺德县志》卷二，何鳌传。

⑤ 〔明〕王圻：《续文献通考》卷三一，市籴考。

⑥ 《明经世文编》卷二六七，《广福浙兵船当会哨论》。

⑦ 石国柱修：《民国歙县志》卷三，武备志。

⑧ 万表：《海寇议后编》，载《玄览堂丛书》续集第一五册。

⑨ ［日］木宫泰彦：《日中文化交流史》（商务印书馆，1980年版），第619页。

⑩ 《明经世文编》卷一八二，《广东图序》。

星趁月，习以为常，官兵无敢谁何，比抽分官到，则番舶中之货无几矣。[①]

这里描绘出当年运载出、入口商品的繁忙画面。濠畔街的富商把大批磁器、丝绵、火药等违禁商品售给外国商人，至于他们从外国商人那里买进什么商品，这里没有提及，但从“番舶中之货无几矣”一语中，可以肯定他们买进的商品数量很大，可见这种“交通私贩”的海上对外贸易事业发达的一斑。

从上所述，这种非法的商船贸易，值得注意的，有如下几点：

第一，私人在广东沿海的贸易，承揽了贡舶贸易中大量商品。史称：“夷货之至，各有接引之家，先将重价者，私相交易，或去一半，或去六七，而后牙人以货报官……则其所存以为官市者，又几何哉？”[②]说明私人的海上贸易在贡舶贸易中占着相当大的比重，贡舶贸易中的“官市”已经退居次要地位，标志着商舶贸易已经取代贡舶贸易而兴起。

第二，他们经营的出口商品，大都是违禁物品，如硝石、硫黄、生丝及丝织品等。这些违禁物品，都是贡舶贸易及稍后的合法商舶贸易所不允许出口的，而这些违禁商品又是国外市场所欢迎的畅销品，特别是瓷器、生丝和丝织品，在国际市场上享有相当高的地位。

第三，随着商舶贸易的兴起，新的贸易港口也出现了。如位于福建漳州与广东潮州之间的南澳岛，“四方客货”汇萃于此，“私番船只，寒往暑来，官军虽捕，未尝断绝”[③]。已经成为一个相当繁荣的对外贸易市场。

随着商舶贸易的繁荣，海商舶主与封建统治者的矛盾越来越大。正德、嘉靖间，正是明政府雷厉风行地实行海禁的时候，凡是“私通番货”或非法造船出洋贸易的海商舶主，都被封建统治者骂为“海盗”，究其实质，这种“海盗”，正如汪直所说：“中国法度森严，动辄触禁，孰与海外乎逍遥哉！”[④]他的话，实际上就是要求摆脱法令的束缚，开放海禁，允许自由对外贸易。嘉靖年间，赵文华询问通番者：为何海患不绝？通番者答曰：“必得王直（即汪直）主通海市，则祸可息。”（〔明〕郑舜功：《日本一鉴·穷河话海》影印本，卷六，《海市》）这代表了国内商业资本转向海外发展时所有海商舶主的呼声。由于明政府实行严厉的海禁政策，为了寻找商业资本的出路，开拓市场，扩大商品销售，他们不得不采取非法的行动。说明他们与封建统治者矛盾的实质，就是争取自由的海外贸易的斗争。

随着商舶贸易的兴起，参加对外贸易的人越来越多，明政府根本无法禁止。史称：对外贸易，“利孔所在，民以死力赴之，而卒不可禁。”[⑤]原因却是“官市不开，私市不止，自然之势也。”[⑥]这里的“势”，就是经济发展的规律。说明广东沿海地区商品经济的发展，要求扩大市场，这是不以封建统治者的意志为转移的。而且正德、嘉靖间和洪武年间的海禁有所不同，洪武年间尚且实行贡舶贸易，而正德、嘉靖年间因有“倭寇”与葡萄牙殖民者的侵扰，实行封锁沿海各港口，断绝海上交通，停止一切对外贸易活动。这种因噎废食

---

①〔明〕霍与瑕：《霍免斋集》卷一二，《上潘大巡广州事宜》。

②〔明〕严从简：《殊域周咨录》卷八，暹罗按语。

③〔明〕胡宗宪：《筹海图编》卷四，《福建事宜》；《明经世文编》卷八○，彭韶《边方大体事疏》。

④ 范表：《海寇议后》，载《玄览堂丛书》续集第一五册。

⑤《西园闻见录》卷五七，《海防后》引韩世能语。

⑥ 徐文定：《海防迂说》，载《明经世文编》卷四九一。

的海禁政策，是闭关主义的表现之一。它产生的严重后果，逐渐被人们所认识。如在广东，嘉靖八年（1529），提督两广侍郎林富说："夫佛郎机（葡萄牙）素不通中国，驱而绝之宜也，《祖训》《会典》所载诸国，素恭顺与中国通者也，朝贡贸易，尽阻绝之，则是因噎而废食也。"接着他指出，贡舶贸易有四利：一是"抽解俱有则例，足供御用"；二是抽分，可"充军饷"；三是抽分，可给官吏折俸；四是"贫民买卖"，"展转交易，可以自肥"。因此，他主张依"广东番舶例，许通市者，毋得禁绝。"[①]在福建，嘉靖年间杨守陈说："通番原无寇，今因禁而致，则当开禁以通之。"[②]因此，他主张开放海禁。在这种舆论下，明政府看到旧日的海禁政策已不可能再维持下去，为了征收商税，增加财政收入，便于隆庆元年（1567）批准了福建巡抚都御史涂泽民的建议：开放海禁，"准贩东西二洋"了[③]。

开放海禁，"准贩东西二洋"，标志着明代对外贸易政策的演变。从此，贡舶贸易日趋衰落，商舶贸易走向发展。

随着海禁的开放，明政府建立了对外贸易的管理制度：凡中国商人出洋贸易，应先领取"引票"，回时缴销。"引票"的性质，就是对外贸易的通行证，没有"引票"就不能出洋。"引票"上写着经商者的姓名、籍贯，以及所要去的地方。领取"引票"时，要交一种特许金，称为"引税"，征之于出口的商船。规定凡贩东西洋者，每引税银三两，其后增至六两。每次请引以一百张为率，"原未定其地而限其船"，至万历二十七年（1599）始定东西洋商舶额数，每年限船八十八只，给引亦据此为限。"后以引数有限，而请求者多"，乃增至一百一十引。给引及其税务俱由海防同知兼管。同时，税收制度也从原来的抽分制改为饷银制，共有三种：一是水饷，称为"丈抽法"，即按照船只大小而征收的船税，以船的广狭为准，如行西洋船，船阔一丈六尺以上者，每尺抽银五两，一船共抽银八十两；船阔在二丈五尺以上者，每尺抽银九两五钱，一船共抽银二百三十七两五钱。行东洋船丈抽则例，照西洋船减十分之三。水饷是征于船商之税。二是陆饷，即货物进口税，征之于接买进口货物的铺商，是按进口货物多寡或价值的高低原则来计算的，前者是从量税，后者是从价税。从价税如胡椒、苏木等货物，计值一两者税银二分，其余诸货，依此类推。三是加增饷，是为到吕宋的商舶而设的，大约由船主负担。因为中国海商到吕宋贸易，往往不带或少带货物回国，反而带进大量西班牙人所使用的墨西哥银元。这样就失去了征收进口货物税的机会。明政府为了弥补这种损失，特地规定凡行吕宋的中国商船回港时，除收水陆二饷外，每船加增税一百五十两，后减为一百二十两，叫做加增饷。这三种税，都具有关税的性质。以上是福建漳州订出的中国出洋商舶的税收制度[④]。在广东大概也施行着同样的制度。至于来广东的外国商船，由于抽分时，外商报货多不实，隆庆以后，也采用了丈抽制。如在广州，隆庆后，马六甲（Malacca）商船来广州，除抽收从量的货物进口税外，还抽收整船的"固定吨位税"[⑤]。所谓"吨位税"，实际上就是水饷。在澳

① 〔明〕黄佐：《泰泉集》（万历七年刻本）卷二〇，《代巡抚通市舶疏》；《世宗实录》卷一〇六。

② 〔明〕杨守陈：《与沈夷斋论海道书》，载《西园闻见录》卷五七，海防后。

③ 《东西洋考》卷七，税饷考。

④ 《东西洋考》卷七，税饷考。

⑤ M.A.P.MEILNK-ROELOFSZ: *ASIAN TRADE AND EUROPEAN INFLUENCE IN THE INDONESIAN ARCHIPELAGO BETWEEN 1500 AND ABOUT 1630*（THE HAGUE MARTINUS NIJHOFF 1962），P78。

门，万历四十一年（1613）给事中郭尚宾的奏疏中，提到“往岁丈抽之际，有执其抗丈之端”一语[①]，可见澳门也实行了丈抽制的税收制度了。从广州和澳门两地对外商的税收情况看，和中国商船出洋贸易的税收办法没有多大差别。所不同者，在澳门，开始征收货物出口税，如万历四十二年（1614）广东海道发布的澳门“禁约”文告中说：“凡夷趁贸货物，俱赴货城公卖输饷，如有奸徒潜运到澳与夷，执送提调司。”[②]这说明明代的关税制度逐渐完备。关税从“抽分”实物到征收货币，无疑的是明代关税制度的重大变化，也是明代对外贸易政策演变的反映。

三、明代广东商舶贸易的发展及其经营方式

明代隆庆元年（1567），海禁开放的范围，贸易的对象，只限于东西洋，日本仍在禁之列。中国商船出洋，尚有一定限制。许多所谓违禁物品还不能进入国际市场。虽然如此，海禁松弛，给广东商舶贸易提供了一定的条件，因而比从前更加繁荣了。明人周元起说：“我穆庙（穆宗、隆庆）时，除贩夷之律，于是五方之贾，熙熙水国，刳艅艎，分市东西路，其捆载珍奇，故异物不足述，而所贸金钱，岁无虑数十万，公私并赖，其殆天子之南库也。”[③]这是就福建漳州情况而说的，广东的情况也当如此。

当时来广东贸易的外国商船，逐渐增多，特别是葡萄牙盘踞的澳门，据明人庞尚鹏说：“每年夏秋间，夷船乘风而至，往止二三艘而止，近增至二十余艘，或倍增焉。”[④]同时，经营规模大，进出口货物多，税收增长快。明人王之甫说：

> 西洋古里，其国乃西洋诸番之会，三四月间入中国市杂物，转市日本诸国以觅利，满载皆阿堵物也。余驻省时，见有三舟至，舟各赍白金三十万投税司纳税，听其入城与百姓交易。[⑤]

这是万历二十九年（1601）王之甫驻广州阅狱办理案件时亲自看到的情况。王之甫这段话说明：一、西洋古里国商人从中国输出和输入中国的商品很多；二、西洋古里国每船纳税（包括水饷和陆饷在内）白金三十万，三船当有白金九十万。比较正德初年抽分实物时，广东在库番货变卖可得数万金，真不知增大多少倍，何况是一次外国商船进口的税收呢。

当时，不仅外国商船进入广东沿海港口日多，而且由广东启航前往东、西洋的商舶也不少，络绎不绝于印度洋上，可算是我国和东南亚贸易的极盛时代。明末清初人屈大均说：

> 广州望县人多务贾，与时逐以香糖果箱铁器藤蜡番椒苏木蒲葵诸货……南走澳门，至于红毛、日本、琉球、暹罗、斛、吕宋，帆踔二洋，倏忽数千里，以中国珍丽之物相贸易，获大赢利。[⑥]

① 〔明〕郭尚宾：《郭给谏疏稿》卷一。

② 《康熙香山县志》卷九，澳夷。

③ 《东西洋考》，周起元序。

④ 〔明〕庞尚鹏：《百可亭摘稿》卷一，《陈末议以保海隅万世治安琉》。

⑤ 王之甫：《粤剑编》（载《玄览堂丛书续集》第八一册）卷三，志外夷。

⑥ 〔清〕屈大均：《广东新语》卷一四，食语。

这里说明广州望县很多商人，到东、西两洋，乃至琉球、日本从事贸易，出口商品以手工业品为主，而且“获大赢利”。正由于从事海外贸易获利率高，许多人都发了财。有的人由于对外贸易的需要，到了南洋以后，就不回来，成为华侨。如在爪哇，史称：“初，南海梁道明贸易于爪哇国，久而情熟，挈家住居，积有年岁，闽广军民弃乡里为商从之者至数千人。”[①]在三佛齐，史称：嘉靖年间，广东人张琏、林朝曦、黄启荐等，曾在广东沿海从事“通番”贸易，被官军追捕，逃至三佛齐。万历五年（1577），他们在三佛齐不仅“列肆”，而且“为番舶长”，主持三佛齐的对外贸易[②]。此外，在爪哇的杜板，有千家，皆广东、福建漳泉人。在爪哇的新村，亦有千余家，村主是广东人[③]。所以明人张燮说：“市舶之设，始于唐宋，大率夷人入市中国，中国而商于夷，未有如今日之夥者也。”[④]

随着出海贸易的人增多，广东的造船业也就发展起来了。明代广东的高州、潮州、廉州、电白、琼州、海口诸处都是著名的造船业中心。所造的船称为“广船”，和福州所造的“福船”齐名。如上述汪直出海的巨舰就是在高州造的。当时明政府对出海贸易的船只规定了一定的规格，但是，由于商人多、货物多的需要，舶主往往不遵守规定。万历四十一年（1613）巡按广东监察御史王以宁说：“查漂洋之船，必千斛以上……其货不赀。……粤中海船必报县印烙，及置货出洋，必报（海）道盘验给照，然而船之如式以否，货之违禁以否，未必尽核，而影射增添巧诈百出。”[⑤]他的话不仅反映了广东商舶贸易，必需照漳州的制度执行，即海商应先向海道领取“引票”即“给照”，缴纳引税，才能驾船出洋，而且说明了因为“其货不赀”，不能按照政府的规格造船，须超过规定造“千斛以上”大船，才能满足航运的需要。足见当时广东商舶贸易的发达。

至于广东海商舶主是如何营运的呢？他们的经营方式如何？根据现有材料，若就其资本构成看，可以分为两个类型：

（1）独资经营。史称：崇祯十五年（1642），海瑞孙述祖在海南岛“治一大舶”，首尾约二十八丈，桅高二十五丈。他充当舶主兼海商，运货往西洋发卖。“濒海贾客三十八人，赁其舟，载货互市海外诸国，以述祖主之。”是年二月扬帆出洋，十二月还家乡琼山。“次年入广州，出囊中珠，鬻于番贾，获赀无算，买田终老。”[⑥]

海述祖拥有巨大的资本，可以自造双桅大船出洋贸易。他不仅是个海商，而且是个舶主，把部分船舱租赁别人出洋贸易。在明代，海商租赁他人之船出洋贸易，是较常见的。如天启三年（1623）郑芝龙的舅舅黄程，“行贾（广东）香山澳”，有白糖、奇楠、麝香一批，便租赁舶主李旭的船，由郑芝龙押运至日本发卖[⑦]。舶主所收租金多少？不明。大抵是以货担位计算的，每担货位租金若干。海述祖和“濒海贾客三十八人”就是这种租赁关系。海述祖从中赚取了一笔经运费即租金，这是无疑的。至于水陆饷二税，自由海述祖自理。他们之间是一种自由的租赁关系，倘无受到封建关系的束缚，他们的资本发展，将沿

① 〔明〕严从简：《殊域周咨录》卷八，爪哇。

② 〔明〕杨一葵：《裔乘》卷二，三佛齐。

③ 〔明〕严从简：《殊域周咨录》卷八，爪哇。

④ 《东西洋考》卷七，税饷考。

⑤ 〔明〕王以宁：《东粤疏草》卷五，《条陈海防疏》。

⑥ 〔清〕钮秀：《觚賸续编》卷二，海天行。

⑦ 《道光福建通志》卷二六七，明外纪；江日升撰：《台湾外纪》卷一。

着资本主义萌芽的方向前进。但是，如海述祖“获赀无算”以后，逃脱不了封建的“以末致财，以本守之”的传统影响，于是辍业，回故乡去，“买田终老”。他本人从海商舶主变成了封建地主，他的商业资本便演变为封建的土地剥削资本了。

（2）合资经营。明人唐顺之说：广东南澳诸岛的商舶，“盖土著民醵钱造舟，装土产径往东、西洋而去，与海岛诸夷相贸易”[①]。由于造船出洋贸易，需要雄厚的资本，个人往往无能为力，合众则易擎，所以这种经营方式，在广东的商舶中，是比较普遍的。他们之间的地位，大概是平等的，共同负责税饷，共同负责盈亏。这是民间自由经营对外贸易的情况，如果没有封建关系的束缚，可发展成为自由商人。

另外，还有一种是合资造船，“各以己资市物往”海外贸易的情况。史称“闽广奸商，惯习通番，每一舶推豪富者为主，中载重货，余各以己资市物往，牟利恒百余倍。有苏和本微……计所得殆万钱。”[②]

这是万历年间由大中小商人合资造船，组成的商舶贸易队伍，出资最多的大商人——“豪富者”被推为舶主，船中所载“重货”，大都是他的。他负责并主持海舶上的一切事务，其余散商都是“以己资市物往”的。究竟一船有多少人，这材料没有说明。明人郭春震说“闽粤之人，驾双桅船，挟私货，百十为群，往来东西洋。”[③]可见通常一船商人有一百几十人。他们咸听命于船主。其税饷的负担，如福建漳州的商舶，是由舶主根据“在船货物，多寡精粗匀科”于众商的，而舶主常常毫无所出，并且利用这种职权，“从一科十”剥削众商[④]。在广东，这种合资造船，“以己资市物”进行贸易的形式，自然也是有的。剥削散商也是常有的事。这种封建的剥削关系，阻碍着商舶贸易的发展。但海商获利仍很丰厚。

若从经营业务来看，也可以分为两个类型：

一是舶主、海商、“揽头”和华侨商品收购者在国内外组成一条龙的商业网，分头经营各个环节的对外贸易业务。如在国内的情况，史称：

> 中国商船从吕宋回到广州时，“揽头者就舶取之（银），分散于百工之肆，百工各为服食器物偿其值。承平时，商贾所得银皆以易货，度梅岭者不以银捆载而北也，故粤东之银出梅岭者十而三四。今也关税繁多，诸货之至吴、楚、京都者，往往利微，折资本，商贾多运银而出。所留于东粤者，银无几也。[⑤]

这里的“承平时”，是指明代而言；“今也”者，指清代康熙时而言。这里说明由中国商舶从吕宋输入的西班牙银元，在清代康熙时，全部通过内商运往吴、楚、京都易货；在明代时，十分之三四运往外省易货，十分之六七留在广州，让“揽头者就舶取之”。这种“揽头”是作为舶主海商需要的“服食器物”组织者。他向海商领取银元以后，“分散于百工之肆”，由“百工各为服食器物偿其值”，其中包括提供出口商品如生丝和丝织品、瓷器、糖、铁制品等。在国外的情况，史称：

---

① 〔清〕梁廷枏：《粤海关志》卷四，前代事实。

② 〔明〕周玄暐：《泾林续记》（载《涵芬楼秘笈》第八集），第37页。

③ 〔明〕郭春震：《备倭论》，载《乾隆潮州府志》卷四〇，艺文。

④ 《东西洋考》卷七，税饷考。

⑤ 〔清〕屈大均：《广东新语》卷一五，货语。

（1596，万历二十四年，在下港）侨居的中国人……个个手提天秤前往各村腹地，先把胡椒的分量秤好，而后经过考虑付出农民应得的银钱。这样做好交易后，他们就在中国船到达前，预先把胡椒装好。他们购得的胡椒两袋可按十万缗钱等于一个卡迪（Cathy）的价格卖出。……这些装去胡椒的中国船每年正月间有八艘至十艘来航，每船只能装载约五十吨。①

下港的华侨商人收购当地农民的胡椒，然后卖给中国商船。虽然没有明确指出这些中国商船是从广州来的，但我们知道当时由中国开往下港的商船，都是由漳州和广州启航的。因此，这里指的中国商船，也包括广州商舶在内，是无可怀疑的。从上所述，可以看到：从广州至吕宋，从下港至广州的广东商舶中，除舶主、海商外，在广州有专门为海商组织出口货物的“揽头”，在下港，有专门为海商组织进口货物的华侨商人，这几种人组成一条龙的商业网，大大加速了国内外商品的流通和销售，促进资金的周转，不致因进货和出货而耽延具有季节性的启航时间。同时，值得注意的是广州的“揽头”与百工之间，下港的侨商和农民之间，将逐渐形成订货的买卖关系，如果再前进一步，这些“揽头”和侨商就会变成包买商人了。这些都是明代经营对外贸易中较进步的地方。

二是承销外国商船进出口商品的牙行商人。牙行在广东的对外贸易中占着重要的地位。如上所述，明初广东的牙行，仅仅是作为对外贸易中买卖的中介人，并代替广东市舶司某些职责而已，并没有脱离中世纪牙行的窠臼。但到了嘉靖隆庆以后，广东的牙行便开始了变化，成为承销外国商船进出口商品的商业团体了。

嘉靖年间，广东的贡舶贸易开始进入衰落时期，制度紊乱，朝行夕改，广东市舶司等于虚设，没有管理官牙的机构和制度。这些复杂的情况，给冒充官牙的人提供了可乘之机，如明人郑舜功说：

岁甲寅（嘉靖三十三年），佛朗机国夷船来泊广东海上，比有周鸾号称客纲，乃与番夷冒他国名，诳报海道照例抽分，（海道）副使汪柏故许通市，而周鸾等每以小舟诱引番夷，同装番货，市于广东城下，亦尝入城贸易。②

可见当时的官牙制度非常不健全，才使周鸾冒充“客纲”得逞；特别是葡萄牙非贡国，也由于受周鸾蒙蔽，而许入城贸易了。海道副使汪柏鉴于此，于是便在嘉靖三十五年（1556）建立牙行的组织机构。史称：

汪柏乃立客纲，客纪，以广人及徽、泉等商为之。③

所谓“客纲”，实际上就是牙行的组织机构，每“纲”设一“纲首”，总理牙行事宜，主持对外贸易，正如明人所说，“番商者，诸番夷市舶交易，纲首所领也。”④“客纪”就是牙行的经纪人。这些都是广东、安徽徽州、福建泉州的商人。当时，究竟有多少“纲”，每“纲”有多少家？目下已经很难查考了。据文献记载，福建市舶司原属有牙行二十四名，

① 哥尔勒民斯·德·侯德猛：《航海日记》，转引［日］岩生成一撰：《下港（万丹）唐人街盛衰变迁考》，载1957年4月《南洋问题资料译丛》第二期。

② 〔明〕郑舜功：《日本一鉴·穷河话海》（民二十八年据旧钞本影印）下册卷六，海市。

③ 〔明〕黄佐纂：《嘉靖广东通志》卷六八，杂蛮。

④ 《天下郡国利病书》卷一〇四，广东八。

后改为十九名。嘉靖末只有五名[①]。看来各时各地情况不一。嘉靖、万历间泉州人颜理学是广东的牙行之一。他“贾于粤”，“尝领官符贸夷舶”[②]。这些牙行的任务和活动情况，中国文献或略而不详，或根本没有记载，现据外国人记述如下：

> 在外国帆船到达后，地方官通知广州。广州的评价者就到船上估价货物。评价者是和中国批发商人商议估价货物的。货物的税款很高，胡椒收税20%，染色木材不少于50%，整船的固定吨位也要纳税。……税收过高，和马六甲（Malacca）商人在中国挣的大量利润有关联。……评价者他们是关税接收者，同时，他们自己购买胡椒……这些起着半官方作用的评价者，他们随身带着马来人（Malays）……同时，评价者他们给马六甲船供应食物，按托梅·比利斯（Tome Pires）的叙述，没有诈取，然而商人在运输商品和粮食，从大陆运到船只停泊的地方，利润不是微不足道的，而是徘徊在30%至50%之间。[③]

这是隆庆元年（1567）以后马六甲商船来广州，牙行活动的情况。这里所说的“评价者”，就是上述的“纲首”或“客纪”，即牙行中的首领或经纪人。他们雇佣了马来人当通事。他们不仅在马六甲商人与中国批发商人之间议定商品价格，而且代替广东地方官收取“关税”。同时，他们自己又是商品的贩买者。此外，还负责供给马六甲商船人员所需的商品和食物，获得了30%至50%的利润。这一切表明：在明代广东对外贸易中，官府设立的牙行，内部组织已渐趋严密，职权亦渐扩充。它已经不是明代早期单纯的买卖中介人，而是代替了从前广东地方官主持和操纵外国商船来广州贸易的商业团体，并且起着半官方作用了。

考察这些牙行商人的经营方式，他们主要依靠封建政权，作为中外商人的居间者，便可获得巨大的利润，同时，享有为外商提供商品的特权，他们为提供某种商品而去收买某种商品，也可获得大量的利润。由于他们和封建特权有着密切的关系，他们的资本具有浓厚的封建性，是为封建政权服务的。这些牙行商人后来便成为清代广东十三行的先驱者了。

四、几点看法

从上所述，明政府实行的贡舶贸易和商舶贸易，有很大的不同：第一，贡舶贸易的目的，主要是为了“怀柔远人”，“羁縻”海外诸国，消除“衅隙”，防止侵扰边疆的战争；而商舶贸易的目的，是为了收取课税，增加财政收入。第二，贡舶贸易中的舶来品，无论采取博买制度或牙行制度的销售办法，都是明政府对外贸易的统制政策下的产物，博买制度还是明政府的一种专买制度；而明政府对商舶贸易虽然亦企图继续通过牙行来控制，但这时的牙行已经逐渐演变成为一个对外贸易的商业团体了，无论贸易的形式和内容，都和

---

① 高岐：《福建市舶提举司志》，转引傅衣凌：《明清时代商人及商业资本》（人民出版社，1956年版），第133页。

② 《同治泉州府志》卷六〇，明笃行五，引《节千顷斋集》。

③ M.A.P.MEILNK-ROELOFSZ：*ASIAN TRADE AND EUROPEAN INFLUENCE IN THE INDONESIAN ARCHIPELAGO BETWEEN 1500 AND ABOUT 1630*（THE HAGUE MARTINUS NIJHOFF 1962），P77—78。其中引Tom'e Pires的话，见《Suma Orienal东方诸国记》。

明初的牙行不同。第三，贡舶贸易多是物物交换，显然是原始的落后的；而商舶贸易则是以货币作为交换的媒介，交换价值在这过程中取得了自由的姿态，显然是进步的。由于上述种种不同，商舶贸易的经营规模和交易量都很大，完全不是贡舶贸易所能及的。因此商舶贸易比贡舶贸易对社会经济的影响和作用就大得多了。

明代广东对外贸易对当时社会经济的影响主要表现在：其一，它促进了广东地区商品生产和货币经济的发展，加强了广东和江浙等地以及与国外市场的经济联系，促进了与对外贸易直接有关的手工业的发展。对广东地区资本主义的萌芽有一定推动作用。其二，由于对外贸易获利甚厚，使不少人趋之若鹜，脱离农业，或参加对外贸易，或经营手工业，或为货币所雇佣，这对自然经济是一个冲击，也为农民开辟了新的生活途径。其三，从对外贸易中可以抽取巨额税金，对地方财政是个重要补充；又由于中国常处于出超地位，外国商人只好用墨西哥银元来偿付，这就使白银大量流入中国，对满足明中叶以后社会上普遍增长的用银的需求，解决银荒问题，增加货币流通，活跃商品经济都具有重大意义。因篇幅关系，这些问题，不作详论，仅提出上述看法，供大家批评讨论。

（原文载于《文史哲》1982年第2期）

明代南京马快船考释

李龙潜

一、引言
——明代南京马快船的由来及其任务

明代南京马船和快船最初是由运输军马和辎重而得名。朱元璋和张士诚大战于鄱阳湖，“实资舟楫之利”，才把张士诚部队歼灭①。建国以后，为了巩固长江一带的防卫，建都南京，驻重兵守卫②，军队所用马匹，多由四川、云南市易或少数民族进贡而来。史称：“国初四川、云南市易马骡，及蛮夷酋长贡马者，皆由大江以达京师，有司用马船载送。”③

这些运送马匹的民船，官方就叫做马船。当时，需要军马很多，民船不足供应，明政府便开始建造马船。洪武六年（1373），朱元璋有一次便命令“工部主事魏浚于沿江府县督造马船二百八十五艘，以备运载四川所市马匹”④。与此同时，军队载辎重用的船，称为快船。正如万历年间南京礼部尚书姜宝说：“当时载军马为马船，载辎重为快船。”⑤对马船和快船的建置目的，嘉靖初年兵部尚书柴昇也清楚地说：“我太祖高皇帝创业之初，设造此船，盖欲储备水战，以防不虞，防奸御侮之深谋，而为保江淮之至计，岂为装运进贡而设及南北往来使臣之用也。”⑥嘉靖年间南京兵部尚书王廷相亦说：马船和快船原“国初置备水军征进辎重之用”⑦。永乐以后，朱棣迁都北京，除大小黄船“奉舆北驻，及进贡方物”外⑧，还令马船和快船“逐专以运送郊庙香帛、上供品物、军需器仗及听差遣”⑨。于是马船和快船的任务相同，明人便把这两种承担官府运输任务的船只，总称为马快船。所以后来柴昇说，当时，北京宫廷“凡服食器用工料财物，无不取给于南，而此船（指马快船——引者）装载运送之差，盖昉于此”⑩。可见马快船是个共名，它的别名不仅有马船、快船，还有快平船、风快船、红船、平船、乌龙船、黑楼船、黄船等。在此

① 〔明〕倪涷：《船政新书》，姜宝：序，载《续修四库全书》，史部，政书类。

② 《船政新书》卷1：“皇祖开国之初，设四十八卫，拱护神京，无非居重驭轻之意。今日之留都，诚为根本之重地，然都城内外编户，军卫居其大半，千城瓜牙，于是赖焉。”

③ 《明会典》卷200，工部20，河渠5，船只，马船。

④ 《太祖实录》卷84。

⑤ 〔明〕倪涷：《船政新书》，姜宝：序，载《续修四库全书》，史部，政书类。

⑥ 《明经世文编》卷107，柴昇：《题为陈言救时弊以弭寇盗疏》。

⑦ 《世宗实录》卷117。

⑧ 〔明〕王世贞：《弇山堂别集》卷，中官考。

⑨ 《明会典》卷149，兵部32，驿传5，马快船。

⑩ 《明经世文编》卷107，柴昇：《题为陈言救时弊以弭寇盗疏》。

需要指出，永乐以后，马快船的任务虽然很广泛，但是已从最初单纯运输军马和军需转变为运送“郊庙香帛，上供品物”为主的运输任务，从最初具有军事防守江淮的军事意义转变为交通运输意义。由于原先为军事需要而设，属卫所系统，总领于兵部，所以《明会典》卷149，兵部35，驿传5项下有马快船一目。这是马快船的背景，是首先要了解的，故标其目为引言。

二、明代南京马快船甲夫的佥编制度

明代南京马快船主要由江淮、济川二卫马船和南京锦衣等四十卫快船组成，都是洪武初年建置的。其甲夫的佥编制度，则迥然不同。

南京锦衣等四十卫风快船，“每船一只，该小甲一名，以董其冈（纲?），军余十四名，随船帮驾”[①]。所谓“小甲”以董其“纲”，即“纲首”，是一船的首领，负责一船的事务[②]。其余军余，即军户余丁，是“随船帮驾”，即充当水夫。这些小甲水夫，最初是由南京锦衣等四十卫所正军中点充，因其每月有月粮，明人姜宝才说：“快船夫，国初取诸京军，无所资给而应役，后来正军不足，则滥及于军余。”[③]后来才从南京锦衣等四十卫军户中的余丁佥充，并且形成制度，每十年一编。史称：

> 凡锦衣等卫风快船，每十年一次编审夫甲。[④]

《明会典》卷149，兵部32，驿传5，马快船条亦说：“凡南京快平船小甲，例于南京锦衣等四十卫所余丁内，十年一编。”每编正甲一名，余丁十四名[⑤]。其编审原则，大体上以身家厚薄为准，即所谓“佥其有力者充之”[⑥]，身家厚者编为正甲，次编为余丁，余丁“随船帮驾”，故又称水夫。其待遇和正军一样，小甲月粮，“月支米一石”[⑦]，另“有安家月粮十二石，长差行月粮一百一十一石，短差则行月粮七十四石而已”[⑧]。这处所说的“安家月粮”大概就是月粮，长短差行月粮大概就是行粮，非是月计，而是出差时限内的总计。同时，免去其他夫役，如嘉靖六年（1527）奏准，“凡各卫快船小甲，置买上元、江宁二

---

① 《明经世文编》卷107，柴昇：《题为陈言救时弊以弭寇盗疏》。

② 按小甲，又称“正甲”。一般要有一些文化、衣冠整齐者才能充任。史称：“凡衣冠人等，皆向充正甲，一船之领袖。”（见《船政新书》卷4）其后因剥削过重，始有“帮甲”。史称：“后因船（指快平船——引者）无定主，易于朽坏，乃佥有力者，使总一船之事，而名之为小甲。夫荷戈操殳、屠沽负贩之流，岂真有力哉，就其侪伍之中，稍能自树者，强而名之，强而用之耳，而长途之费用不赀，积猾之需无厌，彼将何以堪之也。故有一船而三四甲者矣，一甲而数人垛名朋役者矣，垛名不已而加以帮甲……”（同上书卷1）又称：“每审辄定十年，每年正甲一名，帮甲十名。”（同上书卷2）众甲分立，无人负责不成，故后来便出现了“总甲”。史称：“天顺八年正月十二日，即该钦奉诏书内一款，南京马快船只赴京公干，除例该听候半年外，其余有装运物料前来到京者，许令总小甲将原领勘合赴部投收，伺有内外差使官员奏开合用船只数目，该部方许依数差拨，以遵旧制，钦此。”（〔明〕王概：《王恭毅公驳稿》卷上，马船附妄加参语。又见《宪宗实录》卷1，诏书）“总小甲”与地方治安的“火甲”“总甲”职务有别，也没有业务关系。

③ 〔明〕倪涷：《船政新书》，姜宝：序，载《续修四库全书》，史部，政书类。

④ 《明会典》卷158，兵部41，南京兵部。

⑤ 《船政新书》卷2。

⑥ 《船政新书》卷2。

⑦ 〔明〕湛若水：《湛甘泉先生文集》卷19，章疏，《请复快船月粮以除帮甲困苦疏》。

⑧ 《船政新书》卷2。

县田地，不及百亩者，止寄庄纳粮，免其铺行夫役，或有家资而无田地，亦不得派有司夫役”[①]。水夫“旧例每名每月粮米五斗，不分出差在外，回坞听差，常川关支”[②]。至嘉靖八年（1529），议准快船小甲余丁“长差以一年为限，给行粮六个月，短差以八个月为限，给行粮四个月，每人月该米三斗，折银一钱二分”[③]。

江淮、济川二卫“原额大小马船八百一十七只……每船小甲一名，随船水夫一十九名”[④]。按此计算，则要佥甲夫共一万六千三百四十名。（而倪涷称：“国初二卫马船共八百一十七只，水夫共二万三百六十二名。二卫官员，相沿私役，殆不可记。”见《船政新书》卷2。说明卫官私役水夫非常严重）。其小甲水夫是在造船所在府县民户中佥充。史称：

> 马船乃洪武元年令湖广、江西二省，太平、安庆、宁国三府沿江地方，惯熟风水，造船佥夫解部听用。[⑤]

其佥编甲夫的方法，与快船在军户中佥编甲夫方法不同，待遇也不一样。根据倪涷说，马船佥编甲夫有两种方法：

一种是垛集而来的。如：“湖广、太平二处水夫，系垛名永充，原无工食，故设有赡夫田，听各夫回籍取讨田租及户丁津贴。”[⑥]

二种是计粮佥充的。如在湖广郴州，史称：“以本属六州县差米通融均编江济水夫八十名，银二百二十七两六钱。”[⑦]在江西等地，史称：“江西、宁国、安庆三处以民粮审编，十年一换，悉照解军事例，佥妻发解，遇缺清勾，而各夫工食，仍自回取讨。”[⑧]

弘治年间，南京兵部尚书王轼《奉诏陈马快船事宜》时，亦说：“江淮、济川二卫水夫以田亩丁粮佥充者，十年编审更易，遇有消乏，宜如旧佥替。若洪武间钦取夫船并免军充役者，后有逃亡，本宗丁尽户绝，宜遵诏与除免。”[⑨]王轼所说的“钦取”，就是倪涷所说的“垛集”，是作为力役征发而来的，是免其军役而充水夫力役的。他们的待遇，没有工食供给，只设有“赡夫田”，听其回籍“取讨田租及户丁津贴”而已。他们是终身服役，“垛名永充”的。王轼所说的“以田亩丁粮佥充者”，就是倪涷所论的“以民粮审编”的，十年一换，佥解以军法从事，即“悉照解军事例，佥妻发解，遇缺清勾”，是世袭罔替的。户绝水夫，后来由罪犯顶补。如正德十四年（1519），“题准徽、宁、池、太等处问发充军人犯，不拘远卫附近，终身永远俱免充军，发江淮卫顶补当涂县户绝水夫”[⑩]。其待遇“与正军相同，每月支米一石，又有原籍工食银两”[⑪]。当时的工食银两，是从水夫原籍征

① 《明会典》卷158，兵部41，南京兵部。

② 〔明〕湛若水：《湛甘泉先生文集》卷19，章疏，《请复快船月粮以除帮甲困苦疏》。

③ 《明会典》卷158，兵部41，南京兵部。

④ 〔明〕湛若水：《湛甘泉先生文集》卷19，章疏，《请复快船月粮以除帮甲困苦疏》。

⑤ 《明会典》卷158，兵部41，南京兵部。

⑥ 《船政新书》卷2。

⑦ 〔明〕徐学谟纂修：《万历湖广总志》卷26，卷27，徭役。

⑧ 《明会典》卷200，工部20，河渠5，船只，马船。

⑨ 《武宗实录》卷5。

⑩ 《明会典》卷158，兵部41，南京兵部。

⑪ 〔明〕湛若水：《湛甘泉先生文集》卷19，章疏，《请复快船月粮以除帮甲困苦疏》。

发而来的，史称："国初江西、湖广、太平、安庆，皆有司造船，而佥夫驾运，故有赡夫田，其资本厚。宁国以路近，故每夫岁编工食十两解部，内扣二两为修造工料，而八两给夫，比之江西等处，尚为不及，后经题准，江西等处将工食料价征银解部，其数渐减至于四两，与三两五钱，而宁国乃减至六两，视他处反优焉。"[①]可见因原籍不同而异，"有六两，四两，三两五钱"的[②]。一般都较上述快船甲夫优。

此外，还有大小黄船，亦是明政府重要的交通运输工具。史称："国初造黄船，制有大小，以备御用。至洪熙元年计三十七只，正统十一年，计二十五只。常以十只留京师河下听用。"[③]这些大小黄船，原是"永乐以来供奉乘舆北驻及进贡方物而设"[④]。除大小黄船外，尚有预备大黄船，供皇帝巡幸之用。匾浅黄船，制式同小黄船，"取其小而轻"快，供太常寺进时鲜用[⑤]。其编审小甲夫役等项，史称："黄船则审甲由兵科，造修由工部，而拨差由外守备。"[⑥]和马快船体制不同。

三、明代南京马快船的打造和维修

洪武初年，马船和快船的体制不同，其打造和维修不一样。上引湛甘泉说"原额大小马船八百一十七只"，与《明会典》所载原额数符合，完全由地方官府承造。史称：

> 洪武十年，令武昌、岳州、荆州、归州各造马船五十只，每只定民夫三十名，以备转送（指由四川、云南市易马骡和少数民族贡马——引者）。后复定江西、湖广二省并直隶安庆、宁国、太平三府造马船共八百一十七只，佥拨水夫三百六十余名（按：此数有误，《明会典》卷200，船只："佥拨水夫二万三百六十余名。"）。广西全州灌阳县造马船二十一只，佥民夫五百二十五名，俱隶江淮、济川二卫，其工食、料价银两亦系原编省府征解[⑦]。

按这里《明会典》记载，是说洪武十年（1377）以后，才命令江西、湖广二省并直隶安庆、宁国、太平三府造马船共八百一十七只（不包括广西所造二十一只马船在内，因不久便革罢），其实早在洪武初年已在沿江一带造马船，如上引洪武六年（1373）魏浚就在沿江府县督造马船二百八十五艘。所以南京兵部车驾司员外郎倪涑才说："马船乃洪武元年令湖广、江西二省，太平、安庆、宁国三府沿江地方，惯熟风水，造船佥夫，解部听用。"[⑧]可见这里《明会典》的记载是综合洪武年间造马船而言，具体时间数目便疏忽了，从而造成疑惑，应改为洪武年间湖广、江西二省并直隶安庆、宁国、太平三府沿江地方共造马船八百一十七只，包括上面提到的洪武六年（1373）、十年（1377）所造的马船共四百八十五只在内，才符合史实。洪武二十八年（1395），始设江淮、济川二卫专管马船事

① 《船政新书》卷4。
② 《船政新书》卷4。
③ 《明会典》卷200，工部20，河渠5，船只，马船。
④ 《世宗实录》卷117。
⑤ 〔明〕沈启：《南船纪》卷1，载《续修四库全书》，史部，政书类。
⑥ 《船政新书》卷4。
⑦ 《明会典》卷200，工部20，河渠5，船只，马船。
⑧ 《船政新书》卷2。

宜。史称：

> 洪武二十八年，始设江、济二卫，使之停泊船只，安排人夫，而它卫所不与焉。[①]

看来江、济二卫当时只管停泊船只和安排人夫事宜，不管造修船只。史称："凡船只朽坏，皆发回（原造修府县——引者）修造。"[②]具体情况，目下尚不了解。后来大概"发回修造"，废时误差，便改为随船甲夫修理。如大马船，史称："两卫大马船，向不修理，遇差，即令本甲科派各夫，自行整舱，殊非事体。"[③]于是水夫不仅要负担力役，而且还要负担银差了。

南京锦衣等四十卫快船原额，现见史书记载不同，如沈启撰：《南船纪》卷2引《工部条例》称："南京各卫快船额设七百八十八只。"（按：此非原额，是后来减存之数。《西园闻见录》卷70："万堂疏曰：南京锦衣等卫额存快船七百八十八只"，可资佐证。）又如《船政·成例》中，南京兵部尚书臣熊等题奏称："查得旗手卫原额快平船共八百只，先年奏革一十七只，见在船七百八十三只。"（载《续修四库全书》，史部，政书类）查《明会典》卷158，南京兵部称：嘉靖三十七年（1558）题准"锦衣等卫快船八百只，屡经奏减，见存……快船七百五十只"。可见这八百只快船，亦非原额，是后来减存数。原额究竟多少？《明会典》卷158，南京兵部称：快船，"原额船九百五十八只"。明李昭祥撰：《龙江船厂志》卷2亦称："快船原额九百九十八只。"两者相差四十只，恐是笔误所致。今渐依《明会典》所载快船原额数。这些原额快船的打造，早在洪武初年已经开始，并投入使用，如上引军事上"载辎重为快船"。永乐以后，沿着大运河，南北往返，络绎不休，常有损坏，便由南京兵部车驾司通知龙江提举司委官相勘，应否修理或拆除，重新打造，"计料会办给"，然后由南京兵部车驾司委官"领赴造船厂兴工"修造[④]。

著名的龙江造船厂在南京城西北，明初在此设置龙江提举司，负责造船。当时修造黄船由龙江造船厂负责，马快船亦有专厂负担，如南京锦衣等四十卫的造船厂，江济二卫收木厂及拨船厂都在龙江造船厂范围之内。史称："造船厂、江济二卫收木厂并在赤字铺，江济二卫拨船厂在驰字铺……黄船厂在誉字铺。"[⑤]可见龙江造船厂内，不仅有黄船厂制造黄船[⑥]，还有属于四十卫的造船厂和江济二卫的收木厂和拨船厂，各厂分别担负起各项生产任务。

打造和维修快船的工本费用，宣德年间，实行官府与军余按比例负担的办法，史称：

> 宣德十年奏准物料每船以十分为率，官给六分，军余自备四分，中府委官于造船厂督造。[⑦]

"军余自备四分"，即由小甲和在船水夫负担。当时，小甲领"官给六分"的工料银两，和

① 《船政新书》卷2。
② 《船政新书》卷2。
③ 《船政新书》卷3。
④ 〔明〕李昭祥：《龙江船厂志》卷2，载《续修四库全书》，史部，政书类。
⑤ 《江宁府志》卷5，城厢。
⑥ 〔明〕李昭祥：《龙江船厂志》卷2，载《续修四库全书》，史部，政书类。
⑦ 《南船纪》卷2。

委官同赴造船厂造修船只。他们不仅负担力役，还要负担造修船只的银差。小甲所领的工料银两，不够修造费用，常要赔补。再加上长差在外，“而长途之费不赀，积猾之需求无厌，彼将何以堪之也”[①]。这样个人充当小甲很难支撑下去，到了正德八年（1513）便实行“垛甲”的办法，史称：

> 正德八年，因差繁难，每船佥取军余三五名，名曰垛甲，照分出银，帮助小甲出水。[②]

所谓“垛甲”，实际上是数人朋充甲役，如倪涑说：“故有一船而三四甲者矣，一甲而数人垛名朋役者矣！”后来“垛名不已，而加以帮甲，帮甲不已，而波及余丁，一船所累，毋虑数十百家”[③]。

据此可知“帮甲”与“垛甲”又不同，据南京兵部车驾清吏司员外郎李迁说：“查得快船帮甲之设，当初审编殷实人户，止照分数出办年例贴差银两，其于造船修船并不干预。”[④]说明正德以后，帮甲负担造修船只的任务。史称：“南京锦衣四十卫快平船只，先年系是各船帮甲领银承认造修。”[⑤]

宣德年间实行的“官给六分，军余自备四分”的造修船只的物料比例，中间可能有变化，至弘治初年才又恢复，但是存在弊病很多，所以，弘治年间，倪岳说：“（快船）敝坏打造之际，初年料物，俱系工部出办。近年奏定官出六分，自备四分，官出者不以时给，打造不前；自备者，负累军余出办，贫苦百端，交收在官，又被卫所官员侵欺花费，及用造船，毫厘无措，以致船只无由完备，军余办价不已，似此事理之弊蠹，不为变通，则官军之贫穷，何由苏息。”[⑥]因此，他向南京兵部建议，查勘各卫打造修理快船事。他说：

> 南京兵部各委公正廉能官一员……，查勘各卫打造修理未完快船共若干只，见领料办价打造者若干只，已领杉篙等料花费无存者若干只，已办价花费无存者若干只，人船俱无下落者若干只，每船通计该用银若干两，各以料价二项分数多寡计算，见有而不足者应该补足，花费而无存者应该全给，通将侵欺官员查出送法司，照例从重治罪，监追前价，其不足之数，亦将兵部每年原收马草场等项地亩银两，照数那借支给应用，并行南京工部即将该给物料作急支给，除人船俱无下落者开豁不必打造外，其余船只督并打造完备。……仍行管船官员不时点闸，务要用心爱护，依时修舱。以后仍照例十五年以外，不堪撑驾者，官给全料，十年以里损坏者，责与本船夫甲备料修理。[⑦]

他的建议很重要，对整顿船政、打击贪污起了一定作用。同时反映了打造船只制度不健全，需要整顿，于是停止了“官给六分，军余自备四分”的造修船只的物料比例制度，改

① 《船政新书》卷1。

② 《船政》，载《续修四库全书》，史部，政书类。

③ 《船政新书》卷1。

④ 《船政》，载《续修四库全书》，史部，政书类。

⑤ 《船政》，载《续修四库全书》，史部，政书类。

⑥ 〔明〕倪岳：《青溪漫稿》卷14，奏议，会议。

⑦ 〔明〕倪岳：《青溪漫稿》卷14，奏议，会议。

为官府提供物料银两。明政府从弘治十年（1497）给一百两到正德十二年（1517）提高到一百二十两。史称："南京兵部奏行会议，原给银一百两，不敷成造，南京工部添银二十两，兵部添银一十两，其底船不变卖，存留改造匾浅船，装载芦柴等用，除去钉板银十两，每船共银一百二十两，每年成造六只。"①

嘉靖时期，随着明朝宫廷奢侈生活的需要，南方运输至北京的生活用品和手工业原料逐渐增多，再加上内臣及达官贵人援例多用船只，差拨快船运输就较为繁忙。但是，由于造修船只积弊较深，未能革除，"以致停造年久，败船满坞，近因差使繁多，几于无船可拨"②。因此，引起明政府重视造修船只事宜。如嘉靖九年（1530）世宗皇帝亲自下达任务，规定："快船二十年一造，十年一大修，五年一中修，每年造船四十只。"③只因可以修理，就不必新造，所以不久"又认准南京各衙门快船，如有损坏，应修理者，照旧修理，不堪修理者，听本部委官验过，给官价成造，维取足原额，不必拘定四十只之例"④。为了取足原额，完成造修船只的任务，南京兵部车驾司对造修船只，实行了一系列的措施：

首先，新造快船，每只工料银加至一百五十两。史称："嘉靖元年，又该南京兵部车驾司奏议，每船一只，兵工二部各加银一十五两，与前一百二十两，共一百五十两，每年成造一十二只。"⑤

其次，处置船底。由于新造一只快船，只给一百五十两，仍不够支用，小甲赔补太多；同时，底船存留，改造匾浅船，常常弃置不用，造成浪费。至嘉靖四年（1525），实行将船底出卖，部分补作小甲造船工食。史称：

> 嘉靖四年，又该南京兵部议处船底，为照每年改造快船，小甲赔补不下百万两，而有用船底因仍丢弃，诚为可惜。今后快船听差二三十年委果损坏，复查明白，即将钉板估计价值，内除十两资助本船打造工食，余价定作三分，南京工部二分，兵部一分，于该给银内各作扣除作数。兵部覆议所卖船底，必须会同南京工部差委该司经管官员眼同验估，责付本船小甲变卖，不必拘定年限，挨次成造，仍咨该部会同南京工部议处施行。⑥

出卖船底，弥补造船费用，免至丢弃浪费，本是好办法。但是"看估扣算"的环节中，产生"那移"或"欺骗"的弊病；同时，各官对船底"会勘，未免后时"，因而改为"比照漕运底船事例"，"每只定作银二十两"，作为底船的价格。如果"间有遭遇风水漂流损坏船底，船难拘定数，须是临时估算"⑦。

其三，重申"官修官造"。南京兵部虽然屡出告示，申明快船"官修官造，不许拘挠帮甲"，但实际上造船厂和拨船厂向帮甲冒滥科派的事，仍然存在。史称：

---

① 《南船纪》卷2。

② 《船政》，载《续修四库全书》，史部，政书类。

③ 《船政》，载《续修四库全书》，史部，政书类。

④ 《明会典》卷158，兵部41，南京兵部。

⑤ 《南船纪》卷2。

⑥ 《南船纪》卷2。

⑦ 《南船纪》卷2。

照得本部车驾司见行事务，莫大于修造船只。南京锦衣等四十卫军余困苦莫甚于帮甲。嘉靖二十一年该本部题奉明例，各卫船只官修官造，不许拘挠帮甲，该厂（造船厂、拨船厂——引者）踵习旧弊，于领给官银之外，仍开帮甲自备帮助银两数目，造册完报。此外，冒滥科派更多，各卫军余未能苏息。①

其实这种拘挠帮甲的弊政，早年已经存在，造成的后果是相当严重的。史称："据南京旗手等卫军余方钦等连名告称：先年蒙佥快船帮甲，每船或四五名或七八名，各照分数出银，如遇有差共出银二十两付与小甲应役，无差年分共出银十两，以助小甲出水。近年以来，一应修船造船等费，俱令帮甲出银陪补，少则五六十两，多则百十余两，往往将各家产子女变卖，犹不能办，如金吾后卫帮甲朱升因修船无措，夫妇二人同溺死于水。羽林右等卫帮甲蔡清、徐胜、陈清等因修船逼迫自缢身死，其他携家逃走者不计其数。"②为了阻塞"奸贪之辈，巧说买木价银不够，造修用度不敷"，而开拘挠科派帮甲之门，曾将小甲冯聪、王立等折造样船、小甲任福等大修样船、王荣等中修样船所用工料银逐项开载，刊刻成书，"分散给各卫帮甲"，并打造碑记，立石大书以记其事，永远遵守③。但是，这些措施没有起到示范作用，造修船只任务不能完成，直接影响差拨船只，整个嘉靖年代，始终存在，无法解决。

嘉靖年间，造修快船，由南京兵部车驾清吏司直接管理，虽然存在许多问题，其中特别是利用修造船进行贪污，无法杜绝。但从他们定出的造修船只的规划看，还是比较严格周密，包括稽财用、搭篷席、查船底、算板片、遵定式、覈物料、禁故板、严工程、精造作、裁冗费、谨提防等，对造修船只的全过程各个环节，都关照到，如谨提防一条，提出修篷厂堆积竹篙芦席等物，要注意防火防盗。值得特别注意的：一是遵定式一条，由于原来马快平船长短广狭俱有原定尺寸，只是"积年匠作或多通同夫甲，妄意增减，预图揽裁之利者，使大其量，而有容间存省料之心者，虽小其材，而亦用事属故违法难轻贷"。因此，要求"今次造修船只，匠役务要据遵原定丈尺，如法造作。本职（车驾清吏司主事——引者）每日诣厂看工，即带原画图样，随将船身前后内外板木物件长短广狭厚薄尺寸，逐一查对，如有违式增减，定将匠作治罪，仍追工食，官甲连坐"④。二是精细作一条，要求"承委官员务要严督匠作，凡船周身紧要去处，俱用正色坚实新木，其合用整段板片者，不得零碎饾钉，致易警损，如折造止完脚梁帮底拖泥，就行侧底舱缝，遮得坚固，钉锔俱要粗壮，密施油灰，务使细匀深入。……违者痛责船工，完日仍取具各匠结状，如不及造修年分损坏者，根究追赔，决不轻贷"⑤。这样监督管理造修船只，严格要求，使嘉靖年间造修的快平船的质量有保证，形制雄伟，构造精密，较从前坚固耐用。史称："所造船只合查比旧式稍从浅狭，使易于撑驾牵挽，奸人不得多揽装载以缓行，船甲不至陪添工料以受累，且又便江防之用，不失立名风快之意。"⑥它与马船、平船的样式虽然不甚相远，但亦各有特色，正如明人倪涷说："马船上高而下浅，密舱而狭旁，便于乘

① 《船政》，载《续修四库全书》，史部，政书类。

② 《船政》，载《续修四库全书》，史部，政书类。

③ 《船政》，载《续修四库全书》，史部，政书类。

④ 《船政》，载《续修四库全书》，史部，政书类。

⑤ 《船政》，载《续修四库全书》，史部，政书类。

⑥ 《南船纪》卷2。

坐。快船上浅而下深，舱疏而旁阔，便于装贮。而平船无楼，盖装运竹木之具也。”[①]自然，由于政治腐败，贪污成风，始终无法根除，船政弊病，沉积太深，亦无走上新的轨道。

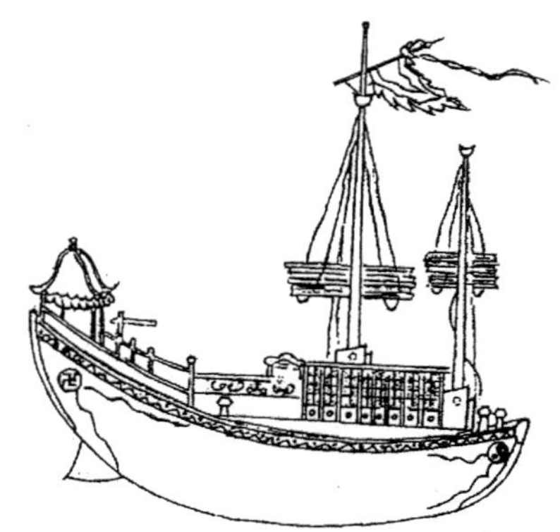

附图1：大黄船，原载《龙江船厂志》第42页

附图2：快船，载《龙江船厂志》第26页

四、明代南京马快船的管理机构和差拨

明代南京马快船的管理，主要是编审、修造和差拨事宜。编审和修造，前面已有专节讨论。本节从机构的角度来谈管理和差拨事宜。

明代马船夫甲的编审，原由江西、湖广二省并直隶太平、宁国、安庆三府与江淮、济川二卫管理，后来才和黄船一起归南京兵部管理。快船编审、修造和差拨，原由锦衣等四十卫管理，景泰元年，亦归南京兵部管理。所以《明会典》卷158，南京兵部载：“凡黄船俱隶本部管理……凡南京江淮等卫马船修造差拨俱隶本部……凡锦衣等四十卫风快船，每十年一次编审夫甲及修造、差拨之事，景泰元年俱改隶本部。”这样，自景泰以后，南京兵部实际上成为南京马快船的总管，其下设机构有：

车驾清吏司。设主事一员，专管船政，具体管理工作：1.编审快船小甲，史称：“旧因快船小甲，关系甚重，原由车驾司编审，故有更替顶补，亦有车驾司定夺。”2.批发水夫工食及小甲接贴银两，史称：“水夫年终或临差支领工食及小甲接贴银两，皆俱通状过部，

① 《船政新书》卷4。

送车驾司，行卫查造手册领结，仍取船政分司指掌册，磨勘明白给发。”3.监督前站经手，所谓“经手”，即出差宦官的走卒。史称：“一前站经手，每月初二日赴车驾司点卯，查其有无坏法，违者依律追究。”4.管辖新添船厂工匠，史称：“一旧例每月添匠赴车驾司点卯，盖恐其代内官装做漆器，私带进京……”①

船政分司。前身为船政厅，亦管船政。具体管理有：1.管理修造船只事，如提估船只，验明等级，“具案呈堂，批车驾司查明支给”官银。给发造船应用木植油麻钉锔等项。2.负责收取锦衣等卫丁银文册，并知会车驾司。又“江济造报夫余册，照旧申报船政分司”。3.负责“委官告假，各甲巡风，船行执结，回坞报到及报扛验装，告卖底薪，摆江季报，一切琐务”②。

黄船厂。专管黄船及修造事宜。

拨船厂。原管差拨，报扛验装。万历以后，由管船主事管理，“则拨船厂为虚设，以快平船之修理者属之”。于是拨船厂便改为快船厂，专管快船修理。报扛验装，改由二卫委官负责。

造船厂。管新造船只，“总收木植油麻等物料”。万历以后，改为马船厂。以上各厂，由把总指挥三员管理总厂务。这些把总指挥多以江济二卫掌印官兼任③。

下属机构过多，职责不专，常给工作带来困难，如“旧例追扣出则等项银两，但由船政厅出票，车驾司不知其多寡，及各甲完纳，止向车驾司投批，船政厅不知其完欠”，船政厅又如何去追收？或是给工作造成损失，如“厂卫各官贤否事迹，皆船政分司，日逐亲临，事事有据，乃至岁中举刺奖戒，尽由车驾司，而分司绝不相与，车驾司既无定见，则临期遍用耳目，反至失真。”④

差拨船只。是重要的船政事宜。拨船向来“由车驾司说堂定数，送船政分司照数序拨”，每季船政分司向兵部报告所差拨船只数目，以备查考⑤。被拨出差船只，需先到拨船厂报扛验装，“开具在船什物，告给印信批单，交付随船小甲领驾赴京”⑥。

由于小甲产业有厚薄，承担差役能力有强弱，编差相等而形成劳逸不均，因此，隆庆六年（1572），根据产业厚薄，将小甲分为三等编差。史称：“快平船小甲劳逸不均，议于十年内量编三差，其业厚者则定以全差，稍次则二差一差，又次则二三人朋合一差。”同时，对船只交接，亦作出规定。史称：“凡上甲领船，必候差完回坞方许交付下甲接管，其关支月粮，亦从领船日为始，交船日住支。依次轮流，周而复始。”⑦

马船和快船数量不等，构造也不同，差拨的原则就不一样。嘉靖二十一年（1542）是“三七兼拨”。史称：“年例起运进贡等项所用马快船不过四百只，三七兼拨，快船止用二百五十只，三年一差，其止用七百五十只。”到了万历二年（1574），马、快船增减不一，

① 《船政新书》卷3，本段未注出处者，俱见此。

② 《船政新书》卷3。

③ 《船政新书》卷1。

④ 《船政新书》卷3。

⑤ 《船政新书》卷3。

⑥ 《明会典》卷158，兵部41，南京兵部。

⑦ 《明会典》卷158，兵部41，南京兵部。

便改为“以后差拨，马船四分，快船六分，不许挪移”[①]，差拨马快船的原则便改变了。

差拨马快船的对象：一是南京各衙门，每年进贡等项需用船只，这是比较固定的。如成化年间，南京“司礼监二起：制帛一起，计二十扛，实用船五只；笔料一起，实用船两只。守备并尚膳监等衙门二十八起……”这是比较宽松的，即船只装载不满，空间较多。而存坞船只不够差拨，所以到嘉靖九年（1530），令并省南京进贡等项船只，如南京守备厅一起鲜藕与荸荠并用船三只……南京司礼监一起制帛，用船三只……，著为定例，计并省船只数目，共九十五只，其中南京太常寺二至十月份，清梅、雪梨等其装小黄船七只。比成化年间已略为减少。二是钦差大臣公侯伯出外公干，如操江镇守之类，或赴王府册封，在京大臣以礼致仕还乡及丁忧病故者，张真人朝觐回还，南京内外官进贡回还，亲王之国等用船，常常没有固定的，带有临时性。无论哪一种都要经过一定的手续，船只才能发行。如进贡等项人员赴京，史称：

> 嘉靖二十八年，令南京守备衙门并南京兵部，以后遇有进贡等项人员赴京，先期约会务选奉公守法之人，其随带人役，止许四名，仍酌量事体，定限回销，刻板印刷格眼长单一张，粘连原差批文，填写应付数目，给付应差人员收执，沿途逐程如前依数填写，待至京之日，将原来关单缴部，查勘果无稽迟及需索情弊，方许填给勘合，应付回还，中间若有分外需索，即填注格眼单内，以凭参究。[②]

这里说南京各衙门进贡等项人员赴京，需选奉公守法之人充当押运官员，然后申请拨船，经南京守备衙门并南京兵部审查，批文，车驾司填写应付数目，并给长单一纸，粘连原差批文，给付应差人员收执，沿途驿站才能应付人夫。同时，还填写印信空白勘合一纸，给该船小甲收执，要求“自仪真起，将前单投入该县驿递，填写奉到日时，应付过廪粮人夫实数，用印钤盖，仍付收执。沿途州县驿递，一体填印。到京之日，将前勘合送司查对，若有司阿谀奉承，及应付稽迟，一体究治”[③]。

如果不依上述制度差拨，车驾清吏司擅自拨船，便要受到法律处理。如天顺年间，“田聚明招：假写田太监揭帖，赍赴兵部车驾司，与郎中章瑄，诈说尚膳监田太监使我来上付大人有快船，讨一只前去河间府踏勘田土，章瑄不合听从，擅将快船一只拨与等情，依此招词，章瑄显有听从嘱托情由”。“今拟前罪事属未当”，谭福住、“章瑄俱依不应得为而为之事理，重律减等，各杖七十”[④]。可见当时官员用船制度尚比较严，自此以后，随着政治腐败，嘱托拨船或多拨船只的事才逐渐增多，差拨制度才被破坏。

由于马快船系官营的交通运输工具，所过关卡，免征关税。商人借此乘搭，运载货物，降低成本。而押运马快船的内臣和小甲人等，借此牟取私利。他们常常是装载贡品，不满一船，留下空间装载商货。如成化六年（1470），姚夔指出：“南京马快船只，往往装载官物数少，每船一只，止有一二扛，其余俱系附搭客商军民货物。沿途索要人夫拽送，搅挠驿递，虽节有禁例，因循日久，其弊尤甚。”[⑤]他们或是虚报品物，务求多拨船只。如

① 《明会典》卷158，兵部41，南京兵部。

② 《明会典》卷158，兵部41，南京兵部。

③ 《明会典》卷149，兵部32，驿传5，马快船。

④ 〔明〕王概：《王恭毅公驳稿》卷上，载《四库全书存目丛书》，子部，法家类，第37册。

⑤ 〔明〕张萱：《西园闻见录》卷70，船政。

嘉靖九年（1530），史称："管运内臣，乃有假进贡以规利者，拨船之际，虚张品物，务求多拨，以济己利。"[①]他们或是违例少装柜只，争取空间，揽载客商货物。如成化二十年（1484），由南京兵仗局"起运军器七千三百件，装盛六百七十四柜，其管运官不肯照依本部（南京兵部——引者）奏准每船装二十五柜则例装运，每船止装十七柜"[②]。他们甚至违例多拨船只，如正德十六年（1521），史称："南京年例进贡马快船只，旧例每起不过三只。正德元年以来违例拨给，比旧加多，揽载私货，沿途搅挠，本等禀给夫役之外，勒要银两，甚为民害。"[③]他们甚至把官物置于舱外，以舱内承载商货。如正统十四年（1449）十月，应天府江宁县前任主簿王冕揭露："南京快马船供送官物，船夫多食粮米，近者每供送辄贿其官，将一船所载官物散十余船，甚至暴露船舱之外，而以舱承揽客货，沿途起夫拽送，动辄百余船，有司承送不暇，如马槽本粗物，暴露日久，至则朽裂不堪用矣。"[④]他们甚至利用马快船走私官盐，如成化年间，内官监太监王敬"带百十号马快船只，装载私盐"前往江南发卖[⑤]。面对这种严重的局面，明政府一方面严禁黄马快船招商揽货，规定被差拨的黄马快船，自装运之后，限五日以内启程，不得停留招商揽货[⑥]。同时，执行严刑，如弘治十三年（1500），"议准，凡黄船附搭客货及夹带私物者，小甲客商人等俱问发极边卫分永远充军，若是空身附搭者，连小甲俱发附近充军。马快船附搭客货及夹带私物者，小甲客商人等，俱发口外充军，货物入官，若商客人等，止是空身附搭，照常发落"[⑦]。另一面是严检扛柜装船，派专员监视。史称："凡拨船装运物件，行御史给事中各一员监视，不许多占夫船，其每年拨过船数，仍咨兵部以备查考。"[⑧]到了成化十二年（1476）又重申"马快船只柜扛，务要南京内外守备官员会同看验，酌量数目开报，南京兵部照例会同给事中、御史看验满载，方许发行"[⑨]。此外，严禁沿途索夫，挑运商货。早在宣德四年（1429）就提出船头置木板事例，规定"自今运物马船快船，俱令掌船者，每船预置木板一，大书本船军夫数目、姓名，有急运应增者，上水不过七人，所司给予印信帖子，大书所增贴于牌上，以牌竖于船头，所过有司如牌所增给之，下水不给，违者许被害之人及有司指实以闻，仍遣内外官不时沿路搜检，私载货物，究治其罪"[⑩]。自然，明政府这些措施，有的虽然很严厉，但是，效果甚微，违例差拨马快船只，招商揽货，走私官盐等，始终存在。

五、明代南京马快船营运中的弊端及万历年间的船政改革

自宣德、正统以来，马快船甲夫负担差役繁重，官府给予的待遇渐被减削，如快船甲

① 《世宗实录》卷117。

② 《王端毅公奏议》卷6，《托拨船事宜奏状》。

③ 《世宗实录》卷1。

④ 《英宗实录》卷184。

⑤ 《王端毅公奏议》卷5，《乞取回买玩好王太监奏状》。

⑥ 《明会典》卷158，兵部41，南京兵部。

⑦ 《明会典》卷158，兵部41，南京兵部。

⑧ 《明会典》卷158，兵部41，南京兵部。

⑨ 《明会典》卷158，兵部41，南京兵部。

⑩ 《国朝典汇》卷162，兵部26，邮驿。又见《春明梦余录》卷42，兵部1。

夫月粮，倘不出差，便被停支。史称：随船余丁“旧例每名每月支粮五斗，不分出差在外，回坞听差，常川关支。”至嘉靖十年（1531），“在坞无差年分，随船余丁退出回卫听差，月粮通行住支……船回在坞，看守修造，俱无月粮，负累困苦，日不聊生”[①]。按原来规定，他们除了月粮以外，还有行粮，如上所述，但至景泰元年（1450），亦被停支。史称：“平江侯陈豫奏：南京各卫马快船军士例支月粮外，每遇差遣，又各支行粮，比之征操军非惟劳逸不均，实亦虚废粮食，乞命该部量与减省……，事下部议，……马快船军夫行粮，宜渐住支。从之。”[②]以后曾经恢复，“快船余丁仅支两月行粮六斗”，直至成化十九年（1483），他们“率多匮乏，弃舟以逃”，才恢复旧例，小甲“应支月一石者，内除家属米四斗，按月支用，其听守六月，每月六斗，共三石六斗，并余丁止支两月、凡六斗者，今加再倍为六月，共一石八斗，尽数给之”[③]。同时，马船与快船体制不同，待遇亦不同，苦乐不均。如明人湛若水指出：“马船设有各省每岁解来工食及船料银两，而快船则无有；马船甲夫尚照旧支有月粮，而快船则无有焉，是二样船只，苦乐不均也。”[④]值得特别提出的：一是各府县征收马船水夫工食，事体错杂，难于综核，结果有的府县“有几年无解，而径行改编者矣”。有的府县原无水夫，如“册查芜湖、黄梅、黄安、泸溪、兴安、城步等县，原无水夫，而岁征解银一千七百余两”。有的府县编审与岁支银不一致，如“当涂县岁支银六千两，而止编二千余两”[⑤]。嘉靖初年，江西等处一般都拖欠，无法交纳。史称：“济川等卫快船（按：马船之误）工料，额设江西、湖广、南直隶等处，每负课不完。”（《玉堂丛语》卷之二）收支马船水夫工食银如此混乱，自然无法依时合理支放给水夫。二是管理官员及公差内臣人等对他们索诈、剥削和压迫，把他们逼上绝路。如弘治年间倪岳揭露：“照得马快船，专备装载官物之用。近年以来，差使浩繁，驾船夫甲，横被管运内外人等索诈，艰苦不可名状。”其中受害最深的是马船夫甲，“如南京内官监年例，该运黑沙州等处芦柴，计把不啻千万，占差六百料马船共十一只，随船水夫约五六百人，每年芦柴就派水夫各自砍斫装载，管押官每船一只，要银二三十两，水夫贫难，多将月粮卖裱，方免捶楚。及交柴之际，管场官又行索取，每柴一束，要钱一文，柴满千万，则钱亦千万，钱不敷者百般刁难”。其他被派往芜湖抽分厂运载板枋的马船，亦被管押人员往往效尤，“逼取人夫，因而逃窜数多，船只废坏”[⑥]。快船甲夫的遭遇也一样，如正统年间柴昇揭露：“近年以来，差遣频繁，使用重大，在坞者窘于修理，在途者困于征求，往往弃船逃走，经年不获，市鬻子女，失弃家业。”所谓“在坞者窘于修理”，即按规定，负担快船修理费用。“在途者困于征求”，所费实难计算。他举例说：“盖每船一遇差拨，则公差内臣并跟随家人伴当及投托无籍之徒，便问甲夫逻要进见礼物，帮船银两，往来看船顾脚台（？抬——引者）轿柴米酒肉，百般需索，俱于甲夫名下揽敛应用，稍有迟慢，凌辱绑打，棰苦百端……及至一船京差往回，动经费银四五十两不勾（？够——引者）花销，只得营谋规避，或投充牺牲所军役，或投充庙户，或投充神帛堂，或充各监局匠役，

① 〔明〕湛若水：《湛甘泉先生文集》卷19，章疏，《请复快船月粮以除帮甲困苦疏》。

② 《英宗实录》附录12，景泰六年七月甲辰条。

③ 《宪宗实录》卷245。

④ 〔明〕湛若水：《湛甘泉先生文集》卷19，章疏，《请复快船月粮以除帮甲困苦疏》。

⑤ 《船政新书》卷1。

⑥ 《船政新书》卷4。

或充内外守备军伴，资籍盘据，影射差役，卫所迫于势要，行拘不发，部司为之掣肘，难定编签，以致贫难之家二三朋名，四五帮贴，驾船不一二差，以下户人之产，罄然一空，逃亡日继。”[①]甲夫不堪管官和内臣的欺压，纷纷逃亡。虽然明政府对待逃亡的甲夫，援用军法严厉处置，如弘治二年（1489）南京兵部左侍郎白昂言：“南京江淮、济川二卫马快船夫逃亡者众，宜如逃军事例，责令邻伍首解……从之。”[②]但亦不能遏止甲夫逃亡。根据弘治年间倪岳指出：仅“江淮、济川二卫马船夫逃已万人以上”[③]。至万历初年，快船积弊就更严重，更突出。南京兵部车驾司员外郎倪涷揭露其弊端共有15条，其中关于编审甲夫制度的弊病和甲夫所受到的欺压索赂情况，就占了大半，综合起来，有下列五点：

（1）编差放富差贫，不合理。他说：每临编审之年，富家上户贿赂编审积猾，从而免差，“而贫弱之辈，横被编差”。

（2）十年一次编审甲夫，由于“十年之内，家力消长不一，人丁存亡不齐。有差既当出水，无差又纳年例，故遇缺则呈补，告贫则查替，及其将差，初则牵扯无干，次则推调同役，次则科派户丁，官役乐于多事，任意反复，名曰十年一审，实则岁无宁日”。

（3）编审差役，没有准则，“由而不著”，给积猾之徒开了索贿的后门。如十年定三差，“每差朋有数役，其间分上中下三甲，而又某人分帮某人几个月，又某人系当年出水，某人系当贴差。究其缘由，支吾不一，询之众役，亦尽茫然，总是积猾神其说，使不可测，得上下其手，而尺籍之徒听部卫之督责，亦不能辩”。

（4）甲夫逃亡，“将营操正军掣补，以致戎伍日虚，武备单弱”。

（5）“内使以快船为利，每每多求”，以载私货，差使无度，“十年之差，每八九年已尽”，非重行编审，无以为继。

至于“内使讨船之后，即役使船丁，扛抬私货，每船不下二十名，并无宁日”[④]，亦属弊病，上已详述，不再重复。

总之，快船积弊，擢发难数。从卫所军之积弱因由，和军户余丁小甲人等的存亡，以及马快船的继续运作来考察，到了非改革不可的时候了。万历十一年（1583），南京礼部尚书姜宝推荐倪涷出任南京兵部车驾司主事，负责船政改革任务，称“倪君有八面之才，又最能任大事”。得到神宗批准。万历十二年（1584）倪涷到任。倪涷，字西田，浙江上虞人。他深知船政改革的困难和险阻，如他说：“船政系留都弊薮，奸宄之所藏，每年蠢鱼其间者不下万人，而一旦尽去之，宁无鞅鞅”，从而进行中伤、报复[⑤]。但是他又想到“职之抵留都驾曹也，曾未匝岁，而快船军丁所报自尽，及举家流离，逼鬻妻女，折卖房屋者，业已数十。每一念之，寝食俱废，苟可以救，庸计其他”[⑥]。从而坚定了他改革船政的决心，并付诸实践。

他对船政改革主要从编审夫甲制度、差拨和修造船只三方面进行。首先谈编审夫甲制度的改革。

① 《明经世文编》卷107，柴昇：《题为陈言救时弊以弭寇盗疏》。

② 《孝宗实录》卷26。

③ 《青溪漫稿》卷20，《与兵部论快舡事宜》。

④ 《船政新书》卷2，本段未注出处者，俱见此。

⑤ 《船政新书》卷4。

⑥ 《船政新书》卷4。

编审夫甲制度，最早开始于嘉靖十二年（1533），在马船中进行，即由编审改为招募，史称：

（弘治）以后，（马船）水夫在外有骚扰之患，而在内有逃亡之弊，船只在外则潦草塞责，而在内则等候缺差。节经本部及抚按条议，至嘉靖十一年始著为令，各处酌量水夫工食及修船料价，征解本部，名曰工料银两。其船皆本部自造，而水夫亦皆就近召募，各夫既多土著，颇为便益。而内使官役及沿途衙门，亦以其系召募之人，少宽索诈，故水夫愿充役者多。[①]

从劳役制改为征银，即从力差改为银差，如在汉阳府，原编“济川卫（马船——引者）水夫三十九名，每名连料价征银四两五钱五分”[②]。湖广武昌府“江济（水）夫一千四百一十二名，每名银四两九分五厘”[③]。递年征银解部，然后召募水夫应役。从上引编审甲夫改为召募，说明可以缓和内使官役及沿途衙门对水夫的索诈，而“各夫既多土著，颇为便益”，“故水夫愿充役者多”。但仍旧存在弊病，概括起来，约有二端：

一是水夫消亡，无法勾补。史称：“各处原有水夫户口册在部（兵部——引者），相沿不改，至以后投充之人，皆冒各处户籍，反以实为虚，使有逃亡，何以拘解，是一弊也。”

二是各夫工食的派放，多寡不同，有六两、四两、三两五钱之别，“凡补某处水夫，即支本处银数，事已不均矣。且各夫惟在进京小马船最苦，其在下江大马船者次之。又有窜名在官，资衙门之利，而无船差之扰为至逸，乃其工食反有逸者厚而苦者薄”。同时，各夫工食从其地方所派，而本处银未解到，本夫不可支领。“于是立为数项借支名色，不惟在官人役，得操缓急之柄，而扣借扣补，券册棼乱，易于为奸，至有本县银三年不解，遂将各夫改入他县者”。此外，“年终支放，出差之时，不准全给，长差止与七钱五分，短差止与六钱，各夫揭债无路，则预扣重息，将工食立券，推与本库等役，及京城奸富之家，而借其银两，实未得半，及至放时，竟被全扣，是一弊也”。[④]

万历年间，倪涷接受了马船审编甲夫制度改革的经验，稍作变通，去弊推利，对快船编审甲夫制度的改革，制定了《派丁编银之法》和《募夫着船之法》。所谓《派丁编银之法》，其内容如下：

各卫查照见在船数，每船一只，派征银三十两。因银数多寡难定，故派丁以为准则，富者或以一人而派三丁五丁，以至十丁，二十丁，贫者或一人止一丁，或二人共一丁，或三人共一丁，尽一船户内人数，扣派一百丁。每丁编银三钱，共足三十两。计丁编银，计力派丁，人多不增，人少不减，名曰快船工料银。或先曾审有听继人户，亦照例派丁，每丁亦照例纳银三钱。或系正军者，以其食粮免操，除量力派丁外，仍征油艌银二两，不在三十两之数。[⑤]

这里有几点值得注意：第一，每年“每船一只，派征银三十两”，以一百丁计，每丁征银三钱。假如一船所属军户余丁共十七人，其中富而有力者十人，共派九十三丁，余七人，

① 《船政新书》卷2。

② 《嘉靖汉阳府志》卷5，食货志。

③ 〔明〕徐学谟纂修：《万历湖广总志》卷26，卷27，徭役。

④ 《船政新书》卷2，本段未注出处者，俱见此。

⑤ 《船政新书》卷3。

每人一丁，共七丁，总共一百丁，征银三十两。尚审有听继人户二人，派二丁，共征银六钱。正军五人，除“量力派丁”，已计在九十三丁之中外，每人尚需征油舱银二两，五人共十两。总计该船共需征银三十两，听继人户征银六钱，正军五人征油舱银十两，名曰快船工料银。倘若该“船有家力消乏，难足三十两之数，查有听继抵作正数，无听继者，将户内人丁（即贫而无法纳丁银的人——引者）报充水夫，资其输纳，并不板及别船”。

第二，所谓“计力派丁”，就是派丁以贫富为准则，富者即“有力者，派丁较多，或以一人而派三丁、五丁以至十丁、二十丁”。“贫者或一人止一丁，或二人共一丁，或三人共一丁”。凡负担快船丁银的人户，是世袭的，“子子孙孙，止纳丁银”，和油舱一样，“遇恩不赦，遇灾不免”。只免去其他差役。至于“未派丁以前，拖欠出则、冒破、余乘、半差底薪、年例等项银两，尽行蠲免”。同时，十年一编，十年之内，该人死亡，“查其遗有妻子产业者，丁银仍于妻子身上追纳，如故绝无产而有朋役者，朋役代认，如无朋役及虽有而无力者，本户派纳。如一户俱贫，必难加派者，该卫查通船有力之家派补；如通船俱贫，即于充夫之人与正军补派，如无，即于一船之内均派，永为定例”。

第三，审丁派银，以见船为单位，编制《丁银册》的格式，他说：“派丁着见役小甲，会同轮年各甲，从公报派。册内先开报派人姓名，次开逐年收解姓名，次将纳丁银人，逐户细开，如一户赵甲，计几名，某人某人共派几丁，如内有家力不等者，后开某人几丁，某人某人共几丁。”并设收解一人，负责填报《丁银由票》，制订《丁银册》，收解工料银，并将工料银缴交给南京兵部船政分司总库，由其出给完票式，并批回该卫附卷。“如过期不解，或解不定数，如因欠户，许收解呈卫，由卫督促追查细户缴纳。”

所谓“募夫着船之法”，其内容如下：

先行江济二卫，查尽在册马船夫余外，方行招募。招募以船为单位。募夫快船二百一十只，每只十六名，包括小甲一人在内。新募小甲二百一十名，“每名给银五两，作守船饭食，其工食仍俟次年当差之时，方与各夫一齐支领”。“小甲为一船之主，俱要正身应役，遇差先行该卫，备查年貌，填注勘合，以便稽查。”随船水夫的雇募，主要由江济二卫负责。如果小甲临差进京，缺少水夫，江济二卫亦准其领用“贴银雇代”[①]，可见小甲领取贴银，限于进京差使。各夫工食以岁计，旧夫工食原有三等，如原马船水夫工食银，宁国岁工食银六两，其他湖广、江西或三两五钱，或四两[②]。今拟进京船夫属长差，定为六两，一般是四两，亦有三两五钱者。因有长短差之别，各夫工食银不同，很难绝对平均。但无论如何，一般都比旧有所增加。他说：“今进京船夫一切六两是增三分之一矣……即以十年计，使岁得银四两，则十年总得银四十两，修船出差之费共以八两为适中，三差共二十四两，所余者止一十六两。其三两五钱者，止十一两耳。今岁得银六十两，而五差共费银四十两，所余者尚二十两，比之旧数更有余饶。”

这里所述募夫着船之法，有几点值得说明和注意：

第一，雇募制，如上所述，开始于嘉靖十一年（1532），在江淮、济川二卫马船中实行。今次锦衣等四十卫快船水夫俱改照马船雇募制。所以倪涑说：“雇募原照马船之例，非创法也。”[③]马船快船合并统一使用，需要消除分别，如他说：“马快平船，事同一体，

① 《船政新书》卷3。

② 《船政新书》卷4。

③ 《船政新书》卷4。

必使夫无分别而后事始合一，故快船之夫先尽马船旧册夫余，而快船人丁拨充马船夫役，彼此浑然无分别，方成一体之义。”马船在册夫余，无须重新招募，因在册夫余已是招募而来，故这次招募除外，多余者可拨充快船水夫，尚缺者二百一十只船的水夫才招募。所有水夫均需编入《指掌册》内，以便稽查。

第二，江济二卫在册水夫，即马船水夫，原有两种：一种“原系江西、湖广、太平、安庆、宁国批解来京者，此为祖役；其近日招募，系快船户内派丁人数及投派丁银者，则输纳所资，所有夫缺，理应世代顶充”，即世袭制，没有不顶缺的自由。另一种是“以前冒籍人册者，乃朦胧之弊，及今别户投充者，乃势不得已，止许一辈子充当”。所谓“今别户投充者”，即非军籍人户，这种人“既非祖役，又与丁银无干……其在正册，止除民籍”，俱许与旧册内军户余丁一起，一体收补快船夫缺，止许一辈子充当[①]，亦非雇募一差半差，都带有强制的超经济的徭役性质。

第三，凡被雇募之夫，必须“年二十岁，方准补役；年未及者，不许滥充”。各夫真正籍贯，需填入《指掌册》内，以便查究，缺夫补役。如有逃故，“该卫当时揭报本司，随即住粮，并填注《指掌册》内，如官识隐匿日期，冒支钱粮者，依律究治”。

第四，旧例军余应充水夫，要妻子随行。召募以后，一仍其旧，不过，过去支放的粮，没有定准，今着为定例，“凡新补者，每月止收粮六斗，三年之后，加妻粮四斗，俱行卫查勘明白，方准收支，妻故者住支”。

第五，上述嘉靖十一年（1532）马船招募水夫，南京兵部车驾司总库支放工食，是“随县分”派给，即从原籍县分解到工料银内支给，“每封止以一二人领出，扣分各夫，颇生弊端”。如该县解银不及时，即无法依时支放。今通融一体，各夫皆随本船，不拘县分，“每船扣给一封付小甲领出分散”。每年十二月份，通行放给，其借支改编名色，尽行革除。同时，过去支放拘于岁终总放之例，临差只预给少量银两、致使水夫人等揭债应役，苦不堪言。而“在官人役乘之为利”，放债生息。今改为长差支一年，短差支八个月，“如拨差在十月之后者，准支一年，但不得支过本年”[②]。

第六，倪涑说：“派丁编银之法”，即审力派丁编银，是“悉用有司条鞭之法，每船一只，编银三十两，审照贫富以为差等，征银解部，募夫应用”[③]。但当人问及“派丁编银之法”与一条鞭法有何不同？他又解释云：

> 是则不可同日语矣。盖民家条鞭，利者十九，而累者什一，徭役轻重，何啻天渊，上差下户，原不相及，乃只丁升米一例派编，是贫与富为资也。履亩起科，而大商巨贾，一无所问，是农与商为役也。
>
> 军家快船，上者身亡家破，而最下者，亦岁办银五钱七分；今上者不及十金，而下者或一钱，或空名寄册，永无卫所之扰，是贫富两利之道也。且条鞭所派，皆有恒产，而此则尺籍穷军，多无宿粒，其所派征，不足以当所用之一半，与量出为入者，难易又径庭矣[④]。

① 《船政新书》卷3。
② 《船政新书》卷3。
③ 《船政新书》卷1。
④ 《船政新书》卷4。

倪涑对一条鞭法的理解，和时人没有两样。一条鞭法是万历年间全国性的赋役改革，“派丁编银之法”是交通运输行业中船政的改革，意义大小，“是则不可同日语矣”。但有相同之处，就是从力差改为银差，从力役改为征银解部，募夫应用，这是明代夫役制度一大变化。力役货币化，是当时商品经济发展的必然结果。军户余丁所负担的力役也没有例外，倪涑揭露：“卫所余丁，无一人不差者，最轻者莫如守宿夜巡，岁尤出银七八钱。今此辈（指快船余丁编银——引者）或以二人朋一丁，则每人所出，不过一钱五分，三人则一钱耳。”[①]快船余丁比其他军户余丁所负担还要轻些。

其次，对差拨的改革，由于马船和快平船的体制不同，如“马船向系各处自编字号，而快平船又系四十卫类编，节年裁减不一，错乱难查”[②]。同时，“旧因船号、夫籍、银数，错乱不齐，莫能综核”[③]。此外，“运官多先期咨讨图夫役之用，而奸甲寅缘推就，以至奸弊多端”[④]。因此，给差拨船只使用，带来极大困难，如船只已经朽烂，只存船号，实际无船，如何差拨呢？要有计划地差拨船只，按秩序进行。倪涑首先是综核船只，统一体制。当时见在马快船共940只，内进京小马船364只，快平船500只，走下江大马船76只，这76只大马船，其中有26只属于“沈卸及朽坏应折者”，实际上可用的只有50只。将这26只大马船拆卸改作小马船，这样小马船便有390只。为了减少募夫费用，增加水夫工食，将原有快平船500只，裁去290只，只存210只。又从裁去的快平船290只中，选“船身坚固者”90只，“抵换折造马船，编入快船号内”，这样小马船390只减去90只，存300只，快船210只，加90只，共300只。彼此适均，按照一江一济调配原则，调配方便。新定快平船300只，为了防止沿途积棍诈害，“乃于快船尾舱，改篷为板，周围昼彩，平船皆造活楼，使装卸随时，内乃快平船之旧，而外似马船之形”[⑤]。这样统计，进京小马船和快平船便有600只。既经清划一以后，便可以据此进行重新编号，即如下：

> 今江淮大马船二十五只，取国字，小马船一百五十只，取泰字，济川大马船二十五只，取民字，小马船一百五十只，取安字，江淮快船一百二十五只，取风字，平船二十五只，取调字，济川快船一百二十五只，取雨字，平船二十五只，取顺字，各为号，总为国泰民安，风调雨顺，皆自一而二，由始至终。内守备移船只，除去马快名色，正开字号。[⑥]

同时，编定运输物品和时间，如“进京御用监起运杉楠木船，正月中旬拨，进京尚膳监采打鲥鱼船，三月初旬拨……”[⑦]

上引中的江济二卫大马船，因需“各将一只，改作黑楼船，以备部堂督操乘用”[⑧]，实在二卫大马船各二十四只。根据“国泰民安，风调雨顺”字号，分为春秋两案，每案查照各差先后，一江一济的调配原则，依字号顺序差拨。

① 《船政新书》卷4。
② 《船政新书》卷2。
③ 《船政新书》卷4。
④ 《船政新书》卷3。
⑤ 《船政新书》卷2。
⑥ 《船政新书》卷2。
⑦ 《船政新书》卷4。
⑧ 《船政新书》卷2。

由于减少船只，差拨便不能照旧，即需要从三年一差改为两年一差。他说："旧例进京快平船，三年一差，今减船三分之一，须两年一差矣。恐夫力不堪，于是增其工食。"如"进京者，增三分之一为六两，下江者皆四两，听事者，皆三两五钱"[①]。同时，运输任务不变，船只减少，改为两年一差，快平船才足够调配使用。他说："旧额快船四百一十五只，而十年三差，则每年应差者一百二十四只半而已，平船八十五只，而十年三差，则每年应差者二十五只半而已。今两年一差，而快船足二百五十只，平船足五十只（即每年快平船应差者一百五十只——引者），适与原数相合"[②]。

过去拨差，最难处理的是长差船。所谓"长差船"，自正统年间开始，每年拨船一百只在通州守候，听皇室使用，六个月满才能回南京，叫长差船。"旧日马船以长差为苦，而快船以长差为利，又无定着，故拨差之际，奸弊丛生"。"今马快一体，则长差皆其所苦矣，故凡拨长差者，皆与好差，使苦乐相准"。同时，旧例长差船一百只，原分上下半年各五十只，"然而船只往来，不能适合其期，反而无船听守"，影响用船。因此，今次查定长差船一百只，即每年江淮卫泰字号拨二十八只，风字号拨二十二只，济川卫安字号拨二十八只，雨字号拨二十二只，两卫共一百只，"陆遂序拨"，"又改刻勘合令赴北部投递，依限听守，务使循环不乏"缺用。至于旧例南京兵部差官管押听守船只，及在通州各船需朔望至彼处参将卯酉，悉被停革。但限期未满者，北京兵部不发勘合，参将不放回南京[③]。

其三，造修船只方面的改革，共有17条，其中主要是：

（1）明确任务，限时完成。马快船经过长时期的运作，许多已损坏，历年虽有修理或打造新船补充，但由于种种原因，如修造费用，较长时期实行"官给六分，军余自备四分"的物料比例制度，费用常不足，修造自然受到限制。今作改革，实行官修官造，主要料价由官府供应，并提出歇业修理的办法，进行维修。歇业修理的办法，早在天顺年间，明人郑纪就已经提出。他说："南京济川、江淮骁骑等卫马快船近两千只，终年差使，无时休息，非惟人夫难以接应，而船只亦易损坏，臣之愚见，每年所差只用五百只，其余与其歇役修理，以备下年更替。"[④]当时是否实行，不清楚。而倪涑却是实行了的。他"将进京马快平船，每年造修一半，每年分为两案，定于正、七月中旬，将轮该船只提出估验等则，依期完工，不许迟至三月"，以免影响差拨使用。同时，大马船向不修理，如上所述，"遇差，即令本甲科派各夫，自行整舱，殊非事体"。今一律改为官修官造，两卫马船实在二十四只，见今管编号，定出马船大修则例凡三等，"皆以极损者在前，依次提修，每年各八只，其序编在后者，见今尚堪应用，三年一周，循环修理"完毕。

（2）严禁科派和索诈。旧例验船、勘船和估船定等修造，奸弊最多。如验船，过去既有该卫指挥把总验过，又有别卫指挥经历"钻求重勘，索诈多端"。今尽禁革。又如勘船，多带官从，发银给快船厂办饭菜，二三日便用官银五六两。尤可恶的是"官役乘机科派，殊非法纪"。今即禁止，只允许"带夫皂四五人，每人每日给倖钱十文，使自买饭食"。"本司即带该厂人役，将原造勘册，所开损坏去处，随意点出，亲验有无相同，增减等则，各船总集一处，一日可完，自备饭菜一餐，尽足为适，此虽小节，实杜弊源，不可忽也"。

---

① 《船政新书》卷2。

② 《船政新书》卷2。

③ 《船政新书》卷2。

④ 〔明〕郑纪：《东园文集》卷2。

（3）建立领支和报销料价制度。过去造修船只，小甲领取料价。“旧因料价不定，给发无限，而各甲困于使费，又暂图目前，故任意告领。”结果：有多领者，谓之“出则”；有未开用过者，谓之“余剩”；有开用太多者，谓之“冒破”。由于多领，无从报销，因而不依期呈缴勘册，冒破、余剩亦无法查出。俟其出差以后，才委别卫经历人等磨算木价勘册，查刷前项银两。“每案动经数千，经历有奖礼，算识有工食，亦要数十金，然后委官行追”。出现了“各甲困穷拼命者有之，委官肆行侵渔者有之，种种弊害，不可殚言”，永无杜绝。“今扣额给单，有无出则，先自了然。勘册与料单（限三日）同缴，冒破余剩，随到随刷，每案应追甚少，即于各船应领工食内扣完，绝无丝毫拖欠，而且省委官算识之费。”①

综上所述，倪涑的船政改革，重点是在编审和差拨上。他的《派丁编银之法》和《募夫着船之法》的推行，无疑对南京船政改革起了良好的影响，为后来的船政改革奠定了基础。正如万历四十年（1612）南京兵部车驾司管理船政主事祁某说：“本职谬司贡舫，事称烦琐，所幸前人苦心之成规，章章俱在，要在循守而修明之，可幸无失。”②所谓前人成规，实指倪涑的船政改革章程，载在《船政新书》中。他的船政改革，虽属改良性质，无法彻底解决所存在的积弊。正如他自己说：“自古议法，未有纯乎无弊者，惟利多而害少，则从之。”③承认有利也有弊。先择其利者而言：一是精简机构，裁撤冗员。他说：“裁革委官六十二员，每员随伴人等，各不下十余人，动以千计。又革江济食粮总识伴当七十六名，又革各卫识字二百余名。此辈每年阴蠹何止万金，百年利窟，一旦塞之，亦人情所不堪也。”二是审力编丁，富而有力者不免。他说：“快船有力者向多寅缘交结，或窜入衙门，未经编有差使。今一概派丁，宜其不以为德也。”同时，减轻贫者的负担。如从上所引军户余丁所负担的差役来看，他说：“卫所余丁，无一人不差，最轻者莫如守宿夜巡，岁尤出银七八钱。今此辈或以二人朋一丁，则每人所出不过一钱五分，三人则一钱耳。”此外，在改革中，也贯彻减轻夫役的原则。如上述实行编丁着船法后，以前夫甲拖欠“出则”“年例”等四千三百余两，一律蠲免。所以明人顾起元说：万历十四年（1586），倪涑“自编丁之法立，而马快船小甲之苦息”。“于是百年之积困，一朝顿苏，卫之应快船役者，家家如脱汤火，愿子孙世世祷祠倪君不敢忘矣。”④这虽有些溢美，然而基本符合事实。

若就其存在问题而言，如差拨，虽然费了很大的力气，裁减了船只，增加水夫工食，调配和组织了马快船继续运作，但是，也存在着他没有想到的，二十多年以后即万历四十年（1612）便出现了“赶案”事件，史称：“两厂之船，本有次序，而中不免于紊乱者，则赶案之船为涸也。其所谓赶案者有二：有奉文补差、稽留公务而已越本案修造之期者，有逗留不归、累月经年而不及本案修造之期者，虽均为赶案而情罪则有分矣，即逗留不归者，其情罪有二：有奸甲玩法，将船无力南还，或私自揽载而踰期始归者，有前甲已故，至船遗弃于北，佥甲往接而踰期始归者……”⑤反映了造成赶案的种种原因，其中值得注意的是“奸甲玩法”和“私自揽载”，改革以后，仍旧存在。因此，打乱了原编次序，需

① 《船政新书》卷3，本段未注出处者，俱见此。

② 《条议船政差拨事宜书册》，原载《北京图书馆古籍珍本丛书》，史部，政书类，第56册。

③ 《船政新书》卷4。

④ 参见《客座赘言》卷2，卷7。

⑤ 《条议船政差拨事宜书册》，原载《北京图书馆古籍珍本丛书》，史部，政书类，第56册。

要重新编定，这就是万历四十年（1612）《条议船政拨差事宜书册》的由来，说明了倪涞船政改革的局限性。

六、结论
——明代南京马快船对国计民生的影响

第一，明代南京马快船是官营，完全为明代封建王朝交通运输服务的。明代封建王朝依靠南京马快船的运输，获得了江南各地的物产和各监局所需的手工业原料，如木料板枋等，解决了宫廷生活所需的各种物质享受。但由于明中叶以后，随着政治腐败，宫中奢侈腐化，要求供应物资增多，扩大向人民搜刮；同时，内官监运，乘坐马快船的各级官员增多，他们多索船只，多索甲夫和搬运夫，骚扰驿站和沿途居民，残酷地压迫剥削驾船甲夫，使他们生活十分困苦，从而进行反抗逃亡。明政府对待逃亡甲夫，采用军法制裁，也无法遏止。甲夫弃船逃亡，打乱了马快船的差拨秩序，破坏了马快船的运输制度。万历以后，虽然进行了船政改革，减轻了甲夫一些经济负担，但是，这种改革属改良性质，无法解决船政制度带来的各种弊端，驾船甲夫的反抗斗争，终明之时，一直没有停止过。

第二，明政府规定马快船的任务时，提到除替皇宫运输“郊庙香帛、上供品物”以外，还有“听差遣”一条。换言之，就是明政府有任务，需要运输时，要随时听候差遣。这样，马快船的服务范围就较广泛，总计其服务项目有：1.运石修路，史称：成化十年（1474），北京朝阳门直抵张家湾五十余里，原是泥路，如“值阴雨连绵，泥水淤涨，低洼处所，车陷难行，需要用石铺过，以利行人”。当时“龙潭青龙山出石，俱属应天府……合着……南京马快船只带运”至张家湾，以备修路之用。次年，修垫通州一带道路，又令马快船运泗州石至通州河下，供修路用①。2.运盐赈济，如成化六年（1470）五月，南京十三道监察御史言，“湖广灾伤，拨淮盐五万引，以南京马快船运至彼处赈济”②。3.运钱入太仓钱库，如万历四十七年（1619），明政府在南京铸钱，“开一百炉，铸十个月，成钱三万万个，共重二百四十万斤”，便令马快船50只运至北京，转入太仓钱库，供应支用。③4.以快船充战船用，如宣德十年（1435），调“各卫风快船四百艘作战船”④。5.借马船充巡船，巡捕盐徒。史称：成化二年（1466）一月，南京守备太监王敏等奏：“巡捕盐徒，缘巡船修造未完，欲借马船一十六艘，暂以充数，从之。”⑤这些马船是否能起到巡船的作用不得而知。但亦反映了马快船只，视官府的需要而服役，其中有的工役如运石修路对民生尚是有益的。运钱入太仓，对国计亦是需要的。

第三，由于押运内臣和驾船甲夫等人擅搭商货，便利客商逃避税收，使明政府财政收入受到损失。明政府实施严刑峻法，屡禁不止。到了成化十年（1474），作出有限度的让步，史称：是年“奏准马快等船，每驾船军余一名，食米之外，听带货物三百斤”⑥。一船甲夫十六人，共可带四千八百斤货物。这就使带商货合法化。同时，商人为了减少运输

---

① 参见〔明〕戴金编纂：《皇明条法事类纂》卷50，第422页。

② 《宪宗实录》卷79。

③ 参见〔明〕杨嗣昌：《杨文弱先生集》卷1，《处置南京铸钱稿》。

④ 《英宗实录》卷6。

⑤ 《宪宗实录》卷25。

⑥ 《明会典》卷158，兵部41，南京兵部。

费用，而租用廉价的快船运输大量的商品。如1598年，利玛窦及其随员由南京至北京，就是乘坐进贡的快船进京的。他们看到“押运的内监为了牟取私利，将船舱空出，租给商人”。而商人利用“无数为朝廷运送物品的船只来北京，其中有许多船并未满载。商人们乘机以非常低的价格租用这种空船只的面积。这种办法所供应比当地产品还要多，从而解决了匮乏并减少了赈济之需”[①]。这些情况，使人想到马快船的设置，从最初具有军事防守江淮地区的意义，转变为交通运输服务的意义，后又扩大了服务对象，从专门为皇室服务扩展至为商人交通运输服务，客观上促进了南北各地商品交流和商品经济的发展。这是社会经济发展的必然结果。

第四，打击官盐的流通，影响明政府的边储和国计。在马快船这条交通运输线上，不仅有内官和各级官僚挟带私盐，就是马快船小甲人等也进行着私盐的买卖活动。他们一是和盐徒合伙，进行私盐买卖。史称：成化三年（1467），“有公差回还马快运粮舡只，动辄一二百只，交通各处盐徒，合为伙计，在于长芦、直沽并山东张秋地面，广收私盐，成舡满载，狐假虎委（？威——引者），公然装往南京、宁国、太平、池州发卖”[②]。二是独资经营，沿途收买私盐，载回江南转手卖出。史称：私盐徒在天津丁家站等处，将私盐“卖与南京回还马快舡只……带回江南、北搀越发卖”[③]。由于他们打着皇家的旗号，“狐假虎威”，各地巡检司及巡盐御史都不敢检查，他们公然大宗贩卖私盐。史称：成化十三年（1477），“天津靖海兴济沧州一带，有等奸诈军民通同盗贼之徒……专贩私盐……堆积在家，动至数千百斤，以候回还马快运粮舡只及官民等舡，减价贱买，全无忌惮，习以成风。……内外势要官员所讨马快舡或七八十只，少则一二十只，或接受帮钱而纵其收买，或自出银两而亲兴贩，甚至马快舡小甲人等买求外夷之人，假作奏讨舡只，或买私盐，张挂飞虎旗号，摆列旗纛，吹打响器，声甚盛，沿途军卫有司并巡检司兵惧其势要，莫敢盘诘，间有盘诘者，祸患立至。……近年马快船只所载私盐到于南京龙江关上新河，亦多卖于彼处势要之人，公然散与铺行发卖。盐法之坏，莫甚于此”[④]。私盐盛行，自然打击官盐的流通。“所以两淮行盐地方十去八九，以致客商支盐到于仪真驾下停滞千余万引，月久并无水客议价，一向阻滞不通。”[⑤]可见对明政府垄断盐的生产和流通打击很大，从而影响明政府的边储和国计，这是不言而喻的。

第五，由于押运官员为了私利，常多讨马快船只，形成船队，横行于河道之上，阻碍水上交通，滞留一切军民船只，包括漕运船只，影响北京粮食的储备和供应。如太师王端毅揭露：成化八年（1472），扬州等处，久旱不雨，河道淤浅。“当斯之时，北有守冻回还等项船只，南有白粮并各卫所兑运船只，一往一来，相挨而行。又有南京装运官物马快船只逐日相继而来，每起或五七十只，或三四十只，且又船大载重难为撑驾，其余运粮等项船只一见前来，举皆退避让路，动经数日，不敢前进。”为此，需要下令马快船暂候有水时月逐起发运，让漕船先行，“庶几京储（免）迟误”[⑥]。正是这种情况的反映。同时，快

① 《利玛窦中国札记》，何高济等译，中华书局1983年版，下册，第327页。

② 《皇明条法事类纂》上卷，卷18，盐法。

③ 《皇明条法事类纂》上卷，卷18，盐法。

④ 《皇明条法事类纂》下卷，卷50。

⑤ 《皇明条法事类纂》上卷，卷18，盐法。

⑥ 《王端毅公奏议》卷2。

船甲夫逃亡，遇有朝廷紧急运输任务，“快船力不能支，辄将营操正军掣补”[①]；至于明中叶以后，将军户余丁佥补“帮甲”，余丁不足，也将正军掣补，结果都削弱了卫所军的战斗力量。正如嘉靖初年南京兵部尚书王廷相指出：“南京各卫军士，近来逃亡过半，所佥帮甲，共该六七千名，余丁不足，多将营操正军掣补，行伍日虚，武备渐弛。至如豹韬等六十卫尤种疲弊。”[②]

第六，明政府经营的企业，主要是为皇家的消费服务，常不计成本和经济效益，因而常是亏本。马快船则是一例。史称：弘治十八年（1505），“南京诸司岁用六百料（按：料即石之意），马船八十八只，运送芦柴、城砖、白土及竹木板枋，每船费用粮二百四十余石，银一百余两，而往来留滞，所运不偿所费”[③]。这对政府的财政支出自然有影响。

（原文载于《暨南史学》2004年第1期）

① 《船政新书》卷2。

② 《船政》第6页，载《续修四库全书》，史部，政书类。

③ 《武宗实录》卷5。

杨芷华（1932—2020），广东珠海人。1953年东北师范学院中文系本科毕业，1955年浙江师范学院古典文学研究生毕业。1955年执教于武汉师专（今湖北大学）。1957年于山西大学中文系执教古典文学。1985年调入暨南大学古籍研究所，副教授。主要著作有《名著集萃选讲》《文溪存稿》《艺文汇编》《李昴英》。发表学术论文40余篇，主要研究领域为宋元明清戏曲小说研究及岭南名家李昴英研究。曾参加《中国古代小说人物辞典》及《中国历代小说鉴赏辞典》编纂工作。曾任古籍研究所副所长，并历任中国《三国演义》学会、中国《水浒》学会、全国《儒林外史》学会理事。

演为说唱，继往开来

——明成化刊包公故事说唱词话八种述评

杨芷华

明成化刊包公故事说唱词话八种如从分析文学作品的常规角度——诸如情节结构、人物刻画、语言技巧等标准去衡量，每一种都显得十分粗糙、简单、幼稚、原始。尤其在文辞方面，更是文理不通、错别字百出。当然，产生上述种种现象可能有两个原因：一是民间艺人大多文化水平不高，不论对编写说唱词话的作者或说唱词话的表演者来讲，都是纯粹为了谋生觅食，没有可能像骚人雅士那样去字斟句酌地反复修改自己的作品；二是这些说唱词话其实是民间艺人手录的说唱本，那些真正的说唱技巧、口舌上的绝招，全靠临场发挥，不可能事先用文字记录在说唱本上。然而，尽管这八种包公故事说唱词话的艺术水平都不高，但和其他几种说唱词话一样，为讲唱文学研究提供了极其珍贵的实证。本文要专门考察的是：从现今两篇简短的包公案宋元话本，飞跃到明代几本成百则故事的大部头包公案短篇小说集，以至清代一百二十回的长篇小说《三侠五义》：从现存一种包公案宋金戏文和十一种元代包公杂剧，飞跃到现存十种包公案明清传奇剧，以至地方戏中众多的包公剧目……凡此种种，究竟当中曾经发生过什么变化？经历过什么过渡环节？所有这一系列问题，在这八种包公故事说唱词话发现之前，均无从解答。正因为有这个20世纪中国古代文学典籍的“第四次的重大发现”，才为解答这一系列问题提供了可能性。

首先是故事题材。所谓包公故事，除包公出身的有关传说之外，实际上全都是包公审理的形形色色案件。明代包公案短篇小说集诸如《龙图公案》等，是怎么把《宋史》仅录的“割牛舌”一案发展成“百案”？这从八种说唱词话中找到了线索。这八种说唱词话，除第一《包公出身传》之外，其余七种就是包公审理的七起案件。此其一。这七起案件的具体情况，下文还要逐一论及，此处先报一个数目。这八种说唱词话中，具体提及的其他案件计有十五起之多。此其二，见诸：《陈州粜米》提及《双勘钉》。

《仁宗认母》在开头就一口气提及十四起案件，去掉重复的三种，实得十一种：“山里大虫勾来到，（按：重复）古窑曾断歪乌盆。（按：重复）街头曾救林昭得，法场斩了曹皇亲，（按：重复）明州曾断陈通判，老鸦下状甚分明，诸山曾断孙庙鬼，压曾空里断狂风，断了负心郎七姐，三爪团鱼是鳖精，正宫曾断曹皇后，一牢断了两家人，断得崔护为夫妇，曾断孙焦一个人。”

《曹国舅》中提及八起，去掉重复的五件，实得三起：“只因陈州去粜米，斩了皇亲四个人。（按：重复）记得我们亲姐姐。鸾驾借与姓张人，张妃鸾驾回朝转，街头撞见姓包人，彼（按：被）他喝散嫔妃女，朝中奏与圣明君，姐姐罚钱三千贯，殿前交付姓包人。（按：两种重复）四帝仁宗排宴会，正阳门下饮杯巡，彼（按：被）他喝下正阳门，五更三点朝皇帝，罚了十万钞和金，君王与他金和玉，将来便赏众三军。在朝曾断陶国丈，郑州曾断鲁官人。大虫勾来偿人命，也曾窑内断乌盆。”（按：重复两种）

此外，在三种说唱词话中，亦曾从总体上提及包公所审理案件的数目之多，达三十六件、七十二件，以至一百零八件。此其三，见诸：

《歪乌盆》提及“三十六件无头事，尽被包家断得清”；

《张文贵》提及“三十六件无头事，七十二件不平人，百单八件困花事，件件官司断得清”；

《百虎精》亦曾提及“三十六件无头事，尽被包家断得清”。

从上列三方面的统计数字可见，包公案发展到明代短篇小说中的“百案”规模，是有来历可寻的。从八种说唱词话本身的故事题材去考察，亦有或上或下的线索可追踪。以下逐个加以说明。

《包公出身传》详细情况留待另文作重点探讨，在此只作一般交待。说唱词话所述包公“出身”，纯出自民间传说。据现今所见材料，在这种说唱词话之前，还没有看到类似的文字记载《包公出身传》的传说故事，后来整个被纳入明万历刻《增象包龙图判百家公案》中，继而又被《三侠五义》所吸收。

《陈州粜米》的故事题材，发源于宋元戏文《包待制陈州粜米》（佚）和元杂剧《陈州粜米》。在说唱词话《陈州粜米》中，包公冲破重重阻力，严惩贪官污吏，处决了四位炙手可热的皇亲国戚，拯救了陈州广大灾民。到了清代被吸收进《三侠五义》中，但案犯改写为安东侯庞昱，包公最后依法将他铡死。

《仁宗认母》亦留待另文作重点分析。元无名氏杂剧《抱妆盒》是这种说唱词话的素材来源，但《抱妆盒》整个剧情虽述李宸妃事，剧中有陈琳、寇承御，却无包公、郭槐。所以这种杂剧不能拉入元代包公杂剧之列。剧情本身可证：其时李宸妃事尚未与包公挂钩。元人汪元亨另有《仁宗认母》杂剧（佚），是否已将李宸妃与包公挂钩？目前已无从推测。据今见材料，将李宸妃故事列入包公审理诸案之列，是始自这种说唱词话。明清两代传奇杂剧及长、短篇小说、宝卷等广泛吸收这一故事题材：如明传奇（余姚腔）选本《秋夜月》中，收《妆盒记》中《陈琳妆盒匿主》一出；明姚茂良《金丸记》；清石子斐《正朝阳》；明《增象包龙图判百家公案》；明《龙图公案》；清《三侠五义》等。

《歪乌盆》故事题材来源于宋元戏文《包待制判断盆儿鬼》（佚）和元无名氏杂剧《盆儿鬼》。后同题材作品有明叶碧川《瓦盆记》（佚）、明清无名氏《断乌盆》传奇（佚）、明《增象包龙图判百家公案》、明《龙图公案》、清《三侠五义》。

《曹国舅》故事题材来源可能出自宋元戏文《袁文正还魂记》（余姚腔），但说唱词话结局不是“还魂”，包公斩了曹二国舅，赦了曹大国舅，结案之后，“便叫随行手下人，可抬父子（按：冤主袁文正父子）尸身去，当时烧化莫存留”，并送一笔盘缠，打发袁妻张氏回家。后有同题材作品如明欣欣客《袁文正还魂记》；明清无名氏《雪香园》传奇，故事演刘思进妻孙氏被国戚曹鼎逼死，埋尸雪香园，包公为之申冤雪恨，鬼魂得以还魂完聚（故事从《袁文正还魂记》衍出）；明《增象包龙图判百家公案》；明《龙图公案》等。

《张文贵》说唱词话中，包公解救了受害者张文贵，助他还魂，并严惩了谋财害命的店主杨二。故事题材很可能来源于明无名氏杂剧《包待制智赚三件宝》（佚）。谭正璧先生却这样认为：“与此同题材的，仅见有清代流传的唱本和宝卷，二书皆名《白马驮尸记》，又名《玉带记》，宝卷似据唱本改作，而唱本似即出于词话。所不同者，词话中的张文贵，唱本、宝卷均作刘文英”云云（《弹词通考》）。查检有关宝卷的资料，发现除《玉带记》

外，另有《刘文英宝卷》，未知是《玉带记》之外的另一本刘文英故事，还是《玉带记》的另名？所谓“玉带”，正是张文贵三件宝中的第一件“青丝碧玉带”，“死人系了再还魂”，包公后来智借玉带，用这件宝去帮助已被杨二害死的张文贵返魂的。

《白虎精》讲小官人沈元华赴京求名，路宿室云山庙，被白虎精骗为夫妇的离奇故事。天庆观张观主因道破白虎精的身份，反被吃掉，小道童成了杀人疑犯。经包公多加审察，终于明断了疑案，勾杀白虎精，为民除害。故事题材未知出自何处；以后亦未见有同题材的作品。但在其他几种包公故事说唱词话中，曾一再提及这一公案，可见故事曾在成化年前后盛传。

《刘都赛》讲西京河南府织机作头师官受一家悲剧的遭遇。其妻刘都赛因上元十五夜看灯受西京府主赵皇亲诱骗入其府，被占三月后，因赵皇亲召集织匠为刘都赛织制新衣，师官受入府见到妻子，夫妇聚头之际，被赵皇亲碰见，当即斩了师官受。为了斩草除根，派五百刽子手将师家男女老少“杀了一百单三口”，“家中猫狗不留存”。由于师官受三岁的儿子金保头天晚上闹着找娘亲，所以第二天一早被张院公抱去州桥卖糕，因此一老一小幸得存活。张院公抱金保奔命扬州向二官人师马相报讯。师马相告状误撞孙文仪（赵皇亲爪牙）马头，当即被打死置尸菜篮，上盖黄菜叶拟投河中灭迹。恰遇包公夺下黄菜叶，发现尸首。几经周折，断明冤案，惩处了赵皇亲、孙文仪，助师马相还魂，让其与刘都赛、小金保、张院公一起重返家园。故事题材未知所出，后吸收为明《增象包龙图判百家公案》中《东京斩赵皇亲》和《龙图公案》中《黄叶菜》这两则故事。

从以上论述可见八种包公说唱词话在故事题材方面向上向下的继承与影响。

其次是包公形象塑造。在今见两种包公案宋元话本和一种宋金包公戏文中，包公只是个影子人物，一晃而过；但在今存十一种元代包公杂剧中，包公形象有了发展，多说了几句话，有时也用几句唱词略略抒发几句心里话。如前面第一部分所说，元剧的包公形象开始变得丰满、成熟，有了血肉，同时也对他沟通鬼神的本领、日断阳间夜判阴的本领大加渲染。然而，在每剧中都各自有本剧的男女主人公贯串整个剧情，包公形象始终只作为断案工具，匆匆登场走一遭儿，审理了案件，处决了恶人，像例行公事般地宣布几句判决套话，也就完成了舞台表演任务。实际上元杂剧中的包公只是作为一位“名牌”清官，一张断案件的“王牌”。

在明成化刊的说唱词话中，比如《包公出身传》《陈州粜米》《仁宗认母》这几种说唱词话的主人公就是包公。其它几种虽各自有或男或女的主人公，但包公在其间也有他自己的思想、言论、行动，有他自己的脾气、习性，以及喜怒哀乐。这个人物形象，变得有个性、有生气、有感染力、有艺术光彩。

如在《包公出身传》中，写他自生下来就受到父亲的极端嫌弃，从小得不到父母的疼爱，性格拘谨、胆小，并且带有一股傻劲。十五岁那年，大年三十夜，特地从地里赶回家，第二天初一给父母拜年后，父亲当即差他“南庄去做使牛人”，限定他“南庄水田耕不了，晚西不得转庄门”。他感到委屈又不敢吭声，只“低头眼泪落纷纷”。太白金星化作算命先生到田里给他算命，他拒绝说：“我被爷爷罚在南庄使牛，有甚好处？无钱算命！”后来算命先生给他算多少岁，做什么官，他不信，说算命先生“哄弄人，我做文官不识字，武官武艺又无能”。为了表示感谢，把一条毛巾送给算命先生“为表记”，并说“后来我若得官时，你将毛巾来相见，我将卦钱还你”。所有这些描写，都是着力于铺垫包公性格的基础……善良、纯朴，自小懂得人生艰苦。

在《陈州粜米》中，王丞相向仁宗推荐“要换陈州监粜，除是包文拯一人”。包公接了任务后，路遇西宫张妃借用曹皇后的仪仗去东岳庙烧香。包公大为不满，“偏宫妃子却做正宫行踏，国家法度不正，我且先理这一件公事”，于是命手下“夺下黄罗销金伞”。西宫妃子向仁宗告状，惹得仁宗焦躁起来，“不去陈州粜米，欺我皇宫内院人”，当面责骂包公“欺负偏宫张皇后，便如欺负寡人身”。包公却持理抗争，一句紧逼一句地驳得仁宗哑口无言：“既是偏宫妃子，因何做正宫行踏?”“偏宫借得正宫仪礼，我王金殿可借得与六大王坐么?”“微臣这件事理不正，亦去陈州监粜不得。我王理家不正，张皇后不当占上，合罚黄金一千两，曹皇（按：脱后字）为大不尊，合罚黄金百两。”仁宗无奈依了包公带了这些黄金去陈州犒军。从以上可见，包公犯起烈性来，连皇帝也不让一步。这里尽管是采取极度夸张的手法去刻画包公刚烈耿直的性格以至连君臣之礼也不顾，但艺术上的强化是为了打动人心。

在《歪乌盆》中，富家子弟杨宗富上京考试路宿六合白毛庄，被地痞耿氏兄弟谋财害命，尸首抛入窑内烧了七日，开窑取乌盆子时，多出一个歪乌盆，那就是杨宗富鬼魂依托之物。在这惨绝人寰的故事里，展现了包公在铁面无私、最不讲人情之外的另一面性格特点，就是对受害者的深切同情和无微体贴，这正是他最讲人情的一面。乌盆冤案判断之后，他命公人去福州接杨宗富的遗属入京交代善后。当一群遗属来到开封府，排排站满厅阶下，老的小的个个眼泪汪汪。包公一看，赶忙安慰住那位老父亲：“财物金银都还你，还你归家养老身。”死者遗孀哭着要求看乌盆，他便叫公人将乌盆放在厅阶，焚香亲向乌盆呼唤：“你的亲爷今来到，妻儿男女尽来临。”孤魂当即逐个亲人嘱咐交代，人鬼之间倾诉生离死别之情，真是声声凄切、字字血泪。铁石心肠的包公，忍不住“泪落纷纷”。临行他再三安慰杨公，将金银财物带回家“养老身”、荐度儿子孤魂，“你今且去寻安下”，“等我公事结证了，差人送你转回呈”。杨家感谢包公，只要带乌盆回家，不要金银财物，包公第三次劝慰杨公“将去家中防老身”，为了今后确保往来白毛庄客人的安全，他奏请在那里屯军设关永绝后患。

《曹国舅》中，对包公形象的刻画最为细致、深刻。关于这起冤案，前文已作故事梗概介绍，这里专就包公心理作分析。当包公路遇冤主师都受的鬼旋风，被引至曹二国舅府前。只见朱门大书着：“有人说着门楼者，舌头割去不留存；有人指着门楼上，去其手足不留存；有人看着家中事，眼精（校：睛）剜去命难存”，当即不禁“怒从心上起，恶向胆边生”，通过群众调查，得知两个国舅做尽坏事，心理就产生了惩处他们的决心，问公人：“你两胆大，勾得甚人?”答：“上界勾不得玉皇大帝，下界勾不得阎罗天子，西山勾不得猛虎，东海勾不得老龙。只除这等，不问亲皇国戚、朝官宰相、军民百姓、僧尼道士，尽皆勾得。”包公听了“心欢喜”，赏了两位公人，因为他们说出了自己的心里话。经旋风鬼告状，在曹府寻到冤主父子尸首，包公心里就有了数。但案犯很有来头，要动他们一根汗毛也非容易，当中有多少重人情关系网要咬着牙逐个冲破。于是首先去曹后母亲——老太君那里“暖房”，也就是办礼品登门拜见，目的是投石问路。谁料太君出口伤人，大骂包公“老畜生（校：牲）”，刨根挖底地肆意辱骂。这反而更坚定了包公勘案决心：“咬牙恨恨两三声，若还不断曹家府，不做开封府主身!”但回到家中冷静一想，心里又七上八下地矛盾起来：“相公坐在厅上，口中不说心下思量，他爷是老太师、娘是太郡夫人、姐是正宫皇后、大国旧（校：舅）江南转运使、小国舅郑州元帅，谁敢去勾引他？”无奈绞尽脑汁想出许多计策去诱他们落网。但案犯抓到之后，还有落实惩处的大难题。先是老太君登门求情，包公不理会，反而把两国舅吊在高厅上，当着老太君的面，“五十荆条当点心”，把两犯“打得两脚血淋淋”。老太君回府取了“正一品”的一纸官诰拿来压包公。包公“喝起公牌手下人，便交（校：教）夺了官告榜当厅便把火来焚”。太君无奈，奔向曹后那里哭诉，曹后也明白，“无私正直包丞相，鬼神上（校：尚）且怕他人”，去求也没用，但经不住母亲的哀求，只得“偷身自往开封府”去向包公求情。包公如法炮制，把两国舅高吊厅上，当着曹后面又打一轮，并逐条数落二犯的罪状，斩钉截铁地表明，“做了这般违条事，交（校：教）我如何怎放人？都是这般来放了，世界山河怎太平？”非但不肯放人，而且抓住把柄斥责曹后：“你是正宫曹后，如何胡乱出宫门……我若奏了君王道，便交（校：教）捉你冷宫门！”曹后自知理亏，无言以对，急急离去。太君又去求女婿仁宗出面去劝，仁宗推给十个保官，让他们去求情。包公一听，心中大怒，“便叫张千、马万去后堂取出诸侯剑并御书，金牌挂在厅上”，十位朝官一看，知道“定是劝他不得”，一个个吓得失魂落魄。包公命手下又将一双人犯吊在高厅上，准备再来第三轮痛打。十位朝官觉得太伤面子，“喝骂包公太欺负人”。包公当即批驳了他们，并命令公人“关上南衙开封府，先斩十个保官人”，十位朝官无言以对，飞快离去。太君再次哭着找曹后，曹后无奈去求仁宗，仁宗领着群臣驾临开封府去求情。包公依礼婉言拒绝：“我王要救皇亲戚，颁行一道赦文书……何固我王排鸾驾，动劳文武两班臣？君王到来和劝我，笑杀军民百姓人，我王就放曹国舅，微臣不愿坐开封，还了我王牌与简，休官纳印去修行。”不但拒绝放人，而且追责仁宗：“无事不合离金殿，合罚金银与小臣。”正当法场开斩，赦书来到，限定只赦东京城内罪犯。“包公听罢心中怒，颇（校：叵）耐官家赵四君，单把皇亲来赦了，东京城外别乾坤，赦书扯得分分（校：纷纷）碎，喝交（校：教）斩了小皇亲。”仁宗只得再下诏“大赦天下罪人身”，包公才赦了大国舅。曹大国舅此番等于死去再还魂，为此看破红尘，入山修道，后来成了“八仙”之一。从上可见，包公审断曹国舅此案确实经历了一场公理与人情的艰苦交战。在这激烈而又曲折的矛盾里，作品笔酣墨饱、淋漓尽致地写出人物的七情六欲，一个有血有肉的包公形象也就由中而生。

通过以上例证，可以看到包公形象发展到明成化说唱词话阶段，确实已达到前所未有的丰满和成熟程度。在元代包公杂剧的基础上，成化说唱词话为后代文学塑造包公形象打下更牢固的基础。

最后说说传统的继承。八种包公故事说唱词话对前代传统的继承主要表现在鲜明的批判性与浓郁的浪漫色彩。

宋元以来，包公案文学作品早已创立了优秀的传统，就是对现实的尖锐批判性。不论案情怎么不同，案犯与冤主是什么社会身份，统统贯串一个基本精神，即“除暴安良”。凡为非作歹、残害人民者，都包括在应除的“暴”之列。上至皇亲国戚、权豪势要，下至土豪劣绅、地痞流氓；而“良”者，自然指一切安分守己的善良的人民，不论他是穷是富。因此，包公案故事中的“除暴安良”是一个覆盖面非常广阔的概念。八种包公故事说唱词话继承并发扬前代包公作品的这点基本精神。这在前面分析的许多具体的例子中，实际已经看得很清楚了。八种说唱词话在“除暴”的对象中，一再把批判的矛头指向皇亲国戚，正是这伙人，一旦犯法，就最令执法者头疼，想碰不敢碰、要抓又抓不着，处理也处理不下去，这是中国历代封建社会的“老大难”问题。八种说唱词话所包括的七起包公案，就有三起的案犯是皇亲国戚。由此，对现实的批判性也就大大增强，从而把前代包公案作品的传统基本精神提高到一个新的高度。

讲到浓郁的浪漫色彩，自然使人联想到这八种说唱词话对包公的极度夸张的描写，比如不顾君臣尊卑名分的持理抗争、兴师问罪，以及扯碎官诰、扯赦书之类的情节。这些泥土气息浓重的夸张手法，发自民间艺术家疾恶如仇的一腔义愤，同时也反映出民间文学的幼稚和天真。生活在明成化以后五百多年的今天的读者，对这些原始而又幼稚的浪漫色彩应当采取尊重和理解的态度，这些已经不必多讲了。此处重点讲的是鬼魂问题。中国古代文学与神鬼的关系自来密切，从原始神话、屈原赋，以至魏晋六朝神鬼志怪、《西游记》《聊斋志异》等，这当中就形成一个传统，没人能加以否认。作为无神论者，从来不承认“神鬼”的存在；同时，作为历史唯物主义者，也应当承认“神鬼意识”是多么顽强地扎根于人类的头脑，因而也就必然反映到文学作品中来。连莎士比亚的伟大悲剧《哈姆莱特》中的鬼魂都能够被世界各国人民所理解，那么，中华古老传统说唱词话中的鬼魂，也应当得到后代子孙的宽容。

回溯包公案故事，从宋话本《三现身》开始，就出现鬼魂诉冤的情节，关于包公“日间断人，夜间断鬼”的说法也自此产生。由此而下，宋金戏文《小孙屠》出现还魂情节；元杂剧《后廷花》《生金阁》《神奴儿》《盆儿鬼》或有鬼魂告状、或有死后还魂的描写。所有这些，只不过是作者采取浪漫主义表现手法，用以表达人民群众对包公至高的崇敬、对蒙冤受屈而死的善良者的无限同情。这本是一个优秀传统，不能因其表现形式幼稚而加以否定。说唱词话也继承发扬了这个传统，形成作品中浓郁的浪漫色彩。在七起案件中，有《歪乌盆》《曹国舅》《张文贵》《刘都赛》四起出现鬼魂诉冤，其中《张文贵》《刘都赛》两起让受害者死而复生。鬼魂诉冤的意义在于表达人民一个强烈的愿望——不论怎么冤沉海底，死了也要说个明白。然而，尽管案犯被严惩了，冤仇也伸报了，但终究无法平伏民愤，只有设法让屈死的受害者复活过来，使他们得到大团圆结局，这恐怕是“善有善报”的一种兑现。其实，在黑暗的封建社会里，善良的人们往往不一定有善报，这个无情的现实被《红楼梦》作者曹雪芹所感受到。在他笔下的形形色色的女性，不论是善良的或歹毒的，一律放入“薄命司”，没有一个有好下场。这就是曹雪芹慨叹的“千红一窟”（按：窟谐音哭）和“万艳同杯”（按：杯谐音悲）！这就完全打破了传统文化意识“善有善报，恶有恶报”的牢固观念。鲁迅先生曾给予高度地评价说：“自有《红楼梦》出来以后，传统的思想和写法都打破了”，其深意乃在于此。若拿《红楼梦》的思想高度去衡量这八种说唱词话浓郁的浪漫色彩，就越加显得它幼稚和天真，但它的价值也正在于忠实地反映了成化年间底层人民的认识水平。

[原文载于《河南大学学报》（社会科学版）1993年第2期]

从《昭代箫韶》看乾嘉宫廷戏曲之鼎盛

——《杨家将论丛》之九

杨芷华　傅如一

清宫大戏《昭代箫韶》是一部空前的杨家将系列剧本，今见《古本戏曲丛刊》第九集，系据内府刊朱墨本影印。卷首有《序》，署嘉庆十八年（1813），作者王廷章。共10本240出，计57万余字，相当于明清四部传奇名著《琵琶记》《牡丹亭》《长生殿》《桃花扇》的字数总和，堪称规模宏伟的中国古代戏曲巨著。

全剧情节始于北汉灭亡，而终于宋辽议和。其中，主体剧情是天门阵，共计97出，占了剧篇幅的五分之二强。全剧剧情交错着两组矛盾：一是宋朝内部的忠奸之争，一是宋辽之间的生死搏斗。宋朝内部矛盾的处置是坏人伏诛，好人受赏，并无特别之处；外部矛盾的处置却一反历代杨家将故事的传统，来了一个南北和好的结局，表现了我们这个多民族国家民族之间和睦相处、反对内耗、共建家园的美好理想。

作为清宫大戏《昭代箫韶》自有其文学价值，这里暂且不论。本文着重论述的是：从中国古代戏曲发展史的角度去考察，《昭代箫韶》更具有特殊的意义和价值。

一、脚色

扮演《昭代箫韶》全剧人物的，计有11种脚色：生、小生、外、末、旦、小旦、老旦、净、副、丑、杂。如果将这11种脚色与《扬州画舫录》中的“江湖十二脚色”以及《梨园原》中的“十二全角”相互比较，就可以约略看到乾嘉之际清宫大戏（昆腔）的脚色分行的发展状况。现列表对照如下：

扬州画舫录	梨园原	昭代箫韶
副末	末	末
老生	生	生
正生	小生	小生
老外	外	外
大面	净	净
二面	副净	副
三面	丑	丑
老旦	老旦	老旦
正旦	旦	旦
小旦	小旦	小旦
贴旦	贴旦	
	作旦	
杂		杂

通过上表的对照，可看到《昭代箫韶》的脚色分行的总趋向。一方面，它基本与《梨园原》的“十二全角”相同，仅在“旦”行方面，尚未达到《梨园原》分工那么细。另方面，它却保留了“江湖十二脚色”中的“杂”。众所周知，“江湖十二脚色”是反映明末清初昆腔的脚色分行；“十二全角”则是清中叶昆腔脚色分行的总结，二者恰好反映了昆腔脚色演进过程中的两个历史时期。而《昭代箫韶》全剧的脚色分行，正标志着由“江湖十二脚色”向“十二全角”的过渡已接近完成。

《昭代箫韶》以十一种脚色去扮演一千一百多位人物，其中有姓名者二百多，龙套、武行等九百多。对剧中大量无姓名的龙套与武行，究竟如何统计？本文的计算方法是：凡没有明文标出数目者，一般按“一堂”（四人）计算，最多也只按“两堂”（八人）计算。实际上，清宫大戏演出所用的龙套、武行，是一支人数众多的浩浩荡荡的“舞台大军”，这从清人赵翼《檐曝杂记》所载的乾隆年间热河行宫演出大戏的空前盛况便可得以证实：神仙出台之前，就有道童三队作先导，“每队各数十人”“又按六十甲子，扮寿星六十人，后增至一百二十人”[①]。用这条材料对照本文的计算方法，就完全看到本文对《昭代箫韶》中龙套、武行的统计数字还是比较保守的。

这里特别要指出的是：“杂”不但扮演九百多龙套、武行的大部分，（其中有例外，譬如小生扮金童、小旦扮玉女、旦扮蚌精等，正表明脚色分工还不够严密）以及扮演有姓名的次要人物，而且经常扮演“替身”“化身”，甚至动物、“切末”。当舞台上演到人死了，鬼魂要升天或下地狱之时，“杂”就出来“扮替身”，充当尸首被抬走，魂子则仍由原脚色扮演。又如当演到神仙、妖异幻化成另一个人或幻化成几个“自身”的时候，一般都由“杂”扮演“化身”。例：妖道严洞宾（椿树精）幻化为假杨景、假任道安之时，“化身”由“杂”扮；妖道溪化道人与哪吒、二郎神对打时，溪化道人化身为八个“自身”、哪吒化身为四个“自身”、二郎神化身为四个“自身”，顿时形成八对八的开打场面，这十六个幻化的“自身”，都由“杂”扮。至于成精变妖的各类动物，往往要参加舞台上的开打，亦多由“杂”扮演，戴上本形“膗脑”（膗脑多为在冠帽上塑有各种动物头形的动物形象冠）。一般的动物也要在舞台上与人相追逐、相搏斗，亦由“杂”扮，身穿本形兽衣。甚至某些活动切末，因限于当时的机械水平，也只好让“杂”去充当。比如能自动挪移的山石、能夹住刀而行走的树、能劈开大钟的三皇宝剑等皆是。此外还有供象，由于雕塑一个与本人相像的供象很费事，不如让“杂”充应供象反而简便得多。经过统计，在《昭代箫韶》中扮演上述各项的数字为：替身4，化身22，动物24，切末12。总而言之，通过《昭代箫韶》这部大戏的出场脚色、人物总数，就可以想象得到清宫大戏的演员队伍是如何庞大。其中，“杂”行的任务异常繁杂，可谓无所不扮，因而需要量也最大，纯粹顶“万金油”用。

二、舞台装置

我国古代戏曲舞台，向无装置。乾嘉之际，民间戏曲演出所用的舞台，尽管花样繁多，有公共剧场舞台、私家戏班舞台、农村或集镇演出舞台等不同，有大或小、水上或陆

① 中华书局版《檐曝杂记》第11页。

地、固定或临时等差别，但其共同特点是设置简单：一张帐幔将前后台隔开；帐幔左右侧，设有上、下场门；作为演出地区的前台，就只有俗语所说的“一亩三分地”。然而，当时宫廷修筑的戏曲舞台，不但有供一般演出的院里戏台、供室内演出的小戏、专供夏天演出的“水座”、专供冬天演出的“暖阁”，而且还有适应连台本戏演出的大戏台。今知清宫大戏台有四个，除了颐和园的德和园的大戏台为光绪十七年（1891）改建之外，其余三个大戏台——热河行宫清音阁、圆明园同乐院清音阁、宁寿宫畅音阁均是乾隆时修建。其中，热河行宫戏台最大，颐和园戏台最小。经历沧桑，保存至今，惟宁寿宫与颐和园两处而已。据有关图画、照片、文字记载等资料的综合考察，清宫大戏台的共同特色是：演出地区扩展为三层，上层称“福台”、中层称“禄台”、下层称“寿台”。颐和园“戏台14米见方，三层共21米高”①。“如按14米见方计，下层寿台的演区当有196平方米。而中层禄台的演区则不及寿台的三分之二；上层福台的演区更小，仅是靠近前檐的一小块地方。”②从故宫博物院绘制的《宁寿宫畅音阁大戏台立面图》可以看到：寿台的后部，又分为两层，上层似游廓者，即各部清宫大戏中所称的“仙楼”，也是演出区，台面有四座阶梯往下直接通寿台、左右两端又有两座阶梯往上直接通禄台。

对照《昭代箫韶》，使我们对清宫大戏台的结构，将有更详尽的了解。在长达240出的一部连台本戏中，对福台、禄台、寿台、仙楼的运用，情况很不相同。四层全用的，有两出；用福、禄、寿三层的，有一出；用禄、寿、仙楼三层的，有三出；用禄、寿两层的，有五出；用寿台、仙楼两层的，有四出；单用寿台一层的，有225出。

显然，寿台是主要演出区，在《昭代箫韶》中，每出都离不了用寿台。如按出场人数计算，寿台容纳人数最多的一出是第十本第二十出。其中，有姓名者，计有60人；其余龙套，如果按照“一堂”计算，约有43人，按“两堂”计算，约有75人。这一出戏，在寿台上最少容纳了103或135人之多。

全剧只有三出用了福台，可见使用率很低，因为福台面积小，而且观众要翘首凝望将近20米的高度，十分吃力。《昭代箫韶》在福台演出人数最多的一出，为第十本第二十四出，大约有13人。

全剧共有十一出用了禄台。在禄台上容纳人数最多的一出是第十本第二十四出，约计有38人。

全剧共有九出用了仙楼。仙楼上，容纳人数最多的一出是第十本第二十四出，约计有24人。仙楼是有相当大的地盘的，其上可以摆设桌椅，可以开打。

所以，清宫大戏台的实际演出区为四层，其中，仙楼的作用远大于福台。此外，从《昭代箫韶》开场第一出，我们还可得知，福台、禄台、寿台、仙楼这四层演出区都各自有上、下场门两个，加在一起，共八个上、下场门，比一般舞台的上、下场门多四倍。然而，尽管有这么多的出入通道，还不够使用。为了让充当神鬼怪异的演员临凡、飞升、遁土、入地，以及让作为“法宝”的切末从天上降下或由地底冲出，寿台天花板活动部分设有天井、地板活动部分亦设有地井。与此配套，另装备有云兜、云勺、大云板等工具作为升降器，从天井或地井运载演员或切末。

① 《中国戏曲通史》下册第288页。

② 《中国戏曲通史》下册第288页。

根据《昭代箫韶》剧中具体描写，得知清宫大戏台设有五个天井。例如：第七本第二十四出四隅天井下四云兜，大云板从天井下；第二本第十出云兜从西南隅天井下，中天井下三云兜。从上可见，大戏台四角有四个天井，中间又有一个中天井。值得注意的是，中天井比四角的天井要大得多，可以升降大云板或同时升降几个云兜。《中国戏曲通史》认为，除上述五个天井之外，还有“仙楼顶部的左右两个天井”，“由此观之，寿台的天井共有七个”①。但这里有几点情况需要强调的：

（1）如前文所述，从故宫博物院绘制的《宁寿宫畅音阁大戏台立面图》看到，仙楼上面的左右两侧，有两座阶梯，往上可以通至禄台。本文认为，所谓“仙楼顶部的左右两个天井”，实际是仙楼上通禄台的左右两座阶梯顶部的出入口，也就是俗语所称的“楼梯口”。由于它们并不是明摆着的楼梯口，而是天花板的活动部分，所以将它们归入“天井”之列，也未尝不可。

（2）仙楼既然是寿台后部另辟的一层演出区，它顶部的“左右两个天井”，不应归属于寿台。寿台的天井数目，应算作五个。

（3）仙楼这两个“天井”的装置与使用，完全不同于寿台那五个天井。据《昭代箫韶》所载，凡从仙楼上禄台、或从禄台下仙楼，一律是明场上下，绝不用云兜等升降器。（见第三本第二十三出、第八本第八出）其原因是，仙楼顶部的左右两个“天井”，连接有两座阶梯，演员可以直接走上、走下，不必借助升降器。因为这两条通道专供“神仙”所用，故这两座阶梯朝观众的一侧，绘作五彩云头，美称为“虹霓”。

至于地井，从《昭代箫韶》看到的共有四个。（见第九本第二出：群鬼向四隅地井招众鬼魂）但参照另一部清宫大戏《升平宝筏提纲》（见《古本戏曲丛刊》九集之四附），得知清宫大戏台共有五个地井——大地井及前后左右地井。

据有关资料②，控制天井升降器的，是人力操作的辘轳和木贯井架；而地井内，则利用纹盘运载演员和切末升至寿台。统计《昭代箫韶》使用的升降器有四种：

云兜、小云兜、云勺、大云板。云兜一般运载一人或二人，如第二本第十出，就是运载双人：金童、玉女乘云兜从西南隅天井下。小云兜只运载一人，如第七本第十六出：侍香童、黎山老母各乘小云兜下。大云板可同时运载多人。如第二本第十五出：大云板运载金童、玉女、贺怀浦、杨泰、杨征、杨高、杨希七人从天井下，接了杨继业上大云板，然后八人同乘大云板升至半空，等下面寿台的戏做了半天，最终大云板再从半空运载八人上天井。《中国戏曲通史》估计这块大云板的载重量超一千斤③，这个估量是合理的，因为这块大云板除运载八人体重的净量外，还要加上八人的行头重量。这里费解的问题在于云勺与云兜究竟是相同还是相异的升降器？据说，“云兜者，用铁板一块，周以木板，四角穿以极粗绒绳，用绸布画云形为兜，垂于下。他如云勺、云板、云椅子等，亦与此略同”④。看来，云兜的主体部分，是硬料结构，呈方形；装饰部分，却是软料，绘有云纹，垂其下，呈兜状，故命名为“云兜”。但，“与此略同”的云勺，又是怎么“略同”的？考察《昭代箫韶》全剧，使用云勺的，只有第九本第六出：李剪梅乘云勺飞至半空，被九头禅师施展

① 《中国戏曲通史》下册第294页。
② 王芷章《清升平署志略》等。
③ 王芷章《清升平署志略》等。
④ 王芷章《清升平署志略》等。

妖术从天井降下的大钟切末罩住；杜玉娥亦施展法术，将三皇宝剑掷地，杂扮三皇宝剑切末从地井内上，劈开大钟切末，救出李剪梅；云勺从半空降至寿台，李剪梅由云勺下来后，云勺仍从天井上。从以上具体剧情分析，李剪梅所乘的云勺在半空停留的时间较长，又要用大钟切末从头顶连人带云勺一起罩在半空，并且让演员（杂）充当三皇宝剑剖切末去劈开大钟。按此推测，云勺所用的材料应比云兜更结实牢靠、更偏重于硬性材料不可，而且，它的形状必非方形，而呈勺状，虽然其上也要绘饰云纹，但没有下垂的软性部分。

以上是对天井、地井、云兜、云勺、大云板的探讨。《昭代箫韶》全剧使用上列舞台装置的次数不少，兹将有关统计数字列下：天井共十六出；地井共十二出；云兜共六出；云勺共一出；大云板共四出。这些舞台装置在剧中大都是用来表现升天、临凡、斗法、鬼魂、妖魔等情节。今天看来，其服务的内容固然消极，但应该肯定，其技术水平是空前未有的。由此可见，清宫大戏舞台以这些特殊装置，极大限度地扩展了演出空间，不但向高空发展成四层演出区，突破了传统戏曲的“一亩三分地”，而且还增加了许多出入口，计有福台上、下场门2；禄台上、下场门2；寿台上、下场门2；仙楼上、下场门2；仙楼通禄台的阶梯2；仙楼通寿台的阶梯4；天井5；地井5。以上出入口的合计数字为24，是普通舞台出入口的12倍。其中，福、禄、寿、仙四层八个上、下场门是“各自为政”，专供本层演出所用；雾仙楼六座阶梯和天井、地井十个出入口，则是沟通上下层的通道。清宫大戏正是靠这许多出入口，使众多演员从上下左右、四面八方、畅通无阻、川流不息地粉墨登场，从而渲染大戏舞台气氛，使观者眼花缭乱、目不暇接，视觉上获得尽情地享受。

从《昭代箫韶》所看到清宫大戏对舞台空间的扩大利用，还不止于此。在主要演出区寿台，有时还用舞台切末（如城、门、山石、桌椅等）无形地划分为左、中、右三部分加以利用。这种情况，可见于下列各出：第三本第十七出；第四本第二十出；第六本第十九出；第十本第十七出。有时，还用二道幕（如帐幔、烟云帐）、舞台切末（如屏风、床帐等）将寿台分成前后两部分加以利用。举例：第四本第二出有屏风，第五本第二出有床幔，第五本第二十出有帐幔。而天门阵一段中，就有26出（第七本第二出至第十本第三出之间）挡烟云帐，内设各阵。各出在表演过程中，检场人不厌其烦地挡帐、撒帐，以便随时变换空间，或表示入阵、出阵，或表示阵内开打、阵外开打，诸如此类，不一而足。总之，这种烟帐完全不是为了遮掩大切末的检场而设，也不是单纯为了点染天门阵的神秘、肃杀气氛，主要是为了将有限的空间划分成前后两部分，为瞬息万变的剧情地点服务。

三、服饰

清宫大戏《昭代箫韶》的舞台服装十分丰富多样。《中国戏曲通史》对此提供了一个数据——四百多种样式[①]，本文作者逐一进行了推算统计，结论证实了这个数据是符实的。这里要注意的是“样式”二字，当然是指不同的款式、品种，而非指服装的件数。这“四百多种”不同款式的舞台服装，虽然从剧本中很难详细考察其面料、花纹、缝纫工艺，但仅从这个数字，也就可以看到清宫大戏服装数量之庞大、款式之繁多。如果参照原中国戏曲

① 《中国戏曲通史》下册第314页。

研究院所珍藏的《升平署扮相谱》[①]，就可约略窥探到清宫戏服的豪华富丽，那是民间戏班的物力、财力所难以企及的。至于说到《昭代箫韶》全剧戏服的件数，数字无疑要比“四百多”大得多。因为，不但数量众多的龙套、武行要穿同一种款式的戏服同时登场，就是有姓有名的人物也经常穿同一款式的戏服同台演出，故在件数统计上，同一款式的服装便要统计许多件才行。如第十本第二十二出，为渲染团圆、联婚的喜庆气氛，光是男女红蟒就用了41件。据《清升平署志略》记载道光二年（1822），南府总管李禄喜等人查点宫内及圆明园内贮藏的行头砌末，开列了清单，服装总数多达4万余件、各色女蟒便有443件。

簪饰方面，如：第九本第十九出，妖道严洞宾（原形为椿树精）幻化为假杨景，这个化身由杂扮，头戴帅盔，一切装扮酷似杨景，惟头簪椿树枝，以此标志其原形；第七本第十三出，白云仙子（原形为白狐精）插白狐尾雉翎，头簪饰狐形作标志；第九本第五出，九头禅师（原形为九头狮子精）戴狮子发，扎金箍，头簪饰狮子形作标志。

冠戴方面，如：第一本第二出，二十八星宿各戴本星形象冠；第六本第七出，椿树精原形戴树膛脑，扎额，穿绿蟒箭袖，系虎皮树叶；第七本第十五出，杂扮虎精、豹精、豺精、狼精、鹿精、羊精、狗精、蟒精，各戴本形膛脑，小扎扮；（凡扮演成精变妖的各种动物，已变幻成人身，一律戴本形膛脑作标志，而扮演动物原形的演员，则穿本形兽衣以标志整个形体是兽形）第八本第二出，蟹精、虾精、螺精、龟精、鳅精、黑鱼精、金鱼精，各戴本形膛脑，小扎扮；第八本第十三出，毛女各戴毛女膛脑；第八本第十九本，火雀兵各戴乌形膛脑。

面具方面，如：第二本第十出，小鬼各戴布鬼脸；第七本第三出，雷公戴雷公套头。

至于特殊的发型，在《昭代箫韶》全剧中就有十六种。

四、切末

《昭代箫韶》全剧所使用的切末很多，经逐一统计，大、小切末共有三百多种。从这一大批切末进行考察，完全证实了《中国戏曲通史》所概括的灯彩化、“机关”化、写实化三大特点。举凡小切末，大多采用实物，如：香、烛、笔、砚等。而大切末，则多用绘画性软景和硬景，如：山、城、关、台等。剧中共计有23出设城、关；18出设山、石。上述这些切末，都是比较简单、普通的。本文对《昭代箫韶》全剧所用切末的探讨，主要侧重比较特殊的两个方面。

（1）活动切末：

剧中利用大戏舞台众多的天井、地井作通道，广泛使用了一些活动切末，但都是为了表现作战的双方相互“斗法”的惊险紧张场面。如：

第六本第二十三出，李剪梅与神锋大王（杨继业的九环金刀所幻化的精怪）开打，神锋大王败逃从地井下，李剪梅用宝镜向井中照射，地井冒出九环金刀，表示神锋大王已恢复了原形。

第八本第八出，二郎神与溪化道人对打，溪化道人败逃，从仙楼举起阴阳宝镜向下照射二郎神，天井随即放火彩，降下阴阳镜。与此同时，地井冒出金莲花灯切末，表示阻挡

① 《中国戏曲通史》下册第312页后的彩图。

住阴阳镜，破了溪化道人的妖术。然后，天井收回阴阳镜，地井相应也收回花灯。

第八本第二十四出，哪吒化身祭起火龙罩，天井降下火龙罩切末，火龙将随即围绕妖道溪化道人放火彩，妖道被神火焚烧而暴露原形，重新变成石块。火龙罩切末从天井收回。

（2）彩人切末：

清宫大戏舞台上，要表演当场砍头、割首级、取心肝或将尸首挂标杆、燃炬……等刑罚，往往不采取“虚拟”动作，而用彩人切末来代替真人受刑，以求舞台表演逼真、充满刺激性。在《昭代箫韶》全剧中，如对坏人王侁、米信、田重进、潘仁美、王钦等，一律当场处以极刑，皆以彩人切末代替，完全为了达到“恶者使冥诛显戮，惩奸佞之恶报”的警世目的。

五、其他

从《昭代箫韶》还可以看到乾嘉宫廷戏曲表演十分讲究舞台色彩，在人物服装、切末、布景等方面，都很注意运用同一或相间的色彩与剧情的情调、气氛相配合。当时的民间戏曲演出，就很讲究所谓“全堂”，也就是在一出戏中，举凡大帐、桌围、床帐、椅罩、服装、旗幡、车驾、兵器等，都统一用同一种色彩，以渲染、烘托剧情气氛，从视觉上给观众造成强烈感受。按照当时的风俗习惯：喜庆，采用红“全堂”；丧祭，采用白“全堂”；皇宫，采用黄“全堂”。从上看来，民间戏曲演出尚且如此讲究舞台色彩，以宫廷强大的物质条件而言，自然地更把讲究“全堂”的水平推向前所未有的高度。如《昭代箫韶》所演的天门阵一段，七十二座天门阵各阵都很注意色彩表现。不论将台上所插的旗幡，守阵兵卒所穿的箭袖、所戴的马夫巾、所执的旗识……凡此等等，各阵都各自统一采用同一种颜色。如青龙阵用绿色、太阳阵用红色、地煞阵用青色等。这种舞台色彩的处理，造成强烈的艺术效果：从局部来看，每一阵都是“全堂”；从天门阵整体来看，七十二阵却又构成一幅五光十色、斑驳陆离的“间色”图景。

据清代升平署档案材料的记载，清宫大戏《昭代箫韶》全本的演出有四次：道光十七年（1837）正月—十八年（1838）九月在同乐院承应；道光二十四年（1844）正月—二十五年（1845）九月在同乐院承应；咸丰八年（1858）二月—九年（1859）九月在同乐院承应；光绪二十四年（1898）六月—二十六年（1900）五月（未标明承应地点）。从这四次演出的时间和地点，可以联想到一些值得思索的问题：

（1）同乐院盛世的告终。

《昭代箫韶》全本的四次演出，就有三次在圆明园的同乐院清音阁大戏台。自乾隆年间开始，清音阁是清宫戏曲演出极盛的一个大戏台，圆明园又正是有清一代统治者尽情享乐其间的园苑。据有关资料记载：自雍正开始，每年新年正月郊礼完毕，他们就移房园内，直至冬天大祀前夕，才回到城里的皇宫，一年之内，除夏天去热河行宫避暑之外，园房生活几乎超过全年的三分之二①。就在《昭代箫韶》全本的第三次演出的次年——咸丰十年（1860）十月，代表着清宫繁华的圆明园，竟被英法联军焚掠成一片废墟，标志着清宫戏曲极度繁荣兴盛的同乐院，也随此付之一炬。

① 北京出版社出版《圆明园》第3页。

（2）满清政权崩溃的前夜。

《昭代萧韶》全本的第四次演出，结束于光绪二十六年（1900）五月十五日，那正是“庚子国变”之时。同年七月十三，八国联军攻陷天津；八月十四，攻陷北京，西太后挟帝逃亡西安。第二年十月，西太后一行才出潼关返北京城。由此可见，《昭代箫韶》全本的最后一次演出，恰处在满清统治崩溃的前夜。“庚子国变”之后，至辛亥革命止，清宫戏曲活动虽然仍持续进行，但《昭代箫韶》全本已不再演出了，往昔清宫大戏演出的盛况，也一去不复返。

（3）皮黄统治剧坛的标志。

作为充满生命力的地方戏曲之一——皮黄腔早在乾嘉之际就已勃兴，但当时清宫戏曲舞台仍是昆曲的最后堡垒。《昭代箫韶》全本的前三次演出，依然故我地坚持采用昆腔本，到了第四次演出，便采用清宫自行翻改的皮黄本了。这就标志着作为昆曲最后的堡垒——清宫舞台，也被皮黄戏夺走。昆弋自此降为开场的点缀性演出，不复演正剧，而皮黄终于统治了整个剧坛。

《古本戏曲丛刊》九集《序》云：

> 这类大戏（按：指九集所收的十种清宫大戏）的规划的庞大、篇幅的漫长、情节的复杂、排场的华缛、脚色的繁多、切末的新奇，可以说在中国戏剧文学史和舞台演出史上是前所未有。

而乾嘉宫廷大戏的演出活动所以如此繁盛、舞台技术所以能达到如此高度的水平，其原因是多方面的。比较直接的原因是：既然戏曲为当时封建统治者所爱好，他们当然要运用手中掌握的权力去调动最充足的人力投入最大量的财力、使用最高度的技术为宫廷戏曲舞台服务，以便最大限度地满足他们的声色之娱。也正因此，必然使乾嘉宫廷戏曲舞台的演出，在客观上反映了一代物质文明的最高水平。归根结底，所有这一切，都是中国古代戏曲几百年发展的丰硕成果，都是劳动人民智慧的结晶。

郑振铎早在1934年就曾指出：“惟一般的研究者，往往只知着眼于剧本和剧作家的探讨，而完全忽略了舞台史或演出史的一面。不知舞台上的技术的演变和剧本的写作是有极密切的关系的。……清初《劝善金科》《莲花宝筏》《昭代箫韶》《剑锋春秋》等大本宫廷戏的演出，是非需要有比较进步的舞台技术不可的。”[①]正因乾嘉宫廷戏曲舞台技术发展到这样的高度，所以，清初这批宫廷大戏才有可能在如此高度的舞台技术的基础上编辑成内府本，并用文字记录在剧本中。《古本戏曲丛刊》九集所收的十种清宫大戏中，惟编写得比较早的《升平宝筏》将每出戏的出场人物、布景、切末、天井地井的运用……等等舞台演出细节另列在《升平宝筏提纲》上。其余各剧，均将这些舞台演出细节合写在各出的剧情之中，当然，各剧的记录是详略不一的。而编写得比较晚的《昭代箫韶》在这方面的记录，要比他剧详尽得多。它把舞台表演技术的细节，统一到每一出的具体剧情中去，使之融化成为整部文学剧本的有机体。这种完整、详尽的文字记录，使清宫大戏《昭代箫韶》成为一份珍贵的戏曲遗产，为考察乾嘉宫廷戏曲之鼎盛提供了力证。

［原文载于《山西大学学报》（哲学社会科学版）1990年第4期］

① 《清代燕都梨园史料》序（1934年）。

陈梦白（1933—2007），曾用名陈炯光，广东东莞人。1956年毕业于武汉大学历史学系，先后在中国社科院历史研究所、民族研究所工作，1977年调至广州市文化局《广州文艺》编辑部，任文艺评论编辑。1978年调入暨南大学历史学系工作，副教授，从事中国古代史教学与研究，曾任中国古代史教研室主任、历史学系副系主任等职。多年从事云南少数民族社会历史调查工作，撰写《拉祜族简史》一书，在民族学研究领域作出了一定贡献。

论组成《老子》书的四种老学著作

陈梦白

《老子》章句间多有前后矛盾和重见迭出现象。学者的解释大体有三说：一、该书为一专著但有后人渗入部分；二、该书是一部撷取多家精言的汇编；三、该书本来就没有明白体系。无论哪一种解释都认为《老子》书是一部单一著作。

《老子》书看来是由四种产生于不同时期的各有明白体系的老学著作汇编而成，这四种老学著作因没有篇题，连书直落，经长时间流传而模糊了面目，被误为上下分篇的著作。因篇幅所限，本文现仅重点讨论各篇自成体系的道论和德论，间以比较说明。各篇暂标以甲、乙、丙、丁为目。

一、甲篇

甲篇由今本《老子》一章至十三章。一章至三章为本篇总论，分别论道、论德和论无为而治。四章至六章为一章的解说。七章至十章为二章的解说。十一章至十三章为三章的解说。本篇结构有经说式风格，文意完全。十三章论取天下，理论阐述进入高潮，文章至如戛然而止。

甲篇作者主有无相生道论，并据此阐发有自己理论个性的德论和治国之道。

甲篇起句批评道可率性而行，名可为天下法式的儒学观点。可导之道，指理性的天命之性。可名之名，指仁义礼乐之教。本篇论战对象似是子思的《中庸》。作者认为，理性支配的道不是永恒的道，仁义礼乐的名不是永恒的名。道是非理性的，一切可名之名都是有限的。天地万物的运动演化纯粹自然，不存在一个善良的理性意识支配。“天地不仁，以万物为刍狗。”（5章）天地之于万物，无心浅化，既让其欣欣向荣，又任其零落成泥，其中并没有什么仁爱可言。不仅如此，作者还语惊四座地指出，就连理性意识最高体现者上帝也是非理性的道的产物。（4章）

什么是非理性的道？作者写道：“无，名天地之始；有，名天地之母。”（1章）无与有，同出相生，没有无便无所谓有，没有有亦无所谓无。无与有是一切事物结构中的两种基本构成元。无与有的对立运动叫做“玄”，玄之又玄，运动不已，产生出差池万千的物的世界。

无与有都物化为具有一定功能的物。作者说：“故有之以为利，无之以为用。”（11章）“有之”和“无之”，言有的物化和无的物化。有物化为物的有形外限，如陶器的器体，无物化为物的无形内容，如陶器的内空。物的有形外限和无形内容的统一，构成了物的可利可用的功能。

然而，无与有的物化功能是不能划一等号的。作者论述说：“道冲，而用之或不盈。

渊兮似万物之宗。”（4章）这里有两个要点。一、“用之或不盈”句，言无的功能无限性。有硬化为有形的物，其功能是有限的。无演化为无形的物，其功能是无穷的。作者在五章曾作比喻，天地之间就像风箱一般，以有形为外限的无形空间虽空虚而永不穷竭，随着运动而不断生成。二、“渊兮似万物之宗”句，言无的功能主体性。作者在十一章曾举例说：“三十幅共一毂，当其无，有车之用。埏埴以为器，当其无，有器之用。凿户牖以为室，当其无，有室之用。”只有在无的无用之用的前提下，有的有用之用才能体现其具体功能。所以，无与有虽同出相生，但在这个永恒结构中仍然以无为根本的。

甲篇道论的理论目的在于说明在人的社会意识和社会实践中的无的价值。

作者把君主之德概括为三个规范：一、“生而不有”，即生成而不占有；二、“为而不恃”，即成全而不贪成物之功；三、“长而不宰”，即为天下式而不作一人专断。君主能完美地实现这三个规范便是至德。（10章）这三个规范实际上是用老学语言来表述的仁、义、礼三个德目。这三个道德规范贯穿着一条以无为根本的道德原则，亦即所谓“不言之教”。

孔孟所论道德是社会性的普遍规范。甲篇作者所论道德是仅属于君主的一人规范。一人规范制约着君主与整个社会的政治经济关系，使君主能够在社会这一永恒结构中超然物外，处于无限性和主体性的无的位置之中。

作者接着论君主之为政，提出“为无为”。（3章）

无为，不作无所作为解，它是一专门术语。老学词汇中的无为，是以自然哲学为理论指导的改造社会的有为决策，是包含一系列经济文化政策和政治斗争艺术的总方针，是不以智治国的治国之道。陆贾说：“故无为者乃有为也。”[①]甚是。

作者论治国之道说：“多言数穷，不如守中。”（5章）多言，指儒墨等治国学说。大言小言，大知小知，亦同有限的物。以有限之知治国，势必遇到自己设置的无法突破的最后界限，徒然加深社会的矛盾对立。作者认为，要把动态的天下大乱引向静态的天下大治，应当摒弃一切理性意识支配，效法自然以“百姓为刍狗”。社会亦同车毂、陶器、房屋、风箱和天地之间一样，也是由无与有构成的系统，治国只有“守中”才能正常发挥无用之用和有用之用。“守中”就是“当其无”，也就是“为无为”。

无为的治国纲领是“常使民无知无欲”。（3章）无知无欲论的本质是通过中央集权的全封闭的国策高度控制整个社会的政治思想和经济生活。这一治国思想体现一种学术思潮，商君耕战论、彭蒙等人齐万物论乃至部分异端学派都不同程度主张无知无欲，甲篇作者只不过根据自己独特的道论论证问题并据此提出极端的国策。

儒学建议君主以社会道德楷模的姿态取天下，甲篇作者显然接受了这种学术思想的影响。甲篇之末章，提出君主彻底外物的“无身”。（13章）作者陈述战国宫廷生活世态说：“宠辱若惊。贵大患若身。”作者认为，对盛衰荣辱如此看重无非因为还有一副灵魂的躯壳，如果连这副灵魂躯壳亦不自贵自爱，彻底外物，达到“无身”的境界，君主就能以身许天下为至贵，以身许天下为大爱，而天下人则自然寄之以天下，托之以天下。“无身”，极言灵魂彻底净化虚无的道德至高境界，又是以无为处理政治斗争的深层意识，因此，它是至德和无为的理论最终汇合点。

四篇老学著作对取天下之道均有论述，唯甲篇的“无身”论显得格外古拙。

---

① 陆贾：《新语·无为》。

二、乙篇

乙篇由今本《老子》14章至24章。乙篇共十一章，结构采递进式。从一章（14章）论道是万物基本性质的模糊集合物起，每一自然章均有一衔接自然的段意，文脉清楚畅达，十一章为结语。从第九章起，章序据帛书甲乙本订正。作者是一位散文诗高手。

乙篇一章为道论，原作言简意赅，需添述未见文字而又潜在的文意。

作者认为，事物普遍存在可感觉的和不可感觉的两种性质。可感觉的性质具体表现为可见、可闻和可搏的三种特性。不可感觉的性质则具体表现为不可见、不可闻和不可搏的三种特性，作者把它们分别命名为“夷”“希”“微”。（14章）

事物的可感觉性质的三种特性是不能相集合的，可见不能同时可闻，可闻不能同时可搏，可搏不能同时可见。事物的不可感觉性质的三种特性是可以相集合的，但由于这三种特性彼此“不可致诘”即任一特性不能直接代替另一特性，所以三者“混而为一”，成为兼具三种特性的集合实体。

集合实体源于万有，又复归于“无物”。它超越时间，“迎之不见其首，随之不见其后”，它超越空间，“其上不皦，其下不昧”。它的存在形式是“无状之状，无物之象”。作者说，这一集合实体叫做“惚恍”，亦即模糊。

模糊集合实体是产生一切有形有象的万物的根源。作者在八章（21章）论“道之为物”。为物，造物也。道的造物运动是在模糊状态中实现的，其过程经历“有象”“有物”“有精”和“有信”四个阶段。这四个阶段酷似动物胚胎的发育过程：首先在模糊中显示出个体形象，接着在模糊中形成个体躯壳，然后在幽深玄冥之中产生出生命的精灵；生命的精灵极其素朴，其中蕴藏着不可感觉的然而可以验信的自然本质。

一切有形有象的物都是要消亡的。疾如飘风，暴如骤雨，虽盛极一时，均属难以长久的暂时现象。所以，天地万物虽个性姿态难穷，但它们都要“各复归其根”。（16章）归根，即有形有象的万物又回复到作为其根源的模糊集合实体。

乙篇道论认为，天地万物就是循着由无物而有物，又由有物复归于无物的环状轨道运动不已。事物的环状运动是自然的，法则性的。作者把这一自然法则定名为“复命”。

作者指出：“执古之道，以御今之有。”（18章）认识自然之道的理论目的在于实现社会控制。

乙篇论社会控制有两个基本观点，见二章（15章）和三章（16章）。一、认知自返法则。作者写道：“复命曰常。不知常，妄作，凶。知常，容。”知万物自返之常，明妄作之历史必然厄运，即能做到举不逾方。举不逾方，是通向殁身不殆的成功事业的起点。二、自我控制。作者写道：“保此道者不欲盈。夫唯不盈，故能蔽，不新成。”不刻意追求完满，是知常的主观自我控制。能固守短缺，限制发展，是知常的行为自我控制。乙篇作者并非抱残守缺论者，他是在寻找历史必然规定之外的人的自我意识的正确历史选择。

甲乙两篇的控制理论大有差别。甲篇用结构性的哲学观点观察世界，从而提出君主应选择“当其无”的永恒位置，而任百姓万物盛衰死生。乙篇用自返运动的哲学观点观察世界，从而提出君主应“致虚极，守静笃”（16章），即以无为本，限制发展，使自己免于自返厄运，永远立于不败之地。

“致虚极，守静笃”，是同乎自然又反乎自然的超越群体的自我意识，其大法见七章（20章）。作者写道：卑贱与尊严相差几多？善良与丑恶相差几多？被人敬畏的人不能不同时敬畏别人。事物性质仿佛迷离，彼此没有精确不移的界限。因此，当人们熙熙然如享大祭，如登春台之时，我独自淡泊得像还不懂初哭的婴儿那样无动于衷，厌倦得似浪迹天涯的游子那样无需归宿。人们都有剩余，而我却似乎只有失落。人们都有一套计算之心，而我独愚昧不化乃至近乎鄙陋[①]。我是个笨拙的心灵，混沌模糊。世人都很明智，我独十分混沌。世人都很明察，我独十分模糊。寥廓迷茫，像海一样横无际涯。飘忽往来，像风一样永远无止境。我之所以独异于人，是因为偏爱事物的根源。

七章所论“孔德之容”，是以模糊道论为法式的与世俗相反的行为理论。作者主张，在思维方式上，要摒弃昭昭察察的分析性思维，采取昏昏闷闷的综合性思维；在价值观念上，要鄙弃眼前的仅一时之得的名利追求，把目光投向似虚而实的未来大收获：在行为心态上，反对随波逐流，提倡超人孤独感，要悄然独立，俯视人间百态，把自己的情感控制得寥廓如海，寂寞如风。

儒学所论之德是等级制社会的人生目的及其行为规范，甲篇所论之德是尚未摆脱儒学理论影响的君主人格自然化的道德理论。然而，乙篇所论之德则是君主基于对物的模糊性的世界认识而采取的独异于人的行为理论。梁启雄解《韩非子·扬权》所论之德是“客观事物的具体性能”[②]。其用词的理论涵义与乙篇相同。所以，甲乙两篇治国思想虽则大体相同，但论证问题的理论工具即道论和德论是大不一样的。

三、丙篇

丙篇由今本《老子》25章至37章，分三个层次。第一层次由一章（25章）至四章（28章），论道与王权。第二层次由五章（29章）至八章（32章），论取天下之道。第三层次由九章（33章）至十二章（36章），论治天下之道。十三章（37章）为结语。丙篇结构采并列式，层次分明，亦有结语结尾。

丙篇道论文字不多，但介入一个王权问题。

丙篇起句说：“有物混成，先天地生。”（25章）这一在混沌状态中形成的物，无声无形，自在自存。它是产生天地万物的原始母体，作者把它命名为“道”，亦可称之为“大”。

物的运行空间叫做“域”。原始母体在物的运行空间运动过程中产生出天、地、王。故“域中有四大，而王居其一焉”。四大关系是有等级性的，“人法地，地法天，天法道，道法自然”。

道主宰宇宙，天支配列宿，地哺育万物，王统治社会。王在社会中的统治地位是不可抗拒的自然赋予的。王在社会中的功能，如同道，如同天，如同地那样“大”，这叫做“道大，天大，地大，王亦大”。“大”的运动法则是“大曰逝，逝曰远，远曰返”。按照自然的自返法则，王权既是社会生活运行的开端，又是社会生活运行的终端。王的自然化，

① 按句子形式及句子内容，“众人皆有以，而我独顽似鄙”句移“众人皆有余，而我独若遗”句下。

② 梁启雄：《韩子浅解》，上册，51页。

实质是王的神圣化。

丙篇道论的特色，是认定存在一个先天地生的原始母体，揉合了三才论，少恣纵曼衍的思辨之词，生硬地注入了等级制的中央集权制的社会生活。

封建主义中央集权制系统由两个要素组成，即王权和官僚体系。在中央集权制形成过程中，战国君主遇到怎样实现王权和怎样驾御群臣的问题，于是产生势治与术治之学。慎到学说注重势治。申不害学说注重术治。丙篇作者初具系统意识，把势治与术治看成是中央集权制的两个同等重要的支撑点。二章（26章）论述说："重为轻君，静为躁君。"重轻犹本末，重指君主之权势，轻指作为君主爪牙的群臣。静指君主无为于上的驾御群臣之术，躁指群臣竞相尽虑敕材的司职。丙篇作者用道论论证势治与术治，体现老学理论一大发展。

据《韩非子·难势》，势大分为自然的势和人之所设的势。自然的势，指自然赋予的君主权势。丙篇一章所论的"域中有四大，而王居其一焉"便是自然的势。人之所设的势，指君主采取某种手段来实现并加强自己的自然的势。《难势》提出"抱法处势"，即用法理论这一人之所设的势来实现并加强自然的势。而丙篇四章（28章）则是据老学理论为君主设计的人之所设的势。

丙篇四章提出：知雄守雌为天下溪，知白守黑为天下式，知荣守辱为天下谷。魏源曰："守雌，不求胜也。守黑，不分别也。守辱，无歆艳也。"①小会曰溪，大会曰谷②。溪谷，喻江小流而行，非喻甘居人下。式，仍作典范解。守雌、守黑和守辱等，是"远曰返"这一自返法则在社会生活中的实际运用，亦即乙篇曾详加论述的"曲则全"。作者认为，天下万物都必将按照自然之道所规定的自返法则盛极而衰并又复归于其根源。为天下溪谷，是用水来作比喻的天下复归于一个统一王权的过程。这是一个基于对自然法则的认识而采取的人之所设的势。

作者接着论述说："为天下谷，常德乃足，复归于朴。朴散而为器，圣人用之则为官长。故大制不割。"常德，指大道成物之功③。朴，本也④。作者把大道成物看成是一个过程，功能至于极点便复归于本。本句是论运用人之所设的势统一天下。"朴散而为器"，句意犹《荀子·正名》的"散名之加于万物"。本句是论运用人之所设的势巩固政权，引入天下大治。

丙篇三章（27章）是论术治的，内容相当丰富。作者写道："善行，无辙迹；善言，无瑕谪，善计，不用筹策；善闭，无关楗而不可开；善结，无绳约而不可解。是以圣人常善救人，故无弃人；常善救物，故无弃物。是谓袭明。故善人者，不善人之师；不善人者，善人之资。不贵其师；不爱其资。虽智大迷，是谓要妙。"现仿苏辙《道德真经注》解说本章内容。一、运用因术作最高决策：据大臣献策而行故无迹；行而后言故无瑕谪。二、任官考课原则：因任授官故不用筹策；循名责实故无关能闭，无绳能约。三、用人之道：不专听一人，不因人废言，故无弃人弃物；不贵善人之智能，不爱不善人之忠顺，故无大权旁落。四、驾御大臣要领："虽智大迷，是谓要妙"句，采朱谦之《老子校释》说，

---

① 魏源：《老子本义》。

② 《素问·气穴论》："肉之大会曰谷，肉之小会曰溪。肉分之间，溪谷之会，以行荣卫，以会大气。"

③ 《韩非子·解老》："德者道之功。"《庄子·天地》："物得以生谓之德。"

④ 《吕览·论人》高诱注。

迷字下不句断，要妙即幽妙。幽妙，意谓内藏的要领。本句谓，要领在于大智内藏。丙篇术论，是继申不害之后的重要论述。

势论与术论是丙篇的中心思想。五章至八章所论取天下之道，九章至十二章所论治天下之道，无不贯串这一中心思想，因限于篇幅，恕不论列，在这里我们仅略述一下战争论。

战争论见六章（30章）、七章（31章），为势论的理论补充，即在不得已而用兵的情况下怎样掌握用兵原则。丙篇战争论论点有五。一、战争势必导致社会经济破坏："师之所处，荆棘生焉。大军之后，必有凶年。"二、战争势必破坏将欲取天下的君主道德形象："夫乐杀人者，则不可以得志于天下矣。"三、用兵的原则应当是被动的和低烈度的："不得已而用之，恬淡为上。"四、用兵目的仅在有限战场上击败对方，战后应控制战争发展："果而已，不敢以取强。"五、战后要补偿道德形象损坏："战胜以丧礼处之。"丙篇作者是低烈度有限战争论者。

儒墨的早期学者和后期学者的战争思想是不同的，老学亦然。甲乙篇均无战争论述，至丙篇则专辟两章系统论述战争，而下文将要讨论的丁篇三十章（67章）所论用兵三原则即慈（低烈度）、俭（有限战争）和不敢为天下先（不得已而用兵），显然是据丙篇战争思想概括的。所以，战争论亦是分辨《老子》书中的四篇老学著作的依据之一。

甲乙篇作者显然主要着力于道论研究，而对于理论用于实践方面则保持着古典的学院风格。丙篇就不同了，道论单薄，思辨贫乏，但社会生活经验充实，论著思想注重社会对抗中的实践性。丙篇的论著思想，在丁篇中有更大的发扬。

四、丁篇

丁篇即德经，由今本《老子》38章至81章分四大层次。第一层次由一章（38章）至六章（43章），主旨论道德之学。第二层次由七章（44章）至十九章（56章），主旨论"不言之教"。第三层次由二十章（57章）至三十二章（69章），主旨论"无为之益"。第四层次由三十三章（70章）至四十三章（80章），主旨论知与行。四十四章（81章）为结语。丁篇为一巨制，结构与丙篇大体相同，每一层次采总分式，亦有结语结尾。

丁篇作者非常鲜明地提出"尊道而贵德"。（51章）甲乙丙三篇表述方式均先道后德，唯丁篇从一而终着重表述德论，仅在必需阐明德论依据处才引述道论。丁篇的表述方式是服务于文章的中心思想的。贵德，意味着理论重大修正。

为便于比较，我们仍循先道后德介绍丁篇。

丁篇道论思想见三章（40章）、五章（42章）①，要点有五。一、无是产生万物的本原："天下万物生于有，有生于无。"二、道生万物程序呈线状演化系列："道生一，一生二，二生三，三生万物。"三、道循自返法则运动："反者道之动。"四、道支配万物的功能形式是柔弱性："弱者道之用。"五、万物自我调节机制："万物负阴而抱阳，冲气以为和。"丁篇道论与甲乙丙三篇有理论渊源，但自成体系。

甲篇主"有无相生"，乙篇主模糊集合的"无物"，丙篇主无声无形的"有物混成"，

① 据帛书甲乙本，今本《老子》41章接39章。

到了丁篇彻底扬弃无的物的外观，提出“有生于无”。由甲篇到丁篇，可以看到老学关于无的理论的源流。无，不作虚无解，在老学中它是物的另一种存在形式。

战国有两种事物演化系统学说：一是用一、二、四、八等数学符号表示的阴阳系统；一是用一、二、三或五等数学符号表示的五行系统。阴阳系统的一表示统一的对立，二表示展开的对立，四表示发展的新对立。五行系统的一表示开端，二表示发展，三或五表示小终。阴阳系统主树板状的对称发展的演化无穷性。五行系统主线状的环形自返的演化无穷性。四篇老学著作均主五行系统演化学说，而以丁篇表述得最为清楚。

甲乙丙三篇虽主张无为，然未尝在道论中论定无的功能形式，唯丁篇填补了这一理论空白点，指明“弱者道之用”。丁篇作者对柔弱的功能形式深有研究，在六章（43章）、三十九章（76章）和四十一章（78章）均有论述。

甲乙丙三篇均无关于事物自我调节的论述，而丁篇则指明事物自我调节的机制。“万物负阴而抱阳”句，龙伯坚认为是坐北朝南①。坐北朝南，是古代静功学派练气功时的面向。“冲气”，帛书作“中气”。中，内也，藏也。该句是谓，万物坐北朝南吸纳精气，用其新，弃其陈，调平自身腠理②。作者显然用气功原理推论万物。这一事物自我调节机制的理论意义，在于说明无的功能及其积累在事物演化过程中的作用，在于说明人的修德实践乃至于治国之道的客观依据。

值得注意的是，丁篇多处提到有意志的天，如“事天”“鬼神”“天将救之”“天网恢恢”等。丁篇作者对老学理论有重大发展，但看来也吸收了传统天道观的部分概念。于此亦足说明，丁篇属后起之作。

战国后期，有不少学者寻求各学派之间的理论汇合。丁篇的“尊道而贵德”论点便是试图在老学与儒学之间构造一个汇合点。

甲乙丙三篇作者是不贵德的，他们把德仅仅看成是人对物的法则的简单顺应屈从。丁篇既尊道又贵德，尊道是学派的理论传统，而贵德则宣明把人的主体性提高到应有的高度。

丁篇作者曾研究过甲乙丙三篇德论，把各篇主要精句融和在自己的著作里，但他自有一条理论思路。丁篇德论，是从人的自然性本身去探索道德准则而不是机械地按物的自然法则去规定人的道德行为。丁篇作者认识到，人是物，但是有主观意志的物。

丁篇一章开宗明义，把德区分为上德和下德。上德的道德模式是无为和无以为。下德的道德模式是为和有以为。作者在这里使用了两组述语：一、无为和为，分别表述率性而动和感物而动的行为③；二、无以为和有以为，分别表述率性而动和感物而动的前导意识④。无为和为，今译应作无意识行为和有意识行为。无以为和有以为，今译应作无意识

① 龙伯坚：《黄帝内经概论》，70页。

② 参阅《素问·至真要大论》论调气之方。

③ 《庄子·庚桑楚》：“性之动，谓之为；为之伪，谓之失。”成疏：为是率性而动，伪是感物而动。《庚桑楚》与丁篇同词虽然不同，但理论大体相通。《庚桑楚》的为相当丁篇的无为，而《庚桑楚》的伪相当丁篇的为。

④ 《说文》：“以，用也，从反已。”贾侍中说：已意、已实也，象形。就观念言之为“已意”，就器物言之为“已实”。《老子》20章：“众人皆有以”；帛书《老子》乙本前附古佚书《道原》：“人皆以之，莫知其名”；《吕览·审分》：“多其教诏，而好自以”；《吕览·求人》：“先王之索贤人无不以也”等，以字均指观念而言。《公羊庄四年传》：“以为虽遇纪侯之殡”，以为，主观认定之意。丁篇的“无以为”和“有以为”，是专指观念意识的名词性词组。

和有意识。上述两种道德模式，是“有生于无”道论在道德行为和道德意识问题中的理论表现。

按作者理解，上德模式的行为是无意识行为。无意识行为如“无为”“好静”“无事”和“无欲”等。驱动无意识行为的前导意识是无意识。作者说：“含德之厚，比于赤子。”（55章）未知牝牡之合的赤子，其意识素朴纯真，没有欲望，没有追求，未经雕琢，未经扭曲，这是人的无意识本性。作者认为，每一社会个体都应当从意识上反朴归真。他说：“知不知，上。”（71章）认知无意识本性的绝对不知，是至善至美的道德意识境界。下德模式的行为是有意识行为。有意识行为如“多藏”“服文彩，带利剑，厌饮食，财货有余”“有为”等。驱动有意识行为的前导意识是有意识。有意识如“甚爱”“不知足”“好径”“忌讳”等。作者把儒学视为下德之学，论战的主要对象。他对儒学源流很有研究。他按照自己的道德理论标准分别品评仁论、义论和礼论。要注意到，他认为仁论也主张无意识的。

丁篇德论虽然批评仁、义、礼，但实质上主张为甲篇攻击过的“道可道”，换言之，作者赞同《中庸》的“天命之谓性，率性之谓道”的观点。由此观之，帛书《老子》甲本后附思孟学派著作实非偶然①。

丁篇作者对德论的修正，其要旨是在肯定非理性的自然之道的前提下，承认儒学所力主的人的理性意识对社会生活的影响作用。所谓无意识也是一种理性意识。作者的“不以智治国”论就是根据无意识人性论提出的。

“不以智治国”，不仅是论治国手段，也是论治国最终目的，它是一项社会工程的总方针。作者在二十八章（65章）论述说，“不以智治国”是一个体现至德的法式，是通向社会“大顺”的必由之路。“大顺”社会，即实现无意识社会化的淑世社会。自孔子始，各学派多有建设淑世的社会工程思想。丁篇贵德，即肯定人的理性意识的历史作用，因而在四篇著作中最富社会工程思想。

丁篇社会工程思想要点有五：一、君主的意志对社会更化的作用。作者写道：“我无为而民自化，我好静而民自正，我无事而民自富，我无欲而民自朴。”（57章）作者认为，君主的意志具有引导社会生活自然演化的功能。二、社会生活自化程序。作者写道：“修之于身，其德乃真。修之于家，其德乃余。修之于乡，其德乃长。修之于邦，其德乃丰.修之于天下，其德乃普。”（54章）社会自化过程实质上是无意识社会化的过程，这一过程是沿着君主个人、贵族世家和各级行政区域逐步地伸延扩展。作者特意指出，这一过程是关系到君主“子孙以祭祀不辍”。三、引导社会走上自然轨道的机制。作者写道：“治人事天，莫若啬。”（59章）治人，言治国；事天，言治身永年。啬理论，是从吐纳术引入的治国理论，即上文提到的“中气以为和”②。按作者理解，社会如同人体一般，君主治国要像吐纳术那样不断吐故纳新，控制行气，调平经络，才能早日把社会导入自然的轨道。而把社会导入自然的轨道，也就是“重积德”，即不断实现无意识社会积累。啬理论是一种

① 参阅庞朴《帛书五行篇研究》。

② 《吕览·情欲》：“古人得道者，生以寿长，声色滋味，能久乐之，奚故？论早定也。论早定则知早啬，知早啬则精不竭。……故古之治身与天下者，必法天地也。”《吕览·先己》“凡事之本，必先治身，啬其大宝：用其新，弃其陈，腠理遂通。精气日新，邪气尽去，及其天年。”该篇是以啬原理论个人道德修养。作为老学用词的啬，不作吝啬解，细味其理论涵义，今译应作内聚集。

在君主绝对意志控制下把更化机制引入社会生活各个领域的理论工具。作者特意指出，啬理论是君主"深根固柢，长生久视之道"。四、处理国家事务的方法原则。由二十六章（63章）起，作者对处理论国家事务的工作方法，制订政治、经济、文化和军事斗争等政策的原则，均有相当丰富的论述。五、社会管理模式。在四十三章（80章），作者提出小国寡民社会管理模式。作者建议，在君主一人统治之下实行小国寡民，地方行政区划尽量缩小，没有任何政府的或民间的经济文化横向联系，贵族与平民都安贫乐道，乃不知文字舟舆，无论甲兵。这是一种细分性的绝对封闭性的块块专政管理体制的规划性模式。

社会工程思想的发明权属于儒家学派。丁篇作者虽然一落笔就把论战矛头对准儒学，但是事实上他的理论框架几乎处处都有儒学的理论印记。

五、结语

时入战国，风行气功学。老学与气功学有极其密切的关系①。正如近现代自然科学理论影响社会科学理论那样，战国气功学理论引导出一个异军突起的师法自然的提出新政治思维的学派的产生。老学理论表述形式是道论与德论的双重理论论述，用道论论证德论，用德论阐明道论。这种双重理论论述是由于引入气功学理论作为自然之道而产生的治国学说的理论表述形式。直接用气功学理论与德论相互述的见《庄子·庚桑楚》所载老子答南荣趎问"卫生之经"。老学可谓大得气功之助。

孔墨之后，儒分为八，墨离为三。老学也有分派。老学分派除散见先秦文献外，组成今本《老子》书的老学著作四种无疑是研究老学分派最为完整的资料。老学著作四种表明，各流派老学大师不仅对自然之道有不同理解，而且对指导实践的德论亦各有特色。

看来，甲篇古典气质最为浓重，丁篇当属最晚之作。老学大师生平及著述活动鲜为人知，要确定四篇著作的作者是困难的。倘一意追寻一个可能的作者，我们以为甲篇作者可能是罗根泽论证过的太史儋②；丁篇作者可能是钱穆论证过的詹何③；老子是孙叔平论证过的老学大师们的尊称④。

丁篇作者是后期老学杰出代表，他系统研究过甲乙丙三篇著作。经过丁篇作者的著述活动或师传，四篇著作便有可能集中于一人之手。帛书《老子》甲本提供三点古代抄件例：一、没有篇题；二、不分篇章连书直落；三、附其他学派思想接近的著作，用墨点隔开。据此推断，《老子》最初成书是由四篇没有篇题的著作组成，抄录者以丁篇为主体，后附甲乙丙三篇，用墨点隔开；后附著作不分篇章连书直落。这种抄件会因时间久远或辗转流传而模糊了各篇的单一著作性质。

战国后期，老学与其他学派合流，大抵当时就已出现著作合抄。帛书《老子》甲乙本便是老学分别与思孟学派和黄帝之言合流的著作合抄。四篇老学著作作为一个学派学说整体同其他学派著作合抄在一起，自然更加埋没本来面目而被看成是一部上下分篇的《老

① 参阅连登岗《论气功在中国古代哲学发展过程中的作用》，《中国哲学史研究》，1987年第3期。张荣明：《中国古代气功与先秦哲学》，第七章。

② 罗根泽：《诸子考索·老子及〈老子〉书的问题》。

③ 钱穆：《先秦诸子系年》，上，224页。

④ 孙叔平：《中国哲学史稿》，98页。

子》书了。

《老子》书篇次本来没有问题，但把它看成一部完整著作便有问题。汉人治《老子》之学不可能不提出这样的疑问：理论上先道后德，但为什么经典著作篇次却先德后道？大抵文帝时治《老子》的学者开始分为两派：一派坚持传统篇次，德经在前，道经在后，严遵《道德指归说目》就是为这一派曲为解说；一派以河上公为代表把篇次倒过来，道经在前，德经在后。西汉著作《天下》作者引述老学说："建之以常无有，主之以太一。"这句话实际上是甲篇道论内容。他所看到的《老子》，篇次是已经倒过来的。把《老子》篇次倒过来，总算解决了本来没有问题的问题，但由于多了一层篇次合理的外衣，使《老子》的本来面目更加模糊了。

把四篇不同流派的自成系统的著作看成一部著作，论述自然难以自如，不是这里出矛盾，便是那里遇麻烦。晋人孙盛是第一个发现《老子》章句间有前后矛盾的学者[①]。《老子》章句间的前后矛盾和重见迭出现象，用老学著作四种来解释也许是比较合理的。

（原文载于《福建论坛》1989年第4期）

① 孙盛：《老子疑问反讯》。

论走上文明的历史过渡时期

陈梦白

人类社会历史存在两次根本性变革的历史过渡，一次是由原始社会过渡到阶级社会，一次是由阶级社会过渡到共产主义社会。第一次历史过渡历时万载，孕育了整个人类的原始文明，我们认为有必要把这一历史发展阶段认识为社会发展史上的第二种生产方式。

一

马克思在《资本论》卷一的一条注文里曾经用十分明确的语言确定过“原始的东方公有制解体以后，奴隶制真正支配生产以前”这一历史发展阶段性①。这条注文所述基本内容又见《资本论》卷三②。

在上引《资本论》文字中，马克思认为自由的小土地所有制在历史上曾出现过两次，一次出现在原始社会解体以后到奴隶制真正支配生产以前这一历史发展阶段，另一次出现在资本主义早期阶段。这一论断，在《资本主义生产以前各形态》手稿中实早有论述。细读手稿，不难领会到《资本论》所论的自由的小土地所有制正是手稿所论的并被定为历史典型的罗马人古典公社，而且手稿还特意交待自由的小土地所有制有一个在现代再现的问题③。所以，《资本主义生产以前各形态》手稿是研究原始社会解体以后到奴隶制真正支配生产以前这一历史发展阶段的另一重要理论文献。

我们如果把“奴隶制真正支配生产”的标志理解为国家形成，那么，“原始的东方公有制解体”的标志是什么呢？

马克思在19世纪40年代写的《经济学——哲学手稿》认为，“土地所有制是私有制的第一个形式”④。到19世纪50年代，他在《资本主义生产以前各形态》手稿中在自由劳动与生产条件相分离的历史的命题下研究了东方的、古典的和日耳曼的公社土地所有制形态。这三种公社土地所有制形态都属于集体私有制的土地所有制形态。就在这篇内容丰富的手稿里，马克思提出“定居”是产生各种公社形态的先决条件的重大论点⑤。

恩格斯认为在蒙昧时代高级阶段开始出现定居村落的萌芽，到野蛮时代低级阶段古代人最终从事定居经济生活⑥。按恩格斯的历史分期法，野蛮时代始于制陶术，终于国家形

① 《资本论》卷一，人民出版社1975年版，371页。

② 《资本论》卷三，696页，909页。

③ 《马克思恩格斯全集》，卷46，上，497页。

④ 《经济学——哲学手稿》，79页。

⑤ 《马克思恩格斯全集》，卷46，上，472页。

⑥ 《马克思恩格斯选集》卷四，19页。

成，这是一个由私有制产生进入到文明时代的过渡时期。因此，马克思所确定的原始社会解体以后到奴隶制真正支配生产以前的历史发展阶段大体相当于恩格斯所论的野蛮时代。

马克思十分重视制陶术与定居的关系，在《摩尔根〈古代社会〉一书摘要》中有专题笔记。我国尚未发现原始陶。据报道，日本发现一万八千年前的陶器[①]。据此而论，古代人走上文明的历史过渡时期应不少于一万年。

为什么定居经济生活标志着新的历史开端？定居经济生活是农业的经济生活，它为土地所有制和有组织的社会组织的产生发展提供了重要的经济条件。

马克思写道："人类不是天生定居的。"[②]旧石器使用者是随劳动对象生长规律决定自己的居住规律的生产者。他们按生产季节利用在迁徙过程中所遇到的生产条件并在那里居住下来。古代人自非盲目的漂泊者，堆积性的旧石器文化遗存表明，当时人们是有规律地周期活动于一定的广阔地域，从事季节性生产和季节性居住。随着人们懂得新石器制作，出现半定居。半定居实行双重住地制度，即有一个永久住地，同时又有一个迁徙性的临时住地。渔猎的半定居者生产活动范围常达五六天路程以外。从事原始迁徙农业的半定居者，他们的永久住地和临时住地的距离一般可以炊烟相望。渔猎部族、游牧部族和农业部族都可以进入文明，但只有农业部族能实现永世定居因而也最先最迅速地发展文明。

定居经济生活第一个原始文明成果是土地所有制。土地所有制是基于私有动产增长而产生的对再生产有动产的生产条件实行排他经济独占的私有制度。私有制起源于分工发展和商品交换。原始共同体内部分工可能发端于旧石器中期的工具标准化。到了新石器时代，石器、陶器和纺织等工业生产在分为集体协作和个人作业的生产过程中发展了分工并出现剩余。例如，纳西族母系家庭公社妇女的麻纺织，在麻种植阶段集体生产，从纺线到成品由个人单独作业。她们的麻布成品除供给家庭成员及阿注（未稳定配偶）外，剩余产品出售归己[③]。分工的发展使共同体内部存在两种生产，一是集体劳动与个人专业劳动有机结合的集体分工生产，一是从集体总劳动力计划分工中分离出来的个人生产。这两种生产都可能有剩余。原始的剩余概念是眼前不急需的剩余或可能的剩余。剩余用于交换是为了改变产品的使用价值形式。商品，它首先是私人产品。商品交换使生产劳动初次具有私人劳动的性质。最初的商品交换是受生产知识技能制约的工业产品交换和受自然条件制约的地方资源产品交换，其后家畜和粮食也加入了商品交换的行列。商品交换始则点点滴滴，次第汇成江河。商品交换把不同血缘壁垒的生产者缔结成一种全新的社会关系，这种社会关系把通常几天往返的贸易路程逐段逐段地连结成一个相互看成私有者的世界。私有财产数量的发展如历阶梯，数词可以说是记录私有财产发展的象形文字[④]。私有制社会关系的扩展和私有财产数量日益增多，最终导致土地所有制出现。土地所有制形成所需历史

① 《日本发掘研究一万八千年前的陶器》，《历史研究》，1978年第4期。

② 《马克思恩格斯全集》，卷46，上，472页。

③ 中国社会科学院民族研究所詹承绪同志提供。

④ 原始社会可能只有多与少的概念，没有数字应用。私有制产生数字，而商品市场则是运用和发展数字的主要场所。从数词历史语言比较，可以看到私有财产发展的过程。仫佬族、水族数词本语只有一、二，余借汉语；傣族数词本语只有一、二、五；景颇族数词本语达到九；瑶族数词本语达到十；僜族数词本语达到二十；佤族数词本语达到二十九；畲族数词本语达到四十；基诺族数词本语达到一百；黎族数词本语达到一千。以上数词语言资料，由中国社会科学院民族研究所周植志、应琳、郑贻青、吴从众，云南民族学院巫凌云等同志提供。

条件有三：一、源于动物界的天然形成的血缘集体；二、定居和定居的比邻关系；三、通过私有制生产过程实际占有和私有制集体之间的相互对立。各个私有制集体之间的生产活动交界处自然形成习惯性地界。通常设有标志的地界使土地所有制具有可以感觉得到的法权形象。土地所有制是私有制萌芽的完成形式，是人类社会走上文明的历史起点。

定居经济生活第二个原始文明成果是有组织的社会组织。大约在旧石器晚期出现族外群婚。饰物遗存表明当时人们已经有了吸引异性的美的观念和表现美的手段，这是族外群婚的重要物证。我国不少旧石器晚期遗址发现有饰物，其中以山顶洞遗址最有代表性。山顶洞洞口北向，文化层薄，加工方便的骨器多，当是迁徙性的夏季宿营地，他们相对稳定的永久住地有可能在提供海蚶饰物材料的渤海湾海岸。半定居使族外群婚成为可能，而定居则使族外群婚集体结成永世两合组织并发展为氏族制度。母系氏族组织是人类第一个有组织的社会组织。由自然形成的社会组织发展为有组织的社会组织在人类社会生活史中势必产生巨大变革，这表现在：一、古代人开始通过有组织的社会组织建立氏族间的物质生产、精神生产和人的自身生产的地域联系；二、在有组织的社会交往过程中产生伦理的经济的和社会的道德规范。有组织的地域联系是一种相互依存的社会关系，而道德规范则是为解决社会矛盾而产生的表现为理性的法。原始的有组织的社会组织如同参差万物那样用图腾标志来组成一个有联系又有区别的人的大千世界。图腾是有个性的集体标志。名号各异的氏族进行比动物更高一级的相互依存，也进行比动物更高一级的相互冲突。这种相互依存而又相互对立的有组织的社会组织的基本细胞便是公社。公社自产生伊始，从来就是一种界限，从来就不是无条件地不分彼此的。

土地所有制起源于私有动产，公社组织起源于自然选择原则[①]。前者是后者的产生条件，后者是前者的存在形式，二者的统一是为公社土地所有制。

古人类经数百万年的劳动生产过程，终于进入到在体质上属于完全形成的人，在文化上出现石器制作定型的原始社会最高发展阶段。但是，即使最繁荣的原始社会，它的社会组织仍然是自然形成的社会组织，血缘内婚，经济关系原始狭隘。原始社会有两种基本社会关系，即自然形成的共同体内部的原始共产和外部的社会本能交往。源于动物界群居生活的自然形成的原始共同体随季节迁徙利用自然的生产条件，又随季节迁徙把生产条件交还自然。取之自然的集体劳动生产创造了人本身，培育了人把劳动与生命结合起来使之成为天然习惯，同时注定了当时的生产者不知劳动力的价值和私产为何物。除了语言和生产知识之外没有任何东西可以世代占有，也没有任何东西必需经过争夺才能占有。当人口增长实行自然分裂，当遭逢厄运又自然合并。每一个原始共同体便是一个相互依存的社会，它的天地广阔无涯，然它的经济关系却不超过一堆篝火。在数百万年间，原始共同体之间的关系有一个由动物本能关系到社会本能关系的演进过程。经常换土易居的迁徙经济和人与动物群的死生对抗，使古人类逐步清除动物界排斥别的群体进入自己生活环境的习性，逐步形成把自己的同类与动物界区别开来的人类社会观念。兽性的动物本能在不断消除，理性的社会本能在不断增长。原始的壁画只有动物的形象，没有人类的形象，揭示当时的社会已进入新的阶段，狩猎业扩大了人类与动物的对抗，而人类本身消除了动物本能的冲突。但是，由于经济关系原始狭隘，各个原始共同体彼此各不相属，没有相互依存的经济

① 《马克思恩格斯选集》，卷四，33页。

交往，因之也没有超过原始共同体以外的所有制关系。在原始共同体之间虽则并非老死不相往来，然彼此的交往仅限于相互看成人类的社会本能的和平交往。旧石器和弓箭不可能建成一个社会性的原始共产制经济体系。没有一个社会性的原始共产制经济体系，是原始共产制共同体虽然能创造原始文明但反被原始文明所淹没的最终历史根源。

二

我们把人类走上文明的历史理解为私人劳动及其相互关系的发展过程。私人劳动的发展主要体现在由集体共有制的实现形式发展为个体占有制的实现形式。私人劳动相互关系的发展主要体现在由经济的相互依存发展为阶级的相互对立。

人类走上文明自需一定的经济条件，这就是新石器使用和随之而来的农业生产出现。旧石器改变为新石器是一次划时代的生产技术革命。这次生产技术革命的意义是由渔猎采集的攫取经济改变为农业的生产经济，其结果导致一个时代的衰亡和另一个时代的兴起。作为旧时代社会经济实体的原始共产制共同体解体的特点是逐渐变质，变质过程从产品交换开始，到土地所有制形成便完全彻底改变了性质。

继原始共产制共同体变质解体，在广阔无垠的大地上出现各自拥有领土疆界的以母系血缘集体共有为形式的集体私有制公社。例如，纳西族母系家庭公社在其内部实行曾被人认作“共产”的共有制，然与外间却建立了极其复杂的商业贸易、雇佣、利贷、土地抵押、租佃以及农奴制等私有制社会关系。在这里，共有只是所有制的形式，私有才是所有制的本质。集体共有制形式是一种几乎可以适应任何私有制经济关系的所有制形式，它本身并没有确定不移的性质，它的性质将取决于居支配地位的所有制关系性质。如纳西公社，虽以古旧的面貌出现，而性质则属于封建农奴制下的单一经济个体。

当社会生产还很原始，不可能有单独的经济个人。由拥有部分动产的个人所组成的私有制集体，可以说是私人劳动赖以发挥的最初的实现形式，是个体经济的原始形态。血缘纽带是现成的建立私有制集体的天然桥梁，而共有制则是由古老传统蜕变而来的把私人劳动连结成为单一经济个体的必要经济形式。在母系的维系下，在共有制的扶持下，私有制个人共居一个住所，他们依赖集体生存，借助集体实现个人意志，通过集体来肯定自己的社会权利义务。

血缘集体共有制由共耕共食制逐步发展为共耕按对偶家庭平均分配制。共耕共食，是从生产到消费实行一级所有的共有制。共耕按对偶家庭平均分配收获物，是从生产到消费实行二级所有的共有制。共食制是要受到炊事工具、居住条件和统一用膳时间限制的，它只适合人数不多的共有制组织。工具和生产技能的进步使同样的生产条件能养活更多的人口，与外间交往日深亦要求共有制组织拥有更多的人口，然而私有观念增强又加深了吃“大锅饭”的私人矛盾。这也许是古代人所遇到的最初的集体内部矛盾，矛盾的性质是旧的分配制度已经不适应生产发展新水平和私有制关系新发展，这一内部矛盾导致对偶家庭出现和分配制度改革。按对偶家庭平均分配收获物的优越性，在于使共有制组织能容纳得下众多的劳动人口，缓和了眼前的内部矛盾，从而增强了共有制组织的经济力和战斗力。但是，对偶家庭作为一级分配单位意味着它在生产过程四个环节中控制了交换和消费两个重要环节，因而不可避免地要成为发展私人劳动占有并向集体进攻的堡垒。

集体共有制分解为个体占有制是个体经济由原始形态发展为完成形态的过程，这个发展过程与世系制度更替直接联系着。由母系改变为父系，在外观上似乎是女性失败，男性胜利，其实更替世系制度的时代要求是两性共同创造的。

女性是家畜饲养、原始作物栽培、制陶和纺织的伟大发明者，因而又是在这些生产领域发扬私人劳动的重要生产者。据我国南方民族妇女经营小商品贸易的民俗学资料，女性极有可能是最初的商品交换者。看来，女性发展私有制的历史作用也是“半边天”。因此，在母系制度内部孕育出产生父系制度的历史条件绝非单纯出于男性在生产中起了决定性的作用。

推动一夫一妻制父系家庭建立最根本的力量是母系共有制集体内的妻方居住对偶家庭的个体生产经济要求。在母系共有制集体中成长的女性组成力量的半边，妻方居住的男性组成力量的另一半边。世系制度更替非一朝一夕之事。在新旧制度交替之际，无论女性或男性都扮演双重人格的角色，既力图扩大自己的私人财富占有又力图以共有者的资格干预别人的私人财富占有，既力图把遗产交给自己的子女又力图利用传统制度染指旁系的遗产。两性所扮演的双重人格角色，在不同场面说不同的话，在分享共有财产的场面说老话，在维护私有财产的场面说新话。所谓两性矛盾，母系与父系的矛盾，实质是两种私有制财产形式的矛盾。

母系制度与共有制经济的确关系天成，脱离共有制经济的对偶家庭如果继续实行母系制度的话势必又再生共有制经济。因此，从母系大家庭脱离出来的对偶家庭面临三种抉择：一、再生母系共有制经济；二、实行平分秋色的双系制[①]；三、断然采取父系制。父系制是彻底解决私有制个体生产和保证直系遗产继承的制度，所以它或迟或早成为社会上的通行制度。大抵父系制确立需要有两个前提条件：一、母系共有制集体成员间其中特别是女性成员间的私有制矛盾尖锐化；二、仅属于一人的两性专有情感和父方伦理关系的理性认识。缔造一夫一妻制父系家庭的功绩应该既不属于男人，也不属于女人，而属于私有制的个人，其中除了经济的因素之外还有为人类特有的理性的因素。两性间经济地位和社会地位的差别与世系制度更替并无直接关系，应当说有了社会的人对人的奴役方才产生家庭的丈夫对妻子的奴役。

一夫一妻制的父系家庭形式，使两性间能以文明的方式组成经济个体，全面实现生产资料私人占有，积极进行人口和物质财富生产并世代地积聚私有财富。个体占有制是私人劳动得以实现全面发展的所有制形式。新的私人劳动所有制实现形式给整个社会生活带来深刻的变化：一、它把原有的血缘集体土地共有制分解为集体所有与个体占有的二重性土地所有制关系；二、它加速了社会组织地缘化过程，从而推动社会组织得以迅速扩大为部落并导致土地所有制关系再发生多重性分解；三、它发展人与人间的经济分化，形成各种剥削关系，产生阶级、阶级矛盾和阶级斗争。

最初的个体生产者的简单再生产满足于简单再生活，男性农业生产每日不过五小时，全年口粮不足六个月。当时普遍缺乏计划开支观念，例如傈僳族称六月为饥饿月，称十一月为醉月[②]。只有经过严酷的经济剥夺和社会斗争，个体生产者方才逐渐明白勤劳节俭的

① 詹承绪、王承权、李近春、刘龙初：《永宁纳西族的阿注婚姻和母系家庭》，174页；严汝娴、宋兆麟：《永宁纳西族的母系制》，292页；拙作《拉祜族简史》，第二章第三节。

② 《傈僳族简史》，124页。

含义，逐渐切实认识人的劳动价值。所以，父系家庭的财富观念始则论物的数量，进而论生产物的人的价值。独龙族把聘金称为“买姑娘钱”。在两性中，女性因兼具生产生育的劳动价值而首先被赋予商品的价值。买卖婚最初与自由恋爱同时并行的。在欢乐的森林篝火旁订立的山盟海誓最后必须用商品交换的方式实现，这种结婚进行曲实在最生动不过地叙述了两性共同缔造平等相待的家庭怎样演化为父权制家庭的历程。父权制家长不仅对物实行专有，而且对生产物的人也实行专有。父权制家庭出现，提示初生的经济个体走完了它的完成过程。

最后附带说明，父系大家庭公社只是部分民族的个体家庭在特定的历史条件下复活起来的集体共有制。母系家庭公社解体的结局看来只存在两种可能：一、父系个体家庭；二、双系制大家庭公社。认为父系大家庭公社是由母系家庭公社或母系氏族公社向个体家庭过渡的中间形态的结论，颇值得重新研究。

三

历时万载的走上文明时代可分为经济民主和军事民主两个重大发展阶段。经济民主阶段发展迟缓，占据过渡时期大部分岁月。军事民主阶段历史步伐大大加快，社会矛盾空前激烈。在这两个发展阶段，生产技术由石器时代进入冶金时代，社会经济关系由经济分化发展为等级划分。

原始共产制时代没有民主，亦无需民主。民主是有组织的社会的社会关系，是私有制利害冲突使人各有志的产物。不同社会性质有不同性质的民主制度。走上文明时代实行“原始的自然产生的民主制”①。按我们的理解，原始的民主指自由的生产者以自己的小生产劳动为基础建立的民主；自然产生的民主指基于私有制对立关系的本质而自发产生的民主。古代人通过原始民主制体现个人利益和集中统一意志。

在走上文明时代之初，公社成员间过同样的经济生活，有同样的权利义务，作同样的梦想，然而私有制又把每一个人互相分割开来，于是平均主义原则自然而然地成为实现原始民主制的准则。平均主义原则是私有制的原则，是相互对立而对立各方又力量一致的解决矛盾的简单原则。表现为习惯法的平均主义原则贯彻于社会生活各个领域，其中对经济利益的平分秋色尤为人们普遍关注的所在。平均主义原则随私有制发展日趋成熟。平均主义原则愈加制度化，表明各方矛盾愈尖锐；履行平均主义原则愈严格，表明各方矛盾愈深刻。有的同志把制度严格的平均原则视为原始，把平均主义视同共产，殊属误会。

经济民主发展阶段包括母系血缘集体共有制和个体占有制两种所有制形式。母系血缘集体共有制的经济民主主要表现在公社成员对集体生产和共有财产的集体管理和平均分配。个体占有制的经济民主主要表现在公社成员对作为个体生产条件的土地和对公社承担义务的平均分配。

经济民主是劳动者与生产条件实行自然结合的民主制度，然而这种乍看如诗如画的制度即使在波平如镜的发展潮流中也不可避免要产生劳动者与生产条件相分离的过程。劳动者与生产条件最初分离的根源在于以自己劳动为基础的私有制本身经常处于自然分化的过

① 《马克思恩格斯选集》，卷四，165页。

程中。

集体共有制公社成员间所拥有的私人动产早就事实上不平衡，同时有的公社贫困，有的公社富裕。个体家庭的经济自然分化也出现得很早。在森林中从事原始迁徙农业的拉祜族，生产技术原始，不会纺织，用蕉叶兽皮裹身，居高仅及人的简易小草屋、严重缺粮，然在社会上已经出现贫困和富裕这两个文明词汇[①]。看来，自私有制幽灵开始徘徊人间就存在普遍的贫困和个别的富裕。

原始的经济分化产生于两种积累，即私人劳动的积累和剥削与被剥削的积累。

小土地劳动积累的可能条件有五：有足够的劳动力；有完备的工具；耕地自然条件丰沃；生产技能熟练；有比别人多的副业商品生产。但是，原始的私人劳动积累是在极有限的范围内进行的，而且每每自己就用光吃光。社会经济愈原始，积累过程障碍愈大。造成积累障碍的因素颇多，如天灾、疾病、意外伤亡等，宗教消耗尤其常常把多年积累毁于旦夕。

只要存在自然产生的贫富分化，就有可能出现利用物的占有来积累别人的劳动，例如上举从事原始迁徙农业的拉祜族社会，就已经出现了用数量不定的玉米换取别人的劳动力。恩格斯在《家庭、私有制和国家的起源》中多次指出，在国家形成之前就已经产生了雇佣劳动、利贷和奴隶制。据调查，原始雇佣劳动起源于换工，它由零星地出现发展为富裕农民获得外间劳动力的重要手段[②]。利贷起源于无息借贷，最初的利息要求可能是对借出物品（粮食或家畜）在一年中最低自然生长率的赔偿要求，其后演为最活跃的榨取方式。奴隶制起源于收养子女，随贫富分化加剧出现由顶债或买卖而来的通过名义血亲维系的家长奴役制。各种剥削形式前后相随，大小相和，愈演愈烈。建立在剥削关系上的财富积累，是少部分人的财富积累和大部分人的失去财富的积累。

小生产经济重要特点之一，是主观财富积累欲望大于客观财富积累条件，财富分化速度无论贫或富都受到小生产性质的限制。然而，私有制把人类的劳动创造本性一旦改造为私人占有欲望，欲望便“成了历史发展的杠杆”[③]。南方某族尝新祷词有这样的话：“把别人的粮食变成我的粮食，把别人的酒变成我的酒。”当物质匮乏而欲望初开，占有要求极其粗暴。古代实现欲望的极端手段是原始掠夺战争。

原始掠夺，起初是掠夺现成财富，继而掠夺有利于生产的肥美土地，再继而系虏生产财富的人为奴，最后发展为军事殖民。暴力是不能生产财富的，但暴力能迅速地大规模地改变财富占有关系。因之，随原始掠夺战争发展，私人劳动占有的实现方式发生重大变化，即在生产劳动之外出现了战争劳动，在个体生产之外人们结合起来从事有组织的财富掠夺。战争劳动日益被视为英雄的事业，而生产劳动则日益被视为卑贱的工作。在战争劳动过程中，产生出一套仿效生产劳动制度的军事组织、军事纪律、军事首领和军事分配制度，生产劳动的经济民主于是发展为战争劳动的军事民主。

在军事民主发展阶段，奴隶劳动日渐支配生产，家长奴役制发展为早期奴隶占有制，社会阶级分化产生新的趋势。恩格斯认为，阶级是经过两条道路产生的，一是经济分化和

① 宋恩常：《金平县三区翁当乡拉祜西调查》，《拉祜族社会历史调查之二》。

② 拙作《论原始雇佣劳动》，未发表。

③ 《马克思恩格斯选集》，卷四，233页。

劳动力获得了价值，一是社会公仆变为社会主人[①]。通过军事暴力实现的早期奴隶占有制经济的发展完成了社会公仆变为社会主人的历史过程。

原始掠夺的兴起，造成阶级斗争与公社集体斗争严重地直接地混在一起。面对严酷复杂的斗争，公社组织迅速结合为部落组织或部落联盟。部落制度第一次形成了以私人占有为基础的多级所有的土地制度和以民主主义为基础的多层次的行政管理制度。在多级所有的土地制度中产生出以部落酋长为代表的最高土地所有权。在多层次的行政管理制度中产生出由部落酋长执行的最高行政权。部落酋长的最高祭祀权可以说是上述两种权力的结合物。部落制度已粗具一套作为公共财政开支的贡赋制度。这样，社会公职的职能便日益凌驾于社会之上。社会公职的产生有多种方式，无论哪一种方式都逐步趋于家族世袭化。社会公职世袭化，亦即政治权力私产化。

循经济分化产生阶级差别的起点是贫富。循政治权力分化产生阶级差别的起点是尊卑。尊卑起源于血族班辈间不平等的私产和权力分配的论资排辈。这是一条平均主义以外的新的分配原则。这条原则所体现的社会关系具有比单纯的经济关系还更为内部的血亲、情感、道义乃至宗教等关系。它最初是合理的存在，其后以其存在作为合理的依据。论资排辈原则施之于家族间、氏族间和社会上，于是有了血缘的亲疏、地缘的新旧和社会地位的尊卑。尊贵社会地位的形成虽几乎是自然而然，但是尊贵地位的维护则要依赖于血统贵族化作护身符。马克思说："贵族的秘密就是动物学。"[②]贵族化的血统起初是寄生在神化的公共职守。在公社时代，人们便按一定条件选择农业祭典主持者。到部落时代，由占卜作最后抉择指定某一家族世任部落酋长，通神被认为是酋长的主要职守。例如佤族大马散部落酋长号称梅依吉神头人，住的房子称梅依吉神房子，主管通神工具大木鼓，主持重大祭典[③]。公共职守愈神化，公共职守世袭者便愈贵族化。

贵族化的家族是特权的家族。各个特权家族渐次在"氏族之外联合成一种独特的特权阶级"[④]。为了显示门第光荣，确定社会名分，特权阶级各家族相继制定自己的族徽纹章，上层交往礼节仪式以及区分尊卑的婚丧制度。礼制形式的出现表明在自由人内部最终分裂成两个基本等级，即贵族等级和平民等级。

最初的阶级是表现为等级的阶级，而最初的等级是自由人的等级。自由人等级实行等级制民主，贵族享有特权的民主，平民享有特权以外的民主。等级制和等级制民主为早期城邦国家的建立奠定了阶级基础和基本政治制度，贵族等级成了世袭掌握暴力机关的特殊集团，平民等级成了世袭构成国家实质部分的武装力量。早期城邦国家的实质是对广大深受非人待遇的奴隶实行有组织的阶级压迫。

四

世界各族走上文明的历史过渡时期的社会性质是共同的，但是走上文明的道路却是多样的。

---

① 《马克思恩格斯选集》，卷三，218页。

② 《马克思恩格斯选集》，卷一，377页。

③ 顾宗振等：《西盟大马散佤族社会经济调查报告》，《佤族社会历史调查之一》。

④ 《马克思恩格斯选集》，卷四，106页。

走上文明的历史过渡时期前后衔接两种性质根本对立的社会，它的时代特征在于过渡性。所谓过渡性，主要是指作为新生事物的私有制原则不断生长的历史过程。私有制原则是不可能从原始共产制原则的内部生长出来的，它是随社会生产力的发展在原始共产制原则以外的地方用商品的形式宣告自己的诞生。私有制从一株幼芽逐渐根深叶茂，形成一种新的社会关系，改变每一个人的灵魂，原始共产制原则在不断消亡。当私有制原则席卷一切，它使原始共产制共同体彻底变质并利用其现成的血缘集体外壳组成新的社会。这是划时代的变革，但仅仅是变革的开端，前面还有上万年的漫长历史。私有制原则在新的历史条件下，像飞蛾那样几次改变其实现形式，由单纯的商品交换关系繁衍出几乎所有文明社会的基本剥削关系，历尽经济分化和政治分化，而且每一实现形式、剥削关系和社会分化也都各自有一个发生发展过程。在走上文明的时代开端和时代终结，存在极不相同然而又相互联系的社会现象，一切都在运动变化，方生方死，方死方生。不要把这些看成是旧时代和新时代的交替，这是新生事物本身在成长运动。

社会历史如同其他客观事物一样，只有在其成熟阶段方才泄露出本身的秘密。所以，论诸如血缘集体共有制需要注重的是它的私有制本质而不是纠缠于似是而非的原始共产，研究走上文明时代的社会性质需要注重的是它的成熟阶段而不是徘徊于它的早期原始面貌。

社会经济形态的区分在于劳动者与生产资料“结合的特殊方式和方法”[①]。在走上文明的时代，劳动者与生产资料结合的特殊方式和方法是劳动者通过组成公社集体的方式，以一定的分配制度占有使用作为基本生产资料的土地。这种结合有三个历史特点：一、劳动者占有土地必须首先获得公社成员资格；二、劳动者以自己的劳动为基础对土地及产品实行经济独占；三、劳动者的人身是自由的。这三个历史特点把走上文明时代的劳动者与生产资料的结合方式同其他时代区别开来。

无论血缘集体共有制生产或个体占有制生产均属于个体生产的范畴，前者是私有制经济的原始个体，后者是成熟了的个体私有制经济。因此，血缘集体共有制和个体占有制所借以实现生产的土地所有制本质均属于自由的小土地所有制。由此观之，走上文明时代的社会经济基本特征是自由劳动者通过公社组织实现占有的小土地所有制和生产过程的个体性质。

在走上文明的时代，劳动者与生产资料的所有制关系是通过个人与公社集体之间的所有制关系表现出来的，因之整个社会生活需要有体现个人利益和集中统一意志的原始民主，而所有制关系亦随之具有独特的原始民主制性质。原始民主制分为经济民主和军事民主两个发展阶段，这两个发展阶段显示了处于私有制对立关系中的社会性质由低级阶段向高级阶段运动发展。

从猿到人，在原始共产制时代，人类都无区别地走同一条路。然当走上文明，人类社会面貌可谓万般参差，是私有制使人类社会不可能有千篇一律的模式。古代人走上文明的道路是多样的，他们殊途同归于一个按规律运动发展的私有制世界。

马克思公社形态学说认为，公社形态多样性始于定居经济生活。人类历史是由必然王国进入自由王国的历史。生产愈原始，愈受必然的支配。按生产季节迁徙住地便是承受必

① 《资本论》，卷二，44页。

然支配的结果。定居是对抗自然的重大胜利，但定居下来的小天地又迫使古代人为狭隘的生产范围所囿，承受另一种必然支配。马克思写道："一旦人类终于定居下来，这种原始共同体就将依种种外界的（气候的、地理的、生理的等）条件，以及他们的特殊的自然习性（他们的部落性质）等，而或多或少地发生变化。"[①]原始共同体的变化，即是基于根本性质变革而产生的公社形态分化。公社形态分化问题，实际上是走什么道路的问题。

公社形态分化表现为地方多样性和历史多样性。地方多样性，指公社组织因地理条件制约而产生的形态分化。历史多样性，指公社组织因冲突、混合和大迁徙等历史事件而产生的形态分化。显然，地方多样性和历史多样性又因相互作用而产生出仪态万千的差别。

马克思把十分不同的公社形态概括为三种有代表性的形态，即东方形态，古典形态和日耳曼形态。在这三种公社形态中，马克思认为罗马人的古典公社最具历史典型性。

但是，事实上这三种公社形态本身也存在许多变异。手稿指出：东方公社形态"可以发生十分不同的历史的、地域的等等变化"，它既可能较为专制，亦可能较为民主[②]。古典公社形态"也像第一种形式一样，曾经在地域上、历史上等等发生一些重要的变化"[③]。至于日耳曼公社形态，恩格斯发现存在一种没有定期耕地互换制度的山地类型[④]。据调查，山地公社类型是一种具有普遍性的公社类型[⑤]。

公社形态差别导致不同的公社解体过程并给予文明历史以强烈影响。公社解体过程的共同规律是旧的维持包含着新的破坏，但是各种形态公社解体的具体过程是不同的。当罗马城被建筑起来，罗马人古典公社所由以产生的条件便开始发生变化了，奴隶制的发展尤其起着致命的破坏作用。但是，东方公社由于工业和农业结合，城市和土地结合则显得根深蒂固，奴隶制的发展并不伤害公社制度的传统关系。不同公社形态的解体具体过程势必直接影响到国家形成。恩格斯在《家庭、私有制和国家的起源》这部著作里就研究过希腊人、罗马人和日耳曼人国家形成的不同形式及其在文明史中所产生的深远影响。

人类走上文明的历史实际可谓无限丰富，除了道路多样之外，在具体历史过程中有的部族因接受先进文化影响由原始落后跃居历史前列，有的部族因严重挫折而社会经济倒退，还有的部族在特定历史条件下复活了古老的制度。离现代生活愈遥远，社会现象变化愈缤纷异奇。当然，人类走上文明虽则道路多样歧异，经历多变曲折，但在多样歧异之中存在历史典型，在多变曲折之中又总是在社会发展律规支配下向前运动不已。

［原文载于《暨南学报》（哲学社会科学）1984年第4期］

① 《马克思恩格斯全集》，卷46，上，472页。

② 《马克思恩格斯全集》，卷46，上，478页。

③ 《马克思恩格斯全集》，卷46，上，474页。

④ 恩格斯：《德国古代的历史和语言》，139页。

⑤ 拙作《论云南山地民族的公社形态》，《云南省历史研究所集刊》第一集，1964年。

陈代光（1936—1998），广西浦北人。1956年考入中山大学历史学系，毕业分配到中国科学院河南省分院工作。1961年转入河南省地理研究所。1985年调入暨南大学历史学系，教授兼任历史学系副主任、中国古代史教研室主任，兼任中国历史地理专业委员会委员、广东省历史学会理事等。毕生从事中国历史地理的研究和教学，主要著作有《河南农业地理》《河南人口地理》《中国历史地理》《广州城市发展史》《南海海上丝绸之路始发港——雷州城》等10余部，发表论文近50篇。整理出版了我国著名历史地理学家、南洋史学家李长傅先生遗著《禹贡释地》和《〈海国闻见录〉校注》。

论历史时期岭南地区交通发展的特征

陈代光

岭南，又名岭表、岭海、岭峤、岭外，为地域名称，指今五岭以南广大地区。

岭南位于我国大陆最南部，为一独立地理单元，地处热带、亚热带地区。本文论述的范围，大致包括今五岭以南，南海以北，十万大山、九万大山以东，阴那山、莲花山以西的地区。行政上约当今广东、广西两省（区）的陆地部分，并涉及今越南东北部的部分地区。除越南部分外，面积约四十四万平方公里，占全国总面积的百分之四左右；人口约九千万，占全国总人口的百分之九左右。

地理环境是交通发展的基础条件。它对交通的发展具有很大的制约作用。其中地貌和水文条件的制约作用尤为明显。地表的起伏程度、坡度的大小，山脉的走向，海拔的高度等，在很大程度上决定了交通路线的走向；交通网络的布局，工程投资的大小及难易；河流的多少、大小、流向及其布局，河床的稳定程度等，大体上决定了地区水运交通的基本格局。其他如气候、土壤状况等，也在一定程度上影响着交通的发展。

历史时期，岭南地区特殊的地理环境，在很大程度上决定了岭南地区交通发展的基本特征。因此，要正确认识历史时期岭南地区交通发展的特征，首先要正确了解岭南地区的地理环境为交通发展所提供的基础条件。

（一）地貌条件

岭南地区地貌类型复杂。从宏观上看，岭南地区襟山带海。东、西、北三面群山环抱，南临南海，宛如一个向南倾斜的盆地。区内既有山地、丘陵，也有谷地、平原及台地。其中，对历史时期交通发展影响最深刻的是四列分别为东西、南北走向的山脉。

1.东西向的山脉

北列：为五岭山脉，即大庾、骑田、萌渚、都庞、越城五岭。由东至西，绵延一千多公里，犹如一道巨大的天然屏障，一隔五岭南北。

中列：为岭南中部地区的云开、云雾大山，横亘于西江与南海之间，绵延于珠江三角洲西缘至广西东南部的北部湾畔，成为珠江水系中西江干流与南海间交通的碍障。

2.南北走向的山脉

东列：为粤闽间的，东北、西南向的阴那山和莲花山。

西列：为岭南与川、滇、黔间的九万大山、云贵高原、十万大山等高原、山地地区。

（二）水文条件

岭南地区河流众多，分布均匀。由东至西有韩江、珠江两大水系，以及漠阳江、鉴江、南流江、北流江等独流入海的河流。岭南地处热带、亚热带地区，雨量丰沛，河流流量大；中、上游植被条件较好，水土流失较轻，河流含沙量不高；河床坡降大，河床较稳定。但区内河流，均属区域性河流，流域面积小，不少河流源短流微。较大的河流为珠江水系；因受地形的制约，表现出明显的向心状的特征，呈封闭半封闭的状态。

上述地貌、水文条件的基本特征，决定了岭南地区封闭半封闭的地理环境。在这样的地理环境影响下，历史时期岭南地区的交通具有如下特点：

一、五岭南北的过岭山道形成于先秦时代

根据文献记载及考古发现证明，远在先秦时代，五岭南北的过岭山道已经形成；岭南土著越族与中原人民在政治上、经济上已有联系。

《大戴礼·少间篇》："虞舜以天德嗣尧……南抚交趾。"

《诗·大雅》：西周时，"王命召虎，式辟四方……于疆于理，至于南海"。

《逸周书·王会解》：商代，"正南瓯、邓、桂国……请以珠玑、玳瑁、象齿、文犀、菌鹤，短狗为献"。

《史记·五帝本纪》："（禹）定九州……至于荒服，南抚交趾。"

《后汉书·南蛮传》："楚子称霸，朝贡百越。"

上述诸篇中之交趾、南海、桂国、南瓯、邓等，当指今岭南地区。先秦时期，聚居岭南地区的百越族，已经向中原王朝贡献珠玑、玳瑁等方物。充分说明，先秦时代五岭南北各族人民之间在政治上、经济上已经有了联系，在五岭南北之间已形成了一些过岭山道。至于这些过岭山道的具体位置及其走向如何？上述文献尚无确指。

新中国成立后，考古发现给人们认识先秦时代五岭南北过岭山道的具体情况，提供了宝贵材料。

首先，从岭南地区发现的先秦文物中，人们可以看到，岭南地区的陶器，除了具有东南沿海地区印纹陶之特征外，还带有先秦中原地区文物的某些特点。显然，这是两地文化交流、融合的结晶，也是五岭南北的联系开始于有文字记载以前的有力证据。

其次，新中国成立后，在今岭南地区的漓江、贺江、连江、西江及南流江、北流江流域发现了许多战国时代的遗址和墓葬。这些遗址和墓葬具有明显的楚文化特征。出土的器物与中原地区出土的同类器物完全相同。由此可见，这些河流正是两地交通的通道。

第三，尤其值得注意的是，新中国成立后在安徽省寿县出土的《鄂君启金节》铭文，分"舟节"铭与"车节"铭。

《舟节》："自鄂生（往），逾沽（湘），让滩，庚厝（益），庚芑易（阳）、逾滩、庚邶、逾题（夏）。内郎，逾江，庚彭[illegible]，庚松易（阳），内濡、江，庚爰陲（陵）。让江，内湘、庚[illegible]，庚溯易（阳），内[illegible]（洣）、庚[illegible]（鄗），内潆（资）、沅、澧、[illegible]（油）、让江，庚木[illegible]（关），庚郢。"

《车节》："自鄂生（往），庚易（阳）丘，庚邡（方）城，庚免和，庚西楚，庚繁易（阳），庚高丘，庚下蔡，庚居[illegible]（皂），庚郢。"

从铭文得知，春秋战国时代，五岭南北的交通路线有三条：

东线：从鄂城（今武昌）出发，顺江而下至彭蠡泽的枞阳（今安徽省境内）附近，入赣江，到波阳县，逆赣江而上，至大余县，改从陆路过大庚岭，进入岭南，下浈水，会北

江，抵达番禺（今广州）等岭南各地。《史记·甘茂列传》：“越国乱，故楚南塞厉门而郡江东。”《正义》引唐初刘伯庄曰：“厉门，度岭南之要路。”是知，战国时，楚灭越后，其势力已扩展到赣江上游，由赣逾大庾岭之要塞是由楚国控制的。

西线：由鄂城溯江而上，入洞庭湖、湘水，至今湖南湘阴县之锡口戍、广西境内之郴阳，度越城岭，顺漓江而下，到岭南各地[①]。

中线：由湘水至湖南衡阳，入湘江支流来水，至湖南永兴县，过骑田岭、萌渚岭至连山县，顺连江而下汇北江入岭南。

二、历史时期岭南地区的交通以水路为基础，水陆相结合

岭南地区三面环山，一面临海；区内山地、丘陵遍布，河流众多，且流量充沛。因此，发展交通有河流、海洋可资利用。但因岭南“自北阻南，入粤之道必由岭”，故发展交通，又受山崇峻岭之限。这就决定了历史时期岭南地区交通以水路为基础，水陆相结合的特点。

岭南人民在长期的生产实践中，发现了在高大的五岭山脉上有许多山隘和谷口；还有无数发源于山岭坡地上的河流分出的溪流。这些溪流因地处热带亚热带地区，雨量丰沛，径流量大，有航运之利。于是人们就在便于通行的山隘处，将那些向山坡两面分流，分属于珠江、长江两大水系，或单独入海的河流遥接起来，成为沟通岭南地区与区外之间的交通通道。

（一）五岭南北的交通

历史时期，五岭南北的交通路线主要有四条：

（1）越城道：又名湘桂走廊道，即《鄂君启金节》中的西线，是历史时期岭南通往中原地区较为便捷的道路。这条交通线是利用湘江和漓江上游相距很近的有利条件开通的。

湘江上游海洋河，发源于海洋山的北麓，沿着向北倾斜的地势北流，至兴安城附近汇为双妍溪，称为湘江，东北流注长江。漓江发源于苗儿山南麓的六洞水，沿着向南倾斜的地势，南流，至司口前处合黄杨江、川江，为大榕江，在榕树镇汇合灵江为漓江，南流，折向东注入郁江（珠江水系中的西江）。秦始皇时，为了平定岭南，利用这两条河流相距很近的有利条件，开凿了灵渠（又名兴安运河），沟通了长江与珠江两大水系之间的交通。湖南零陵溯湘江而上，经灵渠，越过越城岭，下漓江、郁江（西江），顺江而下，可达番禺（今广州），入南海；溯江而上，可达布山（今广西贵港市）、邕宁（今南宁）等地。这是早期由岭南通往中原地区最重要的交通干线。秦始皇统一岭南时，此道为五军中一军之进军路线[②]。汉武帝元鼎六年（前111）平南越国时，“故归义粤二人为戈船，下濑将军，出零陵，或下漓水，或抵苍梧”，即此路[③]。

（2）桂岭道：又名临贺岭道或萌渚岭道。由湖南零陵入湘江支流潇水（又名深水、沱江），至湖南道县，改陆行过桂岭（又名萌渚岭），入珠江支流贺江，经广西贺县至广东封

① 《水经·湘水注》。

② 《淮南子·人间训》。

③ 《汉书·南粤王传》。

开入西江。东向可达番禺（今广州）；西向可到今广西各地。秦始皇统一岭南时，其中“一军守九嶷之塞”，走的正是此道[①]。西汉大夫陆贾出使南越国时，由桂岭取贺江，下西江，到达番禺[②]。宋时大将潘美平定南汉及岳飞镇压今广西少数民族起义时，均走此道[③]。

（3）骑田道：即《鄂君启金节》的中线。由湘江支流舂陵水或耒水南下，陆行过骑田岭后分两路：一路入连水（又名湟水、洭水）经阳山，至英德入北江下番禺（广州）；另一路取道武水，入北江，经曲江、英德、清远至番禺。汉武帝平南越国时，卫尉路博德一军，“出桂阳，下湟水”直指番禺，即此道[④]。

（4）大庾道：又名横浦关、梅关，即《鄂君启金节》的东线，位于粤赣交界处。由江西溯赣江至大余县，陆行过大庾岭至广东南雄下浈水入北江，“可以径抵广州”[⑤]。汉武帝平南越国时，楼船将军杨仆一军，“出豫章，下横浦”，会北江，取番禺[⑥]。隋唐以前，此道距全国政治中心较远，地势北低南高，加上赣江水流湍急险滩礁石甚多。仅赣城至万安县一段水路，江中就有险滩十八处，谓之赣石。“漂石破舟，不可以大船载粮下也”[⑦]。而且赣江上游与岭南浈水上游之间的大庾岭，山势峻峭，交通甚为不便。隋唐以后，情况才发生了变化。

以上过岭诸道，大体自中原地区至长江，然后分别溯其支流湘江、赣江等至五岭北坡。其中除自全州入静江一路（越城道）可取水路（灵渠）入岭南外，其余诸道均由陆路过岭，然后分别由珠江的支流漓水、贺水、武水、连江、浈水、北江等进入岭南各地。例如，江西一路，由长江入赣江，陆行过大庾岭后入南雄，经浈水取道北江入岭南各地。湖南郴州一路，由舂、耒二水至骑田岭，越岭后入武水，经宜章、乐昌，东南流会浈江入北江，进入岭南。湖南道州一路，可取潇水过桂岭入广西贺县，或由湘江自全州过越城岭入广西静江（桂林）进入岭南各地。这些交通道路，均以水路为主，水陆兼程，进入岭南。

（二）西江流域与南海之间的交通

珠江流域与南海之间横亘着大面积的山地丘陵地区。为了沟通两地之间的交通，人们利用珠江的支流及独流入海的河流，开辟了一些水陆兼程的交通道路。主要有四条：

（1）钦江线：由今广西的钦州入钦江至灵山，陆行过六万大山至郁江（西江上游）。

（2）合浦线：由今广西合浦入南流江，至五林，陆行入北流江，经容县，至藤县入西江。唐武宗时，名相李德裕于大中元年（847）被贬崖州时，至今广西梧州后，溯西江而上，过北流县的桂门关（俗称鬼门关）南行，顺南流江至合浦，由雷州半岛渡过琼州海峡至海南岛。在北流县时，写下了“崖州在何处，生度鬼门关”这一名句。

（3）吴川线：由今广东吴川入鉴江，溯江而上至化州、高川、信宜，陆行至罗定，入罗定江、西江。

① 《淮南子·人间训》。
② 《南越笔记》卷2。
③ 《读史方舆纪要》卷107《广西·贺县》。
④ 《史记·南越列传》。
⑤ 《读史方舆纪要》卷100《广东》。
⑥ 《岭南丛述》卷3；《汉书·南越王传》。
⑦ 《读史方舆纪要》卷83《江西一》。

（4）阳江线：由今广东的阳江入漠阳至阳春，陆行至腰右入新兴江至新桥，至高要县，入西江。

新中国成立后，在上述交通沿线的贵港、合浦等地汉墓中，发现有琥珀穿坠等饰物，这些均为舶来品，证明上述诸线均为历史时期沟通西江与南海之间的交通道路，而且都具有以水路为基础，水陆相结合的特点。因此，历代用兵岭南或与岭南通商，都必须充分考虑到岭南在交通运输上“非水不至”这一特点。如汉武帝元鼎六年（前111）平定南越国时，根据岭南地区交通的特征，“令罪人及江淮以南楼船十万师往讨之”，“卫尉路博德为伏波将军，出桂阳，下湟水；主爵都尉杨仆为楼船将军，出豫章，下横浦；故归义越侯二人为戈船、下厉将军，出零陵，或下漓水，或抵苍梧；使驰义侯因巴蜀罪人，发夜郎兵，下牂牁江，咸会番禺”①。

三、历史时期，五岭诸条过岭山道中，其重要性随全国政治、经济中心的转移而变化

历史时期，沟通五岭南北交通的过岭山道有大庾（梅岭）、骑田（扫岭）、萌渚（桂岭、九嶷山）、越城（镡城）诸道。这些道路大体上由东至西一字儿排开。不同的历史时期，由于我国政治、经济中心的转移，这些通道在五岭南北交通中的地位是不同的。

秦汉时代：偏于岭南西部的越城、桂岭两道的地位最为重要，是岭南地区与全国政治、经济中心之间的交通干线；次为骑田道。其原因是：1.秦汉时代，我国政治、经济中心在黄河中、下游的关中平原及伊洛河平原，位居岭南的西北方。因此，偏于岭南西部的越城、桂岭二道成为岭南与全国政治、经济中心之间最便捷的交通干线。无论从长安或洛阳到岭南，均由南襄盆地的汉水流域南下，经长江干流入洞庭湖，溯湘江而上，经越城道入岭南，或由湘江支流潇水转贺江入岭南。汉陆贾出使南越时，走桂岭道；汉武帝平南越国时，归义侯田甲一军也走此道。2.秦汉时代，航海技术不发达，造船技术落后，船体较小，海外交通，只能靠海岸沿着浅海航行，不能远离海岸，直接漂洋过海。当时南海沿岸的港口，以交趾（今越南河内）、徐闻、合浦最为重要。起航后，沿印度支那半岛东岸南下，到东南亚各国；或穿过马六甲海峡，到达西亚或东非各国。这条通海航道偏于岭南的西部，与偏于岭南西部的越城、桂岭道及全国政治、经济中心的长安、洛阳恰好处于同一直线上。因此，“南海诸国，大抵在交州南，自汉武帝以来，皆朝贡必由交州之道”②。汉时，我国有关南海沿岸诸国的记载，常说某某国距徐闻、合浦、日南（今越南西卷）若干里，说明西部的交通比东部重要。3.位于岭南中部偏东的骑田道（扫岭道），为岭南东部交通要冲，地位也较重要。清人屈大均曾说：“湟溪、阳山、洭口皆有秦关，名曰三关……盖粤东要害，首在西北。故秦所置三关，皆在连州（连江沿岸）之境。而赵佗分兵绝秦新道亦在焉。佗既绝新道，于仁化北一百三十里，即令城口筑城以壮横浦，于乐昌西南二里，上抵泷口筑城以壮湟溪。盖仁化接壤桂阳，乐昌接壤郴州。当时东岭（大庾岭）未开，入粤者多由此二道。……武帝平南越，以曲江、浈阳、合洭三县属桂阳郡，隶荆州，所挟粤之门户，为犬牙参错，意深哉”③！而且，汉初，番禺为岭南一“都会”，是岭南地

① 《史记·南越列传》。

② 《旧唐书·地理志》。

③ 《广东新语》卷2《地语》三关条。

区政治、经济中心之一，又是“南海丝绸之路”的起航地及各种珍宝的集散中心之一。因此，骑田道成为郴州与番禺之间的交通捷径。南海珠玑、象牙、犀角等珍贵商品，由番禺集中，经骑田道北运至中原地区。中原地区的丝绸等物，则经骑田道南运至番禺，由海运输往南海各国。骑田道成了“抱布贸丝，交易有至”的交通要道，地位也很重要。

三国两晋南北朝时期：这是我国处于南北分裂、战争的时期，江淮地区成了南北双方互相争夺的中心地域，南北之间的交通及贸易往来受到严重破坏，岭南地区与内地的交通受到限制。在长达四百多年的分裂战争过程中，岭南与内地的交通以大庾、骑田两道最为重要，越城道则退居次要地位。其原因是：1.在南北分裂期间，除了西晋建都洛阳，东吴建都武昌（为时甚短）外，南朝的宋、齐、梁、陈四朝，均建都建康（今南京），岭南与政治中心的交通已由前期的西北向转为东北向，东部的大庾、骑田两路成了岭南地区与政治中心建康之间最便捷的逾岭山道。三国吴赤乌五年（242）“秋七月，遣将军聂友、校尉陆机以兵三万讨珠崖、儋耳”。陆机走的是大庾道。陆机在讨岭时，写有寄友人诗。诗云：“折梅遣驿使，寄与泷头人，江南无所有，聊寄一枝春。”[①]东晋时，卢循起义军于晋义熙七年（411）前后，曾在广州分两路出师北伐。卢循自率一军过骑田岭，浮湘水入长江。其部将徐道复另率一军过大庾岭，浮赣江入长江，合力攻击东晋都城建康（今南京）。但战斗失利，两军又由大庾岭道退回岭南。但此时之广州，已为晋将刘裕所据，无法立足，只好移师广西[②]。2.中原地区长期处于战乱状态，通往西亚各国的西北陆上交通受阻。相反，长江以南广大地区政局相对稳定，北方大批汉族人民避乱南迁，带来了先进的生产技术和生产管理经验，促进了长江以南地区社会经济的发展，南海海上交通随之日益繁忙。如三国时代岭南属吴国，孙权十分重视发展海外交通，积极发展与东南亚各国在政治上、经济上的关系。其中最具重要意义的是孙吴期间，开通了自广州起航，经海南岛东缘，进入西沙群岛海域，到达东南亚的航线，大大地缩短了广州至东南亚各国的航程。黄武五年（226），派遣康泰、朱应赴南海诸国时，就是走这条航线的。此时的大庾道，正位于政治中心建康与由广州起航的海上航线之间交通的冲要，地位十分重要。其时之广州，正受惠于这条交通线，迅速发展成为岭南地区两大对外贸易港口之一，与西部的龙编（交州治）互为雄长。从此，我国有关海外各国的纪载，常说距广州若干里。

隋唐时代：岭南中、东部的大庾、骑田道仍然是岭南地区与全国政治、经济中心联系的最重要的交通通道。但西部越城道的地位有所加强。其原因：1.全国政治、经济中心发生了转移。隋唐时代，全国政治中心又由江淮地区转移到偏于西北方向的关中平原及伊洛平原。与此同时，经济重心已经转向江淮流域。这样的历史条件下，岭南与全国政治中心的交通偏于西北，与经济重心之间的联系则偏于东北。2.大庾、骑田两道进行了整治。大庾道，又名横浦、小梅关道。隋唐以前，虽为岭南对外重要交通道路线之一，但“以载则曾不容轨，以运则负之以背”，只是一条肩挑背驮的险峻的山路。隋唐以后，随着广州港市的勃兴，市舶贸易的日益繁荣，南北商货往来的急剧增加，“海外诸国日以通商”，大庾岭“虔州路”已经成为广州与经济发达的江南和京师所在的中原地区之间联系的重要交通干线。但大庾岭路的路况，是不能适应新的政治、经济形势发展需要的。因此，开元四年

① 道光《直隶南雄州志》卷22《杂志条》下。

② 《晋书·卢循传》。

(716) 冬，在名相张九龄的主持下，“相其山谷之宜，革其坂险之故……则以坦坦而方五轨，阗阗而走四道，转输以之化劳，高深为之失险”，“自是益为坦途”[①]。交通状况大为改善，成为岭南通往经济发达的长江中下游最重要的交通干线。“唐时，广州之波斯、阿拉伯商人，北上扬州逐利者，必取道大庾岭，再沿赣江而下，顺长江而至扬州也”[②]。李翱由洛阳来岭南时，即走此道。至于骑田道，自东汉几经开辟，疏浚之后，已经成为岭南与中原地区联系的又一重要交通干线。隋唐时代，来往于此道之人货络绎不绝。唐开元四年（716），张九龄从长安到广州，走的是此道。从长安到广州全程四千多里，单程需时二个月。韩愈被贬潮州，亦走此道[③]。3.造船业发达，航海技术提高。隋代，我国造船业有了长足的发展。首先表现在造船技术的提高上。在当时，战争中所使用的战舰及隋炀帝本人游江都时使用的龙舟，规模大，结构复杂，造型和装饰技术也明显地超过了前代。文帝南下伐陈时所用之战舰，大者如“五牙”，可载士兵800人；小者如“黄龙”，可载500人。杨广下扬州时，“造龙舟及杂船数万艘”。他本人乘坐之“龙舟”共有四层，高45尺，长200丈，宛若水上一宫殿。唐代所造之海舶，以船体大，容积广，构造坚固，抗风涛力强及船员技术熟练而著称于世。而且已经掌握了利用季风驾驶海舶的技术，可以远离海岸在大海中航行，极大地促进了我国航海业的发展。地理环境优越的广州，发展成为我国最大的对外贸易港口。著名的“通海夷道”的起航地就在广州。起航后，可穿洋过海，到达东南亚以及东非诸国。广州成了我国进出口物资的集散中心。当时广州与全国政治、经济中心距离最近的是大庾和骑田两道，因而地位也最重要。但西部的越城道，仍然是岭南通往中原地区的重要交通路线，作为大庾、骑田两道的补充。由越城道不但可达广州，还有另一条交通线，即“容州道”。道从梧（今广西苍梧州），转西南经容州（北流），出鬼门关（在容州南30里，两山对峙如门，阔仅30步），入南流江，抵廉州（今合浦北），然后浮海抵安南及海南岛。唐初，沈佺期和杜审言于中宗神龙元年（公元705年）获罪被流放岭南，他们从骑田、大庾到广州后，即溯西江而上，循“容州道”到达流放地安南驩州及峰州（今越南河静省和永安省）。

元、明、清三代：岭南对外交通仍以大庾、骑田两道为要。这一时期，我国经济重心虽然仍在江淮地区，但政治中心及交通布局已经发生了根本的变化。政治中心由长江下游转移至华北大平原北部的北京。宋代以前，南北交通干线——大运河，在长江以北斜向西北，径至黄河中下游的开封、洛阳和长安三大名都。但两宋始终没有实现全国统一，北宋的北部边界只到达界河（海河）。岭南与内地的交通，黄河以南以水路为主，以北则弃舟改走陆路。史载，“汉唐之西都也，由湘衡而得骑田，故武水最要；今（北宋）天子之都大梁，浮江淮而得大梁，故浈水最便”。京城开封所需的大量珍宝、番货、百货等商品均由大庾道陆运过岭，转水运至京师[④]。而湘衡一线（骑田道），也有不少商品过岭输中原地区。如南岳一带（湘南地区），“江、浙、川、广种货之所聚，生人所须无不有”，其商品均由骑田道输入。但因政治、经济中心在江南，骑田道的地位已无法与大庾道相匹敌。至

① 《张曲江集》卷11《开凿大庾岭路序》。

② 张星烺编注《中西交通史料汇编》二册285页。

③ 《旧唐书·地理志》;《元和郡县志》卷34《岭南》。

④ 〔宋〕余靖:《望京楼记》。

于贺州一路（桂岭道），“此自中原南来者，久不经贺州岭路”①。

元代以后，政治中心北移，杭州至北京的南北大运河开通；加上海运的发展，岭南与全国政治、经济中心之间的交通，基本上是走水路，其方向是以东北或北向为主。因此大庾、骑田两道仍然是岭南通往内地的重要交通干线。长江以南，同隋唐以前。以此，则经邗沟、泗水、济州运河、会通河、永济渠、通惠河到达北京；或行海运到直沽（今天津）至北京。元人将文天祥押解大都时，走的是大庾道②。明洪武元年（1368）取岭南时，由赣州卫指挥使陆仲亨等率领的陆道一军，即越过大庾道，浮北江而下。明万历十年（1582），意大利人利玛窦进京，及王临亨由苏州来粤，皆走大庾道。王临亨曾写道：“此岭（大庾）独以横截南北，为百粤数千里咽喉。犀、象、珠、翠、乌、白氎之属，日辇而北，以供中国用，大庾之名，遂满天下。……度岭后，更八十里，乃息肩于南雄府治。”③清道光十八年（1838），林则徐奉命查禁鸦片，从北京南下，经景州（今河北景县）、德州、徐州、高安、清江、庐陵（吉安）、赣州，过大庾岭，经南雄、韶州、清远，因卢苞水已淤，绕道河口（今三水）、佛山至广州之五羊驿。当时之大庾道，“北货过南者悉皆金、帛轻细之物；南货过北者，悉皆盐、铁粗重之类。过南者，月无百驮，过北者，日有数千”④。由北京至广州，全长2000多公里。至于骑田道，交通也很繁忙。清末，容闳曾经指出：湘潭与广州间的商务异常繁盛，肩挑背负过岭者，不下十万人⑤。

清朝末年，粤汉铁路通车，骑田道成为岭南与内地最便捷的交通干线。

四、历史时期岭南地区南北交通较东西交通重要

岭南地区介于我国内地与南海之间。岭北的广大地区，是岭南的腹地和大后方，长期是我国政治、经济和文化中心，其政治，经济发展状况，直接间接地影响着岭南地区的历史地理发展。尤其是岭南地区早期的开发，主要取决于内地政治，经济的支持和影响；岭南地区的生产技术和管理经验也有赖于从内地引进和输入。南面是浩瀚的大海，有利于沿海港口经济的发展，具有发展商业、贸易等海洋经济的优势。与岭南地区隔海相望的东南亚、南洋诸国政治、经济发展状况，对岭南历史地理的发展也有巨大的影响。因此，历史时期，南北交通的开发，对岭南地区历史地理的发展，具有决定性的意义。

岭南地区东西两翼，地域狭小，且为崇山峻岭，自然条件较差，不利于交通的发展，社会发展进程与岭南地区同步。因此，其政治经济发展对岭南历史地理的发展影响较小。

鉴于上述原因，历史时期历代王朝都十分重视发展岭南地区的南北交通。秦始皇为了统一岭南，开凿了灵渠（兴安运河），沟通了湘、漓二水的交通，开创了岭南历史地理发展的新阶段。汉武帝平定南越时，因岭南“非水不至”，故“令罪人及江淮以南楼船十万师往讨之”⑥。由于军事上的需要，在秦朝的基础上进一步开发南北交通。东汉时，对骑

① 范成大：《骖鸾录》。

② 《文丞相全集》卷12、16。

③ 《粤剑篇》卷4《纪行一》。

④ 《天下郡国利病书》卷82。

⑤ 容闳：《西学东渐记》第九章。

⑥ 《史记·南越尉佗列传》。

田岭之武水道屡加疏浚。至桓帝世，桂阳太守周昕开六泷，使骑田岭水道成了通向中原的交通要道，南海的象牙、犀角、翠羽、珠玑等珍宝由此北运，岭北的丝绸等物由此南输[①]。此后，如唐代张九龄重开大庾道，清代粤汉铁路的开通等，目的都是为了打开岭南地区南北的交通，加强岭南与内地在政治上和经济上的联系，加促岭南地区历史地理的发展。在南海方面，远在秦汉时代，就开辟了由徐闻、合浦、番禺（今广州市）起航，通往东南亚、印度半岛等地的海上“丝绸之路”。两晋南北朝，又开辟了由广州起航，经海南岛东面，进入西沙群岛海面，至东西亚各国的航线。隋唐时代，是我国海外交通空前繁荣的时代，以南海交通为最重要。隋大业三年（607），炀帝派专使带着大量丝绸产品，从广州出发访问赤土国（马来西亚或印度尼西亚）[②]。当时，与隋王朝有贸易往来的国家达十多个。唐代，据德宗贞元年间贾耽的《皇华四达记》所载，当时有海道两条。其中“通海夷道”是从广州起航的，可以直达东南亚诸国、印度、波斯、大食等国；间接可到达东非，成为我国古代著名的海上丝绸、陶瓷、茶叶等输出之路。宋代以后，由于指南针的发明与使用，船舶可直接穿洋过海，不必靠海岸航行，海上交通发展到一个新的阶段。

岭南地区南北海陆交通的发展，加强了岭南与外地的联系。促进了岭南地区社会经济的长足发展。远在秦汉时代，岭南地区已经成为我国著名的珍宝集散地及丝绸输出之重要基地。形成了龙编（今越南河内附近）、合浦（今县北）、徐闻、番禺（今广州）等重要的对外贸易港口，对外贸易十分活跃。

两晋南北朝时期，岭南地区陆上和海上交通继续得到发展。在这一基础上，岭南地区的社会经济又跃上了新的台阶。广州等各港口及沿海地区的经济相当发达，已成为全国比较富庶的地区之一[③]。广州附近尤其如此。谚曰：“广州刺史但经城门过，便得三千万钱。”[④]

隋唐时代，广州已经成为全国最大、最重要的对外贸易中心，是世界上著名的丝绸、陶瓷的输出港口。岭南地区沿海、沿江等地的经济发展水平已经逐渐赶上，或超过中原及江淮地区，成为全国的“繁富之地”之一。宋代以后，岭南地区社会经济的发展已进入了一个新的历史阶段。这些都与岭南地区南北海陆交通的发展密切相关。

历史时期，岭南地区东西两翼的交通发展也很早。但多为自然通道，人工开凿的道路很少。而且军事型、政治型通道居多，经济上的意义较小，唐宋以前尤其这样。因此，对岭南地区社会经济的发展影响也较小。

岭南地区东西两翼的交通从来不如南北交通发达。其东，粤闽间的交通自秦汉以来就有陆、海两道。陆道方面，“自秦世有五岭之说，人皆指山名之，考之乃入岭之途五耳，非必山也。自福（建）之汀（州）入广东之循（州）、梅（州）一也”[⑤]。此指秦汉以后。自福建汀江进入广东韩江上游梅溪，溯梅溪之上源到达长乐（今五华县）之陆路交通线。此道在长乐取一段陆路，即越过岐岭（兰关）后，在今龙川县老隆入东江，顺江而下至番禺（今广州）。唐代，粤闽间的陆路交通有两条：一是从广州出发，经循州（今惠州）至

① 《周府君功勋碑铭》。

② 《隋书·赤土传》。

③ 法显：《佛国记》。

④ 《南齐书》卷32《王琨传》。

⑤ 周去非：《岭外代答》卷1。

兴宁、程乡（今梅县），南行沿水路到潮州；东行可沿“漳浦路”抵漳州。另一条则从程乡北上，至汀州（漳浦）。宋代，又增辟了一条由惠州东南行，经海丰至潮州的交通路线。因此，唐宋时代广东的潮州，“虽岭海小郡，而假道者无虚日”，“凡趋闽趋广者，靡不经焉”[①]。成了粤东与闽、浙之间的交通枢纽。海路方面，至迟在秦汉时代，粤闽之间已有海上交通。“旧交趾七郡贡献转运，皆从东冶（今福州市）泛海而至，风波艰阻，沉溺相系……”[②]。汉时岭南的贡品均由海运，经福建沿海至京师洛阳。但这是一条险恶、险象环生的海上交通路线。又汉武帝“元鼎五年，南越反，（东越王）余善上书请以率八千人，从楼船击吕嘉等。兵至揭阳，以海风波为解，不行”[③]。晋末，卢循、孙恩在会稽郡（今浙江绍兴等地）起义失败，孙恩被杀之后，卢循率其余众，自晋安（今福州）浮海辗转南下，夺取广州为根据地。元至元十三年（1276），宋臣张世杰、陆秀夫另立益王赵昰于福州，是为端宗。元军兵分两路进攻。东路以舟师出明州（今宁波），直逼福州，帝昰走泉州，由海路至广东。明洪武元年（1368），明军进军岭南，亦为水陆并进。水路由征南将军廖永忠率领，自福建由海路至广东，先取惠州，继袭广州。清代以后，闽之贾人来粤经商者，多走海路，走陆路经大庾岭入粤者少。

岭南通西部的交通开发也很早。其特点是以水路为主，陆路为辅。远在秦汉时代，就利用牂牁江（今浔江，即西江上源）水道沟通岭南与川、滇、黔之间的交通。这条水路是汉代唐蒙发现的。唐蒙出使南越国时，在番禺（今广州）吃到蜀地之枸酱时，问所从来，才知道是浮牂牁而下运至番禺的。因此，汉武帝在平定南越时，利用这条水道。此后，牂牁江成了岭南西通巴蜀的水运交通线[④]。但水道过长，利用受到限制。陆路交通则以邕州（今南宁市）为中心，分别向西北、西、西南扩展，呈辐射状态。如隋唐以前，岭南通西面的陆路交通由邕州西出，可通大理国（今云南大理）。宋在唐之基础上，扩展为三条干线，以邕州的横山寨（今广西田阳县）为枢纽分出：1. 由横山寨经自杞国（今贵州兴义）至云南大理；2. 由横山寨经特磨道（今云南广南县）至大理；3. 由横山寨至罗甸国（今贵州普定、安顺一带），至大理。此后，这一格局大体不变。总观岭南东西交通，西部交通较东部重要。因为：1. 西部为岭南通往西亚各国的交通通道，在政治上、经济上具有重要意义；2. 西部为我国少数民族聚居地之一，历代王朝对少数民族采取高压政策，西部交通线往往是统治阶级镇压我国西南部地区少数民族的进军道路，在政治上、军事上具有重要意义，对岭南地区政治、经济的发展影响颇大。但无论是西面或东面的交通，对岭南地区政治、经济发展的影响，都不如南北交通影响深刻、明显。

五、历代对五岭山道的修筑以扩宽、完缮旧道为主，开辟新道为辅

秦汉以降，五岭地区的交通开发，以扩宽、完缮旧道为主，开辟新道为辅。时至今日，岭南与内地的交通，基本上沿袭了秦汉时代的越城、桂岭、骑田、大庾诸道。骑田、越城为京广、湘桂两大铁路干线所穿行；灵渠仍为湘、桂两省（区）的水运通道；大庾道

① 《永乐大典》卷5345《三阳志》。

② 《后汉书·郑弘传》。

③ 《史记·南越尉佗列传》。

④ 《汉书·西南夷列传》。

则为赣粤间交通冲要。所不同者，道路性质发生了变化，交通工具已经现代化。

秦始皇统一六国后，以都城为中心，大开驰道，“东穷燕齐，南极吴楚”[①]。统一百越后，于始皇三十四年（前213），“适治狱吏不直者，筑长城及南越地”[②]，修筑了从咸阳至岭南的“新道”。

如前述，秦时，通岭南的道路主要有四条：自江西之南安逾大庾岭入广东南雄一路；自湖南之郴州逾岭入广东连州一路；自湖南之全州入广西贺县一路；自湖南之余州入广西静江一路。这四条交通路线虽名之为“新道”，实际上都是在秦代以前穿越五岭古道的基础上加以扩筑的。正如宋人周去非所说，入岭之途有五：“自福建之汀，入广东之循、梅，一也；自江西之南安，逾大庾入南雄，二也；自湖南之郴入连，三也；自道入广西之贺，四也；自全入静江，五也。”[③]历史时期，岭南与中原地区间的交通，大致维持了这一基本格局。例如大庾道，唐、宋、明三代均进行过扩筑：1.唐开元四年（716）冬，丞相张九龄因“岭东废路，人苦峻极”，来往不便，便亲自勘察，并组织力量进行修筑，使这条原来“不容方轨”的“废路”，变成了可容“五轨”的坦途大道。2.北宋时，由于五代的战乱，大庾道荒废，影响南北交通。仁宗嘉祐八年（1063），广东转运使蔡抗、蔡挺兄弟主持修治，岭北入江西的路面宽八尺，长一百零九丈；岭南入南雄的路面宽一丈二尺，长三百一十丈。并筑了关防，名“梅关”[④]。3.明宪宗成化十五年（1479），郡守张守弼病岭路狭窄，重行整修，凿崖开路，挖排水沟，整理级蹬，“因其高下，为级120余，长短参差，务适于平”。并在关门上立“岭南第一关”的横额[⑤]。4.明正统十一年（1446），知府郑述砌路九十余里，补植松梅。成化五年（1469），巡抚陈濂行，知府江庾修砌大庾岭路。正德八年（1513），因关楼毁圮，又重修[⑥]。由此可知，自唐迄宋、明，历代对大庾道的修治，均是在秦汉旧道的基础上进行的。其他如越城路，历代也屡经修治，但主要工程是疏浚灵渠。如宋绍兴二十九年（1159）臣僚言：“广西旧有灵渠，抵接全州大江，其渠近百余里，自静江府经灵川、兴安两县，昔年并令两知县系衔兼管灵渠，遇堙塞以时疏导，秩满无阙，例减举员。兵兴以来，县道苟且，不加之意，吏部差注，亦不复系衔。渠日浅涩，不胜重载。乞令广西转运司措置修复，俾通漕运。仍俾两邑令系衔兼管，务要修治。”但其经行，终无大变化[⑦]。

（原文载于《中国历史地理论丛》1991年第3期）

① 《汉书·贾山传》。

② 《史记·秦始皇本纪》。

③ 《岭外代答》卷1《地理门》。

④ 《宋史》卷328《蔡挺传》；王巩《闻见近录》。

⑤ 《读史方史纪要》卷83《江西一》。

⑥ 清道光《直隶南雄州志》卷20。

⑦ 《宋史》卷67《河渠志》。

秦汉时代岭南地区城镇历史地理研究

陈代光

岭南，又名岭表、岭海、岭峤，为地域名。唐朝高适诗云："举兵趋岭峤，屈指冒炎蒸。"①宋代大诗人苏轼，曾多次被谪岭南。为了表达他对岭南人民的感情，曾经写下了"日啖荔枝三百颗，不辞长作岭南人"这一脍炙人口的诗句②。

岭南为一独立地理区域。本文论述的范围，仅限于五岭以南，南海以北的广大陆地。行政上掩有今广东、广西两省（区）的部分，并涉及越南北部的部分地区。

岭南位居我国最南部，地处亚热带地区。区内自然、社会经济条件基本相同，历史发展过程和特点，以及今后发展方向（越南部分除外）也大体一致。

秦汉时代，是岭南地区社会政治、经济和文化发生根本变革的时代，也是岭南地区城镇形成与发展的时期。研究秦汉时代城镇的历史地理，对探讨秦汉时代岭南地区古代社会经济发展过程和特点，对认识岭南城镇形成与发展的模式，具有深刻的意义。目前，岭南又是我国对外开放的重点地区。因此，研究这一时期城镇的历史地理，也有一定的现实意义。

一、秦汉时代岭南地理环境对城镇发展的影响

历史唯物主义认为，地理环境不是人类社会发展的决定因素。但对人类社会的发展具有加速或延缓的作用。作为社会现象的城镇，其形成与发展，自然受到地理环境的影响和制约。其中影响最大的莫过于地形和河流两个因素。因此，有必要认识、了解秦汉时期岭南地区地理环境中地形和河流的特点，及其对城镇发展的影响。

岭南地区的地形和河流具有如下特点：

（一）襟山带海的地貌形态

岭南"负山险，阻南海"，介于山海之间，自古为"襟山带海"之地③。西有九万大山、云贵高原和十万大山；北为东西绵延数千里的五岭山地（大庾、骑田、萌渚、都庞和越城岭），最高的石坑崆海拔1900多米，一般山地海拔高度在500—1000米之间，为珠江与长江两大流域的分水岭；东有东北西南走向的阴那山和莲花山；南为浩瀚的涨海（南海）。

① 高适：《饯宋八充彭中丞判官之岭南》。

② 苏轼：《食荔枝》。

③ 《史记》卷113《南越尉佗列传》。

（二）向心状的水系

岭南地区河流众多，水量充沛，河床稳定，利于灌溉与航运。但主要为向心状的水系。区内重要河流有珠江水系和韩江水系。

珠江水系由西、北、东三江组成。三江均发源于西、北部山地，因受地形的制约，分别向东、东南及向南、西南流，在番禺（今广州）汇流注入涨海。为岭南地区最重要的河流。

韩江水系位于岭南东部一隅，为本区第二大河。但在秦汉时代，韩江三角洲岸线尚在今南砂、莲阳、澄海、下蓬、岐山一线以西至堤间，线以南仍为茫茫涨海①。故韩江源小流微，航运价值不大。

襟山带海的地貌类型及向心状的水系，构成了岭南地区封闭半封闭地理环境的特点。这样的特点，严重地妨碍了岭南地区的对外交通和联系，在很大程度上制约了岭南地区社会经济的发展，成为岭南地区城镇形成较晚，发展较迟缓的重要因素。

二、秦汉时代岭南地区城镇发展的社会基础

秦统一岭南以前，“自交趾至会稽，七八千里，百越杂处，各有种姓”②。岭南地区仍处于“以木皮为衣……禽兽鱼虫为咸，熏根为盐，刀耕火种……架木为屋”③，“火耕水耨”的半原始社会④。农业生产水平低，仍以渔猎经济为主，被目为“陆梁”之地⑤。城市是不可能在这样的社会经济条件下形成和发展起来的。

秦统一岭南以后，历经两汉的开发、经营，岭南地区的政治、经济都进入了一个新的历史发展阶段。

政治上，实现了全国的统一，岭南正式纳入中国的版图，并普遍推行郡、县制。这种外力的作用，结束了岭南地区“各有种姓”，不相统属的局面，加速了岭南由半原始社会直接向封建社会过渡的进程。

交通上，秦皇、汉武平定岭南时，由于军事上的需要，大力开辟交通。秦时，命监禄“以卒凿渠，以通粮道”。灵渠的开凿，沟通了珠江与长江两大水系，加强了岭南与中原地区的联系。入汉以后，对五岭南北的交通，又屡加开拓。东汉“建初八年，（弘）代郑众为大司农。旧交趾七郡贡献转运，皆从东冶，泛海而至，风波艰阻，沉溺相系。弘奏开零陵、桂阳峤道，于是夷通，至今遂为常路”⑥。此后，骑田岭路，“大道克通，抱布贸丝，交易而至”⑦。从根本上改变了岭南封闭、半封闭的局面。

经济上，秦皇、汉武用兵之后，又在岭南留下大批军士及眷属，并屡“徙中县之民南

① 《地理学报》1957年第3期。

② 《汉书》卷28《地理志》。

③ ［越］陈世法：《岭南摭怪》。

④ 《史记》卷129《货殖列传》。

⑤ 《史记》卷113《南越尉佗列传》。

⑥ 《后汉书》卷63《郑弘传》。

⑦ 《韶州府志》卷27《周府君功勋碑铭》。

方三郡，使与百粤杂处”①。如是，既带来了中原地区先进的铁制工具和牛耕技术，又为岭南增添了大批富有管理经验的组织者和指挥者，以及有生产实践经验的劳动者。这无疑地促进了岭南地区经济的发展。如农业生产，由于铁制工具和牛耕技术的传入和推广，实现了由火耕水耨的原始农业向农耕农业的过渡。农作物品种增多②。实现了水稻“夏冬又熟，农者一岁再种”的一年两熟制，使原来“俗以射猎为业，不知牛耕”的岭南，变成了“田畴岁岁开广，百姓充给”的农耕地区③。手工业和商业的发展也很迅速。手工业中，以冶铸业和纺织业为最。这反映在铜鼓等青铜器的制造及“布”的生产上。马援征交趾时，“于交趾得骆越铜鼓，乃铸为马式”④。越人还能“铸铜为船”⑤。新中国成立后，仅广西境内发现之铜鼓多达500余件，其铸造之普遍可见一斑。秦汉时，交趾骆越人好“以布贯头而著之”⑥。其布即“夏布”，为当地产品，以葛或麻类为原料。在广西贵县罗泊湾一号汉墓中出土了纺轮、绞线棒、麻鞋、麻布袜、漆丽纱帽、丝绸、红锦等⑦，足证纺织业的发达，从而改变了越人以“木皮为衣”的半裸体的生活方式。岭南还是犀、象、玳瑁、珠玑、银、铜、果、布等珍宝集散地，是“南海海上丝绸之路”的起航点，商业活动，对外贸易相当活跃。来自中原及四川盆地的丝绸，经越城、骑田岭路及牂牁江水道，运往南海沿岸港口换回各种珍宝。商业发展的结果，在沿江、沿交通线形成了专供“互市”的“虚（圩）场”⑧。

政治上的统一，交通的开发，农耕农业的发展，手工业、商业的繁荣，为岭南城镇的形成与发展创造了条件。

三、岭南地区城镇的形成

岭南地区城镇究竟何时形成？岭南地区城镇形成的过程，是否与中原地区一样，经历了城堡、城邑和城市三个发展阶段？诸如此类的问题，目前尚无统一的意见。

学术界普遍认为：番禺（今广州）是岭南地区形成最早的城市。至于何时形成？尚有歧见。

有一种意见：番禺形成于春秋战国时代。其理由是：1.西周夷王时，今广州地区就修筑了楚亭（庭），这就是秦汉时代的番禺，也就是岭南地区最早形成的城镇。2.春秋时，越人公师隅所建之南武城，即为秦汉时代番禺，今天广州的前身。3.《淮南子·人间训》：秦始皇平定岭南时，派遣五军。其中“一军处番禺之都”。说明秦以前已有“番禺之都”。

根据文献记载及考古材料，证明上述观点根据还不够充分，而且矛盾重重，疑窦颇多，是不符合历史事实的。因为：1.秦始皇统一岭南以前，岭南仍处于半原始社会状态，

① 《汉书》卷1《高帝纪》。

② 《广西贵县罗泊湾一号汉墓发掘报告》，《文物》1978年第9期。

③ 《后汉书》卷106《任延传》。

④ 《后汉书》卷54《马援传》。

⑤ 《后汉书》卷29《郡国志》注引《交州记》。

⑥ 《后汉书》卷116《南蛮西南夷列传》。

⑦ 《广西贵县罗泊湾一号汉墓发掘报告》，《文物》1978年第9期。

⑧ 《广东通志》卷69《杂事》上引《南越志》。

“非有城郭邑里也，处溪谷之间，篁竹之中”①，民人“架木为屋”而居②，无城镇可言。2.楚国最盛时，其势力范围只及苍梧山，苍梧以南为粤地，楚的势力始终没有越过五岭，岭南越族始终没有“臣服”于楚，楚国不可能在今广州地区建“楚亭”；楚亭说出自裴渊之《广州记》，本是一种传闻与传说，不足凭信；况且并没言明楚亭在何地③。3.《淮南子》一书非出自一人之手，内容芜杂，其中有自相矛盾者，有“乱言乖事实者”，“一军处番禺之都”正是一例，其所指应是秦统一岭南后，为了稳定岭南及楚旧地的政治局面而采取的军事措施；或系作者用时人概念叙述秦统一事件之习说，不能以此作为秦以前已有“番禺之都”的证据。4.“南武城”之说出自《读史方舆纪要》一书。顾祖禹实际上将江浙地区春秋时吴国之南武城，视作岭南之南武城；进而又将实际上不存在的始兴县之南武城误指为广州之南武城。因此，番禺形成于先秦说应予否定④。

番禺的形成应该在秦统一岭南以后。因为“番禺”一名，最早出自《山海经》，称“贲禺”。学术界公认，《山海经》为春秋战国时人所作，故“贲禺”一名出现在春秋战国时代。但此时的“贲禺”并非一城一村的专名，应为地域名，即“岭南番国蛮夷之地”，指的是岭南地区。秦统一岭南后，番禺开始立城，而且随着岭南地区政治、经济的发展，番禺城的地位日益重要。只有在此时，番禺才由地域名逐渐演变为城市的专名。这与后来广州的得名无二致。从我国历史发展过程看，中原地区城市的形成是与铁制工具的出现、牛耕技术的推行紧密地联系在一起的，也就是说，中原地区城市是伴随着春秋战国时期铁制工具的出现和使用而形成的。岭南地区社会发展进程晚于中原，铁制工具的使用及牛耕技术的推行均在秦始皇统一以后。故岭南地区城市的形成亦当在秦统一岭南以后⑤。最后，“两广地区境内截至目前，还没有发现过先秦的遗址和聚居成片的村落遗址，这点很值得注意”⑥。说明，番禺，亦即岭南地区城市的形成，应在秦始皇平定岭南以后。

四、秦汉时代岭南地区城镇发展的特点

秦汉时代，是岭南地区城镇形成及蓬勃发展的时代。不但数量多，而且分布地区广。其发展具有如下明显特点：

（一）由于军事上的需要而形成的军事重镇

秦汉两代，曾经多次用兵岭南。由于军事上的需要，在交通沿线及一些军事要地，修筑了许多关隘或城堡。这些军事重镇，形势险要，交通便利，随着地区政治、经济的发展，商品交换的频繁，逐渐地形成城镇。这类城镇，主要分布在五岭南侧的一些水陆交通线上。例如秦平岭南时，五军进发，其中“南路的秦军主力部队约五、六万人，由秦南海尉屠睢率领，经灵渠入桂北，先在大榕江处筑城（秦城），然后又在今平乐县境内筑起桂

① 《汉书》卷64《严助传》。

② 〔越〕陈世法：《岭南摭怪》。

③ 《战国策·楚策》。

④ 《暨南学报》（哲学社会科学），1990年第3期。

⑤ 《暨南学报》（哲学社会科学），1990年第3期。

⑥ 《岭南文史》，1988年，总第10期。

林郡城；然后沿漓江南下，在今日德庆县境内筑下了桂林郡第二个县城高要，并与东路秦兵取得联系；然后又溯江西上，在今贵县县城附近筑下了象郡的郡城”[①]。类似这样的城镇有：

蒲葵关：地处粤闽间的盘陀岭上。“自福（建）入潮（州）者由此岭。”为南越故关[②]。

横蒲关：又名台关。《史记·南越尉佗列传》索隐引《南康记》：“南野大庾岭三十里，至横蒲，有秦时关。”关在江西大余县入广东南雄的大庾岭上。“以始皇三十四年所适治狱吏不直者所筑也”[③]，“为东南至险之地，入交广第一关也”[④]。

阳山关：在今阳山县东北，地当“骑田岭路，（秦）既定南越，遂于此置关”[⑤]。扼湖南郴州与广东西北间的陆路交通。此路为沟通五岭南北的岭口要道。从郴州至连州，相距175公里，其间不但有山路可通，还有洭水（又名湟水、连江）相连。因“连州兼山水险”，为“天之所设以屏翰百粤地”[⑥]。故秦始皇平定百粤后，在连州除设阳山关外，还设湟溪关和洭蒲关，分别位于湟水注入北江的连江口附近及阳山县境。

洭浦关：在湟水注入北江处的连江口（又名洭口或光口），为大庾岭与骑田岭入粤两条交通线的会合点，自古为南越“北来之门户”[⑦]。

湟溪关：在阳山县西北与连县接界处，为秦代长沙郡与南海郡之间的边关。

万人城：汉初，赵佗分别于今广东英德、清远两地构筑万人城。英德为湟水与翁水交汇点；清远上承英德，下连西、北两江会合处之三水，为湘赣与两粤之间的交通冲要。

汉城：在桂林郡北40公里的秦城西南，为汉武帝时所筑，目的是加强湖南与广西之间的防御能力。

严关：距秦城10公里。是“三楚两粤之咽喉”[⑧]。

（二）地区性政治、经济中心的形成

秦始皇统一岭南以后，在岭南推行郡县制，置南海、桂林、象三郡，下辖番禺、博罗、龙川、四会、申留、临尘等县。汉武帝时设十三州刺史部，以后演变为州、郡、县三级地方行政制，在岭南地区置交趾州，下辖7郡56县。这些州、郡、县所在地（治地）逐渐演变为地区性的行政、经济中心。主要有：

羸陵（龙编）：在今越南河内附近，为交州治所，交趾郡驻地，也是秦汉两代岭南地区政治、经济和交通中心。

番禺（今广州）：为秦汉南海郡治，汉初岭南一“都会”[⑨]。秦汉时代岭南东部地区政治、经济中心。

---

① 《岭南文史》，1988年总第10期。

② 《漳州府志》卷7《古迹》。

③ 《南越笔记》卷2引《舆地记》。

④ 陈循：《寰宇通志》卷103。

⑤ 《读史方舆纪要》卷110。

⑥ 《连山县志》卷一。

⑦ 《广东通志》卷120《关隘略一》。

⑧ 《兴安灵渠》引自《修复陡河碑》。

⑨ 《史记》卷129《货殖列传》。

广信（今广西梧州或广东封开）：两汉苍梧郡治。位于桂江与西江交汇处，扼西江交通中枢。顺江而下可达南海郡治番禺；溯江而上可到郁林郡治布山（今广西贵港市）。为岭南地区中部政治、经济中心。

曲江（今广东韶关市）：为桂阳郡曲江县治，扼湘粤交通咽喉，是北江上游的政治、经济中心，又是古代兵家必争之战略要地。

合浦（今广西合浦县北）：合浦郡治，秦汉时珍珠著名产地，为北部湾畔之政治、经济中心之一。

徐闻（今广东徐闻县）：汉合浦郡徐闻县治。

布山（今广西贵港市）：汉郁林郡治，西江中游政治、经济中心之一。

临尘（今广西崇左）：汉郁林郡属县。

龙川（今广东龙川）：汉南海郡龙川县治。为东江上游政治、经济中心。

中宿（今广东清远）：汉南海郡中宿县治。北江中游行政、经济中心。

桂阳（今广东连县）：汉桂阳郡桂阳县治。

揭阳（今广东揭阳县）：汉南海郡揭阳县治。岭南东部滨海行政、经济中心。

潭中（今广西柳州市）：汉郁林郡潭中县治。柳江流域行政、经济中心。

高要（今广东高要）：汉苍梧郡高要县治，设盐官，汉西江中游行政、经济中心之一。

（三）对外贸易港口、商业城市的兴起

秦汉时代，由于交通的开辟，商业经济的发展，岭南地区与中原地区的贸易往来日益发达，对外贸易也与日俱兴，在沿江、沿海地区形成了众多的商业城市及对外贸易港口。主要有：

番禺：今广州市。地处西、北、东三江下游会合处，南濒浩瀚的涨海（南海），由三江可与国内各地相联系；浮涨海可到达南海沿岸诸国。不但是岭南地区重要的政治中心之一，也是西汉时代全国23个大城市之一，为著名一“都会”。对外贸易业很发达。为犀、象、玳瑁、珠玑、银、铜、果、布各种奇珍异宝的集散地[①]，也是秦汉时代“海上丝绸之路”的起航地之一。东汉时代，由于骑田岭道的开凿（武水道），以及牂牁江水运交通的开发，江淮地区的丝绸及其他商品，大都经由骑田道由番禺输往海外；四川的丝绸由商人顺牂牁而下，运往番禺，换回各种珍宝。番禺成了当时全国重要的对外贸易港口。

合浦、徐闻：秦汉时代北部湾畔的政治经济中心之一，是南海沿岸对外贸易最重要的起航地，也是秦汉时代“南海丝绸之路”的始航点。汉武帝时，派遣大规模的船队，带着大量的丝绸与黄金，自日南（今越南西卷）障塞、徐闻、合浦起航，沿涨海西岸南下，先后到达中南半岛、南洋群岛、印度东南海岸，斯里兰卡等地[②]。考古工作者在合浦、徐闻两地的汉墓中，发现了大量的水晶珠、翡翠晶、玳瑁等舶来品，证明两地曾经是中西交通之冲要。合浦还是当时我国最重要的珍珠产地，合浦“珠市”闻名遐迩[③]。

龙编：又名嬴陵，在今越南河内附近。为秦汉时代重要的珍宝集散市场。《后汉书·贾琮传》云：“旧交趾土多珍产，明玑、翠羽、犀、象、玳瑁、异香、美木之属，莫不自

① 《汉书》卷28《地理志》。

② 《汉书》卷28《地理志》。

③ 《后汉书》卷106《孟尝传》。

出。”也是大秦（今埃及）商人和东南亚各国商人来中国贸易首先登岸的重要港口之一。《旧唐书·地理志》云：“交州都护制诸蛮，其海南诸国大抵在交州南。……自汉武以来，朝贡必由交趾之道。”为秦汉时代岭南政治、经济重心所在地。

曲江：今广东韶关市，汉置县，位于北江上游浈、武二水的会合点。东汉建武年间，为了打通骑田岭的交通，桂阳太守卫飒“凿山通道五百里”[①]。章帝建初末年（83），大司农郑弘奏开零陵、桂阳峤道[②]。桓帝时，桂阳太守周昕“开六泷……小溪乃平直，大道克通，抱布贸丝，交易而至”[③]。使曲江成为南海珠宝、象牙、犀角等北运，丝绸等商品南输的交通中枢，为五岭南北商品的转运中心。

五、秦汉时代岭南地区城镇分布的特点

秦汉时代，岭南地区城镇发展迅速，不但数量多，地区分布也很广，在全区范围内基本形成了由州、郡、县及众多小城镇组成的四级城镇网。重要城镇有：揭阳、龙川、博罗、增城、番禺、四会、中宿、曲江、桂阳、广信、高要、布山、桂林、临尘、合浦、徐闻、高凉、龙编、九真等。城镇的地区分布县有如下特点：

（一）城镇的分布与汉墓的分布基本一致

根据考古的发现，秦汉时代，汉代墓葬的地区分布情况大体如下：1.主要集中在各州、郡、县所在地。如南海郡治番禺，属县龙川；郁林郡治布山等。2.内河交通沿线分布最稠密，如西、北、东三江、韩江及各支流沿岸墓葬最集中。3.多集中在逾五岭通往中原地区的险关要道上。例如，广西境内的汉墓集中分布在西江干、支流，南流江、北流江及北部湾沿岸。尤以今桂林、梧州、玉林、钦州、横县、西林、都安、鹿寨、柳城、平乐、合浦等沿江沿海城镇附近最稠密。其中最明显的是平乐县。在平乐县银山岭发现的一处秦末汉初的墓葬群，已经发掘的有123座。这与平乐在秦汉时代所处的重要战略地位是一致的。平乐是从中原进入岭南地区的交通孔道之一。漓水在此注入桂江，顺江而下经广信（今广东封开）至西江，由西江可达番禺，溯江而上可达西江和北部湾沿岸城市，战略地位十分重要。因此，早就成为岭南地区重要城镇，自然也是汉墓集中的地区。在广东境内，已发现的汉代前期的墓葬达700多处，其中广州附近就有300多处。其余主要集中在曲江、南海、佛山、龙川、陵水、连县、顺德等地。由此可知，秦汉时代岭南地区城镇分布与汉墓分布的一致性。

（二）城镇的地区分布不平衡

岭南地区地域辽阔，各地自然条件差异明显，交通的开发早晚不同，这就决定了各地地区开发的早晚、经济发展水平的不平衡性。因此，在秦汉时代，作为社会经济现象的城镇，其地区分布也是不平衡的。总的说，形成了三大集中分布区。

---

① 《后汉书》卷106《卫飒传》。

② 《后汉书》卷63《郑弘传》。

③ 《韶州府志》卷27《周昕传》。

1.北部湾沿岸区

秦汉时代，北部湾沿岸是岭南地区城镇最发达的地区。城镇数量较多，发展水平也较高。根据《后汉书》记载，仅交趾、合浦两郡，县城就有15座；如加上九真、日南等郡，则多达27座。主要城镇有合浦、徐闻、嬴陵、胥浦、西卷等。这些城镇，有的是地区的政治、经济中心，有的是重要的对外贸易港口。此外，还有众多的中小城镇。如"交趾女子征侧及女弟征贰反，攻没其郡，九真、日南、合浦蛮夷皆应之，寇略岭外六十余城"[①]。城镇之多，可见一斑。究其原因，是北部湾沿岸，在秦汉时代为岭南地区政治、经济和交通重心所在。

政治上，秦统一岭南，设南海、桂林、象三郡，北部湾沿岸属象郡地，为地方行政中心。

汉武帝元鼎五年（前112）灭南越国，在岭南"分置九郡，交趾刺史领焉"[②]。元封五年（前106），置十三州刺史部，岭南为交州，治嬴陵（今越南河内附近）。当时的州虽属监察机构，但其地位在郡之上，嬴陵当为岭南政治中心。西汉成帝以后，改刺史为州牧，州正式成为地方一行政区划，位居郡县之上。州治龙编（今越南河内附近），为岭南政治中心。故终两汉之世，北部湾沿岸为岭南地区政治中心。

经济上，北部湾沿岸是秦汉时代岭南最重要的经济区。这里"处近海，多犀象、玳瑁、珠玑……中国往商贾者多取富焉"[③]。其中的"交趾，土多珍产，明玑、翠羽、犀象、玳瑁、异香、美木之属，莫不自出"[④]。而合浦则以产珍珠而蜚声中外。北部湾沿岸成为岭南珍宝重要集散中心。其次，北部湾沿岸户口最盛。西汉时，北部湾沿岸的交趾、九真两郡的户口数分别居岭南各郡户口数的第一、第二位，大大地超过了其他各郡。其中交趾郡的人口几乎比南海郡高出8倍，为苍梧郡的5倍和郁林郡的10倍。人口密度也以北部湾沿岸的交趾、九真、合浦等郡最高。东汉时代，虽缺交趾郡的户口数及人口密度数，但从其他各郡户口及人口密度发展趋势看，交趾郡的户口肯定有所发展，人口密度将有较大的提高[⑤]。另外，汉时有关交趾郡的龙编和日南郡的西卷港的记载很多，说明北部湾沿岸为汉代重点开发区，市场繁荣及对外贸易的重要性超过了其他地区。

交通方面，"中国与印度之间的交通，汉时有通道二：一为西域道，一为南海道。南海道之开辟或更在西域道之先。南海道之起航地多在交州"[⑥]。北部湾沿岸的港口是南海对外贸易，"海上丝绸之路"的起航地，也是海外各国由海路来中国首先登岸的地方。汉武帝时，派遣大规模船队，带着黄金和丝绸，从合浦、徐闻等港口起碇，远航东南亚各国[⑦]。同时，"自汉武以来，朝贡必由交趾之道"[⑧]。大秦"国人行贾，往往至扶南、日南、交趾"[⑨]。原因是，秦汉时代，北部湾沿岸与全国政治中心的关中平原、伊洛河平原之间

① 《后汉书》卷54《马援传》。

② 《后汉书》卷116《南蛮西南夷列传》。

③ 《汉书》卷28《地理志》。

④ 《后汉书》卷61《贾琮传》。

⑤ 《中国历代户口、田地、田赋统计》，第14—35页。

⑥ 《中国南洋交通史》。

⑦ 《汉书》卷28《地理志》。

⑧ 《旧唐书》卷41《地理志》。

⑨ 《梁书》卷54《诸夷传》。

的交通较岭南东部番禺便捷。当时全国的政治中心偏于岭南地区的西北，由关中平原、伊洛河平原而下，至江汉平原，经长江溯支流湘江而上，过灵渠，下漓水至西江，逆江而上，入北流江，陆行过玉林盆地，由南流江，或由鉴江至合浦、徐闻，经海路可到交趾，起航后至东南亚各国。在当时，这是从中原地区到东南亚各国最安全最便捷的交通路线。也可以从长安、洛阳经四川盆地，沿西汉时开始利用的牂牁江之道下西江，折入北流江、南流江或鉴江，到合浦、徐闻起航后，至东南亚各国。而且，秦汉时代，"船舶尚小，需要沿海岸航行。所以在南海的出航地点不在番禺，而在偏南的徐闻、合浦、日南等港口"[①]。合浦、徐闻等港口还是从番禺到东南亚各国的必经之地。因此，"东吴之前，中国史籍论通西南海上诸蕃史事，往往说某国在徐闻、合浦、日南之南若干"[②]。反映了徐闻、合浦在中外交通中的重要地位。这种情况对北部湾沿岸城镇的发展是十分有利的。

2.西江中游区

本区位于岭南地区中部，是岭南地区第二个城镇密集区。区内丘陵面积较大，且有西江干流及其支流桂江、贺江等河谷地带，"其地高，其气清"，"盛暑如秋"；沿河谷地开阔、平坦，水资源丰富，多航运灌溉之利；而且台风、瘴气、洪涝威胁较小，自然条件较优越[③]。

本区为岭南地区早期交通中枢。由岭北的湘江进入灵渠，再入漓江下达西江；也可以由湘江的支流潇水入贺江，沿贺江而下到达苍梧，然后转赴番禺及岭南各地。先秦时代，本区就是岭北进入岭南的交通冲要，因而受岭北文化影响较大，地区开发较早。如今广西的全州、兴安、桂林、荔浦、恭城、平乐、贺县、梧州、横县、宾阳、南宁等地，均发现了春秋战国时期带有楚文化特征的青铜器[④]。秦汉两代北方的移民也多定居本区。因此，入汉以后，本区经济发展水平较高，人口稠密。西汉时，本区属苍梧、郁林两郡。其中苍梧郡户口多于南海、合浦等郡。下迄东汉，也是岭南各郡中户口最多的郡之一。因此，本区成为城镇出现最早、分布也最稠密的地区之一。

本区城镇主要分布在西江及其支流桂江、潭江（今柳江）和贺江的河谷地带，呈条带状分布。重要城镇有：苍梧（今梧州）、始安（今桂林）、布山（今贵港市）、高要、端溪（今德庆）、临贺、富川（今钟山）、中留（今武宣）、潭中（今柳州）。此外还有严关、秦城、汉城等小城镇，构成了一个密集的城镇分布区。其中最重要的是苍梧。它位于桂江与西江的会合处，为岭南水运交通的枢纽。"汉既定南越之地，置交趾刺史，别于诸州，令持节治苍梧"[⑤]，为岭南地区政治重心之一。其次，为始安、布山和高要。始安为岭北进入岭南的交通咽喉。后汉建初八年（83）大司农郑弘奏开零陵、桂阳峤道后，地位更为重要。布山、高要均位于西江干流。布山为郁林郡治，岭南地区政治、经济中心之一；高要设有盐官，为岭南地区重要的盐业转运中心。

3.北、东两江域区

本区位于岭南中部偏东地区，为秦汉两代南海郡辖境。区内河流较多，除东江、溱水

① 《广州史话》，上海人民出版社1984年版，第55页。

② 《广东航运史》，人民交通出版社1989年版，第35页。

③ 《中国人口·广东分册》，中国财经出版社1988年版，第42页。

④ 《广东航运史》，人民交通出版社1989年版，第24页。

⑤ 《汉书》卷28《地理志》注引胡广记。

（北江）干流外，还有溱水的支流连江（洭水、湟水）、武水、浈水和绥江等，有灌溉与航运之利。沿河两岸有开阔的河谷地带，适于农耕，自然条件较为优越。

本区交通较便利。其中骑田岭路的洭水（连江）、武水，是岭北入岭南的重要交通通道。尤其在东汉，武水屡经整治，六泷之险已平，骑田岭更为通畅。由岭北经武水，或由洭水，下溱水，可直达番禺，接海运转赴南海沿岸诸国。由番禺通过西江和东江，可与岭南西部和东部地区相沟通。因此，本区也是岭南地区开发较早，经济发展水平较高，城镇分布稠密的地区。区内重要城镇有：番禺（今广州）、曲江（今韶关）、桂阳（今连县）、浈阳（今英德）、中宿（今清远）、四会、博罗、龙川、增城等。番禺，早在西汉时代就跻身于全国23个大都市之林，是著名"一都会"[①]，是犀、象、珠玑、玳瑁、果、布等珍宝集散地，又是"南海丝绸之路"的起航地之一，为岭南地区重要的政治、经济重心所在。曲江地处武水与浈水之会合处，为岭北进入岭南中部的交通咽喉，由溱水可直接与番禺联系。为岭南东北部重要的政治、经济中心。浈阳扼溱水及其支流洭水交通咽喉，为岭北进入岭南时，走武水和洭水必经之地，战略地位十分重要，秦汉时代为兵家必争的战略要地。博罗、增城、龙川等均为地区性政治、经济中心。其中龙川曾为南越武王赵佗任龙川令时治地，是东江流域政治、军事重镇。

［原文载于《暨南学报》（哲学社会科学）1991年第3期］

① 《史记》卷129《货殖列传》。

鲍彦邦（1937—2010），广东珠海人，1962年毕业于武汉大学历史学系。1968年分配到广东揭西县灰寨中学和县师范学校任教。1975年，借调到中山大学历史学系和中共广东省委理论组历史组工作。1978年调入暨南大学历史学系工作，教授、硕士生导师，兼任历史学系党总支书记。主要从事明清经济史教学与研究，先后发表明代漕运论文10余篇，其中《明代漕粮折色的派征方式》一文，获1994年广东省优秀社会科学研究成果奖三等奖，并入编《中国“八五”科学技术成果选》第三卷，《明清广东铁农具的生产》一文入编《中国“九五”科学技术成果选》第三卷。主要著作有《明清侨乡农田水利研究》《明代漕运研究》等。其中《明代漕运研究》获1998年广东高等学校第二届人文社会科学研究成果奖三等奖。

明清广东劳动力资源的开发

鲍彦邦

从全国区域经济发展来看，明清时期广东经济的开发和迅速发展已进入了一个引人注目和后来居上的重要阶段。而广东经济的发展是同广东劳动力资源的开发分不开的。这个时期广东劳动力数量的增加和劳动力素质的提高，对社会生产力水平特别是农业生产水平的发展产生了直接的影响，它促进了广东东南部地区，尤其是珠江三角洲等沿海地区农业的全面开发和商品经济的发展。本文试图从广东经济发展的角度对明清时期广东劳动力资源的开发及其特点和原因进行初步的考察。

一

明清时期广东劳动力的增加，是社会生产力水平提高的一个方面。而本省劳动人手的不断增长，是同唐宋以来中原人民或江南人民不断大量南移广东各地分不开的。自唐代前期开凿大庾岭梅关新通道之后，北方移民通过大庾、骑田等山隘之冲，最先进入粤北地区落籍。同时，又通过湘江、桂江、南流江和北流江谷地，移居南路一带（即高州、潘州等地）。所以天宝年间，统计的广东户数224503户中，较多集中于粤北的连州、韶州及南路一带，而珠江、韩江三角洲等地由于尚未充分开发，人户密度颇为稀疏[①]。宋元期间，一方面由于珠江、韩江三角洲等地的渐次开发；另一方面北方移民继续从福建、江西陆路"转徙南下"，分居于梅州、潮州、循州、南雄、韶州、连州及广州等地[②]；或从福建浮海而至广东南部沿海地带落籍。以粤西沿海吴川为例，史称"岭南吴川……其著姓聚族而居，远者千余年，近亦数百年"，"〔该县〕上郭吴氏肇自北宋，三柏李氏、下街林氏、乾塘陈氏、唐基孙氏、上坑易氏肇自南宋，大都闽来，盖宋既南渡，金元相逼，自闽来粤，泛海甚易"，"迨明中叶……来自漳、泉者多住芷寮"[③]。这里已说明了江南移民的年代、路线、原因、分布地区。由于上述的原因，故这个时期广东人口逐渐增多，已远远超过了唐代的水平。兹将宋元两代广东户口数及人口密度列表于下，以供应考[④]：

① 参阅梁方仲：《中国历代户口、田地、田赋统计》（以下简称《统计》）第458页，附表29，上海人民出版社，1980年。

② 参阅民国《赤溪县志》卷八《附编》、光绪《广州府志》卷一一五《列传》四等。

③ 光绪《吴川县志》卷十《杂录》。

④ 本表系根据梁方仲《统计》一书第460页附表31和第461页附表32编制而成的。又北宋广东人口数系根据《统计》一书第163页（甲表39·续）和第159页（甲表38·续）所提供的资料准算出来的。

	北宋（元丰三年至崇宁元年）1081—1102年	元	备注
户数	587189	613266	
口数	1441795	2576413	
人口密度	6.48	12.20	每平方公里平均人数

从表中显示，元代广东的人口数及其密度已明显地超过了北宋的水平。更值得注意的，随着劳动人口的南移和沿海地区的逐步开发，元代珠江、韩江三角洲的人口数及其密度呈上升的势头，已开始超过了粤北的韶州路，如元代广州路人口为1021296人，潮州路人口为445550人，而韶州路人口则为176256人[①]，从而改变了唐宋以来广东人口地区分布北多南少的状况。

明初广东的人口数比元代有所增长。据洪武二十六年（1393）统计，广东的户数为675599户，口数为3007932人[②]，均超过了元代户数的10.16%和口数的16.75%。但值得指出，据文献记载，有明一代广东的人口总数不惟没有增加，反而呈下降趋势。如万历六年（1578）全省户数为530712户，口数为2040655人[③]，相当于洪武二十六年户数的78.55%和口数的67.84%。当然，就本省分区户口数比较而言，洪武朝至万历朝亦有四府的人口数是上升的，其中潮州的人口增长最显著，其次是韶州府和广州府，兹将万历年间广东四府人口数的增长列表于下：

府名	洪武二十四年（1391）		万历二十年（1592）		人口增长率	资料来源
	户数	口数	户数	口数		
潮州府	80979	296784	101558	540806	82.22%	郭棐：《广东通志》卷四一，《潮州府·户口》
广州府	210995	608451	196395	630699	0.037%	同上卷一七，《广州府·户口》
惠州府	23180	108692	32309	108814	0.001%	同上卷三六，《惠州府·户口》
韶州府	18900	80026	16526	84838	0.06%	同上卷二八，《韶州府·户口》

可以认为，明代广东人口的下降趋势，与同期全国人口数的下降大体上是相一致的。究其原因，主要是由于明初行之有效的黄册制度，到明中叶遭到了破坏，导致人口统计的严重失实。其次是豪强地主及官吏胥役对户口的隐瞒漏报，以及连绵不断的天灾人祸所造成的户口减少，也是一个重要的因素。

与明代的情况相反，清代广东的人口数呈不断增长的势头，特别是乾隆、嘉庆以后，人口增长数尤为突出。顺便指出，清初四朝即从顺治至乾隆中年，清政府是以"丁数"来进行人口统计的，虽然不能够从丁数来准确统计当时的实际人口数，但广东人丁数的不断增长反映了实际人口的增长状况，这是毫无疑问的。兹将清初四朝广东的人丁数及其密度

① 参阅《元史》卷六二《地理志五》。

② 参阅《万历会典》卷一九，《户部六·户口一》，户口总数。

③ 参阅《万历会典》卷一九，《户部六·户口一》，户口总数。

和指数列表于下，以供比较[①]：

广东	顺治十八年（1661）	康熙二十四年（1685）	雍正二年（1724）	乾隆三十二年（1767）
人丁数	1000715	1109400	1307866	6938855
人丁密度（每平方公里人丁数）	4.29	4.76	5.61	29.74
人丁指数	100	110.86	130.69	693.39

从表中可见，经过明末清初战乱之后，广东的人丁数在逐渐增长，清初120多年间，全省的人丁数就增长近6倍。

值得注意的，自乾隆三十七年（1772）起，清政府改变了以往按人丁统计人口的办法，下令各直省有司按“户口总数”造报[②]。自此，文献上所记载的广东人口数似乎较为切合实际。现将乾隆末年至光绪年间广东人口的增长情况统计于下[③]：

广东	乾隆五十一至五十六年平均数（1786—1791）	嘉庆十七年（1812）	道光十至十九年平均数（1830—1839）	咸丰元年（1815）	光绪二十四年（1898）
人口数	16175667	19174030	24643100	28388716	29900000
人口密度（每平方公里人口数）	69.34	82.19	105.64	121.69	128.17
人口指数	100	118.54	152.35	175.50	184.85

从表中各项资料说明，自乾隆末年至清末的110多年间，仅封建政府所登记的广东人口数的增长是显而易见的，特别是嘉庆以后的一个世纪，广东人口的增长几乎直线上升，全省人口增长竟超过了1000多万人，达到了惊人的程度。

综上所述，明清500多年间广东人口的增长是相当显著的，换言之，广东劳动力的增长是历史上最迅速的。广东人口增长的特点有二：一是人口增长率高。仅以上引洪武和光绪年间广东人口数来说，即从3007932人激增至29900000人，500年间增长了894%，增长率是很高的。而在明清两代，广东人口的增长也是由缓慢逐步加快的，明代人口增长由于种种原因，是比较缓慢的（除潮州府例外）。清代人口则增长迅速，特别是乾嘉以后广东人口增长的绝对数字已达到了空前的地步。二是人口的地区分布不平衡。大体上是在元代开始形成的广东人口南部多北部少，东部多西部少的人口地区分布趋势继续发展，及至清中叶这种人口地区分布的差异尤为突出。如嘉庆二十五年（1820）广东各府州人口分布数字、比重及其密度就清楚说明了这一点，以下我们以粤中的广州府、粤东的潮州和粤北的韶州等三府人口分布资料列表比较[④]：

① 本表资料系根据《清朝文献通考》卷一九《户口一》编制的。

② 参阅《乾隆实录》卷一三三。

③ 本表资料系根据梁方仲《统计》一书第262页甲表82和第264页甲表85编制的。

④ 本表资料系根据梁方仲《统计》一书第277—278页（甲表88·续）编制的。

	人口数	比重（%）	密度（每平方公里人数）	密度次序	备注
全省	21197741		90.87		密度次序按九府六直隶州（厅）排列
广州府	5799261	27.36	306.84	1	
潮州府	2180905	10.29	151.45	2	
韶州府	1021482	4.82	64.24	10	

从表中显示，嘉庆年间广州府人口数及密度均居全省之首位，潮州府位居第二，而韶州府则明显低于全省的平均水平。这说明了清中叶广东人口特别是劳动人口高度集中于珠江、韩江三角洲及东南沿海一带，它对该地区的农业开发及商品经济的发展无疑产生了直接的影响。而粤北、粤西山区人口比重和密度的下降，则严重制约了山区经济的开发和发展，更突显了广东南北部地区社会经济发展的不平衡性。

应当指出，明清时期广东人口特别是劳动人手的迅速增长是广东劳动力资源开发的一个重要方面。而广东劳动力资源的开发是同这个时期本省经济的全面开发及政府采取相关政策分不开的。如上所述，由于历史的条件和原因，广东的开发较晚，人口分布稀疏，劳动力资源有限。唐宋以后北方移民大都先聚居于粤北地区，他们与当地居民一起开发山区经济，在长期繁衍生育中形成人口分布北多南少的格局。随后由于广东经济的渐次开发，劳动力南移和南部沿海人口的增长趋势日趋明显。明清时期特别是康乾以来，广东经济正进入全面开发阶段，珠江三角洲等沿海地区的土地开发和围垦业发展，不断吸引大量的省外劳动力和本省北部过剩的劳动力，从而促进了这个地区劳动力的相对集中和人口的显著增长，这是广东劳动力资源开发的一个重要原因。与此同时，清政府推行有关赋役改革的政策，也有利于把劳动力重新吸引到土地上来，促进人口的增长。康熙五十一年（1712）政府宣布"盛世滋生人丁，永不加赋"①的政策，自后丁税不再增加，劳动人民的负担比较固定，生活得到一定程度的安定；政府也以此把劳动人民重新吸引到土地上来，增加田赋的收入，这都有利于人口的增长。康熙五十五年（1716）广东首先推行"摊丁入亩"的制度，史称"准广东所属丁银就各州县地亩摊征，每地银一两，摊丁银一钱六厘四毛不等"②。这是将人头税丁银摊入土地的征收办法。清初以来，由于广东土地兼并和赋役不均的严重，人头税丁银的矛盾比较突出，遂致农民纷纷逃亡。实行"摊丁入亩"制度的改革后，这个矛盾初步得以缓和；封建人身依附关系进一步松弛，有利于吸引劳动人民重新回到土地上来，也有利于生产力的发展。这对推动广东经济的全面开发具有重要意义。这是促进广东劳动力资源开发的另一个重要的原因。

二

明清时期广东劳动力资源的开发，还表现在劳动力素质的提高。这是社会生产力水平提高的另一个重要方面。就生产技术和劳动技能而言，广东劳动力素质的提高主要体现在其适应本省经济全面开发的需要，亦即适应珠江三角洲等沿海地区日益发展的精细化、集

① 《清史稿》卷一二一《赋役》。

② 王庆云：《石渠余记》卷三《纪丁随地起》。

约化和商品化的农业生产方式的需要。如果从历史角度进行比较和考察，那是显而易见的。宋元时期，广东正处在开发的初期，农业生产技术比较落后，特别是珠江三角洲及南部沿海地区尤为突出。史称“南方瘴烟地面，土广人稀”[①]，“民少耕桑之业”[②]，甚至到明代初期，沿海一些州县尚有不重视农业的现象，居民“鲜尽其力”，不知“种植之利”[③]。可见当时本省沿海地区农民的生产技术还是比较落后的。明清时期，随着广东农业的深入开发，大量有一定生产技术和经验的省内外劳动力向着南部沿海地区的垦殖业转移，这对平衡本省各地区的劳动力分配，提高新开发地区人民的劳动素质，推动当地农业经济的开发和发展，.都起了重要的作用。以下我们从三个方面进行考察：

（1）宋元以来中原人民或江南人民持续不断的南移，给广东提供了许多有丰富生产经验和熟练耕作技术的劳动人手，这是提高广东农业劳动力素质的一个重要因素，对推动广东农业经济的开发和发展起了积极的作用。据文献记载，从中原或江南迁徙到广东各地的诸多族、姓，实际上就是以宗族或主仆关系组成的大家族，他们聚族而居，带来了先进的文化、生产技术和生产工具，成为开发本地区的一支生力军。方志资料表明，宋元时期北方人民经“由闽之汀州，赣之赣州转徙南下”[④]，大多分居于粤北和粤东北地区，他们主要从事垦殖业。如嘉应州（即梅州），南宋以前土著居民稀少，“郡土旷民惰，而业农者鲜”，“田每以工力不给废”，自南宋以来“悉藉汀、赣侨寓者耕焉”[⑤]，由是该地区的农业经济得以开发起来，这说明从闽、赣而来的移民是一支有生产经验和技术的劳动力大军，他们对开发山区经济和改变“土旷民惰”的落后面貌，发挥了重要的作用。韶州的情形亦如此。史称“曲江土著民籍，多来自赣、闽”，“以客籍为土著者……殆十而八九”[⑥]。可见自宋元以来粤北地区的劳动力主要是从赣、闽来的移民补充，他们成为开发山区农业经济的一支有生产技术和经验的生力军。

值得注意的，在北方来的移民中一部分原先聚居于南雄州，后来又相继从南雄州迁徙到珠江三角洲一带落籍。仅黄慈博所辑《珠玑巷民族南迁记》中就提及有160多个族姓先后落籍于珠江三角洲各县，这些著姓大族富有生产技术与经验，他们大力兴筑堤围，垦辟荒坦，对开发珠江三角洲等地的农业经济起了重要的作用。如顺德县龙江乡有“族姓”29个，其中经由珠玑巷而来落籍的就有卢、霍、金、唐等12个，而土著族姓只有10个[⑦]。可见北方移民成为开发本地区垦殖业、特别是商品性农业经营的重要力量。顺德县大良的罗氏，其先代于北宋宣和年间便移居南雄珠玑里，后因“南渡避乱，再迁（至）南海之大良”，在这里聚族开发，“广置田庄三百顷”[⑧]，成为大良有影响的著姓之一，又如广州官窑村的刘氏，其始祖于唐末“自浙（江）徙广（东）”，后“复迁于官窑村”，开发农业，成为村中有名的著姓。洪武年间族人刘万石为“筑墟以防水患”，捐资三百两，“集众鸠

① 黄慈博：《珠玑巷民族南迁记》，广东中山图书馆，1957年。

② 道光《新会县志》卷七《宦绩》。

③ 民国《阳江志》卷二五《宦绩》。

④ 民国《赤溪县志》卷八《附编》。

⑤ 光绪《嘉应州志》卷七，引王象之《舆地纪胜》，梅州图经。

⑥ 宣统《曲江乡土志》，《历史门·曲江氏族》。

⑦ 参阅民国重刊《顺德龙江志》卷一《族姓》。

⑧ 咸丰《顺德县志》卷二二《列传·罗铸夫》。

工”，于“地方百里悉设墟岸，凡三年告成”[①]，对当地农田水利的开发作出了一定的贡献。以上事例说明，聚居于珠江三角洲各地的移民，他们实际上是一支有生产技术和经验的农业生力军，他们不仅补充了本地区一大批劳动力，而且也提高了本地区劳动力的素质，对开发沿海地区的经济无疑发挥了重要的作用。

（2）明清时期广东北部和东北部过剩的劳动力不断向南部沿海地区转移，相对平衡了本省各地区劳动力的分配，也有利于提高广东整体劳动力的素质。就劳动力资源的配置而言，明清以前，广东北部地区劳动力资源比较充足，南部地区不惟劳动力不足，而且素质也较低。明清以后，随着广东经济开发的深入和加快步伐，开始出现本省北部和东北部的过剩劳动力向南部沿海地区的历史性转移。究其原因主要有以下几点：

一是由于珠江三角洲及沿海地区的围垦业和种植业加快了开发的步伐。如上所述，宋元时期这个地区尚处在初期开发阶段，农业经济的发展水平比较落后，同北部地区的经济比较还有一定的差距。明清以后，特别是康乾以后，情况发生了很大的变化。珠江三角洲等沿海地区的围垦业和种植业加快了开发的步伐，农业商品性生产日益发展，这就需要大量有生产技术和经验的劳动人手。这是吸引本省北部和东北部相对过剩的劳动人手（包括上述部分从闽赣而来的移民）的重要条件。关于这一点下面还要论述，这里从略。二是由于清初封建政府实行残酷的“迁界”政策给沿海地区造成了极其严重的破坏。据载，康熙元年（1662）、二年（1663）或三年（1664），广东沿海先后两次实行大规模的“迁界”[②]行动，对当地社会生产力和农业生产造成了惨重的损失。史称“因是迁徙（近海之民于内地），民至窘匮，无以资生，渐渐死亡者十不存其八九，以致迁地空虚”[③]。康熙二十二年（1683）广东虽然“复界”，但“边界虽复而各县被迁内徙之民，能回乡居者已不得一二，（致使）沿海地多宽旷”，对此省督抚不得不向中央政府“奏请移民垦辟以实之”[④]的政策，这一政策连同康乾时期政府重申奖励垦荒的政策，对吸引省内外劳动力到沿海地区从事垦殖业产生了积极的效果。以粤西沿海地区为例，当时便掀起了“惠、潮、嘉及闽、赣人民，挈家赴垦于广州府属之新宁，肇庆府属之鹤山、高明、开平、恩平、阳春、阳江等州县”[⑤]的“垦辟”热潮。直到乾隆初年仍继续保持着这种移民垦荒的势头，“惠、潮、嘉人来垦者仍众，至是生齿日繁”[⑥]。像这种规模宏大的移民垦殖热潮，对于迅速恢复因“迁界”而造成沿海生产力的破坏，以及开发沿海大片荒闲的土地，促进农业生产的恢复和发展，都起到一定的作用。三是由于清初广东北部和东北部人多地少、劳动力相对过剩的矛盾越来越突出，因而出现了大批劳动力向新开发而又缺乏劳动力的南部和西南部沿海地区的转移。我们知道，广东北部和东北部开发较早，分布在南雄州、韶州、连州及嘉应州（梅州）、潮州和循州（惠州）等人户，他们大多就是宋元以来自江、浙、闽、赣等地迁徙而来的移民，他们与土著居民一起从事垦殖业，促进了粤北山区经济的发展。由于长期的开发与繁殖，到明末清初，“各地生殖日繁”，劳动人口迅速增长，受到了山区山多田少的

① 光绪《广州府志》卷一一五《列传·刘万石》。

② 参阅嘉庆《新安县志》卷一三《防省志·迁复》、民国《赤溪县志》卷八《附编·开县事记》。

③ 民国《赤溪县志》卷八《附编·开县事纪》。

④ 民国《赤溪县志》卷八《附编·开县事纪》。

⑤ 民国《赤溪县志》卷八《附编·开县事纪》。

⑥ 民国《赤溪县志》卷八《附编·开县事纪》。

自然条件限制，出现了人多田少的尖锐矛盾。这些所谓无田可耕的过剩劳动力迫切需要寻求出路，而康乾以后本省南部沿海地区正处在全面开发阶段，需要吸收大量有生产技术和经验的劳动人手。所以大批劳动力便自然向着南部和西南部沿海地区转移，这是他们当时的一条主要出路。史称他们为谋“生计”，“又多迁移于广（州府）属之番禺、东莞、香山、增城、新安（宝安）、花县、清远、龙门、从化、三水、新宁（台山），肇（庆府）属之高要、广宁、新兴、四会、鹤山、高明、开平、恩平、阳春，以至阳、罗、雷诸属州县，或营商寄寓，或垦辟开基，亦先后占籍焉”[①]。可见从本省北部和东北部移居到本省南部和西南部的劳动人手，他们主要经营垦殖业，也有经营商贩业等。这次劳动力的大转移，大抵从康乾至咸丰年间，经历了一个多世纪，遍布本省中南部和西南部数十个州县，具有时间长、范围广的特点。这次省内各地区之间劳动力的大转移，给正在开发的南部沿海等地区补充了一大批有生产技术和经验的劳动人手，它不但平衡了本省各地区劳动力配置，而且也大大改善了南部沿海地区劳动力的素质，从而加速了珠江三角洲等沿海地区围垦业、种植业的开发及农业商品化生产的发展。

（3）广东土著人民在长期的开发和生产实践中，也逐渐提高了自身的生产技术和技能，摸索和积累了一套因地制宜的耕作技术、耕作制度和经验，改变了原来那种比较粗放落后的生产意识及耕作方式，这也是广东劳动力素质提高的又一个重要表现。综观明清500年间广东土著人民生产技术和经验的提高，大体上有以下几个方面：

首先是在明清政府“重农务本”和推广先进生产技术的鼓励下，广东各地土著人民改变了原来那种粗放落后的耕作方式和习俗，提高了生产意识和生产技术。如明初政府推行“重农务本”政策，大力增加生产性的劳动人手，积极鼓励垦荒[②]，推广种植经济作物，委派官员到不懂得种植经济作物技术的州县，“教以种植之法”[③]，并把“劝督”农桑的实绩作为考核地方官员的内容，载入《大明律》中。广东各地官员也结合当地实际贯彻执行政府的上述指示精神，如洪武中年粤北南雄府知府教民学习“农桑”种植技术就是一个例子。他针对土著人民以往不重视农桑之业，不懂得农桑种植之法，亲自作示范，“于城东旷地筑桑园，教民树桑”，又“劝民耕作，自是民知以农桑为业”[④]，当地人民学会了农桑种植技术，对山区经济的开发起了推动作用。又如粤西沿海阳江县，北宋真宗时尚未开发，“地多烟瘴，徭獠杂处”，土著人民多以渔盐为业，而对农业“鲜尽其力”，耕作粗放落后，岁或一熟。嘉靖中年，该县知县重视推广农业技术，教民种麦，推广麦稻连作三熟制，即合理安排“冬麦、夏粘、晚稻三”，称为“三收法”[⑤]，改变了沿海人民过去忽视农耕的习俗，掌握了三熟制的耕作技术，懂得了“种植之利”。

其次是土著人民在与北方移民“杂处”中，学习他们的先进生产技术和经验，提高了自身的生产技能。如粤东沿海的惠来县，土著人民与“漳、潮（移民）杂处”，学习其垦殖的技能与经验。落籍于惠来县的方骥，原籍福建莆田，官宦之家出身，他根据本地沿海

① 民国《赤溪县志》卷八《附编·开县事纪》。

② 《明典章》第一册，洪武元年八月十一日诏：“各处荒闲田地，许令诸人开，永为己业，与免杂泛差役；三年后，并依民田起科租税。”

③ 《明太祖实录》卷二三二。

④ 道光《直隶南雄州志》卷六《名宦列传》。

⑤ 民国《阳江志》卷二五《职官志·宦绩》。

"平畴沃壤"，有利于发展种植业，向当地人民传授农耕技术，"教民稼穑，辟汙莱，得田数百顷"[①]。换言之，当地人民向他学习开垦知识和技术，推动了本地区农田的开发和利用，发展了沿海的农业生产。值得指出的，岭南地区过去没有种植小麦的习惯，明清时期广东南北各地逐步推广种植小麦，这是土著人民在同移民长期杂处中学习他们种植小麦经验的结果，当然也是同地方官府提倡种植小麦分不开的。

第三是土著人民在长期生产实践中也积累了丰富的生产经验，摸索出一套因地制宜获取丰产的耕作制度和技术。如新会县沿海人民在长期生产实践中摸索到改造潮田、提高水稻产量的经验。该县潮莲乡因受海潮的影响，水稻产量很低，直到明中叶仍为每"岁一稔"（即岁一熟），乡民区鉴因地制宜，改良潮田种稻的方法，亲自"率众筑堤捍海，为蓄泄法，遂获两熟"[②]。换言之，通过兴修水利，筑堤防潮，以"蓄泄法"改造潮田，使单造改变为双造种植，大大提高了水稻的产量。类似新会县人民在生产实践中探索改造潮田，使一季稻改变为双季稻的技术和经验，在广东沿海地区还有不少例子。东莞县人民在长期生产实践中总结出根据不同水稻品种，改变施肥的结构、数量及方法，提高水稻产量的经验。如水稻品种"雪白粘"，采用"禾草灰、磷肥、生麸等为肥料，用量随地宜异，淡质肥料宜分次落"，再配合"耘耨驱虫等"，"每亩约收谷五百余斤"[③]，这是因地制宜、通过巧施肥而获得水稻高产的经验。又如粤东潮阳等县人民，因地制宜摸索出一套行之有效的耕作技术及经验。据乾隆年间潮阳人郑之侨《农桑易知录》的记载，当地人民总结出一套犁耙（如犁冬晒霜）、插秧、中耕、制肥、追肥等生产技术和经验，并取得了丰产的经济效益。

应当指出，在广东人民特别是沿海地区人民生产技术和技能的全面提高中，最具代表性的是珠江三角洲"基塘"经济的开发及其经营方式。如南海和顺德等县人民历史上已有养鱼的传统习惯，明初以来，他们开始在一些"地势低洼，水潦频仍"，不宜种稻的土地上"凿池蓄鱼"，即在这些土地上深挖成塘，将挖出泥土覆于四周成基，池塘养鱼，基面种荔枝、龙眼等果木，收获果鱼之利，史称"果基鱼塘"[④]。这是因地制宜、综合利用土地资源，提高生产效益的第一步。大约至明万历以后，"果基鱼塘"改变为"桑基鱼塘"，基塘经济进一步发展。所谓桑基鱼塘，即将原来在基面种植的果木改为种桑养蚕，以蚕沙养鱼，又以塘泥肥桑，实现养鱼、种桑、养蚕三者之间的连环性生产体系，达到养鱼蚕桑双丰收的目的，称为"桑基鱼塘"的经营方式。清雍乾以后，珠江三角洲的桑基鱼塘迅速发展。不少地方已将稻田改为基塘，甚至"悉变为桑基鱼塘"[⑤]了。而在基塘经济的经营中，当地人民又进一步讲究桑基与鱼塘两者面积的合理比例，认为"基六塘四"是一个达到养鱼蚕桑高产的连环性生产结构。在鱼塘养鱼中，他们掌握科学配搭不同品种鱼类（如鳙、鲢、鲩、鲮等）的方法，使之互相促进发展，实现良性的生态平衡及高产的效益。史称桑基鱼塘经济蚕桑养鱼"两利俱全，十倍禾稼"[⑥]的收益。可以认为这种基塘经济的模

---

① 雍正《惠来县志》卷一四《乡贤》。

② 光绪《广州府志》卷一一五《列传》一四。

③ 民国《东莞县志》卷一五《舆地略》物产。

④ 参阅万历《顺德县志》。

⑤ 参阅民国《顺德县志》卷一《舆地·物产》、民国《龙江乡志》《舆地略》。

⑥ 参阅光绪《高明县志》卷一《地理·物产》。

式，是一种比较科学合理综合利用土地资源、符合农业生态平衡并适应商品经济发展需求的高经济效益的经营方式。它集中反映了广东人民尤其是珠江三角洲人民的聪明智慧及生产技术和经验诸素质的提高。这是明清时期广东劳动力资源开发中劳动力素质提高的一个重要标志。也是这个时期广东社会生产力（尤其农业生产力）发展水平在全国区域经济中居于领先地位的表现。

三

以上我们从广东经济发展的角度，初步考察了明清时期广东劳动力资源开发的一般情况，由此得出以下几点结论：

（1）明清时期广东人口的显著增长，说明了本省劳动力资源特别是农业劳动力资源的丰富，它为这个时期本省农业经济的全面开发提供了充足的劳动人手。这是广东劳动力资源开发的一个重要方面，也是广东社会生产力（尤其农业生产力）水平提高的一个表现。值得注意的，广东人口增长有其特点，一是人口增长率高。明清500年间全省人口从300万左右激增至2990万人，增长近9倍。特别是清雍乾以后，人口增长达到了空前的地步。二是人口分布不平衡。随着本省南部沿海地区的全面开发，吸引了大批劳动力的南移，因而更加剧了原来人口地区分布中南多北少、东多西少的不平衡性。这个时期本省人口增长的原因很多，主要是由于本省经济进入了全面开发阶段，特别是珠江三角洲等沿海地区的开发，不断吸引了北方劳动力和本省北部劳动力的大批南移，这是本省劳动力增长的一个重要原因。其次是由于封建政府推行有关鼓励垦荒和赋役改革的政策，如康熙政府宣布“盛世滋生人丁，永不加赋”的政策及广东首先试行“摊丁入亩”制度等，都有利于将劳动人手重新吸引到土地上来，这也是本省劳动力增长的另一个重要原因。

（2）明清时期广东劳动力不仅数量增加，而且素质也有明显的提高。主要表现在劳动者生产技术、技能和经验诸素质的提高。这是广东劳动力资源开发中的另一个重要方面，也是广东社会生产力（尤其农业生产力）水平提高的另一个表现。综合而言，这个时期广东劳动力素质提高的因素大致有三：一是宋元以来中原人民或江南人民持续不断的南移，给广东提供了许多有丰富生产技术和经验的劳动人手，大大提高了本省劳动力素质的水平。二是明清时期特别是雍乾以后，广东南部沿海地区加快了开发的步伐，吸引了本省北部地区过剩劳动力的大批南移，有利于改善和提高南部沿海地区乃至全省劳动力素质的水平。它对加快开发珠江三角洲等沿海地区的围垦业、种植业和农业商品化生产具有积极的意义。三是广东土著人民在长期的开发和生产实践中，通过种种方式和途径不断提高其自身的生产意识及生产技术，总结出一套因地制宜获取丰产的耕作技术和经验。(1）在政府“重农务本”和推广先进生产技术的鼓励下，本省土著人民改变了原来那种粗放落后的耕作方法和习俗，提高了生产意识和生产技术。(2）土著人民在与移民长期“杂处”中，学习他们的先进生产技术和经验，提高了自身的劳动素质。(3）更重要的是，土著人民（包括已本地化的早期移民）在长期的开发和生产实践中，也提高了自身的生产技术和技能，总结出一套因地制宜、获取丰产的耕作技术和经验。其中，最具代表性的是珠江三角洲“基塘”经济的开发及其经营方式。这种基塘经济的模式，是一种比较科学合理综合利用土地资源、符合农业生态平衡并适应商品经济发展需求的高经济效益的经营方式。它集中反映了广东人民尤其珠江三角洲人民的聪明智慧及生产技术和经验诸素质水平的显著提高。这是明清时期广东劳动力资源开发中劳动素质提高的一个重要标志。也是这个时期广东社会生产力（尤其农业生产力）发展水平在全国区域经济中居于领先地位的表现。

（3）广东劳动力资源开发和利用还有其不足的一面。存在的问题主要有二：一是广东劳动力资源的开发和利用存在着地区间发展的不平衡性。就劳动力的分布及其素质而言，本省南北部地区的差距很大，而且这种差距日益突出。就以上述嘉庆二十五年（1820）每平方公里的人口密度比较，全省的人口平均密度为90.87人，南部广州府为306.84人，而北部韶州府为64.24人，除南雄州外，连州、佛冈、连山三直隶州的人口密度分别为49.76人、15.84人和10.68人[①]，又明显低于韶州府的水平。这表明本省北部山区的劳动力严重短缺，而且其生产技术和经验诸素质的水平更远远低于南部沿海地区的水平。这种状况势必严重制约着本省北部山区经济的发展，越来越明显地拉开了本省南北部地区经济发展水平的差距，同时也影响到南部沿海地区社会经济的进一步发展。二是广东人口的迅速增长已远远超出了本省同期土地开发的增长率。亦即是劳动人口的急剧上升大大超过了土地开发的承受能力，从而引发出由于人多地少的矛盾所带来制约经济发展的严重问题。据前面的资料显示，明清500年间广东人口的增长率为894%，而同期土地的开发从明初的237341顷增至光绪十三年（1887）的347308顷[②]，土地增长率为46.3%，可见两者的增长率差距甚大。如按全省人均占有土地数计算，明初本省人均占有7.91亩，至清光绪中年则下降到1.16亩，而且这个人均占有土地数还要呈继续下降的趋势。这就进一步加剧了自清雍乾以来本省业已出现的人多地少的矛盾，从而引至本省粮食供给的严重短缺，由此制约了本省经济的进一步发展。这个历史经验教训值得我们引以为鉴。

［原文载于《暨南学报》（哲学社会科学）1996年第3期］

① 参阅梁方仲《统计》一书第277—278页（甲表88·续）。

② 参阅梁方仲《统计》一书第380页乙表61。

明清广东铁农具的生产

鲍彦邦

明清时期，随着广东经济的全面开发，作为农业开发与生产的主要工具铁农具在继承唐宋以来先进制造技术的基础上进一步改革创新，获得了长足的发展，并促进了广东农田水利、垦殖业和沿海围垦业的开发，以及沿海地区农业商品性生产的迅速发展。这是广东社会生产力特别是农业生产力提高的一个重要表现。本文试图就明清时期广东铁农具的生产、发展及其普遍推广使用进行初步的考察。

一

明清时期广东铁农具的改革和制造是在唐宋以来我国南方特别是江南地区铁农具改进的基础上迅速发展起来的。为了说明问题，我们简要概述一下唐宋以来南方地区铁农具改进的情况。先说牛耕铁农具的改进情形。大致而言，唐宋以来南方地区牛耕铁农具无论在制造技术抑或结构方面都比前代有了明显的进步。唐末陆龟蒙《耒耜经》记述的“江东犁”是一种短辕或曲辕犁，约由11个部件组成，结构坚固、精巧，犁辕上装有可调节翻土深浅的“犁评”和便于转动的“盘犁”，可见这种耕犁的结构比以前有了很大的改进。至迟在宋代，在耕犁上又发明了“犁刀”，它是用“钢刃熟铁”制成的[①]，质地坚固而锋利。这种犁刀主要用于开垦荒地，故称为“开荒刀”[②]。及至元代这种犁刀又称为“镰刀”。据载，在垦荒时先用镰刀开荒，再以犁铧垦耕，就能收到“起拨特易，牛乃省力”[③]的功效。这说明宋元时期用钢刃熟铁制成的犁刀是铁农具的一项重要改革，它大大提高了耕犁在垦荒中的作用和功效，促进了南方地区垦殖业的发展。

再说人工垦耕铁农具的改进情形。宋元时期南方地区人工垦耕铁农具主要有“踏犁”和“铁搭”两种，都是采用“钢刃熟铁”制成的[④]。“踏犁”是一种人工垦荒用的农具，北宋政府十分重视踏犁的推广使用，太宗、真宗时政府曾下令制造大批踏犁，分配给各地农户使用[⑤]。关于踏犁的结构，王桢《农书》称其为“踏田器”，又谓之“踏犁”，即在镵上置有长柄，柄上有一横木，垦耕时两手握横木，用脚踏其后部，使刃入土，然后掘起土块。这种人工操作的踏犁功效颇佳，“凡四五人力，可比牛一具”[⑥]，达到了“代耕”“省

① 参阅杨宽《我国历史上铁农具的改革及其作用》，《历史研究》1980年第5期。

② 参阅《宋会要辑稿》，《食货三之十七・营田》和王祯《农书》卷二《垦耕篇》。

③ 参阅《宋会要辑稿》，《食货三之十七・营田》和王祯《农书》卷二《垦耕篇》。

④ 参阅杨宽《我国历史上铁农具的改革及其作用》，《历史研究》1980年第5期。

⑤ 参阅《宋史》卷一七三《食货志・农田》。

⑥ 参阅《宋史》卷一七三《食货志・农田》。

力”“得土又多”[①]的效果。

“铁搭”又称铁齿耙，也是一种人工垦耕用的铁农具。据考古资料表明，宋代江南地区铁搭的制造技术已达到了较高的水平。如1956年江苏扬州附近出土的宋代铁搭，其形制是一把四齿铁耙，与现代农村使用的四齿耙大致相同[②]。元代南方使用的铁搭，形式多样，功效更佳。史称这种铁搭为“四齿或六齿，其齿锐而微钩”，“南方农家，或乏牛耕，举此斸地，以代耕垦……日可斸地数亩”[③]。可见这种铁搭是在南方农村尤其缺牛地方广为流行且功效颇佳的一种人工垦耕铁农具。

明清时期广东继承了唐宋以来南方地区制造铁农具的先进技术及改革成果，并在这个基础上改革创新，使铁农具的质量进一步提高，种类日臻齐备。如上所述，宋元时期江南地区耕犁等铁农具采用钢刃熟铁制成的，是一种先进的生产工具。明代广东佛山等地仍然继续采用这种钢刃熟铁技术，生产耕犁、耕耙等铁农具，而且进一步发明了“生铁淋口”的新技术，即在熟铁制成的农具刃部，使用熔化生铁淋口，再经过入水冷处理，使之制成刚劲的“擦生”铁农具[④]。当时佛山等地生产的锄、镈等农具就是采用了这种擦生铁技术制成的。其优点是制造简便，又具有钢刃特性。它无疑是广东铁农具改革中的一项重要成果，对于这个时期广东农业开发和农业商品性生产起了促进的作用。

值得指出的，明清时期广东铁农具的生产不仅继承了前人的先进技术和经验，并在此基础上改革创新，发明了“擦生”铁农具的新技术；而且还因地制宜适应了本省经济全面开发的需要，亦即适应了珠江三角洲等沿海地区日益发展的精细化、集约化和商品化的农业生产方式的需要，使铁农具的制造在品种、规格和用途上更加讲究和齐备。从文献资料来看，似乎可以说现代广东农村流行使用的一般牛耕和人工代耕的大小型铁农具在明清时期都已基本上具备了。如果按铁农具的用途和使用方式来划分，明清时期广东铁农具的生产大体上可分为以下类别：(1) 牛耕的铁农具，有各种形制的耕犁、耕耙、犁刀、铧等；(2) 人工代耕的铁农具，有铁搭、踏犁、锄（或鎒锄）、铁齿、鉏锹、木牛等；(3) 中耕、收割等用的农具，有秧马、耘荡、镰刀等；(4) 园艺、基塘等用的农具，有桑锯、桑剪、桑钩、刮桑钯、接桑刀、切叶（桑叶、烟叶等）刀、各式果刀、蔗刀等；(5) 其他农用工具，有各种形制或各种用途的水车、风柜、禾艇等。以上各种铁农具既有宋元以来流行使用的先进农具，也有明清时期适应广东沿海经济特别是农业商品性生产发展需要而生产的新农具。总之，明清时期广东生产的各种大小铁农具一应俱全，基本上满足了本省农业全面开发的需要，特别是珠江三角洲等沿海地区新兴的“基塘经济”及农业商品生产发展的需要。

二

明清时期广东铁农具的生产主要集中在冶铁铸造业的中心都会佛山地区，其次是分布在本省产铁的州县。广东冶铸业历史悠久，专业分工精细，其中铁农具的生产是冶铸业中

① 王祯：《农书》卷一三《镬锸门》。

② 参阅蒋缵初《江苏扬州附近出土的宋代铁农具》，《文物》1959年第1期。

③ 王祯：《农书》卷一三《镬锸门》。

④ 参阅宋应星《天工开物》卷一〇《锤锻·锄》。

的一个重要行业。由于历史文献对铁农具等行业缺乏具体的记载，所以我们企图通过冶铸业或炒铁业的分析来说明铁农具行业的一般情况。首先关于广东冶铸业生产的性质。自明初以来，包括铁农具行业在内的冶铸业便开始由商民经营，具有民营的性质。洪武年间封建政府虽曾下令严禁民间采矿冶铸，《大明律》对所谓“盗掘”违例者规定“分别轻重治罪”。但由于发展农业生产需要铁农具，发展手工业也需要各种金属原料，故明政府不得不解除禁令，于洪武二十八年（1395）正式宣布“罢各布政司官（营铁）冶，令民得采炼出卖，每岁输课三十分取二”①。换言之，各地商民须经呈报官府，领取许可证，缴纳铁课，即可自行采矿、冶铸。如万历年间佛山冶铸炉或炒铁炉规定征收“门摊炉煽银”②，潮州府海阳等五县炉户“岁纳军饷银”③。清代大体上仍沿用上述的制度，规定商民“领照纳税”后方可制造铁农具等器，关于这一点下面还要论述，这里从略。总之，自洪武末年以后，广东佛山及各州县民营冶铸业包括农具行业便日益发展起来，而原来曾兴盛一时的粤北阳山等县的官营冶铸业从此就衰落下去了。

其次，关于广东民营冶铸业的承担者，主要是来自佛山等地城乡的一般炉户或炉主，即所谓“殷实商民”。就佛山炉户或炉主而言，他们似乎大都是原来以务农为业，后来转化为冶铁炉户或炉匠，是属于小商品生产者。而另一部分人则是资本比较雄厚的“大商”“富豪”“豪族”等，其中有的大炉户是商人兼作坊主，有的是豪族、族长出身的作坊主。

据载，明初南海县佛山堡八图居民，原来大都以务农为业。洪武年间，佛山祖庙门前一带曾“多建铸造炉房”④，炉户比较集中在这里，但人数似乎还不算多。大抵自永乐以后，由于明政府对民间冶铸业解除禁令，佛山冶铸业便得到发展的机遇，原来分布在祖庙门前一带的炉房逐渐向本镇南部和东南部转移发展，由是从事冶铸或炒铁的炉户人数也日益增加。据初步估计，景泰二年（1451）佛山堡已“民庐栉比，屋瓦鳞次，几三千余家”⑤。成化弘治年间，佛山“居民大率以铁冶为业”⑥，可见明中叶佛山炉户人数迅速增加。崇祯年间佛山“本堡食力贫民，皆业炉冶”，“各依制造铁器，各有各行”⑦；是时“佛山炉户，计数万家”⑧。由此足以说明明末清初佛山炉户（包括农具行炉户在内）之高度集中在广东乃至东南各省中是相当突出的。

应当指出，随着佛山冶铸业的发展，一般炉户在商品市场的激烈竞争中也发生了明显的分化。大体而言，在佛山炉户中以一般炉户占多数，上引崇祯年间佛山“食力贫民，皆业炉冶”即说明了这一点。这些自食其力的一般炉户，主要依靠家庭内的劳动力组织小规模的生产，属小商品生产的性质。佛山族谱中的李氏世家就是一个有代表性的例子：明初李氏始迁祖李广成自佛山附近的里水迁居佛山，并从那里带来了“铸冶之法”，由是“世擅其业”。他的生产似乎是一种简单商品再生产，即“所业止取给衣食，不为赢余”⑨。其

① 《明会典》卷一九四《冶课》。

② 崇祯《南海县志》卷六《租税》。

③ 郭棐：《广东通志》卷四二，《郡县志二九・潮州府矿冶》。

④ 光绪《佛山梁氏家谱》，《明清佛山碑刻文献经济资料》第295页，广东人民出版社1987年版。

⑤ 《佛山真武祖庙灵应记》，《明清佛山碑刻文献经济资料》第3页，广东人民出版社1987年版。

⑥ 丘浚：《丘文庄公集》卷七《东溪记》。

⑦ 《广州府南海县饬禁横敛以便公务事碑》，《明清佛山碑刻文献经济资料》，广东人民出版社1987版。

⑧ 颜俊彦：《盟水斋存牍》卷二，《息讼霍见东等杖》。

⑨ 李待问：《李氏族谱》卷五，《广成公传》。

后代明中叶的李靖山，仍维持“兄弟同冶为业”[①]；嘉靖万历年间的李季泉，也还是亲自劳作、“十指上汗血犹鲜”[②]的普通炉户。

在佛山炉户中也有一部分人以“冶铸”致富，他们凭借其有利的条件，扩大其生产的规模，在市场竞争中取得了优势，成为资本比较雄厚的冶铁大户。其表现有以下几种：一是凭借冶铸技术或精心经营，扩大再生产。如正德嘉靖年间佛山炉户李古松，由于“以铸冶能，拓其家”[③]，即依靠其冶铸技术起家致富的。嘉靖万历年间李广源由于精心经营炉冶，“躬自鼓铸”，“器无饰窳，价无饰售，而赀因以大拓”[④]，成为一个冶铁大户。明末清初佛山炉户陈尚文，也是一个“业擅炉冶，扩产饶裕”[⑤]的大户。二是由于时机有利，生意兴隆，起家致富。如明末佛山炉户黄俊叟，利用顺治中年发展机遇，“铸冶日已丰隆”，遂“致积有千金”[⑥]，并将其一部分商业资本购置房地产。康熙雍正年间炉户黄和平，也是由于时机有利，“铸冶兴隆”而获得发展，并“积有千金”[⑦]产业。三是由于销售顺畅或在外投资，而起家致富。如嘉靖万历年间佛山炉户李见南，经营铁农具等器的销售，“往来樟江清源”地区，产品远销千里之外，由是日益“拓产”“饶裕”[⑧]，成为富有的铁商。清初佛山炉户黄沛庵，曾“就利于新兴、阳春等处”，投资冶铁业，后来返回佛山“仍归旧业”，因“铸造兴隆，积有千金”[⑨]，成为冶铸大户。四是商业资本投资于冶铁业，并起家致富。如崇祯年间新会潮连人卢克敬，原来“从事商贩”，“居奇货，辄获重利；后从贩珠致巨富”，成为“财雄一乡”的富商。其后，他到佛山投资冶铁业，并“以业铜铁起家”，至清初便成为“拥资数十万”[⑩]的大炉主。以上是明清时期佛山炉户中的一部分人通过种种方式上升为富裕的大炉户或大作坊主的事例。其中少数的“大商”“豪富”“巨族”以其雄厚的资本和实力，逐步控制了冶铁业的生产与营销管道，甚至操纵了佛山冶铁业的经营。明末清初人陈子升概括地指明了这一点：佛山“向来二三巨族为愚民率，其货利惟铸铁而已”[⑪]。这是明清时期广东冶铁业（包括农具行业）发展的一个特色。

第三，关于广东冶铁业中铁农具的生产与发展。铁农具的生产是冶铁业中的一个重要行业，随着明清时期广东农业经济的全面开发，铁农具的需求量与日俱增，因而极大地推动了广东铁农具的生产。作为广东冶铸业的中心都会佛山镇，其铁农具的生产就占居特别重要的地位，它实际上已成为本省铁农具最集中的生产地与最主要的供应地。

自明代以来，佛山铁农具的生产是冶铸业中的一个重要行业。据崇祯八年（1635）南

① 同上书卷五，《靖山公传》。
② 同上书卷五，《季泉公传》。
③ 同上书卷五，《古松公传》。
④ 同上书卷五，《镜源公传》。
⑤ 同治六年佛山《纲华陈氏族谱·派世表十六世》。
⑥ 《江夏黄氏族谱》。
⑦ 《江夏黄氏族谱》。
⑧ 李待问：《李氏族谱》卷五《见南公传》。
⑨ 《江夏黄氏族谱》。
⑩ 卢子骏：《新会潮连芦鞭卢氏族谱》卷二四《家传谱·十四世寅宇公》。
⑪ 道光《南海县志》卷八《舆地略四·风俗》。

海县的官方文告称，佛山“先年”的冶铸业中已有“农具”行业[①]。当时“炒铸”或“炒铁”制品是以铁锅、农具、铁线、器仗等为主，农具行业与农业生产直接关联，其重要性显而易见。故史称“炒铁之为用至广，上资军仗，下备农器”[②]。大约自正德末年广东实行“盐铁一体”政策以后，佛山炒铁业包括铁农具的生产便日益发展与兴旺，是时不仅佛山炉户生产铁农具等器，而且本省各产铁州县如潮州府海阳五县等炉商亦往往将其生铁运赴佛山铸造农具发卖[③]。佛山已名副其实成为广东铁农具生产的中心都会了。由于种种原因，清初政府决定将佛山铁农具等器的生产列入“官准专利”，规定“通省民间日用必须之铁锅、农具，必令归佛山一处炉户铸造”[④]。佛山获得了铁农具生产的“官准专利”后，对其进一步发展铁农具的生产极为有利，兹略述如下：

一是佛山制造农具所需的生铁是由政府指定本省（包括广西一些州县）各地出产优质生铁供给的。清初政府规定：“两广所属的大炉炼出铁块，尽数运往佛山发卖，由佛山炉户一体制造铁锅、农具”[⑤]。众所周知，广东所产之生铁是以品质优良著称，故史称“铁莫良于广铁”[⑥]。粤西罗定县就是一个例子。据载，罗定县盛产优质铁，所谓“（广东）诸冶惟罗定大塘基炉铁最良，悉是锴铁”，“诸炉之铁既成，皆输佛山之埠”[⑦]。亦即罗定所产的优质铁专门供给佛山制造农具等器。可以认为，清初政府的这种政策，对确保佛山获得充足而优质的生铁来源提供了必要条件，这也是佛山之所以能够生产出优质铁农具的一个重要原因。

二是佛山获得“一体制造”全省农具的“专利”后有利于发挥其铸造技术精良的优势。历史上佛山炉匠向来以技艺精良而著称，他们在长期冶铸实践中掌握了熟练的技术与工艺流程，积累了丰富的生产经验。屈大均指出，“佛山俗善鼓铸”，“冶者必候其工而求之”，“诸所铸器（即包括农具等器）率以佛山为良”[⑧]。王守基亦称，“冶铁之工，莫良于佛山”，“其铸而成器也，又莫善于佛山”[⑨]。总而言之，佛山冶铸技术堪称一流水平，在岭南乃至东南地区中也享负盛誉。清初以来，佛山获得“一体制造”全省农具的“专利”后更能发挥其炉匠技术的优势，确保生产出规格统一、品质优良、用途多样的各种大小农具，以满足广东农业开发的实际需求。这是佛山生产优质铁农具的另一个重要原因。

三是清初佛山获得生产铁农具的“专利”后进一步促进其铁农具行业的发展。由于获得官准专利，佛山炉户既有生产专利权，又有生铁来源的保证，而本身又拥有技术的优势，再加之清初广东经济面临全面开发，对铁农具需求量大幅增加，这就给予佛山炉户发展铁农具生产的极好机遇，从而推动了佛山铁农具生产的迅速发展。事实上，雍正乾隆年

① 参阅崇祯八年《广州府南海县饬禁横敛以便公务事碑》，《明清佛山碑刻文献经济资料》第13—15页，广东人民出版社1987年版。

② 《鼎建佛山炒铁行会馆碑记》，乾隆十五年孟夏陈炎宗撰。《明清佛山碑刻文献经济资料》第76页，广东人民出版社1987年版。

③ 参阅戴璟《广东通志初稿》卷三〇《铁冶》和郝玉麟《广东通志》卷二二《贡赋》。

④ 阮元：《两广盐法志》卷三五《铁志》。

⑤ 屈大均：《广东新语》卷一五《货语》。

⑥ 屈大均：《广东新语》卷一五《货语》。

⑦ 屈大均：《广东新语》卷一五《货语》。

⑧ 屈大均：《广东新语》卷一五《货语》和卷一六《器语》。

⑨ 王守基：《盐法议略》，《广东盐务议略》。

间佛山冶铁业包括农具行业已走向蓬勃发展时期，其发展程度已远远超过了明代的水平。虽然文献上缺乏有关佛山铁农具生产的具体数字，我们无法说明其实际发展的程度，但不妨通过以下的一些事例来说明这个问题。其一，佛山炉户（包括农具行业）人数迅速增加。上引明末清初佛山炉户“计数万家”[①]，比之明中叶“三千余家”（“居民大率以铁冶为业”）有了大幅增加，说明佛山冶铁业包括农具行业有了很大的发展。其二，佛山炉户中出现一些资本雄厚的大炉户或大炉商。其中少数“豪富”“大商”“巨族”控制和操纵了佛山冶铁业的经营，这种情况在清初以后更为突出，它无疑是冶铁业包括农具行业迅速、集中发展的反映。其三，乾隆初年佛山“炒铁会馆”的成立，是包括农具行业在内的“炒铁业”发展的一个标志。随着清初佛山经济的迅速发展，乾隆十五年（1750）拥有“炒炉四十余所”的佛山炒铁会馆正式成立[②]，它是佛山炒铁业发展的必然结果，反过来它又将进一步促进佛山炒铁业的继续发展。其四，清初佛山铁农具生产的地区分布比明代扩大了。明初佛山炒铁炉房仅在中西部祖庙一带，地域分布不广，其后逐渐向南部和东南部转移发展。清初佛山冶铁业中的各行业地域分布似乎进一步扩大。雍乾年间佛山铁农具的生产就集中在南部锦澜和东南部社亭铺等地区。此时，这些地区铁农具的生产已相当发达兴旺，呈现出一派“铸犁烟杂铸锅烟，达旦灯光四望悬”[③]的景象。大约由于生产农具的炉户相当集中，因而其所在的街道亦按传统习俗以其生产有关农具名称来命名。如乾隆年间佛山锦澜铺出现了“铸犁咀”[④]等街名；道光年间锦澜铺又出现“铸犁大街”[⑤]的名称，其后又有“铸犁横街”之名。而东南部社亭铺则有“犁巷”[⑥]之街名。从这些街道名称至少从一个侧面反映了清前期佛山铁农具生产之集中与兴旺发达。总之，清前期佛山铁农具的生产获得了长足的发展，而佛山取得“官准专利”则是促成其生产发展的有利条件及原因。所应注意的，明清时期除佛山承担全省铁农具生产的主要任务之外，本省各地铁农具生产作为一种补充形式也有一定的发展。究其原因，主要是由于这个时期广东经济进入了全面开发阶段，特别是各地垦殖业、沿海围垦业及农业商品性生产的日益发展，因而迫切需求有充足的铁农具供应，若仅靠佛山一处生产铁农具，显然是无法满足全省农村的实际需求，况且一些偏远山区因交通运输不便，业已出现铁农具供应紧缺的严峻情形。为此，封建政府不得不采取相应的措施，准许并鼓励各地商民生产铁农具，以满足市场的需要。

就广东各地铁农具生产而言，大约自明初政府宣布“令民得采炼出卖”政策之后，广东各产铁州县商民便先后向官府申领许可证，经缴纳铁课后即自行安排采矿冶炼。关于炉户或商民纳税的办法，正德末年巡抚周南规定，“于广城（广东省城）外批验所旁置厂，委提举佐贰官一员专掌其事。凡铁商告给票入山贩买，回至河下盘验，生铁万斤收价银二两”，“地方府县审有官票者，生铁万斤税银八钱，熟铁万斤税银一两二钱，俱以充二广军

① 颜俊彦：《盟水斋存牍》卷二《息讼霍见东等杖》。

② 《鼎建佛山炒铁行会馆碑记》，乾隆十五年孟夏陈炎宗撰。《明清佛山碑刻文献经济资料》第76页，广东人民出版社1987年版。

③ 乾隆《佛山忠义乡志》卷一一《艺文志》；何若龙：《佛山竹枝词》。

④ 乾隆《佛山忠义乡志》卷一《乡域志》。

⑤ 道光《佛山忠义乡志》卷一《乡域志》。

⑥ 道光《佛山忠义乡志》卷一《乡域志》。

费。”[①]商民“给票”并完纳“饷银”后即可将生铁“自卖”以供铸造农具之用，或可将生铁运赴佛山铸造农具等器发卖[②]。万历年间潮州府海阳等五县，每年炉商“取矿炼铁”一项共完纳“饷银一千两”[③]，可见其采矿及铸造农具等器的规模也不小。

清初政府虽然给予佛山“一体制造”农具的“专利”，对本省各地铁农具的生产极为不利，但如上所述，由于种种原因，政府不得不放宽对各地冶铁业的限制，并进而采取鼓励的政策。康熙二十年（1681）广东巡抚李士桢指出了这一点，他说本省铁农具等器应“听从民间自行交易，不许阻挠”[④]。其后，总督衙门亦重申，“嗣后各属输饷承开大小官炉，在内地铸造铁锅、农具发卖，均应听从民便”[⑤]。雍正六年（1728）广东布政使王士俊亦称，广东各地“铁炉现在开煽输税，未奉停止”[⑥]。两广总督鄂弥达亦曾奏请于广东各地“招殷实商民”，“令其自备资本开采”[⑦]冶炼。以上政策无疑对广东各地的冶铁业特别是铁农具的生产起了一定的促进作用。纵观清前期广东各地铁农具生产、发展的情况及其形式大致有以下几种：

一是偏远山区可“就地”铸造铁农具。这是清初政府给予佛山“一体制造”农具的“专利”后，对特定偏远山区采取放宽限制的权宜政策。这是广东地方铁农具生产的一种形式。如粤西高州、粤东北嘉应州等山区，水陆运输不便，政府以“离省遥远，挽运（生铁、农具等）维艰”为由，准其将“二属炉铁”及“各项土炉”所产生铁不必运赴佛山冶铸，可“就地”售卖以供铸造铁农具等器之用[⑧]。其后，这种办法似乎逐渐推广到其他偏远山区。如乾隆年间粤东北惠州府兴宁县获准开设“土炉”制造铁农具就是其中一例。据称，乾隆五十五年（1790）兴宁县商民罗展成向总督衙门“呈承土炉”生产铁农具等器，其理由是兴邑“相距佛山遥远，水陆不通，民间所需锅头、农具，客贩挽运维艰，民用每多缺乏”，基于这个原因总督衙门准其于县属太平堡“承开土炉”，“收旧铸新（即铁锅、农具等），照例输税”[⑨]。总之，随着清前期广东农业的深入开发，对铁农具的需求量日益增加，政府允许偏远山区开设土炉生产农具，不仅是权宜可行之计，而且也是势在必行了。这也有利于发展广东各地铁农具的生产。

二是准许各地“领照纳税”的“土炉”或“承饷官炉”生产铁农具。这是广东地方铁农具生产的另一种形式。明清时期，广东的冶铁炉有“大炉”和“土炉”之分。就领照纳税而言，“大炉铸煽铁斤，由藩司给照，详明巡抚衙门咨部。炉饷由藩司征收报拨，铁税运司征收，转解藩司报拨”。“土炉铸造农具，由运司给照，详明总督衙门咨部，饷税均由运司征收，转解藩司”[⑩]。可见，大炉是煽铸生铁，由藩司给照（即许可证）并征收“煽饷”，运司征收“铁税”，发给“旗票”（即运铁旗票）；土炉铸造农具，由运司给照，征收

① 戴璟：《广东通志初稿》卷三〇《铁冶》。

② 郝玉麟：《广东通志》卷二二《贡赋》。

③ 郭棐：《广东通志》卷四二《郡县志二九·潮州府矿冶》。

④ 阮元：《两广盐法志》卷三五《铁志》。

⑤ 阮元：《两广盐法志》卷三五《铁志》。

⑥ 《清经世文编》卷五二《户政二七》。

⑦ 《清经世文编》卷五二《户政二七》。

⑧ 阮元：《两广盐法志》卷三五《铁志》。

⑨ 阮元：《两广盐法志》卷三五《铁志》。

⑩ 朱橒：《粤东成案初编》卷二四。

"饷税"。上引乾隆年间兴宁县商民罗展成经领照纳税后，准于太平堡承开土炉生产铁农具即属于这种情形。嘉庆年间平远县商民以同样方式开设土炉，生产铁农具。史称该县开设"小炉（即土炉）镕铸生铁农器，一体按斤纳税"[①]。清中叶以后，广州府属各县亦有商民开设土炉，生产铁农具"就地售卖"[②]的情形。

所谓"承饷官炉"，系指获准领照并承担官饷的大小土炉，是相对"私铸"无饷土炉而言，并非官营铁炉。清雍乾以后政府鼓励各地生产铁农具，准许"承饷"大小土炉就地生产农具销售。关于这一点，嘉庆年间广东官府曾规定：嗣"后（本省）各属输饷承开大小官炉，在内地铸造铁锅、农具发卖，均应听从民便"，但必须"铸明各该官炉记号"[③]，以区别私铸土炉。这说明清中叶广东对民间炉商生产农具出售，采取了"听从民便"的比较宽松的政策，它对本省铁农具生产的发展显然起了促进作用。

三是"经部复准"的各地商民可在指定地点生产和销售农具。其办法是由商民向总督衙门申报，经总督衙门"咨部"审批，然后在指定地点进行生产。如嘉庆四年（1799）粤北炉商李福成向总督衙门申报，于乳源县开设土炉生产农具，后经总督衙门"咨部复准"，同意其在该县"开炉铸造铁锅、农具"，但规定其销售地域"止许在韶州府属（各县）发卖"，不得"越境销铁（即农具等）"[④]。这表明政府对广东各地铁农具的生产与营销范围，似乎是有地域的分工和管制的。清中叶以后，粤西开平县也有商民"经部复准"，专门"采办新兴、阳春等县生铁，制成农器"[⑤]，在附近市场出售。

四是"私铸"铁农具。这是广东地方铁农具生产的又一种形式。所谓"私铸"，系指"非咨部给有司照者"[⑥]，换言之，未经"领照纳税"，"私开铁炉"者即属"私铸"，在官府"稽禁"之例，"比照私盐治罪"[⑦]。可见封建政府的方针是严禁私铸农具等铁器。值得注意的，尽管明清政府三令五申严禁民间私铸农具等铁器，但实际情况总是有禁不止，禁不胜禁，各地违例私铸的现象仍时有发生，而且规模不小。如道光初年河源县商民曾南茂等"私开铁炉"生产大量农具就是一个有代表性的例子。据载，河源县商民曾南茂和永安（紫金）县商民李亚奉等，未经"领照纳税"，便违例于河源县内开设"大小土炉三座"，雇请"铁匠"，收购附近的"铁砂废铁"，生产各式农具。据当地官府对其私铸农具的一次清查中，就查出有"犁头、鎅锄"1200张，运往县属之百步、义合及附近之仁和等地售卖[⑧]。从曾南茂等私开大小土炉三座，一次运销农具达1200张来看，规模实属不小，这从一个侧面反映了清中叶广东地方私铸农具的一般情况。

综上所述，明清时期广东铁农具的生产在宋元基础上取得了长足的发展，佛山作为当时广东冶铸业的中心都会承担了全省农具生产的主要任务，而本省各地亦采取多种形式发展农具的生产，成为一种补充的手段。这是广东铁农具生产的又一个特色。可以认为，这

① 重刊嘉庆《平远县志》卷一下《杂税》。
② 光绪《广州府志》卷七〇《经政略一·榷税》
③ 阮元：《两广盐法志》卷三五《铁志》。
④ 阮元：《两广盐法志》卷三五《铁志》。
⑤ 民国《开平县志》卷六《舆地下·矿物制品》。
⑥ 阮元：《两广盐法志》卷三五《铁志》。
⑦ 阮元：《两广盐法志》卷三五《铁志》。
⑧ 参阅朱橒《粤东成案初编》卷二四和阮元《两广盐法志》卷三五《铁志》。

个时期广东铁农具的生产无论在铸造技术、质量方面，抑或品种、规格、产量方面都比前代有了进一步的发展和提高，在岭南乃至东南地区都占有重要的地位。这是明清时期广东社会生产力特别是农业生产力提高的一个表现。

三

明清时期广东铁农具生产的长足发展，为铁农具在全省普遍推广使用奠定了物质基础。而广东铁农具的普遍推广又同广东经济加快全面开发步伐、各地铁农具销售的兴旺以及封建政府对铁农具生产与销售政策的调整息息相关。兹将广东铁农具普遍推广的情况及其原因略述于下：

第一，明清时期随着广东经济逐渐加快开发步伐，铁农具在全省进一步普遍推广使用。由于广东南北地区之间经济开发与发展的不平衡性，因而广东铁农具在地区之间普遍推广的先后及程度亦有明显的差异。大致而言，明清时期广东南部沿海地区特别是珠江三角洲率先进入全面开发阶段，这里最早广泛推广以牛犁耙的耕作方式及使用各种新式与优质的大小铁农具。兹以珠江三角洲南海县为例加以说明。明清时期南海县是开发较早、农业经济发达的地区之一，又是广东冶铸业中心都会佛山的所在地。当地的著姓大族众多，他们在农田水利开发及农产品商品化生产中带头推广使用先进耕作技术与各式铁农具，是农业开发的大户。南海霍氏家族是其中著名大姓之一，自明初以来这个家族便拥有和使用许多牛耕大型铁农具。据霍氏族谱称，成化年间霍氏家族曾到市场上“买牛”以供“耕田”之用，并提及开展“冬耕”的情形[①]，说明这个家族明中叶以前便采用牛犁耙的耕作方式，其使用的各式铁农具无疑是佛山出产的，并开展多种经营。及至康熙年间，霍氏家族已发展成为当地闻名的资产雄厚的农业大户，家中拥有“犁、耙、水车、风柜、禾艇”等一应俱全的各式大小农具。还积累了丰富的生产经验，并系统总结出一套比较科学、合理使用“犁耙耕作”技术与“牛力”[②]的方法，以及“料理农器”[③]即保管和维修农具的经验。除南海县之外，珠江三角洲番禺、顺德、中山、新会等县此时亦广泛使用牛耕方式及各种铁农具。史称“广州（府）边海诸县皆有沙田，顺德、新会、香山（中山）尤多。……其田高者牛犁，……皆以大船载人牛（往返）”[④]。《广州府志》也提及该府“凡潮田稍高者犁必以牛”[⑤]的情形。可以说，明末清初以来珠江三角洲日益蓬勃发展的沿海围垦业、农业商品化生产及基塘经济，一方面持续不断地吸引着外来的具有先进生产技术和经验的劳动力，另一方面采取了与之相适应的精细化、集约化、商品化的生产方式，广泛使用各种比较新式和优质的铁农具，从而促使这个地区率先成为广东经济发达的地区。

明清时期粤北地区由于农业的逐渐开发，也促进了牛耕铁农具和人力垦耕工具的进一步推广，甚至连一些原来发展比较缓慢的边远山区也有了较大的变迁。如康熙年间粤北连

① 参阅石湾《太原霍氏崇本堂族谱》卷三《太原霍氏仲房世祖晚节公家箴》。

② 石湾《霍氏崇本堂族谱》卷三《农有百谷之当布》，《明清佛山碑刻文献经济资料》第474、475和480页，广东人民出版社1987年版。

③ 道光《佛山霍氏族谱》，霍春洲：《家训》。

④ 屈大均：《广东新语》卷二《地语·沙田》。

⑤ 光绪《广州府志》卷一六《舆地略》八《物产·牛》。

阳县重视农林业的开发，逐步推广犁耕和深耕的生产方式，县府文告中“示谕通县民、徭户丁人等……务宜深耕”，推广使用“牛犁”的耕作制度及“犁、钯、锄、锹”等各种农具[①]。这说明原来经济发展落后的边远山区也加快了开发的步伐，推广使用比较先进的铁农具及耕作方式。至于粤西地区这个时期也同样加快了农业开发的步伐，广泛使用牛耕铁农具。如清中叶广宁县每逢春耕时节，位于溪流两岸的大片水田便呈现出一派车水犁耕的热闹情景，“车筒辘辘干畦蒲，大老（长者）扶犁小挈壶”[②]，这正是粤西山区农村水田普遍使用犁耕铁农具及水车进行生产的生动写照。顺便指出，由于明清时期广东南北地区牛耕方式的普遍推广，因而各地农家养牛风气甚为盛行。明代雷州府就有“农务力耕，蓄牛积种”[③]的风气。清代韶州府各县则“村里务农家率畜牛为生计”[④]，农户养牛是为了犁耕的需要。

当然，由于广东各地社会经济发展的不平衡及受到复杂自然条件的制约，省内还有一些地方缺牛耕种，或因地形限制不宜使用牛耕，因而惟有采取人力代耕的形式。如广州府属一些山区农村由于缺牛耕种，当地农民仍然使用铁搭、踏犁、锄、铁齿、锹和木牛等工具进行垦耕[⑤]。以上可见，明清时期广东铁农具的长足发展为其在全省进一步普遍推广奠定了物质基础，而广东经济的全面开发则促进了铁农具在农村广泛使用，这是广东铁农具普遍推广的一个重要原因。

第二，明清时期广东铁农具销售的兴旺有利于其在各地推广使用。这个时期不仅广东铁农具生产有了迅速发展，而且佛山等城镇及各地墟市有关铁农具的销售亦颇为活跃。史称明中叶以后“两广铁货所都，七省需焉。每岁浙、直、湖、湘客人，腰缠过梅岭者数十万，皆置铁货而北”[⑥]。可见明中叶每年都有广东佛山等地所产的大宗铁锅、农具等铁货贩销到东南地区去。而贩销铁货的客商，既有东南各省商人，也有广州地区的商人。明末清初屈大均的记载也说明了这一点：“又广州望县，人多务贾与时逐，以……铁器……诸货，北走豫章、吴、浙，西北走长沙、汉口……获大赢利。”[⑦]以上是明清时期广东佛山等地铁农具外销至东南地区的情况。至于广东佛山及各地铁农具在省内营销的情况，明中叶以前似乎尚缺乏具体的记载。大约自正德末年广东实行“盐铁一体”政策之后，本省各地铁商经过向官府申报和纳税以后，即可将其生铁运赴佛山制造农具出售，或在本地制造农具销售。一般而言，各地炉商往往将其所产的铁农具售给乡镇墟市的商铺，然后再由商铺售给农民。如万历初年粤东饶平县太平乡墟市就是其中一例。据万历《东里志》云：饶平县宣化都太平乡（即东里）大城所仓前市，“居者（商铺）聚收布疋、麻、铁、杂货等物，东里家用食物皆贸易于此”[⑧]。这说明明中叶后饶平县太平乡墟市商铺便经营收购与销售铁农具等商货的业务，即收购本地或外地炉商所产的铁农具等器，再出售给太平乡农民使

① 参阅康熙《连阳八排风土记》卷四《农具类》和卷七《劝耕稞种告示》。

② 道光《广宁县志》卷一五《诗》。

③ 郭棐：《广东通志》卷五五《郡县志四二·雷州府》。

④ 光绪《韶州府志》卷一一《舆地略·物产》。

⑤ 参阅光绪《广州府志》第一六《舆地略》八《物产·木牛》。

⑥ 霍与瑕：《霍勉斋集》卷一二《上吴自湖翁大司马书》。

⑦ 屈大均：《广东新语》卷一四《食语》。

⑧ 万历《东里志》卷一《疆域志·坊市》。

用。天启初年佛山出现的“炒铸七行”①，其中就有“农具杂器”行专门生产和销售铁农具的。清初以后，广东各地铁农具的销售更加活跃和兴旺。上引清初政府允许高州、嘉应州等偏远山区炉商，可将其所产生铁制成农具出售。各地“领照纳税”的炉商都可自行生产农具发卖；也有将生铁运往佛山加工制成农具后出售。据嘉庆四年（1799）两广总督吉庆奏称，“粤东（潮州府属五县）炉户多在佛山铸造食锅、农具等项，运赴各处售卖”②。总而言之，明清时期广东城乡铁农具的销售是顺畅而兴旺的，它既进一步促进了广东铁农具生产的发展，又大大增加了本省农村铁农具的流通量，从而促使本省各地铁农具的广泛使用。

第三，明清封建政府对广东铁农具的经营采取了适度放宽管制的政策，也有利于本省铁农具的发展及普遍推广。如上所述，明正德末年广东实行“盐铁一体”政策之后，政府允许各地商民经过向官府申报并纳税后，即可自行安排铁农具的生产与营销，放宽了对铁农具经营的限制。清初政府宣布将佛山铁农具的生产列入“官准专利”，规定全省农具令归佛山“一体制造”③。这一政策的积极意义在于，它更加有利于佛山铁农具生产的发展，从而扩大了佛山面向全省供应铁农具的网络。佛山每年都要承担向本省各地供应铁农具的任务。如乾嘉年间规定，从佛山海运雷州、琼州二府的铁农具等，“每年需用成数，查明具报”，由佛山同知“照依额数，给照运往”④，以供该二府所属州县出售给当地农户使用。当然，上述政策的负面作用也是显而易见的。由于种种原因，政府规定全省农具“令归”佛山一处制造，实际问题和困难不少，最直接的影响就是引致一些偏远山区铁农具供求的“每多缺乏”，既妨碍了农业生产，又不利于地方铁农具生产的发展。为此，广东官府不得不对本省各地铁农具的经营进行政策调整，采取放宽管制的措施。首先允许高州、嘉应州等偏远山区就地出售生铁或制造农具。其次，放宽各地商民申报承开土炉的限制，即通过“领照纳税”或“经部复准”，则可在本地“开炉铸造农具”⑤出售。再次，对民间铁农具的生产与交易采取“听从民便”的政策，有司“不许阻挠”⑥，以鼓励各地商民“铸造农具发卖”。

综上所述，明清时期封建政府对广东铁农具生产和销售政策的调整，虽然是从维护其统治利益特别是经济利益而出发考虑的，但政策的调整无疑是符合广东经济迅速发展的需求，有利于广东铁农具生产的发展及其普遍推广。这是广东铁农具得以广泛使用的另一个原因。最后顺便指出，明清时期广东铁农具生产的发展及普遍推广，是同这个时期广东劳动力资源的开发即劳动力的增加与劳动者素质的提高同步进行的⑦，而二者的紧密结合则大大推动了广东农业的全面开发及沿海地区农业商品化生产的发展，使广东经济在全国区域经济的发展中后来居上，处于领先地位，这是明清时期广东社会生产力提高的一个表现。

［原文载于《暨南学报》（哲学社会科学）1997年第4期］

① 乾隆《佛山忠义乡志》卷三《乡事志》。

② 阮元：《两广盐法志》卷三五《铁志》。

③ 阮元：《两广盐法志》卷三五《铁志》。

④ 阮元：《两广盐法志》卷三五《铁志》。

⑤ 阮元：《两广盐法志》卷三五《铁志》。

⑥ 阮元：《两广盐法志》卷三五《铁志》。

⑦ 参阅拙作《明清广东劳动力资源的开发》一文，《暨南学报》（哲学社会科学）1996年第3期。

刘灿（1937—2017），曾用笔名辛谷，广东惠州人。1964年毕业于武汉大学中文系，1986年调入暨南大学古籍研究所，先后任岭南学术文化研究室主任、副研究员。专长于古籍民俗文化研究，尤其在民间文学等领域造诣精深。曾任《岭南学术百家》《岭南丛书》副主编。先后出版了《先秦寓言》《中国历代寓言选》《中国历代讽刺小品选》《中国历代哲理小品选》等著作。发表多篇学术论文。

道教与岭南“方志小说”①

刘　灿

在岭南地区的地方志中，收录了不少广泛流传民间的“异闻逸事”“畸语琐言”。有的类似《搜神记》中的“志怪小说”，有的近似《世说新语》里的“志人小说”，有的像《唐人传奇》那样的“世情小说”。按班固《汉书·艺文志》说：“小说家者流，盖出于稗官，街谈巷语，道听途说者所造。”这里所说的“小说”是指琐屑的言谈，小的道理，它与现在人们通常所称的小说，是有区别的。各地方志所辑录的“异闻逸事”“畸语琐言”，源出于“街谈巷语，道听途说者所造”。亦是桓谭《新论》所说的“丛残小语，近取比论”之属，正合班固所说的“小说家者流”之义，故应属“小说”之列。本人孤闻陋见，至今尚未发现有关这方面收集、整理、研究的资料。当我们把岭南地区方志中有关这方面的资料汇集整理成册时，认为这些资料来自各地方志，又属班氏所说的“小说”之列，故冒昧称之为“方志小说”。仅从我们目前收集到的岭南地区的“方志小说”来看，“志怪小说”特别发达，其中具有道教色彩的“志怪小说”为数不少。如果加上各地方志中仅粗陈梗概，言简意赅，后经加工、修改成情节生动的传说故事，其数量更为可观。虽然后者不足以取，但也从中可以看出它们之间的传承关系。为了更好阐明有关道教问题，本文也偶尔用之。“方志小说”尚属一块亟待开发的处女地，还有许多问题有待进一步深入研究，本文仅就具有道教色彩的山川风物传说、道教人物的传说、宣传道教思想的奇幻传说、反映儒道佛斗争的传说等四个问题，谈谈自己的一点孤闻陋见，作为抛砖引玉，以求引起广大文学爱好者及研究工作者的兴趣，共同为这株幼苗浇肥培土，让它在我国文艺百花园里绽放出一朵绚丽的小花。

一、具有道教色彩的山川风物传说

岭南的山川风物传说，往往与道教人物、宗教活动及其所追求的理想有关。修仙炼道，“必入名山，不止凡山之中”②。因为名山为“仙人所居”，有“不死之药”，在我国古籍中早有记载。如《易经纬·龙鱼河图》说：“元州在北海中，地方三千里，去南岸十万里，上有芝草涧，涧水如蜜味，服之长生。”《列子·黄帝篇》说：“列姑射山，在海河洲中，山上有神人，吸风饮露，不食五谷。”《列子·汤问篇》说：“渤海之东，不知几亿万里，有大壑焉，实为无底之谷，其下无底，名为归墟。……其中有五山焉：一曰岱舆，二曰员峤，三曰方壶，四曰瀛洲，五曰蓬莱。……华实皆有滋味，食之皆不死不老，所居之

① 参看拙文《“方志小说”探源》，见《暨南学报》（哲学社会科学）1991年第1期。

② 葛洪：《抱朴子·金丹》，内篇，卷二十。

人皆仙圣之种。"《史记·封禅书》说："威宣燕昭使人入海求蓬莱、方丈、瀛洲……盖尝有至者，诸仙人及不死之药皆在焉。"在岭南"方志小说"中，也有不少有关修仙得道，羽化成仙的传说，一再说明名山有仙，有不死之药。如《广州府志·蒲涧寺》中说，安期生在白云山蒲涧找到一枝七节菖蒲，服后升仙。《惠州府志·黄野人》说，葛洪在罗浮山炼丹升仙后，留下一粒仙丹在石缝里，黄野人服后成为地仙。《始兴县志·三品将军》说，有三位商人路过天柱峰，看见岩洞幽敞，就在这里休息。后来肚饿了，看见桃子穿石壁而出，食后成仙。这类传说，俯拾皆是。因此，道教把我国名山概括为十大洞天，三十六小洞，七十二福地。这些洞天福地囊括了我们所熟识的五岳及王屋山、青城山、峨眉山、庐山、武夷山、天目山等。有的是"上帝遣群仙统治之所"[①]。有的是"上帝命天人治之，其间多得道之所"[②]。其中广东的罗浮山，被奉为道教的第七洞天，"乃正神所居，其中多地仙"。清远山、抱福山，乃为道教的七十二福地之一，"在大地名山之间，上帝命真人治之，其间多得道之所"[③]。广西的峤山洞、石山洞、勾漏山洞，均被奉为三十六小洞之一，"在诸名山之中，亦上仙所统之处也"[④]。七星岩是女娲炼五色石补天之处；鼎湖为黄帝乘龙登仙之地；白云山是安期生采药、炼丹之山；越秀山是五仙人遗送仙羊、嘉禾之所。由此可见，道教与岭南地区的名山胜迹结了不解之缘。"山不在高，有仙则名"，山与仙相联系的观念，早就在人们心目中打下深刻的烙印。从我们目前所收集到的有关岭南地区山川风物的传说，多与道教的活动有关，其原因就在这里。具有道教色彩的山川风物传说，有两个显著的特点。

1.用奇幻的故事情节生动活泼地反映山川风物的自然风貌。如《龙门县志·蟾蜍石》说，大高岭有两块石头酷似蟾蜍，一块在山上，一块在岭下的佛子坑边，这本来是山川的自然风貌。可是人们根据这一特点，联思构想，编织成离奇曲折的故事。说是有位仙人晚上挟着两块石头路过大高岭，天快亮了，石头不想动了。仙人大发脾气，用脚一踢，将一块石头踢到坑边，一块扔在岭上。如今坑边的石头背上留下一个大脚印，岭顶的一块背上有个大手印。罗浮山的罗山和浮山，两山对峙，蔚然天成。《古今图书集成·广州府部·罗浮山》说："昔有山浮海而来，传与罗山合而为一，故名。"后来人们抓住这奇特的山形地貌，编织了一个东海龙王的青龙公主和南海龙王儿子小黄龙的恋爱故事。说他们一见钟情，以身相许，缔结百年之好。双方父母知道后，怒将青龙公主囚禁在蓬莱仙山的一个孤岛上，把小黄龙套上铁链，打入罗山古井。青龙公主日夜思念小黄龙，泪水染咸了大海，思愁叹息，把大海掀起了惊涛。他们真挚的爱情感动了灵龟，在一个风雨交加的晚上，灵龟背着孤岛劈风斩浪向南海浮来。小黄龙挣脱铁链，冲出万丈古井，与青龙公主紧紧拥抱。顿时雷鸣电闪，罗山与浮山巍然耸立在罗浮山上[⑤]。又如肇庆的烂柯山，峰峦笔削，云霞缭绕。《肇庆府志·烂柯山》说，晋代王质上山砍柴，碰见两小童在下棋，王质在旁观看。小童说："你来了很久了，该回去了。"王质拿起斧头，斧柄已腐烂了。赶回家，世间已过了好几百年，当年的亲朋好友没有一个活在世上。因此人们叫这座山为烂柯山。山

① 张君房编撰的《云笈七签》卷二十七。

② 张君房编撰的《云笈七签》卷二十七。

③ 张君房编撰的《云笈七签》卷二十七。

④ 张君房编撰的《云笈七签》卷二十七。

⑤ 参看《中国名胜词典》。

上有个仙弈坪，坪上有石如棋子突起，黑白分明，传说棋子上还留有仙人的手迹。这些奇峰怪石，本来是自然生成的壮丽奇观，人们却从它的山形性貌出发，展开奇异的联思构想，以各种不同的方式同道教活动联系起来，活灵活现地说成是道教人物或是仙物施展法力的结果。这些壮丽的山川风物，经过富含道教色彩的夸张渲染，显得更加优美动人，耐人寻味。

2. 山川风物的来由、命名，往往是仙人、道士施展法术的结果，在一定程度上反映了民众的理想和愿望。如《羊城古钞·五羊城》，就是讲述“五羊城”“仙城”“穗城”来历的传说。相传有五位仙人赶着五只口衔嘉禾的羊到南海，留下嘉禾和羊，祝愿：“愿此阛阓，永无荒饥。”从此人们称广州为“五羊城”“仙城”“穗城”，表达了我们古代先民艰苦创业，开发南粤的良好愿望。《羊城古钞·撒金巷》说，广州有条街，名叫撒金巷。传说有两位“两人共一目”的道士到巷里乞讨，巷里居民很同情他们，纷纷给他们吃喝。两位道士深为这里民众宽厚纯朴的感情所激动，便将群众送给他们的豆麦撒在巷里，顿时变成遍地黄金。后来人们称这条巷子为撒金巷。道教认为，天地间的财物都是“天地中和所有，以共养人”[①]，提倡“有财相分”，反对剥削。撒金巷的传说，正是这种思想的反映。《龙门县志·神仙拱》说，龙门县有座桥，名叫“神仙拱”，相传当地村民在水沟上架了一座平桥，每当洪水暴发，总被洪水冲毁。当村民再次备料重建时，忽然一天晚上，工地灯光闪闪。第二天早上，一座拱桥横架两岸。“不假灰凿，自然牢固”，桥上还留下仙人的大脚印。因此人们把它叫做“神仙拱”。

具有道教色彩的山川风物传说，往往把山川风物的形成、来由说成是道教的神仙、仙物施展法力的结果。道教的信徒们通过奇幻的故事情节，夸张渲染的艺术手法，把神仙、道士夸饰成神通广大、法力无边的神奇人物，其目的是宣扬道教神仙偶像的神通，以唤起人们的敬畏之情，净化人们的宗教感情。道教是以壮丽的山林为自己的“洞天福地”的，因此道教的信徒们率先探奇履险，寻幽访胜，为开发祖国的名山胜景立下了汗马功劳。他们以隐居山林、修仙学道为乐事，于是在人烟罕见的荒山野岭里披荆斩棘，驱狼逐虎，建宫观，造台阁，用人类的文明成果及智慧装点这些“洞天福地”，并在这基础上编织了许许多多诡谲神奇、娓娓动听的传说故事，使它披上一层神奇幻化的色彩，变得更加令人心驰神往。壮丽的山河，虽然能给人留下美感，如果把优美的自然景物融化在神奇幻化的传说故事之中，就显得更为壮观，引人入胜。人们不仅为眼前的奇峰异石所倾倒，并为我们祖先融化在其中的富含诗情画意的哲理所陶醉。

二、道教人物的传说

岭南地区的著名道教人物，大多是所谓修仙得道的天仙、地仙及具有降妖伏魔法术的道士。他们上通神灵，下役鬼神，神通广大，法力无边。其中不少是为民除害，造福百姓，具有英雄主义色彩的正面人物。道教之所以在岭南地区民众中产生深远的影响，其主要的原因就在这里。

有关何仙姑反抗封建礼教、蔑视权贵的传说。何仙姑是我国民间广泛流传的八仙之

① 《太平经合校》第247页。

一。《增城县志·何仙姑》《惠州府志·何仙姑抗婚》等，说她是广东增城人，靠织草鞋为生。由于不屈从父母之命，媒妁之言，毅然离家出走，隐居罗浮山。后经仙人点化，服食云母成仙。武则天召她进京，她半路飘然逸去。她对统治者刚强不屈，对民众却心慈性善。她隐居罗浮，不辞劳苦为众僧采摘仙果充斋。有关何仙姑的传说，在粤东地区广泛流传，甚至把一些本来与她无关的人和事也穿凿附会到她身上。如潮州的广济桥，原是宋代广济法师所建。据《潮州府志·广济桥》说，广济法师建桥时，因水深流急，近河心的两个桥墩无法建成，便向神祷告，因而得到神的指点，用铁索拴船，架起一座浮桥。后来道教的信徒们根据此事，编造了一个《湘子桥》的传说。说唐代韩愈贬谪潮阳后，想在韩江建一座桥，解决百姓渡江困难。韩愈找侄子韩湘子商量，韩湘子说他邀请七仙相助，仅能建造一半。韩愈请灵山寺大颠和尚相助，大颠推荐广济法师带领十八罗汉参战。双方鬼斧神工，工程迅速。到了合拢之日，双方都有一个桥墩没有建成。何仙姑急中生智，拆下十八片莲瓣，顿时变成十八条梭船。曹国舅将云板往梭船一搁，变成了桥面。铁拐李解下腰带拴住梭船，一头系在东边的桥墩，一头系在西边的桥墩，一座浮桥架设起来了①。

我国古代的医，源出于巫。巫不仅迎神攘灾，占卜凶吉，而且兼顾行医治病。我国道教理论则崇尚黄老，道术效法巫祝。因此我国古代名医如华佗、孙思邈、安期生、鲍姑等，本身就是道者。他们浪迹山林，枕石漱流，越尽艰难险阻，寻找仙方仙药。因此，在古代名医传说中，往往带有神奇幻化的色彩。广州地区的安期生，就是这样的神奇人物。安期生，原在东海边卖药，后来隐居白云山，常为当地百姓治病。《广州府志》中的《鹤舒台》、《蒲涧寺》说，他在蒲涧找到一枝七节的菖蒲，吃后乘鹤仙去。后人据此演绎成一个娓娓动听的传说故事：一天，有个小孩父亲病危，经安期生诊断，是热毒攻心，非得九节菖蒲才能根治。为了救人，他踏遍了高山深涧，费尽周折，终于在白云山蒲涧里找到一枝“九节玉绿，三花紫茸，奇香袭人”的菖蒲仙草，使病人转危为安。秦始皇听说后，下令要他寻找此仙药。后来他又找到一枝一寸十二节的菖蒲，服后仙鹤来迎接他升仙②。鲍姑也是闻名南海的名医。她是广州太守鲍靓的女儿，葛洪的妻子。她吃了葛洪仙丹升仙后，常在南海行医。《广州府志·崔炜》说，她的仙药越井冈艾，不仅能治凡人的疣赘，就是神龙口上的疣赘，也能药到病除。鲍姑不但是个妙手回春的神医，而且是个心慈性善、富有同情心的人，她对贫穷善良的旷夫、深闺怨女，深表同情，千方百计为他们穿针引线，搭架鹊桥，成就其百年之好。有一天，她在番禺开元寺乞讨，摔了一跤，打翻了酒家的酒缸，酒家向她索赔。崔炜当即剥下衣服代她偿还。第二天，她告诉崔炜说：“谢子脱吾难。吾善灸赘疣，今有越井冈艾少许奉子。每遇疣赘，只一炷耳，不独愈苦，兼获美艳。”后来崔炜用越井冈艾灸好了白龙——玉京子。玉京子成全了他和田夫人的良缘。医术高明的医生，确实能做到药到病除，妙手回春。道教把他们神化为修仙得道，掌握仙方仙药，能使人长生不死的神仙，无非是向人证实神仙可修，仙药可得，借此唤起人们对宗教的崇敬之情。所谓求仙访道，实为踏遍崇山峻岭，广泛搜集、整理流传民间医治疑难杂症的偏方妙药。地处崇山峻岭、穷乡僻壤的山民，日出而作，日入而息，心闲寡欲，风俗纯朴，人多长寿。加之人烟稀少，求医艰难，因此比较注重自防自治，积累了不少祖传的

① 参看《中国名胜词典》。

② 参看《中国名胜词典》。

偏方妙药。许多名医都比较注重向他们学习，把他们的偏方妙药，加以收集、整理，为我国医疗事业的发展，立下了不可磨灭的功勋。为了寻找“仙药”，名医、方士不辞劳苦，不畏艰险，登悬崖，爬绝壁，像神农那样冒着生命危险“尝百草”，亲自体验各种药物的性能、效力，为开发祖国的中药宝库，写下了光辉的一页。

道教对于狂风暴雨、干旱水涝、瘟疫疾病、毒蛇猛兽等自然灾害，或神化为如三山国王那样，对过往的船只，“恒遭风覆之”；或异化为“红石状如神，身首皆备。日久为妖，屡食人”之类的妖魔鬼怪。道教是极力提倡为民除害、积累功德的。对于残害民众的邪恶力量，他们主张坚决铲除。《龙川县志·道士除妖》就是一个突出的例子。传说在水西塔下，有块红石，形状像神人，身首皆备。天长日久变成妖怪，常常吃人。有一天，道士林某的女儿在塔下放牛，妖怪要吃她。道士怒不可遏，右手握剑，左手拿牛角，告诫妻子说：“如果有人报告我淹死，你不要哭。”妻子答应了。他到塔下向石妖头上砍了一刀，石妖忽然把江水翻起一丈多高的浪。道士把牛角丢进江里，乘着牛角顺流而下。还没有到家，妖怪变成人，再三向他妻子报告说：“道士淹死了。”他妻子忘记了丈夫的告诫，大哭起来，于是道士与石妖同归于尽。又如《揭阳县志·法星斗国王》说，三山国王恣意派风吹翻过往的船只，道士张法星决意与他决斗。生前斗不过他，死后要妻子在棺材头上镶上铁块，放在三山国王前面潭里，待国王再次兴风作浪，撞垮他的宫墙，迫使他让居座左。不难看出，道教的所谓人神、人妖搏斗，是被神异化了的人与自然的斗争。在斗争中，道教人物被描绘成具有英雄主义色彩的正面人物。他们为了解除民众的疾苦，为民除害，敢于同一切邪恶力量作坚决斗争，前仆后继，义不容辞，因此受到民众的崇敬，立祠祭祀。它客观上反映了人民群众要求征服自然，改善劳动条件，保障生活的良好愿望。

三、宣传道教思想的奇幻传说

在旧社会，封建统治者残酷的政治压迫和经济剥削，地方官吏的敲诈勒索，流氓、地痞的侵凌掠夺，加上天灾人祸，兵燹盗劫，广大人民群众处于水深火热之中。他们一方面利用宗教活动，组织类似太平道的黄巾、五斗米道的李弘、白莲教等起义，用武力反抗统治阶级的政治压迫和经济剥削。但是他们毕竟是个体小生产者，彼此分散，不太容易组织起来。即使组织起来，由于缺乏独立领导政治斗争的能力，往往以失败而告终。因此在斗争中看不到自己的力量，便常常幻想借助“天神”，靠神仙力量解放自己。统治者在面临严重的社会危机的情况下，也力图利用宗教麻痹人民，以消除随时可能发生的反抗斗争。因此极力笼络道士、方士，通过他们把道教改造成麻痹人民思想，防止民众反抗的驯服工具。统治者为了使自己能永远骑在人民头上作威作福，也迫切要求道教方士为自己寻找益寿延年的仙方仙药。这种状况，在道教史上是屡见不鲜的。五斗米道、太平道原是我国最早出现的两个民间道教。它们的出现，成为我国道教产生的重要标志。太平道，由于组织发动了黄巾起义，遭到东汉王朝的血腥镇压，被瓦解了。五斗米道，在魏晋南北朝期间，逐步分化为民间道教与官方道教两大教派。民间道教，继续接连不断地组织发动起义，用武力反抗统治者。官方道教，则极力迎合统治阶级的需要，经过寇谦之、陆修静、葛洪等整顿、改造，变成了为统治阶级服务的新教派，后来又派生出许多道派。每个道派都代表着一定的阶级利益，他们从本阶级利益出发，用本阶级的思想改造道教，使它成为本阶级服务的工具。因此说道教思想“杂而多端”。而道教的诸神，源出多头，兼收并蓄，神系庞杂。它所敬奉的尊神、神仙、俗神，大体上是从我国古代天神、地祇、人鬼发展而来的。道教比较注意入乡随俗，凡被民间供奉的神祇，均被道教奉为俗神。岭南地区方志中有关宣扬道教思想的传说，思想内容非常复杂，其原因也就在这里。

我国道教早期经典《太平经》，为民间道教设计了一个幻想的神仙世界。在这个神仙世界里，“诸神相爱，有知相教，有异文异策相与见，空缺相荐相保，有小有异相谏正，有珍奇相遗”。这个神仙世界，就是他们梦寐以求的理想社会。这个理想社会，是一个没有剥削、没有压迫、财产公有、人人劳动、权利平等、互助互爱的乌托邦。在这个乌托邦的理想仙国里，人人自食其力，大家团结互助，相亲相爱。如《增城县志·何仙姑》，她升仙前靠织草鞋为生。升仙后，自摘仙果充斋，还不辞劳苦地往返循州山寺，采摘杨梅给罗浮山寺僧充饥。《潮州府志·仙女崖》中的林氏女，在翠峰崖修仙炼道时，靠给人帮工养活自己。在这个乌托邦的理想仙国里，一切财富为“天地和气之所生”，应为全社会共有，供大家共同享受，决不容许少数人私自占有。广西《思乐县志·白衣客》就是这种理想形象化的体现。传说中的“白衣客”，据说是白银仙子的化身。一天，他到苏甫家投宿，受到热情款待。第二天辞行，多给膳宿费。苏甫婉言谢绝，分文不收。自后他经常来往苏家，均受到热情招待。有一天，白衣客求宿，一睡不起，变成了满床白银。苏甫认为这是天赐之财，表示“苏甫生不带来，死不带去”，尽情接济他人。在这个乌托邦的理想社会里，是不容许人压迫人，人剥削人的。谁违背了，就要受到天神的惩罚。如《容县志·恶有恶报》说，有个衙役执行公务时，向某家穷人横索，迫使其卖儿鬻女。当衙役得意洋洋地背着钱走到大板桥，忽然晴天霹雳，霞光缠绕，肩上背的钱被雷火烧得通红，嵌进肉里，遍体糜烂。一时人睹如墙，拍手称快。《肇庆府志·勿学你翁》说，官吏梁确吾依仗权势，迫死米商叶敬阳。叶敬阳化为厉鬼，严惩贪官污吏梁确吾。《信宜县志·周仓除暴》说，化州李某卖身为儿子娶妻，儿媳谭氏得知此事，即回娘家筹款赎家翁。筹款却被邻居卢氏母子窃去，谭氏气得悬梁自杀。谭氏死后，卢氏母子竟丧尽天良，挖墓暴尸，窃取死者衣物。这时关帝庙里的周仓挺身而出，为民除害，杀死了卢氏母子，救活了谭氏。在这乌托邦的理想仙国里，为臣以忠，为子以孝，弟子以顺，否则“天地憎之，鬼神害之，人共恶之，死尚有余责于地下”[①]。如《新会县志·三成楼》说，周用能的母亲被强盗劫为人质，周用能卖身赎母，感动了天神，派白衣仙子帮他母亲逃脱劫难。为了让母亲安度晚年，他又亲自动手建楼。墙刚筑了三版，天神却帮他建成了一栋两层的楼房。与此相反，《海丰县志·虎惩逆子》因为虐待老母受到天罚。相传平安寨多虎，行人要十多人结伙才敢通过。陈氏两兄弟的住地相距十余里。他们家有老母，约定二人各养一个月。其兄因缺粮，送母往弟家，请他先养一个月，待收割后多养一个月。弟弟不但不肯，反而迫着母亲往前走，以便葬送虎口。忽然老虎跳进人群，将这不孝之子叼走，给以严厉的惩罚。《罗定县志·负心汉》说，某武童哥哥临死时嘱托他抚养嫂、侄。武童贪图小利，克扣嫂、侄，迫使嫂子改嫁，侄儿受饥。他哥哥化为厉鬼，狠狠地教训这个没有良心的弟弟。道教精心设计的幻想的神仙世界，只不过是乌托邦的空想罢了，在封建社会里是根本不能实现的。但它在一定程度上反映了广大人民群众反对压迫，反对剥削，要求自由解放的良好愿

① 《太平经合校》第406页。

望。也正因为这样，使道教在下层民众中得以广泛流传。

四、反映儒、道、佛斗争的传说

儒家与道教，是在中华民族这块肥沃而辽阔的土地上成长起来的。儒家修养的目标是自我道德完善，善于立身处世，成为中华民族文化的主要代表者。道教修炼成仙，追求穷尽天地之玄妙，法术通神。儒、道两教，既相互对立，又互相融合，互为补充，共同构成中华民族传统文化的主流。佛教则是东汉时从印度传入的外来宗教。它追求的最高境界是"涅槃"，就是经过修道，摆脱一切世俗烦恼，进入上天清静无为的极乐世界。实际上是引导人们以死来脱离人生的"苦海"，要求人们忍受今生的苦难，企求来世的好报。它的传入，由于能与中国本土文化思想和宗教相协调，得到了中国社会所承认，为中国人民所接受。佛教所处的地位，决定了它必须吸取儒家、道教的思想材料来丰富、发展自己。三教并立，也必然会出现各种不同形式的斗争。儒、道、佛三教的关系史，就是一部融合、斗争的历史。这种关系，在岭南地区的"方志小说"中也有所表现。

关于儒、道斗争的传说。葛洪认为"道者，儒之本也；儒者，道之末也"[①]。"夫道者，内以治身，外以治国"[②]。主张"外儒内道"，以道统儒。《惠州府志·葛仙公》中的葛洪正是这种思想的体现。他升仙时，与吴王告辞说："愿陛下息兵安民，推诚及物，永安宗社，长享太平。"又劝告太子说："要清心寡欲，远佞尊贤，燮调四时，抚育群生。"不难看出，葛洪是用"外儒内道"来调和儒、道关系的。他儒、道双修，出处两得。这种"身在山林，心在魏阙"，既要修炼成仙，又要"佐时治国"正是官方道教的一个显著的特征。

儒、道斗争，一是表现为入世与出世之争。《惠州府志·刘瓒》就是一个突出的例子。刘瓒的哥哥刘瞻与传统的知识分子一样，走科举进士之路。刘瓒与之相反，放逸山林，精心于道。结果其兄劳于尘俗，以言得罪，贬谪岭南。刘瓒则修仙得道，鹤发童颜，逍遥自得。兄弟相见，刘瓒说："身邀荣宠，职和阴阳，用心动静，能无损乎"，刘瓒认为，其兄衰老，正是劳于世俗、争荣求宠、沽名钓誉的结果。《增城县志》《嘉应州志》中的《古成之》表现得更为充分。古成之才华横溢，胸怀匡时济国大志。他赴京考试时，仙人韩咏劝他修炼，他婉言谢绝说："家贫亲老，期得禄养，长生非所愿也。"第一次科举碰壁，耳闻目睹科场腐败，营私舞弊，触目惊心。第二次应试，虽然中举，但官场倾轧，鱼肉百姓，壮志难酬。正当他在彷徨苦闷的时候，忽然收到韩咏的信，便毅然在告身（相当于现在的委任状）后面写道："物外乾坤谁得到，壶中日月我曾游。留今留古争留得，一醉浮生万事休。"写完，掷笔仙去。儒、道之间"入世"与"出世"之争，反映了封建社会知识分子面对社会黑暗，政治腐败，壮志难酬的情况下而产生的彷徨、困惑心理，这也是官方道教独特心理的真实写照。二是人治与神治之争，实际上是政权与神权之争。政权和神权，是封建地主阶级统治民众的两大支柱，它们之间既互相依赖，又相互斗争。在岭南"方志小说"中，这种斗争具体表现在以正统儒家的代表地方官吏与道教的神仙系统的地方城隍

① 葛洪：《抱朴子·明本》，内篇，卷十。

② 葛洪：《抱朴子·明本》，内篇，卷十。

神之间的斗争。如《东莞县志·审虎》说，县令袁仲奎初到沙县，猛虎肆虐，危害人畜。袁仲奎向城市保护神城隍发出通牒，质问道："无苛政，何以有猛虎?"言下之意，我袁仲奎为政清廉，猛虎肆虐为害，是城隍和前任县令沆瀣一气，鱼肉百姓的结果。《肇庆府志·城隍为盗》指责城隍纵使下属盗窃军资库钱财，聚众赌博。《海阳县志·独日暮》说，新任太守郭子章指责城隍神接受淫鬼独日暮的贿赂，放纵它"夜间现形淫人婢"。他在通牒中说："知府与神分理阴阳，凡淫者、盗者、有司贪墨者，不即驱除，知府罪也。今独鬼淫人子女，窃人金帛潜衣城南，岂神能为民御大灾，捍大患？今有闻，不敢不告神其召而诛之，毋杂我土，以损神威，以乱政教。"在封建社会里，敲诈勒索，巧取豪夺，男盗女娼，正是大多数封建官吏所干的勾当！可是这些自命孔门弟子的儒者，却把自己装扮成道貌岸然的父母官，慷慨陈词责问阴间的鬼神城隍，并把一切污水往它身上泼去，除了表白自己清廉自许之外，却隐藏了一个不可告人的目的：就是把人间的一切罪恶归咎于阴间的鬼神，既为自己开脱罪责，又可以转移视线，麻痹人民，可谓一箭双雕。

有关道、佛斗争的传说，则多为互相攻讦，显示各自偶像的神威，达到争夺徒众、扩大宗教势力范围的目的。《东莞县志·全人训鬼》说，一个自称"十四岁成仙""已有数妾"的紫衣少年又强占民妻张氏。佛教徒陈全人不但施法惩治了他，并且帮助张女超度"苦海"，皈依佛教。名为"皈依"，实为争夺徒众。为了争夺徒众，道佛两家不仅相互攻讦，而且互相斗智、斗法，各显神威，博取徒众的敬畏之情。前面我们曾谈及的潮州《湘子桥》就是一个鲜明的例子。传说的作者很明显是站在道教的立场上扬道抑佛的。造桥时，广济法师带领十八罗汉参战，可谓人多势众，但斗不过八仙，这样结局，其目的就最明白不过了。佛、道斗争，不仅是争夺徒众，而且还存在谁兼并谁的问题。从《新安县志·休咎禅师》足以看出佛教在统治者的支持下强占道观，改道为佛的斗争。新安扶胥镇的南海王庙，本是道教宫观，休咎禅师因为受到唐代节度使李复初的厚爱，竟要在南海王庙建伽蓝（佛塔）。并以"王性严急，舟楫逆风覆溺者多"为由，迫逼南海王皈依佛祖，软硬兼施，以佛统道。这些"方志小说"从侧面反映了唐代佛道斗争的缩影。

（原文载于《历史文献与传统文化》第二集）

略述方志小说中的人文意蕴

刘　灿

在广东、广西、海南、湖南、湖北的地方志中，收录了不少有关鬼神的传说。这些以“因果报应”为主要内容的鬼神传说，自然与当地民众迷信鬼神、宗教活动有关。岭南、荆湘，原属荆蛮百越之地，早在两千多年前的春秋战国时期，就有“荆人鬼，越人机”（《淮南子·人间训》）之说。敬奉鬼神，祈福禳灾，世代相传，至今不绝。岭南的罗浮山，又为道教的第七洞天，葛洪炼丹，白玉蟾传教，大有推波助澜之势。因此，这些鬼神传说难免带有浓厚的封建迷信色彩。文学艺术毕竟是社会生活的反映，喜怒哀乐之情的流露。鬼神传说也不例外，只不过它借助鬼神的形象隐晦曲折地反映人生世态罢了。它与通常所说的世情小说反映生活的方式是有明显区别的：世情小说反映社会生活比较直接明朗，在处理人与人、人与社会的矛盾时，是靠人们的自身力量促使矛盾转化，表达人们的思想感情；鬼神冥报传说反映社会生活比较隐晦曲折，解决人与人、人与社会的矛盾时，则往往依靠幻想中的外界鬼神力量，采用“善有善报，恶有恶报”的形式予以赏罚、仲裁，寄托人们的爱憎。采用这种形式解决矛盾，与传说中的主人公的经济条件、社会地位密切相关。这些主人公绝大多数是生活在社会最底层的平民百姓，他们权轻飞羽，贱若野草，备受封建官吏的残酷压迫，地主豪绅的巧取褫夺，流氓、地痞的敲诈勒索，含冤负屈，走告无路。自发反抗，又屡遭失败。但是他们反抗压迫的思想并没有泯灭，或借助幻想中的鬼神，予以惩罚；或死为厉鬼，复仇雪耻。在这种意义上说，这些幻想中的鬼神，实际上是劳动人民反抗压迫，惩治腐败的力量化身。封建社会是以一家一户为生产单位的小农经济，为了维系人际关系，协调人的行动，以达到社会安定，他们也常常借助鬼神，采用鬼神冥报、因果报应等形式表达自己的道德观念、是非准则。尽管这些表达形式带有比较浓厚的封建迷信色彩，但却隐含着极其纯朴的人文意蕴，不失为民情心愿的一种特殊的表达形式。

一、天神厉鬼表达的人情心愿

封建官吏的贪残昏诈，草菅人命，是造成冤狱遍布，正义得不到伸张的重要原因。衙门八字开，有理无钱莫进来，可说是封建典狱衙门的真实写照。从各级贪官污吏的眼下看来，凡是来告状的，都是他们的“衣食父母”，是他们敲诈勒索，贪赃受贿的良机。《容县志·恶有恶报》中的衙役陆明，他到某甲家执行拘捕任务时，乘机敲诈勒索。某甲穷得揭不开锅，被迫卖儿鬻女，填塞其贪婪的欲壑。《肇庆府志·包公显灵》中的寡妇，她儿子死后，衙役唆使她控告儿媳妇通奸杀夫；又恐吓威胁其媳妇，迫她供认。衙役从中渔利，致使寡妇倾家荡产。由于贪官污吏把办案看作是生财之道，有无贿金，自然成了判案的主要依据。广大平民百姓，特别是失去丈夫的妇人，上养公婆，下育儿女，一旦受控，无钱贿赂，负辱含冤，投诉无路，只好仰天哀号，祈求天神伸张正义，严惩贪官，为自己鸣冤昭雪。《汉阳府志·石榴花塔》就是对这种丑恶的社会现实的揭露：

> 孝妇宋人，失其姓氏。事姑至孝，尝杀鸡为馔，姑食而死。姑女讼妇毒姑，无以自明。临刑，乃折石榴花一枝，仰天祝曰："妾果毒姑，此花即枯；若枉妾命，此花复生。"后花果生。时人哀之，谓"天彰其冤"，立塔于侧，以纪其事。

传说中说她"事姑至孝"，表明妇人在丈夫死后，尽管经济失去依靠，精神失去依托，仍然忠贞守节，诚心致意地服事婆婆，很难想象这样贤惠善良的寡妇会狠心毒杀婆婆。"杀鸡为馔，姑食而死"，又确实是个难猜的谜。寡妇临刑，向天祈告："妾果毒姑，此花即枯；若枉妾命，此花复生。"无根之花，果然复生，表明"天彰其冤"，宣告寡妇无罪。这宗冤案又是怎样构成的呢？看一看《淮南子·庶女叫天》就一目了然了。相传齐国有个寡妇，丈夫死后，诚心侍候婆婆。小姑为了独占家产，屡次迫嫂改嫁。其嫂不从，便狠心毒死其母，诬告嫂子。景公昏庸，听信诬告，判以死刑。寡妇走告无路，向天哭诉。她的行动感动了天神，雷劈景公台榭，使"其伤折，海水大出"，受到应有的惩罚。在旧社会，姑嫂关系极其微妙。兄长死后，嫂子服事公婆，侍候小姑是天经地义的，稍有不恭，侍候不周，便散布流言蜚语，横加指责，使其无地容身。为了独占家产，轻者迫嫂改嫁，重者暗施毒计，甚至杀母嫁祸，致其死地而后快。《庶女叫天》中的小姑迫嫂改嫁不成，进而杀母诬陷的罪恶行径，不正是《石榴花塔》中姑食鸡暴死，"姑女讼妇毒姑"的谜底么！寡妇之所以"无以自明"，既来自阴险毒辣的小姑买通官府，无端陷害，又暴露了封建官吏昏庸无能，率情断狱，草菅人命。人民群众对此深恶欲绝，往往借助幻想中的天神，或像《石榴花塔》那样，"天彰其冤"，为无辜的受害者平冤昭雪；或像《庶女叫天》那样，雷劈台榭，使"其伤折，海水大出"，不仅为受害者平冤昭雪，而且对冤案的制造者给予严厉的惩罚。这类借助天神，鸣冤昭雪的传说，在一定程度上反映了广大人民群众的人情心愿。

贪官污吏与流氓地痞相互勾结，狼狈为奸，横征暴敛，聚敛民财，激起广大人民群众的强烈反抗。但是他们利用手中的权力，官官相卫，横加报复，致使民众走投无路。哪里有压迫，哪里就有反抗。死为厉鬼，继续锄奸除暴，就是人民群众反抗斗争的一种形式。这种斗争，有一个明显的特色：传说中的主人公生前或惨遭贪官污吏的迫害，或备受地主豪强的巧取褫夺，或受尽流氓地痞的敲诈勒索，在忍无可忍的情况下，自发反抗。由于势单力薄，往往被反动势力横加杀害。死后冤魂不散，化为厉鬼，继续反抗，给予暴虐者严厉的惩罚。如《肇庆府志·勿学乃翁》中的叶敬阳，他运米到肇庆黄厂时，征税官吏梁确吾"伺榷司意旨"，横加朘剥。叶敬阳与他发生口角，被梁确吾迫害致死。叶敬阳饮恨黄泉，冤魂不散，化为厉鬼，誓欲报仇。一天，梁确吾乘船回顺德，叶敬阳垢面执索，挡住他的去路，活活把他打死。又如《南海县志·大头轰》中的大头轰，由于生活所迫，沦为娼妓。她生前受尽豪绅权贵的凌辱。死后，市井无赖为了劫夺她手中的金钏，竟惨无人道地砍下她的双手。为了复仇雪恨，她异化为鬼，咬伤无赖的双手，活活地把他折磨致死。死为厉鬼，复仇雪恨，事属虚妄，不足为信。但情真意切，理在其中。主人公之死，是封建统治者残酷压迫和剥削的结果。梁确吾只不过是个微不足道的征税小吏而已，他竟能将平白无辜的叶敬阳迫害致死，逍遥法外，这就不能不归结于黑暗腐败的封建官僚制度了。因为他能“伺榷司旨意，朘剥行商”。主子授意，奴才卖力，变本加厉，鲸吞活剥。他们狼狈为奸，相互勾结，致使百姓走告无路，负屈含冤。人民群众对此深恶欲绝，但又没有足够的力量惩治他们，于是幻想借助外界的鬼神力量予以严惩。这不外是一种善良的愿望而已。就人物性格的自身发展来说，死为厉鬼，严惩怙恶不悛的流氓地痞，为富不仁的贪官污吏，又是他们反抗性格的升华和发展。因为死为厉鬼，可以冲破封建官僚制度的种种束缚，打破人与非人，生与死及时间、空间的界限，让主人公随心所欲地实现其生前无法实现的愿望。叶敬阳死为厉鬼，扑杀贪官污吏梁确吾；大头轰异化为鬼，活活地折磨死市井无赖，正是以死实现其生前没有实现的愿望，反映了他们宁死不屈，坚持不懈的斗争精神。这种善有善报，恶有恶报的处理方式，虽终深受宗教的“因果报应”影响，但也不失为民情心愿的一种特殊的表现形式。

二、惩恶扬善的道德仲裁力量

在阶级社会里，统治者和被统治者都有自己评判社会是非的道德标准。在统治者看来，“劳心者治人，劳力者治于人；治于人者食人，治人者食于人；天下之通义也”。（《孟子·滕文公上》）他们把不劳而获，无偿侵占他人的劳动成果，看成是天然合理的。而劳动者不以为荣，反以为耻，是颠倒了的是非标准。因此，反问：“不稼不穑，胡取禾三百廛兮?”“不狩不猎，胡瞻尔庭有县兮?”（《诗经·魏风·伐檀》）公开骂他们为“硕鼠”，要离开他们，到没有压迫、没有剥削的“乐土”中去。两者评判社会是非的道德标准何等尖锐鲜明！难怪广大人民群众对损人利己、不劳而获的现象深恶痛绝！如《容县志·恶有恶报》中的衙役，他执行拘捕任务时，乘人之难，敲诈勒索，迫使某甲卖儿鬻女，倾家荡产。正当他得意蹒跚地背着钱袋走过大板桥时，忽然晴天霹雳，霆光缠身，肩上的钱烧得通红，烫得他遍体糜烂，一时观者如墙，无不拍手称快。群众对巧取褫夺深恶之情，跃然纸上。《高要县志·卓才复生》中的财主李卓才，四十而无子，忽然病死。他的两个兄弟为了争夺其家产，争吵终日，竟不殓葬。阎王非常气愤，毅然让卓才复生，使其兄弟争财霸产的美梦顿成泡影。《新宁县志·卖身娶嫂》中说，新宁有两兄弟穷得讨不起老婆，弟弟决定卖身为哥哥娶亲。其嫂过门后悉知此事，深为不安，即回娘家辗转借得三十金藏在衣箱里，当她拿钱赎夫弟时，钱不翼而飞，气得上吊。殡葬之日，小姑来送葬，忽然雷劈棺开，其嫂复活，小姑却为迅雷击死。原来小姑回娘家时，发现嫂子衣箱里有钱，便见财起心，暗中盗走。雷劈贪财不义的小姑，复活仁慈善良的新妇，惩恶扬善，态度鲜明。《宜信县志·周仓除暴》同样表达了人民群众对利欲熏心，为富不仁之徒的痛绝之情。化州李某，卖身为儿子娶妇。媳妇悉知此事，连忙回娘家借钱赎父。钱被邻居卢氏盗窃后，媳妇受到丈夫的怨责，愤怨交加，无以自鸣，上吊而死。媳妇葬殓，卢氏母子又利欲熏心，竟开棺暴尸，劫夺媳妇身上殉葬的衣物。这罪恶行径激怒了关帝庙里的神灵周仓，他挺身而出，杀掉为富不仁的卢氏母子，救活淑慧善良的媳妇。借助天神，让恶者暴死，善者复生，其爱憎之情，喷薄而出。

待人以诚，处事以信，是我国广大劳动人民处理人际关系的重要道德标准之一。人情冷暖，世态炎凉，固然是社会风气的范畴，但是这种风气的形成，却与人们的道德水平关系甚大。从方志有关鬼神冥报传说所展示的矛盾冲突看来，在以私有制为基础的封建社会中，金钱利欲关系像瘟疫一般侵蚀着人际关系，撕裂了那块温情脉脉的面纱，使人与人的关系浸透在冷酷的利己主义的冰水之中。《南海县志·死鬼讨债》中的刘翰荣，是个讲信义、重友情的厚道人。他病危时对儿子说，梁老三借他三百两银，因友好，未立契据，要用可即去拿。翰荣死后，梁老三来吊丧，翰荣儿子提及此事。梁老三却说："此款早已还清，想是你父亲病糊涂时乱下的遗嘱吧！"刘翰荣猛然瞪眼说："梁老三，你可不要太没良心啊！"他连忙改口称是，答应立即归还。对于这类背信弃义的市侩之徒，人们决不会轻易放过他们的，梁老三吓病归天，就是对这种背信弃义行为的有力批判。《惠州府志·睹妇石》就是对不讲信用，无端捉弄他人的庸俗之风的批判。相传有位老妪带着女儿上山砍柴，看见石壁高耸，下有深渊，水流汹涌，便开玩笑地对在石壁上休息的人说："谁能从这里跳下去，我就将女儿嫁给他。"忽然有个少年纵身一跳，逆流而上，安然自若。第二天，少年到他家迎亲，女方的父亲不许。后来女方的父亲要少年砍根长竹，剖成两片，要他在石壁上先投一片，过一段时间再投另一片，说："如果两竹相合，就将女儿嫁给你；不然，就别提这门亲事了。"父母戏言相欺，天神诚心相助。忽然风起浪涌，将两片竹撮合在一起，成全了这门亲事。传说虽然离奇巧合，却无情鞭挞了那些不讲信用，无端捉弄他人的轻薄之徒。

"孝悌"是一种封建道德观念。统治阶级从封建伦理观念出发，要求人人做到"家为孝子，国为忠臣"，"事君如事父"，成为封建统治阶级的忠实奴仆。但在一定情况下，"孝悌"也含有尊敬父母，正确处理兄弟姊妹嫂侄关系的某些积极因素，方志中有关鬼神冥报的传说，对此加以肯定。《新会县志·三成楼》中的周用能，在强盗劫夺了他母亲，将欲杀之的危急关头，他卖身相赎，孤身营救，表现了他贫贱不弃亲，临危不顾身，与老母濡沫相呴，生死与共的美德。他孝感动天，天神派白衣仙女引渡灾难，并三筑成楼，让他母子相安，共事天伦，从而肯定了他孝顺父母的美德。《海丰县志·虎惩逆子》则严厉批判那种富而忘亲、虐待父母的忘亲辱德的行为。陈氏兄弟，相隔数十里。家有老母，兄弟商定各养一月。正好其兄家中断粮，告贷无门，只好送母往弟家，要他先养一个月，待秋熟后再补上。其弟决意不从。当时平安庵前多虎患，行人要数十人聚伙才敢通过。其弟却迫母前行，欲使其母葬送虎口。老母步履艰难，其弟大骂不止。老虎忽然跃入人群，叼走了这不孝之子，表达了广大人民群众对富而忘亲、虐待父母的不道德行为的痛绝。《罗定县志·负心汉》则强调以"孝悌"的道德标准，正确处理兄弟嫂侄的关系。武童之兄临死时，托付家产，嘱咐他周恤嫂侄。武童却贪图小利，短其衣食，致使其嫂改嫁，侄受饥寒。其兄在阴间得知其弟虐待嫂侄，便化为厉鬼，待弟弟下河洗澡，使其淹溺几死，谴责他虐待嫂侄的不道德行为，责令他痛改前非，抚育孤侄成家立业。

从以上的传说可以看出，不论借助天神或化为厉鬼，这些鬼神对社会上的黑暗势力的惩治是非常严厉的，或"雷劈台榭"，使"其伤折，海水大出"，或严加杀戮，表达了广大人民群众对腐朽的黑暗势力深恶欲绝之情，除恶务尽的善良愿望。对于人们的道德行为，人民群众也常常借助鬼神惩恶扬善，予以仲裁。让恶者殄灭，善者复生，是非分明，爱憎毕现，具有很高的审美价值。人们可以从这些形象中领略到爱什么，恨什么，从中得到教育，从而达到调节人际关系，增强人民之间的团结友爱的作用。对具体问题要进行具体分析，鬼神冥报的传说虽然有封建迷信的一面，但它是在特殊的历史条件下产生的，人民群众在深受封建统治者残酷压迫剥削的条件下，借助鬼神反抗压迫，伸张正义，表达自己的理想和愿望，这就包含着合理的因素。因此，我们不能离开当时的社会条件，横加指责。相反，我们要用历史唯物主义观点，剥掉披在它身上的鬼神外衣，还其反抗压迫、向往自由的民主精神，让民情心愿得以伸张。

三、从“蛙神”看壮族古遗风

某一鬼神的神性一经确立，它就成为一种左右社会风俗习惯的势力，不仅影响到某一地区、某一民族的思想感情，生活习惯，而且影响到他们的生产和生活的各个方面。即使社会生产力发展了，人们的认识水平提高了，但这种习惯势力还在人们头脑里留下不可磨灭的痕迹。在广西壮族自治区的《恭城县志》里有一则蛙神传说，就是很好的说明。这个传说的大意是说：有六个东安的锣木工，到恭城某溪边搭了个厂棚锣木。一天傍晚，到水坑挑水烧饭时，抓到两只硕大的青蛙。有人主张吃掉；有人认为是神，主张放掉。后来被四个主张吃掉的锣木工吃了。当晚晴空万里，忽然雷声隆隆，山洪暴发，奔腾而下，淹杀了这四个吃蛙的锣木工，冲毁桥梁，田宅无数。而两个没有吃青蛙的锣木工却得到神的保护，安然无恙。

吃了青蛙为什么受到这样严厉的惩罚，带来这么大的灾难呢？传说本身没有作任何交待，给人留下了一个难猜的谜。最近我翻阅了宋兆麟先生的《巫与民间信仰》，这个谜霍然而解。原来青蛙曾是广西壮族自治区的桂江、红水河、左江流域的壮族同胞崇拜的动物神。他还详细介绍了三个有关蛙神起源的传说。因地区不同，情节各异。

流传在天峨县一带的传说说：在远古时，有一次天下大旱，人们请求雷神降雨，雷神没有答应。请教英雄布洛陀，他要大家找雷神的儿子青蛙帮助。大家请求青蛙，它总不开口。没有办法，只好杀猪宰羊，虔诚地供奉它。青蛙终于被感动了，开口向雷神喊话，雷神立即布雷降雨，解除了旱情。

在东兰县广泛流传的传说则说：古时候，有个东灵人，非常孝顺父母。母亲病逝，按当地风俗，尸体要分给亲朋好友吃掉。他不忍心这样做，便把母亲的尸体藏起来。他既为死去的母亲而悲伤，又为自己违反风俗而恐惧。在这心乱如麻之际，池塘里的青蛙却呱呱地叫个不停。他气不过，连烧了三锅开水，把水塘里的青蛙浇死。这下子可闯了大祸，雷神不再为人间布雷下雨了，结果天下大旱，赤地千里，人不裹腹。人们只好向创世神布洛陀及姆六甲求救。他们说，青蛙是雷公、雷母的儿子，是雷神派到人间掌管雨水的使者。你们杀了它，它们的父母要报仇。于是人们找回青蛙尸骨，抬着它游街串巷，敲锣打鼓唱歌，为它送葬，并以安葬祖先的仪式举行隆重的丧礼。他们的行动感动了雷公、雷母，终于布雷下雨，解除了旱灾。

在凤山县广泛流传的传说则说：在很早以前，掌管雨水的雷神每年都要到人间收租。有一年收成不好，百姓交不起租，请求雷神施恩减免。雷神勃然大怒，说：“我打了这么多雷，下了这么多雨，怎么会歉收呢！”雷神的儿子青蛙在旁说：“爸爸，你说错了。那雷声是我敲打铜锣的响声，而不是下雨的雷声。”雷神听了非常恼怒，把它训斥了一顿，贬下人间，为老百姓求雨传话。

这三则传说，虽然情节各异，但都肯定了雷神是雨水的主宰者，直接掌管人间旱涝，关系到农业的收成；肯定了青蛙是雷神的儿子，是雷神派往人间报雨的使者，上通雷神，下传民意，是沟通民众与雷神关系的桥梁；肯定了要风调雨顺，获得农业好收成，就得敬重、祭祀青蛙，否则就会激怒雷神，导致严厉的惩罚。人情莫大于儿女的骨肉亲情。东安锛木工吃了雷神的儿女青蛙，受到雷神严厉的惩罚，在壮族民众看来，是理所当然，罪有应得。

从明宁县《花山崖壁画》中可以看出，壮民族崇拜蛙神的风俗由来已久，而且世代相传，延续至今。在明宁江东花山上有幅崖壁画，高四米，长达二百多公尺，画中的人物多达一千三百多个，其中不少是模仿青蛙跳舞的巨大人物形象。这就不难看出，青蛙是壮民族崇拜的动物神。据有关专家学者考证，这幅崖壁画产生于秦汉之际，至今有两千多年的历史了。据宋兆麟先生在广西红水河地区考查表明，如今壮族聚居的广西西部地区，还保存着一年一次欢度青蛙节的风俗。主要活动包括找青蛙、祭青蛙、葬青蛙、青蛙歌圩等几个阶段。这是一种带有民族宗教色彩的大型民间娱乐活动。在正月初一清晨，男青年三五成群，到田野挖土翻石，争先恐后地寻找青蛙。第一个找到青蛙的人，欣喜若狂，通告伙伴，并放七声土炮，向雷神报喜，意为他与青蛙婆成婚。这样，他就成了雷神的女婿（俗称青蛙郎）。然后把青蛙带回村寨。这时的青蛙还处于冬眠状态，人们以为它已经死了，也希望它死去。只有这样，青蛙才能离开人间，到雷神那里转达人们意愿。因此人们把它装进特制的棺材，由青蛙郎和青少年守灵，并举行各种娱乐活动。在守灵期间，青蛙郎率领青少年载歌载舞地抬着青蛙挨门逐户地报喜，祝主人人畜两旺，万事胜意。主人则向报喜的人送米、送钱、送粽子、送彩蛋。晚上，青蛙郎便把食品分给大伙食用。人们认为吃了青蛙的食品就有青蛙的神性。埋葬青蛙，是青蛙节的高潮。这天早饭后，歌手和群众奔赴凉亭，青蛙郎和青少年抬着装有青蛙的棺材，像给死人送葬那样，把青蛙抬到野外，在田地里转一圈，边走边唱“蚂拐（青蛙）歌”，然后抬到青蛙坟地，举行隆重的安葬仪式，随即举行盛大的歌圩活动。传说埋葬青蛙，是将青蛙送上天，请雷神降及时雨，保证农业丰收。

壮民族之所以崇拜蛙神，同他们所处的自然环境、生活条件、民俗心理息息相关。综观“蛙神”流传较广的桂江、红水河、左江流域的自然环境，多是山高流急，河道弯曲狭窄。一旦山洪暴发，势如排山倒海，真是“愿离苦海，有翼难飞；思上青天，无槎可乘”。在生产力低下的古代壮族先民，无法科学解释这些自然现象，只好归咎于神的作祟。同时，他们奇异地发现，每当大雨来临前夕，青蛙总是呱呱大叫，从此意识到“青蛙闹，大雨到”。每当青蛙叫唤，便连忙迁往高山，远避洪水，免遭灾难。久而久之，青蛙就被看成通天的神而受到崇拜。所以，每逢祭祀水神时，巫师就模仿青蛙的动作以达到“以舞迎神”的目的。壮族先民以水稻种植为主。水是水稻耕作的命脉，没有水就没有水稻的耕作。广西壮族自治区地处亚热带，雨量充沛，旱雨季节分明，但雨量分布不均。如果在水稻春耕播种季节遇上大旱，那么处于生产力低下的古代壮族先民，就难以将河水引向高地，势必影响水稻生产。当时的古代壮族先民还不理解造成水旱灾害发生的原因，他们从自身的生活经验出发，认为雷神在上天主宰着雨水，要解除旱情，获得甘雨，就得祈求雷神。同时他们奇异地发现，每当春天青蛙叫，就意味着雨水的来临。因此对象征雨水来临的青蛙顶礼膜拜，把它看成是雷神的儿女，雷神派往人间的使者。要讨好雷神，就必须崇敬青蛙，这样就会感动雷神，普降春雨。因此，人们或“攀龙附凤”，娶蛙为“妻”，利用这种裙带关系促使雷神布雷降雨；或虔诚地礼祭青蛙，感动雷神，普降甘霖，保证农业丰收。这就是壮族先民崇拜青蛙的主要原因。

这几个东安锛木工吃了青蛙“违俗犯禁”，也许同他们客居异地，没有“入乡问俗，过境问禁”有关。东安，是明朝万历五年（1577）所设置的县，在今广东云浮县内。广东人嗜蛙成性，视蛙为珍馐。而广西桂江流域的壮族民众则视蛙如神，禁忌森严。他们客居异地，不仅没有入乡随俗，反而把家乡吃蛙的习惯带到异乡，这就不可避免地要“违俗犯禁”了。这也可说是这个传说的本意所在。蛙神传说没有点明蛙神与雷神的亲缘关系，也没指出它向雷神报雨的神性，也许是有其思想观念变化的原因。因为随着时间的推移，各民族间的文化交融，民间所崇拜的水神已由青蛙而逐渐为蛟龙所代替。坐在雄伟而壮观的龙王庙里的龙王，日益成为人们崇拜的水神偶像，蛙神也自然而然地在人们的心目中淡漠了，由此而引起的吃蛙，猥亵蛙神的现象也就屡见不鲜。但残存在人们头脑里的“蛙神”观念还留下一道淡淡的痕迹。在锛木工的争论中，有人主张吃掉；有人认为是“神”，主张放掉，正好说明“蛙神”的观念还在人们头脑里残存。传说以吃蛙者受严惩，不吃蛙者受到保护作结，正是壮民族古代崇蛙遗风的反映。

（原文载于《历史文献与传统文化》第三集）

邱树森（1937—2019），江苏苏州人。1959年毕业于南京大学历史学系，1963年南京大学研究生毕业后，留校任教。1988年任南京大学历史学系主任，担任全国哲学社会科学“七五”规划小组成员。1988年调入西北第二民族学院任教。1993年调入暨南大学历史学系，教授兼任系主任。后任古籍研究所教授、博士生导师。曾任中国元史研究会副会长。1992年起享受政府特殊津贴。长期从事蒙元史和民族史的教学与研究，主要专著有《中国回族史》《中国少数民族简史》《回族文化志》《元代文化史探微》《元代中国少数民族新格局》等数十部，主编《中国大百科全书·历史卷》元史分册、《中国历史大辞典·辽夏金元史卷》《中国元史大辞典》《中国历代职官辞典》《中国历代名人辞典》等。其著作多次获得国家图书奖、全国民族图书一等奖、国家教委、教育部人文社会科学成果奖。其学术成果受到国内外专家好评，曾应邀赴意大利、罗马尼亚、俄罗斯、蒙古、加拿大等国讲学。

元“回回哈的司”研究

邱树森

早在上古时期，中国与周边国家就有过交往。《山海经》中的《大荒西经》《穆天子传》对葱岭（今帕米尔）以东的山川风物描绘比较详细，而且记录了大戎和大月氏的一些情况。降至秦汉，以张骞出使西域作为里程碑，中西交通规模不断扩大，陆上和海上两路交往日益频繁。但是大批外国人到中国来定居，并形成聚居的区域则是在唐朝才开始的。唐宋政府为此专门制定了法规，如禁止蕃客置立田宅，与华人婚嫁为亲，与华人杂居；立蕃坊，以蕃客中之有声望者为蕃坊长，负责教务和民事纠纷；蕃客之同类自相犯者，各依本俗法，异类相犯者，以唐宋法律论处，等等。

13世纪初，蒙古崛起后，中西交通大大畅通，入华的域外人激增，其中信仰伊斯兰教的穆斯林占大多数，他们统称“回回人”。元朝政府对回回人的管理自有一套办法，“回回哈的司”就是管理办法之一。早在20年前编修《中国大百科全书》中国古代史卷时，南京大学陈得芝教授就注意到把“回回哈的司”的内容列入“木速蛮”词条中，笔者在撰写《中国回族史》（宁夏人民出版社1996年版）时，作了较多阐述。近年来已有学者注意到这一课题的研究，并发表了专文[①]。但笔者认为“回回哈的司”的研究还有深入的必要，对它的建置、职能、行废等进行更全面的讨论。

一、蒙元时期来华的域外人

《元史·太祖本纪》说成吉思汗“灭国四十”。被成吉思汗所灭的国家和政权中，有中国境内的西夏、畏吾儿、哈剌鲁、西辽等政权，但绝大多数是境外的国家和民族。成吉思汗西征之后，又有绰儿马罕西征、拔都西征和旭烈兀西征，加之元朝时东侵高丽、南征安南、占城、缅国、爪哇，蒙古军队兵锋所及，几为亚洲和东欧的大部。蒙古远征结束后，这些被征服的国家、地区或民族中的军士、商人、工匠、教士等，大批随之来华。他们之中，除信奉东正教的斡罗思（俄罗斯）人、阿速人以及啰哩（吉卜赛）人、术忽（犹太）人外，绝大多数是信奉伊斯兰教的穆斯林（当时称回回人）。这些穆斯林中有阿拉伯各国人和波斯人，有伊斯兰化的突厥人（如哈剌鲁、阿儿浑、康里、钦察）和信奉伊斯兰教的其他各族人（如占城人，南亚次大陆的马八儿、俱兰人，非洲黑回回等）。这些穆斯林主要有以下几类人：

军士。成吉思汗西征时，所至凡遇抵抗，多实行屠城。但对放下武器归顺蒙古的城镇，又常取其军士、工匠以充实自己的军队。如“蒙古人把忽毡（今塔吉克斯坦列宁纳巴

① 王东平：《元代的回回、回回法和回回哈的司》，载《民族史研究》第1辑，民族出版社1999年版。

德）的青壮年强编入军，赶往那里，同时还从讹答剌、不花剌、撒麻耳干及别的城市、村落，取得援兵，这样，该地共集中了五万签军和两万蒙古军”[①]；在不花剌，蒙古军队来攻时，不花剌人“打开他们的城门”[②]投降了，该城中“适于服役的青壮年和成年人被强征入军”[③]，著名的回回政治家赛典赤赡思丁就在这时随其父苦马鲁丁一起从军的；在撒麻耳干，“从青壮年中挑出同样的（三万）人，编为一支签军”[④]。所以元代有许多来自阿拉伯、花剌子模的军人成为大大小小的军官。

工匠。除上引蒙古军在忽毡等地掳掠工匠外，在撒麻耳干、不花剌等地也大批掳掠工匠。仅撒麻耳干一地就掳掠了三万工匠，窝阔台时拨三千户到荨麻林（今河北万全西洗马林），置荨麻林人匠提举司，专事织造纳失失缎匹，荨麻林成了撒麻耳干人居住最集中的城镇，“此城大多数居民为撒麻耳干人。他们按撒麻耳干的习俗，建起了很多花园”[⑤]。中政院使买述丁的曾祖马合谋是不花剌的工匠和天文学家，他和许多“细巧工匠”的不花剌人一起被俘到和林（今蒙古乌兰巴托西南），他们之中有的又迁于弘州（今河北阳原）、荨麻林，马合谋后任洪城屯卫百户[⑥]。著名建筑师也黑迭儿、造炮师阿老瓦丁、亦思马因等阿拉伯人，在元代成为工艺世家。

商人。大蒙古国建立前就有回回商人阿三（哈只哈散）与成吉思汗同饮班朱尼水，成为建国元勋；太宗时回回商人法迪玛受宠于脱列哥那皇后，引荐奥都剌合蛮以220万两扑买中原课税。之后，回回商人足迹几乎遍及全国，中统四年（1263）时中都（今北京）的回回人户达2953户，“于内多系富商大贾、势要兼并之家，兴贩营运百色，侵夺民利”[⑦]；泉南有巨贾回回佛莲，为蒲氏之婿，拥有海船80艘，死后留下珍珠130石[⑧]。元朝时从海陆两道来华的阿拉伯、波斯商人甚多，杭州之埃及巨商欧斯曼·伊本·安法尼，“是当地一大巨商，他十分欣赏此地，因而定居于此，该地因此而出名。他的子孙在此地继承了他的声望”[⑨]。元时来华的摩洛哥旅行家伊本·白图泰每到一地几乎都会遇到穆斯林商人。

教士。在元朝文书中有答失蛮（波斯语Danishimand的音译，伊斯兰教士）、迭里威失（波斯语darwish的音译，苏非派修道士）、哈的大师（阿拉伯语Qadi，伊斯兰教法官）等神职人员称号；吴鉴《清净寺记》[⑩]中有主教（阿拉伯语Shaikh-al-lslam，译为摄思廉）、亦绵（阿拉伯语iman，译为伊玛目）、都寺（阿拉伯语Mutawalli，译为没塔完里）、噶拜者（阿拉伯语Mu'azzin，译为谟阿津）等神职人员称号。伊斯兰教中的各种神职人员称号，元代大体上已经出现，可见伊斯兰教在中国的传播是合法的、规范的、全方位的，故中山府《重建礼拜寺记》中说：“今近而京城，远而诸路，其寺万余，俱西向以行拜天之礼。”[⑪]

① 志费尼：《世界征服者史》上册，内蒙古人民出版社1980年版（下同），第108页。

② 《世界征服者史》上册，第120页。

③ 《世界征服者史》上册，第123页。

④ 《世界征服者史》上册，第140页。

⑤ 拉施特：《史集》第2卷，商务印书馆1985年版（下同），第324页。

⑥ 朱德润：《资善大夫中政院使买公世德之碑铭》，《存复斋文集》卷一，四部丛刊续编本。

⑦ 王恽：《为在都回回户不纳差税事状》，《秋涧先生大全集》卷八八，元人文集珍本丛刊本。

⑧ 周密：《癸辛杂识续集》卷下《佛莲家赀》，中华书局点校本。

⑨ 马金鹏译：《伊本·白图泰游记》，宁夏人民出版社1985年版，第557页。

⑩ 见《泉州伊斯兰教石刻》，宁夏人民出版社、福建人民出版社1984年版（下同），第3页。

⑪ 碑文见《文物》1961年第8期。

此外，还有许多从事科技、教学、医疗、文学、艺术等人才，也有许多被掳来的妇女儿童。例如应邀来华的天文学家扎马鲁丁、造炮师亦思马因、阿老瓦丁等，还有一大批在宫廷和民间从事音乐、舞蹈的艺人，在官方医疗机构广惠司和民间从事医疗事业的回回医生，在政府机构中的吏员回回译史、回回掾史、回回令史等，在回回国子监、回回国子学和民间回民学校中的教师和学生……总之，各行各业都有回回人。

二、穆斯林聚居各城市状况

大批来自中亚、西亚的穆斯林以军士、工匠、学者、教士等身份进入中国中原及沿海地区，甚至漠北、西北等地也处处有回回人，故称元时“回回之人遍天下”。兹将全国各城市中穆斯林居住状况分述如下。

和林（今蒙古乌兰巴托西南）。太宗窝阔台时建为大蒙古国首都。成吉思汗西征后大批穆斯林工匠、军士被俘到漠北。公元1254年，法国圣方济各会士卢布鲁克到达和林，他目睹的情景足以证实那里确实存在着萨克森人（伊斯兰教徒）区和伊斯兰寺院。他说：“城里有两个地区：一个是萨拉森人区，市场就在这个区里。许多商人聚集在这里，这是由于宫廷总是在它附近，也是由于从各地来的使者很多。另一个是契丹人区。”还说城里有“两座伊斯兰寺院（在寺院里公布着摩诃末的教规）”①。

大都。早在辽代时，辽南京（今北京）城内已有穆斯林定居。今牛街礼拜寺即建于辽统和十四年（996）。以后牛街就形成为穆斯林聚居地。牛街礼拜寺内现存至元十七年（1280）、二十年（1283）两通阿拉伯文墓碑，证明该寺在元代仍为穆斯林的礼拜场所。如前文所述，早在中统四年（1263）时，中都城内有回回人户2953户，多系富商大贾、势要兼并之家。后来中都改称大都，成为全国的政治中心，大批回回达官贵族住在京城，加上侍卫亲军如西域亲军都指挥使司、哈剌鲁万户府（掌守禁门等处应直宿卫）等，制造回回炮的回回炮手军匠上万户府，其人数十分可观。至正七年（1347），伊本·白图泰到达大都，曾会见了全国穆斯林首领鲍尔汗丁·刷额尔智，元朝皇帝赐号为“刷德尔·知汗”。他还亲眼见到大都城内有黑人穆斯林②。

泉州。泉州港从宋代开始就崛起为对外贸易大港。在回回人蒲寿庚、蒲师文父子数十年经营下，泉州在元代海外贸易中居于特殊地位。据现存泉州伊斯兰教石刻，元时在泉州活动的穆斯林，来自也门、哈姆丹，土耳其斯坦的玛利卡，波斯的施拉夫、设拉子、贾杰鲁姆、布哈拉、花剌子模、霍拉桑、伊斯法罕、大不里士、吉兰尼等地③。这些在泉州定居并葬于斯地的穆斯林，许多是从事外贸的商人及其眷属。1954年厦门大学庄为玑教授访得晋江陈埭丁氏所存元代地契8份，反映了元朝前期阿拉伯商人侨居泉州后置买家产的情况。商人沙律忽丁就曾购得晋江县三十七都东塘头花园、山地、房屋等，子孙在此定居；到至元二年（1336），沙律忽丁之子麻合抹又将家产卖给另一回回商人阿老丁④。这些地契和伊斯兰教石刻一样，是各国商人“乐江湖而忘乡国”的真实写照。各国商人久居泉州，

① 道森编、吕浦译：《出使蒙古记》，中国社会科学出版社1983年版，第203页。

② 《伊本·白图泰游记》，第562页。

③ 见《泉州伊斯兰教石刻》，第3页。

④ 见施一揆《元代地契》，《历史研究》1957年第9期。

以泉州为家，并参与泉州的建设。元代泉州城内，回回人有比较集中的居住区。伊本·白图泰说："（泉州）穆斯林单住一城"，有谢赫·伊斯兰（总教长）和穆斯林法官。[①]

广州。元代另一个贸易大港广州，虽因宋元战争破坏，海外贸易一度遭受损失。但随着战争的结束，凭借其悠久的外贸传统，居住在广州"蕃坊"内数以万计的蕃客与海外的联系，广州的外贸很快得到恢复。据《大德南海志》载，与广州有贸易关系的国家和地区达140余个。广州市舶的收入极其可观，元人吴莱说："岁时蕃舶金、珠、犀象、香药、杂产之富，充遍耳目，抽赋帑藏，盖不下巨万计。"[②]广州的富庶是与外贸的发展和包括回回商人在内的"贾客"商业流动分不开的。元代广州的回回人依然聚居在唐宋蕃坊的所在地城南怀圣寺和光塔周围。伊本·白图泰说："城的一个地区是穆斯林居住区，内有清真大寺和道堂，并设有法官和谢赫。"[③]

杭州。唐宋时即有阿拉伯、波斯人居住。著名清真寺凤凰寺始建于唐，元延祐年间阿老丁重建。元代杭州回回人聚居于荐桥一带，陶宗仪《南村辍耕录》称："杭州荐桥侧首，有高楼八间，俗谓八间楼，皆富实回回所居。"[④]伊本·白图泰说："（杭州）第三城，穆斯林们住此城内，城市美丽，市街布局和伊斯兰地区的一样。内有清真寺和宣礼员。"[⑤]

镇江。据《至顺镇江志》，至顺年间侨寓人户中，有回回户59，口374，躯（单身）310。以户计，回回户占侨寓户3845户的1.45%；以口（含躯）计，占侨寓口（含躯）13503中的5%以上[⑥]。

四明（今浙江宁波）。据《至正四明续志》，有回回户21户[⑦]。

扬州。唐宋以来，扬州一直是阿拉伯、波斯商人的聚居地，以著名的仙鹤寺和普哈丁墓为证。元时在扬州居住、经商的回回人更多。扬州南门挡军楼城基曾拆出多通阿拉伯人石刻墓碑，有四通碑文是用中文、波斯文和阿拉伯文刻成的。这里是元代扬州穆斯林的墓地[⑧]。

元代回回人除居于上述城镇外，比较集中于云南和西北地区。

云南。宪宗三年（1253），蒙哥汗令忽必烈率军攻占大理。次年，大将兀良合台进入押赤城（今昆明）。进入云南的蒙古军队中有许多回回人。至元十一年（1274），赛典赤·赡思丁奉命出任云南行省平章政事。十六年病卒。其子孙有多人在云南行省任职，并在云南落户，明代著名航海家郑和就是赛典赤的后裔。由于大批回回人聚居云南，从赛典赤开始，云南各地开始兴建清真寺。昆明的"清真寺凡二：一在南门内，一在城南鱼市街，俱元平章赛典赤建"[⑨]。

西北地区。西北陕甘宁地区是中亚、西亚穆斯林进入中国的主要通道。13世纪50年

---

① 《伊本·白图泰游记》，第551页。

② 吴莱：《南海山水人物古迹记》，《渊颖集》卷一，四部丛刊本。

③ 《伊本·白图泰游记》，第552页。

④ 《南村辍耕录》卷二七《嘲回回》，中华书局排印本。

⑤ 《伊本·白图泰游记》，第546—547页。

⑥ 《至顺镇江志》卷三《户口·侨寓》，江苏古籍出版社点校本。

⑦ 《至正四明续志》卷六《赋役》，宋元四明六志本。

⑧ 朱江：《伊斯兰教在扬州》，南京大学出版社1991年版。

⑨ 《康熙云南府志》卷一七《方外志》二《寺观》。

代，卢布鲁克经过畏吾儿境内的所有城镇时，发现各地均有伊斯兰教徒[①]。13世纪70年代，马可·波罗从葱岭进入丝绸之路南道，沿河西走廊，经今宁夏、内蒙古、河北到上都，均见到当地居住着不少穆斯林。故《明史·西域传》说："元时回回居天下，以甘肃为多。"当时，这些居于丝绸之路广大城乡中的穆斯林，决不可能是立有战功的回回将领，也不可能是腰缠万贯的回回巨商。他们主要从事农牧业。

三、回回哈的司的建立及其职能

成吉思汗和他的继承者是依靠武力征服其他国家和民族的，在他们的心目中，并无此疆彼界的约束，"天下地面尽阔，教您各守封国"[②]。只要有力气，尽可去占领。因而，蒙古大汗向来以"统治世界的皇帝"[③]自居，视其统治范围之内的胡人、汉人、中亚人、西亚人，不论什么种族，统统都是他的臣民。太宗窝阔台于乙未年（1235）实施了"乙未括户"，圣旨说：

> 不论达达（即蒙古）、回回、女真、汉儿人等，如是军前掳到人口，在家住坐，做驱口；因而在外住坐，于随处附籍，便系是皇帝民户，应当随处差发，主人见，更不得识认。[④]

后来宪宗蒙哥二年（1252）的"壬子籍户"和世祖至元八年（1271）颁布的《户口条画》中得到进一步完善，并明确规定：在元朝统辖范围内，不论是什么种族，"见住处与民一体当差"。从此，回回人和其他境外入华的种族，正式编入元朝的户籍，成为元朝的臣民，唐宋时期"胡商""蕃客"的称号从此再也不见了。回回人成为元朝"诸色人户"之一，不再是侨居中国的外国人。

蒙古人是以少数民族入主中原的。周边的少数民族和境外的各国各族人，唐宋时被称为"化外人"，意为未接受"王化"之人。所以《唐律疏议》作了这样的解释：

> 化外人，谓蕃夷之国别立君长者，各有风俗，制法不同。

现在蒙古人成了统治民族，所以在元朝的法律中绝对不会把蒙古人自己称为"化外人"。因此，元律中在处理外国人和周边少数民族风俗、婚姻、刑律、宗教等事务时，原则上虽与《唐律》一致，但再也不会用"化外人"这一词了。

由于元代回回人已经入籍，不再称为"胡商""蕃客"，因而穆斯林聚居之地也不再称为"蕃坊"，管理穆斯林的机构也不再称"蕃长司"。元朝政府采取唐宋时期蕃长司的基本方式，正式成立"回回哈的司"这一政府机构来掌管穆斯林的宗教事务及刑名、词讼诸事，使自治其徒。哈的系阿拉伯语Qadi的音译，伊斯兰教法官称号。此职早在穆罕默德时代即已产生，以后在信仰伊斯兰教的国家和民族中的穆斯林群体中普遍设置。随着大批穆斯林进入中国，哈的大师也自然来到中国或在穆斯林群体中产生。再说唐宋蕃坊中本来就

---

① 《鲁不鲁乞游记》，载《出使蒙古记》。

② 《元朝秘史》第255节，四部丛刊三编本。

③ 志费尼就是这样称呼窝阔台汗的，见《世界征服者史》上册，第218页。

④ 《通制条格》卷二《户令》，浙江古籍出版社点校本，下同。

有类似哈的的蕃坊长。但回回哈的司作为政府机构，当与管理佛、道、基督教和畏吾儿人的机构一样，应在世祖忽必烈时期才设置，具体时间无考。

“回回哈的司”是一种带有宗教和民族管理双重性质的政教合一机构。“元有天下，嘉惠黎庶，怀柔百神，凡前代所以为民事神者，有举无废”①。蒙古统治者对各种宗教兼收并蓄，采取扶持和保护政策，因而佛教、道教、伊斯兰教、也里可温、犹太教十分盛行，佛教尤盛，故《元史·释老传》云：“元兴，崇尚释氏，而帝师之盛，尤不可与古昔同语。”佛、道、也里可温、犹太教均有全国性的管理机构。佛教管理机构最多，级别最高，中统初即设全国性的释教总统所，地方有诸路释教总统所；以后又有总制院，至元二十五年（1288）改称宣政院，“掌释教僧徒及吐蕃之境而隶治之”，宣政院使由帝师和中书省长官担任，地方有行宣政院；又沿唐制，在全国置功德使司；又沿用金制，在全国各路设僧录司、州设僧正司、府设僧纲司。《佛祖历代通载》卷二二载：“谕天下设立宣政院、僧录、僧正、都纲司，赐以印信，行移各路，主掌教门，护持佛法。”可见元代僧官机构最多，而且重叠。道教亦有中央及地方管理机构，大蒙古国时期由丘处机、后由其徒祁志诚等“世奉玺书袭掌其教”②；全国统一后，由集贤院分管全国道教，龙虎山历代张天师主领江南道教，而中央则由“玄宗大宗师”张留孙、吴全节等相继任同知集贤院道教事，掌道教事。也里可温、犹太教归崇福司，地方有也里可温掌教司，延祐二年（1315）“省并天下也里可温掌教司七十二所，悉以其事归之”③。但《元史·百官志》中唯独不见伊斯兰教的管理机构，这显然是《元史》修撰者的一大疏忽。

伊斯兰教是元代第三大宗教，其教徒和寺院之多远在基督教之上。但《元史》首见“回回哈的司”之名在《仁宗本纪》中，即至大四年（1311）四月，仁宗即位后下令“罢回回合的司属”，可见该机构早在仁宗即位之前就已设置，但由于史料阙如，究竟是中央的机构还是地方的机构，不得而知。现据《伊本·白图泰游记》，知汗八里（大都）的谢赫鲍尔汗丁·刷额尔智“可汗任他作全国穆斯林的首领，并以刷德尔·知汗称呼他”④，可知在大都有“全国穆斯林的首领”，那么中央设有全国性的回回哈的司当属无疑。至于地方上的回回人聚居区普遍设立哈的司则可从下文《元典章》卷三三《释道》一节中得到证明。

“回回哈的司”还具有民族管理上的“自治其徒”的性质。元律中虽然不再使用“化外人”这一概念，但政府在民族管理上依然遵循唐宋律法的原则，即“诸化外人，同类自相犯者，各依本俗法；异类相犯者，以法律论”来处理。蕃长司由蕃长主持，“管勾蕃坊公事”，用本俗法（伊斯兰法）处置蕃人纠纷，“徒以上罪，则广州决断”。至大四年（1311）十月初四日，仁宗爱育黎拔力八达即位后不久，下了一道圣旨：

> 哈的大师每只教他每掌教念经者。回回人应有的刑名、户籍、钱粮、词讼、大小公事，哈的每休问者，教有司官依体例问者。外头设立来的衙门并委付来的人每，革罢了者。⑤

① 刘岳申：《寿圣观记》，见《永乐大典》卷六六九七《九江府》九。

② 《元史》卷二〇二《释老传》。

③ 《元史》卷八九《百官志》五。

④ 《伊本·白图泰游记》，第561页。

⑤ 《通制条格》卷二九《僧道·词讼》。

这道圣旨从反面告诉我们：至大四年以前，回回哈的司不仅掌管了回回人应有的刑名、户籍、钱粮、词讼、大小公事，而且哈的司和哈的是“外头设立来的衙门并委付来的人每”，显然不少哈的来自国外，元朝政府已感到侵犯了它的主权，因而予以“革罢”。由此可见，至少在世祖朝期间，回回哈的司的职能与唐宋蕃坊几乎毫无二致，不过名称不同罢了。

我们也可以用管理畏吾儿人的“都护府”的职能来分析回回哈的司。都护府，“掌领旧州城及畏吾儿之居汉地者，有词讼则听之”①。元朝政府先于至元十一年（1274）置畏吾儿断事官，依其本俗法断畏吾儿词讼。管理回回人的办法大体与管理畏吾儿人相同。只是因为畏吾儿人并不像回回人那样卷入元朝政治斗争那么深，所以都护府的职能一直没有变化。

回回人的情况则不一样。回回人的自治权是与回回政治势力消长相适应的。世祖忽必烈统治时期，阿合马擅权近二十年，回回哈的司的权力大大超出了掌教的范围，刑名、户婚、钱粮、词讼亦在其管辖之内。后来阿合马及其子侄、党羽虽被诛杀，回回人在朝廷中的势力一度受到遏止，但世祖末期和成宗铁穆耳时期，赛典赤·赡思丁之孙伯颜受到重用，与汉人梁德珪理财，史称“赛梁秉政”，回回人势力有所抬头。后来伯颜参与拥戴安西王阿难答夺位，事败被杀，武宗海山对回回人就有所抑制。但至少到武宗时期，回回哈的司的职能仍与世祖时期相仿。

但仁宗即位后，用“布衣宰相”李孟治国。李孟“力以国事为己任，节赐与，重名爵，核太官之滥费，汰宿卫之冗员”②。有志于大力整顿朝纲，加强法制。李孟有感于“释、老二教，设官统治，权抗有司，挠乱政事，僧道尤苦其扰”，上奏曰：“僧、道士既为出世法，何用官府绳治！”仁宗遂下令：

> （至大四年四月）罢僧、道、也里可温、答失蛮、头陀、白云宗诸司。罢回回合的司属。③
>
> 除这里管和尚的宣政院、功德使司两个衙门外，管和尚、先生、也里可温、答失蛮、白云宗、头陀教等各处路、府、州、县里有的他每的衙门，都教革罢了，拘收了印信者。④

此后，除了佛教徒事务仍归宣政院（行宣政院时有废置）、功德使司（文宗时废）外，道士、答失蛮、也里可温的刑名、户婚、钱粮、词讼、大小公事一律归当地衙门管辖，各教首领只管教务，“哈的大师每只教他每掌教念经者”。

仁宗革罢回回哈的司就是取消了回回哈的司作为政府机构的存在，只容许哈的作为宗教职业者从事掌教活动，并在元律中作了明确规定：

> 诸哈的大师，止令掌教念经，回回人应有刑名、户婚、钱粮、词讼并从有司问之。⑤

仁宗的这一措施，对回回人无疑是重大打击。英宗即位后继续遏制回回势力，甚至下令

① 《元史》卷八九《百官志》五。

② 《元史》卷一七五《李孟传》。

③ 《元史》卷二四《仁宗纪》一。

④ 《元典章》卷三三《礼部》六《释道》，中国广播电视出版社影印元刻本。

⑤ 《元史》卷一〇二《刑法志一》。

“毁上都回回寺，以其地营帝师殿”[①]。

至治三年（1323）八月，爆发“南坡之变”。英宗硕德八剌和丞相拜住被弑，晋王也孙铁木儿即位，是为泰定帝。泰定帝重用回回人倒剌沙为中书左丞相，回回哈的司重新恢复。一时回回人势力大增，全国许多地方广建礼拜寺。致和元年（1328）七月，泰定帝病死；八月，燕铁木儿在大都发动政变，倒剌沙在上都拥立泰定帝子阿剌吉八为帝，爆发两都之战的前夕，燕铁木儿拥立图帖睦尔为文宗，文宗一进京就下令“罢回回掌教哈的所”[②]，显然是为了打击回回人。但两都之战结束后，回回掌教哈的所或许很快就恢复了。到至正六年（1346）伊本·白图泰来华时已是另一番情景：

> 中国每一城市都设有谢赫·伊斯兰，总管穆斯林的事务。另有法官一人，处理他们之间的诉讼案件。[③]

显然，回回掌教哈的所早已恢复了工作。伊本·白图泰见到的总教长（谢赫·伊斯兰）有鲍尔汗丁·卡泽龙尼（泉州）、敖哈顿丁·希札雷（广州）、佐习伦丁·古尔俩尼（干江）、鲍尔汗尔·刷额尔智（大都）；法官有塔准丁·艾尔代威里（泉州）、格瓦门丁·休达（干江）、赫伦丁（杭州）。

综上所述，元“回回哈的司”归纳起来有以下几点：

第一，13世纪初，蒙古崛起于漠北，依靠军事征服，建立了横跨欧亚的大蒙古国。成吉思汗和他的继承者以“统治世界的皇帝”自居，视其统治下的各族人民为大汗的臣民，均系“皇帝民户”。因而入居中土的各国人民，一律成为元朝的“诸色户计”，不再有唐宋时期的“胡商”“蕃客”之名，也不再有“蕃坊”“蕃坊司”“蕃坊长”之称。

第二，蒙古以北方游牧民族入主中原，成为统治民族，因而废弃了唐宋律法中的“化外人”的字眼，代之以“诸色人”称之。

第三，元代来自域外的诸色人中，以回回人为主，他们不仅人数以十万计，而且对元代政治、经济、文化、宗教均有巨大影响。因而，元朝政府专门设置对回回人管理的机构——回回哈的司。回回哈的司从中央到地方均有建置，大都的回回哈的司，与掌佛教和吐蕃地方的宣政院、功德使司、掌道教的集院、掌也里可温的崇福司一样，都是政教合一的组织，只是秩品不等而已。

第四，回回哈的司基本职能沿袭唐宋蕃坊的制度。每一有回回人居住的城市设哈的司，由谢赫·伊斯兰（总教长）总管穆斯林宗教事务，另有法官（哈的）一人，处理他们的刑名、户婚、钱粮、词讼、大小公事，或者总教长与法官由一人兼任。地方上的哈的司，只要有回回人聚居区均普遍设置甚至连边远的亦集乃路（治今内蒙古额济纳旗）也有。地方上的哈的司多设于礼拜寺内[④]。

第五，回回哈的司的置废与元代政治息息相关。当回回人政治地位上升，哈的司的权力则增大，反之则被废置或受限制。至大四年（1311）四月，仁宗下令罢回回哈的司属，

① 《元史》卷二七《英宗纪一》。

② 《元史》卷三二《文宗纪一》。

③ 《伊本·白图泰游记》，第552页。

④ 《黑城出土文书》F116：W58卷中，有“本府礼拜寺即奥丁哈的所管”，可知地方上的哈的司多设于礼拜寺中。（李逸友：《黑城出土文书》，科学出版社1991年版，第164页。）

回回人应有刑名、户婚、钱粮、词讼、大小公事，统归有司问之。但并不限制回回人的宗教活动，“诸哈的大师，止令掌教念经”。泰定帝上台，哈的司恢复建置，礼拜寺也到处兴建。文宗即位后，哈的司又被废置，文宗卒后很快又恢复。

（原文载于《中国史研究》2001年第1期）

从黑城出土文书看元"回回哈的司"

邱树森

公元7世纪初，穆罕默德在麦加创立了伊斯兰教。穆罕默德去世后，他的继承者建立了强大的阿拉伯哈里发帝国。由于不断向外扩张，阿拉伯帝国的版图横跨亚、非、欧三洲，伊斯兰教也随之传入各地。早在唐太宗贞观年间，伊斯兰教传教士就已来到中国。随后，阿拉伯帝国的使臣、商人大批进入中国境内，广州等地出现了穆斯林聚居区"蕃坊"，中国政府设"蕃坊司"，委任蕃坊长"自治其徒"。元代进入中国的穆斯林称为"回回人"，政府专门设"回回哈的司"，管理回回人的刑名、户婚、钱粮、词讼等事务。但元代史籍中关于"回回哈的司"设置情况、具体职能记载甚少，且语焉不详，特别是各地方路府州县哈的司的设置情况记载更少。1983—1984年内蒙古考古工作者在元亦集乃路治所黑城（今内蒙古额济纳旗东南）遗址发现了一批元代文书，其中《失林婚书案文卷》等文书，为研究元代回回哈的司行废年代、职权范围、与清真寺的关系等提供了十分珍贵的史料。

一、元代史书中关于"回回哈的司"的记载

唐宋"蕃坊"和元"回回哈的司"，都是当时中国政府为管理进入中土或原居于内地的穆斯林专门设置的管理机构，他们之间有延续关系，但其性质却不尽相同。

唐宋时到中国来经商、传教的穆斯林称为"蕃客""胡商"，他们长居中国不返，称之为"住唐"。他们大部分聚居于沿海商业城镇和京城，由于宗教活动、生活习俗、社会活动和商业往来的需要，他们都聚居于城镇中的某一区内，而唐朝政府也严格禁止蕃汉杂居，文宗开成元年（836）元月，京兆府曾上奏朝廷：

> 中国人不合私与外国人交通、买卖、婚娶、来往，又奉取蕃客钱，以产业、奴婢为质者，重请禁之。[①]

这样"蕃客"的聚居地逐渐形成，当时称为"蕃坊"。唐朝政府为了加强对蕃坊的管理，设立"蕃坊司"，任命蕃长或都蕃长一人，对其坊内的穆斯林"依《可兰经》、圣训及回教习惯行事"[②]。

唐朝法律为此专门制定了中国古代法律中的第一个涉外条文。《唐律》卷六《名例》云：

> 诸化外人，同类自相犯者，各依本俗法；异类相犯者，以法律论。

① 王钦若编：《册府元龟》卷九九九，北京：中华书局（影印本），1989年。

② 《苏烈曼游记》，《中西交通史料汇编》第2册，北京：中华书局，1977年，第201页。

《唐律疏议》对此专门作了解释：

> 化外人，谓蕃夷之国别立君长者，各有风俗，制法不同。其有同类相犯者，须问本国之制，依其俗法断之。异类相犯者，若高丽之与百济相犯之类，皆以国家法律论定刑名。

“化外人”即指“蕃夷之国别立君长者”，显然是指与唐朝接界或不接界的、自有君长统领的国家，也包括虽承认唐朝为宗主国而自有君长统治的中国周边少数民族政权。对于这些“化外人”，“同类自相犯者，各依本俗法；异类相犯者，以法律论”。即同一国家或种族的人之间自相犯者，依其本国（或本族）之制断之，由蕃坊内之蕃长判定执行；“异类相犯者”是指不同国家（或种族）之人，如高丽与百济当时为两个不同的国家，高丽人与百济人发生纠纷或触及刑律，“皆以国家法律论定刑名”，所谓“国家法律”是指唐朝的法律。《唐律》中规定的“化外人”处理原则，是唐朝政府根据各国风俗法律不一，允许各国人根据本国法律来解决诉讼事务，显示了唐律的开放性与务实性，是刑法中的一大创造。

宋代有关对“化外人”的管理，全盘因袭唐朝法律，只不过作了更明确的规定。朱彧在《萍洲可谈》中作了如下记载：

> 广州蕃坊，海外诸国人所居住。置蕃长一人，管勾蕃坊公事，专切招邀蕃商入贡，用蕃官为之，巾袍履笏如华人。蕃人有罪，诣广州鞫实，送蕃坊行遣，缚之木梯上，以藤杖挞之，自踵至顶，每藤杖三下，折大杖一下。盖蕃人不衣裈袴，喜地坐，以杖臀为苦，反不畏杖脊。徒以上罪则广州决断。[①]

这段记载中，明确记下了“蕃人有罪，诣广州鞫实，送蕃坊行遣……徒以上罪则广州决断”，这是对化外人如何执行律法的重要说明。就是说，蕃人犯罪由广州地方政府判决，徒以下罪送蕃坊按其俗惩罚。

宋律中有笞、杖、徒、流、死“五刑”的规定，蕃坊可执行的是徒以下的笞和杖刑，宋制用楚（即荆条）击之谓之笞刑；用杖击臀谓之杖刑。宋代广州蕃坊“每藤杖三下，折大杖一下”，是将笞刑与杖刑结合在一起，可以互相折算，显然是对穆斯林“喜坐地，以杖臀为苦”的照顾。

公元13世纪初，蒙古崛起于漠北。成吉思汗统一蒙古各部建立大蒙古国后，于1219年开始发动西征，被成吉思汗所灭的国家和政权中，除中国境内的西夏、畏吾儿、哈剌鲁、西辽等政权外，绝大多数是境外的国家和政权。成吉思汗西征之后，又有绰儿马罕西征、拔都西征和旭烈兀西征，加之元朝时东侵高丽，南征安南、占城、缅国、爪哇，蒙古军队兵锋所及，几为亚洲和东欧的大部。蒙古远征结束后，这些被征服的国家、地区或民族中的军士、商人、工匠、教士等，大批随之来华。他们之中，除信奉东正教的斡罗思（俄罗斯）人、阿速人以及啰哩（吉卜赛）人、术忽（犹太）人外，绝大多数是信奉伊斯兰教的穆斯林（当时称回回人）。这些穆斯林中有阿拉伯各国人和波斯人，有伊斯兰化的突厥人（如哈剌鲁、阿儿浑、康里、钦察）和信奉伊斯兰教的其他各族人（如占城人、南亚次大陆的马八儿、俱兰人，非洲黑回回等）。这些穆斯林主要是军士、工匠、商人和教士，其人数以10万计。

---

① 朱彧：《萍洲可谈》卷二，守山阁丛书本。

成吉思汗和他的继承者是依靠武力征服其他国家和民族的，在他们的心目中，并无此疆彼界的约束，“天下地面尽阔，教您各守封国”①。只要有“气力”，尽可去占领。因而，蒙古大汗向来以“统治世界的皇帝”②自居，视其统治范围之内的胡人、汉人、中亚人、西亚人，不论什么种族，统统都是他的臣民。太宗窝阔台于乙未年（1235）实施了“乙未括户”，圣旨说：

> 不论达达（即蒙古）、回回、女真、汉儿人等，如是军前掳到人口，在家住坐，做驱口；因而在外住坐，于随处附籍，便系是皇帝民户，应当随处差发，主人见，更不得识认。③

后来宪宗蒙哥二年（1252）的“壬子籍户”和世祖至元八年（1271）颁布的《户口条画》中得到进一步完善，并明确规定：在元朝统辖范围内，不论是什么种族，“见住处与民一体当差”。从此，回回人和其他境外入华的种族，正式编入元朝的户籍，成为元朝的臣民，唐宋时期“胡商”“蕃客”的称号从此再也不见了。回回人成为元朝“诸色人户”之一，不再是侨居中国的外国人。

周边的少数民族和境外的各国各族人，唐宋时被称为“化外人”，意为未接受“王化”之人。蒙古人是以少数民族入主中原的，元朝时蒙古人成了统治民族，所以在元朝的法律中绝对不会自己把蒙古人称为“化外人”。因此，元律中在处理外国人和周边少数民族风俗、婚姻、刑律、宗教等事务时，原则上虽与《唐律》一致，但再也不会用“化外人”这一词了。

由于元代回回人已经入籍，不再称为“胡商”“蕃客”，因而穆斯林聚居之地也不再称为“蕃坊”，管理穆斯林的机构也不再称“蕃长司”。元朝政府采取唐宋时期蕃长司的基本方式，正式成立“回回哈的司”这一政府机构来掌管穆斯林的宗教事务及刑名、词讼诸事，使自治其徒。哈的系阿拉伯语Qadi的音译，伊斯兰教法官称号。此职早在穆罕默德时代即已产生，以后在信仰伊斯兰教的国家和民族中的穆斯林群体中普遍设置。随着大批穆斯林进入中国，哈的大师也自然来到中国并在穆斯林群体中产生。再说唐宋“蕃坊”中本来就有类似哈的的蕃坊长。但回回哈的司作为政府机构，当与管理佛、道、基督教和畏兀人的机构一样，应当在世祖忽必烈时期才设置，具体时间无考。

“回回哈的司”不再是唐宋“蕃坊”这样的管理外侨的机构，而是一种带有宗教和民族管理双重性质的政教合一机构。“元有天下，嘉惠黎庶，怀柔百神，凡前代所以为民事神者，有举无废”④。蒙古统治者对各种宗教兼收并蓄，采取扶持和保护政策，因而佛教、道教、伊斯兰教、也里可温教、犹太教十分盛行。佛教尤盛，而且地位最高。早在中统初即设全国性释教总所，地方有诸路释教总统所，以后又有总制院、宣政院、功德使司，诸路设僧录司、州设僧正司、府设僧纲司。道教由集贤院分管全国道教事务。也里可温、犹太教归崇福司，地方有也里可温掌教司。但《元史·百官志》中惟独不见伊斯兰教的管理机构，这显然是《元史》修撰者的一大疏忽。

① 《元朝秘史》第255节，四部丛刊三编本。

② 志费尼就是这样称呼窝阔台汗的，见《世界征服者史》上册，内蒙古人民出版社，1980年，第218页。

③ 《通制条格·户令·户例》，杭州：浙江古籍出版社（点校本），1986年。

④ 刘岳申：《寿圣观记》，《永乐大典》卷六六九七《九江府九》，北京：中华书局（影印本），1986年。

伊斯兰教是元代第三大宗教，其教徒和寺院之多远在基督教之上。但《元史》首见“回回哈的司”之名在《仁宗本纪》中，即至大四年（1311）四月，仁宗即位后下令“罢回回合的司属”，可见该机构早在仁宗即位之前就已设置。

仁宗爱育黎拔力八达即位后，用“布衣宰相”李孟治国。李孟“力以国事为己任，节赐与，重名爵，核太官之滥费，汰宿卫之冗员”[①]。有志于大力整顿朝纲，加强法制。李孟有感于“释、老二教，设官统治，权抗有司，挠乱政事，僧道尤苦其扰”，上奏曰：“僧、道士既为出世法，何用官府绳治！”仁宗遂下令：

> （至大四年四月）罢僧、道、也里可温、答失蛮、头陀、白云宗诸司。罢回回合的司属。[②]
>
> 除这里管和尚的宣政院、功德使司两个衙门外，管和尚、先生、也里可温、答失蛮、白云宗、头陀教等各处路、府、州、县里有的他每的衙门，都教革罢了，拘收了印信者。[③]

当年十月初四月，仁宗又下了一道圣旨：

> 哈的大师每只教他每掌教念经者。回回人应有的刑名、户籍、钱粮、词讼、大小公事，哈的每休问者，教有司官依体例问者。外头设立来的衙门并委付来的人每，革罢了者。[④]

这道圣旨从反面告诉我们：至大四年（1311）以前，回回哈的司不仅掌管了回回人应有的刑名、户籍、钱粮、词讼、大小公事，而且哈的司和哈的大师是“外头设立来的衙门并委付来的人每”，显然不少哈的来自国外，元朝政府已感到侵犯了它的主权，因而予以“革罢”。由此可见，至少在元仁宗朝之前，回回哈的司的职能与唐宋蕃坊司几乎毫无二致，不过名称不同罢了。

仁宗的这一系列措施，对回回人无疑是重大打击。英宗即位后继续遏制回回势力，甚至下令“毁上都回回寺，以其地营帝师殿”[⑤]。至治三年（1323）八月，爆发“南坡之变”。英宗硕德八剌和丞相拜住被弑，晋王也孙铁木儿即位，是为泰定帝。泰定帝重用回回人倒剌沙为中书左丞相，回回哈的司重新恢复。一时回回人势力大增，全国许多地方广建礼拜寺。致和元年（1328）七月，泰定帝病死；八月，燕铁木儿在大都发动政变，倒剌沙在上都拥立泰定帝子阿剌吉八为帝。爆发两都之战的前夕，燕铁木儿拥立图帖睦尔为文宗，文宗一进京就下令“罢回回掌教哈的所”[⑥]，显然是为了打击回回人。但两都之战结束后，回回掌教哈的所是否重新恢复了，何时恢复的，在元代文书中未见记载。

① 《元史》卷一七五《李孟传》，北京：中华书局（点校本），1977年。

② 《元史》卷二四《仁宗纪》，北京：中华书局（点校本），1977年。

③ 《元典章·礼部六·释道》，北京：中国广播电视出版社（影印元刻本）。

④ 《通制条格·僧道·词讼》，杭州：浙江古籍出版社（点校本），1986年。

⑤ 《元史》卷二七《英宗纪一》，北京：中华书局（点校本），1977年。

⑥ 《元史》卷三二《文宗纪一》，北京：中华书局（点校本），1977年。

二、黑城出土文书与“回回哈的司”

黑城（蒙古语哈拉浩特），是西夏黑水城和元亦集乃路遗址。位于今内蒙古自治区阿拉善盟额济纳旗治所达赖库布镇东南约25公里的荒漠中。汉西海郡在此置居延城，夏立威福军，元至元二十三年（1285）设亦集乃路。是年亦集乃总管忽都鲁上奏：“所部有田可以耕作，乞以新军二百人凿合即渠于亦集乃地，并以傍近西僧余户助其力”。获准，遂屯田九十余顷[①]。该城原来建立在额济纳河（古称弱水、黑水）下游的绿洲地带，沿河开凿渠道，灌溉农田草场，夏、元时期居民较多，沿河及渠道两侧分散着不少屯田人户的村落和房舍。这里是陕甘宁地区通往漠北的草原丝绸之路的必经之地，因而各族人民逐渐聚居于此，其中有不少回回商人。但14世纪40年代末期，由于元末农民战争爆发，堵断了下距亦集乃城约10公里处的河道，河水改道北流，于是原已濒临沙漠的绿洲，逐渐退化为荒漠，吞噬了改道后的额济纳河以东大片地区。内陆性的沙漠气候，使当地十分干旱，因而古代居民使用过的纸、木、草、毛、丝织品等，经过高温快速干燥后，埋藏在无水荒漠的地下，便长期保存了下来。

20世纪初，俄人科兹洛夫、英人斯坦因、瑞典人斯文赫定，先后光顾其地，运走了大量文书和其他贵重文物。新中国成立后，我国考古工作者曾多次去黑城考古调查，特别是1983年和1984年两次发掘，出土了大量文物标本和文书。兹将有关回回哈的司的两种文书抄录如下（缺损字用□表示，缺损三个字以上用◇表示）：

Y1：W30[②]

吏礼房

呈据司吏程克廉呈元统二年十月初八日绝早有甘肃行省差镇抚薛来前来在路开读

圣旨　为此覆奉

总府官台旨仰告示在路并司属官吏人等至初八日绝早出郭迎接如违究治奉此

在路府吏（略）

司属

广积仓　税使司　河渠司　巡检司　支持库　两屯百户所

司狱司　儒学　医学　阴阳学　僧人头目　答失蛮

F116：W58[③]

告状人阿兀

右阿兀年三十岁无病系本府礼拜寺即奥丁哈的所管◇至正廿二年十一月廿九日午时以来阿兀前去街上因干事忙◇史外郎于◇向阿兀◇里不见□人◇回说恰才有◇你每的文字◇得于内短少◇见当时阿兀◇文字一纸有◇于仓前徐◇本妇◇不见若不状告有此事因今将□到◇具状上告

① 《元史》卷六十《地理志三》，北京：中华书局（点校本），1977年。

② 李逸友：《黑城出土文书》，北京：科学出版社，1991年，第94页。

③ 李逸友：《黑城出土文书》，北京：科学出版社，1991年，第164页。

亦集乃路总管府 伏乞

详状施行所告如虚甘罪不同伏取

□□

至正二十二年十一月 告状◇

F116：W37[①]

取状妇人失林

北迤西作买卖回回客人脱黑尔恩养身◇将失林过房与脱黑帖木作义女收□有脱黑帖木◇并物货回还到岭北地面与往回回地面

改嫁不曾得便本处又无亲戚人◇居至至正廿二年正月内有邻社住人沈坊政家有◇得知名小阎名从亮于沈坊正房上晾晒熟过◇生活及于◇识失林于阎从亮◇阿兀前去岭北达达地面作买卖◇因话将前因文字说与阎从亮□阿兀元娶你婚书偷来我交人头◇告也不迟说罢有本妇回还伊家去后至□有夫阿兀回还在家至十一月廿三日失林◇放诸杂文字红匣儿内汉儿文字叁◇至当日晌午后失林于井上拽水□见有今◇向失林言说我前者与你说的文书◇林于怀内取出前项汉儿文字三纸分付与阎◇向本人言说你交人看去是我的婚书呵你将◇人去后失林将水还家至廿六日晚失林于本家◇阎从亮隔墙望见有本人将失林呼◇于阎从亮跟前有阎从亮赍出文字二纸回付◇说外有文字一纸我交别□来系是你的婚□日你我不曾来我每有商量的话说◇

我□□来◇当日上灯后从亮在家坐◇从亮于房内将元藏汉儿◇林□说文字系阿兀娶你为□妾◇烧者者等候一二日我每赴官司告阿兀将你◇却行压良为驱若将断出来□我做◇每两个永远夫妻说罢有本妇◇一纸对失林前去灶窟内用火烧毁了当有还伊□去后◇婚书不见告发到官今蒙取问所供◇的实别虚冒外据从亮结定除充◇至正廿二年十一月廿三日有上告人阿兀字◇从亮汉儿文字三纸取接从亮于廿二日◇二纸令史外郎看过系妇人合同婚书◇该元买驱妇倒剌文契一纸有本人却行◇林收执从亮将失林合同在家顿放外将◇廿七日分付失林收接至当日上灯◇于本家从亮将失林婚书一纸◇内用火烧毁今当状结已后别经◇但□□稍有差别不同至日◇诳言罪犯不词执结是实所◇西县所管军户逃兵前◇至正廿二年正月廿三日从亮◇

上述三份文书主要有两方面的内容：一是Y1：W30文书，说的是元统二年（1334）十月初八日有甘肃行省镇抚薛来前来本路开读圣旨，通知本路府吏和司属绝早出郭迎接，值得注意的是司属中有“答失蛮”；二是失林婚书案文卷中的F116：W58和F116：W37两卷文书，该婚书案的梗概如下：大都人失林嫁于回回商人脱黑尔，脱黑尔又将失林过房与脱黑帖木作义女收养，脱黑帖木欲将失林带至岭北地面和回回地面经商，失林恐将其压良为驱，不愿远行，于是脱黑帖木将她改嫁给“亦集乃路礼拜寺答失亦即奥丁哈的所管回回包银户”阿兀为妾妻。阿兀于至正二十二年（1362）三月去岭北做买卖，失林与邻人阎从亮相识，阎从亮叫她将与阿兀的婚书偷出烧掉，后被发现，官府断决责笞失林四十七下，由阿兀领回严加看管，阎从亮也受到处罚。这些内容对研究回回哈的司有很大帮助。

第一，证明元“回回哈的司”在至大四年（1311）四月仁宗下令革罢后，几经行废，到元末顺帝元统年间已经恢复了。

① 李逸友：《黑城出土文书》，北京：科学出版社，1991年，第165页。

案卷Y1：W30是亦集乃路总管府吏礼房下的一份通知，告知所属路府吏、司属于元统二年（1334）十月初八日绝早去迎听开读圣旨，其司属中有“答失蛮”，此答失蛮即是管理回回人的机构——回回哈的司（所）。按，答失蛮为蒙古语dasman的音译，指伊斯兰教士，掌管礼拜寺（清真寺）事务，此处专指负责伊斯兰教和回回人事务的机构。元制，诸路总管府司属中有巡检司、司狱司、儒学、医学、屯田所、阴阳学等机构，亦集乃路总管府司属把“僧人头目”“答失蛮”也列入其中，可见文宗即位时虽再次废回回哈的司，但顺帝即位后又很快恢复了。至正六年（1346）摩洛哥旅行家伊本·白图泰来华时所见中国各城市穆斯林管理情况与亦集乃路把答失蛮列入司属是一致的：

> 中国每一城市都设有谢赫·伊斯兰，总管穆斯林的事务。另有法官一个，处理他们之间的诉讼案件。①

显然，回回掌教哈的所早在顺帝即位初就已恢复了工作。

第二，证明元末恢复哈的司后，哈的大师的职权超出了“止令掌教念经”。

案卷F116：W58称：“阿兀，年三十岁，无病，系本府礼拜寺即奥丁哈的所管”。阿兀是回回包银户，即回回商人，属哈的大师即奥丁管辖。由此可见，迟至元末至正二十二年（1362）时，即使在边远地区的亦集乃路，哈的大师仍然对回回人有管辖权。这种管辖权，似乎不仅仅是元律中所规定的“诸哈的大师，止令掌教念经”②，还包含哈的大师管理着回回人的户婚、钱粮、词讼等事务。

第三，证明回回哈的司严格遵守“同类自相犯者，各依本俗法；异类相犯者，以法律论”的原则，不参预异类相犯的诉讼案件决断。

失林婚书案的事主失林，系大都住人张二长女，汉人；阎从亮系巩西县所管军户，汉人；阿兀为回回人，所以他们之间的法律纠纷属“异类相犯”。阿兀没有到哈的大师即奥丁处去告状，而是向亦集乃路总管府提起诉讼，最后也由总管府作出决断。

第四，从文书F116：W58中“本府礼拜寺即奥丁哈的所管”可知，元回回哈的司多设于礼拜寺中，礼拜寺不仅成为回回人宗教活动中心，也是处理回回人内部纠纷的办事机构。

三、元回回哈的司的基本面貌

我们通过对黑城出土文书中有关文卷的研究，与元代文献资料相互印证，弄清了元“回回哈的司”的基本面貌，这对于研究元代伊斯兰教和回回人的研究是有很大帮助的。

元“回回哈的司”的基本情况归纳起来有以下几点：

第一，13世纪初，蒙古崛起于漠北，依靠军事征服，建立了横跨欧亚的大蒙古国。成吉思汗和他的继承者以“统治世界的皇帝”自居，视其统治下的各族人民为大汗的臣民，均系“皇帝民户”。因而入居中土的各国人民，一律成为元朝的“诸色户计”，不再有唐宋时期的“胡商”“蕃客”之名，也不再有“蕃坊”“蕃坊司”“蕃坊长”之称。蒙古以北方游牧民族入主中原，成为统治民族，因而废弃了唐宋律法中的“化外人”的字眼，代之以

① 《伊本·白图泰游记》，银川：宁夏人民出版社，1985年，第552页。

② 《元史》卷一〇二《刑法志一》，北京：中华书局（点校本），1977年。

"诸色人"称之。

第二，元代来自域外的诸色人中，以回回人为主，他们不仅人数以十万计，而且对元代政治、经济、文化、宗教均有巨大影响。因而，元朝政府专门设置了对回回人管理的机构——回回哈的司。回回哈的司从中央到地方均有建置，甚至极边远的亦集乃路亦设有该机构，大都的回回哈的司，与掌佛教和吐蕃地方的宣政院、功德使司、掌道教的集贤院、掌也里可温的崇福司一样，都是政教合一的组织，只是秩品不等而已。

第三，回回哈的司基本职能沿袭唐宋蕃坊的制度。每一有回回人居住的城市设有回回哈的司，置哈的大师一人，处理他们的刑名、户婚、钱粮、词讼、大小公事，有的还专设总教长（即《伊本·白图泰游记》中的谢赫·伊斯兰），或者总教长与哈的大师由一人担任。但回回人与其他民族之间发生词讼，则由地方官根据元朝法律决断。

第四，回回哈的司的置废与元代政治息息相关。当回回人政治地位上升，哈的司的权力则增大，反之则被废置或受限制。至大四年（1311）四月，仁宗下令罢回回哈的司属，回回人应有刑名、户婚、钱粮、词讼、大小公事，统归有司问之。但并不限制回回人的宗教活动，"诸哈的大师，止令掌教念经"。泰定帝上台，哈的司恢复建置，礼拜寺也到处兴建。文宗即位后，哈的司又被废置，文宗卒后很快又恢复，黑城出土文书《失林婚书案文卷》和伊本·白图泰至正六年（1346）在中国诸多城市所见证明了这一点。

第五，从元仁宗之后，元朝政府屡次废置回回哈的司，并规定哈的大师"止令掌教念经"来看，元代总的趋势是逐步削弱哈的大师自治其徒的权利。再从黑城出土文书有关文卷来看，元末虽恢复了哈的司（所），并仍为地方路府的司属，但哈的大师办公的地方是礼拜寺，不设专门的衙门。由此可见，回回哈的司与唐宋蕃坊有不少差别，后者是地方政府管辖下的行政机构，蕃坊长"巾袍履笏如华人"[①]，与官员无异；前者则愈益向明代的教坊制度转化。明朝建立后，将穆斯林全部纳入其坊、厢、里甲管辖之中，宗教事务由教坊负责。教坊以一个清真寺为中心，其范围与坊厢基层行政单位相吻合。教坊由坊内群众推举有名望的乡老为社头，组成"伊斯力"（董事会）进行管理，负责天课财务、寺院修建、延聘阿訇、兴办经堂教育、筹建回民公墓等民族宗教事务，以及回民婚、丧、礼、庆、生辰、斋节等民俗活动，对不触犯刑律的民事纠纷进行仲裁、调解，坊内穆斯林的司法词讼、税赋、差役等则由当地政府管辖。元回回哈的司正是唐宋蕃坊向明清教坊转化的过渡形式。

[原文载于《南京大学学报》（哲学·人文科学·社会科学）2001年第3期]

① 朱彧：《萍洲可谈》卷二，守山阁丛书本。

张其凡（1949—2016），四川蓬溪人。1976年毕业于安徽师范大学历史学系。1981年毕业于中国社会科学院研究生院，旋即到暨南大学历史学系工作，1984年调入古籍研究所工作。1994年晋升研究员。1993年任古籍研究所副所长，1998年任所长、博士生导师，2011年被评定为二级教授，宋史研究会副会长。主要从事宋代历史文化研究，曾主持广东高校古籍整理工作，出版《岭南丛书》20余种。主要著作有《赵普评传》《宋太宗》《张乖崖集》《两宋历史文化概论》《宋代史》等10多部，发表论文140多篇。

杨业之死发覆

张其凡

20世纪以来，杨业及杨家将的研究一直是宋史研究的一个热点。自1943年重庆说文社出版卫聚贤《杨家将及其考证》以来，有关杨家将的研究或通俗著作迭有问世。仅统计1949年以后的著作，即有田羽、沈起炜、郝树侯、石梁、张立志、穆紫、纪振伦、常征等人的十余部专著刊行。至于研究杨家将的文章就更多。2007年2月，人民出版社出版了蔡向升、杜雪梅主编的《杨家将研究·历史卷》一书，凡95万字，将迄今为止有关杨家将研究的论文大都收入。内中余嘉锡先生的《杨家将故事考信录》一文，不仅年代较早，内容也最具价值，有关杨家将的史料，此文差不多已引录殆尽。20世纪80年代以来，则以顾全芳、李裕民先生用力最勤，贡献最大。

在杨家将的研究中，杨业之死是一个重要课题。专门讨论杨业之死的文章，主要有以下几篇：降大任《关于杨业晚节的一个疑点》，载《山西师院学报》（哲学社会科学版）1979年第3期；管建《谈谈杨业的死因及其历史教训》，载《殷都学刊》1980年第1期；邓广铭、张希清《评杨业兼论潘杨关系》，载上海《文汇报》1981年4月6日；闻立鼎《潘美陷害杨业考辨》，载《江苏师院学报》1981年第1期；任崇岳《关于抗辽名将杨业的几个问题》，载《社会科学辑刊》1983年第2期；闵安稳、杨德义《论杨业之死》，载《常德师专学报》1983年第2期；方健《杨业之死的元凶是谁》，载上海《新民晚报》1994年9月15日（方氏此文，《杨家将研究·历史卷》未收入）。此外，1984年5月30日的《解放日报》刊发了叶哲《杨业及其死因的探讨》，惜其过于简略。其他涉及杨业之死的观点，均未超出几篇专论的观点。

上述诸文中，邓广铭、张希清之文最为详尽有力，论述周详，直指潘美为陷害杨业之人，对杨业之死应负主要责任。闻立鼎之文亦持同样意见。管建与方健之文则指出王侁为元凶，且与其监军地位有关。降大任之文则以《辽史》记载为据，认为杨业晚节不保，被俘乞降。闵安稳、杨德义之文，虽在诸文中最长，但所论不出邓、张之文。

本来在此种情况下，关于杨业之死几无置喙余地。然笔者在20世纪80年代点校整理北宋张咏的文集《张乖崖集》时，从中发现了一条从未见人使用的新史料，并在拙文《北宋张咏〈乖崖集〉版本源流及其价值》中披露过，该文刊发于东北师范大学《古籍整理研究学刊》1988年第2期上。此刊物注意及者不多，注意及拙文者更少。2000年6月，中华书局出版了笔者整理的《张乖崖集》，此文收入“前言”中。李裕民先生在2000年第6期《晋阳学刊》上刊出《杨家将新考三题》一文，指出刘吉是为杨业雪冤者。从行文看，他也未曾见过拙文。

今年在神木召开有关杨家将的学术研讨会，遂拟以《张乖崖集》中材料为本，细检有关诸文及相关史料，谨发其覆于此。是耶？非耶？敬希指正。

一、有关杨业之死的基本史料与综合分析

为方便讨论与分析，首先将有关杨业之死的基本史料移录于下。

《宋史》卷五《太宗二》记载：

（雍熙三年五月丙子）命田重进屯定州，潘美还代州。徙云、应、寰、朔吏民及吐浑部族，分置河东、京西。会契丹十万众复陷寰州，杨业护送迁民遇之，苦战力尽，为所擒，守节而死。

《宋史》卷二七二《杨业传》所载最为详尽：

（雍熙三年）未几，诏迁四州之民于内地，令（潘）美等以所部之兵护之。时契丹国母萧氏，与其大臣耶律汉宁、南北皮室及五押惕隐领众十余万，复陷寰州。业谓美等曰："今辽兵益盛，不可与战。朝廷止令取数州之民，但领兵出大石路，先遣人密告云、朔州守将，俟大军离代州日，令云州之众先出。我师次应州，契丹必来拒，即令朔州民出城，直入石碣谷。遣强弩千人列于谷口，以骑士援于中路，则三州之众，保万全矣。"（王）侁沮其议曰："领数万精兵而畏懦如此？但趋雁门北川中，鼓行而往。"（刘）文裕亦赞成之。业曰："不可，此必败之势也。"侁曰："君侯素号无敌，今见敌逗挠不战，得非有他志乎？"业曰："业非避死，盖时有未利，徒令杀伤士卒而功不立。今君责业以不死，当为诸公先。"将行，泣谓美曰："此行必不利。业，太原降将，分当死。上不杀，宠以连帅，授之兵柄。非纵敌不击，盖伺其便，将立尺寸功以报国恩。今诸君责业以避敌，业当先死于敌。"因指陈家谷口曰："诸君于此张步兵强弩为左右翼以援，俟业转战至此，即以步兵夹击救之。不然，无遗类矣。"美即与侁领麾下兵阵于谷口。自寅至巳，侁使人登托逻台望之，以为契丹败走，欲争其功，即领兵离谷口，美不能制。乃缘灰河西南行二十里。俄闻业败，即麾兵却走。业力战，自午至暮，果至谷口。望见无人，即拊膺大恸，再率帐下士力战，身被数十创，士卒殆尽，业犹手刃数十百人。马重伤不能进，遂为契丹所擒。其子延玉亦没焉。业因太息曰："上遇我厚，期讨贼捍边以报，而反为奸臣所迫，致王师败绩，何面目求活耶！"乃不食，三日死。

宋人王称《东都事略》卷三四《杨业传》及《隆平集》卷十七《杨业传》所载杨业之死，略与《宋史》本传同，但不及《宋史》本传所载详尽。李焘《续资治通鉴长编》（以下简称《长编》）卷二七所载同于《宋史》本传。《宋会要辑稿》兵八之六所载也全同于《宋史》本传。宋人上述记载的一致性，反映出其史源的相同。惜残本《宋太宗实录》缺雍熙三年（986）三月至十二月事，无法取之比较以见其源。

此外，上海古籍出版社1993年8月出版的李裕民辑校的《杨文公谈苑》一书中有"杨业"条，其对杨业之死的记载也同于《宋史》本传。

再看《辽史》的记载。《辽史》卷十一《圣宗纪二》载：

（统和）四年秋七月丙子，枢密使斜轸遣侍御涅里底、干勤哥奏复朔州，擒宋将杨继业，及上所获将校印绶、诰敕。

辛卯，斜轸奏：大军至蔚州，营于州左。得谍报，敌兵且至，乃设伏以待。敌至，纵兵逆击，追奔逐北，至飞狐口。遂乘胜鼓行而西，入寰州，杀守城吏卒千余人。宋将杨继业，初以骁勇自负，号杨无敌，北据云、朔数州。至是，引兵南出朔州三十里，至狼牙村，恶其名，不进，左右固请，乃行。遇斜轸，伏四起，中流矢，堕马被擒。疮发不食，三日死。遂函其首以献。诏详稳辖麦室传其首于越休哥，以示诸军，仍以朔州之捷宣谕南京、平州将吏。自是宋守云、应诸州者，闻继业死，皆弃城遁。

《辽史》卷八三《耶律斜轸传》载：

斜轸闻继业出兵，令萧挞凛伏兵于路。明旦，继业兵至，斜轸拥众为战势……继业败走，至狼牙村，众军皆溃。继业为流矢所中，被擒。斜轸责曰："汝与我国角胜三十余年，今日何面目相见？"继业但称死罪而已。初，继业在宋以骁勇闻，人号杨无敌，首建梗边之策。至狼牙村，心恶之，欲避不可得。既擒，三日死。

同卷《耶律奚低传》载：

时宋将杨继业陷山西郡县，奚低从枢密使斜轸讨之。凡战必以身先，矢无虚发。继业败于朔州之南，匿深林中，奚低望袍影而射，继业堕马。先是，军令须生擒继业，奚低以故不能为功。

《辽史》卷八五《萧挞凛传》载：

统和四年，宋杨继业率兵由代州来侵，攻陷城邑。挞凛以诸军副部署，从枢密使耶律斜轸，败之，擒继业于朔州。

《辽史》卷八五《耶律题子传》载：

当斜轸擒继业于朔州，题子功居多。

综观宋、辽双方对于杨业之死的相关记载，呈现出高度的一致性，只是杨业出战前的记载，宋方为详，杨业战死情况，辽方记载为详。这种情况说明，宋、辽双方的记载均源自其前线之报告。在没有新的史料发现之前，只能以这些大致可信的记载为基础，讨论杨业之死。

导致杨业之死的宋辽之战，本是宋太宗雍熙三年（986）北伐辽国战役的尾声，由于杨业之死，使这次收尾的战斗引人入胜。现据上述基本史料，对这次战斗做些综合分析，以利于深入研究杨业之死。

（一）战事之名与结果

此次战事，据宋方记载，最后败于陈家谷；辽方记载，则云战于朔州之南，最后擒杨业于狼牙村。据谭其骧《中国历史地图集》第五册《宋辽金》卷，"狼牙村"在朔州南，陈家谷又在狼牙村南。大而言之，此次战事在朔州之南进行，称为"朔州之战"较为适宜，《辽史》即称为"朔州之捷"。

雍熙北伐，宋军三路攻辽，潘美、杨业军为西路军。朔州之战发生时，宋东路曹彬军已大败逃回，中路田重进军退回定州，西路潘美、杨业一军亦已退回代州。当时，辽军挟战胜之威，以大军西援耶律斜轸军，企图收复此前为宋西路军攻占的云、应、寰、朔四州之地，并已攻占寰州。宋廷令西路军出兵，接应云、应、朔三州军民入宋境内，放弃四州之地。于是，潘美、杨业一军复出。此时辽援军亦已到达山西，与耶律斜轸军会合。于是，发生了朔州之战，结果宋军惨败，大将杨业被擒，上万名宋军被歼，其预定任务——接应三州军民也未完成，“自是宋守云、应诸州者，闻继业死，皆弃城遁”，辽军胜利收复四州地，且得其人民。宋军可谓全面失败，从此一蹶不振。

（二）杨业之死

杨业在朔州之战中，中辽军埋伏，与辽军激战多时，转战至“狼牙村”（宋云“陈家谷”）时受伤被俘。宋人的说法是：“力战”，“身被数十创”，“马重伤不能进，遂为契丹所擒”。辽方则记载是被耶律奚低射落马下，受伤被俘的。

杨业被俘后，三日而死。宋方与辽方均说是“不食，三日死”，不过辽方记载还有“疮发”之因，即“疮发”“不食”“三日死”。按常理，“疮发”系外伤，不致影响饮食，可见三日不食是主动的。《辽史·耶律奚低传》云：“先是，军令须生擒继业，奚低以故不能为功。”可知辽方对继业是十分重视的，不希望他死去。杨业的主动绝食，引发箭疮更烈，导致死亡，因此辽廷迁怒于射伤杨业的奚低，不计其功。

（三）杨业被俘后之表现

杨业被俘后之表现，《辽史》记载，耶律斜轸责问：“汝与我国角胜三十余年，今日何面目相见?”“继业但称死罪而已。”降大任先生据此而云杨业“被俘乞命”，是其晚节的一个污点。顾全芳先生已驳正之。按，《辽史》仅云“但称死罪”，并未云“乞命”。所谓“但称死罪”，是说除求死外无他语而已。辽方之记载如此，显然杨业被俘后不存在失节行为，只是求死而已。

但上述记载，均未言及杨业死后的情况，包括杨业是否受冤屈，何人为其申冤，这些在杨家将小说中浓墨重笔的故事均未着一语。

二、宋朝官方对杨业死因的认定与处罚

雍熙三年（986）五月，朔州之战。七月初，杨业战死。《长编》卷二七载曰：

> 上（太宗）闻（杨）业死，甚痛惜。（八月）辛亥（十五日），诏削（潘）美三任，（王）侁除名，配金州，（刘）文裕，登州。赠（杨）业太尉、大同节度使，赐其家布帛千匹，粟千石，录其子供奉官延昭等五人及（王）贵子二人。

《宋史》卷二七二《杨业传》载太宗之诏甚详：

> 执干戈而卫社稷，闻鼓鼙而思将帅。尽力死敌，立节迈伦，不有追崇，曷彰义烈！故云州观察使杨业，诚坚金石，气激风云。挺陇上之雄才，本山西之茂族。自委戎乘，式资战功。方提貔虎之师，以效边陲之用；而群帅败约，援兵不前。独以孤军，陷于沙漠；劲果猋厉，有死不回。求之古人，何以加此！是用特举徽典，以旌遗忠；魂而有灵，知我深意。可赠太尉、大同军节度，赐其家布帛千匹，粟千石。大将

军潘美，降三官；监军王侁除名，隶金州；刘文裕除名，隶登州。

太宗之诏，是宋朝官方公布的对杨业死因的认定书，并据此处罚了三人，褒奖了杨业。

诏书认定，“群帅败约，援兵不前。独以孤军，陷于沙漠”，是杨业之死的原因，却并未涉及王侁、刘文裕迫杨业出兵之事。

平心而论，宋方所载出兵前杨业与王侁、刘文裕之争，不过是出兵方略之争，恐怕扯不上“嫉妒”“陷害”之词。当时宋军受命援接应、云、朔三州军民，杨业与王侁的主张不同，但目的却相同。本来，驻山西的辽军数量不多，故此前宋西路军出兵后，辽军坚壁不出战，遂使宋军迅速攻占了四州之地。而此时辽军十多万，乘战胜宋东路曹彬军之声威来援山西，战场上已呈现出敌强我弱之势。杨业建议，引兵趋应州，以吸引辽军，让云、朔之民出城进入石碣谷，宋军再以强弩手千人及骑士守住谷口，则三州之民可顺利撤回。王侁认为这是“示弱”，主张率数万精兵直接出雁门北川，前往三州。杨业认为这是必败之势，但刘文裕赞成王侁的计划，潘美应该也是同意此计划的。王侁又以“无敌”之号激杨业，故杨业只得放弃主张而出兵，并要求潘美等人在陈家谷口整兵接应。结果，王侁等人先是误以为辽兵败走，欲争功，领兵离开了陈家谷口；继而听说杨业战败，即麾兵逃走，置杨业于不顾，导致杨业一军转战至陈家谷口而无兵接应，最终受伤被俘。潘、王、刘三人带兵离开陈家谷口，不支援杨业，并进而逃走，才是致杨业于死地的原因。太宗诏书也是如此认定的。

事后，宋廷的处罚决定，潘美较轻，王侁与刘文裕较重，可知当时认定王侁与刘文裕负主要责任，潘美负次要责任。邓先生等人认为潘美为主帅，当负主要责任，并认为处罚太轻。方健则认为王侁应负主要责任，并从监军角度加以论证。

按，为杨业之死，宋廷处分了三个人。但第二年二月，潘美即复官。《宋史》卷四六三《刘文裕传》又载：“岁余，上知业之陷由王侁，召文裕还。俄起为右领军卫大将军，领端州团练使。”可知宋廷在事发一年后，又取消了对刘文裕的处分。这样，杨业之死的罪责便由王侁一人承担了。

《宋史》卷二七四有《王侁传》，仅与卷二七二的《杨业传》相隔一传。从本传可知，王侁为后周著名大臣王朴之子，宋兴后领兵东征西讨，颇立战功，并无甚劣迹，只是“性刚愎”而已。在宋廷追究杨业之死的罪责时，王侁被贬金州，淳化五年（994）从贬地召回时，病死京师。即是说，王侁为此终身被贬。从本传看，王侁与杨业无冤无仇，他与杨业的争论，基本是战略方针之争，并无陷害之意。虽然他以言语激杨业，但杨业身为副帅，也是应当先出阵的。王侁本人及其家庭与太祖、太宗并无亲密关系，不能算是太宗心腹，他之为都监，也是积功而至。至于领兵离开陈家谷口与麾兵逃走，首先应责主帅潘美，史载却归罪于王侁，仅云“美不能制”，实在是为潘美开脱而加重王侁罪责，并最终由王侁独当其责了。然细究之下，亦难觅王侁陷害杨业之动机。

王侁为王朴之子，注意及者不多。然宋廷独责王侁，笔者以为与此大有关联。

王朴，后周时官至枢密使，是周世宗最为倚重的主要辅臣之一，《旧五代史》卷一二八、《新五代史》卷三一有传。宋人王铚《默记》卷上载：

王朴仕周世宗，制礼作乐，考定声律，正星历，修刑统，百废俱起；又取三关，收淮南，皆朴为谋……尝自谓：“朴在，则周朝在。”

又周世宗于禁中作功臣阁，画当时大臣如李谷、郑仁诲与朴之属。太祖即位，一日过功臣阁，风开半门，正与朴像相对。太祖望见，却立耸然，上御袍襟领，磬折鞠躬，顶礼乃过。左右曰："陛下贵为天子，彼前朝之臣，礼何过也？"太祖以手指御袍云："此人若在，朕不得此袍着。"其敬畏如此。又《闲谈录》云：朴植性刚烈，大臣藩镇皆惮之。

从《默记》所载可知，太祖敬畏王朴甚矣。《默记》卷上又载，太祖赵匡胤陈桥兵变后入宫，曾拟诛杀周世宗二子，幸为潘美所谏而止。对于王朴之后，何尝又不会打击呢？《旧五代史》卷一二八《王朴传》注云："太祖、太宗在位，每称朴有上辅之器，朝列具闻。"可知太祖、太宗对王朴是念念不忘的，除称赞外，记恨之心未尝没有。将杨业之死的责任全部归之于王侁一人，虽然事出有因，恐怕多少也包含了对王朴的一种报复心态。既曰"朝列具闻"，又在调查杨业之死的报告中，特别点出王侁之言、行，颇有揣测迎合之嫌；再据此定罪，自可使人无异言了。据《宋史·王侁传》载，王侁兄弟四人，王侁因获周世宗提携，最早升官，升迁虽不速，但也节节高升，然而杨业之死，独领其责，被太宗一棍子打死，再也未能东山再起。其弟王僎，"坐征交趾军败诛"，事在太平兴国六年（981），死在王侁之前，也系太宗所为。其余二弟"备、偃，并进士及第，偃至太常博士"。赫赫有名的后周一代名臣王朴，在其子一代即衰落了，四子中一半死在太宗之手，一半归于无名之辈。安知太宗无报复王朴之心态而为此？

王侁既无陷害杨业之动机，太宗又有迫害王侁一家之嫌疑，故以王侁独领杨业之死的罪责，虽宋廷及太宗为之，窃以为不当也。

刘文裕赞同王侁意见，本亦负连带责任，但因为其为外戚，一年后竟免其责，未免太不公平公正了。如以王侁为"主谋"，刘文裕至少也是"协谋"，而不应无罪。

三、关于杨业死因的讨论

朔州之战中，王侁反对杨业的计划，并语激杨业出战，虽使杨业遭遇辽兵埋伏，处于危险境地，但陈家谷口大军的撤离，才是导致杨业战败被俘的直接原因。

如果说，杨业身为副帅，领前军出战，是采用哪种作战方案都会出现的局面，那么潘美也好，王侁、刘文裕也好，都不应因此而承担罪责。但是，杨业也在行前提请统帅潘美等人注意，请他们率兵在陈家谷口接应，甚至声泪俱下。史籍虽未记载潘美的反应，但他显然是应允了杨业的请求。然而，杨业率军刚一离开，潘美也率军离开陈家谷口，后来听说杨业战败，又匆忙领兵逃走，根本未打算援救。这一下，使杨业断了后援，置于死地了。而宋方的记载，将这一次行动亦归罪于王侁，仅云"美不能制"，显然是为潘美开脱罪责之辞。故邓广铭、张希清二先生以为"杨业之死，潘美应负主要责任"是有道理的。

管建与方健先生认为，王侁、刘文裕是害死杨业的主凶，除却相信宋人的记载外，另一个重要理由就是赵宋家法疑忌武将，王侁以监军能与主帅分庭抗礼，故对"美不能制"一语深信之，而以罪责归于王侁。

虽然宋代重文轻武，监军权重，但宋初却不然，不能一概而论。

先看一个太祖时的例子。

宋太祖乾德元年（963）正月，以山南东道节度使、兼侍中慕容延钊为湖南道行营都部署，枢密副使李处耘为都监，将十州兵讨伐湖南张文表[①]。此次出兵，宋军一举两得，灭了荆南与湖南两股割据势力，大获成功。但在进军过程中，因斩抬高物价者、斥责慕容延钊部下小校司义，又对擅入民舍抢掠的慕容延钊圉人"鞭其背"，李处耘与慕容延钊"大不协，更相论奏"。冲突的结果是："朝议以延钊宿将，贳其过，谪处耘为淄州刺史。处耘惧，不敢自明。"[②]乾德四年（966）李处耘卒于淄州，年47。

这是一次典型的统帅与监军的矛盾与冲突。慕容延钊是自五代以来的宿将，李处耘则是太祖早年幕府的幕僚，"陈桥兵变"的主要功臣之一，延钊因是宿将在冲突中占了上风，处耘被贬。

如果说慕容延钊与李处耘的例子是太祖朝的，离杨业战死时稍远了些，那再举一例，时间恰巧在杨业被俘以后。

雍熙三年（986）七月，以张齐贤为给事中，知代州，与部署潘美同领缘边兵马，驻军防辽前线。包拯曾说："太宗朝以骁将杨业守之（代州），业没，继以给事中张齐贤守之，其慎重用人如此。"[③]可知张齐贤是因杨业战死而继任代州的。十二月，辽兵攻代州，张齐贤出动厢兵作战，出奇制胜，击败来犯辽兵。当其时，与张齐贤一同守代州的副部署卢汉赟畏懦怯战，不敢出战。然而张齐贤获胜后"悉归功于汉赟"，由他上报捷音。故《宋史》卷五《太宗二》记载："代州副部署卢汉赟败契丹于土镫堡，斩获甚众。"第二年八月，太宗得知卢汉赟"未尝接战"，"罢为右监门卫大将军"[④]。张齐贤进士出身，出知代州时，已经签书枢密院事，在知代州三年后，于端拱二年（989）又回朝任枢密副使。但就是这样一位文臣，也不免对代州副部署谦让三分，让功给他。其时，武将的地位显然并未低于文臣，文武臣交往中，武臣地位还高些。

从上述两例可以看出，在宋初，虽已"右文抑武"，但五代遗习犹在，武将地位尚高，监军的文臣，尚不能与统兵的武将相颉颃。潘美是太祖、太宗信任的大将，长期驻守宋朝的代州雁门关一带，为御边大将。王侁、刘文裕辈与潘氏声望相去甚远，潘美还不可能不足以制之。潘美要卸责与王、刘两人，是办不到的。

然而，据宋人记载，杨业死前叹息说，"为奸臣所迫，致王师败绩"，公开指责有"奸臣""迫"他，才"致王师败绩"的。"奸臣"指谁？按宋人记载，不是王侁、刘文裕即是潘美。

杨业既云"奸臣"，当为时人所公认者。从潘美、王侁、刘文裕三人的本传看，这三人都未被公认为是"奸臣"。宋人记载杨业叹息之语，是为了说明杨业死因，"奸臣"云云，当有其公识性，显非潘、王、刘三人。

四、有关杨业死因的新史料及分析

北宋治蜀名臣张咏的文集《张乖崖集》卷二《赠刘吉》诗云："冒死雪忠臣"，小注

① 李焘：《续资治通鉴长编》卷三，北京：中华书局点校本。

② 脱脱：《宋史》卷二五七《李处耘传》，北京：中华书局点校本。

③ 杨国宜校注：《包拯集校注》卷一《论边将一》，合肥：黄山书社，1999年。

④ 李焘：《续资治通鉴长编》卷二七，北京：中华书局点校本。

云："证杨业忠赤，为奸臣所陷"；"谠言警贵侍"，小注云："重指中贵弄权。"在这两句诗与自注里，张咏明白指出，杨业为"奸臣"陷害，赖刘吉"冒死"上疏才为之辩白，证实其"忠赤"的，而且还牵扯到"中贵弄权"之事，刘吉还警告了"贵侍"。按，雍熙北伐时，张咏任职麟州通判，正在河东前线，对于杨业战死朔州之事应该了解得比较清楚，他的记载允称信史，差不多可算是第一手的可靠史料了。又《长编》卷二三七"熙宁五年八月庚子"条载，王安石对神宗亦言："杨业亦为奸人所陷，不得其死。"张咏与王安石所言，与杨业临死前的叹息一致。

张咏在诗及注中明确指出，杨业死后，曾为奸臣所陷，其家险遭不测，是刘吉"冒死"为杨业雪冤，才使杨业的"忠赤"大白于天下的。有关刘吉的情况，可见《杨文公谈苑》，此不赘。小说戏曲中的"佘太君"为杨业申冤之事，原属小说家言，不可信以为实。从《张乖崖集》这条史料，再与宋人记载杨业临死前的叹息之语及王安石之语相结合，可以得出一个明确的结论，杨业出战，是为"奸臣"或"奸人"所迫，从而战死的，其身后仍遭"奸臣"陷害。此"奸臣"是一个"中贵""贵侍"。

那么这个"中贵""贵侍""奸臣"是谁呢？既能迫杨业出战，则必为与潘美、杨业一道率宋西路军出河东的大臣。从第一节所引宋人记载看，只有潘美、王侁、刘文裕三人，实则不然。

检残本《宋太宗实录》卷三五，有两条雍熙三年（986）的记载，迄今少人注意。原文如下：

> （雍熙三年二月）丙午，以西上阁门使王侁、右监门卫将军侯莫陈利用并充并州驻泊都监。
>
> 壬子，以忠武军节度使潘美充云、应、朔州行营都部署，云州观察使杨业副之，磁州团练使郭超充押陈都监。

这两条记载中，潘美一军的都监，前后有王侁、侯莫陈利用、郭超三人。《宋史》卷四七〇《侯莫陈利用传》载："三年，诸将北征，以利用与王侁并为并州驻泊都监，擢单州刺史。"《宋史》卷四六三《刘文裕传》载："从潘美北征。"《宋史》卷二七二《杨业传》载："雍熙三年，大兵北征，以忠武军节度使潘美为云、应路行营都部署，命杨业副之，以西上阁门使、蔚州刺史王侁，军器库使、顺州团练使刘文裕护其军。"再证以他书，刘文裕为监军亦无疑。

如是，潘美一军出征时，为都监监军者实有四人：王侁、刘文裕、郭超、侯莫陈利用。潘美显非"中贵"或"贵侍"，则杨业与张咏所指"奸臣"，当不出王、刘、郭、侯四人。

郭超，《宋史》仅一见，见于《宋史》卷二六一《郭琼传》，记载他与郭琼同为武将。刘文裕，据《宋史》卷四六三本传，知其为外戚，也是武将。郭超与刘文裕两人，显然都不能说是"中贵"，而且与太宗关系也不密切。如此，"中贵"则当指王侁、侯莫陈利用二人之一。恰巧，二人同时被任命为都监，也都挂职州刺史。

王侁，《宋史》卷二七四有传，同传15人，王侁名列第14位。王侁在其父王朴死后，被周世宗用为东头供奉官，由此步入仕途。宋初太祖朝，王侁曾率军参加平定南唐之役，以功加阁门虞候。太宗朝，数受命出使，"多奏便宜，上（太宗）多听用"，升为通事舍人。

太平兴国四年（979）征讨北汉，“护阳曲、塌地、石岭关诸屯”，开始监军生涯。北汉平定后，“留为岚、宪巡检”，直至太平兴国九年（984）才“代还，迁西上阁门使”。北汉平定后，王侁曾在河东边境任巡检五年多，熟悉边事，故雍熙北伐时，命他监护潘美一军。《宋史》卷二七四“论赞”说，王侁“练习戎旅，颇著勋劳，然率强戾而乏温克，以速于戾，斯乃明哲之所戒”。既未称他为“中贵”，也未斥为“奸佞”。故虽然王侁实际上最终承担了杨业之死的主要罪责，但他显然不是那位张咏说的“中贵”、杨业斥责的“奸臣”、王安石所云的“奸人”。

如此一来，四位监军之中就只剩下侯莫陈利用了。正巧，侯莫陈利用正是“中贵”“贵侍”，是当时公认的一位“奸佞之臣”。

侯莫陈利用，在《宋史》卷四七〇《佞幸传》中有传，在该传12位“佞幸”人中名列第二，仅次于“弭德超”。据《长编》卷二九“端拱元年三月”条记载：

> 太平兴国初，侯莫陈利用卖药京城，多变幻之术，眩惑闾里。枢密承旨陈从信得之，亟闻于上（太宗），即日召见，试其术颇验，即授殿直。骤加恩遇，累迁至郑州团练使。前后赐与，宠泽莫二，遂恣横，无复畏惮，至于居处服玩，皆僭乘舆宫殿之制。依附者颇获荐用，士君子畏其党而不敢言。

《宋史》本传所载与之略同。

《宋史》卷二七六有《陈从信传》，该卷论赞即说：“从信所进邪佞以术蛊惑上心，犹不免于近侍之常态欤！”此“邪佞”当指侯莫陈利用。

由上述记载可知，侯莫陈利用是宋太宗信任的心腹，称为“中贵”“贵侍”正恰当。他又是当时公认的“邪佞”之人，《宋大诏令集》卷二〇三《责侯莫陈利用诏》中即说他：“结党潜诬于善良，在官但恣于疏违，恶迹满盈，丑声沸腾。”端拱二年（989）三月，第三度为相的开国重臣赵普，费尽心机，才将侯莫陈利用处死，除了此害，“闻者快之”。因此，张咏所指陷害杨业的“中贵”“贵侍”，杨业所斥的“奸臣”，王安石所称“奸人”，应是侯莫陈利用。

但是，在前引宋人记载中，并未一字涉及侯莫陈利用。除《宋太宗实录》及本传外，甚至未言及侯莫陈利用在潘美军中任监军。说怪不怪，当时是雍熙三年（986），三年多后，侯莫陈利用才被揭发处死。当其时，赵普未相，侯莫陈利用正为太宗宠信，权势熏天，“士君子畏其党而不敢言”。

朔州之战发生在五月，据李裕民先生考证，杨业战死于七月初，责降潘美等三人、褒赏杨业，则在八月中旬。其间相距一个多月。显然，宋廷是派人经过一个多月的调查后才予以赏罚的，宋方的记载，明显是据官方公布的战事经过，故带有一致性。而官方公布的事实，应是据调查报告而来的。

宋方与辽方记载有一点完全一致，即杨业被俘后三日，不食而死。而辽方记载的“但称死罪而已”与宋方记载的杨业之语“何面目求活耶”，如排除双方的主观色彩，其实意思一样，“求死”而已，并用实际行动实践了此点。宋、辽双方记载的这种一致性，反映出宋方派出的调查者大致得到了杨业之死的真实情况，杨业被俘的一番话，即“上遇我厚，期讨贼捍边以报，而反为奸臣所迫，致王师败绩，何面目求活耶”！当应有所本。包括这段话在内的调查报告，正是宋廷处罚潘美等人、褒扬杨业的依据。据《辽史》卷十一记载，辽方曾将杨业的首级函首宣谕，使宋朝云、应诸州守将望风而遁，宋朝调查者不难由此得知杨业死况，故记载与辽方大致相同。

张咏在诗中说，刘吉“冒死雪忠臣”，说明杨业战死后的形势对杨业一家十分不利，杨业已被冤屈。到底如何冤屈，史无明文。但可以参照的是仁宗朝宋夏三川口之战时的情形。据《宋史》卷三二五《刘平传》记载，当其时，鄜延路马步军副总管刘平战死沙场，鄜延路驻泊都监黄德和先是临阵脱逃，返回后，“言平降贼”，朝廷发禁兵包围了刘平的家。后来，殿中侍御史文彦博在河中府置狱，派庞籍前往调查，才“具得其实”。结果，“德和坐腰斩”，刘平受褒赠[①]。可以设想，当时杨业也有可能被诬降敌，全家面临着被杀头的危险，而侯莫陈利用正起了黄德和的作用。要翻案，确有“冒死”之险。而宋太宗八月的诏书，追赠杨业、处罚潘美等人，表明杨业之“忠赤”已为朝廷认可。形势的转变，应与刘平当时的情况一样，是派往前线的调查人的调查报告起了作用。

为刘平雪冤，是庞籍往前线调查后报告给文彦博才得以实现的。刘吉如何能够为杨业雪冤呢？有理由相信，刘吉即是宋廷派往河东前线调查朔州之战的主要官员。他的调查报告，直接与朝野流言相悖，且有触怒“中贵”之嫌。正是刘吉的调查报告，才使宋廷在八月中旬褒赏了杨业。其时张咏在麟州，刘吉在河东调查时应找过张咏，写成调查报告后也应给好友张咏看过，故张咏才有“冒死”之语，才有“中贵”“贵侍”之说，为我们留下了历史真相的蛛丝马迹。

从张咏的诗看，他所见到的刘吉的调查报告中，显然有“中贵”“贵侍”弄权，迫杨业出战，并不援救之语，杨业叹息“为奸臣所迫”之语，是一系列事实的结语。调查报告上交朝廷，到太宗手中后，太宗正宠信侯莫陈利用，不愿处置他，故删去了有关“中贵”的全部文字，但不小心仍留下了杨业叹息之语。处罚有罪者时，亦未及侯莫陈利用。宋人史籍据以记载者，正是褒扬杨业、处罚潘美等人时公布的调查结果。这一结果当然毫不涉及侯莫陈利用了，只留下了杨业叹息的破绽。当其时，刘吉及张咏均不敢言明真相，张咏也是后来刘吉因故被贬时，在赠刘吉的诗中隐约道出了一些线索，为我们留下了联想的余地。

据史籍记载，雍熙三年（986）的北伐，首先倡议者中即有侯莫陈利用其人。《长编》卷二七“雍熙三年正月”条记载：

> 先是，知雄州贺令图与其父岳州刺史怀浦，及文思使薛继昭、军器库使刘文裕、崇仪副使侯莫陈利用等相继上言：“自国家伐太原，而契丹渝盟，发兵以援，非天威兵力决而取之，河东之师几为迁延之役。且契丹主年幼，国事决于其母，其大将韩德让宠幸用事，国人疾之，请乘其衅以取幽蓟。”上遂以令图等言为然，遂有意北伐。

边关有贺令图父子，内廷有薛继昭、刘文裕、侯莫陈利用三人，共同游说，终于使太宗在雍熙三年（986）发动了北伐辽朝之役。战事进行时，进言诸人全都上了前线。贺令图父子在雄州前线，薛继昭在曹彬军中，为“前军先锋都监”[②]。于此可知，侯莫陈利用与刘文裕是以首议者的身份担任潘美军监军的，比之王侁、郭超，地位更加重要。然而，在讨论出兵战略时，侯莫陈利用却一言不发，实在令人奇怪和不解。以侯氏“中贵”身份、骄

① 关于刘平是否投降，何冠环先生有《败军之将刘平》一文考之，收入其所著《北宋武将研究》一书，（香港）中华书局2003年版。

② 《宋太宗实录》卷三五，兰州：甘肃人民出版社，2005年。

横之态，又为出兵攻辽之首议者，却在商讨出兵战略时不着一语，而且事后侯莫陈利用也不向太宗报告战况，而且这样的报告是无需“冒死”的，这实在是不可能。唯一的解释只能是，调查报告中有关侯莫陈利用的部分在朝臣看到时已被删去，故公布的报告中未涉及侯氏，未着一字。而赵普在端拱二年（989）历经艰辛才处死侯莫陈利用时，也不便旧案重提，因为那会触怒太宗，反而影响处置侯莫陈利用。因此侯氏虽被杀，王侁却仍独担了杨业之死的罪责。此后的宋代史籍中，自然也不会因为侯莫陈利用已死而留下有关杨业之死的不同记载。终北宋之世，宋太宗及其后裔一直握有皇权，这桩关联宋太宗的案情遂湮没无闻，无从考知了。

只有侯莫陈利用这样“横恣无忌惮”的“中贵”，才能干出“弄权”“陷害”杨业之事，杨业也才会叹息“为奸臣所迫”。而要揭露这一点，确是要“冒死”才行。事后，杨业虽得昭雪，被证实是“忠赤”者得以追赠，而真正的罪魁祸首侯莫陈利用却置身事外，太宗又乘机狠狠地打击了王朴之子王侁，并最终使其独担罪名。太宗“借刀杀人”之计，可谓高矣。

至于刘吉为杨业雪冤的具体过程以及所雪之罪名，由于史籍所载缺佚，今已无法考知。由于牵扯到太宗，故《宋太宗实录》等官方史籍中自不会着一语，我们今天也无法知道具体详情了。

五、“杨业之死”余论

通过上述考察，杨业死因应该很清楚了。

杨业是出战辽军、失败无援而被俘，被俘后不食而死的。究其死因，身为主将的潘美有不可推卸之责，身为监军的刘文裕、王侁、郭超也负有相当责任，但使杨业战死、其家险遭不测的主要责任，则应当由“中贵”而任监军的侯莫陈利用承担，惜乎太宗力加庇护，其时“士君子畏其党而不敢言”，遂使侯莫陈利用之罪湮没无闻。由于刘吉冒死为杨业雪冤，使杨业之死真相大白，其家免去杀身之祸，宋廷及太宗最终严厉处罚了王侁，让他独担了杨业之死的罪责。

至此，直接责任者虽已清楚，但是关于杨业死因的讨论却并未完结。杨业之死的深层次原因是与当时的政治与社会局势有关，简言之，与当时对武将压抑的苗头的出现有关。对武将的压抑，开国从龙诸将暂时尚不涉及，而割据小国被灭后的降将则首当其冲，杨业恰巧成为其代表者之一。英勇无敌的杨业，终是宋廷心腹之患，侯莫陈利用迫死杨业，或许正是在完成太宗的秘密任务?!

在宋朝自己培养的人才日益充斥朝廷内外的太宗朝[①]，作为从各割据政权南唐、北汉来的归降投诚者难免会受到歧视和白眼。王侁敢于挖苦杨业、杨业明知道送死也不得不出战，正是与这种氛围有关。非死不足以证忠诚，杨业的死也就成为必然了。为杨业雪冤的刘吉，原为南唐官员，杨业原为北汉将领，二人可谓同病相怜。刘吉之所以“冒死”为杨业申冤，未尝没有惺惺相惜之意。

（原文载于《史学月刊》2008年第5期）

① 详参拙文《论宋太宗朝的取士》，载《中州学刊》1997年第2期。

宋太宗论

张其凡

宋人每喜言祖宗之法，奉为圭臬。一般以为，“祖”者，太祖也；“宗”者，乃太宗矣。研究宋初历史，论及宋太祖者为数颇多，论及宋太宗者甚少。然而，在宋初历史上，太宗朝实在是一个重要的转折时期。笔者在《从高梁河之败到雍熙北征》①一文中业已指出，宋代的积贫积弱局面，即开始形成于太宗时期。本文则拟全面考察太宗其人及其在位时期的政治状况。

一、即位前的太宗

太宗初名匡义，赵宋开国，改名光义；即位后，改名炅。他生于后晋天福四年（939）十月，死于至道三年（997）三月，终年五十九岁。撇开早夭者不计，太宗兄弟三人而居其中，哥哥即太祖匡胤，弟弟是廷美（原名匡美、光美），俱为杜太后所生。太祖生于后唐天成二年（927），廷美生于后汉天福十二年（947），太宗比太祖小十二岁，而大廷美八岁。后来，在雍熙元年（984）正月廷美死后，太宗曾说廷美的母亲是自己的乳母陈国夫人耿氏。清代钱大昕指出：“此云乳母耿氏所生者，盖廷美得罪后，造为此言。”说出了事情的底蕴②。

建隆元年（960），光义二十二岁，参与陈桥兵变。赵宋皇朝建立后，被擢升为殿前都虞候，领睦州防御使。建隆元年（960）五月，太祖亲征据泽潞反抗的李筠，光义被任为大内都点检，留守京城。八月，领泰宁军节度使。十月，太祖南征据扬州反抗的李重进，光义为大内都部署，仍留守京师。建隆二年（961）七月，光义为开封尹，同平章事。

太宗早年的事迹，《宋史》卷四《太宗一》仅记载他年轻时多读书，工文业，多艺能，仕周官至供奉官都知。端拱元年（988）二月，太宗在给儿子元僖等人的手诏中曾说：“朕周显德中，年十六，时江淮未宾，从昭武皇帝（其父弘殷）南征，屯于扬、泰等州。朕少习弓马，屡与贼交锋，贼应弦而踣者甚众，太祖驻兵六合，闻其事，拊髀大喜。年十八，从周世宗、太祖，下瓦桥关、瀛、莫等州，亦在行阵。洎太祖即位，亲讨李筠、李重进，朕留守帝京，镇抚都下，上下如一，其年蒙委兵权，岁余授开封府。”③太宗这里所说的是他二十三岁以前的情况，太祖即位后的事准确无误，但太祖即位前的事则多有舛误。太宗年十六，是后周显德元年（954），而周世宗征淮南，赵弘殷从行，在显德三年（956）。太宗年十八，是显德三年（956），而周世宗下瓦桥关，是显德六年（959），当时太宗二十一

① 载《华南师范大学学报》（社会科学版）1983年第3期。

② 李焘：《续资治通鉴长编》（下称《长编》）卷二五；《廿二史考异》卷七五《魏王廷美传》。

③ 《长编》卷二九；《宋朝事实》卷三。

岁。这是太宗记忆偶误还是造为此言，难以遽定。但是，征淮南、下瓦桥两事，并未载入据《实录》《国史》成书的《宋史·太宗本纪》，其真实性是大可怀疑的。太宗出身于武将之家，父兄均为大将，从小学习弓马，是有可能的，但太宗青少年时代并无多少可言之事迹，也是确实的。否则，正史中应有详尽记载。

建隆二年（961）光义为开封尹后，直到开宝九年（976）即位，历时约十六年之久。太宗自己说是“历十六七年，民间稼穑，君子小人真伪，无不更谙。”[①]深居于开封府中的光义，能够了解多少民情，是令人怀疑的；若说是熟悉了政事，那还有可能。更重要的是，光义利用开封尹的地位，在开封府中广延豪俊，聚集一批幕僚，文武皆备，养成了自己的势力。《玉壶清话》卷七记载，光义“为京尹，多肆意，不戢吏仆，纵法以结豪俊”。宋初著名文臣陶穀撰《清异录》卷上记载：“本朝以亲王尹开封，谓之判南衙，羽仪散从，灿如图画，京师人叹曰：好一条软绣天街！”蒋复璁先生撰有《宋太宗晋邸幕府考》一文[②]，考出给事光义幕府的幕僚、军校至少有六十六人。

光义在开封府时，还着意拉拢文武大臣，以扩大影响与势力。《宋史》卷二六〇《田重进传》和《长编》卷一二，开宝四年（971）七月记载，光义曾派人给禁军将领——控鹤指挥使田重进和御史中丞刘温叟送礼，被二人拒绝。由此可以推知，接收礼物的大臣必然更多，只不过不见于史籍罢了。除用送礼拉拢外，用排解纷难的办法交结大臣，也是光义的一种手段。《长编》卷一三记载，开宝五年（972）七月时，仓储不足，太祖切责权判三司楚昭辅，昭辅求救于光义，光义让幕僚陈从信画策，禀告太祖，太祖从其计而行，为楚昭辅解了围。通过广置党羽，内外交通，光义在开封府时便势力大盛，“威望隆而羽翼成”，为他争夺帝位打下了坚实的基础。

那么，太祖与光义的关系如何呢？《宋史》卷三《太祖三》载“太宗尝病亟，帝（太祖）往视之，亲为灼艾，太宗觉痛，帝亦取艾自灸。每对近臣言，太宗龙行虎步，生时有异，他日必为太平天子，福德吾所不及云”。明人程敏政在《宋纪受终考》一书中也说：“观太祖于太宗，如灼艾分痛与夫龙行虎步之语，始终无纤芥之隙。”果真如此吗？恐或不然。太祖友爱其弟，尚可置信；所谓龙行虎步之语，则当出于光义或其亲信所虚构；若说太祖与光义“始终无纤芥之隙”，则更属专图美化的无稽之谈。

近代著名史学家张荫麟在《宋太宗继统考实》[③]一文中已用事例考证，太祖与光义是有矛盾的。除张先生所引事例外，尚有其他事例可证。《默记》卷下载：

> 颍上安希武殿直言：……其祖乃安习也。太宗判南衙时，青州人携一小女十许岁，诣阙理产业事。太宗悦之，使买之，不可得。习请必置之，遂与银二笏往。习刀截银一二两少块子，不数日，窃至南衙。不久，太祖知之，捕安习甚严。南衙遂藏习夫妇于宫中，后至登位才放出，故终为节度留后。其青州女子，终为贤妃者是也。

太祖知道安习为光义窃买女子事，即严捕安习，分明是警告光义，二人之间的感情也就可想而知了。开宝九年（976），太祖曾去西京。在此之前，太祖征李筠、李重进，征北汉，都留光义守东京，独在此次要光义随行，并且到西京洛阳后，打算迁都。太祖迁都的目

① 《长编》卷二九；《宋朝事实》卷三。

② 载《大陆杂志》第30卷第3期，1975年。

③ 载《文史杂志》第1卷第8期，1941年。

的，除了避开辽的锋芒外，脱离光义根深基固的东京开封府，恐怕也是一种因素。光义激烈反对此举，也透露了一点信息。太宗即位后，为显示太祖欲传位于己，当然要大肆宣扬太祖与己友爱，有传位之意。因此，指望太宗时及其后的史籍明确留下光义与太祖关系不和睦的记载，是不可能的。从史籍中透露的蛛丝马迹看，二人有隙，确是事实。

二、太宗与赵普

赵宋皇朝的开国奠基者，实在是太祖与赵普两人。南宋史臣洪迈说："赵韩王佐艺祖，监方镇之势，削支郡以损其强，置转运、通判，使掌钱谷以夺其富，参命京官知州事以分其党，禄诸大功臣于環卫而不付以兵，收天下骁锐于殿岩而不使外重，建法立制，审官用人，一切施为，至于今是赖。"[①]万历《顺天府志》卷五《功烈》说："当国事草创，制度周悉，无出其右。"太祖也曾对赵普说："朕与卿平祸乱以取天下，所创法度，子孙若能谨守，虽百世可也。"[②]上述记载，足可反映出赵普在创建赵宋皇朝上的功绩与地位。

由于赵普在太祖朝的地位和权势，光义在太祖朝地位的升迁，乃至光义的即位，都与赵普不无关系；而太宗统治的稳固，也端赖于赵普的襄助。因此，有必要探究一下二人之间的关系。

太祖即位之初，光义与赵普的关系是比较密切的。《国老谈苑》卷上记载，建隆元年（960）五月，太祖亲征李筠，赵普通过光义请行，得到太祖同意。《长编》卷二，建隆二年（961）六月记载，杜太后"尤爱皇弟光义，然未尝假颜色，光义每出，辄戒之曰：'必与赵书记（即普）偕行乃可。'仍刻景以待其归，光义不敢违"。杜太后要光义多与赵普亲近，一来可学习吏道，二来可巩固与提高地位。因此，在这一段时间内，两人关系较为密切，时相过从。

建隆二年（961）六月，杜太后死去。七月，光义出任开封尹、同平章事。赵普时任枢密副使。五代时期，继位人一般都封王，任开封尹。光义虽未封王，但其任开封尹，已隐然有继位人的地位了。然而，光义与赵普的关系，却日渐疏远。乾德二年（964）赵普独相后，"事无大小，尽决于普"[③]。光义与赵普，开始了明争暗斗。蒋复璁有《宋太祖时太宗与赵普之政争》[④]一文，详细考察了光义与赵普明争暗斗的情况。文中提及《长编》记载的冯瓒贿赂光义幕僚被流放事，光义幕僚宋琪与赵普交好被光义白太祖出知龙州事，光义幕僚姚恕坐法为赵普所诛杀事等，完全可以反映出光义与赵普的激烈争斗。

光义于建隆二年（961）七月为开封尹、同平章事以后，乾德二年（964）六月兼中书令，开宝四年（971）七月被赐门戟十四支。但是，直到开宝六年（973）八月赵普罢相时，光义一直未得封王，朝会排班也位在宰相之下。八月壬申赵普罢相，九月己巳光义即封晋王，壬申诏晋王位居宰相上。赵普罢相刚一月，光义即封王，位宰相上，这不正好反映出，光义不得封王是与赵普有关系吗？赵普抑光义不得封王，实际上是反对光义继位。

《曲洧旧闻》卷一载："世传太祖将禅位太宗，独赵韩王密有所启。"《丁晋公谈录》载

① 《容斋随笔》卷七《佐命功臣》。

② 《中兴两朝圣政》卷一二，绍兴二年十二月吕颐浩言。又见《建炎以来系年要录》卷六一。

③ 《长编》卷五，乾德二年四月，注引《太宗实录》。

④ 载《史学汇刊》1973年第5期。

“太宗嗣位，忽有言曰：‘若还普在中书，朕亦不得此位？’”《玉壶清话》卷三载，窜逐卢多逊于朱崖以后，太宗对赵普说：“朕几欲诛卿。”这些传闻是否可靠，难以确定，但以之与正史的记载相对照，则可知也并非无稽之谈。

《长编》卷三三载，淳化三年（992）七月，赵普死后，太宗曾对近臣说，赵普“向与朕有不足，众人所知”。所谓“不足”，史无明言。但能使太宗耿耿于怀，至死不忘，除了继位大事外，还能有什么呢！既曰“众人所知”，则流传朝野，录入小说、笔记，也就不足怪了。《宋史》卷二四四《廷美传》载：“太宗尝以传国之意访之赵普，普曰：‘太祖已误，陛下岂容再误邪？’”明末清初的思想家王夫之据此推断，赵普在太祖时曾进言，反对光义继位，言之成理。《宋论》卷二曰：

> 迨及暮年，太宗威望隆而羽翼成，太祖且患其偪，而知德昭之不保，普探志以献谋，其事甚秘，卢多逊窥见擿发之，太祖不忍于弟，以遵母志，弗获已而。出普于河阳。

所谓“母志”云云，乃指“金匮之盟”，后文将论述，此不赘。然《长编》卷一四载，赵普罢相就镇时，曾上章说：“外人谓臣轻议皇弟开封尹，皇弟忠孝全德，岂有间然。”实属欲盖弥彰。虽或此章真伪大有疑问，仍可反映出，赵普的罢相，主要原因固然是专权太过，直接因素则是参预定议大计，与太祖谋不合，受人（卢多逊？）攻击。赵普罢相后，卢多逊升任参知政事，光义则封王、位在宰相上，基本确立了继位人的地位。

赵普“富有时才，精通治道，经事霸府，历岁滋深”①。他救殿前都指挥使韩重赟于将戮之时，罢符彦卿典兵成命于已颁之后，都是人所难为之事。因此，赵普在宋初不仅权倾中外，而且为佐命诸将所敬畏，其地位和影响是举足轻重的。太祖既不采纳他关于继位问题的意见，便不能再留他在朝为相，否则，光义仍无法继位。试看太宗去世后，宰相吕端在立真宗问题上的决定性作用，便可明了此点②。况且，吕端的权势、地位、影响和才干等均远不及赵普。

太宗即位后，对赵普仍有猜疑之心。他即位不到一个月，就罢去了赵普领支郡之权；赵普到京朝见，太宗又罢其使相，以太子少保留京。太平兴国四年（979），赵普从平太原，覃赏不及。“赵普奉朝请累年，卢多逊益毁之，郁郁不得志”，以致从者皆去，唯余王继英一人③。后来，通过赵普密奏的形式，出现了“金匮之盟”，为太宗继位找到了合法的根据，赵普与太宗的关系才得缓解，遂再度出任宰相。此后，太宗虽则表面上对赵普尊宠有加，实际上是猜忌防备的。赵普对太宗，也是处处提防。他小心谨慎，“家问中指㧑审细，字画谨严”；雍熙年间，赵普在外为使相，遣夫人朝太宗，留子承宗侍卫京师④，都是要去太宗之疑。太宗朝，赵普虽也两度为相，但总共不过四年，没有多大作为。

总而言之，太宗与赵普的关系，初则密切，继而争斗，终至若即若离地互相利用，到赵普死时仍有隔阂。太宗因在明争暗斗中战胜了赵普而确立了实际继位人的地位，又因赵普的帮助而稳固了统治，但二人始终是互相猜疑和戒备的。

---

① 《长编》卷二，建隆二年七月范质奏疏语。

② 参见拙文《吕端与宋初的黄老思想》，载《宋史研究论文集》，河南人民出版社1984年7月版。

③ 《长编》卷二二，太平兴国六年九月；《宋史》卷二六八《王继英传》。

④ 《东观余论》卷下。

三、太宗之继位

开宝九年（976）十月，太祖猝然死去，年仅五十岁。作为皇弟的光义，时任晋王兼开封尹，继承了皇位。

关于太祖之死和太宗继位，有“烛影斧声”和“金匮之盟”两大疑案，引起后人的争执、猜测，其真相今天已经难以完全搞清楚了①。太宗继位的两大疑案，对于太宗和真宗时期的政治，乃至整个北宋及南宋初期的政治，都产生了深远的影响，所以在谈到太宗时，不能不剖析这两大疑案。

关于太祖之死，《宋史》卷三《太祖三》的记载十分简单，只有“帝崩于万岁殿，年五十”一句。《长编》卷一七的记载比较详细，是综合了《湘山野录》《涑水记闻》等书而录入的。现录于下：

> 十月壬子，夜召晋王，属以后事。左右皆不得闻，但遥见烛影下晋王时或离席，若有所逊避之状，既而上引柱斧戳地，大声谓晋王曰：“好为之。”
>
> 癸丑，上崩于万岁殿。时夜已四鼓，宋皇后使王继恩出，召贵州防御使德芳。继恩以太祖传国晋王之志素定，乃不诣德芳，径趋开封府召晋王，见左押衙程德玄先坐于府门。德玄者，荥泽人，善为医。继恩诘之，德玄对曰：“我宿于信陵坊，乙夜有当关疾呼者曰：‘晋王召。’出视则无人，如是者三。吾恐晋王有疾，故来。”继恩异之，乃告以故。扣门，与俱入见王，且召之。王大惊，犹豫不行，曰：“吾当与家人议之。”入久不出，继恩促之曰：“事久将为他人有矣。”时大雪，遂与王于雪中步至宫。继恩使王止于直庐，曰：“王且待于此，继恩当先入言之。”德玄曰：“便应直前，何待之有！”乃与王俱进至寝殿。后闻继恩至，问曰：“德芳来耶？”继恩曰：“晋王至矣。”后见王，愕然，遽呼官家，曰：“吾母子之命，皆托于官家。”王泣曰：“共保富贵，勿忧也。”
>
> 甲寅，太宗即位，群臣谒见万岁殿之东楹。

正是《长编》记载的传世，使“烛影斧声，千古之谜”的说法广为流传。从《长编》的记载，可以看出如下几个问题。

其一，太祖是猝死的。开宝九年（976）正月至十月，每个月都有太祖出行的记载，甚至远到洛阳，可见他身体健康，精力充沛。在现存史籍中，直到十月十九日，都没有太祖生病和大臣入视问疾的记载，而二十日太祖却死去了，死得很突然。日本学者荒木敏夫，推断太祖是由于饮酒过度，而在一夜之间猝死的②。太祖喜饮酒，这是事实，但早在建隆二年（961）闰三月，他就对近臣说：“沈湎于酒，何以为人？朕或因宴会至醉，经宿未尝不悔也。”③说明他对饮酒已有所节制，从而不大可能死于饮酒过度。

① 近人论两案的文章有：吴天墀《烛影斧声传疑》，载《史学季刊》第1卷第2期；谷霁光《宋代继承问题商榷》，载《清华学报》第13卷第1期；均1940年；邓广铭《宋太祖太宗授受辨》，载《真理杂志》第1卷第2期，1944年；等等。

② 《宋太祖酒癖考》，载日本《史林》38之5，参见日本《宋代研究文献提要》69条。

③ 《长编》卷二。

其二，太祖死时，没有传位遗诏。马韶陈符瑞言晋王利见之辰事，晋王亲信梦神人语晋王已即位事，静南节度使宋渥言白龙出现事，都反映了晋王光义在为继位的合法化从神的方面寻找帮助。张荫麟说："此类事通常只见于两朝嬗递之际。使太宗之继统而有名正言顺之法令根据，则此类事岂非画蛇添足，而烦伪造也?"[①]宋后命王继恩召德芳，也反映出太祖因猝死而无遗诏。

其三，光义预知太祖之死。十九日晚太祖召光义饮酒，二十日清晨光义即派程德玄预先在府门前等候内侍召人，说明光义已知太祖必死于二十日晨。

其四，光义是抢得帝位的。王继恩说事久将为他人有，程德玄要光义直前勿等，宋后以母子之命相托，都说明光义是用强力夺得帝位的。继恩召时，光义入久不出，显然是在部署，以确保抢位成功。直到一天以后才即位，也反映出光义的即位遇到了阻碍。

上述几点足以说明，太祖之死与太宗有关，太宗是直接获益者。至于太祖猝死之，从种种迹象分析，光义在酒中下毒是最为可能的。

《默记》卷上记载，太宗以牵机药赐死李煜；据《烬余录》甲编，孟昶和钱俶都是太宗在酒中下毒毒死的。看来，酒中下毒是太宗惯用手法。在《长编》的记载中，有一个医官程德玄，是引人注目的重要人物。《涑水记闻》卷一载："德玄后为班行，性贪，故官不甚达，然太宗亦优容之。"《长编》卷三二，太平兴国六年（981）九月亦载："程德玄攀附至近列，上（太宗）颇信任之，众多趋其门。"一个医官受到如此宠遇，推究其因，可能是用医术帮助了光义登位。

另外可注意的是，太祖死后，两位宰相——薛居正、沈义伦不见有所动作。《宋大事记讲义》卷二《宰相》说："居正、义伦，不过方重清介自守之相耳。"参知政事卢多逊则升为宰相，隐约反映出他为太宗继位出了力。赵普罢相出知河阳，实在是给了光义夺位以莫大便利。

在太宗及其后裔统治一百余年之后，尚能留下如许蛛丝马迹，则太宗继位之时，其篡位之迹，自是更彰，人心、士大夫之不服，乃势所必然。《长编》卷三八载，至道元年十二月，太宗曾对侍臣说，他即位之始，有"远近腾口，咸以为非，至于二三大臣，皆旧德耆年，亦不能无异"的情况出现。有鉴于此，太宗从安抚人心，培植亲信，树立和提高自己的威望等三个方面来安定局面，巩固其统治地位。

安抚人心。一是宣布一切依照太祖时的章程办理，以示自己是太祖事业的继承者。太宗即位伊始，便下令："先皇帝创业垂二十年，事为之防，曲为之制，纪律已定，物有其常，谨当遵承，不敢逾越。咨尔臣庶，宜体朕心。"太宗又对宰臣说："边防事大，万机至重，当悉依先帝旧规，无得改易。""今四方无虞，与卿等谨守祖宗经制，最为急务，此委相之大体也。"[②]二是安抚皇室和宰执大臣等。太宗即位后，以弟廷美为开封尹，兼中书令，封齐王，以示与太祖时皇弟封王、尹开封相同。以太祖子德昭为永兴军节度使，兼侍中，封武功郡王。诏廷美、德昭并位在宰相上。又封太祖子德芳为山南西道节度使，同平章事。太宗还下令，太祖与廷美的子女俱称皇子、皇女，进封太祖三女为郑国、许国、虢国公主。宰相薛居正、沈义伦、卢多逊均加官，其子也加官晋爵；枢密使曹彬加同平章

① 《宋太宗继统考实》，载《文史杂志》1卷8期，1941年。

② 《长编》卷一七、卷一一四，景祐元年二月李淑奏。

事，副使楚昭辅升为枢密使。

太宗特别注意培植和提拔亲信，控制中央和地方的权力。开封府的幕僚，如程羽、贾琰、郭贽、商凤等人，或知开封府，或为枢密直学士，或为东上阁门使。开封府的军校，如杨守一、赵镕、周莹、王显等人，都“畀以兵食之重寄”，先后掌管枢密院[①]。太宗时的枢密院，后来几乎成了开封府幕府旧人的囊中物。

太平兴国二年（977）正月，即太宗即位后三个月，在科举考试中即一举录取进士及诸科五百人之多，其中进士达一百九人，“皆先赐绿袍靴笏，锡宴开宝寺”，太宗自为诗二章赐之。比起太祖时一次最多录取进士三十一人，人数大增，而且授官也比以前优厚，进士第一、二等俱通判诸州。史称：“宠章殊异，历代所未有也。”宰相薛居正等人说取士太多，用人太骤，太宗不听。进士及诸科人员赴任辞行时，特召令升殿，谕之曰：“到治所，事有不便于民者，疾置以闻。仍赐装钱，人二十万。”[②]其目的，一方面是拉拢士大夫以为己用，另一方面是急于用这些“天子门生”去掌握地方大权。

为收买人心以为己用，对太祖临终前要治罪的川、峡两路转运使申文玮、韩可玭，太宗释而不问。在太祖时“献言词，托意求进用”的孔承恭，“太祖怒其引论非宜，免归故里”，太宗以赦复授故官[③]。

太宗还派亲信侦探下情，以为防范。太宗即位不久，即令诸州大索明知天文术数者传送阙下，敢藏匿者弃市，募告者赏钱三十万。又诏诸道转运使察官吏能否，第为三等，岁终以闻。太宗“分命亲信于诸道廉官吏善恶，密以闻”。又派武德卒潜察远方事，“有至汀州者，知州王嗣宗执而杖之，缚送阙下”，太宗大怒，“遣使械嗣宗下吏，削秩”。端拱元年（988）十一月，契丹进攻河北，定州军中，有中黄门林延寿等五人执诏书督战[④]。《元丰类稿》卷四九《侦探》载：“淳化中，柴禹锡、赵镕掌机务，潜遣吏卒变法侦事。卒王遂与卖书人韩玉有不平，诬玉有恶言，禹锡等以状闻，上怒，诛玉，京人皆冤之。至道中，又有赵赞，性险诐捷给，专伺中书、枢密及三司事，乖间言于上，上以为忠，无他肠，中外畏其口。”这里虽然讲的是太宗晚年的事，也可以由此推知整个太宗时期的情况，上至中书，下至平民，都在太宗亲信的侦探范围之内。

太宗十分热衷于树立和提高自己的威望，以慑服臣下和民众。《铁围山丛谈》卷一载：

> 太宗始嗣位，思有以帖服中外。一日，辇下诸肆有为丐者，不得乞，因倚门大骂，为无赖者。主人逊谢，久不得解。即有数十百众，方拥门聚观，中忽一人跃出，以刀刺丐者死，且遗其刀而去。会日已暮，追捕莫获。翌日奏闻，太宗大怒，谓是犹习五季乱，乃敢中都白昼杀人，即严索捕，期在必得。有司惧罪，久之，迹其事，是乃主人不胜其忿而杀之耳。狱将具，太宗喜曰：“卿能用心若是！虽然，第为朕更一复，毋枉焉，且携其刀来。”不数日，尹再登对，以狱词并刀上。太宗问：“审乎？”曰：“审矣”。于是，太宗顾旁小内侍：“取吾鞘来！”小内侍唯命。即奉刀内鞘中，因拂袖而起。入曰：“如此，宁不妄杀人！”

① 以上见《长编》，卷一七、卷一八，《宋史》卷二六八。

② 《长编》卷一八。

③ 《长编》卷一七、卷二四。

④ 《长编》卷一七、卷二二、卷二九。

由此可见太宗急于树立个人威望的心情。在这种欲望驱使之下，太宗先后逼漳泉陈洪进、吴越钱俶纳土，太平兴国四年（979）又亲自督军，平定了北汉，大致完成了太祖未竟的统一事业。灭北汉后，太宗继续北征，企图收复幽云，建立超过周世宗和宋太祖的不世之功。结果却适得其反，太宗因高梁河之败而威望大落①。在北征中，发生了军队企图拥立德昭的事，使太宗深感自己统治地位的不稳，因而北征归来即逼死了二十九岁的德昭。太平兴国六年（981）三月，太祖的另一个儿子德芳，也不明不白地死去了。太宗除去了两大心腹之患。于是，廷美的实际继位人的地位，就成了太宗的心病。

太平兴国六年（981）九月，太宗心腹、如京使柴禹锡等告廷美骄恣，将有阴谋窃发，表明太宗已要对廷美下手了。此时，首相薛居正已死，次相沈伦因病休养，中书大权握在次相卢多逊手中。卢多逊不仅专权，而且与廷美交往密切，太宗难以倚赖他向廷美下手，于是又召见冷落已久的元老重臣赵普。赵普言："臣愿备枢轴以察奸变"，公开向太宗要官要权。太宗便以赵普为司徒兼侍中，再次出任宰相，位在沈伦前。

赵普复相，是太宗为安定当时人心浮动局面而采取的措施，也是为迫害廷美而投下的一着棋子。赵普久被冷落，受卢多逊压抑，妹夫侯仁宝被卢多逊迫死在广西，儿子承宗回京结婚又被迫要即刻返回任所，正思复出，恢复权势，所以也愿为太宗效力。这样，二人一拍即合，赵普出为首相，廷美被贬，所谓"昭宪顾命"的"金匮之盟"也就出现了。

赵普再相后，当即上书，献出"金匮之盟"。太平兴国七年（982）四月，廷美罢职贬房州，卢多逊罢相贬崖州，均至死未还。于是，太宗不仅为继位找到了合法的依据，而且除去了最后一块心病，保证了皇位的传袭。"金匮之盟"，大大地帮助了太宗统治的稳定，也成为宋初的第二大疑案。

关于"金匮之盟"，宋人记载甚多，但含混不清，颇多互相抵牾之处。《长编》的记载，参照了《太祖旧录》《太祖新录》《太宗实录》《国史》《涑水记闻》和《建隆遗事》等书的记载，并做了考订，因此较为翔实。《长编》关于太祖、太宗两朝的记载中，共有三处涉及"金匮之盟"。一是建隆二年（961）六月杜太后死时，二是开宝六年（973）八月赵普罢相时，三是太平兴国六年（981）九月赵普再相时。后两处是提及，建隆二年（961）是详记，说杜太后临终命太祖传位其弟，由赵普写成誓书，藏之金匮，故称"昭宪（即杜太后）顾命"，通称"金匮之盟"。

历宋元明清几代，很少有人怀疑"金匮之盟"的真实性，反而常被用来称颂太祖无私心。其实，这是地道的伪造。近代史家张荫麟《宋太宗继统考实》②一文指出"金匮之盟"有五大破绽，断为伪造，可称定论。其伪造的时间，当在赵普再相前后，《长编》有关"金匮之盟"的三处记载，都涉及赵普，一次是讲赵普手书该盟约，另两次是赵普分别上书太祖、太宗，提到有该盟约。所以，"金匮之盟"的伪造，是与赵普分不开的，作伪之人，不出太宗与赵普两人。

太平兴国八年（983）四月，太宗洋洋自得地对赵普说："朕顷在藩邸，颇闻朝臣有不修操检，它强词利舌，谤讟时事，陵替人物。或遣使远方，不存事体，但规财用，此甚辱国。今朝行宁复有此等耶！若人人自修，岂不尽善。"赵普吹捧道："陛下敦崇风尚，不严

① 详见拙文《从高梁河之败到雍熙北征》。

② 载《文史杂志》第1卷第8期，1941年。

而治，轻薄之徒自然弭息矣。”[①]由此可以反映出，太宗虽则数起大狱，但政权却反而稳固了，所以他敢于自诩风尚比太祖时好。局势既已稳定，功高望重的元老赵普自不便再居于相位。十月，赵普罢相，太宗藩府幕僚宋琪与宿旧大臣李昉为相。

四、太宗之功业

太宗最大的功绩，应推基本实现统一和重视发展文化事业两项。这两项事业，对于当时的社会发展，带来了积极的有利的影响。

太宗取消了节度使领支郡的权力，全部州军都直隶中央，进一步加强了中央集权。太宗先后迫陈洪进献出漳、泉二州，迫钱俶献出吴越十三州、一军，又攻灭北汉，得十州、一军。到太平兴国四年（979）五月，结束了五代十国的分裂局面，基本实现了统一。其后，河东、河北虽常被兵，陕西、西川亦有兵灾，但赵宋皇朝的大部分疆土却处在统一、和平的状态下。太宗继续执行太祖时期的鼓励垦荒的政策，下令，“所垦田即为永业，官不收其租”。至道元年（995）又下诏：“州县旷土，并许民请佃为永业，仍蠲三年租，三岁外输二分之一。”与太祖时一样，“州县官吏劝民垦田之数，悉书于印纸，以俟旌赏”。太宗时期的垦田数比太祖时期又有所增加。太祖末年是二百九十五万二千三百二十顷六十亩，太宗末年是三百一十二万五千二百五十一顷二十五亩[②]。数字虽不一定可靠，但可反映出垦田数增加的事实。

太宗重视发展文化事业，成就颇大。

五代时期，昭文馆、史馆、集贤院为三馆，在右长庆门东北，仅有小屋数十间，湫隘卑痹，仅蔽风雨，周庐徼道，出于其旁，卫士驺卒，朝夕喧杂，每受诏撰述，皆移他所。太祖时期，未尝改作。太平兴国二年（977），太宗幸三馆，顾左右曰：“是岂足以蓄天下图书，待天下贤俊？”即日诏有司度左升龙门东北车府地为三馆。命中使督工徒，晨夜兼作。其栋宇之制，皆太宗亲所规画。自经始至毕功，太宗两次临幸。轮奂壮丽，甲于内庭。三年（978）二月建成，太宗乃下诏曰：“国家聿新崇构，大集群书，宜锡嘉名，以光策府，其三馆新修书院宜为崇文院。”院既成，书迁西馆之书，分贮两廊。以东廊为昭文书库，南廊为集贤书库，西廊分经、史、子、集四部，为史馆书库。凡六库书籍，正副本八万卷[③]。崇文院西序留有便门，以便太宗光临。太宗在崇文院建成后，常到院中观书，并常召大臣到院观书。端拱元年（988）五月，又在崇文院中堂建秘阁，分三馆书籍万余卷置其中[④]。太宗还多次下诏求书，规定了具体的奖赏办法；又派人到江南、两浙购募图书。献书及购募所得书，均藏于崇文院内。

太宗时期，命人编辑了三大类书：《太平御览》一千卷，《文苑英华》一千卷，《太平广记》五百卷；又集《神医普救方》一千卷。太宗还命国子监重行校刊九经，开雕四史及《说文解字》等书。

太宗继续实行太祖时的政策，重视择人用吏，诛杀贪赃不法者。太宗刚即位，即诏诸

① 《长编》卷二四。

② 《宋史》卷一七三《食货上一》，《文献通考》卷四《田赋四》。

③ 《宋会要辑稿》职官一八之五〇，《长编》卷一九。

④ 《长编》卷二九。

道转运使察官吏能否，第为三等，岁终以闻。太平兴国二年（977）三月，始立试衔官选限。太平兴国六年（981）三月，又诏令诸路转运使察官吏贤否以闻。太平兴国八年（983）四月，颁《外官戒谕辞》。雍熙四年（987）三月，诏申严考绩："天下知州、通判，先给御前印纸，令书课绩，自今并条其事迹：凡决大狱几何；凡政有不便，于时改而更张，人获其利者几何；及公事不治，曾经殿罚，皆具书其状，令同僚共署，无得隐漏。罢官日，上中书考校。"十一月，诏以实数给百官俸，以使官吏尽职，且可责廉。太宗在派使者按问各州刑狱之时，常令同时察官吏勤惰以闻[①]。太宗尤重内外制之任，每命一词臣，必咨访宰相，求才实兼美者，先召与语，观其器识，然后授之[②]。贪赃不法之吏，太宗即予诛杀。据《宋史·太宗纪》的记载，太宗在位约二十二年，诛杀贪赃与不法官吏十七人；太平兴国三年（978）六月，太宗下令，他即位后诸职官以赃致罪者，虽会赦不得叙，永为定制；太宗还下令禁用酷刑，常令诸州长吏虑囚。

太宗在统一和发展文化事业方面取得了很大成就，但在军事方面，却处置失措，从而使积贫积弱的局面开始形成。

太宗即位之初，采取了一项重要措施，就是禁止藩镇回图贩易。对于这项措施，历来认为是加强中央集权的有利措施，实则不然。

《长编》卷一八，太平兴国二年（977）正月载此事：

> 五代藩镇，多遣亲吏往诸道回图贩易，所过皆免其算。既多财，则务为奢僭，养马至千余匹，童仆亦千余。国初，大功臣数十人，犹袭旧风。太祖患之，未能止绝。于是诏中外臣僚，自今不得因乘传出入，赍轻货，邀厚利，并不得令人于诸处回图，与民争利。有不如诏者，州县长吏以名奏闻。

从表面上看，这项措施有利于国家统一。但是如果仔细分析，就会得出不同的结论。太祖时期，实行赵普提出的"削夺其权，制其钱谷，收其精兵"的三大纲领之后，节度使的权力大都被剥夺了，已不成患害。留使、留州的钱财被取消，有通判掌各州之财，财政盈余又全部送往京师，上交中央，一般节度使的财力已所剩无几。所谓太祖未能止绝的回图贩易者，主要是指边境诸将。太祖重视边防，专任边将，曾对近臣说过："安边御众，须是得人。若分边寄者能禀朕意，则必优恤其家属，厚其爵禄，多与公钱及属州课利，使之回图，特免税算，听其召募骁勇，以为爪牙。苟财用丰盈，必能集事。"[③]所以太祖时期西北边境比较平安。

回图贩易，是太祖对边防将领实行的特殊政策，其资本是公钱与诸州课利。太宗禁止回图贩易，矛头所向是边防将领，是限制边防将领权力的措施，是对边防将领的一次打击。这是太宗时期边防政策的第一个重大改变。高梁河之败后，边防将领作战不力，与此不无关系。因为既无财力自置斥候，远探消息，又无财力重赏士卒，使其尽力而战，边防军的战斗力不能不削弱。

在此以后，太宗又贸然发动太平兴国四年（979）和雍熙三年（986）两次大规模北征，八年之内，先后有高梁河、莫州、岐沟关、朔州、君子馆五大败仗，丧师不下三十

① 《宋史·太宗纪》。

② 《长编》卷二七，雍熙三年十月。

③ 《长编》卷三，建隆三年十二月。

万，使太祖时期养精蓄锐而造成的对辽作战的优势丧失，北宋积弱之势开始形成[①]。

太宗又纵容边将“生事致寇”引起辽国报复入侵，改变了太祖时谨慎持重的边防政策[②]。

太宗又改变了太祖对边将的态度，摧辱边将权威。《乖崖集》附录韩琦撰《张咏神道碑铭》载，淳化四年（993），宿将张永德为并代帅，小校犯法，杖之而死，有诏按罪，枢密直学士、同知通进、银台司公事、兼领发敕司张咏封还诏书，曰：“永德方被边寄，若责一小校，遂摧辱之，臣恐帅体轻而小人慢上矣。”太宗不纳，因不关银台而下书谯让。未几，果有营卒胁诉其大校者，咏复争前事，太宗优容谢之，面加慰劳[③]。如此对待边将，边将权威何从而立！

自此，河朔无宁岁，备受战乱之苦，直到真宗时订立澶渊之盟，才算结束这种局面。而其肇始，即是收回边将的回图贩易权。

要之，太宗时期，基本实现了统一，经济有所发展，文化事业大有发展，政治上大致沿袭了太祖时期的政策，使整个社会依然呈现出向前发展的势头。但是，太宗改变了太祖的边防政策，在军事方面处置失措，因继位问题而造成的统治危机，又使太宗急于建功立业，提高威望，汲汲于皇位的巩固和传授，因此接连贸然北征，屡遭大败，不仅丧失了军事优势，而且引发了财政危机，从而开始形成积弱积贫之局面。可以说，对于北宋社会的发展，太宗是功过参半的。

五、太宗之为人

如果说，在功业方面，太宗还可以说是功过参半的话，那么，在为人方面，太宗则应是颇受非议的。

经过十几年的苦心积虑，太宗终于得遂登上皇位之愿。也许因其得来不易，太宗即位后，用主要精力防范内变，因而形成多疑的毛病。太宗的一段名言：“国家若无外忧，必有内患。外忧不过边事，皆可预防；惟奸邪无状，若为内患，深可惧也。帝王用心，常须谨此。”[④]一般以为内患指民众起义，但实在是指朝廷内部的变乱从而危及皇权[⑤]。这段话充分反映出太宗对于内患的忡忡忧心，道出了他全心全意防范内部、确保皇位的用心。在这种心理支配下，太宗的多疑就是必然的了。被称为宋代第一良将的曹彬，太宗疑其得军心而罢其枢密使之职。至道元年（995）八月，太宗立其子元侃为太子，京师之人见太子，喜跃曰：“真社稷之主也。”太宗闻知，召定策立太子的寇准说：“四海心属太子，欲置我何地？”寇准回答说：“陛下择所以付神器者，顾得社稷之主，乃万世之福也。”太宗才释然[⑥]。这只是两个典型事例。连亲生儿子也要怀疑，更遑论他人了。因多疑，太宗施政有两大特点，一是事必躬亲，大权独揽，二是任人唯亲。据《宋史》卷二一〇《宰辅一》，

① 详见拙文《从高梁河之败到雍熙北征》。

② 详见拙文《从高梁河之败到雍熙北征》。

③ 《乖崖集》附韩琦《张咏神道碑铭》；《长编》卷三四；《宋史》卷二九三《张咏传》。

④ 《长编》卷三二，淳化三年八月。

⑤ 详见严文儒《太宗所称内患析》，载《华东师范大学学报》（哲学社会科学版）1985年第1期。

⑥ 《东都事略》卷三三《弭德超传》；《长编》卷三八。

太宗一朝，相不久任，尤其是“金匮之盟”出现后，更换更加频繁，这不能不说是与太宗的猜疑心理有关。太宗信用幕府亲信，探事者横行，也不能说与多疑心理无关。所以日本学者认为，太宗是宋代君主独裁体制的创始者[①]。口头上高倡黄老之学，实际上却疑心重重，这就是性格的内外两面。

太宗的多疑，是比较明显的，但说他好色，则或有疑义的。

《随手杂录》载，太宗朝，武程乞放宫人三百人，太宗对执政说：“宫中无此数。”执政请以狂妄罪之，太宗释而不问。《长编》卷三四亦载此事，系之淳化四年（993）。由此事看，似乎太宗不留意女色，宫中简约。但是，至道三年（997）五月，太宗刚死，真宗即位不久，就对辅臣说：“宫中嫔御颇多，幽闭可闵，朕已令择给事岁深者放出之”[②]。相隔不过四年，说法却大相径庭。既然嫔御都甚多，宫人之多则更不在话下了。真宗的话，戳穿了太宗宫人少的鬼话。《默记》卷下所载强买青州女子事，又载南唐后主的小周后每入宫则被太宗留数日之事，《烬余录》甲编载太宗灭北汉收其妃嫔事，太宗挑花蕊夫人事，均可证太宗好色为不假。关于小周后事，宋人画有《熙陵（即太宗）幸小周后图》，至清代尚存，明人沈德符《万历野获编》卷二八、清人王士祯《带经堂集》卷九二均有记载，足见太宗好色之事，宋代已有定评。

太宗多疑、好色，其豁达、俭约必不能如太祖，其刚愎自用则又必过于太祖，此乃势之必然，无足怪矣。其帝位既系抢夺而来，不敬兄嫂，迫死弟、侄，于孝道有亏，自在当然之中，于此不再多言。

六、结语

自安史之乱后，方镇并起，割据风行，生民涂炭，战乱不息。历二百年而至宋初，太祖奋起，赵普辅之，削方镇之权，除禁兵之患，建法立制，统一大业有成，太平之基已奠。太宗继之而起，本可在此基础上更进一步。不仅完成统一大业，而且完善法制，攘却外敌，开赵宋兴旺之基业。但是，太宗处心积虑，夺得帝位，皇位继承之谜，造成统治的危机，一直像阴影笼罩于太宗时期。在此阴影之下，太宗心理压力甚重，急于建威树望，关注于防范内患，结果是军事行动屡败，威望终未能立，内患频作，德昭、廷美，必迫死而后安。至政治大计，竟未遑多顾，多仅能循太祖之政而行。是以太宗时期，虽则经济、文化均有发展，然积贫积弱之势已萌，终不能臻于治，而给有宋后世带来莫大危害。真宗起，虽则于消除皇权危机基本成功，然又好大喜功，大演天书下降之闹剧，致北宋积贫积弱之势越演越烈。以此而言，太宗朝实乃转折时期。太宗其人，对于历史发展带来的不利影响，是无论如何也无法否认的。

（原文载于《历史研究》1987年第2期）

① 详见竺沙雅章：《宋の太祖と太宗》，日本清水书院1984年版，第134—191页。

② 《长编》卷四一。

冼剑民（1950—2011），广东南海人，1982年中山大学历史学系本科毕业，1987年暨南大学硕士研究生毕业，留校任教，副教授、硕士生导师。历任历史学系中国古代史教研室主任、系副主任等职务。主要研究领域为中国古代史、岭南文化史、书法史等，主要著作有《中国古代治国方略》《广东土地契约文书》《广东碑刻集》《硬笔行书教材》《实用楷行书法》等。其整理出版的《广东碑刻集》自2001年出版后，至2006年再次修订出版，深受学界欢迎。

从契约文书看明清广东的土地问题

冼剑民

契约文书在我国民间使用已有数千年的历史，这种广为流行的私人文书，具有法权行为，代表了对某种物权和债权的拥有，在每一个历史时代它都以不同方式发展着，体现了特定社会经济形式下对土地和财产的占有方式。明清时代，土地买卖盛行，土地契约也广为流行，这和商品经济的发展、资本流向土地、农民失去土地、阶级矛盾激化等有着密切关系。在这一时期，广东由于经济的发展，新耕地不断开辟，土地的占有者不断更替，土地制度也随之发生相应变化，这在众多的土地文书中留下了深刻的烙印。近几十年来，我们致力于搜集明清时期土地契约文书，其中有官府发给的土地执照、粮米收据，私人的土地买卖白契、借据、分产契证等，它涵盖了珠江三角洲、粤北、粤东、粤西及海南岛等地[①]。通过对土地契约文书的研究，我们发现了明清时期广东土地存在的若干问题，它反映了中国封建社会末期土地经营、管理形态和变化规律，笔者不揣冒昧，抛砖引玉，希望得到专家学者的批评指正，共同把明清农村社会土地关系问题的研究推向深入。

一、明清广东土地契约的概况

明清广东土地契约本来甚多，但由于历史上的种种原因，能保存至今的不多，从现存的田契统计，其中最集中和最大量的是在珠江三角洲地区，尤其与沙田有关，它展示了向江海要田的农业生产特点。珠江三角洲是一个鱼米、果蔗、蚕桑并茂的富饶地区，它的形成是历代劳动者修筑堤围、与江海争地的结果。嘉庆《龙山乡志》卷首说："考宋元以前，山外皆海，潦水岁为患，民依高阜而居，未盛也。"明代以来，对那些被圈筑而来的土地统称为沙田，不过沙田含义比较广泛，凡是淤积涨生的田坦，都可概称沙田，诸如围田、潮田、桑田、单造咸田、荒田、洲田、鱼塭，以及蚝蚬塘坦等。沙田垦辟需要经历鱼游、橹迫、鹤立、草埗、围田五个阶段。前三个阶段主要是江河泥沙的自然淤积，第四阶段是通过植草改良土壤，最后才成可耕之田。由于沙田形成过程漫长，因此存在不同形式的沙田，反映在珠江三角洲的土地契约中也就多种多样，如有白坦契、草坦契、田坦契、缯沙田契、围田契、基底契等名目。而在广东腹地，地契的种类就较为单一，泛称田契。

通常土地买卖，要向官府办理登记手续，向政府办理纳税、粮差过割手续，并在契约上加盖官印。由官方认可的契约，加盖官印红章，称为红契。早在垦辟的鱼游阶段，垦田者就要向政府部门办理报垦手续，据顺德大良北门《豫章罗氏族谱》记载，该族早在万历年间就有了承办沙田之事。万历四十三年（1615）以后，地方政府统一了格式，"刊发填

① 谭棣华、冼剑民编：《广东土地契约文书》，暨南大学出版社2000年版。

给业户执照”，可以视为珠江三角洲地区沙田统一契约的开始。按照规定，所有沙田业权，必须履行一定的申报审批手续。其具体申报审察如下：

申报人以“增饷保业”的名义，将承筑沙坦位置列明申报书内，请求县方审批，然后由县转呈布政使司有关方面。与此同时，主簿唤同申报人以及“弓步、算手、画匠并里排沙邻土老”，亲诣沙所，丈量核对无误，然后允许承筑，发给执照。

清代承明之后，继续执行明代的沙田政策，历朝的沙田执照多有变更，故造成了契证的名目繁多与混乱情况。在清代珠江三角洲地区的土地契约文书中，出现学单、县照、司照、部照等名目盖源于此。经过官方认可的田契，在交割契税后，官府要颁发契尾一纸，作为回执的依据，这才是最完备的契约。事实上广东田契带契尾的甚少，正如清人张渠在《粤东闻见录》中所言：“粤人买卖田产多不契税。其弊有二：一由买主之不肯开割，年年索贴，希冀分沾；一由受业者于立契约之始，率多勒短税田。恐过割之后，彼必索取赢余，或找洗价值。故两家各有鬼蜮便己之私，为是鹬蚌持久之计。”①由于税务管理的粗疏，广东许多的契约并不完备。

民间流行的契约称为白契，它虽然没有官方的认可，但同样有着法权效力，在广东很盛行。这种土地契约内容更复杂，根据沙田的性质，又分为草坦契（亦称草白坦契）、围田契、基底契。交换田亩地段时，有所谓“换田契”，借贷时将田地抵押则又有典田契。作为土地分类的契约，草坦契、围田契内容上还有区别。草坦契是指沙田未筑、田地未成熟的地契，围田契是指已经筑成田的地契。由于围垦过程中，筑围者需要垒土建基，兴建各种生产设施，投入大量的工本费，因此业主在出卖围田时，为了慎重起见，除了在围田契加以说明外，需另立一基底契约，或称顶兑契、顶兑单，说明旧业主放弃一切基围底面的权益，以免日后发生不必要的争执。至于围田契内所称之沙骨，是指该围田可以浮生扩大子母相生的部分，这种未成田之地，称为“沙骨”，大多情况下都不出卖，以保留日后继续增生，获取更多的可耕地。这就是屈大均《广东新语》所说的：“凡买潮田者，视其不至崩陷，而大势又可浮生，虽重价亦所不辞矣。”②

土地契约中有一种称为上手契约，即土地拥有者土地来源的契约证明。为了证明土地来源正当，使买主放心，附有上手契约的土地卖买就显得很有必要。因此，许多契证大都在契后写明上手契的移交的情况，明确田产来源。有了上手契，同时又可以为土地买卖提供一个合理的价钱依据。如果在土地买卖中没有上手红契的移交，这是不合规范的买卖。于是在立契约时卖者通常会狡猾地声明：“上手红契霉烂无存，日后搜出，是为枯纸。”③

在沙田承垦的过程中，往往同一沙坦会有多个承垦者，出现了不同业主田土交错的状况，给耕作管理带来不便。为了便于耕作，各业主之间往往会进行协商，将田地彼此交换，务求将自己的田地相连成片。虽然不涉及土地买卖，但却是业权的交换，于是便有换田契约的出现。

至于典田契，是借方将土地抵押给贷方所立的契约，这种典契的权限只在典契所规定的年份行使，并按契内所定付息，一般以租代息，过期不赎，贷方继续收取租金，直到偿还贷方为止。

---

①〔清〕张渠：《粤东闻见录》卷上《税契》。

②〔清〕屈大均：《广东新语》卷二《沙田》。

③《翰香社向紫水义仓绝卖田契》，载于《广东土地契约文书》，暨南大学出版社2000年版，第188页。

二、明清广东土地契约的特色

土地买卖是明清珠江三角洲地区地权转移的重要方式，买卖双方必立有书面契约，所谓“恐口无凭，即日立明卖契一纸”，以作取信凭证。买卖契约的内容，除与其他地区契约所有的共同点外，珠江三角洲地区也有它本身的特点。

土地契约中，要求明确无误书写田土的名称、四至、亩数、田价及该田的税则，这是各地契约相同的。但珠江三角洲地区在田土交易中更为严格，买卖双方与中介人必须同时踏看界址，丈量亩数，然后用木竖立田上，所谓“竖杙清楚”，“标插明白”，为的是免除日后的纷争。正如嘉庆十年（1805）《周应新卖田坦契》上所说的“就日同中齐至田所，竖明界至，丈量明白，果合税亩，回即写立卖契，交易银契，两相交讫”[①]。

广东的土地契约除田价之外，契内还开列有书签、酒席、洗业、利士、中人佣金等费用。对此，买卖双方根据不同的情形而定。有些卖契田价银包括所有内容，指明“所有书签、折席，俱在价内”。有的则另外分开计算。举行这一系列形式是为了郑重其事，让众人知晓，它成为珠江三角洲地区土地卖买的惯例。

对于田地的质量，自然是契约中的重要内容，广东契约中所述沙田的质量问题具有典型的地方特色。沙田的好坏，关键在于基围的建设。堤田之内，设有水窦、涌窖，使水得以渲泄，并便利船只运输；还建有馆所、晒场等设施以利生产；堤上多植有果树桑株，对于围内的一切，包括船只能否湾泊、基外水坦归属等，都在契内一一加以说明。由于沙田的形成存在不同的阶段，因此政府根据不同的土地等级而制定不同的税则，并随着沙田工筑程度而升科，反映在田契上便有斥卤、下则、中则、上则之分。契证中开列的税则，实际上包含了该田亩的好坏成份，故在价格上就有较大的差别。

此外，广东地契中常会标明土地原价和实际成交价，以示对卖主的优惠。实际上，“粤价虚半”“虚钱实契”的活买文书方式是广东契约的又一特点，就是说契约明确书写的田价在买卖中灵活处理，有时卖主实际上只得到书写数目的一半，这种情况比较复杂，一方面虚钱之下容易掩人耳目，减少官方税收；另外又可以在土地卖买中灵活处理田价，是一种狡诈的买卖方式。

契约中首先包括买卖双方姓名，一般均由卖主亲自书写。若卖主不识字，由代笔人书写，代笔人要签名画押，父母兄弟叔伯亦要沿签。正如《冈州公牍·张朝瑞批》所说的“此间按买田产，卖主凡有兄弟俱应列名沿签，以杜私弊”[②]，若子幼不能书写，则父代子在契约内签书。为的是杜绝田土交割后旧业主家属的纷争。由此可见，契约中若缺少卖主父母兄弟的签名，这张卖契就不完备。

明清时期广东的土地已出现土地所有权和使用权分离的现象，于是有“一田二主”或“一田多主”。这是指土地被多个主人所控制，各有不同的权利。例如，珠江三角洲是水网之乡，河涌有丰富的鱼虾可以捕捞，拥有这种捕捞权的称为鱼埠。稻田可以放养鸭子，每当收割时节，田多遗穗，赶鸭上田，啄食遗谷，生长迅速，多可获利，加上田多蟛蜞，鸭

---

① 《周应新卖田坦契》，载于《广东土地契约文书》，暨南大学出版社2000年版，第40页。

② 〔清〕聂尔康：《冈州公牍》二，《张朝瑞批》，致用文献丛书翻印同治丁卯年初刻本，第823页。

食之亦易生长，故赶放鸭入田。这种养鸭的权益称为鸭埠（步、埗），“埠有定主，田有定界”，但鸭埠不属于田主，而属于埠主。从明至清，在东莞、中山、新会等地，鱼埠、鸭埠的权力一直掌在某些宗族手中，成为一种世袭特权，外人不得染指，这是旧沙田的规定。但在一些新沙田地区，业主却享有这种权益，若由埠主放养捕捞，业主要收取一定的费用，鸭则按只收费。即使在海南地区，这种“一田二主”的情况也十分流行，《符亚壮向刘亚吸立卖断骨田契》中的“骨田”，就是二主拥有同一土地的例证，就是说一块土地除了拥有地骨的地主外，还拥有地面耕作权的二地主。契约中这种地权的逐步分割，土地所有权和经营权的分离，是广东地区较普遍的地权占有方式，它反映了封建土地所有制的衰落和瓦解。

三、明清广东土地的几个问题

明清时代珠江三角洲是全国经济最发达的地区之一，先进农业技术的推广，经济作物的扩种，商品经济的发展，无疑起了瓦解封建经济的作用，在地权变动中产生了深远的影响。从所收集的广东土地契约资料中，清楚地看到这种经济发展变化的现象。

（一）农业商品化动摇了族田“不得典卖”的原则

族田是世代相传的族产，它是封建宗法制度的产物，也是宗族最重要的物质基础。宋代朱熹在《家礼》中提出族田“不得典卖”的原则，一直为各宗族遵循，并得到封建政权的认可。明清以来，封建宗法权力与商品经济已逐渐联结。族田许多是祖辈遗留下的，但很多宗族所拥有的族田，却是随着商品经济的发展而购入。发展至清代，在土地买卖中，宗族是最大的买家，又是最大卖家。尽管土地契约中几乎都声明所卖土地“并非留祭之物”或“非祖尝之物”，但实质上族田买卖已公开化。《翰香社向紫水义仓立绝卖田契》便公开声明：“今因宜银急需，无处计备，集社友商议，愿将本社置买尝田……出卖与人。”[①]此外，随着农村商品经济的活跃，土地买卖关系的经济因素已显著增长，“先问房亲”的封建传统习俗正在逐步消退，封建宗法制度已经松弛。

应该看到族田可以典卖，但族田的聚积却有增无减。虽然现存的分家书，清楚表明私人土地通过代代平分家产的办法限制了地主财富的集中与积累，导致了地权的分散，但这只是问题的一方面；另一方面，珠江三角洲乃至广东全省，土地却以另一种形式——宗族占有而集中。番禺沙湾《留耕堂祖尝契证各件汇记簿》记载，该族万历十五年（1587）仅领有尝田蚝沙14亩，同年又领得尝田乌沙、石头铺、锦沙熟田1224亩，至万历四十四年（1616）已达2144亩，康熙五十五年（1716）增至16409亩，乾隆年间31676亩，民国九年（1920）达到56576亩。这是最典型的例子。在封建社会行将崩溃的历史阶段，土地管理制度紊乱是一种必然的发展趋势，而封建宗族势力的泛起，却是地方封建势力垂死挣扎的表现，在中央封建政权日益衰落的情况下，地方封建力量会自然加强，以补充官僚机制的不足，封建宗族必然要扩大自己的经济力量，于是族田的膨胀便成为一股新的发展趋势。

① 《翰香社向紫水义仓绝卖田契》，载于《广东土地契约文书》，暨南大学出版社2000年版，第188页。

（二）商业资本大量流入土地

乾隆以后，土地作为商品在流通领域中不断变换业主，愈加频繁，但清代珠江三角洲商人资本投入土地与一般地主采取封建地租剥削方式，或将商业资本转化为地租尚有区别。因为在清代珠江三角洲地区商品经济得到长足发展的历史条件下，土地作为保值的物品，既可用于商业上的借贷抵押，也可作为行会的保证金使用。如佛山由立成店、厚和店、全益店等八间店铺组成的公受堂，便集资9840两，于道光十六年（1836）三月十九日购得香山缯沙田195亩，目的在于将这些田地作为该堂的基金，所收租息用于公受堂日常的开支。显然这些商人投资土地，决不仅仅是为了收取封建地租，这里还包含了一些新的内容，即商业性的农业经营，把出售土地变为商业资本。很多研究者认为商业资本流向土地，仅仅为了榨取封建地租，这只是问题的一面。事实上，许多商人将其资本投入土地，地租在他们整个收入中，只占很少的比例。因此，我们既要看到中国封建社会一个重要的历史现象：商人一旦积累巨额财富之后，往往把资金抽调出来投向土地，让商业利润转化为地租，从而影响商业资本的积累和向产业资本方面的转化；另一方面，我们又要看到，在中国封建社会晚期，在商品经济比较发达的珠江三角洲地区，投资沙田土地开发，并不完全是历史的倒退。相反沙田的开发，反过来又有力支持商品经济及手工业的发展。

（三）炒买土地与兼并土地在珠江三角洲盛行

明中叶以来，珠江三角洲沙田围筑的趋势加速，土地买卖频繁，土地的纷争也随之激烈。官田也卷入到流通领域，甚至军队的屯田也被买卖，大大加速了土地私有化的过程。它表明封建法令已无法阻挡这股势头，封建社会已走到它的晚期。

从契约中可见，官僚、地主、商人、城镇有钱人乃至宗族、道观、义仓、慈善机构，都在热衷于炒买土地，这是因为炒卖土地获利远要比其它物业更容易和更稳当。以低价买入沙坦，投资工筑围田后，再转手卖出，这成为开发土地的一股热潮。由于土地价格的飙升，更吸引人们做土地的投机生意，土地契约所记录的土地价格便可以看到这种趋势。

清代广东土地价格举例：

每亩土地时价	地点与种类	民税等级	年代	契约出处
46.65两	南海九江桑基地	税田	康熙四十年	黄而祥向关翔万立卖地契（第163页）
38.46两	宝安县田地	上则	雍正六年	杜绍良、杜绍君向张贤友立卖田契（第272页）
2.38两（按平均值算）	顺德容奇熟田草坦	上税、下税、斥卤税	乾隆五十一年	爱育堂缯沙田契（第90页）
13.33两（按平均值算）	南海里水潮田	税田	嘉庆四年	爱育堂田契（第8页）
5.5两（按平均值算）	东莞田	下则	嘉庆十二年	黄陈氏向桂溢林买田契（第224页）
48两	新会围田	税田	道光二年	何宝锡向象岭庙堂立断卖围田契（第148页）

续　表

每亩土地时价	地点与种类	民税等级	年代	契约出处
36两	顺德容奇围田	税田	道光二十二年	爱育堂围田契（第65页）
35两	南海蚬沙涌围田	税田	咸丰九年	典田契（第3页）
32两	南海洋塘围田	中则	咸丰十一年	大坦尾对插围田契（第125页）
67.58两	南海洋塘围田	中则	同治三年	大尾坦围田（第119页）
59两	南海显纲村田	税田	同治十年	张奇叨向钟宽裕立断卖田契（第152页）
50两	南海洋塘围田	中则	同治十一年	大坦尾对插围田契（第126页）
55两	南海洋塘围田	中则	同治十三年	大坦尾围田契（第120页）
60两	南海洋塘围田	中则	光绪五年	黎石涌尾潮田契（第127页）
86两	南海大范乡两熟田	税田	光绪八年	曾则常向曾广基立断卖田契（第157页）
102两	南海洋塘围田	中则	光绪三十二年	大坦尾围田契（第132页）
125两	南海两熟潮田	税田	宣统元年	李耕俭堂向张志堂立卖田定帖（第150页）

注：本表根据《广东土地契约文书》土地买卖中的数字作统计。

从上表所展示的数字可见，虽然各地区和各田地价格不一，但从相近的土地作比较，便得知从道光到宣统广东的土地价几乎翻了三倍。所以屈大均早已指出过："其以沙田为奇货，五分揽出则取十分于诸佃，不俟力耕，而已收其利数倍矣。此非海滨巨猾不能胜任，尚盛平时，边海人以沙田而富。"①

宗族拥有大量资金投向土地，沙田自然成为争夺的对象。对沙田的投资，可以获取巨大的利润，土地的转换愈频繁，沙田买卖的投机性也愈大。以香山塞口沙坦（又称永丰围）为例，最初由三水邓章等人合买53顷，起征斥卤，进行工筑。后于道光二十五年（1845）统一出卖，分为53份，每份100亩，售价950两，马苏荫堂买了四份（400亩），共付出3800两。光绪七年（1881）出售时，丈田得438亩，以每亩50两的价格卖给爱育堂，共得18136.9两的利润。显见为争夺利润，抢购沙田，待价而沽之风甚盛。至于因为争夺沙田的讼案，更是层出不穷。颜俊彦于明末崇祯四年（1631）辑录的《盟水斋存牍》，多记有广东争田、讼田的案例，其中多以假契重复典卖、瞒卖、投献、强买等而致讼。更有甚者发展到借用暴力，沙田"附近势豪常有率暴徒驾大船，横枪列刃张旗而来"。广东的械斗以珠江三角洲及潮、惠地区最为严重，它的发生和沙田有密切的关系。《粤东闻见录》记："有名为承饷而影占他人熟田者，是谓占沙；有秋稼将登而彼持械劫夺者，是谓抢割。二者最为民害，争讼无已时。亦或子田新生，田主不知，而佃人私为己有，有田而无税。此则利之幸而得之者。"②可见沙田的垦辟带来了一系列的社会问题。

土地买卖成为地主阶级兼并土地的主要手段，对于贫苦农民则是失去生产资料的悲惨记录，占大多数的卖田契约都因急用钱银，或赋税繁苛，或抵债顶租，或婚丧疾病，为生

① 〔清〕屈大均：《广东新语》卷二沙田。

② 〔清〕张渠：《粤东闻见录》卷上沙田。

活所迫不得不典卖田地。于是越来越多的自耕农沦为佃农或手工业者，它促进了广东地区的阶级结构和阶级关系的新变化。

（四）经济发展的不平衡反映在土地契约之中

明清时期，广东由于地理环境与社会习俗背景的不同，全省各地千差万别。经济发达的珠江三角洲地区的契约反映出沙田的开发、宗族势力的膨胀、土地的商品化等问题；粤北、粤西就较为落后，土地所有权的转让没有珠江三角洲频繁；而在海南岛等商品不发达的地区，土地买卖中有些并非纯是钱银的交易，有些还要以物抵钱。如《符亚蕊向符亚佑立卖断田契》土地价值为“三面议定断价钱一十千正，水牯牛一只”。《符亚壮向刘亚吸立卖断骨田契》则“三面议定价钱水牛二只，沙牛一只，共牛三只”[①]。这种以物抵钱的土地买卖和珠江三角洲相比，显得十分悬殊。海南地区契约多不规范，这显然和商品经济发展的水平有关，也和行政管理体制有关。在海南的契约中有比较明显的地方色彩，例如为防止卖买双方反悔，《盘财林向盘敬明卖断水田契》中规定：“卖主日后不得反悔，如有反悔，收赎公罚契内银一半，牛牯三只，白米三担，只酒三埕，众乡公用。”[②]这类契约具有明显的民间契约性质，它以乡众作为监督的对象，并非以官方法规为依据，显然是经济滞后的产物。

总观广东土地买卖，政府虽定有立契、税契、过割推收等程序。但很多契约都不完备，土地买卖者想方设法逃税，它导致虚粮厚积和政府税收日益混乱，至于假契带来的土地争讼更是层出不穷。实际上，广东的土地买卖，官有官法，民有民法。白契广泛流行而且被社会认同，这正是封建政权的腐败无能，土地管理和税收制度混乱的表现。

（原文载于《历史档案》2005年第3期）

① 《符亚蕊向符亚佑立卖断田契》《符亚壮向刘亚吸立卖断骨田契》，载于《广东土地契约文书》，暨南大学出版社2000年版，第374、375页。

② 《盘财林向盘敬明卖断水田契》，载于《广东土地契约文书》，暨南大学出版社2000年版，第352页。

明清时期广东的自然环境保护

冼剑民

明清是广东自然资源大开发的时代，农业、手工业、商业的迅速发展，使广东经济跃向了全国的先进行列，但这股经济发展的热潮也同时给广东的自然环境带来了新的灾难，广东生态的恶化从这一时期开始变得严峻，尽管不少志士仁人已开始对这一新问题作出思考，并开始在局部地区采取了保护措施，但由于当时自然科学水平落后，封建政府唯利是图以及对地方管治不力，利在一时害在万世的滥采暴伐时有发生，它严重损害了广东的生态环境，给后人留下无穷的灾难。下文从历史文献中搜集材料，试图分析伴随生产发展带来的各种环境危害，阐明广东历史上自然环境保护的存在问题及保护措施。

一、明清广东自然环境的严重损害

（一）手工业的发展带来的环境污染

明清时期广东自然环境的恶化，首要祸害来自手工业发展带来的环境污染，其中矿冶业威胁最大，自洪武二十八年（1395）“罢各布政司官（营铁）冶……令民得自采炼，每岁输课三十分取二”①。从此民营矿业迅速发展。为求矿利，粤北、粤东矿山林立，盗矿、滥采、乱采的现象层出不穷；依山筑炉，伐林烧炼使山林为之光秃；碎矿、洗矿使水源严重污染。在诸矿中冶铁的生产规模最庞大：“凡一炉场，环而居者三百家，司炉者二百余人，掘铁矿者三百余，汲者、烧炭者二百有余，驮者牛二百头，载者舟五十艘。”②据戴璟《广东通志初稿》记广东惠州、潮州民营冶铁达四十四处，“每山脚起炉，少则五六座，多则一二十座。每炉聚集二三百人，在山掘矿，煽铁取利”③。炼铁严重损害自然环境，“其焰烛天，黑浊之气，数十里不散”④。矿冶的发展带来了伐林烧炭的狂潮，顾炎武《天下郡国利病书》记：“烧炭利市，烟焰薰天，在在有之。每炭一出，沿溪接艇，不数年，群山尽赭。”于是“山林既尽，无以宿水，溪流渐涸，田里多荒”⑤。

明清广东的陶瓷业有了很大的发展，窑址遍及全省各地，石湾、东莞、平远、程乡、龙川、大埔、河源、惠州、潮州、饶平、揭阳、阳江都是陶瓷主要产地，其中在国内具有较大影响的是石湾、潮州、饶平等大产区。广东窑都属民窑，生产秩序混乱，由于无序的

① 《明会典》卷一百九十四《冶课》。

② 屈大均：《广东新语》卷十五《货语·铁》。

③ 戴璟：《广东通志初稿》卷三十《铁治》。

④ 屈大均：《广东新语》卷十五《货语·铁》。

⑤ 顾炎武：《天下郡国利病书》原编第廿七册，广东上，四库丛刊三编，史部。

采挖瓷土，使产地变得千疮百孔，有的甚至在基围挖取沙土，危害极大。遍及各地的窑场吞耗着大量的燃料，广东的林木为之付出沉重的代价。

陶都石湾由于长年不断的生产，本地的沙泥常被盗挖，早在明代这里已竖起禁挖岗沙的石碑。石湾陶业用泥，主要依靠从外地调运。陶土由东莞、肇庆、清远、增城、中山、宝安，英德、花县等地运来，其中东莞泥最佳，有白泥和二顺泥两种。大多数的白泥都藏于肥美的水田之下，为了取得白泥，使大量良田被毁。石湾的山冈也被严重毁坏。据嘉庆二十二年（1817）的《藩宪严禁挖沙印砖碑示》所记："初不过一二无赖暮夜潜偷，渐至三五成群，分投肆挖。""其尤有甚者，如新村冈、西瓜路、岑园、张岗、正龙岗、龛岗、烟本岗、注禄岗、冯岗、鹤岗等处，或从顶透挖至底，形势改变，或从旁透挖至里，蛰塌堪虞，遇抛弃骨殖，谁不见而恻然！"①

广东造船著称于世，高州、阳江、海口、潮州、广州、东莞、新会都是有名的造船中心。造船蚕食着大片林带，所用的木材"系铁力、紫荆、榱、黎、槁、桂、柯、楠，堪为造船美材者，长一二丈，围圆三四尺以上，及松木大桅，长八九丈以上……"②这些硕大的良材，来自西江沿岸的山林，由于狂伐乱斩，西江水源的林木资源受到威胁。据黄佐《广东通志》所记广东"多铁力"，"铁力色黑如铁坚重，亦名石盐，多产四会，泷水呼为格木"。③可惜的是铁力木因被大量砍伐，明后期这种木材已十分紧缺。至清代粤西的船材耗尽，乾隆年间高州船厂因为木材不足而衰落。清末广东的造船原料多从东南亚进口，有些造船主甚至设法从东南亚造船后再驶回广东出售。

广东滥采石材也十分严重，明清之际番禺茭塘都有石砺山，这里因产红沙岩，"乃有亡命奸徒，蜂屯蚁聚，凿石网利，岁致金以十万计……为乡村蟊贼，种种可忧"④。端砚石的开采造成高要环境恶化。明朝时端州的砚石由皇家垄断开采，明英宗派出太监魏某到矿坑监督，后来出现塌方事故，太监和几百名采石工人惨遭活埋，以后政府派专人把守。但无论怎么严禁，都无法压制滥采的势头。"崇祯末，蜀人熊文灿总督两广日，指挥苏万邦致石工于江西，煴火中夜开封坑，不敢自日中也。"由于长期滥采盗掘，以及"工受官役日有程，不择肤理，凿伐折裂"。致使"山川元气，渐至竭耗，不数十年，此山便成陵谷，无有问津之处"⑤。

（二）农业生产对生态环境的影响

明清广东农业生产发展迅速，同时也给广东的生态环境带来了很大的破坏。垦辟荒山，毁林开荒，破坏了丘陵地区植被，水土流失十分严重。大面积经济作物的推广种植，使土壤侵蚀程度加重。如南雄地区烟草业的种植，带来了岗地的水土流失，红土层裸露，植被受损。此外广东落后的少数民族地区，依然固守着刀耕火种的原始耕作方式，他们引火烧山，使林木遭受破坏，也容易导致森林火灾，对原始林木造成巨大的威胁。明清时期在珠江三角洲沿海展开了大规模的江海滩涂的开发与利用，明代珠江三角洲围垦面积达一

① 广东省社会科学院历史所等编：《明清佛山碑刻文献经济资料》，第124—125页。

② 郭棐：《广东通志》卷九《造船事略》。

③ 黄佐：《广东通志》卷二十三《土产》上。

④ 屈大均：(广东新语》卷三《山语・石砺山》。

⑤ 屈大均：《广东新语》卷五《石语・端溪砚石》。

万顷以上[①]，清代从乾隆十八年（1753）至同治末年（1874）围垦数达1.3万顷[②]。广东沙田围海造田的工程是广东人民与海争地的壮举，但对生态环境也产生不良的影响，各江口淤积和对出口水道的侵占，带来了严重的水患。清以后水灾日增，从乾隆元年（1736）到道光十九年（1839）平均3.43年就发生1次大水灾[③]。

（三）城镇崛起造成的环境污染

明清以来商业和手工业的发展使城镇崛起，星罗棋布的卫星市镇漫布于珠江三角洲，市镇是手工业的中心，人口密集，环境污染日增。如冶铸是佛山手工业的重要支柱，支撑起整个佛山镇的城市经济，也使佛山成为最受污染的手工业城市。考古发掘探得，现今祖庙至佛山市政府、旧南海县政府礼堂一带，留下了大量的冶铁遗址和模范泥坯、铁渣等物，它证实了工业废料堆满城市。屈大均在《广东新语》中谈到"炒铁"的行业，"计炒铁之肆有数十，人数有数千"[④]，按此统计每一冶肆就有近百人，可见生产规模之大。文人留下了优美诗句"春风走马满街红，打铁炉过接打铜"[⑤]，实际反映的是可怕的噪音、烟雾和高温污染的环境。佛山因为冶炼不绝，烟火不息，许多冶炼的废物被倾泄到河涌，使当地的水源也变得燥热，长期饮用，易患积热病。当然最受环境污染危害的是打铁工匠，故石湾霍氏家训劝告，工人有百艺可做，但千万不要到佛山去学炒铁出铁、铸造铁锅、打铁器、打铜锣，这些工作最受热，工人们往往因为热火攻心而伤身早夭[⑥]。

此外有些政治原因也造成了自然环境的严重破坏，嘉靖四十四年（1565）德庆罗旁下江瑶乱，提督吴桂芳前往镇剿，"以为瑶所恃者两江茂林，潜伏伺动劫。今为督兵沿岸开山伐木，且耕且守，制其出没，此不治之治也"[⑦]。于是从南江口至泽水一百二十里间，各辟地深入八十里，沿江原始森林全被毁伐。

二、自然环境保护的提倡

广东提倡自然环境保护有着久远的历史传统，其中当以汉代杨孚为第一人，他有感于汉王朝在岭南地区搜集珍稀，地方官员竞事珍献，撰写了《异物志》，目的是更好地保护岭南的珍稀动植物。由于粤人著作见于史志所载以杨孚为始，后代学者深受杨孚学术思想的影响，他们热爱科学，关注家乡自然资源的保护，这一学风也影响到南来的学人，于是仿效《异物志》的著作层出不穷。明清时期，研究岭南地理、动物、植物、经济、人文等百科全书式的著作，更蔚然成风。较著名的有屈大均《广东新语》、范端昂《粤中见闻》、李调元《粤东笔记》、陈徽言《南越游记》、张渠《粤东闻见录》等书。这种经世致用的学风体现了一种人文精神，即对生存环境的关怀，对科学的重视，对国计民生的关注。尽管

① 佛山地区革委会《珠江三角洲农业志》编写组编：《珠江三角洲农业志》第2册，第33页。

② 张超良：《广东沙田问题》，转引自谭棣华：《清代珠江三角洲的沙田》，广东人民出版社1993年10月版。

③ 珠江水利委员会：《珠江水利简史》，水利电力出版社1990年8月版，第142页。

④ 屈大均：《广东新语》卷十五，《货语·铁》。

⑤ 道光《佛山忠义乡志》卷十一《艺文》。

⑥ 《太原霍氏崇本堂族谱》，《家训》卷三。

⑦ 阮元：《广东通志》，《前事略》卷八。

当时没有科学的术语去表述“环境保护”这一字眼，但学人们十分关注岭南的自然环境、动植物资源的保护，书中寄托了对美好生态环境的追求和向往。由于自然环境保护意识的提高，一些专著出现，如《桑园围志》就是专为保护桑园围而辑编的志书。

对自然环境保护有深刻认识的当推思想家顾炎武，他在《天下郡国利病书》倡导了这种思想。书中所指出的天下之病，许多讲的是环境破坏带来的危机。在他的影响下，不少志士仁人提出了呼吁。著名诗人屈大均是一位有心人，在《广东新语》中他认真考察广东自然状况，对环境的破坏表示深切的忧虑。如卷二《地语·禁凿石砺》一条，指出广州有石砺山（今莲花山一带）“为牂牁大洋之捍门，南越封疆之华表”。但奸徒贪利，盗挖石砺，“群千数人于其中，日夜锤凿不息，下至三泉，中訇千穴，地脉为之中绝，山气为之不流。一峰之肌肤已剥，一洞之骨髓复穷，土衰火死，水泉渐焦。无以兴云吐雨，滋润万物而发育人民”。他呼吁“今宜复行封禁，毋使山崩川竭，祸生灾沴，是吾桑梓之大幸也”。面对端州砚石无度的开采，他大声疾呼：“……固斋（侯官高兆）来值开坑，所见三十年前石与今异，其美亦不如昔。因慨夫文明之璞，一旦割裂无遗，天地真蕴，山川元气，渐至竭耗，不数十年，此两峡将成陵谷，将云汉之扶舆，三江之荣卫，无以复元，恐为斯地之灾眚。”[①]这些学人的著作和言论，对宣传自然环境保护、教育群众起了重要作用。

明清时期由于受自然科学水平的限制，人们尚不能很科学地提出有关自然和生态环境保护的理论，但人们已经有了较强的保护自然环境的意识，他们往往以损害自然环境，有碍风水，危害人类生存为理论依据。风水的提倡并不统统是迷信和偏见，其中合理的内容正是古代人们为寻找优越的自然环境而总结的经验。几乎所有的封禁之碑，都以有碍风水为理由，如高要县的封禁碑记：“坑山现被砍烂，村木疏少，水难灌田，且该山树木，系属蚁村后障，风水所关，难任强砍，以害田赋，以碍村场。”[②]屈大均提出保护石砺山，也是以此为粤省灵秀，水口重关，海门金锁的风水之地为理由。

在自然环境保护问题上当时掺杂有较多的迷信色彩，较突出的是人们最重祖先坟陵的风水，故对保护祖先的坟地环境极为重视。即使在明清易代，民族斗争激烈之际，清皇室对汉民族的坟陵也予以保护。顺治四年（1467）清军初定广东，顺治帝就申明“所在应祭坛庙，有司务竭诚致祭，毋致亵慢，历代帝王陵寝及名臣贤士坟墓，被人毁发者，即与修理，禁止樵牧”。[③]

三、自然环境保护的措施

明清广东政府在自然环境保护中也做了一定的工作，主要的成果如下：

（一）兴修堤围，大搞水利

明清广东政府在自然环境保护中较大的贡献在堤围修筑和疏浚河道的工程。这项工作与民众的生命和农业生产密切相关，故政府部门最为关注，并以行政命令的形式公布。如

① 屈大均：《广东新语》卷五《石语·端州砚石》。

② 谭棣华、曹腾、冼剑民编：《广东碑刻集》，广东高等教育出版社2001年版，第714页。

③ 《清实录》卷三十三，第273页。

“正统六年诏：农作以水利为要，各处堤防闸坝，或年久坍塌不能蓄泄，陂塘淤塞及为豪强占据，小民不得灌溉，已令修复，或有未修复者，该管官司仍即依例整理。应修筑者，悉令修筑，不许怠慢。敢有豪强占据水利者，以土豪论罪。”[①]广东的水利工程总其要有三：疏浚江河以泄水，筑堤岸以障水，置渠窦以限水。一些重大的水利工程则由地方政府组织策划，实行系统管理。当时已逐渐探索到一套如何让公众承包水利事业的方法，“修筑之役，领以圩长，督以县佐。出夫之例各县不一。或按丁，或按灶，或按犁口，或按田税。其中豪右规避，贫窭偏枯，弊难更，仆数故多观望迁延。夫基以卫田，丁、灶、犁口之众不能执以律田税贫富，后乃定为按田出夫之法。今则悉发公帑，民既不扰，事亦易集”[②]。即政府出资金，让地方基层官员主管，由士绅乡老具体操作，按人头或按田亩数目去派役。据珠江水利委员会编的《珠江志》统计，明代珠江三角洲修筑河堤“共约181条，总长661公里，防护耕地面积超过万顷，西北江干道及其支流沿岸基本上均筑有御水的堤围”。清代“堤围遍布全境，共87条，总长330余公里”[③]。为使堤围等水利设施有效保护，地方政府还制定了各种章程。如《重辑桑园围志》所记，嘉庆二年（1797）广州知府朱栋就详定了保护桑园围的章程，以约束民众遵守。

疏浚河道又是保护环境工作的重要一环，明代弘治年间对淤塞多年的三利溪修复、疏浚，使海阳、潮阳、揭阳三县重获其利。万历年间对潮州中离溪进行疏浚。清代主要对珠江三角洲等处的河道进行疏浚，重要工程有，道光年间对南海佛山涌、顺德陈村水道进行全面的整治，对潮州庵埠河道双溪口进行了疏浚，同治元年（1862）对新会城河疏浚等项[④]。

此外为使珠江出海口宣泄畅顺，减少水患，清代乾隆三十七年（1772）开始对围垦沙坦予以限制，嘉庆十八年（1813）更明确规定“开垦沙田园坦当无碍水道方准承升”，嘉庆二十三年（1818）两广总督阮元严令“禁开垦沙坦占筑水道”，道光九年（1829）查勘各类阻碍水道的坝堤建筑，下令拆毁。但由于地方豪强的对抗，许多措施无法落实[⑤]。

（二）限制开矿，保护山林

开矿最损害自然环境，为了保护自然环境，明清政府采取少开采、多封禁的形式。据黄佐《广东通志》所载，明代天顺七年（1463）封禁了各地银场，并派官巡视不许人偷采。成化元年（1465）奏准凡偷掘银矿依律问罪。弘治十三年（1500）奏准盗掘银、铜、锡、水银等项矿砂，但系山洞捉获，曾经持杖拒捕者，不论人之多寡，矿之轻重，及聚众至三十人以上，分矿至三十斤以上者问发边卫充军。可见明前期对矿山封禁非常严格。清代广东矿冶发展很快，但朝廷所持的态度是稳重的，担心大规模的采矿会带来不利。如雍正十三年（1735）广东总督鄂弥达、巡抚杨永斌奏请开矿，九卿复议准行，雍正帝以有妨

① 黄佐：《广东通志》卷二十六《水利》。

② 张渠：《粤东闻见录》卷上《围基》。

③ 珠江水利委员会编：《珠江志》，第175、176页。

④ 见于黄佐：（广东通志》卷四十三，李东阳《三利溪记》；《广东碑刻集》：《嗣浚中离溪记》《浚河碑记》《东溪塭涵记》《清浚佛山河道碑记》；聂尔康：《冈州公牍·重浚城河记》。

⑤ 光绪《重辑桑园围志》卷十二《防患》。

本务，特谕停止[①]。乾隆九年（1829）两广总督马尔泰等奏请广东各种铜、铅、金、银砂矿共二百余处，请求招商试采。乾隆皇帝认为“将各府州矿山，择一二处先行试采，果有成效方渐次举行”[②]。此外，广东政府规定“诸炉既成，皆输佛山之埠”[③]。指定佛山作为铸造加工地，不仅是为了税收的方便，更重要的是为了防止各地山场冶铸扩大污染。

发展经济和自然环境保护往往成为极大的矛盾，这一问题使当政者左右为难，虽然官府也考虑保护自然环境的问题，但最终以经济利益为重。即使一时严格制定了某些措施，但若干年后，后继者并未能严守前人的定则，许多保护环境的措施变为乌有。例如早在万历、崇祯年间对番禺的石砺山屡行封禁。“今复公然盗凿，群豪虎视，莫可谁何。”[④]也由于利润的诱惑，不少人铤而走险，政府管理失控，清代广东盗矿和滥采从未停止过。

（三）栽种林木，绿化荒山

嘉靖年间御史戴璟在广东积极倡导植树造林，养竹笋，种果木。“像荔枝、椰子、桃李、枣、栗、梅、柿、银杏、石榴、枇杷、橙、樱桃、葡萄之属，应随地广狭而种之成列。”戴璟又劝说：“吾民何不买松秧栽之，如无力种松者，或召近山人佃种，明立文契合理印信，或十年二十年之内，照多少分树，亦不至虚旷山场。”[⑤]这不但倡导了绿化，而且为山区的百姓指出改善生活的办法。南澳岛原来是个光秃的小岛，万历二十二年（1594）副总兵陈步驻守该岛，“购松苗四万，杉苗三万有奇。命三子督各营卒，分布于城后暨左右各山麓，皆遍植之”[⑥]。使南澳岛成为绿树环抱的海岛。乾隆十年（1745）“议准两广总督策楞疏称，龙川、海阳、饶平、揭阳、嘉应等五州县，荒山可种树木。请令无业贫民，各就山场远近承垦，每人以一顷为率，照斥卤下则例，十年后升科。准为世业”[⑦]。这一鼓励在荒山植树的政策，使粤东荒秃的群山披上绿装。此类事例史志记载甚多，不胜枚举。

（四）其它保护措施

广东地方乡村的自然环境保护往往依靠乡村基层组织、耆老乡绅以及各姓宗族的管理力量。他们尤其注重对本村的自然环境、祖宗的山坟、生产园地的护理。为了保障本地区的利益，各姓村社常常订立村规乡约，并把这些规定勒石竖碑让村民遵守，违者论处。至今留下的明清碑刻有相当多这类的内容。在广东乡村盛行的《公议禁约》中常会有“禁斫伐本祠封围树木”的文条，这些都是乡村自然环境保护的基本公约。又如乾隆年间乳源县的《封山育林禁约山界碑》载：“为立碑遵照，永禁山源。惟我乡之水基□□□灵排石、南木坑、牛流坑、居结坑、柑子山五处山场，灌荫粮田，共五百余亩，并无溪涧流水，只靠山坑地泉。为此禁，山水树林畅茂，而水源泗达，亦无苦旱之忧。”此外乡间最常见的

① 《清实录》卷二百一十九，第820—821页。

② 《清实录》卷二百一十九，第817—818页。

③ 屈大均：《广东新语》卷十五《货语·铁》。

④ 屈大均：《广东新语》卷三《石语·石砺山》。

⑤ 戴璟：《广东通志初稿》卷三十三《田赋》。

⑥ 《广东碑刻集》，《澳山种树记》，第310页。

⑦ 《清实录》卷二百五十一，第243页。

保护措施是清井清涌，清塘，清洁水源，它与百姓健康密切相关，故颇受重视。

应当承认地方宗族在保护自然环境中是一股不容忽视的力量，出于对本族利益的保护，他们会不遗余力。许多族谱上都明确地叮嘱族人要维护好本族的土地、山坟、祠堂、村庄，使之成为族规。如揭西县《过路塘严禁挖泥碑》记："此山所关蔡姓风水其甚重，切不可伤坏。合族公议，严禁：不许挖泥开圳。禁后如敢故犯者，锁人宗祠，重责三十六大板，罚戏两台。决不虚言，立禁是真。"[①]为了取得优越的生存环境，不少强宗大姓，利用本族的力量争夺水源，争风水之地，常常会酿成乡村宗族间无休止的械斗。

宗教组织在自然环境保护中也是一支重要的力量。明清时期广东各地的寺庙林立，僧侣道长多有贡献。广东许多著名寺庙如鼎湖山庆云寺、曲江南华寺、乳源云门寺、罗浮山清虚观等自然环境优美，便是例证。鼎湖山自明清以来，由于有庆云寺院僧侣的保护，"道人（在慘）于崇祯癸酉年住山。本山左边只有土坟数堆，原无树木，所有松杉，皆由常住工植。五十余载，已成丛林风水之树"。留存至今的《僧众护山碑》明确规定"身任知山，必要铁面，不容稍私。即凡寺内居僧，亦宜齐心勠力，卫护山场，勿使剪伐，以致濯濯，庶有当于祖宗百年树木之意"[②]，正是众僧不懈的努力才使鼎湖山留下了一片苍翠。罗浮山《严禁砍伐山林碑》明确规定："粤东各区四百三十二峰，均系神仙窟宅，游人丛集，骚客时临。凡有洞院寺观，犹宜广栽松竹，多种梅株，以壮观瞻，而资翳荫。"[③]从中可见罗浮道观护林之功。

广东不乏通过宗教力量保护了野生动物的事例，据清远藏霞洞《奉宪禁打飞禽走兽碑记》所记："议定藏霞洞本山，上至□□坑为界，下至南蛇坑为界……系藏霞洞放生之所。各渔猎人等，不准在此取求，以体天地好生之德……如敢违抗，指名禀官究治。"藏霞道长划定了保护野生动物的场地，这对广东自然环境保护确是一大功德。

结束语

明清广东自然环境保护的历史教训十分深刻，经济的发展不能以损害自然环境为代价，当代人的取利，必须顾及后代人的长远利益。人类不能只向大自然索取，更要保护大自然，否则必定会遭受大自然的报复。明清广东经济的大开发已向人们敲响警钟，粤人向自然界索取的财富，远远要大于自然界本身所能供给他们的物质资源，这种无止境地索求，便成为破坏自然环境的罪行。明清广东的自然环境保护存在的关键问题在于缺乏科学的指导思想，缺乏总体的长远规划，更欠缺行之有效的行政法规，致使一代人获取了财富，却需后代人以多倍的代价去整治环境，弥补损失。更何况被破坏的自然环境再也无法恢复原貌，而给子孙后代带来祸患和灾难。

［原文载于《中山大学学报》（社会科学版）2001年第4期］

① 《广东碑刻集》，《过路塘严禁挖泥碑》，第336页。

② 《广东碑刻集》，第687、694、696页。

③ 《广东碑刻集》，第806页。

王颋（1952—2018），曾名王新民。浙江宁波人。1978年就读于安徽师范大学外语系。1979年考入南京大学历史学系，攻读元史方向硕士学位，1989年获博士学位。毕业后任教于复旦大学历史地理研究所。1990年至1991年在美国华盛顿大学从事博士后工作。2001年调入暨南大学古籍研究所，教授、硕士生导师。主要研究领域为元史、历史地理和历史文献学。主要著作有《庙学典礼》（整理本）、《虞集全集》（整理本）、《黄溍全集》（整理本）、《圣王肇业——韩日中交涉史考》《龙庭崇汗——元朝政治史研究》《西域南海史地研究》《西域南海史地考论》《西域南海史地探索》等10多部。

木杯渡河

——杯渡和尚的行迹与唐宋士人

王　頲

一

生活在南北朝之际的“杯渡”，可以说是一个行迹十分“怪异”的高僧。李昉《太平广记》卷九〇《杯渡》：“杯渡者，不知姓名，常乘木杯渡水，因而为号。初在冀州，不修细行，神力卓越，世莫测其由。尝于北方，寄宿一家，家有一金像，渡窃而将去，家主觉而追之，见渡徐行，走马逐之不及。至于孟津河，浮木杯于水，凭之渡河，不假风棹，轻疾如飞，俄而渡岸，达于京师。见时可年四十许，带索褴褛，殆不蔽身，言语出没，喜怒不均，或剖冰扣冻而洗浴，或着履上山，或徒行入市，唯荷一芦圌子，更无余物。尝往延贤寺法意道人处，意以别房待之。后欲往瓜步，至于江侧，就航人告渡，不肯载之，复累足杯中，顾眄言咏，杯自然流，直渡北岸。向广陵，遇村舍李家八关斋，先不相识，乃直入斋堂而坐，置圌于中庭。众以其形陋，无恭敬之心，李见芦圌当道，欲移置墙边，数人举不能动，渡食竟，提之而去，笑曰：四天王李家。于时有一竖子，窥其圌中，有四小儿，并长数寸，面目端正，衣裳鲜洁。于是追觅，不知所在，后三日，乃见在西界蒙龙树下坐。李礼拜请还家，日日供养，渡不甚持斋，饮酒瞰肉，至于辛脍，与俗不殊，百姓奉上，或受不受。沛国刘兴伯为兖州刺史，遣使要之，负圌而来，兴伯使人举视，十余人不胜，伯自看，唯见一败衲及一木杯。”①

“孟津”，今孟州市南；“瓜步”，今六合县东南瓜埠；分别为“河”“江”重要津渡。王应麟《通鉴地理通释》卷一四《河阳城、三城、中潬城》、卷一三《瓜步、六合》：“南城在河阳县西，四面临河，即孟津之地，亦谓之富平津。”“真州东行五十里，可至瓜洲，以向镇江；西行六十里，可至瓜步，以向建康。”②“广陵”，为郡，今扬州市。《晋书》卷一五《地理志》：“（汉）景帝改吴为江都，武帝分沛、东阳置临淮郡，改江都为广陵。”③所称“京师”，显然指的是东晋、南朝宋的首都建邺、建康，今南京市。延贤寺，正其城东的“蒋山”亦即“钟山”，今紫金山。《梁书》卷四〇《到溉传》：“蒋山有延贤寺者，溉

① 李昉等：《太平广记》卷90《杯渡》，中华书局，1981年，第590页。又，祖无择《龙学文集》卷14《西斋话记》：“予读《高僧传》，有杯渡者，不知名氏，时人莫测之，但见以木杯渡水，因以目之。今其传因事当指名之，可云师，或云和尚，或以杯渡两字呼之，亦可辨矣，而乃十余处，全只称度，似实单名者，此误为矣。亦犹今之鄙俗，有谈开元、天宝时事指明皇自称宗者，可绝倒矣。”祖无择：《龙学文集》卷14《西斋话记》，文渊阁四库全书本，第17页上。

② 王应麟：《通鉴地理通释》，文渊阁四库全书本，第7页上、第11页下。

③ 房玄龄等：《晋书》卷15《地理志》，中华书局，1974年，第451页。

家世创立。故生平公俸，咸以供焉，略无所取。”[①]乐史《太平寰宇记》卷九〇：“蒋山，古曰金陵山，县之名，因此山立。汉《舆地图》名钟山，吴大帝时，有蒋子文发神验于此，封子文为蒋侯，改曰蒋。”[②]当其耽留于“彭城”亦即今徐州市时，后秦君主姚兴的臣子、佛籍翻译大师鸠摩罗什尚在世间。《晋书》卷九五《鸠摩罗什传》：“杯渡比丘在彭城，闻（鸠摩）罗什在长安，乃叹曰：‘吾与此子戏，别三百余年，相见杳然未期，迟有遇于来生耳。’”[③]李吉甫《元和郡县图志》卷九：“（汉）宣帝地节元年，更为彭城郡，寻复为楚国。自汉以来，或理彭城，或理下邳。”[④]

“杯渡”之“神奇”处，乃在于数度“死而复生”。《太平广记》卷九〇《杯渡》：“后李家复得，二十余日，清旦，忽云：‘欲得一袈裟，中时令办。’李即经营，至中未成，渡云暂出，至暝不返，合境闻有异香，疑之为怪，处处觅渡，乃见在北岩下，敷败袈裟于地，卧之而死。头前脚后，皆生莲华，极鲜香，一夕而萎，邑共殡葬之。后日，有人从北来云，见渡负芦圌，行向彭城，乃共开棺，唯见败衣。既至彭城，遇有白衣黄欣，深信佛法，见渡礼拜请还。家至贫，但有麦饭而已，渡食之怡然。止得半年，忽语欣云：‘可觅芦圌三十六枚，吾须用之。’答云：‘此间止可有十枚，贫无以买，恐不尽办。’渡曰：‘汝但检觅宅中应有。’欣即穷检，果得三十六枚，列之庭中，虽有其数，亦多破败。命欣次第熟视，皆已新完。渡密封之，因语欣令开，乃见钱帛皆满，可堪百许万。识者谓杯渡分身他土，所得贝亲施，回以施欣，欣受之，皆为功德。经一年许，渡辞出，欣为办粮食。明晨，见粮食皆存，不知渡所在。经一月许，复至京师。时潮沟有朱文殊者，少奉佛法，渡多来其家，文殊谓渡云：‘弟子脱舍身，没后愿见救济，脱在好处，愿为法侣。’渡不答，文殊喜佛法默默，已为许矣。后东游入吴郡，路见钓鱼师，因就乞鱼，鱼师施一餧者，渡手弄反复，还投水，游活而去。”[⑤]

除了真幻难辨的“法术”外，“杯渡”尚有“分身”的本领。《太平广记》卷九〇《杯渡》：“时南州有陈家，颇有衣食，渡往其家，甚见迎奉。闻都下复有一杯渡，陈父子五人咸不信，故下乡看之，果于其家杯渡，形相一种。陈设一合蜜姜及刀子、陆香等伺渡，渡即食蜜姜都尽，余物宛在膝前。其父子五人恐是其家杯渡，即留二弟停都守视，余三人还家，见杯渡如旧，膝前亦有香、刀子等，但不噉蜜姜为异尔。乃语陈云：‘刀子钝，可为磨之。’二弟还都，云：‘杯渡已移灵鹫寺，其家忽求黄纸两幅，作书不成字，合同其背。’陈问：‘上人作何券书？’渡不答，竟莫测其然……（朱灵期）至南州，杯渡期当骑兰之日。尔日早出，至晚不还，陈氏明但见门扇上有青书六字云：‘福径门灵人降’，字劲可识。其家杯渡，遂绝迹矣。都下杯渡，往来山邑，多行神呪。时庾常婢，偷物而叛，四追不擒，乃问渡，云：‘已死在城江边空塚中。’往看，果如所言。孔宁子时以黄门侍郎在家，患痢，遣信请渡呪，竟云：‘难差，见有四鬼，皆被伤截。’宁子泣曰：‘昔孙恩作乱，家为军人所破，二亲及叔皆被痛酷。’宁子果死。”[⑥]“孔宁子”，《南史》卷二三《王华传》

① 姚思廉：《梁书》卷40《到溉传》，中华书局，1973年，第569页

② 乐史：《太平寰宇记》卷90，第1782—1783页。

③ 房玄龄等：《晋书》卷95，第2502页。

④ 李吉甫：《元和郡县图志》卷9《河南道五》，贺次君点校，中华书局，1983年，第223页。

⑤ 李昉等：《太平广记》卷90《杯渡》，第591页。

⑥ 李昉等：《太平广记》卷90《杯渡》，第591—593页。

云："先是，会稽孔宁子为文帝镇西咨议参军，以文义见赏；至是，为黄门侍郎，领步兵校尉……元嘉二年，宁子卒。"①

二

根据具有"系年"的文字，"杯渡"于元嘉三年（426）至五年（428）间屡次与人治疗疾病；其间，这位往往出人意料的比丘又经历了一次"死而复生"。《太平广记》卷九〇《杯渡》："又有齐谐妻胡母氏病，众治不愈，被请僧设斋，坐有僧劝迎杯渡。渡既至，一呪病者即愈。齐谐伏事为师，因为作传，记其从来、神异，不可备记。元嘉三年九月，辞谐入东，留一万钱物寄谐，请为营斋。于是别去，行至赤山湖，患痢而死，谐即为营斋，并接尸还，葬建康覆舟山。至四年，有吴兴邵信者，甚奉法，遇伤寒病，无人敢看，乃悲泣念观音，忽见一僧来，云是杯渡弟子，语云：'莫忧，家师寻来相看。'答云：'渡久已死，何容得来？'道人云：'来复何难？'便衣带头，出一合许，散与服之，病即差。又有杜僧哀者，住在南冈下，昔经伏事杯渡，儿病甚笃，乃思念，恨不得渡与念神呪。明日，忽见渡来，言语如常，即为呪，病者便愈。至五年三月，渡复来齐谐家，吕道惠、闻人怛之、杜天期、水丘熙等并见，皆大惊，即起礼拜。渡语众人言：'年当大凶，可勤修福业。法意道人甚有德，可往就之，修立故寺，以禳灾祸也。'须臾，门上有一僧唤，渡便辞去，云：'贫道当向交、广之间，不复来也。'齐谐等拜送殷懃，于是绝迹，顷世亦言时有见者。"②

"齐谐"不详，唯刘宋同时有"志怪"类书与之同名。《隋书》卷三三《经籍志》："《齐谐记》，七卷，宋散骑侍郎东阳无疑撰。《续齐谐记》，一卷，吴均撰。"③马端临《文献通考》卷二一五："《续齐谐记》一卷，陈氏曰：梁奉朝请吴均撰。《齐谐》志怪，本《庄子》语也。《唐志》又有东阳无疑《齐谐志》，今不传，此书殆续之者欤？"④《太平御览》卷四七九《人事部·报恩》："东阳元凝《齐谐记》曰：富阳董昭之，尝乘船过钱塘江，中央见有一蚁，着一短芦，甚迫遽。昭之曰：'此畏死也。'便以绳系此芦着船头，蚁缘绳出。中夜，梦一人乌衣从百许人，来谢云：'仆不慎堕江，惭君济活。仆是蚁中王，君若急难之日，当见告。'后昭遇事系狱，蚁穴狱，昭遂得脱。"⑤"吕道惠"，《梁书》卷五三《范述曾传》："范述曾，字子玄，吴郡钱唐人也。幼好学，从余杭吕道惠受五经，略通章句。道惠学徒常有百数，独称述曾曰：'此子必为王者师'。⑥"赤山湖"，"覆舟山"，分别在今句容县南、南京市西。《元和郡县图志》卷二五："赤山湖，在（句容）县南三十五里……覆舟山，在（上元）县东北十里，钟山西足也，形如覆舟，故名。宋元嘉中，改名玄武山，以为乐游苑。"⑦

① 李延寿：《南史》卷23《王华传》，中华书局，1975年，第626页。

② 李昉等：《太平广记》卷90《杯渡》，第593页。

③ 魏征等：《隋书》卷33《经籍志》，中华书局，1973年，第980页。

④ 马端临：《文献通考》卷215《经籍四十二》，中华书局，1986年，第1756页。

⑤ 李昉等：《太平御览》卷479《人事部·报恩》，中华书局，1960年，第2196页上。

⑥ 姚思廉：《梁书》卷53《范述曾传》，第769页。

⑦ 李吉甫：《元和郡县图志》卷25《江南道一》，第598、594页。

"杯渡"的足迹所至，如以唐代地方名称论，至于"河北""河南""淮南""江南"和"岭南"。除前见外，释道世《法苑珠林》卷六十一《感应缘》："后东游入吴郡，路见钓鱼师，因就乞鱼，鱼师施一餧者，渡手抒反复，还投水中，游活而去。又见网师，更从乞鱼，网师瞋骂不与，渡乃拾取两石子掷水中，俄而有两水牛斗其网中，网既碎败，不复见牛。渡亦隐。行至松江，乃仰盖于水中，乘而渡岸，经涉会稽剡县，登天台山，数月而返京师……渡犹停都少时，游止无定，请召或往不往。"[①]"吴郡"，唐"苏州"，今苏州市；"剡县"，宋"嵊县"，今嵊州市；"松江"，今吴淞江；三者同为自"建康"前往"天台山"今天台山路途所经。《嘉定剡录》卷一"宋宣和三年，方腊平，改剡县为嵊县"[②]。李翱《来南录》："辛未，济大江，至润州。戊辰，至常州。壬午，至苏州。癸未，如虎丘之山，息足千人石，窥剑池，宿望梅楼，观走砌石，将游报恩，水涸，舟不通，无马道，不果游。乙酉，济松江。丁亥，官艘隙水溺，舟败。戊子，至杭州。"[③]《元丰九域志》卷六、卷九："桂月峰（太平州当涂县），梁杯渡师经行之地也。""杯渡山，世传杯渡禅师渡海，来居此山。"[④]而后者，大概就是其"交、广"之行的所经地点吧！

"杯渡"曾经挂褡的寺院，似乎尚有唐雍州（今西安市）天中、润州（今镇江市）甘露、潭州（今长沙市）道林等寺。苏味道《和武三思于天中寺寻复礼上人之作》："藩戚三雍暇，禅居二室隈。忽闻从桂苑，移步践花台。敏学推多艺，高谈属辩才。是非宁滞着？空有掠嫌猜。五行幽机畅，三蕃妙键开。味同甘露洒，香似逆风来。砌古留方石，池清辨烧灰。人寻鹤洲返，月逐虎溪回。企躅瞻飞盖，攀游想渡杯。愿陪为善乐，从此去尘埃。"[⑤]卢肇《题甘露寺》："北固岩端寺，佳名自上台。地从京口断，山到海门回。曙色烟中灭，潮声日下来。一隅通雉蝶，千仞耸楼台。林暗疑降虎，江空想渡杯。福庭增气象，仙磬落昭回。觉路花非染，流年景谩催。隋宫凋绿草，晋室散黄埃。西蜀波湍尽，东溟日月开。如登最高处，应得见蓬莱。"[⑥]刘长卿《自道林寺西入石路至麓山》："山僧候谷口，石路拂莓苔。深入泉源去，遥从树杪回。香随青霭散，钟过白云来。野雪空斋掩，山风古殿开。桂寒知自发，松老问谁栽？惆怅湘江水，何人更渡杯？"[⑦]李白《送通禅师还南陵隐静寺》："我闻隐静寺，山水多奇踪。岩种朗公橘，门深杯渡松。道人制猛虎，振锡还孤峰。他日南陵下，相期谷口逢。"[⑧]

三

自从南朝末年出现首例以后，"杯渡"一词成了高僧特别是"云游"中的高僧的代名词。庾信《秦州天水郡麦积崖佛龛铭并序》："是以飞锡遥来，渡杯远至。疏山凿洞，郁为

① 释道世撰，周叔迦、苏晋仁校注：《法苑珠林校注》卷61《感应缘》，中华书局，2003年，第1815—1816页。
② 高似孙：《嘉定剡录》卷1，中华书局，1990年，《宋元方志丛刊》影印清道光刊本，第7197页上。
③ 李翱：《李文公集》卷18《来南录》，"四部丛刊初编"影印明成化刊本，第2页上。
④ 王存：《元丰九域志》卷6《江南路》、卷9《广南路》，文渊阁四库全书本，第12页上、第18页下。
⑤ 彭定求等：《全唐诗》卷65，文渊阁四库全书本，第5页上。
⑥ 李昉等：《文苑英华》卷238，中华书局，1966年，影印《武英殿聚珍》本，第1199页上。
⑦ 刘长卿：《刘随州集》卷4，"四部丛刊初编"影印正德刊本，第13页上。
⑧ 李白：《李太白全集》卷18，中华书局，1977年，第836页。

净土。”[①]在唐代，无论孟浩然还是杜甫皆然。孟浩然《韩大侯东斋、会岳上人诸学士》：“郡守虚陈榻，林间召楚材。山川祈雨毕，云物喜晴开。抗礼尊缝掖，临流揖渡杯。徒攀朱仲李，谁荐和羹梅？翰墨缘情制，高深以意裁。沧洲趣不远，何必问蓬莱？”[②]杜甫《题玄武禅师屋壁》：“何年顾虎头？满壁画瀛洲。赤日石林气，青天江海流。锡飞常近鹤，杯渡不惊鸥。似得庐山路，真随惠远游。”[③]在宋代，无论王禹偁还是杨亿亦然。王禹偁《赠省钦师》：“善八分，太宗召于殿上书数行，赐紫。旧隐何年别翠微？瀑泉声入锁禅扉。御前曾写八分字，天上特宣三事衣。灯照夜庵霜后冷，鼎烹秋菌雨中肥。终归五老峰边去，杯渡长江一锡飞。”[④]杨亿《表玄师归缙云，有怀故雄阁黎，成转韵六十四句》：“口占成尺题，手泽着纸尾。亲遣上足师，浮杯渡江水。云朵摇笔精，玉音锵里耳。遗我方石枕，斑文剪霞绮。谕我求菩提，心坚正如此。怆然悲梦形，汍澜泪盈眦。上足今去归，焚修益勤止。当续祖灯明，无令莲社死。”[⑤]

宋士人习惯在“方外友”送行的诗、文中借用“杯渡”的典故。林逋《送式遵师谒金陵王相国》：“杯渡当过白露滩，石城春气尚微寒。公台谒罢如乘兴，试访南朝事迹看。”[⑥]余靖《送希昱上人永嘉觐亲》：“阊阖西风高，振锡吴门去。三江碧浸天，惟持一杯渡。败叶梧桐秋，云中永嘉树。借问何言归？亲齿桑榆暮。再怀生育仁，聊为馨洁具。聆师金石词，郑重加钦慕。陆梁原上兽，群居先识母。嗷嗷林中乌，敛翼受子哺。”[⑦]宋祁《送僧游越》：“越绝天长晓雾低，若邪云树蔽春晖。江龙浪稳迎杯度，岩虎蹊空避锡归。晨饭聚香斋品洁，夜盆沈漏睡魔稀。玉珰谁望西来气？五叶花开祖有衣。”[⑧]沈辽《送智印师还会稽》：“上人远来过，高谈纾所闻。天上曼陁华，吾知悦清芬。至理有神仙，会为贝多文。法力浩无边，谅能抗三军。鼎新布金地，檀施咸欣欣。翩然揖归袂，吾固殊其群。浮杯渡天堑，归路稽山垠。昨夜一尺雪，佳气生锄耘。拥毳可待饱，尚应事修熏。后会复何时？相望此江濆。”[⑨]王洋《送宝觉禅师》：“夏浅春余宇宙清，溪山千里送君行。今宵柳岸半轮月，何处花村飞锡声？衣挽岭云犹带湿，鹤随杯渡不须惊。江头一线轻帆急，稳压鲸波气自平。”[⑩]

那些用“杯渡”典故的宋诗中，除了表达作者惜别的感情，字里行间还透出作者内心的敬意。韦骧《送深阇梨之越开讲》：“家世事簪绅，方袍早出尘。盖书捐旧习，戒律悟前身。杯度吴川雪，经翻越峤春。逆知专讲席，着意警迷津。”[⑪]梅尧臣《送叔昭上人附施屯田归宣城》：“瓶巾过江去，远托故人船。借问风涛势，何如杯度年？”[⑫]苏轼《和郭功父

① 李昉等：《文苑英华》卷785，第4149页下。

② 孟浩然：《孟浩然集》卷2，“四部丛刊初编”影印明刊本，第11页上、下。

③ 彭定求等：《全唐诗》卷二二七，文渊阁四库全书本，第13页下。

④ 王禹偁：《小畜集》卷11，《宋集珍本丛刊》影印绍兴刊本，线装书局，2004年，第808页下。

⑤ 杨亿：《武夷新集》卷4，《宋集珍本丛刊》影印嘉庆刊本，线装书局，第228页上。

⑥ 林逋：《和靖先生集》卷4，《宋集珍本丛刊》影印清钞本，线装书局，第175页上。

⑦ 余靖：《武溪集》卷1，《北京图书馆古籍珍本丛刊》影印明成化刊本，书目文献出版社，第54页下。

⑧ 宋祁：《宋景文集》卷17，文渊阁四库全书本，第13页上。

⑨ 沈辽：《云巢编》卷1，《宋集珍本丛刊》影印清钞本，线装书局，第459页下。

⑩ 王洋：《东牟集》卷4，文渊阁四库全书本，第32页下。

⑪ 韦骧：《钱塘集》卷7，文渊阁四库全书本，第23页下。

⑫ 梅尧臣：《宛陵集》卷18，《宋集珍本丛刊》影印正统刊本，线装书局，第649页下。

韵，送芝道人游隐静》："观音妙智力，应感随缘度。芝师访东坡，宁辞万里步？道义偶相契，十年同去住。行穷半世间，又欲浮杯渡。我愿焚囊钵，不作陈俗具。会取却归时，只是而今路。"[①]孙觌《静老容安庵》："云嘘翠扑肤，山拥青入户。祇树给孤园，桃源武陵路。一从振履还，不复乘杯渡。倚墙扪虱坐，挥麈送鸿去。水涵楼影交，风敛花气度。把茅便有余，不要黄金布。"[②]许纶《送俊老再住惠因》："天台自是金仙窟，而况师曾住惠因。祖令全提余作略，旧营重按想精神。绝怜老宿参辰象，何限名蓝甲乙人？若遇毒龙师摄取，经行杯渡熟知津。"[③]张嵲《赠相僧杨懒散》："邂逅湖傍寺，翻然还语离。春风飞锡远，暮雨渡杯迟。渺渺孤云意，翩翩野鹤姿。百年堪几别？何处重相期？"[④]

与唐人相似，宋人也特别缅怀"杯渡"这位高僧，特别是在其游踪所至的徐、扬、杭、广等州。释道潜《自彭门回，止淮上，因寄子瞻》："朅来淮上卧萧宫，回首人间万事空。院静水沉销薄幔，睡余寒日耿修桐。南山访古思杯渡，北海谈经忆孔融。寂寞蒹葭霜雪后，何时重倚玉青葱？"[⑤]谢翱《登广陵寺塔，望南高峰，寺碑记太宗潜藩时事》："城池风烟杯度僧，广陵孤塔悬昼灯。塔灯上齐南高云，南高峰颠祠歙神。灵旗萧萧卷清雨，结喉巫阳能楚语。回望人烟塔峰北，惟有空城临水浒。"[⑥]周紫芝《顷与徐美祖、汪养源同游杯渡道场。余来钱塘，而二君再游，以盖见寄》："当年三士各清狂，下马同寻古道场。人在诸峰朝着屐，天教我辈夜分床。胜游已是成陈迹，晚路何堪更异乡？闻道重来若相忆，为君日转九回肠。"[⑦]曾丰《寄题仰止亭并序》："东莞董鹾郑君，少修文业，壮就武阶，鹾烹余暇，追寻杯渡故迹，于其山创亭，曰仰止，志屑洁也。撙斋老人庐陵曾某，推广杯渡学，为盖以充君之志焉。""睥睨大海如江然，杯渡佛轻篙渡仙。休负知津惟我是，且从登岸看谁先？杯渡之杯人所怪，大块中含几沙界？或云芥纳须弥山，细视芥焉杯则大。"[⑧]

四

在"杯渡"和尚诸"道场"中，当北、南宋，虽经兵燹中断，特数当年李白临访的"南陵县"的"隐静山"之"普惠寺"香火最为繁盛。张孝祥《隐静修造记》："平时江东法席之盛，建康曰钟山，当涂曰隐静，宛陵曰敬亭。敬亭，黄蘗之所居；而钟山、隐静，则又志公、杯渡托化之地。山川形势，略相甲乙。建炎之兵，敬亭独存，钟山、隐静则瓦砾之场也。""惟隐静介居繁昌、南陵之间，地瘠民穷，而无大檀施，山又深阻，寻幽好奇之士不至。妙义禅师道恭，绍兴甲子（十四年），自大梅来，披荆棘、辇粪秽，由尺椽片瓦之积，至于为屋数百千楹，土木之工、金碧之丽，通都大邑，未有也。"[⑨]周必大《南归录》："乾道壬辰（八年）四月庚申早，隐寺人至，挈家行十里，至寺，五峰不高，而形势

① 苏轼：《东坡集》卷27，文渊阁四库全书本，第24页上。

② 孙觌：《鸿庆居士集》卷2，文渊阁四库全书本，第10页下。

③ 许纶：《涉斋集》卷9，文渊阁四库全书本，第11页上、下。

④ 张嵲：《紫薇集》卷6，文渊阁四库全书本，第8页下。

⑤ 释道潜：《参寥子集》卷3，《宋集珍本丛刊》影印宋刊本，线装书局，第777页上。

⑥ 谢翱：《晞发集》卷4，《宋集珍本丛刊》影印万历刊本，线装书局，第108页上。

⑦ 周紫芝：《太仓稊米集》卷25，文渊阁四库全书本，第11页下。

⑧ 曾丰：《缘督集》卷4，文渊阁四库全书本，第12页上、下。

⑨ 张孝祥：《于湖集》卷13，《宋集珍本丛刊》影印清钞本，线装书局，第641页上。

环抱，本梁朝杯渡禅师道场。禅师谥慧严，寺名普惠，邃廊杰阁，江东之巨刹，隶太平州繁昌县。寺后三百步，碧霄峰下有泉出石中，流入寺，瀌瀌有声，且给烹煮、灌溉。长老行机，台州人，颇为僧徒所推，有众三百。”“出寺观卓锡泉，夹道林中，王孙累累。然行近里许，至梦堂前，上蓝长老彦岑在焉。又半里，登杯渡塔，乃升车，由南陵路行十里，落路过赵家步，已见星矣。”①

“隐静山”之“普惠寺”中的建筑，最为闻名者，乃分别收藏“御书”、安置毗卢遮那像的“御书”“毗卢”二阁。韩元吉《隐静山新建御书、毗卢二阁记》：“并江而南，自建业历姑熟，其山之著者，曰隐静，介于句曲、九华之间。初无奇形异态，以峻拔表见于外，而涧壑逶迤，草丰木茂，五峰错立，如高人胜士，超然迥出于埃壒，盖非世俗所得而有也。山之寺，曰普惠，栋宇宏丽，佛事焕列，足以称其山。寺之长老，曰妙义大师道恭，当乾道三年，住山二十有四腊矣。禅学疏通，而持律严甚，足以称其”寺。“而寺故有阁，藏三朝御书百有二十轴，规制卑陋，不足妥宸章宝之重”。“于是，鸠工庀材，夜以继日，岁十二月乙未，阁亦新焉。先是，阁之建，实嘉祐三年，郡人郭祥正为之记，谓其甲于寺屋也，乃以卑陋易之，则其兴造加于旧，率可知矣。明年三月，告成。恭来言曰：以楹数之，从衡为七十四楹；以尺度之，高下为七十尺；中以庋御书，后为复阁，以安毗卢遮那之像。左右飞阁道，壁涌千佛，栏楯四合，可以周旋，瞻望作礼，围绕在我教中。毗卢遮那广大楼阁等，一切处使，昧者于此，不劳弹指，同入如来大光明藏，而云汉昭回，炳耀大千，实我导师矣。”②

“隐静山”之“普惠寺”的不少僧人与士宦有密切的来往。梅尧臣《送达观禅师归隐静寺》：“栗林霜下熟，归摘御穷冬。带月涉溪水，过山闻寺钟。未嫌云衲湿，已喜野人逢。且莫似杯渡，沧波无去踪。”③王之道《示隐静恭老》：“游山何敢避泥涂？恰值催花夜雨余。杯渡已知无用楫，马行今信不更车。数声鸣鸟过庭际，一派飞泉赴壑初。正欲寻师问心法，却惊行色逼钟余。”④当然，士宦也免不了前来探访。喻良能《题隐静寺》：“杯渡已仙去，兹山余胜踪。傍云开广殿，夹道荫长松。幽洞秋含雾，清溪冷浸峰。老僧如宿昔，一笑喜相逢。”⑤陈造《书隐静寺壁》《游隐静往反》：“篮舆初半涂，飞雨欲无路。到山臂屈伸，赫日照窗户。山灵太孤介，深厌俗尘污。雨似难客来，晴似推客去。书生林泉意，此癖端有素。俯眉红尘中，正以五斗故。堇堇三径资，渠须毕婚娶。出既非得已，归亦奚早暮？他年五湖舟，何殊一杯渡？卷舒吾自由，谁招复谁拒？丙申秋，入隐静，未到，雨甚，苦行，既到，遽晴，迫官事即去，感而作。”“烟树云生若有无，行舆咿轧路盘纡。小风弄雨晴还落，身在龙眠水墨图。”“一随俗驾走红尘，松竹生愁鹤怨人。杯渡老师相悉否？野僧心地宰官身。”⑥

---

① 周必大：《周益公集》卷171，《宋集珍本丛刊》影印明钞本，线装书局，第502页下。关于“杯渡塔”，李弥逊《筠溪集》卷11《杯渡塔》（文渊阁四库全书本，第9页上）有：“青松转路头，白塔枕山肋。锡飞归上方，杯渡空尘迹。真源不可取，香火供晨夕。客至亦忘言，荒庭秋草积。”

② 韩元吉：《南涧甲乙稿》卷15，文渊阁四库全书本，第5页下、第6页上下、第7页上。

③ 梅尧臣：《宛陵集》卷36，《宋集珍本丛刊》，线装书局，第787页下。

④ 王之道：《相山集》卷12，《宋集珍本丛刊》影印乾隆钞本，线装书局，第401页上。

⑤ 喻良能：《香山集》卷6，《宋集珍本丛刊》影印乾隆钞本，线装书局，第117页上。

⑥ 陈造：《江湖长翁集》卷3、卷18，《宋集珍本丛刊》影印明万历刊本，线装书局，第338页下、第511页上下。

"隐静山"之"普惠寺"的住持，常常敦请其他寺院的高德充任。李之仪《请悟老住隐静疏》："碧霄胜地，杯渡道场。乃东南第一丛林，真佛祖第三境界。宜得毗耶之士，重开薝卜之花。啐啄既同机缘，斯在悟公长老。月涵众水，雨泽群生。烂然天下之名，信矣僧中之宝。诸圣几回推去？高情惟务退藏。虽巨浸明珠，自谓韬光之得便；然疾风劲草，因应有目之难逃。法已在兹，理容必致。何劳飞锡？见成行道之区；愿副倾心，同罄后天之祝。"[①]陈造《请机简堂再住隐静疏》："桑下作三宿留，孰知非住？佛法在一切处，拈起重新。世未免过现心，我自无去来想。某人法门标榜，祖籍栋梁。喉中作金毛声，指端现无缝塔。一色打临济鼓笛，舌下风生；十载坐杯渡道场，学者蚁慕。虽万年龙象，力挽而少驻；然五峰猿鹤，犹觊于归来。暮鼓晨钟，前日见成调弄；拈槌放拂，人手更觉精神。速来和一钵之歌，要惊裂群魔之胆。不须拟议，便请承当。"[②]吴芾《忠侍者自隐静来，既归觅盖，因述其意以赠之，自可呈似简堂老师也》："上人手持隐静书，示我刊成送行句。飘忽如云不可留，又归隐静山中去。自谓为僧亦有缘，获事老师非易遇。第念学道须遍参，要证此心归宿处。"[③]

五

纵观"杯渡"和尚的行迹，初自北中国的"冀州"转"孟津"渡"大河"而南，到达南朝的首都，"时可年四十许"。继二渡"大江"而北，逗留于"广陵""彭城"，而自诩与鸠摩罗什"戏别三百余年"，再回至南朝首都，寻南游"天台山"。又于刘宋元嘉五年(428)，辞别众人，前往"交、广"。关于其最后的"结局"，根据唐初人段成式的说法，梁武帝在位时，于皇宫中被误杀。《酉阳杂俎》卷续四《贬误》："俗说沙门杯渡入梁，武帝召之，方弈棋呼杀，阍者误听，杀之。浮休子云：梁有榼头师，高行神异，武帝敬之，常令中使召至，陛奏榼头师至，帝方棋，欲杀子一段，应声曰：煞。中使人遽出斩之。帝棋罢，命师入，中使曰：向者陛下令杀，已法之矣。师临死曰：我无罪，前生为沙弥，误锄杀一蚓，帝时为蚓，今此报也。"[④]鸠摩罗什的卒年，虽不甚清晰，却也在后秦姚兴君临之后。即使从后者在位的最后一年弘始十七年即公元415年算起，截至梁武帝在位的最早一年天监元年亦公元502年止，中间也有87年，加上之前的40年，关于其传闻生活的时间，竟然超过127年之久。由此看来，真实的情况可能有二：一是"杯渡"确实长寿如此；二是当真"杯渡"化灭之后，又有人沿用其称号，装扮其模样，借用其道术，承袭其行事。

在佛学门派方面，后世人都将"杯渡"归之于"禅宗"[⑤]。除《元丰九域志》的作者王存等外，李华《法云碑》云："自菩提达摩，降及大照禅师，七叶相乘，谓之七祖，心

① 李之仪：《姑溪居士集》卷44，《宋集珍本丛刊》影印清钞本，线装书局，第103页上。

② 陈造：《江湖长翁集》卷39，《宋集珍本丛刊》影印明万历刊本，线装书局，第585页上。

③ 吴芾：《湖山集》卷4，《宋集珍本丛刊》影印清刊本，线装书局，第672页上、下。

④ 《酉阳杂俎》，方南生点校，中华书局，1981年，第234页。

⑤ 吴芾：《湖山集》卷10《昔杯渡禅师自西域开山隐静，止携五叶松来。岁月既远，余求此山中之松，已化为乌有矣。护国远老知余此意，遍搜之天台山中，得于玉霄峰下，移以见饷，遂为林下之光，因诗以谢之》，文渊阁四库全书本，第14页下："杯渡移从西域来，一枝五叶翠成堆。谢师致此为吾寿，使向湖山深处栽。"

法传示，为最上乘。”“其余则澄公威神，止石羯之虐；惠始定力，悛赫连之暴；净检尼部之初，昙柯律藏之始。道安垂范，罗释诠译。惠远、道生，阐教于庐匡；杯渡、宝志，着异于江浙。”[①]不过，究其生活的年代，乃在该枝东传的“祖师”菩提达摩到达江东、中原之前；换言之，当“杯渡”行道之时，中国尚无“禅宗”的流派。《太平御览》卷六五八《禅》：“迦叶传阿难，阿难传商那和修，自此转相传授，至般若多罗并佛二十八师，般若多罗传菩提达摩。菩提达摩者，南天竺人也。梁普通中，泛海至于广州，后过江上、嵩山少林寺。达摩传惠可，惠可传僧璨于皖山。璨传道信，道信传弘忍，弘忍传惠能，惠能住韶州曹溪，是为六祖。”[②]就其精符咒、究法术以及曾上“天台山”朝拜，而“天台宗”祖师亦被称作“禅师”而言，杯渡或许是该门派的最早先驱？释普济《五灯会元》卷二云：“天台山修禅寺智者禅师，讳智顗，荆州华容陈氏子。在南岳诵法华经，至药王品，曰：是真精进，是名真法，供养如来。于是，悟法华三昧，获旋陀罗尼，见灵山一会，俨然未散。”[③]

从唐、宋及后世众多的相关赋咏，不难理解“杯渡”形象在中世纪前期中国人心中的偏爱，这或许就是传统文化中若干悖逆但合理的蕴涵之一。秩序、规范，乃时不时渗透古代东方社会的核心理念；然而作为个人，无不在“潜意识”中渴望没有束缚、没有戒律的自由。“杯渡”为人，“带索褴褛，殆不蔽身，言语出没，喜怒不均”，“饮酒噉肉，至于辛脍，与俗不殊”，正是这种“境界”的体现。而其游戏人生，嘲噱世俗的精神，似乎很能得到这个较多严肃而较少幽默的文明古国居民的共鸣。《太平广记》卷九〇《杯渡》：“又见网师，更从乞鱼，网师嗔骂不与，渡乃拾取两石子掷水中，俄而有两水牛斗其网中，网碎败，不复见牛，渡亦已隐。”[④]智慧中捎带狡狯，侮弄时隐藏劝诫，也只有“有识之士”才能感受深刻。苏轼《游中峰杯泉》：“石眼杯泉举世无，要知杯度是凡夫。可怜狡狯维摩老，戏取江湖入钵盂。”[⑤]而其张扬炫耀的风格，也与儒家的“谨重”浑不相合。张守《跋龙眠渡水罗汉》：“大士游行世间，方便接物，初无以异于人，奚必只履腾空、一杯渡水、常作如此狡狯变化，以惊世骇俗哉？”[⑥]刘克庄《王摩诘渡水罗汉》：“三僧者，皆至人大士，而涉川之际，谨重如彭祖之观井，曷尝以芦渡、杯渡为神哉？”[⑦]

体现对“杯渡”和尚的追怀，不仅有属于“文学”类的诗、文，同样也有属于“艺术”类的绘画。《册府元龟》卷八四一《总录部文章》：“苻蒙，幼聪慧好学。父习，为常山偏校，尝遣与文士共处。年十二，游佛寺，见壁画有杯渡道人，因题其腹曰：都缘心似水，故以钵为舟。人稍推之，繇是笃意吟咏，经亭榭、祠庙之间，皆削柹染翰，题盖而去。人爱其速成，往往传诵。”[⑧]周紫芝《游衡廊山》《止老画杯渡赞》：“山中有梁武帝、杯渡禅师像。瀛渤从来是一沤，何妨飞锡到中州？解将瓶钵横云海，懒向秦淮障逆流。”

① 李华：《李遐叔集》卷2，文渊阁四库全书本，第39页下。

② 李昉等：《太平御览》，中华书局，1960年，第2938页下。

③ 释普济：《五灯会元》，文渊阁四库全书本，第85页下。

④ 李昉等：《太平广记》，第591页。

⑤ 苏轼：《东坡集》卷29，文渊阁四库全书本，第22页上。

⑥ 张守：《毗陵集》卷10，文渊阁四库全书本，第18页上。

⑦ 刘克庄：《后村集》卷102，“四部丛刊初编”影印清钞本，第11页上。

⑧ 王钦若等：《册府元龟》，中华书局，1960年，第9977页下。

"止公道人，以墨为戏。作杯渡之一叶，绝鲸波之万里。盖以钵为船，以笠为帆，揽冠缨为捍索，植柱杖为桅竿。势若飞动，而起灭于云涛之颠。"[①]甚至还有关于杯渡的精微雕刻。吕本中《晁叔用得古镜二，一以遗法一上人，澄澈可爱，底水隐然，蜃楼突起。又作杯渡禅师像，翩然衣动，正在中流间也。一求记于予，因为作歌》："晁郎高居卧冰雪，得此悬空两秋月。已将屋角倒魑魅，更与人间洗炎热。一月团团如扇面，一月菱花光掣电。怜君囊中一物无，意欲分君托方便。菱花入袖世莫识，空堂夜留疏雨滴。天生宝气有期会，复恐藏去终无益。君行万里寻剑术，山精唤君君莫出。寒泉百尺傍枯树，狡兔九月投霜鹘。"[②]

［原文载于《海洋史研究》(第二辑)，社会科学文献出版社2011年版］

① 周紫芝：《太仓稊米集》卷3、卷43，文渊阁四库全书本，第7页下、第128页下。

② 吕本中：《东莱先生集》卷5，"四部丛刊续编"影印宋刊本，第4页下。

书显昭文

——元代书、画、诗僧溥光生平考述

王　頲

一

有元字玄晖、号雪庵的头陀僧溥光，曾以“三栖”即擅长书、画、诗而为后世所知。李光暎《金石文考略》卷15：“溥光，字玄晖，大同人。自幼为头陀，号为雪庵和尚，深究宗旨，好吟咏，善真、行、草书，尤工大字，与赵文敏公孟頫名声相埒。一时宫殿、城楼匾额，皆出两人之手。亦善画，山水学关仝，墨竹学文湖州。大德二年，文宗降旨来南阐扬教事，椎轮葛岭。后诏畜发，授昭文殿大学士、玄悟大师，有《雪庵长语》《大字书法》行于世。”①可是，以上堪称“简略”的小传，却也存在着“内容”的问题。姑不论“大德”为元成宗年号，即该高僧“授昭文殿大学士”之后，仍为本教界的“宗师”。所以既不曾“畜发”，更不用说会有相关的“诏令”了。《至正析津志辑佚·寺观》录阎复《大头陀教胜因寺碑铭》：“师（溥光）五岁出家，十九受大戒。励志精勤，克嗣先业。虽寓迹真空，雅尚汝业，游戏翰墨，所交皆当代名流。世祖皇帝尝问宗教之原，师援引经纶，应对称旨。至元辛巳（十八年），赐大禅师之号，为头陀教宗师。会诏假都城苜蓿苑，以广民居，请于有司，得地八亩，萧爽靖深，规建精蓝，为岁时祝圣颂祷之所。圣上（成宗）御极之初，玺书、锡命加昭文馆大学士，掌教如故，宠数优异，向上诸师所未尝有。”“师姓李氏，字玄晖，云中人，自号雪庵。”②

终溥光一生，始终在担负阐扬教事、巡视教所、讨论教义的职责。任士林《松乡集》卷2《头陀福地甘露泉记》：“昭文馆大学士、雪庵李公溥光，以翰墨之遇，行释氏之学，儒名而墨行者乎？大德二年，有旨来南，阐扬教事，椎轮湖山葛岭之西，大兴栋宇，以聚其徒。既而正智通辨禅师空庵焦公溥照，实来都提点江南诸路，筑室佛殿之右，凿山泉出，色白味甘，饮者神醒，如获醍醐。于是，雪庵李公大书曰甘露泉。”③程文海《雪楼集》卷29《白鹤歌、并序》、卷9《旃檀佛像记》：“皇庆二年夏，余被旨撰碑文至寺，与雪庵宗师偕来，徜徉观览，绿阴郁然。师指庭中乔松巨柏，曰：此李君手植也。今年几八袠，官且一品，子贵孙茂。而君方聪明康强，日婆娑嬉游于是间，其人必有大过人者。言未既，君携所藏瑞鹤诗卷出示，且索余诗。”“唯我圣天子，道跻往圣，慈等觉皇。祝长乐之春秋，恒依佛地；企如来之岁月，坐阅人天。爰命集贤大学士李衎，与昭文馆大学士、头陀太宗师溥光，大海云寺住持长老某，大庆寿寺住持长老智延，大原教寺住持讲主某，

① 李光暎：《金石文考略》，文渊阁四库全书本，第22页上、下。

② 《至正析津志辑佚》，北京图书馆善本组辑点本，北京古籍出版社1983年版，第74、75页。

③ 任士林：《松乡集》卷2，文渊阁四库全书本，第4页上。

大崇恩福元寺住持讲主德谦，大圣寿万安寺住持都坛主德严，大普庆寺住持讲主某，翻究毗尼经典，讨论瑞像源流。”[①]

溥光之卒年，殊难确切知晓。王毓贤《绘事备考》卷7：“禅师溥光，字符（玄）晖，号雪庵，大同人，俗姓李氏。”“禅悦既深，涉笔成趣，受知宁、顺两朝，累授昭文馆大学士，赐号玄悟大师。”[②]“宁、顺”，有元宁宗、顺帝二朝。然而，与赵孟頫同“辈份”的此能人，似乎不可能活到元统元年（1333）的前后。《雪楼集》卷21《志诚塔铭》、卷15《李雪庵诗序》：“越三日（大德九年秋九月十八日），（志诚）召云等侍，焚香易服，口诵如来者三，右胁累足而化，寿六十五。荼毗得五色舍利三十有二。将封，平章政事、通政院使朵年，尚书右丞、同知太常礼仪院事答牙答思，奉皇太子教，塔于清安寺旁。延祐二年夏四月，昭文馆大学士、雪庵大宗师介其徒法云请铭。”“古今诗僧，至齐已、无本之流非不工，而超然特见，高出物表，径与道合，未有若寒山子之诗。云顶敷之，颂得其旨者，惟昭文馆大学士、雪庵大宗师乎？”“平章政事张闾公、右丞曹公、参政李公，得本于十二代宗师焦空庵，将刻诸梓，而俾予序之。延祐二年夏六月既望，广平程某序。”[③]前者为溥光健在系年的最晚记载：延祐二年（1315）四月；而从后者得知：同年六月，拟出版其文集之际，不是从本人而是从他人手中获得稿本。这是否意味着这位前任的头陀教宗师，即涅槃于兹两个月间呢？

溥光的寿数，据见到他本人手迹的徐一夔的转述，至少活了72年。《始丰稿》卷8《题雪庵临兰亭帖》：“雪庵自疏云：予（溥光）书此帖时，年七十有二，颇自诧其妩媚气。大理公（牟巘）有文学重望，承旨公（赵孟頫）与雪庵同朝，书法妙绝，名不在雪庵下，咸相推重。”[④]从延祐二年（1315）上溯72年，乃元太宗后脱列哥纳称制四年；而如果其寿数更长，则其出生更早。这个年龄，较之赵孟頫要大10余岁，难怪后者不得不对其谦让有加。《元史》卷172《赵孟頫传》：“赵孟頫，字子昂。”“至治元年，英宗遣使即其家，俾书《孝经》。二年，赐上尊及衣二袭。是岁六月，卒，年六十九。”[⑤]陶宗仪《南村辍耕录》卷4《前辈谦让》：“延祐间，兴圣宫成，中官李丞相邦宁传奉太后懿旨，命赵集贤孟頫书额。对曰：凡禁扁，皆李雪庵（溥光）所书，公宜奏闻。既而命李、赵偕至雪庵处，雪庵曰：子昂何不书，而以属吾邪？李因具言之，雪庵遂不固辞。前辈推让之风，岂后人所可企哉？”[⑥]而早在至元八年（1271）前，其就与文士王恽成为知交，以至也为大同人的张子文即在其邸第“南庵”与之认识。《秋涧集》卷15《送张子文驿送戈甲前赴成都》：“子文，云中人。至元八年冬，相识于大都李玄晖（溥光）南庵。”[⑦]

① 程文海：《雪楼集》卷29、卷9，《元代珍本文集汇刊》，台北“中央”图书馆影印洪武刊本，第1115、378页。

② 王毓贤：《绘事备考》卷7，文渊阁四库全书本，第50页下。

③ 程文海：《雪楼集》卷21、卷15，第805、806、594、595页。

④ 《始丰稿》卷8，文渊阁四库全书本，第30页上。

⑤ 《元史》卷172《赵孟頫传》，中华书局1977年版，第4018、4022页。

⑥ 陶宗仪：《南村辍耕录》卷4，《元明史料笔记丛刊》，中华书局1980年版，第49页。

⑦ 《秋涧集》卷15，《元人文集珍本丛刊》，台北新文丰出版社影印明修补至治刊本，第302页上。

二

陶宗仪《书史会要》卷7："释溥光，字玄晖，号雪庵，俗姓李氏，大同人。特封昭文馆大学士、荣禄大夫，赐号玄悟大师。为诗冲淡粹美，善真、行、草书，尤工大字。国朝禁扁，皆其所书。"①夏文彦《图绘宝鉴》卷5："宗师溥光，字玄晖，号雪庵，俗姓李氏，大同人。特封昭夕文馆大学士，赐号玄悟大师。善真、行、草书，亦善山水，学关仝，墨竹，学文湖州，俱成趣。"②以画论，多有传世的作品。《雪楼集》卷30《题李宗师所藏李仲宾、李雪庵、赵子昂墨竹》："李侯游戏竹三昧，叶叶枝枝分向背。却忆王猷径造时，一点清风惊百代。雪庵笔力老且坚，神藏气密如枯禅。繁霜雕林雪积野，虚堂宴坐方寂然。最后数竿更森竦，高节犹含老龙种。一枝欲费百金求，松雪道人世所重。羡君一朝得三绝，五月对之若冰雪。我但从君觅竹栽，满植中庭贮秋月。"③释大欣《蒲室集》卷12《自闲塔铭，代佛智师作》："十年（至元三十年），智者寺住持友竹素又举师（自闲）代，已郄避，凡七月乃应。与恒山周斐斋交相好，郡守为筑二老亭山中，李雪庵、鲜于伯几作图赋诗落之。"④《绘事备考》卷7："画之传世者：《溪山兰若图》二，《九夏松峰图》一，《万壑松风图》一，《小寒林图》六，《林汀图》二。"⑤

溥光的诗、文，颇得时人称道。《雪楼集》卷15《李雪庵诗序》："师以淡泊为宗，虚空为友，以坚苦之行为头陀之首，盖数十年矣。适然遇会，濡毫伸纸，发而为诗，有寒山、云顶之高，无齐巳、无本之靡，不假徽轸，宫商自谐，得之目前，深入理趣，谓不足以流芳声于四海，振遗响于千禩，可乎？"⑥邓文原《巴西集》卷上《雪庵长语诗序》："佛有头陀教，今大同李公玄晖为宗师，遇手翻贝多心研般若之暇，有所感发，辄为歌诗，以宣道其意。或讯公曰：头陀氏草衣粝食，勤修苦行，何搰搰焉以诗为事？公笑曰：此吾长语也，听者能知长语为非长语，则佛道可默识矣。公早业儒，交友皆当世名卿相，工大字，所谓技进乎道者。受知圣朝，位昭文馆大学士，而公不炫智能，不着贪欲，故为诗冲淡粹美，有山林老学贞遁之风焉。"⑦正因为曾经"业儒"，所以，也不曾忘却纲常。《雪楼集》卷21《吴诚墓碑铭》："大同吴侯卒之明年，昭文馆大学士、雪庵大宗师来谓余曰：伐木废缺，朋友道丧，久矣。吾虽学隐枯禅，迹寄浮云，而于纲常之懿，弗敢坠也。故人吴侯，尚德好义，奄于西土。今不幸死矣，吾痛之。深念所以报既往、贻方来者，未之有得也，庶几墓石之有刻乎！敢介其孤以请。"⑧

溥光原有《李雪庵诗集》或《雪庵长语诗集》、《西斋和陶集》等集流传，可惜逮明中叶，即已逐渐"湮泯"。叶盛《水东日记》卷20："景泰甲戌冬，予（张和）以考满便道东

① 陶宗仪：《书史会要》卷7，文渊阁四库全书本，第28页上、下。

② 夏文彦：《图绘宝鉴》卷5，文渊阁四库全书本，第18页上、下。

③ 程文海：《雪楼集》卷30，第1134页。

④ 释大欣：《蒲室集》卷12，文渊阁四库全书本，第5页上、下。

⑤ 《绘事备考》卷7，第50页下、第51页上。

⑥ 程文海：《雪楼集》卷15，第594页。

⑦ 邓文原：《巴西集》卷上，《北京图书馆古籍珍本丛刊》，书目文献出版社影印清钞本，第766页上、下。

⑧ 程文海：《雪楼集》卷21，第795、796页。

归，养痾于郡城定惠寺，见玹上人望庋上有旧书，曰《雪庵长语》，曰《西斋和陶集》，皆蠹侵鼠食，编简错乱。取而阅之，惜其之奇文，而将就湮泯也，录其一二于左，以备遗忘云。"[①]其所存文字：诗，《元诗选》三集卷4《雪庵集》见有《题平阳龙神张诚叔别业长歌》等七古1首；《大胜城》等五律1首；《初出云中》、《灵仙山，并序》、《登长岭》、《秋日，过景光禄墓》2首、《登龙祥宫总真阁》、《平城秋郊怀古》、《温泉》、《溧阳道中》、《鹞儿岭》、《将归，望云中，喜而有作》等七律11首；《寓定州禅宇》三首等六绝3首；《范蠡归湖图》《题三山万岁峰》《镊工》《代王城》《屏风山》等七绝5首[②]。而《珊瑚木难》卷4见有《题显宗墨竹》《题夷齐图》等七绝2首[③]；《石渠宝笈》卷32见有《题唐韩滉丰稔图》等七绝1首[④]。文，多与书、画有关。其中，最为脍炙人口者，盖《嵩阳石刻集记》卷下《拣公茶榜》："待蛰雷于鹿野苑中，声消北苑；采灵芽于鹫山顶上，气靡蒙山。依马鸣龙树制造之方，得法藏清凉烹煎之旨。焙之以三昧火，碾之以无碍轮，煮之以方便铛，贮之以甘露碗。"[⑤]

《续书画题跋记》卷5溥光《题息斋墨竹》："息斋墨竹，虽曰规模与可。盖其胸中自有悟处，故能振迅天真，落笔臻妙。简斋赋墨梅有云：意足不求颜色，似前身相马九方皋。余于此公墨竹，亦云。"[⑥]《石渠宝笈》卷32溥光《王希孟千里江山图跋》："予自志学之岁，获睹此卷，迄今已仅百过。其功夫巧密处，心目尚有不能周遍者。所谓一回拈出一回新也。又其设色鲜明，布置宏远，使王晋卿、赵千里见之，亦当短气。在古今丹青小景中，自可独步千载，殆众星之孤月耳。具眼知音之士，必以予言为不妄云。"[⑦]尚有专论书法之《永字八法、变化三十二势》，由清人冯武收入其著作。《书法正传》卷3《八法解》："惟（王）羲之《永字八法》共《三昧歌》，流传在世，理趣渊深，初学之者，难于措手。独雪庵《永字八法、变化三十二势》，其于书法，实与有功。书者不由其法而成，则未免陷于粗俗草率之病也。雪庵之作者，运笔之法有八，曰：落，起，走，住，迭，围，回，藏。永字之法有八，曰：侧，勒，努，趯，策，掠，啄，磔。"[⑧]除外，尚有见于他人集中的相关"语录"。《秋涧集》卷73《跋黄华先生墨戏》："近过雪庵，案上有黄华（王庭筠）山水一卷。或问云：何如？曰：此先生醉时行书也，只为龙岩学中立太迫，故作是馔墨法耳。"[⑨]

---

① 叶盛著、魏中平点校：《水东日记》卷20，《元明史料笔记丛刊》，中华书局本1980年版，第197、198页。邓伯羔：《艺彀》卷下《误标人诗文》，文渊阁四库全书本，第12页下、第13页上："蟭螟杀敌蚊眉上，蛮触交争蜗角中。何异诸天观下界？一微尘里斗英雄。此白居易感物诗也，顾元庆《夷白斋诗话》谓是僧溥光之作，皆不审何据。"

② 《元诗选》三集卷4《雪庵集》，文渊阁四库全书本，第17页上、下，18页上、下，19页上、下，20页上、下，21页上、下，22页上、下。

③ 《珊瑚木难》卷4，文渊阁四库全书本，第48页上、下。

④ 《石渠宝笈》卷32，文渊阁四库全书本，第9页下。

⑤ 《嵩阳石刻集记》卷下，文渊阁四库全书本，第63页下。

⑥ 《续书画题跋记》卷5，文渊阁四库全书本，第27页下。

⑦ 《石渠宝笈》卷3，第70页上。

⑧ 《书法正传》卷3，文渊阁四库全书本，第2页上、下。

⑨ 《秋涧集》卷73，第300页上。

三

提到书法，溥光的声誉非同寻常。程敏政《篁墩集》卷37《题元李雪庵大字后》："溥光通儒书，能古文词，大书视小字尤胜，实有可传者，不系其官也。故凡有所书及著作，皆不系衔，其所见，亦过人矣。"[①]在"小字"方面，无论临摹还是书帖。《雪楼集》卷24《题李雪庵临诸家法帖后》："具一只眼，然后能识。又须具一只手，然后能临。今观此卷，是能以一手、眼化为千手、眼者。兰奢，兰奢。兰奢，华言好也。"[②]《始丰稿》卷8《题雪庵临兰亭帖》："雪庵，昔在至元、大德间，以楷书大字名世，所书碑版，至径寻尺，今犹有存者，而未尝见其小字。钱塘锡上人示余以所临禊帖，其后有宋牟大理巘、元赵承旨孟頫跋语。""予不解书，窃谓雪庵字画，譬如相马，不当贵肉而贵骨也，知书者以为何如？"[③]李东阳《怀麓堂集》卷74《跋王守溪所藏古墨林卷》："李雪庵以楷书名，此一帖行草，亦浑朴可重。予尝见其大幅草庵字，正如此。"[④]《篁墩集》卷37《题仇司训东之所藏雪庵帖后》："天顺中，（赵伯颙）尝见此帖于何怀中书家，后有雪庵题名印识。然东之故藏，此帖非新购者，意当时所书，非独一本也。观者疑为山谷笔，则不类远甚。盖山谷劲而熟，风骨峻整。雪庵劲而生，廉棱太露，然皆名笔也。"[⑤]

在"大书"方面，匾额占很大的比例。姚燧《牧庵集》卷6《忠勤堂记》："六傅之开府者，听于其家，令旧隶詹事者治是府（宫师）。令丞文者，将侈其美，名堂忠勤。李昭文溥光书扁楣间，赐酒燕乐之，下令俾集贤大学士姚燧为记。"[⑥]《雍正山西通志》卷204呼延伯起《重修宣圣庙记》："复遵祀典，于东西二堂绘历代贤儒之像，时命昭文馆大学士、中奉大夫李公溥光书大成之殿额，余功美其冠器之饰，以严岁时朔望之礼。"[⑦]张之翰《西岩集》卷15《乐善堂记》："雪庵大宗师光公（溥光），嘉其（李彦实）贤，名所居堂曰乐善。既为之书，请余记。"[⑧]唐文凤《梧冈集》卷3《寿乐堂，并序》、《崇节堂》："程母朱氏，亢节守志，寿跻百岁。李雪庵（溥光）为书寿乐堂、崇节堂六大字，以昭山长先生之遗泽。二子：白玉、君玉，复扁其楼曰朝阳、曰拂云。其孙成得请予记之，乃咏次四诗云"。"谖草欣荣卫国咏，大椿憔悴漆园人。雪庵字画题华扁，射斗虹光笔有神。""崇节堂中妇德全，岂期偕老不齐年？萧萧白发青霜肃，耿耿丹心白日悬。"[⑨]郑真《荥阳外史集》卷43《阎宝奎圹志》："于是，先君（阎宝奎）年既老矣，不问家事，辟一楼，雪庵李公，尝题其额曰怀安。栖处其中，不越户限者数年。"[⑩]

大字，也有写在绢或纸上者。揭傒斯《揭文安集》卷11《善余堂记》："大夫士相谓

① 程敏政：《篁墩集》卷37，文渊阁四库全书本，第17页下、18页上。

② 程文海：《雪楼集》卷24，第938页。

③ 《始丰稿》卷8，第29页下、第30页上。

④ 李东阳：《怀麓堂集》卷74，文渊阁四库全书本，第10页上。

⑤ 程敏政：《篁墩集》卷37，第32页上、下。

⑥ 姚燧：《牧庵集》卷6，《四部丛刊初编》影印武英殿聚珍本，第6页下。

⑦ 《雍正山西通志》卷204，文渊阁四库全书本，第2页下。

⑧ 张之翰：《西岩集》卷15，第10页下、11页上。

⑨ 唐文凤：《梧冈集》卷3，文渊阁四库全书本，第28页下、29页上。

⑩ 郑真：《荥阳外史集》卷43，文渊阁四库全书本，第24页上。

曰：易大传不云乎：积善之家，必有余庆；请以善余名胡氏之堂。又购昭文馆大学士李溥光书以遗之。至顺元年，其（胡茂卿）子式入史馆，与余深相好。又明年，请记于余。"[①]沈梦麟《花溪集》卷1《西轩记》："金庄卢亨，字士嘉。以其父彦明氏之命，持前朝李雪庵学士所书西轩二大字，来征予文为记。予问之曰：子方青年，雪庵学士去今七十年于兹矣，子何以得此？士嘉曰：斯扁，乃先世所遗者。"[②]唐桂芳《白云集》卷2《题雪谷诗卷》："雪谷二字，乃雪庵为恒阳王作。廉侯子有立以饷予，予转贻允中姚师（广孝）。"[③]都穆《寓意编》："卖画孙生，持示元李雪庵绢书唐人绝句诗四轴，其字大可数寸，似学颜鲁公，惜无神气。"[④]《六艺之一录》卷359《元释普光书杜诗》："《寓意编》：前元士大夫，多善书者，其大字，独称雪庵学士为第一。此卷老杜《送孔巢父诗》，乃雪翁真迹。其庄重遒劲，如端人节士，莫可狎玩，真有得乎颜氏家法。后之作大字者见之，当不止于退三舍也。"[⑤]王世贞《弇州四部稿》卷续162《元名人墨迹》："雪庵（溥光）善擘窠正书，元时宫殿榜署，皆其笔。此纸乃与门雏者，故草草耳，然亦自有诚悬骨。"[⑥]

溥光的全篇，常见于碑刻。《至正析津志辑佚·寺观》："寂照禅师碑：翰林侍讲学士、知制诰同修国史、中顺大夫李鉴撰，雪庵书。"[⑦]张养浩《归田类稿》卷5《甘肃行省创建来远楼记》："政隙，公（陈彦卿）又偕辩章某官洎僚佐出公府羡财如干，楼于城东门上，凡五楹，闳壮崇丽，卓冠一方中。悬金革，以节昏昕，以肃列镇，瞻听权舆。至大改元之春，僝功。其年十月，因上计吏，征名翰林学士承旨姚公燧，乃俾昭文馆大学士李溥光笔，曰来远，且命太子文学张某记其故。"[⑧]而其所作之《拣公茶榜》，更是书法中的精品。《明文衡》卷36周叙《游嵩阳记》："启行逾十里，则嵩山少室，东西对屹，山色掩映，苍翠如滴，路循深涧，滩石礧磈。按辔徐行，毛发森竖，俄经一小土神祠南，忽有赤衣童子疾趋道左，令导途者索之，弥久不见。窃自念曰：连月旱暵而赤色者，南方朱火之象也，是岂旱魃之流欤？因相与名其地曰赤童子山。又行十里，憩邮亭中，亭后一里，有寺名会善，刻元雪庵所书茶榜，字径三寸许，遒伟可观，观毕即出。"[⑨]《弇州四部稿》卷136《雪庵茶榜》："元僧溥光书茶榜，其辞紫方袍底语耳，不得禅悦真味。书法风骨颇遒劲，略具颜、柳及眉山、豫章结法。惜胸中无卍字骨，令天趣流动，笔端结习，未忘超洒不足。"[⑩]

四

以文、以书、以画会友，溥光的交游因此至为广阔。已见前者，乃有阎复、程文海、

① 揭傒斯：《揭文安集》卷11，《四部丛刊初编》影印明钞本，第8页下。

② 沈梦麟：《花溪集》卷1，《元人文集珍本丛刊》，台北新文丰出版社影印清钞本，第153页上。

③ 唐桂芳：《白云集》卷2，文渊阁四库全书本，第28页下。

④ 都穆：《寓意编》，文渊阁四库全书本，第13页下。

⑤ 《六艺之一录》卷359，文渊阁四库全书本，第29页下。

⑥ 王世贞：《弇州四部稿》卷续162，文渊阁四库全书本，第10页上。

⑦ 《至正析津志辑佚》，第85页。

⑧ 张养浩：《归田类稿》卷5，文渊阁四库全书本，第9页下、10页上。

⑨ 《明文衡》卷36，文渊阁四库全书本，第19页上。

⑩ 王世贞：《弇州四部稿》卷136，第20页下、21页上。

邓文原、王恽、张之翰等，而后二者，或许是其真正的"知音"。《西岩集》卷4《题雪庵所藏韩干厩马图》："雪庵眼明识真本，身是三生老支遁。世无伯乐亦无韩，晴窗独坐怜神骏。"①《秋涧集》卷5《有怀雪庵禅师》、卷16《继商枢相韵，赠禅师李玄晖》、卷12《红药当阶翻》："雪庵圆通士，我非方外人。每来扣禅扉，坐暖蒲团春。有时论书翰，两耳闻未闻。自笑以技进，斲轮非郢斤。吾学师所知，师传吾所珍。擅书三十年，临池墨渊沦。手提八阵法，论入三昧神。功多诚悬骨，劲擢平原筋。蹴踏龙岩势，仿佛黄山真。何心山阴鹅？不计羊欣裙。兴来追醉素，堂堂张其军。惊蛇杂走虺，入草犹龙奔。纵横与捭阖，真积力可臻。具眼世所难，雪庵洞无垠。道存见目击，叆叇知见熏。孔窍洒有开，涤我胸中尘。十年风马牛，茅塞未易耘。去冬喜北来，将谓晤语频。远游久未归，此抱将何伸？怀人叙游艺，愧乏昌黎文。何如太行道？梯空下秋云。""襟期一见若同袍，束缚微官笑独劳。方寸证明皆佛果，大千起灭总浮泡。驰声绝艺君能辩，汨世天刑我欲逃。坐拂天花阅家数，凛然清兴雪山高。""白傅吟何婉！玄晖思不凡。顾瞻栖凤地，折赠讵容言？"②

说来，溥光还懂音乐，会奏阮。而正是王恽、张之翰两人，曾经予以很高的评价。《秋涧集》卷1《熙春阮赋，并序》："玄晖上人得隆德故合余材，斲而为阮，因以熙春目之，亦文殊之义也。至元戊寅春，同宁尹端甫、刘御史叔谦、赵太博彦伯坐心远轩，师为鼓绿水、悲风二曲，清越悲壮，坐客感叹兴亡，有怆然于怀者。师请予赋之。""天新雨，风日妍。心与闲会，境趣静便。拉旷怀之逸士，过雪庵之老禅。敛袂危坐，添炉注笺。于是出桂阮、调素弦。控朏月而当抱，抚筠柱之横骈。师曰：兹熙春之断余，偶丝之而清圆者也。遂鼓一再行，清越悲壮，如泉咽水底，风行樾间。翛翛兮欲断而复作，淙淙兮似漱而还湲。铿尔擿铜丸之韵，凄兮聆高树之蝉。又如游士骋说，剑歌去燕。何辞气之从横？激太清而沈羽渊。客乃呀然而惊，惨然而悲。信乎物之感人，有不期然而然者。"③《西岩集》卷3《赋李元辉（玄晖）熙春阮》："君不见柯亭竹，爨下桐，一笛一琴惟数邕。古来神物不易得，天生赏音亦难逢。我观熙春阮，殆与二者同。""雪庵从谁得此老桂余，绳丝为弦五音从。规模不减古仲容，智识似是今行冲。团团元璧柄在手，黯黯蚀月轮当胸。初摘何和融！尚如玉京流莺乱语无雌雄。再摘渐哀怨，便如金源战骑深入相奔冲。连绵五六摘，愈摘声愈工。"④

在崇敬者的行列中，也许有壬、李孝光、刘嵩、唐桂芳以及邵宝等。《至正集》卷24《雪庵屏间，有伯庸诗，次韵》："拂天松桧护重门，恍计幽居老树村。人海红尘涨车马，道人庭院不能喧。""禅师西游木已拱，执法南归墨尚新。拂拭尘埃惊岁月，题诗更有后来人。"⑤《五峰集》卷4《清音亭，次雪庵和尚韵》："天地播清籁，僧来听法音。雪庵归去后，多是少知心。"⑥《槎翁集》卷5《题雪庵》："浊世尘千劫，高人雪一庵。风烟飞不到，冰柱矻相参。鹤映水光润，龙腾剑气酣。题诗霜拂颖，载酒月浮骖。宇宙澄元气，溪山失

① 《西岩集》卷4，第10页下。

② 《秋涧集》卷5、卷16、卷12，第205页上、311页下、274页下。

③ 《秋涧集》卷1，第174页下。

④ 《西岩集》卷3，第2页上、下。

⑤ 《至正集》卷24，《元人文集珍本丛刊》，台北新文丰出版社影印宣统刊本，第137页下。

⑥ 《五峰集》卷4，文渊阁四库全书本，第1页上。

瘴岚。由来高洁士，不独重东南。”[①]《白云集》卷2《题雪谷诗卷》：“当时皇朝渐宁谧，人才密栉俱宠嘉。雪庵释子应明诏，累累作字如画沙。玉堂天上风日软，研磨老砚浮墨花。乘闲疾扫两大字，笔势衮衮悬秋蛇。第思冀北风雪冷，马毛猬缩人盘蜗。得非念佛雪岭远？琼花世界争槎枒。诸郎贻赠今几岁？玩之敛衽重叹嗟。不如寄与姚道士，万山深处巢烟霞。萧然一室水晶域，焚香了了消俗哗。只今六月若坐甑，安能飞度乘仙槎？清冷恍踏层冰上，请师为试先春茶。”[②]《容春堂集》卷续3《松坛午坐，与送茶诸僧》：“也知城外尘能少，却道山中日更长。云壑飞泉频倚杖，松坛盘石漫焚香。老僧供茗浑忘味，好向嵩峰问溥光。”[③]

溥光在书法方面的传承，有郝思温、陶煜等人。何中《知非堂稿》卷4《郝思温大字歌》：“号东山，雪庵（溥光）高参弟。东山手提雪庵笔，笔中出此万钧力。重如岱岳镇坤维，奇如古鼎跃泗侧，点如沧海之碣石。直如参天之古柏，曲如老龙恣盘拿。横如方城立铁壁，快如大泽斩蛇剑。妖夔幻魑俱辟易，巨灵引指太华擘。三千狮子座，举臂可移得？偶然挥毫锋世间，世间壮士不能掷。瘗鹤铭，摩崖碑，后来者谁谁继之？我尝见龙溪之字大如箕，五百年间无此奇。雪庵老，东山子，优钵昙花重现世。昆仑以为笔，东溟以为砚，青天以为纸。为我写太平两大字，持献天皇九九八十一万岁，我歌尔字我老矣。”[④]《书史会要》卷7：“先子讳煜，字明元，号白云漫士。上虞典史，赠承事郎、福建江西等处行枢密院都事。早岁馆授京师，时学书于雪庵（溥光），得其典则。”[⑤]至于间接得启发者，自然不会少。《续书画题跋记》卷5吕敬、沈周《题息斋墨竹》：“珊瑚海底生，琅玕挺奇节。俨如坐推篷，昏目一光洁。王孙美词翰，笔势蟠屈铁。伟哉老雪庵，妙语重为说。暮生何多幸？从容获披阅。”“松雪雪庵两题辞，书中有法后世师。我因书法论竹法，道理一致曾无歧。卷中三物总神俊，蟠螭舞凤看威仪。”[⑥]

五

由于孛儿只吉氏历任皇帝不鄙夷域外文化，推崇各种宗教，使之进入官僚体系，辅之以不拘一格的甄选，遂致出现了像溥光那样才艺卓绝的多能高僧。正是这样的历史背景，身为和尚，才能与众多的士大夫相提并论。贡师泰《玩斋集》卷6《卢氏纪言序》：“庄惠（卢颙）当至元、元贞之间，治行、风操卓冠时辈。故其生而与交者，若永平王公鹿庵（盘）、云中李公雪庵（溥光）、东平李公野斋（谦）、阎公静轩（复）、王公瓠山（构）、徐公容斋（琰）、申屠公忍斋（致远）、张公寓轩（孔孙）、天台赵公芳塘、洺水刘公唯斋（赓），既皆极一时人物之盛；及其死，而为之纪事，若东平陈公公望（俨）、蜀郡虞公伯生（集）、宛平曹公克明（鉴）、关西杨友直（益）、河东张仲举（翥）、新安程以文（文）、

① 《槎翁集》卷5，文渊阁四库全书本，第60页上、下。

② 《白云集》卷2，第29页上。

③ 《容春堂集》卷续3，文渊阁四库全书本，第6页上。

④ 何中：《知非堂稿》卷4，《北京图书馆古籍珍本丛刊》，书目文献出版社影印清钞本，第473页下、474页上。

⑤ 《书史会要》卷7，第20页下。

⑥ 《续书画题跋记》卷5，第28页上、29页上、下。

天台林希元，又皆当世文章之士。凡所以褒赠、显扬，可谓详且美矣。”[①]“芳塘”亦“方塘”，盖赵与熛。刘敏中《中庵集》卷21《赵方塘挽章》：“方塘讳与熛，宋宗室也，台州黄岩人。江南始平，征至阙下，奏对切直，称旨，授翰林待制，迁直学士，后为直学士、嘉议大夫。年六十二，卒于官，终始凡三十年，归葬黄岩塔山之原。”[②]《荥阳外史集》卷27《送赵氏贵伯归天台序》：“迨至芳塘先生，以道德、文学，当元初，为翰林学士，制诰、书命，学士大夫多传诵之。”[③]

在有元的书、画大家中，明人格外推崇松雪道人赵孟頫。或许是不甘心当时名在雪庵和尚溥光之下，不禁又编出这后者由前者推荐入朝的故事。《怀麓堂集》卷74《跋王守溪所藏古墨林卷》：“予既跋此卷，亦别篆三字于后。是日，在阁署，与守静焦先生同观。守静云：尝闻赵松雪过酒肆，见其帘字，驻视久之，谓：当世书无我逮者，而此书乃过我，问知为一僧书，则雪庵李溥光也。因俟僧来，肩舆往会，与语而合，荐之朝，累官招文馆大学士。”[④]以上说法，也不是一下就编造出来的，而是别有似是而非、十分类似的传闻。镏绩《霏雪录》卷下：“吴人有称雪庵居士者，书刺谒赵松雪公（孟頫）。公曰：青莲居士耶？香山东坡邪？吾今未闻有此人也。不许见。公一日送客，不觉出外门，见一人伏于地，公惊问之，局蹐不敢言，但致愿见之诚。公徐曰：尔非昨来雪庵居士者乎？遂呼使人贽见之，礼颇丰，羊酒茶饵，又出郴笔两枚、王右丞（维）雪里芭蕉一幅。初献公，未言，公遽曰：尔来欲吾题此画耶？濡笔题而归之。其人拜谢而去，公为人敬慕如此。”[⑤]不管“刺谒赵松雪公”事是真是假，“雪庵居士”显然不是“雪庵和尚”，那是因为居士在家，和尚在寺，居士在俗，和尚在教。

溥光的书法，大致从唐代颜真卿、柳公权中化出，而以前者为主。王恽《玉堂嘉话》卷4：“雪庵李禅师与余观柳诚悬（公权）书《何进滔碑》。李云：柳书法度最备。予曰：然。然诚悬书，令人易厌，不若鲁公（颜真卿）笔法，愈观而意无穷也。柳窘于法度，取媚一时，中枯而无物。颜意无穷，盖以忠义之气中贯之故也。雪庵为首肯。”[⑥]《弇州四部稿》卷153《艺苑卮言附录》：“颜书贵端、骨露筋藏，柳书贵遒、筋骨尽露。旭、素之后，不得不生（巩言）光、高闲；颜、柳之余，不得不生即之、溥光。智永、伯施有书学而无书才；颠旭、狂素有书才而无书学；河南、北海有书姿而无书礼；平原诚悬有书力而无书度。”[⑦]其书法的成就难以抹去，无怪乎后世只要出现能写好字的僧人，便会比拟“雪庵”。蒲道源《闲居丛稿》卷2《赠龙岩上人草书》：“铁为门限自兹始，但恐纸价相仍增。我闻雪庵亦工此，好事往往输缣缯。都城颜扁妙天下，骤得荣宠非阶升。龙岩更须追三昧，无俾斯人专美称。”[⑧]祝允明《怀星堂集》卷27《杭州奎上人署书赞》：“佛有三昧，散在百观。子以其余，戏入书翰。天宫宝树，截万桢干。昆刀瑚珠，钩钺锁钻。纵衡阖辟，缔构

① 贡师泰：《玩斋集》卷6，文渊阁四库全书本，第15页上、下。

② 刘敏中：《中庵集》卷21，《北京图书馆古籍珍本丛刊》，书目文献出版社影印清钞本，第473页下。

③ 《荥阳外史集》卷27，第4页下。

④ 《怀麓堂集》卷74，文渊阁四库全书本，第10页下、11页上。

⑤ 镏绩：《霏雪录》卷下，文渊阁四库全书本，第1页上、下。

⑥ 王恽：《玉堂嘉话》卷4，文渊阁四库全书本，第20页上、下。

⑦ 王世贞：《弇州四部稿》卷153，第15页上、下。

⑧ 蒲道源：《闲居丛稿》卷2，文渊阁四库全书本，第5页下。

辗转。按规拊矩，束带顶冕。千力万气，曳斫不断。平原风骨，溥光首面。耳目警耸，谁敢亵玩？”①

值得指出，当宋、元、明三朝，以雪庵为号的僧人，远不止溥光一人。史铸《百菊集谱》卷3：“僧雪庵诗：满径露溥黄般若，戛檐风袅翠真如。按六祖《金刚经解》：何名般若？是梵语，唐言智慧也。《传灯录》云：僧问忠国师古德云：青青翠竹，尽是法身；郁郁黄花，无非般若。不知若为？国师曰：华严经云：佛身充满于法界，普现一切群生，前随缘赴，感靡不周，而常处此菩提座。翠竹既不出于法界，岂非法身乎？”②张玉书《张文贞集》卷6《游辽东千顶山记》：“辽阳城南五十里，为千顶山，迤逦盘互，夙擅奇胜。”“元皇庆中，直学士陈景元撰《僧雪庵塔记》言：僧自医巫闾驻锡大（安）（宁），后移居鸭绿江，复还香岩，具有异迹。今香岩寺西有雪庵塔，而诸山所传名胜，亦往往以雪庵著。则五寺旧址虽不可考，而其创建在元以前，兴起在皇庆以后，亦可信已。”③《文章辨体汇选》卷537郑晓《五忠传》：“雪庵和尚，名暨，不知其姓。靖难初，方、黄之狱杀几万人，即不杀，谪戍穷边，不死于道，死于边者又几万人。当是时，和尚壮年，始恸哭落发为僧，西南走重庆。重庆大竹善庆里，山水奇绝可庐，和尚又走善庆里。”④以上三者，均不是溥光；就是中者，皇庆中，即已不在人世而有“塔记”，更何况其所居寺也不在大都而在“辽东”即辽阳路界⑤。

（原文载于《史林》2009年第1期）

① 祝允明：《怀星堂集》卷27，文渊阁四库全书本，第8页上。

② 史铸：《百菊集谱》卷3，文渊阁四库全书本，第19页上、下。

③ 张玉书：《张文贞集》卷6，文渊阁四库全书本，第31页下、32页上、下。

④ 《文章辨体汇选》卷537，文渊阁四库全书本，第5页下、6页上。

⑤ 虞集：《道园遗稿》卷2《送吕教授还临川，并序》，《北京图书馆古籍珍本丛刊》，书目文献出版社影印至正刊本，第17页下：“辽东之山医巫闾，六月五月雪不除”。孙蕡：《西庵集》卷9《怀朱备万修撰谪辽东》，《北京图书馆古籍珍本丛刊》，书目文献出版社影印弘治刊本，第74页上：“金莲炬暗梅花落，鸭绿江寒雁影稀。”

赵善德（1954—2017），海南文昌人，1983年北京大学考古系毕业，随即到暨南大学历史学系工作，副教授、硕士生导师。曾任历史学系副主任，专长于考古学、岭南历史文化研究，尤其在先秦史、秦汉史、考古与文物等领域造诣精深，主要著作有《先秦秦汉时期岭南社会与文化考索》等。

从文化和地理角度考察古代广州的地位变化

赵善德

从史实出发，认识古代广州的地位变化，尽可能多侧面地探究其深层原因，将会更深刻地理解现在的广州。这是有意义的。

本文将分别阐述秦以前、秦汉和唐宋各个时期的广州，在岭南以及在中国的地位及其变化原因。所谓地位，如无特别说明，即为政治、经济和文化等方面的综合地位。

一、秦以前的广州

这一时期的广州，暂称“史前广州”。

从“广东省石器时代遗址分布图”[①]上看到：现在广东辖境的形状，好像以珠江口某一点为圆心的扇形。在这个扇形中，石器时代遗址基本上是作三个弧形集聚状分布的。即南部圆点上分布有一系列沙丘或沙堤遗址。往北的中圈带，在高要茅岗、佛山河宕、广州飞鹅岭和增城金兰寺等遗址及其附近，分布着一系列山前或贝丘遗址。再往北的外圈带，在封开塘角咀、怀集桥头、曲江石峡、连平黄潭寺、龙川坑子里和揭阳宝山岽等遗址及其附近，分布有一系列山前或山岗遗址。如果将这个分布图迭放在同一比例尺的地形图上，就会发现这个分布特征与地理环境和珠江三角洲的形成历史有关[②]。

今广西地区距今4000年以前的文化遗存，在文化内涵上与邻省的原始文化相一致[③]。

大概在距今4000年前后的一段时期内，流行以大石铲为主要特征的文化遗存[④]，很有特色。然而这种文化遗存主要集中分布在南宁地区，越往东越疏[⑤]，广东西部地区也有零星分布[⑥]。

进入中国历史上的先秦时期，广东古遗址的分布情况有所改变，但基本格局仍如上述。下面以上述特征为基础，辅以广西的考古研究成果，先探明距今4000年至秦统一岭南这一时期内，上述中圈带的文化，与其他聚落带的文化之间的关系，进而理解史前广州在岭南的地位。

① 《中国文物地图集·广东分册》，广东地图出版社1989年版，第21页。

② 赵善德：《广东古遗址的分布规律》，待刊。

③ 蒋廷瑜：《广西新石器时代考古述略》，见《中国考古学会第三次年会论文集》，文物出版社1983年版，第96—106页。

④ 《广西隆安大龙潭新石器时代遗址发掘简报》，《考古》1982年第1期。

⑤ 《广西南部地区的新石器时代晚期文化遗存》，《文物》1978年第9期。

⑥ 邱立诚等：《粤西发现的大石铲》，《考古》1983年第9期。

中圈带与南部的关系。此前已有详论[①]。大致的情况是：南部的居民是由西江流域等地迁徙来的。在距今6000—5000年间，其文化遗存的自身特征相当突出，受中圈带的影响不大。但在距今4000—3000年间则正好相反，即自身特征虽有延续，而主要文化内涵已与中圈带的基本相同。距今5000—4000年间的文化特征如何，尚缺少考古材料可资详论，不过，逻辑上应在上述两种明显差异的特征之间“过渡”。不言而喻，距今3000年至秦统一岭南这一时期内，它为中圈带文化所融合。

外圈带中除了一些零星的聚落之外，余之大致可再分为四个聚落群。分别是西江流域（包括一、二级支流的流域，下同）、北江流域、东江流域和韩江榕江流域聚落群。下面逐一阐述中圈带与它们的关系。

与西江流域的关系。我们的结论[②]是：西江流域独自进入新石器时代，并不断形成自身的文化传统和扩大其影响。但至新石器时代中期，其影响力受到阻抑，并反受珠江三角洲文化的强烈影响，削弱其文化传统因素。这种趋势至晚期更为明显，造成其下游地区甚至可以归并入珠江三角洲文化的系列。在上游地区，其传统文化也已“模糊”。当然在先秦时期，其文化与珠江三角洲文化是别无二致的——广西地区先秦时期形成一种土著文化（又可细分为桂东区和桂西区）。尽管这种文化既有中原作风，又具浓厚地方特色，又间杂楚滇文化因素，但是广西和广东的青铜文化是同属一个类型的[③]。

与北江流域的关系。南海西樵山遗址被公认为远古的采石场，当然无法排除北江流域先民曾至此制作石器，乃至逐渐在此附近定居。北江流域石峡文化时期（距今4700—4300年间），珠江三角洲存在有“河宕文化类型”[④]。二者各具特点，看不出彼此间影响力的孰大孰小，但之后至战国的一段时期内，“河宕文化类型”的后继文化，对北江流域有较大影响。理由如次：第一，石峡文化的“来龙去脉”尚不清楚[⑤]，而“河宕文化类型”则比较清晰[⑥]。第二，今广东境内西从封开的杏花河，东至连平县附近，南达英德县北部这个范围内，发现有空间上断断续续的石峡文化遗址或相类的文化遗存[⑦]。然而这个相类的内涵是：其中部分为石峡文化因素，部分为“土著文化”因素，部分则是珠江三角洲文化因素。第三，江西樊城堆文化遗存[⑧]的部分为石峡文化因素，但尚难说明这是石峡文化对其影响所致（因为也可能是相反，容另文详论）。即使是这样，也只能说明石峡文化对其两

① 赵善德：《珠海沙堤遗址研究》、李子文：《珠海史前文化序列初论》，均见《珠海考古发现与研究》，广东人民出版社1991年版，第254、243页。

② 赵善德：《西江流域新石器文化遗存分析》，见《纪念黄岩洞遗址发现三十周年论文集》，广东旅游出版社1991年版，第160页。

③ 《近年来广西出土的先秦青铜器》，《考古》1984年第9期；《广西考古十年新收获》，见《文物考古工作十年》，文物出版社1990年版，第229页。

④ 朱非素：《浅析石峡文化和河宕类型文化遗存的几个问题》，见《纪念马坝人化石发现三十周年文集》，文物出版社1988年版，第169页。

⑤ 苏秉琦：《石峡文化初论》，《文物》1978年第7期。

⑥ 吴曾德等：《论新石器代珠江三角洲区域文化》，《考古学报》1993年第2期。

⑦ 赵善德：《西江流域新石器文化遗存分析》，见《纪念黄岩洞遗址发现三十周年论文集》，广东旅游出版社1991年版，第160页；吴海贵等：《简谈封开杏花乌骚岭新石器时代墓葬》，见《纪念黄岩洞遗址发现三十周年论文集》，广东旅游出版社1991年版，第156页；《广东连平县黄潭寺遗址发掘简报》，《考古》1992年第2期。

⑧ 《清江樊城堆遗址发掘简报》；李家和等：《樊城堆文化初论》，均见《考古与文物》1989年第2期。

翼和北部有强烈影响，而南下维艰。第四，“石峡中层文化”在地层上是迭压在石峡文化之上的，但在文化上二者并不衔接，而“石峡中层与鲶鱼转类型（位于石峡遗址东北——引者）文化特征更为一致，而且陶器类型和几何印纹同广东境内其他地区新石器时代晚期文化有更多的相同之处”[①]。第五，下述要点主要是黄展岳先生的研究成果[②]：两广青铜文明受楚文化影响最大，并以它为中介，受中原文化和长江下游文化相当影响。影响的路径是湘江、西江水道。广东境内有27处地点出土青铜器，而属广义珠江三角洲范围内的有，广州、香港、增城、佛岗、清远、四会、肇庆和博罗8处，而属北江流域的只有翁源和曲江2处。这些似乎说明，岭北青铜文明是以珠江三角洲为中介对粤北乃至粤东和粤西南地区产生影响的。

与东江流域的关系。东江中、上游地区的考古材料尚少，现在只能说，“土著文化”是存在的，但可能弱小而不成系列。其下游地区的文化同属中圈带文化。

韩江、榕江流域地区是岭南范围内一个相对完整的地理单元，发现过新石器早、中期的遗址[③]，新石器晚期，其文化具有自己的特色，但也与珠江三角洲和北江流域有相当的交往。由于“浮滨类型”[④]的被发现，有理由说这里存在土著青铜文化。但至战国以后，这里也属岭南文化圈。

归纳上述可知，中圈带的文化对于岭南其他聚落带（或群），或有强烈影响，或有较大影响，或互有交往；而其他另外一个聚落带（或群）则没有这种辐辏关系。因此可以进一步说，距今4000年至秦统一岭南之前夕这一时期，中圈带已成为岭南地区的中心聚落带。

然而，这个中心聚落带的中心聚落，并非处于“交通中心”位置上的史前广州，而是它西南部的河宕遗址[⑤]和东南部的村头遗址[⑥]。

下面先探讨中圈带成为岭南中心聚落带的原因，再阐明史前广州为什么未能成为“中心之中心”。

我们已经了解到，中圈带的居民是距今6000年以降，由西江、北江乃至东江中、上游流域逐渐迁徙过来的。随着时间的推移，当一定数量南下先民的足迹已到达今深圳、珠海和香港一带时，岭南这个自然地理单元中，各次级自然地理单元的文化之间，都或多或少地存在着亲缘关系了。因此，岭南就会顺理成章地逐渐形成一个文化地理单元了。在这个过程中，处于中心位置上的中圈带，最可能成为“文化中心”。

人类谋生之道，可以抽象为加强、扩张和改变技术[⑦]。人们为了向大自然获取更多的能量，如果只增加人力，而不扩大进行食物生产的地域，此为加强；如果进行食物生产的

① 朱非素：《广东新石器时代考古若干问题的探讨》，见《广东出土先秦文物》，香港大学文物馆1984年版，第13页。

② 黄展岳：《论两广出土的先秦青铜器》，《考古学报》1986年第4期。

③ 《广东潮安的贝丘遗址》，《考古》1961年第11期；曾广亿：《广东潮安梅林湖西岸新石器时代遗址》，《考古》1965年第2期。

④ 《广东饶平县古墓发掘简报》，《文物资料丛刊》1983年第8辑。

⑤ 李岩等：《珠江三角洲贝丘遗址考古研究的实践与思考》，《南方文物》1995年第1期。

⑥ 朱非素：《珠江三角洲贝丘、沙丘遗址和聚落形态》，见《南中国及邻近地区古文化研究》，香港中文大学出版社1994年版，第219—228页。

⑦ 〔美〕马文·哈里斯著，朱培荣等译：《文化人类学》，东方出版社1988年版，第56—60页。

地域按比例扩大了，而不增加人力，即为扩张。但是人们不可能永远地加强或扩张，当人们输出的能量等于或大于自然输入给他们的能量时，就“被迫”改变技术了。据孢粉分析[①]知，西江流域（理应也适用于北江流域等地——引者）在距今11000—7000年间，植被和气候的变化经历了三个阶段：疏林·温湿偏凉→阔叶植物为主的针阔叶混交林·暖热潮湿→针叶植物为主的针阔叶混交林·温暖稍干。这种抛物线式的环境变化，迫使人们既要加强，又要扩张，还要改变技术才能生存下去。因此无疑，迁居珠江三角洲是已经具备相当技术的人们的有意识行为。之后，肥沃的珠江三角洲又不断扩大，环境日益有利于远古人类的生产和生活。而且，这种有利条件契合了人类文化发展的方向（这里具体为有利于农业的发生和发展）。因此，中圈带文化的内容肯定比岭南其他地区的更丰富多彩。

事实上，中圈带的文化（如深水网渔；运用新工具新技术的狩猎、采集、农业和舟楫；饲养家畜；椿上建筑；有肩有段石器；几何印纹陶；乃至再分配的交换等），是西江、北江流域文化（如浅水渔捞；狩猎；采集；甚至舟楫、原始农业和互惠的交换等）有效地适应形成中的珠江三角洲这种新环境的产物。这种文化最容易反射回原生地而得到植入。

上述三个原因，亦即某地成为“中心”的条件。这，史前广州具其二（位置适中、文化易于被接受）而缺其一（文化内容要丰富）。史前广州文化内容不丰富，是环境所致[②]。即距今4000年前后，史前广州山麓即为海，山前没有比较广阔的、肥沃的冲积淤地以供劳作。而像河宕、村头这些地方，则有山可供狩猎和采集，山前有可供种植之地，还有河口浅海可供渔捞。其自然环境更为优越。

按照“中心地理论”[③]，一群聚落若形成“地域体系整体”，则其间将出现大、小中心地之间的阶层关系。有多项原则影响中心地的形成，其中交通原则颇为重要。然而秦以前的岭南尚未形成真正的“地域体系整体”。即使有其雏形，交通原则对中心地的形成，至少还不是首要的。

二、秦汉时期的广州

这一时期的广州，姑且称“番禺”。

通观秦汉时期岭南的聚落分布，大致有五大聚落群。即以今韶关市区为主的骑田岭、大庾岭南麓；以番禺为主的珠江三角洲腹地；以今高州县南部为主的“南路”东北地区；今合浦至雷州半岛沿海一带[④]和广西平乐为主的湘桂走廊（越城岭和萌渚岭之间）聚落群[⑤]。

---

① 王丽娟：《桂林甑皮岩洞穴遗址第四纪孢粉分析》，《人类学学报》1989年第2期。

② 李平日等：《珠江三角洲一万年来环境演变》，海洋出版社1989年版，第70—73页。

③ 张文奎：《人文地理学概论》，东北师范大学出版社1987年版，第206—214页。

④ 《中国文物地图集·广东分册》，广东地图出版社1989年版，第21页；赵善德：《广东古遗址的分布规律》，待刊；《广西考古十年新收获》，见《文物考古工作十年》，文物出版社1990年版，第229页。

⑤ 这一带的著名汉墓有：“平乐银山岭墓地”（见《考古学报》1978年第2、4期），其中公认汉墓45座，又110座发掘者认为乃战国墓葬，但有学者认为是西汉早期墓（参黄展岳：《论两广出土的先秦青铜器》，《考古学报》1986年第4期）；《广西贵县罗泊湾汉墓》（文物出版社1988年版），出有相当于南越国侯一级官吏及其配偶的墓葬；“贺县金钟一号墓”（见《考古》1986年第3期），发掘者认为该墓墓主可能为南越国苍梧王赵光。

相对于其他聚落群来说，番禺则发现有一些不同其他的考古资料和现象[①]。

第一，秦朝的遗迹。如秦墓[②]、秦至汉初的造船工场遗址[③]。秦国祚很短，统一岭南的时间更短（公元前224—前207年），所以在考古学中，很难发现可确认为秦朝的遗迹。在广东，这是绝无仅有的[④]；而且造船工场遗址规模大，据推算，可同时建造数艘载重量50—60吨的木船。

第二，南越国的宫殿遗址[⑤]和南越文帝墓[⑥]。

第三，两广汉墓大多分布于广东地区，而番禺汉墓又占广东地区的半数以上。墓葬的分布格局是，随着时间的推移，由番禺的“核心地带”向周边扩散[⑦]。

这些事实足以说明，只有番禺才能是秦汉时期岭南的中心。而这个中心是秦统一岭南设郡于此才真正确立的；有汉一代进一步巩固和发展的。顺便提及，《淮南子·人间训》中说“一军处番禺之都”的“都”，是后人的称谓，屠睢发卒五十万击南粤时，番禺无所谓都。

岭南汉墓出土不少与海外贸易有关的材料，如今广州、贵县和合浦等地所见。但是将表一的信息和古文献所见番禺与中原内地关系等情况一并考察，可知下列推论是近乎客观的。

第一，番禺是汉代中国与海外进行经济文化交往的重要港市之一。

第二，这个重要港市是在南越国奠定了的基础上，汉武帝平南越后逐渐形成和发展起来的。

现在可以根据上述史实，一并探讨番禺成为岭南中心和中国重要的对外交往港市的原因。

如上述，相对于汉代岭南其他较大的聚落来说，番禺位置适中：韶关偏北，湘桂走廊深入内陆，高州和雷州半岛则偏西南隅，只有驻足番禺方可信言“东西南北数千里”[⑧]。特别是秦汉社会的大变革，促使岭南迅速形成为“地域体系整体”，这样，交通原则对体系中心地的形成，就更具影响力了。

秦汉时，珠江北岸已南伸至今西湖路至文德路十三中一线[⑨]。这相对于“史前广州”的“山麓即为海”来说，增加了不少的肥沃淤地，有利于生活生产，增殖人口；再加上番禺在此之前已处于岭南中心聚落带的范围之内，大可吸引人口，这些都奠定了番禺的文化基础，也是扩大聚落规模的条件。

① 以下如无特别说明，本章内所用的考古资料均引自文物出版社出版的：《文物考古工作三十年》（1979年）；《文物考古工作十年》（1989年）两书中广东和广西的概述文章；《新中国的考古发现与研究·秦汉时代·汉代陵墓的发掘·两广汉墓的发掘与研究》（1984年）。

② 《广州罗岗秦墓的发掘》，《考古》1962年第8期；梁国光等：《秦始皇统一岭南地区的历史作用》，《考古》1975年第4期。

③ 《广州秦汉造船工场遗址试掘》，《文物》1977年第4期；《秦汉时期的船舶》，《文物》1977年第4期。

④ 在广西平乐银山岭墓地也曾发现有秦兵器一戈一矛。

⑤ 麦英豪：《广州城始建年代考》，《广州文博》1986年第3期。

⑥ 《西汉南越王墓》，文物出版社1991年版。

⑦ 《广州汉墓》，文物出版社1981年版。

⑧ 《汉书·南粤传》。

⑨ 李平日：《近两千年广州珠江岸线的演变》，《广州史志研究》，广州出版社1993年版。

秦始皇的统一，是雄才大略的统一。至汉武帝时期，“南有大汉，北有强胡”的局面已经在中国形成①。这里的大汉，是政治、经济、文化乃至宗教统一的大汉。或者说，以黄河流域为中心的中国这个文化地理单元，迅速形成“地域体系整体”——假如不是这样，汉武帝就没有必要，也没有可能在政治上推行“推恩令”以削弱封国的实力；在经济上推行“平准”“均输”“盐铁专卖”“统一货币”和“算缗告缗”等一系列措施，以加强中央政府的经济实力；在文化上推行“独尊儒术”以统制思想。

表一　广州汉墓出土与海外贸易有关材料一览表

时期	出钱币的墓数：总墓数	出珠饰的墓数：总墓数	文字说明
西汉前期	6：182	7：182	有关海上交通的材料有：镂孔熏炉、象牙、犀角、船模型、部分琥珀珠饰、乳香药物、圆形银盒和金花泡饰②
西汉中期	2：64	12：64	各种质料的珠饰及托灯俑等的出现，当与汉武帝时加强与海外诸国通商贸易来往有关联③
西汉后期	15：32	大约占2/3	大约占三分之二的墓有珠饰出土；还有一种作外国人形象的托灯陶俑，比西汉中期的出土多了，这些应与当时海外交往日益频繁有一定的关联④
东汉前期	22：39	16：39	彩画楼船及各种质料的珠饰品有较多的发现，表明这个时期广州地区海外贸易、航运和造船工业的发展⑤
东汉后期	25：79	20：79	

同时，汉武帝又设置了许多边邑或迁徙贫民充实边地⑥。这些边邑，有的处在中国这个文化地理单元核心地带边缘的次级文化地理单元之中；有的是当时的“未开化之地”；有时也回徙少数族民以实边。如元鼎六年（前111）及翌年设置的儋耳、珠崖、交趾、九真、日南、南海、苍梧、郁林和合浦九郡，前二者在今海南岛，中三郡属越南国，最后四郡则在“岭南地区”。又如河西四郡（敦煌、张掖、酒泉、武威）在今疏勒河一带，更是当时农业民族心目中的荒凉之地。而对当时主要活动在今西剌木伦河一带的乌桓，则徙其部分至上谷、渔阳、右北平、辽西、辽东五郡（今河北北部和辽宁西南部），设乌桓校尉控制他们。凡此等等，都使中国这个文化地理单元核心地带的边缘，形成或增加一些边缘聚落。

有些边缘聚落是为了某项单一功能而人为地被设置的。一旦这项功能消失（如军事，无战事了；如通商，商路改变或贸易伙伴断绝关系了，等等），则这些边缘聚落也随之衰

① 费孝通：《中华民族的多元一体格局》，《北京大学学报》（哲学社会科学版）1989年第4期。

② 《西汉南越王墓》，文物出版社1991年版，第345页。

③ 《广州汉墓》，文物出版社1981年版，第252页。

④ 《广州汉墓》，文物出版社1981年版，第294页。

⑤ 《广州汉墓》，文物出版社1981年版，第358页。

⑥ 翦伯赞主编：《中国史纲要》（第一册），人民出版社1979年版，第134—147页。

落。然而，雄才大略的汉武帝，在有可能条件时则将某些边邑直接设置到次级文化地理单元的中心聚落中去——如灭南越复置南海郡，并延其国都番禺为治所，招纳越人以治。一个聚落，若重合为边缘聚落和中心聚落，她的地位将更加显著，经济更加繁荣。番禺就是这样。

将边邑直接设置到次级文化地理单元的中心聚落中去（从另一侧面可理解成人为地扩大或加强某个自然聚落的某些功能），实际上是一个强大的文化植入到另一个相对弱小的文化中去。这就要求前者对于后者是可以接受的（即性质相近）；而且后者还应当具有相当的文化基础和文化上的开放品格。首先，秦汉时期的中原文化，已是相当成熟的农业文化；当时番禺先民的生计也由农、采、渔并重向以农为主转变。因而二者性质上是相近的。其次，我们在论述“史前广州”时已知，番禺在新石器晚期已位于岭南的中心聚落带范围之内。青铜时代又得到进一步发展，具有较雄厚的文化基础。然而，这个传统文化的品格是开放的：早在新石器中、晚期，它已与今湖南湘江中下游和沅江上游地区的文化，有相当的交往①，青铜时代又与楚文化和中原文化交汇②；秦及汉初更是汉越文化的交融点。因此，番禺完全有可能统合中原汉文化。

综合上述可知，地理环境决定了番禺的文化是具有开放品格的、较雄厚的农业文化。而这种文化又恰好迎合了秦汉时期大统一的社会环境。因此，番禺成为岭南的中心和中国与海外进行经济文化交往的重要港市，是历史的必然，又是历史的偶然。也正由于此，她长盛不衰。反观当时岭南其他聚落，则相形见绌。

三、唐宋时期的广州

这一时期的广州，径称广州。

广州仍是岭南的中心，但相对于中国，她已转变为重要的对外贸易港市了。这，学界已多有论及，下面仅举荦荦大端者③，以明其因。

（一）在广州的海外商人，已有了自己的组织、固定的居住区（蕃坊）和商业活动场所（市区）④；蕃客人数或可达10万之众；他们“富甲一时”；有的与汉族朝廷或当地官府或老百姓关系密切，并有相当的汉学造诣；蕃坊中还建有伊斯兰教建筑特色的怀圣寺（光塔寺）⑤。

（二）广州的城市建设已具相当规模，商业繁荣。唐时“海郡雄蛮落，津亭壮越台。城隅百雉映，水曲万家开”（张九龄）；“戍头龙脑铺，关口象牙堆”（王健），颇有商业城市气派。两宋期间，政府又多次扩建或修缮城市的城垣、码头和桥梁。外国船一到，则本道奏报，郡邑为之喧闹，市舶使在蕃长的引领下，借其各物，纳舶脚（关税）、收市（官

① 何介钧：《环珠江口的史前彩陶与大溪文化》，同朱非素：《珠江三角洲贝丘、沙丘遗址和聚落形态》，见《南中国及邻近地区古文化研究》，香港中文大学出版社1994年版，第321—330页。

② 黄展岳：《论两广出土的先秦青铜器》，《考古学报》1986年第4期。

③ 以下若无特别说明，所引史实，唐代的转引自：［日］中村久四郎作，朱耀廷译：《唐代的广东》，《岭南文史》1983年第1—2期；宋代的转引自：邓端本：《宋代广州市舶司的历史作用》，《广东史志》1992年第1期。

④ 范邦瑾：《唐代蕃坊考略》，《历史研究》1990年第4期。

⑤ 杨祺：《唐宋时期广州的“番客”与“番坊”》，《广东史志》1991年第1期。

方收购部分商品）和进奉（进贡）之后，则可任其货物来往流通，自为交易。这样，蕃国岁来互市，奇珠玳瑁、异香文犀，皆浮海而来。商人又将这些货物，通过大庾岭或骑田岭道，远销中国各地。如此，即使是萧条的晚唐，广州仍不乏巨商大贾；宋时的番汉大商，有的甚至"举债"（贷款）作交易。广州的一般居民，也摒弃茅屋，盖起了瓦房设店肆经营商业："白氎（细棉布）家家织，红蕉处处栽"（王健）；广州的西村窑[①]则是专门生产外销瓷器的窑场；唐代仅长安、洛阳才有出产的三彩器，也流进了广州[②]。

（三）广州市舶收入在唐宋财政收入中占重要地位，朝廷相当关注。唐时，张九龄云广州的通商收入"上足以备府库之用，下可以赡江淮之求"，得到朝廷的认可。晚唐黄巢上表求广州节度使，上命大臣议之，但因"南海市船利不赀，贼得益富而国用屈"而不许。北宋一段时期"蕃舶罕至"，影响财政收入，即刻引起仁宗皇帝的关注，因为当时市舶的收入几乎都来自广州。南宋高宗则一再强调"市舶之利，颇助国用，宜循旧法，以招徕远人，阜通货财"。此时，泉州市舶收入也未超过广州。

唐玄宗最早在广州设市舶使；宋时则设市舶司，并且不像浙、闽等地那样常有变动。

朝廷对派往广州的官吏人选，特别慎重，即所谓"选帅重于他州"。唐时著名宰相宋璟即曾除广州都督。并且，垂涎于广州的贸易巨利，唐时宦官还在此经营宫市。

也是出于经济的目的，唐玄宗于开元四年（716）使张九龄开凿大庾岭路，以臻兹越人通商时夫背妻戴之久劳。宋时则在广州开濠建设码头和桥梁。

现在，可以根据上述史实，分析广州成为岭南中心和中国重要的对外贸易城市的原因了。

已如上述，广州早在秦汉时期已具备了对外贸易的基础，只因为当时岭南的商品经济不甚发达[③]，或者当时的交往是出于宣扬王朝威德[④]，致使未能发挥对外贸易的作用。六朝时期，中原长期战乱，唯独南方特别是广州"皆平康"，与海外还有相当的交往[⑤]。这就意味着广州蕴蓄有一股发展对外贸易的势能，一旦条件许可，客观环境需要，这股势能就会释放出来。

唐宋时期，客观环境的需要出现了。隋时，"隋炀帝常将通拂菻（东罗马帝国），竟不能致"[⑥]。结果只能接受小野妹子的国书，与日本进行政治、文化交流；或对高丽发起战争。

初唐政府，一方面继续与日本和高丽密切交往；同时也与大食（阿拉伯帝国）建立了联系；并且也曾于贞观、乾封、大足和开元年间，几次接待过拂菻的使臣。当然这些都只是官方的政治、文化交往，特别是日本列岛和朝鲜半岛属于扩大的中国文化圈之内，隋唐政府与之交往，实质上是一种文化辐射。不过，还是可以说明：唐政府是开放的。

中唐以后，中国社会一个实质性的变化是商人势力的崛起和不断扩大，商人们跻身仕

① 《广州西村窑》，香港1987年版。

② 黄淼章等：《我市首次出土唐三彩》，《广州日报》1987年10月5日第1版。

③ 参《西汉南越王墓》《广州汉墓》知，西汉前者及南越王墓均极少见或未见钱币出土，这与当时中原的情况大不相同，表明当时岭南与海外交换可能为以物易物。

④ 陈代光：《简论南海丝绸之路》，《羊城今古》1989年第2期。

⑤ 徐恒彬：《南海"丝绸之路"概述》，《南海丝绸之路文物图集》，广东科技出版社1991年版，第126页。

⑥ 《旧唐书·西戎传》。

途，其政治和社会地位发生了重大变化[①]。这与唐宋时期商业的迅速发展是互为因果的。这样的客观现实与唐宋政府的开放品格相互作用，就造成了客观上需要一批对外贸易城市。蕴蓄有对外贸易势能的广州，又处于优越的地理位置上，当然是首选城市了。

同时，在唐末的战乱中，黄巢也好，刘岩也罢，或不可据广州为国，脱离唐王朝；或国祚不长，未可真正脱离中国。因此，均未能妨碍广州成为中国的重要对外贸易港市。

古代广州的地位变化，具有典型意义，梳理它，还可从中得出规律性的结论：第一，一个聚落可否成为其所在的文化地理单元的中心，受制于四个因素，即“交通中心”（近似于地理位置）、自然环境（包括形胜）、经济状况、文化基础。当然，这些因素的影响力度各有轻重，孰轻孰重，视乎当时的生产力水平和更大范围的社会环境。第二，一个聚落可否成为更高一级文化地理单元的重要的边缘聚落，受制于三方面因素，即地理环境、经济基础和地位、传统文化的基础和性质。它们各自的影响力度，则又取决于当时的生产力水平和生产方式、更大范围的社会环境、某些人物的具体作用（有时这甚至是举足轻重的）。第三，如果某一聚落既是中心聚落，又是重要的边缘聚落，那她将长盛不衰。

如果将这三点结论再放到广州的现代中去“演绎”，我们会更深刻地认识下列问题：为什么广州和广东要在中国改革开放中先走一步：现在浦东进一步开放了，深圳、珠海和珠江三角洲的发展上新台阶了，1997年香港要回归了，广州的地位将发生什么样的变化；如何有效地应对这些变化。甚至还有助于理解“我的一个大失误就是搞四个经济特区时没加上上海”（邓小平语）的真谛。

如果上述问题既是实际问题，又是发人深思的，那么，我们就会不由自主地说，历史与现实沟通了。这是撰写本文的初衷。

[原文载于《暨南学报》（哲学社会科学）1996年第1期]

① 林立平：《唐宋期间商人社会地位的演变》，《历史研究》1989年第1期。

考古视野的岭南古越族

赵善德

费孝通教授说："现在沿海的越人已经都融合成了汉族，而这个越人系统至今还保住了西南一隅，主要是居住在山区的盆地里从事农业，这些地区的山腰和山上却住有苗瑶和其它山地小民族。这样一个分布颇广，人数又众的越人系统究竟怎样形成的历史，我们还没有具体材料予以说明。"①

本文利用岭南古越族主要聚居地珠江水系岭南地区的、新石器早期至秦朝之前的文化遗存，初步说明如下。

一、南岭南麓②人群迁至珠三角南部形成"咸头岭人"

冰后期海进，使今珠三角变成大海湾。大西洋期的海岸线在今肇庆市以北、四会市稍南、三水市芦苞镇以北、花都市稍南、东莞市企石镇附近一线③，当时南岭南麓与冲积平原北缘交界的一些低山丘陵也是滨河口的，适于渔猎采集。距今11000—7000年间的文化遗存也较密集，有英德青塘朱屋岩④、封开黄岩洞⑤、阳春独石仔⑥、英德牛栏洞⑦、桂林甑皮岩⑧和大岩⑨等。而网河平原南部的高山变成小岛屿，并不十分有利于谋生。早到距今7000年的文化遗存，仅有黑沙湾和东湾I期遗存⑩零散地分布着。其余地区为水域，未发现文化遗存。

但在距今7000—5000年间则相反，南岭南麓的文化遗存很稀疏，网河平原南部却生成

① 费孝通：《中华民族的多元一体格局》，《北京大学学报》（哲学社会科学版）1989年第2期。

② 地理学把珠江水系岭南地区自北而南分为四个子地理单元：南岭南麓丘陵、冲积平原、珠江三角洲网河平原围田区（网河平原北部）、珠江三角洲网河平原沙田区（网河平原南部）。参《珠江志》编纂委员会：《珠江志》卷一，广州：广东科技出版社，1991年，第150页。

③ 参《珠江志》编纂委员会：《珠江志》卷一，第135页图1—4《珠江三角洲演变图》；李平日等：《珠江三角洲一万年来环境演变》，北京：海洋出版社，1991年，第56页图2—10《珠江三角洲全新世海进范围》及第57页文字。

④ 广东省博物馆：《广东翁源县青塘新石器时代遗址》，《考古》1961年第11期。

⑤ 宋方义：《广东封开黄岩洞洞穴遗址》，《考古》1983年第1期。

⑥ 邱立诚等：《广东阳春独石仔新石器时代洞穴遗址发掘》，《考古》1982年第5期。

⑦ 广东省文物考古研究所等：《英德史前考古报告》，《英德云岭牛栏洞遗址》，广州：广东人民出版社，1999年。

⑧ 广西文物工作队等：《广西桂林甑皮岩洞穴遗址的试掘》，《考古》1976年第3期；中国社会科学院考古研究所等：《桂林甑皮岩》，北京：文物出版社，2003年。

⑨ 傅宪国等：《桂林地区史前文化面貌轮廓初现》，《中国文物报》（文物考古版）2001年4月4日。

⑩ 邓聪等：《香港和澳门近十年来的考古收获》，《文物考古工作十年》，北京：文物出版社，1990年。

了咸头岭文化[①]。这与生态环境的变迁有关。因为从此开始，现代珠江三角洲一方面从北到南不断淤积，同时大海湾南部海岛的小海湾中，也逐渐镶嵌式地形成沙丘或沙堤。海岛上的生物群落已呈稳定、复杂多样、高生物量的特征；沙丘外浅海及沙堤内泻湖的水生资源丰富又易于捕捞。因此这些海岛的野生食物资源是富饶、易攫取、季节性波动小、种类互补的[②]，更适合于人们发展采集渔猎经济；而南岭南麓远不及之。

咸头岭文化是灵活充分利用自然资源的、内容丰富的渔猎采集经济型文化。例如：（1）石器有砍伐功能的斧、修整木头的锛，石锤和石拍可用来制作“树皮布”[③]和捣植物汁以毒鱼或配制麻醉饮料[④]。还有为数不多的骨器，或为捕鱼工具。（2）盛贮用的泥质陶器与炊煮烧烤用的夹砂陶（釜、罐、器座、箅形器等）之比约为1：9。但泥质陶中，以水波和海浪为母题的彩绘红陶和表面镂空、刻划的白陶，特色鲜明；这些盛器的部分还与宗教活动有关[⑤]。（3）人们利用石斧和石锛制造独木舟[⑥]。

南岭南麓文化遗存中，（1）石器中的穿孔蚌刀堆积中常见打掉尾巴的螺壳，表明与利用水生资源有关；（2）被认为是“石杵”的石器当为捣植物汁的“捣具”；火候极低的夹砂细（或粗）绳纹陶，和绳纹与刻纹相组合的纹陶；曲肢葬等文化要素与咸头岭文化的相近。

上述南岭南麓与网河平原南部二地生态环境的优与劣及文化遗存分布的密与疏的变化对应，时间段衔接，文化相近，只能理解为人群迁徙所致。

根据白陶曾在湘西、南以及南岭南麓和网河平原南部均有出土，认为长期以渔猎为生的沅江先民，进人西江水系，把这些白陶及其生产技术，带到了网河平原南部[⑦]。

实际上，肇庆蚬壳洲的彩陶[⑧]，海丰沙坑、东莞万福庵和蚝岗、增城金兰寺的彩陶或绳纹陶[⑨]，也都是咸头岭文化的因素。所以应当说，沅江先民南迁的过程并不短暂，他们寻寻觅觅，走走停停，先与南岭南麓人群融合，再顺水南迁到今珠江口岛屿上，与那里为数不多的岛民再融合，共同创造了咸头岭文化。从这个角度说，“咸头岭人”来源于南岭南麓。

---

① 李松生：《试论咸头岭文化》，《深圳考古发现与研究》，北京：文物出版社，1994年；邓聪等：《大湾文化试论》，《南中国及邻近地区古文化研究》，香港：香港中文大学出版社，1994年；李海荣等：《广东深圳市咸头岭新石器时代遗址》，《考古》2007年第7期。

② 赵善德：《珠海沙堤遗址研究》，《珠海考古发现与研究》，广州：广东人民出版社，1991年。

③ 树皮布是用树皮打制而成的，没有经纬组织，应是纺织技术发明之前最早“做”出来的“布”。据考证，记载有这一类布的最早文献为《韩诗外传》。但在中国的起源还应早到新石器时代。整个环太平洋地区均分布有“树皮布文化”。参凌纯声、凌曼立：《树皮布印纹陶与造纸印刷术发明》（第一、八章），台北：“中央研究院”民族研究所，1963年；邓聪：《古代香港树皮布文化发现及其意义浅释》，《东南文化》1999年第1期；吴春明：《台湾阿美族的“织树为布”工艺及其文化史意义》，《广西民族研究》2009年第3期。

④ 例如居住在大洋洲海岛上的美拉尼西亚人就有自己的卡瓦酒（烈酒）和塔帕（树皮布）。参阅（苏）C.II.托尔斯托夫等主编、周为铮等译：《普通民族学概论（第一册）》，北京：科学出版社，1960年，第76—77页。

⑤ 赵善德：《珠海沙堤遗址研究》，《珠海考古发现与研究》，广州：广东人民出版社，1991年。

⑥ 目前尚未发现实物，推测应当存在。参赵善德：《淇澳岛与考古研究——揭开淇澳历史之迷》，北京：中央文献出版社，2002年。

⑦ 何介钧：《环珠江口的史前彩陶与大溪文化》，《南中国及邻近地区古文化研究》，香港：香港中文大学出版社，1994年。

⑧ 广东省博物馆等：《高要县龙一乡蚬壳洲贝丘遗址》，《文物》1991年第11期。

⑨ 珠江三角洲史前遗址调查组：《珠江三角洲史前遗址调查》，《考古学研究》（四），北京：科学出版社，2000年。

二、咸头岭人的主体北迁形成“网河平原北部人”

随着沙丘逐渐向海前延，沙质土中多生长针叶、肉茎、有刺、耐盐的或低级的沙生草本植物；潟湖逐渐淤积成陆，泥质土壤中红树林发育①；原来“咸头岭文化”地域内的资源递减。

夏商时期的网河平原南部，虽有一些规模较大的聚落，如珠海的宝镜湾和棠下环②，深圳的向南村③，香港的涌浪④等。但综观珠海诸遗址⑤，香港的南丫岛深湾⑥、白芒⑦，深圳的叠石山⑧和其它遗址⑨，其共同特征是：两周之前的遗址大多没有延续下来，即使有延续的，堆积也很单薄，致使两周时期的遗存很单薄。可见咸头岭文化在夏之前的数百年间，开始走向衰微，之后也没有再度繁荣。

与之对称的是，网河平原北部在夏特别是商和西周时期，文化则极度繁荣。文化遗存的具体反映如下：

（1）遗址（主要是贝丘遗址）相当密集⑩，如仅今南海市辖区的贝丘遗址就有52处⑪。还出现了诸如佛山河宕⑫、东莞村头⑬和三水银洲⑭那样的中心聚落⑮。

（2）运用切割和管钻技术制作石器，矛、镞和有肩有段斧锛都较精致，但找不出确凿的翻土或农业工具。有相当数量的骨、牙、蚌器。

（3）陶器主要是灰陶系列，手制慢轮修整，烧成温度约1000℃。既有炊煮器也有盛贮器，但缺乏如碗类的“饭食器”。虽然部分青铜器与岭北的相似或由彼传入，但至少在商代中晚期出现了土著者⑯。

（4）有权威规划聚落的布局，把它划分为生活区、“广场”、垃圾区、墓葬区等几个功

---

① 《珠江志》编纂委员会：《珠江志》卷一，广州：广东科技出版社，1991年，第171页。

② 广东省文物考古研究所等：《珠海平沙棠下环遗址发掘简报》，《文物》1998年第7期。

③ 深圳博物馆：《深圳市南山向南村遗址的发掘》，《考古》1997年第6期。

④ 香港古物古迹办事处等：《香港涌浪新石器时代遗址发掘简报》，《考古》1997年第6期。

⑤ 这些遗址除了上文提及者外，余可参阅《珠海考古发现与研究》中的“调查篇”。

⑥ 秦维廉：《南丫岛深湾考古遗址调查报告》，香港：《香港考古学会专刊》第三本，1978年。

⑦ 邓聪等：《香港大屿山白芒遗址发掘简报》，《考古》1997年第6期。

⑧ 深圳博物馆：《深圳市叠石山遗址发掘简报》，《文物》1990年第11期。

⑨ 杨耀林等：《深圳市先秦遗址调查与试掘》，《深圳考古发现与研究》，北京：文物出版社，1994年。

⑩ 珠江三角洲史前遗址调查组：《珠江三角洲史前遗址调查》，《考古学研究》（四），北京：科学出版社，2000年。

⑪ 广东省博物馆：《广东南海县灶岗贝丘遗址发掘简报》，《考古》1984年第3期。

⑫ 杨式挺等：《谈谈佛山河宕遗址的重要发现》，《文物集刊》3，北京：文物出版社，1981年；广东省博物馆等：《佛山河宕遗址1977年冬至1978年夏发掘报告》，广州：广东人民出版社，2006年。

⑬ 广东省文物考古研究所等：《东莞村头遗址第二次发掘简报》，《文物》2000年第9期。

⑭ 广东省文物考古研究所等：《广东三水市银洲贝丘遗址发掘简报》，《考古》2000年第6期。

⑮ 由子渔猎采集经济的社会中人们为了追逐资源，因而在一个人们共同体的谋生活动中，往往会形成一群聚落，其中较简易者称为营地，结构和功能较复杂者称为基本营地；随着生产能力的提高，若干群管地将形成恒定的居址，此乃本文所称谓的中心聚落。

⑯ 李岩：《广东青铜时代早期遗存诸问题浅析——从珠海棠下环出土石范谈起》，《东南亚考古论文集》，香港：香港大学美术博物馆，1995年。

能区[①]。

（5）河宕遗存中或有家猪。

（6）墓葬排列有序，有拔牙习俗。

因为“河宕遗存中或有家猪”，故有人认为这是一个农业经济文化的社会。虽然，与河宕遗存年代相近的村头遗存确有家猪遗骸出土[②]，但两处遗址相隔着狮子洋，村头是台地贝丘，面临河口，背倚广阔的丘陵余脉，河宕乃岗丘贝丘，四周为浅水域（现代为农田）所包围，具体的生态环境迥异。河宕1978年被发掘，然而原始材料的系统整理却是21世纪初的事情，其中猪的遗骸是否可鉴定为家猪，并不具有权威性[③]。而目前已发掘的、狮子洋西岸的、与河宕同时期的其它遗存，非但未见确凿的家养动物遗骸或家培植物迹象，反而在对其西北约25公里处的三水银洲岗丘贝丘中采集土样进行的分析中，不见谷物类作物的花粉和植硅石，却包含大量蕨类植物的花粉[④]。因此我们倾向于这样的提法：这是一个有较多人口、分层化的、创造了最发达的渔捞采集经济文化的社会[⑤]。

“距今4000年前后……西、北江三角洲的滨线已推至顺德县龙江、都宁、西海，番禺县紫泥、沙湾、市桥、市楼、莲花山、化龙，广州东郊南岗一带。”[⑥]也就是说，夏商时期的网河平原北部，虽然陆地上的资源贫乏，但水域作小块零散分布，海水淡水交换频繁，水体浅，营养丰富，所以生活资源非常丰富且易于捕捞。但是在夏代以前，这里还是一片水域，不适合人类谋生。同时文化遗存稀疏，目前仅见约当夏商时期的广州番禺鹿颈村遗存[⑦]。这说明，网河平原北部的文化繁荣与生态环境的因素关系密切。

考虑到网河平原南部与北部二地比邻；南部资源递减、文化衰微时，北部则逐渐丰富、文化繁荣；两种文化特征和文化性质也相近，等等。笔者认为网河平原北部商时期的文化繁荣，应是由咸头岭人为主体的迁入人群所创造的。

下面排除岭南其它地方人群大批迁入的可能性，为佐证。

冲积平原在夏商西周和之前约1000年的时期，还是一片水域或沼泽地，无法麇集人群，也仅见增城金兰寺[⑧]、博罗横岭山和葫芦岭3处遗址，文化遗存相当单薄[⑨]，先予排除。

在南岭南麓，距今4800—4300年间发育了石峡文化[⑩]，这是以狩猎采集为辅助的锄耕农业文化。如出土一批与珠三角截然不同的文化遗存：翻土用的石镢和大型的有肩有段石

① 朱非素：《珠江三角洲贝丘、沙丘遗址和聚落形态》，《南中国及邻近地区古文化研究》，香港：香港中文大学出版社，1994年。

② 娄欣利等：《村头遗址的资源与生计方式研究》，《南方文物》2009年第3期。

③ 广东省博物馆等：《佛山河宕遗址1977年冬至1978年夏发掘报告》，广州：广东人民出版社，2006年。

④ 银洲遗址发掘考古队：《柱状取样法在贝丘遗址发掘中的应用》，《中国文物报》（文物考古版）1996年6月25日。

⑤ 赵辉：《珠江三角洲地区几何印纹陶的出现和文化的发展》，《中国考古学的跨世纪反思（上）》，香港：商务印书馆，1999年。

⑥ 李平日等：《珠江三角洲一万年来环境演变》，北京：海洋出版社，1991年，第73页。

⑦ 《番禺南沙：先民生活的重要实证》，《南方日报》（A4版）2001年3月22日。

⑧ 莫稚：《广东考古调查发掘的新收获》，《考古》1961年第12期。

⑨ 参博罗县方志办：《博罗县文物志》，广州：中山大学出版社，1988年，第13—19页。

⑩ 广东省博物馆：《广东曲江石峡墓葬发掘简报》，《文物》1978年第7期；苏秉琦：《石峡文化初论》，《文物》1978年第7期。

铲；碳化稻谷。人们讲究装饰、宗教娱乐，生活内容丰富，共同意识强。如出有众多的玉石装饰品以及与原始宗教有关的玉琮；迄今少见的村落布局：墓葬区的北、西、南均建有长房子[①]。人们的占有欲膨胀强，贫富分化。如流行每次都瘗埋随葬品的二次葬葬俗；墓葬随葬品特别丰富而悬殊：102座墓中共出随葬品2400多件，平均每座墓约24件，而42号墓独占了151件[②]。

虽然分析石器技术、几何印纹陶、某些器物的形制等得知，部分石峡文化因素为网河平原北部的文化所借用。但从一般文化发展规律方面理解，锄耕农业的石峡文化先民，难于逆转去发展渔捞采集经济文化。

又因为石峡文化的分布西界在封开县的杏花河，南在英德县北部，东于连平县附近，北到江西省清江县樊城堆——越过了南岭这个著名的地理屏障，而未及生态环境迥异的珠三角。同时石峡是沟通南北的一个门户，但其来龙去脉尚不清楚[③]。又接受昙石山文化、良渚文化、典型龙山文化的影响[④]。那么“石峡人”在她的形成和消亡过程中无疑与岭北东南沿海的文化有关。

自石峡文化之后，南岭南麓的文化只是渐进式地发展，并未出现时而极盛时而极衰的大波动。

因此说随着石峡文化的消亡，“石峡人”最后一分为三：一支为网河平原北部异常丰富而易于获取的自然资源所吸引南迁至彼，一支北迁至鄱阳湖流域，一支滞留在南岭南麓。

在商至西周时期，梅江—韩江流域兴起了称为浮滨类型的土著文化[⑤]。网河平原发现有它及其先行文化的零星遗存[⑥]，说明距今4000年前后，那里的少数人已开始融合于珠江水系人群中。

综合上述，“网河平原北部人”的主体是咸头岭人的后裔，“石峡人”和“梅江—韩江流域人”的后裔只是少量的。又因为有肩有段石器、几何印纹陶和“凿齿”等文化因素，流行于中国整个东南沿海地区[⑦]。所以还有少量的岭北沿海先民融合于其间。

---

① 严文明：《关于〈石峡遗址发掘报告〉整理编写工作的谈话》，《广东文物》（千年特刊）。

② 朱非素：《试论石峡遗址与珠江三角洲古文化的关系》，《广东省文物考古研究所建所十周年文集》，广州：岭南美术出版社，2001年；赵善德：《文明化进程研究关节点之一：石峡文化研究》，《中国文物报》（第7版）2001年6月13日。

③ 苏秉琦：《石峡文化初论》，《文物》1978年第7期。

④ 赵辉：《珠江三角洲地区几何印纹陶的出现和文化的发展》，《中国考古学的跨世纪反思（上）》，香港：商务印书馆，1999年；黎家芳：《石峡和与东南沿海原始文化的关系》；吴汝祚：《试论石峡文化与海岱、太湖史前文化区的关系》，《纪念马坝人化石发现三十周年文集》，北京：文物出版社，1988年。

⑤ 广东省博物馆等：《广东饶平县古墓发掘简报》，《文物资料丛刊（第8辑）》，北京：文物出版社，1983年；广东省博物馆：《广东考古十年概述》，《文物考古工作十年》，北京：文物出版社，1991年。

⑥ 周军：《深圳屋背岭发现广东迄今所见最大商代墓地》，《中国文物报》（第1版）2002年4月19日；李海荣等：《深圳屋背岭发掘报告》，《考古学报》2004年第3期。

⑦ 曾骐：《东湾仔拔牙——兼论我国东南沿海拔牙习俗文化区》，《广东省文物考古研究所建所十周年文集》，广州：岭南美术出版社，2001年。

三、“网河平原北部人”的主体北迁形成岭南古越族

两周时，冲积平原基本形成。它北依低山丘陵，南面河涌浦田，东、西平原广袤，既利于经营农业又有狩猎和渔捞补充的优越性，是其它子单元所望尘莫及的。于是这里发展了相对发达的农业经济文化。文化特征如下。

（1）分布着许多大遗址：惠阳平原上自西往东分布着春秋时的圆洲[①]，东周时的银岗[②]、横岭山[③]、曾屋岭[④]、增城浮扶[⑤]、增城西瓜岭[⑥]和东莞猪牯岭及其周边[⑦]等遗址。在四会平原上，有铜鼓岗墓地[⑧]、龙嘴岗墓地[⑨]、高园地墓[⑩]以及颇具规模的鸟旦山大墓[⑪]和马头岗墓[⑫]。高要平原也有德庆落雁山大墓[⑬]。因此说，岭南近百万人口，多数聚居在冲积平原[⑭]。

（2）遗存中包含有相当数量的青铜或铁工具；颇多的原始瓷器，陶器的烧成温度在1200℃左右[⑮]；为数不少的水晶玨、玉块，等等。这一说明生产力水平较高，农业经济文化相对发达。

（3）圆洲、银岗和西瓜岭均为窑址，所出产的陶器或原始瓷器，岭南各地多见，并且在现在仍为海岛的外伶仃岛也有发现；横岭山的玉器并非本地所出[⑯]；青铜器中的部分为岭北传入[⑰]，等等。这一说明与周边文化交往频繁，贸易交换比较发达。

（4）横岭山墓地布局有序；有大墓、小墓的等级差别；个别大墓既随葬流行的随葬品，也随葬特殊的青铜器，等等。这一说明有权威在管理社会[⑱]。

（5）秦始皇统一岭南时，越人“相置桀骏以为将，而夜攻秦人，大破之。杀尉屠睢，伏尸流血数十万”[⑲]，可见当时人们已能组织起来，与数十万秦军作战；还有，经此惨烈

① 广东省文物考古研究所等：《广东博罗县园洲梅花墩窑址的发掘》，《考古》1998年第7期。

② 广东省文物考古研究所：《广东博罗银岗遗址发掘简报》，《文物》1998年第7期；《广东博罗银岗遗址第二次发掘》，《文物》2000年第6期。

③ 广东省文物考古研究所：《博罗横岭山：商周时期墓地2000年发掘报告》，北京：科学出版社，2004年。

④ 冯孟钦等：《广东博罗曾屋岭春秋时期墓地》，《中国文物信息网》2011年4月18日。

⑤ 《增城发现广州最大先秦遗址》，《增城日报》2009年11月30日。

⑥ 广东省文物管理委员会等：《广东增城、始兴的战国遗址》，《考古》1964年第3期。

⑦ 广东省文物考古研究所：《广东省莞深高速公路三期工程东莞东城猪牯岭遗址抢救发掘工作报告》，东莞市博物馆馆存资料，待刊。

⑧ 广东省博物馆：《广东广宁县铜鼓岗战国墓》，《考古集刊》1，北京：文物出版社，1981年。

⑨ 广东省文物考古研究所等：《广东广宁县龙嘴岗战国墓》，《考古》1998年第7期。

⑩ 何纪生：《广东发现的几座东周墓葬》，《考古》1985年第4期。

⑪ 广东省博物馆：《广东四会鸟旦山战国墓》，《考古》1975年第2期。

⑫ 广东省文管会：《广东清远发现周代青铜器》，《考古》1963年第2期；《广东清远的东周墓葬》，《考古》1964年第3期。

⑬ 徐恒彬等：《广东德庆发现战国墓》，《文物》1973年第9期。

⑭ 赵善德：《关于番禺城起源的讨论》，《文博》2002年第1期。

⑮ 广东省文物考古研究所：《博罗横岭山：商周时期墓地2000年发掘报告》，北京：科学出版社，2005年，第448页。

⑯ 广东省文物考古研究所：《博罗横岭山：商周时期墓地2000年发掘报告》，北京：科学出版社，2005年，第504—505页。

⑰ 黄展岳：《论两广出土的先秦青铜器》，《考古学报》1986年第4期。

⑱ 赵善德等：《东周时期东江流域文化遗存研究》，《暨南学报》（哲学社会科学版）2010年第5期。

⑲ 〔汉〕刘安：《淮南子·人间训》影印本，上海：上海古籍出版社，1989年，第203页。

战争的秦王朝，居然能在岭南的主要地区顺利地推行郡县制；更有甚者，仅过十年，亲历此战的赵佗在此"立国"，竟"长治之，甚有文理"[①]。这些都说明岭南在战国时期是有"立国"基础的。

从上述的文化特征中完全可以理解到，创造这种能最有效地适应环境、又符合人类文化发展方向的人群，业已形成了近于古国[②]的政治组织，可称之为岭南古越族。

但如前所述，商周之际冲积平原还是一片沼泽，不利于人类谋生，文化遗存也极其单薄，因此其文化也应是迁入者创造的。

相应地，两周时期其他地区文化相对衰落。如南岭南麓，夏商时期的遗址尚有西江流域的乌骚岭[③]、北江流域的几处遗址[④]和粤东北梅江—韩江流域的一些遗址。西周和春秋时期的遗存反而减少了，也缺乏大遗址。如属西周的有曲江[⑤]、平远和普宁的一些遗址[⑥]。属春秋的，见曲江石峡的少量遗存和乐昌对面山的6座墓葬[⑦]，以及曲江马、山铜铙[⑧]和连平县彭山铜钟[⑨]等零星青铜器的被发现。

网河平原南部两周时的文化遗存很单薄。

那么，只有此前曾创造最发达的渔猎采集经济文化的、具有较大规模和较高素质的网河平原北部人，足以发展媲及两周时冲积平原高度的农业经济文化了。

综合上述可说，网河平原北部人大举北迁至冲积平原，融合岭南其它地方的人群，乃至同化岭北不具数量规模的人群，形成了岭南古越族。

四、结论

先秦岭南的生态环境变化急遽，但其先民却在距今约7000年时，由南岭南麓南迁至网河三角洲南部，形成咸头岭人群；他们又于夏商之际北迁到网河三角洲北部，同化岭南其它地方的人群，形成新的人们共同体；大约在商末周初，他们的后裔又北移至三角洲的冲积平原，出色地协调了人际关系，同化了不具数量规模的其它人群，创造了独特的历史文化，形成了岭南古越族。

（原文载于《暨南史学》2014年第1期）

---

① 〔汉〕班固：《汉书·高帝纪》标点本，北京：中华书局，1962年，第73页。

② 古国，被界定为"高于部落以上、稳定的、独立的政治实体"。参苏秉琦：《中国文明起源新探》，香港：商务印书馆，1997年，第109页。

③ 广东省文物考古研究所等：《封开县乌骚岭新石器时代墓葬群发掘简报》，《文物》1991年第11期。

④ 广东省文物管理委员会等：《广东曲江鲶鱼转、马蹄坪和韶关走马岗遗址》，《考古》1965年第2期；广东省文物考古研究所：《广东仁化覆船岭遗址发掘》，《文物》1998年第7期。

⑤ 广东省博物馆等：《广东曲江石峡墓葬发掘简报》，《文物》1978年第7期。

⑥ 广东省博物馆等：《广东普宁虎头埔古窑的发掘》，《文物》1984年第12期；广东省博物馆：《广东平远西周陶窑清理简报》，《考古》1983年第7期。

⑦ 广东省文物考古研究所等：《广东乐昌市对面山东周秦汉墓》，《考古》2000年第6期。

⑧ 广东省文物管理委员会办公室等：《广东文物普查成果图录（出土文物部分）》，广州：广东科技出版社，1990年，图版第44。

⑨ 广东省博物馆：《广东出土先秦文物展品第59号》，香港：香港中文大学，1984年。